百衲本二十四史

元史

上海涵芬樓景印

北平圖書館及自

藏明洪武刻本原

書版匡高二十六

公分寬十七公分

翰林學士承旨大夫知制誥兼修國史臣宋濂翰林待制承直郎同知制誥國史院編修官臣程□奉敕修

百官七

行中書省凡十秩從一品掌國庶務統郡縣鎮邊鄙
與都省為表裏國初有征伐之役分任軍民之事皆
稱行省未有定制中統至元間始分立行中書省因
事設官不必備皆以省官出領其事其丞相皆以
宰執行其處省事繫御其後嫌於外重改為某處行
中書省且錢糧兵甲屯種漕運軍國重事無不領之

〔元史志卷四十上〕　一　嘉靖十年刊

至元二十四年改行尚書省尋後如舊至大二年又
改行尚書省二年復如舊每省丞相一員正一品平
章二員從一品左丞一員右丞一員正二品參知政
事二員從二品甘肅嶺北二省各減一員即中二員
從五品員外郎二員從六品都事二員從七品掾史
蒙古必闍赤田令史通事知印宣使各省設員有差
差舊制於政之下有簽省有同簽之屬後罷不置丞
相或置或不置尤慎於擇人故惟性缺焉
河南江北等處行中書省至元五年罷隨路奧魯官
詔朿政阿里禽行省事于河南等路立省二十八年

以河南江北係要衝之地又新入版圖宜於汴梁立
省以控治之遂署其地統有河南十二路七府
江浙等處行中書省至元十三年初置江淮行省治
揚州二十一年以地理民事非便遷于杭州二十二
年割江北諸郡隸河南改曰江浙行省統有三十路
一府
江西等處行中書省至元十四年置十五年併入福
建行省十七年仍置省于龍興府福建自為行省
治泉州二十二年以福建行省併入江西二十三年
又以福建省併入江浙本省統有十八路

〔元史志卷四十上〕　二　嘉靖十年刊

湖廣等處行中書省至元十一年右丞相伯顏伐宋
行中書省事于襄陽尋以別將分省鄂州等
路行中書省十三年取潭州即署省治之十八年後
從置鄂州統有三十路三府
陝西等處行中書省中統元年以商挺領秦蜀五路
四川行省事三年改立陝西四川行中書省治京兆
至元三年移治利州十七年復還京兆十八年分省
四川行省尋改立四川宣慰司二十一年仍合為陝西四
川行省二十三年四川立行樞密院本省所轄之地
惟陝西四路五府

四川等處行中書省國初其地總于陝西至元十八
年以陝西行中書省分省四川二十三年始置四川行
省署成都統有九路五府
遼陽等處行中書省至元二十四年置治遼陽路統
有七路一府
甘肅等處行中書省中統二年立行省于中興十年
罷之十八年復立二十二年復罷改立宣慰司二十
三年徙置中興省于甘州立甘肅行省三十一年分

州

省按治寧夏尋併歸之本省治甘州路統有七路二

《元史志卷四十上》　三

嶺北等處行中書省國初太祖定都于哈剌和林河
之西因名其城曰和林立元昌路中統元年世祖遷
都中興始置宣慰司都元帥府大德十一年改立和
林等處行中書省右丞相左丞相各一員至大四年
省右丞相皇慶元年改嶺北等處行中書省設官如
上治和寧路統有北邊等處
雲南等處行中書省即古南詔之地初世祖征取以
為郡縣嘗封建宗王鎮撫其軍民至元十一年始置
行省治中慶路統有三十七路五府
征東等處行中書省至元二十年以征日本國命高

麗王置省典軍興之務師還行
省以中國之法治之既而王言其非便詔罷大德三年復立行
其國俗至治元年復置以高麗王薨領丞相得自奏
選屬官治瀋陽統有二府一司五道
各省屬官
檢校所檢校一員從七品書吏二人
照磨所照磨一員正八品
架閣庫管勾一員正八品
理問所理問二員正四品副理問二員從五品知
事一員提控按牘一員

《元史志卷四十上》　四

都鎮撫司都鎮撫一員副都鎮撫一員
宣慰司掌軍民之務分道以總郡縣行省有政令則
布于下郡縣有請則為達于省有邊陲軍旅之事則
蕉都元帥府其次則止為元帥府其在遠服又有招
討安撫宣慰等使品秩員數各有差等
宣慰使司秩從二品每司宣慰使三員從二品同知
一員從三品副使一員正四品經歷一員從六品都
事一員從七品照磨蕉架閣管勾一員正九品凡六

道

山東東西道〔益都路置〕
河東山西道〔大同路置〕

淮東道〔揚州置〕　浙東道〔慶元路〕

荊湖北道〔中興路置〕　湖南道〔天臨置〕

宣慰使司都元帥府秩從二品使三員同知二

使二員經歷二員知事二員照磨兼架閣管勾一員

宣慰使司管軍萬戶府

廣東道〔廣州置〕　大理金齒等處

蒙慶等處

廣西兩江道〔靜江路置〕　海北海南道

使各一員經歷都事亦減一員

右二府設官如上唯蒙慶一府使二員同知副

福建道　八番順元等處

察罕腦兒等

宣慰使司管軍萬戶府每府宣慰使三員同知副使

各一員經歷一員都事二員照磨兼管勾一員

曲靖等路　羅羅斯

臨安廣西道元江等處

都元帥府都元帥二員副元帥二員經歷知事各一

右五府宣慰使都元帥三員副都元帥僉都元

帥事各二員餘同上

北庭隸土番宣慰司　曲先塔林都元帥五員

員

蒙古軍

征東〔二府都元帥各一員　副一員都元帥各一員〕

元帥府秩正三品達魯花赤一員元帥一員經歷知

事各一員

李店文州

帖城河里洋脫

岷州

朵甘思

當陽

洮州路

積石州

脫思馬路

十八族

右九府唯李店文州增置同知副元帥各一員

其餘八府隸土番宣慰司設官並同

宣撫司秩正三品每司達魯花赤一員宣撫一員同

知副使各二員僉事一員計議經歷知事各一員提

控案牘架閣一員損益不同者各附見于後

廣南西道〔不置副使僉事〕

順元等處〔湖以上隸湖廣省〕　思州〔以上隸湖廣省〕

麗江路〔以上隸雲南省〕　播州

敘南等處〔以上隸四川行省　置僉事計議不〕

安撫司秩正三品每司達魯花赤一員安撫使一員

同知副使僉事各一員經歷知事各一員損益不

者各附見于後

師壁洞〔舊置達魯花赤不〕　永順等處

諸路萬戶府　　　　　　　　　　　招討司秩正三品達魯花赤一員招討使一員經歷

上萬戶府管軍七千之上達魯花赤一員萬戶一　　　　　　一員

員俱正三品虎符副萬戶一員一員從三品虎符　　　　　　土番　　　　　剌馬剛等處

中萬戶府管軍五千之上達魯花赤一員萬戶一　　　　　　天全　　　　　倈不思

員俱從三品虎符副萬戶一員一員正四品金牌

下萬戶府管軍三千之上達魯花赤一員萬戶一

歇毛洞以上隸四川省

程番武盛軍　　　　　　　　　　　　　　羅番遏蠻軍不置達魯花赤

卧龍番南寧州　　　　　　　　　　　　　金石番太平軍

大龍番應天府　　　　　　　　　　　　　小龍番靜蠻軍不置同知副使

方番河中府　　　　　　　　　　　　　　洪番永盛軍知副使

新添葛蠻以上隸湖廣省　　　　　　　　　蘆番靜海軍知事不置

諸番

長河西裏管軍

脱思馬田地

沿邊溪洞以下各置副使一員無達魯花赤唆尼

　　　　　檜襄管軍

　　　　　征沔

員俱從三品虎符副萬戶一員從四品金牌其官

皆世襲有功則陞之每府設經歷一員從七品知

事一員從八品提控案牘一員

鎮撫司鎮撫二員蒙古漢人參用上萬戶府正

五品中萬戶府從五品俱金牌下萬戶府正

六品銀牌

上千戶所管軍七百之上達魯花赤一員千戶

一員俱從四品金牌副千戶一員正五品金

牌

中千戶所管軍五百之上達魯花赤一員千戶

一員俱正五品金牌副千戶一員正六品銀

牌

下千戶所管軍三百之上達魯花赤一員千戶

一員俱從五品金牌副千戶一員正六品銀

牌

彈壓二員蒙古漢人參用上千戶所從八品

中下二所正九從九品內銓注

上百戶所百戶二員蒙古一員漢人一員俱從

六品銀牌

下百戶所百戶一員從七品銀牌

儒學提舉司秩從五品各處行省所署之地皆置一司統諸路府州縣學校祭祀教養錢粮之事及考校呈進著述文字每司提舉一員從五品副提舉一員從七品吏目一人司吏二人

蒙古提舉學校官秩從五品提舉一員從五品同提舉一員從七品至元十八年置惟江浙湖廣江西三省有之餘省不置

官醫提舉司秩從六品提舉一員同提舉一員副提舉一員掌醫戶差役詞訟至元二十五年置河南江浙江西湖廣陝西五省各立一司餘省並無

兩淮都轉運鹽使司秩正三品國初兩淮內附以提舉馬里范章專掌鹽課之事至元十四年始置司于揚州使二員正三品同知二員正四品副使一員正五品運判二員正六品經歷一員從七品知事一員從八品照磨一員從九品三十年悉罷所轄鹽司以其屬置場官大德四年復置批驗所于真州采石等處

鹽場二十九所每場司令一員從七品司丞一員從八品管勾一員從九品辨鹽各有差

呂四場　餘東場　餘中場　餘西場

西亭場　金沙場　石塝場　掘港場
豐利場　馬塘場　拼茶場　角斜場
富安場　安豐場　梁塝場　東臺場
河垜場　丁溪場　小海場　草堰場
白駒場　劉莊場　五祐場　新興場
莞瀆場　板浦場　臨洪場
廟灣場
徐瀆浦場

批驗所每所提領一員正九品掌批驗鹽引

副使一員正七品大使一員正八品

兩浙都轉運鹽使司秩正三品使二員同知二員運

判二員經歷知事各一員照磨一員至元十四年置司杭州大德三年定其產鹽之地立場有差仍於杭州嘉興紹興溫台等處設掄校四所專驗鹽袋毋過常度

鹽場三十四所每所司令一員從七品司丞一員從八品管勾一員從九品

仁和場　許村場　西路場　下沙場
青村場　表部場　浦東場　橫浦場
蘆瀝場　海沙場　鮑郎場　西興場
錢清場　三江場　曹娥場　石堰場

鳴鶴場　清泉場　長山場

袋山場　玉泉場　穿山場

昌國場　永嘉場　蘆花場　大嵩場

長林場　黃巖場　雙穗場　天富南監

長亭場　龍頭場　杜瀆場　天富北監

福建等處都轉運鹽使司，秩正三品。使二員，同知二
員運判二員，經歷知事各一員，照磨一員。至元十四
年始置市舶司領煎鹽徵課之事。二十四年改爲運
運司。二十九年罷立提舉司。大德四年復爲運司。九
年復罷併入元帥府蕉掌之。十年復立都提舉司。至
大四年復陞運司徑隸行省。凡置鹽場七所。

鹽場七所，每所司令一員從七品，司丞一員從八
品，管勾一員從九品。

海口場　牛田場　上里場　惠安場

潯美場　梧州場　汭州場

廣東鹽課提舉司，至元十三年始從廣州煎辦鹽課。
十六年隸江西鹽鐵茶都轉運司。二十二年併入宣
慰司。二十三年置市舶提舉司。大德四年改廣東鹽
課提舉司。提舉一員從五品，同提舉一員從六品，副
提舉一員從七品。其屬附見。

鹽場十三所，每所司令一員從七品，司丞一員從
八品，管勾一員從九品。

靖康場　歸德場　東莞場　黃田場

香山場　矬峒場　雙恩場　咸水場

漆水場　石橋場　隆井場　招收場

小江場

四川茶鹽轉運司，成都鹽井九十五處，散在諸郡山
中。至元二年置興元四川轉運司，專掌煎熬辦課之
事。八年罷之。十六年復立陝西四川轉運司通轄諸課程
宣慰司。十九年復立陝西四川轉運司通轄諸課程
事。二十二年置四川茶鹽轉運司，秩從三品，使一員，同
知副使運判各一員，經歷知事照磨各一員。

鹽場十二所，每所司令一員從七品，司丞一員
從八品，管勾一員從九品。

簡鹽場　隆鹽場　綿鹽場　潼川場

遂寧場　保寧場　嘉定場

長寧場　順慶場　雲安場　大寧場

紹慶場

廣海鹽課都提舉司，至元三十一年置專職鹽課，秩正
四品，都提舉二員從四品，同提舉二員從五品，副提
舉二員從六品，知事一員，提控案牘一員。

市舶提舉司至元二十三年立監課市舶提舉司隸
廣東宣慰司二十年立海南愽易提舉司至大四年
罷之禁下番船隻延祐元年弛其禁改立泉州廣東
慶元三市舶提舉司每司提舉二貟從五品同提舉
二貟從六品副提舉二貟從七品知事一貟

海道運粮供給大都達魯花赤一貟萬戶一貟並正
三品副萬戶四貟從三品經歷一貟從七品知事一
貟從八品照磨一貟從九品鎮撫二貟正五品其屬
附見

海運千戶所秩正五品達魯花赤一貟千戶二貟
並正五品副千戶三貟從五品若溫台若慶元紹
興若杭州嘉興若崑山崇明常熟江陰等處凡五
所而平江又有海運香莎糯米千戶所

諸路總管府至元初置二十萬戶之上者為
上路十萬戶之下者為下路當衝要者雖不及十萬
戶亦為上路上路秩正三品達魯花赤一貟總管一
貟並正三品蕝管勸農事江比則蕝管軍奧魯同知
治中判官各一貟下路秩從三品不置治中貟而同
知如治中之秩餘悉同上至元二十三年置推官二

貟專治刑獄下路一貟經歷一貟知事一貟或二貟
照磨蕝承發架閣一貟司吏無定制隨事繁簡以爲
多寡之額譯史通事各一人其屬附見

儒學教授一貟秩九品諸路各設一貟及學正一
貟學錄一貟其散府上中州亦設教授一貟下

設學正一貟

蒙古教授一貟正九品

醫學教授一貟

陰陽教授一貟

司獄司司獄一貟丞一貟

平準行用庫提領大使副使各一貟

織染局局使一貟副使一貟

雜造局大使一貟副使一貟

府倉大使一貟副使一貟

惠民藥局提領一貟

稅務提領一貟大使副使各一貟

錄事司秩正八品凡路府所治置一司以掌城中
戶民之事中統二年詔驗民戶定爲貟數二千戶
以上設錄事司候判官各一貟二千戶以下省判
官不置至元二十年置達魯花赤一貟省司候以

判官兼捕盜之事典史一員若城市民少則不
置司歸之倚郭之縣在兩京則為警巡院獨杭州置四

司後省為左右兩司

散府秩正四品達魯花赤一員知府或府尹一員
勸農與魯路同同知一員判官一員推官一員知
事一員提控案牘一員所在有隸諸路及宣慰司行
省者有直隸省部者有統州縣者有不統縣者其制
各有差等

諸州中統五年併立州縣未有等差至元三年定
萬五千戶之上者為上州六千戶之上者為中州六
千戶之下者為下州江南既平二十年又定其地五
萬戶之上者為上州三萬戶之上者為中州不及三
萬戶者為下州於是陞縣為州者四十有四縣並
多附路府者不改上州達魯花赤州尹秩從四品
知秩正六品判官秩正七品中州達魯花赤知州並
正五品同知從六品判官秩七品下州達魯花赤知
州並從五品同知正七品判官正八品蕪捕盜之事
衆佐官上州知事提控案牘各一員中州吏目提控
案牘各一員下州吏目一員或二員
諸縣至元三年合併江北州縣六千戶之上者為上

縣二千戶之上者為中縣不及二千戶者為下縣二
十年又定江淮以南三萬戶之上者為上縣一萬戶
之上者為中縣一萬戶之下者為下縣上縣秩從六
品達魯花赤一員尹一員丞一員簿一員尉一員典
史二員中縣秩正七品不置丞餘悉如上縣之制下
縣秩從七品置官如中縣民少事簡之地則以簿兼
尉後又別置尉尉主捕盜之事別有印典史一員
諸軍唯邊遠之地有之各統屬縣其秩如下州其設
巡檢司秩九品巡檢一員
官置吏亦如之

諸蠻夷長官司西南夷諸溪洞各置長官司秩如下
州達魯花赤長官副長官參用其土人為之

各處脫脫禾孫掌辨使臣姦偽正一員從五品副一
員正七品

勳一十階
正七品

上柱國正一品　柱國從一品
護軍從二品　上護軍正二品
上輕車都尉正三品　輕車都尉從三品
上騎都尉正四品　騎都尉從四品
飛騎尉正五品　驍騎尉從五品

爵八等

王　正一品
郡王　從一品　　國公　正二品
郡公　從二品
郡侯　正三品　　郡伯　正四品
縣男　從五品
郡侯　從三品　　郡伯　從四品
縣子　正五品

右勳爵若上柱國郡王國公時有除拜者餘則止於封贈用之

文散官四十二
特進　　開府儀同三司
崇進　　儀同三司
金紫光祿大夫
銀青榮祿大夫　正一品以上俱

光祿大夫
榮祿大夫　正一品以上從
資德大夫
資政大夫　從一品以上
資善大夫
正奉大夫　正二品以上
通奉大夫
中奉大夫　從二品以上
正議大夫
通議大夫　正三品以上
嘉議大夫
正議大夫　從三品以上
太中大夫
亞中大夫　少中延祐改亞中　中
中大夫
中議大夫
中憲大夫　正四品以上
中順大夫
朝請大夫　正四品以上
朝散大夫
朝列大夫　從四品以上

奉政大夫
奉議大夫　正五品以上
奉直大夫
奉訓大夫　從五品以上
承德郎
承直郎　正六品以上
儒林郎
承務郎　從六品以上
文林郎
承事郎　正七品以上
徵事郎
從仕郎　從七品以上
登仕郎
將仕郎　正八品以上
登仕佐郎
將仕佐郎　從八品以上

右文散官四十二階，由一品至五品為宣授，宣授則以
品至九品為勑授，勑授則中書署牒，宣授則以……六

制命之一品至五品者服紫，六品至七品者服
緋，八品至九品者服綠，武官以下皆如之。其官
常對品，惟九品無散官，則但舉其職而已。武
雜職亦如之。

武散官三十四階
龍虎衛上將軍
金吾衛上將軍　正二品以上
驃騎衛上將軍
奉國上將軍　正二品以上
輔國上將軍
鎮國上將軍　從二品以上
昭武大將軍
昭勇大將軍
昭毅大將軍
安遠大將軍　正三品以上

〈元史志卷四十一上〉　尢

懷遠大將軍　三品以上從

定遠大將軍

廣威將軍

宣威將軍

明威將軍　四品以上正

信武將軍　四品以上從

顯武將軍

宣武將軍　五品以上從

武節將軍　五品以上正

武德將軍

武義將軍

武略將軍

承信校尉

昭信校尉　六品以上從

忠武校尉

忠顯校尉　六品以上正

忠勇校尉

忠翊校尉　七品以上從

修武校尉

敦武校尉　七品以上正

保義校尉

進義校尉　八品以上正

保義副尉

進義副尉　八品以上從

右武散官三十四階自龍虎衛上將軍至進義
副尉由正二品至從八品其除授具前

內侍散官一十四

中散大夫　正二

中引大夫　從二

中御大夫　正三

侍中大夫　從三

中衛大夫　正四

中涓大夫　從四

通侍郎　正五品

通御郎　從五品

侍直郎　正六品

內直郎　從六品

〈元史志卷四十一上〉　平

司調郎　正七品

司奉郎　正八品

司闡郎　從七品

司引郎　從八品

右內侍品秩一十四階自中散至司引由正二
品至從八品其除授具前

司天散官一十四

欽象大夫　從三

明時大夫

頒朔大夫　四品以上正

司玄大夫　正五品

靈臺郎　正六品

授時郎　從五品

司正郎　正七品

候儀郎　從六品

平秩郎　從七品

正紀郎

挈壺郎　八品以上正

司曆郎

司辰郎　八品以上從

右司天品秩一十四階自欽象至司辰由從三
品至從八品其除授具前

太醫散官一十五

保宜大夫

保康大夫　三品以上從

保安大夫

保和大夫　四品以上正

保順大夫

保沖大夫　正五以上

保全郎　從五品

成安郎　正六品

成和郎　從六品

成全郎　正七品

醫正郎 從七品

醫候郎 以上正　醫劾郎

醫愈郎 以上從八品　醫痊郎

右太醫品秩二十五階自保宜至醫愈亦由從三品至從八品其除授具前

教坊司散官十五

純和郎 從五品　調音郎 正六品

協律大夫 從四品　嘉成大夫 正五

長寧大夫　德和大夫 以上正四品

雲韶大夫　僴韶大夫 三品以上從

元史志卷四十上　二十

司樂郎 從六品　協樂郎 正七品

和樂郎 從七品　司音郎

司律郎 以上正八品　和聲郎

和節郎 八品以上從

右教坊品秩一十五階自雲韶至和節由從三品至從八品其除授具前

翰林學士承旨榮祿大夫知制誥兼修國史臣趙彬等奉敕撰

撥

百官八

〈三十〉

〈元史志卷四十下〉　一　孟順宗

元之官制其大要具見于前自元統至元以來頗有
沿革增損之異至正兵興四郊多壘中書樞密俱有
分省分院而行中書省行樞密院增置之外亦有分
省分院自省院以及郡縣又各有添設之貟而各廵
總兵官以便宜行事者承制擬授具姓名以軍功奏
闕則宣命勑牒隨所索而給之無有考覈其實者於
是名爵日濫紀綱日紊疆宇日蹙而遂至于亡矣惜
其掌故之文缺軼不完今撮有司所送上者緝而載
之以附前志庶覽者得以參考其得失治亂之繫云
中書省元統三年七月中書省奏請自今不置左丞
相十月命伯顔獨長台司詔天下至元五年十月加
右丞相伯顔爲大丞相六年十月命脫脫爲右丞相
後置左丞相至正七年議事平章四人十二年二
月以賈魯爲添設左丞三月以悟良哈台爲添設參
知政事七月又以杜秉彝爲添設參
爲添設右丞十三年六月命皇太子領中書令如舊

制十四年九月以呂思誠爲添設左丞二十七年八
月以樞密知院矮子爲添設第三平章以太尉帖里
帖木兒爲添設左丞
中書分省至正十一年置中書分省于濟寧以松壽
爲參知政事十二年二月中書右丞玉樞虎兒吐華
左丞韓大雅開分省于彰德十四年升濟寧分省參
政帖里帖木兒爲平章政事是後嘗置右丞左以守禦
爲條十五年七月以平章政事俺普崔敬分省陵州十一
月平章城卜分省冀寧十八年三月掃地王沙劉陷
冀寧城卜道五月王劉北行總兵官察罕帖木兒遣
瑣住院判來冀寧鎮守城卜復四十九年藏卜辛二
十年正月以右丞不花參政王時分省冀寧三月鐵
甲韓至分省官皆遂二十一年以平章苔蘭鎮守二
十二年苔蘭還京師以左丞刺馬乞刺參政脫脫兒
領分省事二十三年三月又以平章愛不花鎮守八
月擴廓帖木兒分省冀寧分省保定九月命太保左
丞相也速統領軍馬分省大同以哈剌那海爲大同
丞相知樞密院分省山東沙藍苔里仍中書省左

〈三九十〉

〈元史志卷四十一下〉　二　孟順宗

平章阿剌不花爲祭知
寧總管爲參政鑄印與之凡事必咨大同分省而後
行之十月又置分省于真定
六部至元三年十二月伯顏太師等奏准吏部考功
郎中員外郎主事各設一員至正元年四月置
司績一員正七品掌百官行止以憑敘用廕襲六月
中書奏准戶部事繁見設司計四員宜依前至元二
十八年例添設二庫各設管勾一員十二年正月刑部添
設尚書侍郎郎中員外郎各一員十五年十月濟寧
工二部分二庫各設管勾一員吏禮兵刑分爲二庫戶

院判二員
樞密分院至正十五年三月置樞密分院于衛輝四
月彰德分院添設同知副樞各一員都事一員直沽
分院添設副樞一員都事一員十六年又置分樞密
分省置兵刑工戶四部
樞密院至正七年知樞密院阿吉剌奏樞密院故事
亦設議事平章二人有旨令復置十三年六月令皇
太子領樞密使如舊制十五年四月添設僉院一員
院判二員
大宗正府至元元年閏十二月中書省奏准世祖時
院于沂州以指揮使司隸焉

立大宗正府至仁宗時減去大字今宜遵世祖舊制
仍爲大宗正府至正十年十二月大宗正府添設掌
判二員
宣文閣至元六年十一月罷奎章閣學士院至正元
年九月立宣文閣不置學士唯授經郎及監書博士
以宣文閣繫銜云
崇文監至元六年十二月改藝文監爲崇文監至正
元年三月奉旨令翰林國史院領之
詳定使司至正十七年七月置四方獻言詳定使司
正三品掌考其所陳之言擇其善者以聞于上而舉
行之詳定使二員正三品副使二員正四品掌書記
二員正七品中書官提調之
司禮監至正元年十二月奉旨依世祖故事復立司
禮監給四品印掌師翁祭祀祈禳之事置內監少監
監丞各二員知事一員譯史令史奏差各二名自後
復升爲三品
延徽寺至元六年二月中書省奉旨依累朝故事起
蓋懿璘質班皇帝斡耳朵置延徽寺以掌之
規運提點所至元六年十一月罷大禧宗禋院隆祥
使司十二月中書奏以宗禋院所轄會福崇福隆禧

壽福四總管府并隆祥使司俱改為規運提點所正
五品仍添置萬寧提點所一趣並隸宣政院
諸路寶泉都提舉司至正十年十月置其屬有鼓鑄
局正七品永利庫從七品掌鼓鑄至正銅錢印造交
鈔
資正院至元六年十二月中書省本旨為完者忽都
皇后置資正院正二品院使六員同知僉院同僉院
判各二員首領官經歷都事各二員管勾照磨各一
徽政院元統元年十二月依太皇太后故事為皇太
后置徽政院設立官屬三百六十有六員
貲將昭功萬戶府司屬除已罷繕工司外集慶路錢
粮并入有司每年驗數撥付資正院其餘司屬並付
資正院領之自後正宮皇后崩冊立完者忽都為皇
后改置崇政院
東宮官屬至正六年四月立皇太子官傅府以長吉
等為宮傅官時太子猶未受冊寶至九年冬立端本
堂為皇太子學宮置諭德一員正二品賛善二員正
三品文學二員正五品正字二員正七品司經二員
正七品十三年六月冊立皇太子定置皇太子賓客
二員正二品左右諭德各一員從二品左右賛善各

一員從三品文學二員從五品中庶子中允各一員
從六品
詹事院至正十三年六月立詹事院罷官傅府置詹
事二員從一品同知詹事二員正二品副詹事二員
正三品詹事丞二員正三品首領官中議二員正四
品令史二人宣使十人其屬有家令司家令二
人怯里馬赤二人回回掾史二人知印二
蒙古必闍赤六人回回掾史十人知印二
從五品長史二員從六品管勾照磨各一員正八品
從七品照磨一員正九品有府正司府正二員正三
貲正三品二員正四品家丞二員正五品典簿二員
品府丞二員正五品典簿二員從七品照磨一員從
九品有典寶監典寶卿二員正三品大監二員正從
品少監二員從四品監丞二員正五品經歷一員從
七品知事一員從八品照磨一員正九品有儀衛司
指揮二員正四品副二員從五品知事一員從九品
十一月置典藏庫從五品掌汎皇太子錢帛十七年
十月置分詹事院詹事一員同知副使各一員詹事
丞二員經歷一員都事二員照磨兼架閣一員斷事
官二員知事一員
大撫軍院二十七年八月乙巳命皇太子總天下軍

馬九月皇太子置大撫軍院從一品知院四員同知
二員副使一員同僉一員首領官經歷都事各二
照磨兼管勾一員二十八年三月東安溧州柳林日有警
大都分府至正十八年閏七月詔罷之
報京師備禦四隅俱立大都分府其官吏數視都府
減半
警巡院至正十一年七月墮左右兩巡院為正五品
十八年又於大都在城四隅各立警巡分院為
本院減半

行中書省至正十二年正月江西江淛行省皆除添
設平章陝西行省除添設右丞閏三月置淮南江北
等處行中書省于揚州以淮西宣慰司兩淮鹽運司
揚州淮安徐州唐州安豐斷黃皆隸焉除平章二員
右丞左丞各一員參政二員及首領官屬官共二十
五員為頭平章兼提調淮南王傅府事至十一月始
鑄淮南江北等處行中書省印給之是年江淛行省
添設右丞參政四川行省添設參政十六年五月置
福建等處行中書省于福州鑄印設官一如各處行省
之制以江淛行中書省平章左荅納失里南臺中丞
阿魯溫沙為福建行中書省平章政事福建閩海道

廉訪使莊嘉為右丞福建元帥吳鐸為左丞司農丞
訥都赤益都路總管卓思誠為參政以九月至福州
罷帥府開省署十七年九月置山東行省以大司農
哈剌章為平章政事鑄印興之十八年福建行省右
丞雜丁分省建寧訥都赤分省泉州二十三年
三月置廣西行中書省以廉訪使也兒吉尼為平章
政事又置膠東行省于萊陽總制東方事二十六年
八月置福建江西等處行中書省
廣西之境及江淛凡三處各置行樞密院以鎮遏
行樞密院至元三年伯顏右丞相奏准於四川及湖

好亂之民每處設知院一員同知僉院院判各一員
湖廣江西二省所轄地里險遠添設同僉一員各院
經歷一員都事二員照磨一員客省副使一員斷事
官二員蒙古必闍赤二人掾史六人令史二人怯里
馬赤知印各一人斷事官譯史一人宣使六人知印
馬赤印各一人奏差二人至四年二月遂罷之至
正十三年五月頒比行樞密院添設斷事官先
巳設四員共六員又立鎮撫二員立管勾
所置管勾一員兼照磨後又添設僉院二員都事一
員十五年十月置淮南江北等處行樞密院于揚州

十二月河南行樞密院添設院判一員十六年三月

置江淛行樞密院于杭州知院二員同知二員副樞

二員僉院二員同僉二員院判二員首領官經歷知

事各一員斷事官二員經歷一員十八年以參政崔

敬為山東等處行樞密院副使分院於潮州兼領屯

田事十九年八月以察罕帖木兒為河南行省平章

政事兼河南山東等處行樞密院知院二十六年八

月置福建江西等處行樞密院

行御史臺至正十六年九月二十八日命太尉納麟

為江南諸道行御史臺御史大夫以次官員各依等

第選用是日御史臺奉旨移置行臺于紹興十二月

合臺府屬開臺署事是年置河南廉訪司于沂州十

十八年御史臺奏准江西湖東道肅政廉訪司權於

建寧路開司署事二十二年九月權置山北廉訪司

于惠州二十三年六月濟南路復置山北廉訪司二

十五年閏十月御史大夫完者帖木兒奏處凡有文書

行御史臺衙門嘗奉旨於紹興路開設近因道梗湖

南湖北廣東廣西海北江西福建等處凡有文書北

至南臺風信不便徑申內臺未委事情虛實宜於福

建置分臺給降印信俾湖南湖北廣東廣西海北江

西福建各道文書由分臺以達內臺於事體為便有

旨從之十一月仍置河東廉訪司于巽寧

行宣政院元統二年正月革罷廣教總管府一十六

廢置行宣政院于杭州除院使二員同知二員副使

二員同僉院二員判各一員首領官經歷都事知事

照磨各一員令史八人譯史二人宣使八人至元二

年五月西番寇起置行宣政院以也先帖木兒為院

使往討之至正二年江淛行宣政院設崇教所儳行

中書省理問官秩四品以理僧民之事

河南山東都水監至正六年五月以連年河決為患

置都水監以專疏塞之任

行都水監至正八年二月河水為患詔於濟寧鄆城

立行都水監九年又立山東河南等處行都水監十

一年十二月立河防提舉司隸行都水監添設判官二員

道從五品十二月正月行都水監添設判官二員

六年正月又添設少監監丞知事各一員

都水庸田使司至元二年正月置都水庸田使司于

平江既而罷之至元五年復立至正十二年因海運不

通京師闕食詔河南窪下水泊之地置屯田八處於

汴梁添立都水庸田使司正三品掌種植稻田之事

庸田使二負副使二負僉事二負首領官經歷知事
照磨各一負司吏十二人譯史二人
都總制庸田使司至正十年置河南江北等處都總
制庸田使司定置都總制庸田使司二負從二品副使
二負從三品僉司六負從四品首領官經歷二負從
六品都事二負從七品照磨兼管勾承發架閣一負
從八品蒙古必闍赤田囬令史怯里馬赤知印各一
人令史十八人宣使十八人壕寨十八人典吏四人

其屬官則有軍民屯田總管府凡五處置達魯花赤
各一負從三品總管各一負正五品同知各一負正
六品府判各一負從七品首領官經歷各一負從八
品知事各一負從九品提控案牘兼管勾承發架閣
各一負蒙古譯史各一人司吏各六人典吏各二人
又有農政司置農政一負正五品農丞一負正六品
提控一負司吏二人又有豐盈庫置提領一負正八
品大使副使各一負正九品
分司農司至正十三年正月命中書右丞悟良哈台
左丞烏古孫良楨兼大司農卿給分司農司印西自
西山南至保定河間比至檀順州東至遷民鎮凡係
官地及元管各處屯田悉從分司農司立法募民佃

種之
大兵農司至正十五年詔有水田去處置大兵農
招誘夫丁有事則乘機招討無事則栽植播種所置
司之處曰保定等處處大兵農使司河間等處大兵農
使司武清等處處大兵農使司景薊等處處大兵農
其屬有兵農千戶所共二十四處百戶所共四十八
處鎮撫司各一
大都督兵農司至正十九年二月置大都督兵農司
于西京以孛羅帖木兒領之從其所請也仍置分司
十道專掌屯種之事

運司
茶運司元統元年十一月復置湖廣江西榷茶都轉
運司至正二年十一月中書省奉旨講究鹽法直
隸運司專掌批驗鹽商引目均平袋法稱盤等事每
所置檢校批驗官一負從七品
漕運司至元二年五月京畿都漕運司添設提調官
運副運判各一負九年添設海道巡防官給降正七
品印信掌統領軍人水手防護粮船巡防官二負相
鹽官二負

防禦海道運糧萬戶府至正十五年七月陞台州海
道巡防千戶所為防禦海道運糧萬戶府九月置分
府于平江

添設兵馬司至正十年十月中書省奏東南千里外
妖氣見合立兵馬司四處掌防禦之職遂置大名兵
馬司東平兵馬司濟南兵馬司徐州兵馬司每置
都指揮指揮各二員副指揮各四員經歷知事提控
案牘各一員譯史各二人司吏各十二人奏差各八
人貼書各一員忽刺罕赤各三十人司獄各一
貞獄丞各一員十一年罷沂州分元帥府改立兵馬
指揮使司十五年十月濟寧兵馬司添設副指揮二
員

《元史志卷四十二下》　十三　墙名二

各處寶泉提舉司十一年十月置寶泉提舉司于河
南行省及濟南興寧等處凡九所江淛江西湖廣行
省各一所十二年三月置銅冶場于饒州路德興縣信
州路鉛山州韶州岑水凡三處每所置提領一員正
八品大使一員從八品副使一員正九品流官內銓
注直隸寶泉提舉司都掌浸銅事

湖南道宣慰使司都元帥府至元元年六月奏准湖
南道宣慰使司燕都元帥府總領所轄路分鎮守萬

戶軍馬

邦牙等處宣慰使司都元帥府至元四年十二月置
先是以緬地處雲南極邊就立其酋長為帥三年一
貢方物至是來貢故改立官府以獎異之
省奏闊端阿哈所分地方接連西番自脫脫木兒既
沒之後無人承嗣遂達人口頭連西番劫奪殺
傷深為未便宣遂定置永昌等處宣慰使司三員同
以治之置宣慰使二員首領官
經歷知事照磨各一員令史十人蒙古譯史四人知
印二人怯里馬赤一人奏差八人典史二人

《元史志卷四十六下》　十五

山東東西道宣慰使司都元帥府至元六年十二月
改立掌開設屯田屯駐軍馬之事
奏准荊湖北道宣慰使司都元帥府至正十一年十一月
荊湖北道宣慰使司都元帥府至正十一年十一月
淛東宣慰使司至正十二年正月添設宣慰使一員同
知一員都事二貞
准東等處宣慰使司都元帥府並洪澤等處
統率濠泗義兵萬戶府並洪澤等處義兵招誘富民
出丁壯五千名者為萬戶五百名者為千戶一百名

者為百戶降宣勒牌面與之命置司于泗州天長縣

興元等處宣慰使司都元帥府至正十五年十二月

置

江州等處宣慰使司都元帥府至正十六年九月奏

准宣慰使都元帥廷授佐貳僚屬命江西行省平章

政事道童火你赤承制署之

河南宣慰司至正十九年十月罷洛陽招討軍民萬

戶府置宣慰司以張俊為宣慰使

東路都蒙古軍都元帥府至正八年正月置

分元帥府至正八年十二月以福建盜起詔汀漳二

州立分元帥府以討捕之十一月命買列的開分元

帥府于沂州以鎮禦東海羣盜十一年正月湖南寶

慶路置分元帥府又置寶武分元帥府三月置山東

分元帥府于登州提調登萊寧海三州三十六處海

口事元十二年二月置安東安豐二處分元帥府

水軍元帥府至正二十六年二月置河淮水軍元帥

府于孟津縣

紹熙軍民宣撫司至元四年因監察御史言四川在

宋時有紹熙一府統六州二十縣一百五十二鎮近

年雍梁淮甸人民見彼中田疇廣闊開墾成業者凡

二十餘萬戶省部議定遂奏准置紹熙等處軍民宣

撫司正官六員宣撫使同知副使各二員首領官三

員經歷知事提控案牘各一員司獄一員蒙古儒學

教授各一員令史八人譯使知印怯里馬赤各一人

奏差四人所隸資昌隆下州四處盤石內江安岳

昌元貴平下縣五處巡檢司一十三處各設官如制

又置都總使司命御史大夫脫脫兼都總使治書侍

御史吉當普為副都總使至元六年十一月中書又

因臺臣言裁減冗官事遂罷紹熙軍民宣撫司為

永順宣撫司至正十一年四月改陞永順安撫司為

宣撫司

平緬宣撫司至正十五年八月以雲南死可伐等降

令其子筹三入貢方物乃置平緬宣撫司以羈縻之

忠孝軍民安撫司至正十一年七月革罷四川省所

轄大奴管勾等洞長官司立忠孝軍民安撫司

四月詔改為忠孝軍民安撫司

忠義軍民安撫司至正十五年四月罷四川羊母甲

洞臭南王洞長官司置忠義軍民安撫司又罷盤順

府置盤順軍民安撫司

宣化鎮南五路軍民府至正十五年四月命於四川

置立提調軍民鎮撫所蠻夷軍民千戶所
團練安撫勸農使至正十八年九月置奉元延安
等處團練安撫勸農使司于耀州鞏昌等處團練安
撫勸農使司于郃州以行省丞相朶朶行臺大夫完
者帖木兒領之各設朶謀一人僉
每州添設州判一員每道置二人同知
防禦使至正十七年正月准山東分省咨團結義兵
副使各二人僉督六人經歷知事照磨各一人
官俱兼防禦使事聽宣慰使司節制
屯田使司至正十五年十二月置軍民屯田使司于

《元史志卷四十下》 十七 王安

沛縣正三品
屯田打捕總管府至正四年五月升兩淮屯田打捕
總管府為正三品
黎兵萬戶府元統二年十月湖廣行省咨海南僻在
極邊南接占城西隣交趾環海四千餘里中盤百洞
黎獠雜居宜立萬戶府以鎮之中書省奏准依廣西
屯田萬戶府倒置黎兵萬戶府于
戶所一十三處正五品每所領百戶所八處正七品
水軍萬戶府至正十三年十月置水軍都萬戶府于
崑山州以淞東宣慰使納麟哈剌為正萬戶宣慰使

董搏霄為副萬戶十四年二月立鎮江水軍萬戶府
命江淞行省右丞佛家閭領之十五年十月置水軍
萬戶府于黃河小清河口
義兵萬戶府至正十四年二月詔河南淮南兩省並
立義兵萬戶府五月置南陽鄧州等處毛胡蘆義兵
萬戶府暴土人為軍免其差役令討賊自効先是鄉
人自相團結號毛胡蘆故因以名之十五年四月置
汴梁等處毛胡蘆義兵萬戶府十二月置忠義勤萬戶
于宿州及武安州
招討軍民萬戶府至正二十年以葷縣為招討軍民

《元史志卷四十下》 十八 王

萬戶府二十六年三月置崀州軍民招討萬戶府
義兵千戶所至正十年七月中書省奏准於廣西平樂
等古城竹山院桑江隆化鄉刺場嶺湖南道州路
武岡路湖北靖州路等處置義兵千戶所每所置千
戶一員彈壓一員百戶十員仍於義兵內推選才勇
功能充千戶彈壓百戶之職首領官都目各一員於
本省都吏目選內注授並從本道師府節制湖南道
州二處從本省標撥鎮守調遣總定九十六員給
靖州一處從本省標撥鎮守調遣
降宣勑牌面印信十三年十一月立義兵千戶水軍

奉使宣撫至正五年十月遣官分道奉使宣撫布宣
德意詢民疾苦蹪滌寃滯彈除煩苛體察官吏賢否
明加黜陟有罪者四品以上停職申請五品以下就
便毆決民聞一切興利除害之事恐聽舉行其餘必
合上聞者條具入告兩浙江東道以江西行省左丞
忽都不丁吏部尚書何執禮爲之宣政院都事具寮
爲首領官江西福建道以雲南行省右丞散將作爲
院使王士弘爲之國子典簿孟昉爲首領官江南湖
廣道以大都路達魯花赤拔實江淛參政秦從德爲

千戶所于江西

徐盈貞

之留守司都事月忽難爲首領官海北廣東道以平
江路達魯花赤左巷納失理都水使寔惟興爲之都
水照磨揚文在爲首領官燕南山東道以資正院使
蠻子兵部尚書李獻爲之大醫院都事賈魯爲首領
官河東陜西道以兵部尚書不花樞密院判官靳義
爲之翰林應奉王繼善爲首領官山比遼東道以宣
政院同知伯家奴宣徽僉院王也速迭兒爲之工部
主事明理不花爲首領官雲南省以荆湖宣慰阿乞
剌兩浙鹽運使杜德遠爲之通政院都事楊矩阿乞
領官甘肅永昌道以上都留守阿牙赤陜西行省左

丞王紳爲之沁源縣尹喬遜爲首領官四川省以大
都留守峇爾麻失里河南叅政王守誠爲之宣政院
都事武祺爲首領官京畿道以西臺中丞定定集賢
侍講學士蘇天爵爲之大史院都事留思誠爲首領
官河南江北道以吏部尚書定僧宣政院僉院景
道爲之中書檢校哈爾丹爲首領官至正十二年九
月詔以中書左丞也先不花御史中丞成遵奉使宣
撫彰德大名廣平東昌東平曹濮等處廉訪將帥
經略使至正十八年九月初六日命經略使問民疾
苦招諭叛逆果有怙終不悛總督一應大小官吏治

徐

兵衰粟精練士卒審用成筭申明紀律先定江西湖
廣江淛福建諸處併力撝角務収平復之効不尚屠
戮之威江南各省民義忠君親上姓名不能上達者
優加撫存量才驗功授以官爵旌表孝子順孫義夫
節婦高年耆德常令有司存恤寡孤獨選官二貟
爲經略使叅謀官辟名士一人掌案牘設行軍司馬
一貟秩正五品掌軍律

選舉附錄

科目

元以科目取士自延祐至元統凡七科具見前志既
罷後興之後至正二年三月戊寅廷試舉人賜拜住
陳祖仁等進士及第進士出身同進士出身有差凡
張士堅等進士及第進士出身同進士出身有差如
前科之數國子生貢亦如之八年三月癸卯廷試舉
人賜阿魯輝帖穆而王宗哲等進士及第進士出身
同進士出身有差如前科之數國子生貢亦如之是
年四月中書省奏准監學生貢每歲取及分生貢四
十人三年應貢會試者凡一百二十人除例取十八
人外令後弄取副榜二十人於內蒙古色目各四名
前二名充司鑰下二名充侍儀舍人漢人取一十二
人前三名充學正司樂次四名充學錄典籍管勾以
下五各充舍人不願者聽其還齋十一年三月丙辰
廷試舉人賜朵列圖文〆中等進士及第進士出身
同進士出身有差凡八十有三人國子生貢如舊制

品出身色目人六名正七品出身漢人南人共六名
七十有八人國子生貢十有八人蒙古人從六

元史志卷四十下　三一

十二年三月有旨省院臺不用南人似有偏負天下
四海之內莫非吾民宜依世祖時用人之法南人有
才學者皆令用之自是累科南方之進士始有為御
史為憲司官為尚書者矣十四年三月乙巳廷試舉
人賜薛朝晤牛繼志等進士及第進士出身同進士
出身有差凡六十有二人國子生貢如舊制十七年
三月廷試舉人賜儃王宗嗣等進士及第進士出身
同進士出身有差凡五十有一人國子生貢如舊
制十九年中書左丞相建議宋自景祐以來百五
十年雖無兵禍常設寓試名額以待四方遊士今淮
南河南山東四川遼陽等處及江南各省所屬州縣
避兵士民會集京師如依前代故事別設流寓鄉試
之科令避兵士民就試許在京官貢及請俸掾譯史
人等繫其鄉里親戚者結罪保舉行移大都路選印卷
驗其人數添差試官別為考校依各處元額
者充之則國有得人之效野無遺賢之歎矣既而監
察御史亦建言此事中書送禮部定擬魯經殘破處
所其鄉試元額蒙古色目漢人南人總計一百三十
有二人如今流寓儒人應試名數難同全盛之時其
寓試解額合照依元額減半量擬取合格蒙古色目

元史志卷四十下　三二

各十五名漢人二十名南人十五名通六十有五名中書省奏准如所擬行之而是歲福建行中書省初設鄉試定取七人為額而江西流寓福建者亦與試焉通取十有五人充貢于京師而陝西行省平章政事桑哥罕帖木兒又請今歲八月鄉試河南舉人及避兵儒士不拘籍貫依河南省元額數就陝州置貢院應試詔亦從之二十年三月廷試進士及第進士出身同進士出身有差凡三十

有五人國子生貢如舊制二十三年三月丁未廷試舉人賜賓賓揚輟等進士及第進士出身同進士出身有差凡六十有二人國子生貢如舊制是年六月中書省奏江浙福建舉人渉海道以赴京有六人者已後會試之期宜授以教授之職其下第三人亦以教授之職授之非徒慰其跋涉險阻之勞亦以激勤遠方忠義之士二十五年皇太子撫軍河東適當大比之歲擴廓帖木兒以江南四川等處皆阻于兵其鄉試不廢者唯燕南河南山東陝西河東數道而已乃啓皇太子倍增鄉貢之額二十六年三月廷試舉人賜赫德溥化張棟等進士及第進士出身同進士出身有差凡七十有三人優其品秩第一甲授承直

郎正六品第二甲授承務郎從六品第三甲授從仕郎從七品國子生貢蒙古七名正六品色目六名從六品漢人七名正七品通二十人兵興已後科目取士莫盛于斯而元之設科亦止於是歲云

志卷第四十一下

翰林學士亞中大夫知制誥兼修國史臣宋濂
翰林待制奉直郎兼國史院編修官臣朱右等奉
敕修

食貨一

洪範八政食為首而貨次之蓋食貨者養生之源也民非食貨則無以為生國非食貨則無以為用是以古之善治其國者不能無取於民亦未嘗過取於民其大要在乎量入為出而已傳曰生財有大道生之者眾食之者寡為之者疾用之者舒此先王理財之道也後世則不然以漢唐宋觀之當其立國之初亦頗有成法及數傳之後驕侈生焉徃徃取之無度用之無節於是漢有告緡筭舟車之令唐有借商稅間架之法宋有經總制二錢皆掊民以充國卒之民困而國亡可歎也已元初取民未有定制及世祖立法一本於寬其用之也於宗戚則有歲賜於凶荒則有賑恤大率以親親愛民為重而惓惓於農桑一事可謂知理財之本矣世祖嘗語中書省臣曰凡賜與雖有朕命中書其斟酌之成宗亦嘗謂丞相完澤等曰每歲天下金銀鈔幣所入幾何及一切營建所出幾何其會計以聞完澤對曰歲入

《元史志卷四十二》　一　施疆室

之數金一萬九千兩銀六萬兩鈔三百六十萬錠然猶不足於用又於至元鈔本中借二十萬錠矣自今敢以節用為請帝嘉納焉國用寖廣除稅糧科差二者之外凡課之入日增月益至于天曆之際視至元大德之數蓋增二十倍矣而朝廷未嘗有一日之額則以其不能量入為出故也雖然前代告緡借商經總等制元皆無之亦可謂寬矣其能兼有四海傳及百年者有以也夫故傚前史取其出入之制可

《元史志卷四十二》　二　地

一曰經理二曰農桑三曰稅糧四曰科差五曰海運六曰鈔法七曰歲課八曰鹽法九曰茶法十曰酒醋課十有一曰商稅十有二曰市舶十有三曰額外課十有四曰歲賜十有五曰俸秩十有六曰常平義倉十有七曰惠民藥局十有八曰市糴十有九曰賑恤具著于篇作食貨志

經理

經界廢而後有經理魯之履畝漢之覈田皆其制也夫民之強者田多而稅少弱者產去而稅存非經理固無以去其害然經理之制苟有不善則其害又將有甚焉者矣仁宗延祐元年平章章閭言經理大事

世祖已嘗行之，但其間欺隱尚多，未能盡實。以熟田為荒地者有之，懼差而析戶者有之，冨民買貧民田而仍其舊名輸稅者亦有之，由是歲入不增，小民告病。若其田一切從實自首，庶幾稅入無隱，差徭亦均。於是遣官經理，以章閭等往江浙，尚書你咱馬丁等往江西，左丞陳士英等往河南，仍命行御史臺分臺鎮遏，樞密院以軍防護焉。其法先期揭榜示民，限四十日以其家所有之產，或蕩或隱占逃亡之產，或盜官田為民，措民田為官

《元史志卷四十二》 三

田，及僧道以田作弊者，並許諸人首告。十畝以下，其田主及佃幹佃戶皆杖七十七，二十畝以下加一等，一百畝以下一百七，以上流竄北邊。所隱田沒官，郡縣正官不為查勘致有脫漏者，量事論罪，重者除名。此其大略也。然期限猝迫，貪刻用事，富民黠吏並緣為姦，以無為有，虛具于籍者往往有之，於是人不聊生，盜賊並起，其弊反有甚於前者。仁宗知之，明年遂下詔免三省自寶田租二年。時汴梁路總管塔海亦言其弊，於是命河南自寶田自延祐五年為始，每畝止科其半，汴梁路九減二十二萬餘石。至泰定天曆

之初，又盡革虛增之數，民始獲安，今取其數之可攷者列于后云。

河南省總計官民荒熟田一百一十八萬七百六十九項

江西省總計官民荒熟田四十七萬石四千六百九十三項

江浙省總計官民荒熟田九十九萬五千八百一十項

農桑

農桑，王政之本也。太祖起朔方，其俗不待蠶而衣，不待耕而食，初無所事焉。世祖即位之初，首詔天下，國以民為本，民以衣食為本，衣食以農桑為本。於是頒《農桑輯要》之書于民，俾民崇本抑末，其超見遠識，與古先帝王無異矣。中統元年，命各路宣撫司擇通曉農事者，充隨處勸農官。二年，立十道勸農司，以陳邃、崔斌等八人為使。至元七年，立司農司，以左丞張文謙為卿。司農之設，專掌農桑水利，仍分布勸農官及知水利者，巡行郡邑，察舉勤惰，所在牧民長官提點農事，歲終第其成否，轉申司農司及戶部。秩滿之日，注於解由，戶部照之，以為殿最。又命提

《元史志卷四十二》 四

刑按察司加體察焉其法可謂至矣是年又頒農桑之制一十四條條多不能盡載載其所可法者縣邑所屬村疃九五十家者立一社擇高年曉農事者一人為之長增至百家者別設長一貟不及五十家者與近村合為一社地遠人稀不能相合各自為社者聽其合為社者仍擇數村之中立社長官司長以教督農民為事凡種田者立牌橛於田側書其社及姓名以其上社長以時點視勸誡不率教者籍其姓名以授提點官責之其有不敬父兄及凶惡者亦然仍大書其所犯于門俟其改過自新乃毀如終歲不改罰其

元史志卷四十二　五　曹谷中

代充本社夫役社中有疾病凶喪之家不能耕種者衆為合力助之一社之中災病多者兩社助之凡為長者後其身郡縣官不得以社長與科差事農桑之術以備旱暵為先凡河渠之利委本處正官一貟以時濬治或民力不足者提舉河渠官相其輕重官為導之地高水不能上者命造水車貧不能造者官為給之俟秋成之後驗使水之家俾均輸其有水田材木給之凡井井深不能得水者聽種區田其有水田無水者鑒井井深不能得水者聽種區田其土性不宜者不必區種仍以區田之法散諸農民種植之制每丁歲種桑棗二十株土性不宜者聽種榆柳等其數

亦如之種雜果每丁十株皆以生成為數願多種者聽其無地及有疾者不與所在官司申報不實者罪之仍令各社布種葫蘆以防饑年近水之家又許鑒池養魚并鵝鴨之數及種蒔蓮藕雞頭菱芡蒲葦等以助衣食凡荒閒之地悉以付民先給貧者次及餘戶每年十月令州縣正官一貟巡視境內有蟲蝗遺子之地多方設法除之其用心周悉若此亦仁矣哉九年命勸農官舉察勤惰於是高唐州官以勸陸秩河南陝縣尹王仔以惰降職自是每歲申明其制十年令探馬赤隨處入社與編民等二十五年立行

元史志卷四十二　六　曹谷中

大司農司及營田司於江南二十八年頒農桑雜令是年又以江南長吏勸課擾民罷其親行之制命止移文諭之二十九年以勸農司併入各道肅政廉訪司增僉事二貟兼察農事是年八月又命提調農桑官帳冊有差者驗數罰俸故終世祖之世家給人足天下為戶凡一千一百六十三萬三千二百八十一為口凡五千三百六十五萬四千三百三十七此其十一年申撝農之禁力田者有賞游惰者有罰繼畜牧損禾稼桑棗者責其償而後罪之由是大德之治敦本之明效可睹也已成宗大德元年罷妨農之役

鐵於至元，然旱暵霖雨之災迭見，饑殍臻，民之流移失業者亦已多矣。武宗至大二年，淮西廉訪僉事苗好謙獻種蒔之法。其說分農民為三等，上戶地一十畝，中戶五畝，下戶二畝或一畝，皆築垣墻圍之，以時收桑椹，依法種植。武宗命大司農總挈天下農政，備術等書，茲不備錄。三年，申命大司農於各社民皆令種植。皇慶二年後，申秋耕之令，惟大都等五路許秋耕。仁宗蓋秋耕之利，掩陽氣於地中，蟄蝗蝡種，皆為日所曝死，次年所種，必盛於常禾也。延祐三年，以好謙所至，植桑皆有成效，於是風示諸道，命以為式。是年十一月，令各社出地共蒔桑苗，以社長領之，分給各社。四年，又以社桑分給不便，令民各畦種之，其法雖屢變而有司不能悉遵上意，大率視為具文而已。五年，大司農司臣言，廉訪司所具栽植之數，書于冊者類多不實，則情偽於勸課者又不一，不獨有司為然也，致和之後，莫不申明農桑之令。天曆二年，各道廉訪司所察，勤官內丘何主簿等九十六人，惰官濮陽裴縣尹等九十四人，其可旌者，蓋止於此云。

稅糧

元之取民，大率以唐為法，其取於內郡者曰丁稅、曰地稅，此仿唐之租庸調也；取於江南者曰秋稅、曰夏稅，此仿唐之兩稅也。丁稅、地稅之法，自太宗始行之。初，太宗每戶科粟二石，後又以兵食不足，增為四石。至丙申年，乃定科徵之法，令諸路驗民戶成丁之數，每丁歲科粟一石，驅丁五升，新戶丁、驅各半之，老幼不與。其間有耕種者，或驗其牛具之數，或驗其土地之等徵焉。丁稅少而地稅多者納地稅，地稅少而丁稅多者納丁稅。工匠、僧道驗地，官吏、商賈驗丁。不實者杖七十，徒二年，仍命歲書其數于冊，由課稅所申省以聞，遠者各杖一百。迨及世祖，申明舊制，於是輸納之期、收受之式、關防之禁、會計之法，莫不備焉。中統二年，遠倉之糧，命止於沿河近倉輸納，每石帶納腳錢中統鈔三錢，或民戶赴河倉輸納者，每石折輸輕賚中統鈔七錢。五年，詔僧道、也里可溫、荅失蠻、儒人九種田者，白地每畝輸稅三升，水地每畝五升。軍站戶除地四頃免稅，餘悉徵之，其在軍戶種田他所者，其丁稅輸於附籍之郡驗丁而科，地稅於種田之所驗地而取。逃散之戶，逃於河南等路者，依見居民戶納稅。八年，又定西夏中興路、西寧州凡

刺海三慶之稅其數與前僧道同十七年遂命戶部
大定諸例全科戶丁稅每丁粟三石驅丁粟一石地
稅每畝粟三升減半科戶丁稅每丁粟一石新收交
雜戶第一年五斗第三年一石二斗第四年一
石五斗第五年一石七斗五升第六年入丁稅恊濟
戶丁稅每丁粟一石地稅每畝粟三升隨路近倉輸
粟遠倉每粟一石折納輕賫鈔二兩富戶輸遠倉
之徒結攬稅石者罪之仍令倍輸其數倉官攢典斗
戶輸近倉郡縣各差正官一員部之每石帶納鼠耗
三升分例四升九糧到倉以時收受出給朱錢權勢

《元史志卷四十二》 九

腳人等飛鈔作弊者並置諸法輸納之期分為三限
初限十月中限十一月末限十二月違者初犯笞四
十再犯杖八十成宗大德六年申明稅糧條例復
定上都河間輸納之期上都初限次年五月中限六
月末限七月河間初限九月中限十月末限十一月
秋稅夏稅之法行于江南初世祖平宋時除江東浙
西其餘獨徵徵秋稅而已至元十九年用姚元之請命
江南稅糧依宋舊例折輸綿絹雜物是年二月又用
耿左丞言令輸米三之一餘並入鈔以折焉以七百
萬錠為率歲得羨鈔十四萬錠其輸米者止用宋斗

斛蓋以宋一石當今七斗故也二十八年又命江淮
寺觀田宋舊有者免租續置者輸稅其法亦可謂寬
矣成宗元貞二年始定徵江南夏稅之制於是秋稅
止命輸租夏稅則輸以木綿布絹絲綿等物其所輸
之數視糧以為差糧一石或輸鈔三貫二貫一貫或
一貫五百文一貫七百文一貫五百文者是已皆因其地利之宜人民之
眾酌其中數而取之其折輸之物各隨時估之高下
福建省漳州等五路是已輸二貫者若江浙省婺州
等路江西省龍興等路是已輸一貫五百文者若泉
州等路五路是已輸一貫七百文者若江浙省福建省

《元史志卷四十二》 十

以為直獨湖廣則異於是初阿里海牙克湖廣時罷
宋夏稅依中原例改科門攤每戶一貫二錢盖視夏
稅增鈔五萬餘錠矣大德二年宣慰張國紀請科夏
稅於是湖湘重惟其害俄詔罷之三年又敗門攤為
差重而併徵之每石計三貫四錢之上視江浙江西
慶荒閑之地第三年始輸大德四年又以地廣人稀定
更優一年令第四年納稅凡官田夏稅皆不科泰定
之初又有所謂助役糧者其法命江南民戶有田一
項之上者於所輸稅外每頃量出助役之田具書于

冊里正以次掌之歲取其入以助充役之費冗寺觀
田除宋舊額其餘亦驗其多寡令出田助役爲民賴
以不困因并著于此云
天下歲入糧數總計一千二百一十一萬四千七百八
石
腹裏二百二十七萬一千四百四十九石
行省九百八十四萬三千二百五十八石遼陽省
七萬二千六十六石河南省二百五十九萬一千
二百六十九石陝西省二十二萬九千二十三石
四川省一十一萬六千五百七十四石甘肅省六
萬五百八十六石雲南省二十七萬七千七百一
十九石江浙省四百四十九萬四千七百八十三
石江西省一百一十五萬七千四百四十八石湖
廣省八十四萬三千七百八十七石
江南三省天曆元年夏稅鈔數總計中統鈔一十四
萬九千二百七十三錠三十三貫
江浙省五萬七千八百三十錠四十貫
江西省五萬二千八百九十五錠一十一貫
湖廣省一萬九千三百七十八錠二貫

科差

元史志卷四十二 十一

科差之名有二曰絲料曰包銀其法各驗其戶之上
下而科焉絲料之法太宗丙申年始行之每二戶出
絲一斤并隨路絲線顏色輸于官五戶出絲一斤并
隨路絲線顏色輸于本位包銀之法憲宗乙卯年始
定之初漢民科納包銀六兩至是止徵四兩二兩輸
銀二兩折收絲絹顏色等物速及世祖
中統元年立十路宣撫司定戶籍科差條例然其
大抵不一有元管戶交參戶漏籍戶協濟戶於諸
之中又有絲銀全科戶減半科戶止納絲戶止納鈔
戶外又有攤絲戶儲也速䚟兒所管納絲戶復業
戶漸成丁戶戶既不等數亦不同元管戶內絲銀全
科係官戶每戶輸係官絲一斤六兩四錢包銀四兩
全科係官五戶絲每戶輸係官絲一斤六
兩四錢包銀之數與係官戶同減半科戶每戶輸係
官絲八兩五戶絲三兩二錢包銀二兩止納絲戶每
戶若上都隆興西京等路十戶十四斤者每戶輸
絲一斤六兩四錢止納係官絲
大都以南等路十戶十四斤者每戶輸絲一斤六兩四
六兩四錢交叅戶內止納絲戶每戶輸絲之
兩四錢包銀四兩漏籍戶內止納絲戶每戶輸絲之

元史志卷四十二 十三

數與交雜絲銀戶同止納鈔戶初年科包銀一兩五
錢次年遞增五錢增至四兩併科絲料協濟戶內銀
銀戶每戶輸係官絲十兩二錢包銀四兩止納絲戶
每戶輸係官絲之數與絲銀戶同科絲戶每戶科攤
絲四斤儲也速綿所管戶每戶科細絲其數與攤
絲同後某戶并漸成丁戶初年免科戶第二年減半戶
被災之地聽輸他物折焉其物各以時估為則几儒
科其法亦以戶之高下為等全科與舊戶等然絲料
輸五鈔於是以合科之數作大門攤分為三限輸納
三年又命全科與舊戶等然絲料包銀之外又有俸鈔之

《元史志卷甲二》　十三

士及軍站僧道等戶皆不與二年復定科差之期絲
料限八月包銀初限八月中限十月末限十二月三
年又命絲料無過七月包銀無過九月及平江南其
制盡廣至元二十八年以至元新格定科差諸差
稅皆司縣正官監視人吏置局均科諸夫役皆先富
強後貧弱貧富等者先多丁後少丁成宗大德六年
又命止輸絲戶每戶科俸鈔中統鈔一兩包銀每
戶科二錢五分攤絲戶每戶科攤絲五斤八兩絲料
限八月包銀俸鈔限九月布限十月大率因世祖之
舊而增損云

科差總數

中統四年絲七十一萬二千一百七十一斤鈔五
萬六千一百五十八錠

至元二年絲九十八萬六千一百二十斤包銀
等鈔五萬六千七十四錠布八萬五千四百
一十二疋

至元三年絲一百五萬三千二百二十六斤鈔七
等鈔五萬九千八十五錠

至元四年絲一百九萬六千四百八十九斤鈔七
萬八千一百二十六錠

《元史志卷四十二》　十四

天曆元年包銀差發鈔九百八十九錠與一百
十三萬三千一百一十九索絲一百九萬八千
百四十三斤絹三十五萬五百三十疋綿七萬二
千一十五斤布二十一萬一千二百二十三疋

海運

元都于燕去江南極遠而百司廠府之繁衛士編民
之眾無不仰給於江南自丞相伯顏獻海運之言而
江南之糧分為春夏二運蓋至于京師者一歲多至
三百萬餘石民無輓輸之勞國有儲蓄之富豈非一
代之良法歟初伯顏平江南時嘗命張瑄朱清等以

自浙西涉江入淮由黃河逆水至中灤旱站陸運至
淇門入御河以達于京後又開濟州泗河自淮至新
開河由大清河至利津河入海因海口沙壅又從東
阿旱站運至臨清入御河又開膠萊河道通海勞費
不貲之事以爲海可行於是請于朝廷命上海總管
羅璧朱清張瑄等造平底海船六十艘運糧四萬六
千餘石從海道至京師然瀕行海洋沿山求嶼風信
失時明年始至直沽時朝廷未知其利是年十二月

立京畿江淮都漕運司二仍各置分司以督綱運每
歲令江淮漕運司運糧至中灤京畿漕運司自中灤
運至大都二十年又用王積翁議令阿八赤等廣開
新河然新河候潮以入船多損壞民亦苦之而忙兀
帶言海運之舟悉皆至焉於是罷新開河頗事廢
立萬戶府二以朱清爲中萬戶張瑄爲千戶忙兀觧
爲萬戶府達魯花赤未幾又分新河軍士水手及船
於揚州平灤兩處運糧命三省造船二千艘於濟州
河運糧猶未專於海道也二十四年始立行泉府司
專掌海運增置萬戶府二總爲四府是年遂罷東平

河運糧二十五年內外分置漕運司二其在外者於
河西務置司領接運海道糧事二十八年又用朱清
張瑄之請併四府爲都漕運萬戶府二止令清瑄二
人掌之其屬有千戶百戶等官分爲各翼以督歲運
至大四年遣官至江浙議海運事時江東寧國池饒
廣江西之糧運至真州泊入海船船俱壞歲歲有之又湖
中所宜於是以嘉興松江秋糧并江淮江浙財賦府
歲辦糧充運海漕之利蓋至是博矣凡運糧每石有

腳價鈔至元二十一年給中統鈔八兩五錢其後逐
減至六兩五錢至大三年以福建浙東船戶至平
江載糧者道遠費廣通增爲至元鈔一兩六錢香糯
粳米每石一十三兩温台慶元船運糙粳香糯每石
兩四錢延祐元年斟酌遠近後增其價糙粳稻穀一
一兩七錢爲二兩香糯二兩八錢稻穀一
稻穀每石八兩黑豆每石依糙白糧例給爲初海價
之道自平江劉家港入海經揚州路通州海門縣黃
連沙頭萬里長灘開洋沿山嶼而行抵淮安路鹽城

縣歷西海州海寧府東海縣密州膠州界放靈山洋
投東北路多淺沙行月餘始抵成山計其水程自上
海至揚村馬頭九一萬三千三百五十里至元二十
九年朱清等言其路險惡復開生道自劉家港開洋
至撐腳沙轉沙觜至三沙洋子江過匾擔沙大洪又
過萬里長灘放大洋至青水洋又經黑水洋至成山
過劉島至芝罘沙門二島放萊州大洋抵萊州海口其
道差爲徑直明年千戶殷明略又開新道從劉家港
入海至崇明州三沙放洋向東行入黑水大洋取成
山轉西至劉家島又至登州沙門島於萊州大洋入界

前二道爲最便云然風濤不測糧船漂溺者無歲無之
間亦有船壞而棄其米者至元二十三年始責償於運
官人船俱溺者乃免然視河漕之費則其所得蓋多矣
河當舟行風信有時自浙西至京師不過旬日而已視

歲運之數

至元二十年四萬六千五十石至者四萬二千一
百七十二石　二十一年二十九萬五千石至者
二十七萬五千六百一十石　二十二年一十萬
石至者九萬七千七百七十一石　二十三年五十七
萬八千五百二十石至者四十三萬三千九百五

石　二十四年三十萬石至者二十九萬七千五
百四十六石　二十五年四十萬石至者三十九
萬七千六百五十五石　二十六年九十三萬五
千石至者九十一萬九千四百四十三石　二十
七年一百五十九萬五千石至者一百五十一萬
三千八百五十六石　二十八年一百五十二
萬七千二百五十石至者一百二十八萬一千
六百一十五石　二十九年一百四十萬七千四百
石至者一百三十六萬一千五百一十三
石　三十年九十萬八千石至者八十八萬七千五百
九十一石　三十一年五十一萬四千五百三十三
石至者五十萬三千五百三十四石　元貞元年三
十四萬五百石至者三十二萬
二年三十四萬五千石至者
大德元年六十五萬八
十三萬七千二十六石
三年七十九萬七千五
四年七十九萬
五年七十九萬六千五百
八千九百一十八石
二十八石至者七十六萬九千六百五十石　六

年一百三十八萬三千八百八十三石至者一百
三十二萬九千一百四十八石 七年一百六十
五萬九千四百九十一石至者一百六十二萬八
千五百八石 八年一百六十一石至者一百
石至者一百六十萬四千六百七十九石
五十三萬三千三百四十七石 九年一百六十三
年一百六十八萬三千四十七石至者一百六
百九十九石至者一百七十九萬七千一百七十八
五萬四千二百二十二石 十年一百六十四萬五千
者一百六十四萬四千六百七十九石

元史志卷四十二 十九 大元

者一百六十四萬四千六百七十九石
十一年一百六十六萬五千七百七十九石至
石至者一百七十九萬七千一百七十八
二百九十二萬六千五百三十八石
一十一萬六千九百十三石
二百九十二萬六千五百三十八石 四年二百八十七萬
三千二百一十二石至者二百七十
百六十六石 皇慶元年二百八十萬三千五百石
至者二百六十萬七千六百七十二石 二年二百
十一萬七千二百二十八石至者二百一十五萬八
千六百八十五石 延祐元年二百四十萬三千二
千六百八十五石 延祐元年二百四十萬三千

元史志卷四十二 二十 大元 三八十

百六十四萬四千石至者二百三十五萬六千六百
二年二百四十三萬五千六百八十五石至者
三年二百四十六萬五千二百八十五石至
百四十二萬四千五百一十四石
五萬八千四百五十一石至者二百四十一
二百四十二萬九千五百四十四石
九石 五年二百五十四萬五千二百三十七石
至者二百五十四萬八千六百一十一石 六年
三百二十一萬五千五百八十四石至者二百九十八
萬六千一百七十七石 七年三百二十六萬四千六

萬六千一百七十七石 七年三百二十六萬四千六
石至者三百二十四萬七千八百二十八石至
治元年三百二十六萬四千六百五十石至者
三百二十三萬八千七百六十五石 二年三百
二十五萬一千四百四十石至者三百二十四萬
百八十七石至者三百二十一萬四千六百五
七千四百八十三石至者三百二十四萬八
六千四百八十二石 三年二百八十一
百八十六萬九千六百石至者二百七十一萬八
千六百八十五石 泰定元年二百八十萬三千五百
石至者二百七十二萬七千六百七十二石 二年二
十三石 十三萬七千五百一十一石
百六十七萬一千八百一十四石至者二百六十
十三萬七千五百一十一石 三年三百三十七萬五

七百八十四石至者三百二十五萬一千二百六
十二石　四年三百一十五萬二千八百二十石
至者三百一十三萬七千五百一十二石　天曆
元年三百二十五萬七千五百二十四石
二十一萬二千五百四十石　二年三百五十
二萬二千一百六十三石至者三百三十四萬三
百六石

鈔法

鈔始于唐之飛錢宋之交會金之交鈔其法以物為
母鈔為子子母相權而行即周官質劑之意也元初
倣唐宋金之法有行用鈔其制無文籍可玫世祖中
統元年始造交鈔以絲為本每銀五十兩易絲鈔一
千兩諸物之直並從絲例是年十月又造中統元寶
鈔其文以十計者一十文二十文三十文五十
文以百計者一百文二百文五百文以貫計者
二曰一貫文二貫每一貫同交鈔一兩兩貫同白
銀一兩又以文綾織為中統銀貨其等有五曰一
兩二兩三兩五兩每一兩同白銀一兩而銀貨蓋
末及行云五年設各路平準庫主平物價使相依準
不至低昂仍給鈔一萬二千錠以為鈔本至元十二

年添造釐鈔其例有三曰二文三文五文初鈔印用
木為板十三年鑄銅易之十五年鑄鈔不便於民
復命罷印然元寶交鈔行之既久物重鈔輕二十四
年遂改造至元寶鈔自二貫至五文凡十有一等與中
統鈔通行每一貫文當中統鈔五貫每花銀一兩入
隨路設立官庫貿易金銀平準鈔法每銀一兩入
庫其價至元鈔二貫五分赤金一兩同至大二
二十貫出庫二貫五百文偽造鈔者處死首告者
賞鈔五錠仍以犯人家產給之其法為最善至大二
年武宗復以物重鈔輕改造至大銀鈔自二兩至二

釐定為一十三等每一兩準至元鈔五貫白銀一兩
赤金一錢元之鈔法至是而大變矣大抵至元鈔五
倍於中統至大鈔又五倍於至元然未及期年仁宗
即位以倍數太多輕重失宜遂有罷銀鈔之詔而中
統至元二鈔終元之世盖常行焉如故其貫伯分明
統二年委官就交鈔庫以新鈔倒換昏爛者陳工墨三十文
元二年減為二十文二十二年復增如故其鈔每季各
三年減為二十文
微有破損者並令行用遠者罪之所焚之鈔就焚之
路就令納課正官解赴省部焚毀隸行省者就焚之
大德二年戶部定昏鈔為二十五樣泰定四年又定

焚毀之所皆以廉訪司官監臨行省官者行省官同監
其制之大略如此若錢自九府圜法行于成周歷代未
嘗廢或廢元之交鈔寶鈔雖皆以錢為文而錢則弗之鑄
也武宗至大三年初行錢法立資國院泉貨監以領之
其錢曰至大通寶者一文準至大銀鈔一釐曰大元通
寶者一文準至大通寶者十文歷代銅錢悉依舊例
與至大錢通用其當五當三折二並以舊數用之明年
仁宗俊下詔以鼓鑄弗給新舊資用其弊滋甚與銀鈔
皆廢不行所立院監亦皆罷革而專用至元中統鈔云

歲印鈔數

中統元年中統鈔七萬三千三百五十二錠
二年中統鈔三萬九千一百三十九錠
三年中統鈔八萬錠
四年中統鈔七萬四千錠
至元元年中統鈔八萬九千二百八十錠
二年中統鈔一十一萬六千二百八錠
三年中統鈔七萬七千二百五十二錠
四年中統鈔一十萬九千四百八十八錠
五年中統鈔二萬九千八百八十錠
六年中統鈔二萬二千八百九十六錠
七年中統鈔九萬六千七百六十八錠
八年中統鈔四萬七千錠
九年中統鈔八萬六千二百五十六錠

十年中統鈔一十一萬一千九百十二錠
十一年中統鈔二十四萬七千四百四十錠
十二年中統鈔三十九萬八千一百九十四錠
十三年中統鈔一百四十一萬九千六百六十五錠
十四年中統鈔一百二十一萬六千四百五錠
十五年中統鈔一百二萬三千三百二十七錠
十六年中統鈔七十八萬三千二百二十錠
十七年中統鈔一百一十三萬五千八百錠
十八年中統鈔一百九十四萬五千八百錠
十九年中統鈔一百二十萬四千四百錠
二十年中統鈔六十六萬九千六百二十錠
二十一年中統鈔六十二萬九千八百四十錠

二十二年中統鈔二百四萬三千八百錠
二十三年中統鈔二百一十八萬一千六百錠
二十四年中統鈔八萬三千二百錠至元鈔一百萬一千一百一十七錠
二十五年至元鈔九十二萬一千二百一十六錠
二十六年至元鈔一百七十八萬九千十二錠
二十七年至元鈔五十萬二千五百二十八錠
二十八年至元鈔五十萬錠
二十九年至元鈔五十萬錠中統鈔二萬六千二百五十錠
三十年至元鈔二十六萬錠
三十一年至元鈔一十九

萬三千七百六錠　元貞元年至元鈔三十一萬
錠　二年至元鈔四十萬錠　大德元年至元鈔
四十萬錠　二年至元鈔二十九萬九千九百一
十錠　三年至元鈔九十萬七十五錠　四年至
元鈔六十萬錠　五年至元鈔一百萬錠　六年
至元鈔二百萬錠　七年至元鈔一百五十萬
八年至元鈔一百萬錠　九年至元鈔五十萬錠
錠　十年至元鈔一百萬錠　十一年至元鈔五十萬
百萬錠　至大元年至元鈔二年至
元鈔一百萬錠　三年至大銀鈔一百四十五萬

三百六十八錠　四年至元鈔二百一十五萬錠
中統鈔一十五萬錠　皇慶元年至元鈔二百二
十二萬二千三百三十六錠　中統鈔一十萬錠　延祐
二年至元鈔二百萬錠　中統鈔二十萬錠
元年至元鈔二百萬錠　中統鈔二十萬錠　二年
至元鈔一百萬錠　中統鈔一十萬錠　三年
鈔四十萬錠　中統鈔一十萬錠　四年至元
十八萬錠　中統鈔一十萬錠　五年至元鈔四十
萬錠　中統鈔一十萬錠　六年至元鈔一百四十
八萬錠　中統鈔一十萬錠　七年至元鈔一百四

十八萬錠　中統鈔一十萬錠　至治元年至元鈔
一百萬錠　中統鈔五萬錠　二年至元鈔八十萬
錠　中統鈔五萬錠　三年至元鈔六十萬錠　中統
鈔五萬錠　泰定元年至元鈔四十萬錠　中統
一十五萬錠　二年至元鈔四十萬錠　中統鈔一
十萬錠　三年至元鈔四十萬錠　中統鈔一十萬
錠　四年至元鈔四十萬錠　中統鈔一十萬
天曆元年至元鈔四十萬錠　中統鈔一十萬
三萬五百錠　二年至元鈔一百二十九萬二千
錠　中統鈔四萬錠

志卷第四十二

翰林學士承旨知制誥兼修國史臣宋濂　翰林待制兼國史院編修官臣梁桂等奉敕修

　食貨二

　　歲課

山林川澤之產若金銀珠玉銅鐵水銀朱砂碧甸子
鈜錫礬硝鹼竹木之類皆天地自然之利有國者之
所必資也而或以病民者有之矣元興因土人呈獻
而定其歲入之課多者不盡收少者不強取非知理
財之道者能若是乎產金之所在腹裏曰益都檀景

元史志卷四十三　一

遼陽省曰大寧開元江淛省曰饒徽池信江西省曰
龍興撫州湖廣省曰岳澧沅靖辰潭武岡寶慶河南
省曰江陵襄陽四川省曰成都嘉定雲南省曰威楚
麗江大理金齒曲靖元江羅羅會川建昌德昌
柏興烏撒東川烏蒙產銀之所在腹裏曰大都真定
保定雲州般陽晉寧懷孟濟南海遼陽省曰大寧
江淛省曰饒州建寧延平江西省曰撫瑞韶湖廣省
曰興國郴州河南省曰汴梁安豐汝寧陝西省曰
雲南省曰威楚大理金齒臨安元江產珠之所曰
大都曰南京曰羅羅曰水達達曰廣州產玉之所曰
于闐曰匪力沙產銅之所在腹裏曰益都遼陽省曰
大寧雲南省曰大理澂江產鐵之所在腹裏曰河東

順德檀景濟南江淛省曰饒徽寧國信慶元台處
贛臨江桂陽湖廣省曰興元雲南省曰中慶大理金齒臨安
建寧興化邵武福泉江西省曰韶州桂陽湖廣省曰潭州
曲靖澂江羅羅建昌產朱砂水銀之所在遼陽省曰
北京湖廣省曰沅潭四川省曰思州產碧甸子之所
曰和林曰會川產鈜錫之所在江浙省曰鈆山台處
道州陝西省曰興元雲南省曰中慶大理金齒臨安
產礬之所在腹裏曰廣平冀寧江淛省曰鈆山邵武
湖廣省曰潭州河南省曰盧州河南省曰硝礬之所
晉寧若竹木之產所在有之不可以所言也初金課

元史志卷四十三　二

之興自世祖始其在益都者至元五年命于從剛高
興宗以淘金戶漏籍民戶四千命軍官付益都淄萊等
路淘金總管府依舊淘金其課於太府監輸納在遼陽者至元
十年聽李德仁於龍山縣胡碧峪淘採每歲納課金
三兩十三年又於遼東雙城及和州等處淘採焉在江
浙者至元二十四年立提舉司以建康等處淘金夫

九七千三百六十五戶隸之所轄金場九七十餘所

未幾以建康無金革提舉司罷淘金戶其徽饒池信

之課皆歸之有司在江西者至元二十三年撫州樂

安縣小曹周歲辦金一百兩在湖廣者至元二十年

撥常德澧辰沅靜民萬戶付金場轉運司淘焉在四

州者元貞元年諸路總納金一百五定此金課之興華可攻者然

也銀在大都者至元十一年聽王庭璧於樞州奉先

等洞採之十五年令關世顯等於薊州豐山採之在

雲州者至元二十七年撥民戶於望雲煽煉設從七

品官掌之二十八年又開聚陽山銀場二十九年遂

立雲州等處銀場提舉司在遼陽者延祐四年惠州

銀洞三十六眼立提舉司辦課在江浙者至元二十

一年建寧南劍等處立銀場提舉司聽民煽煉每年

至元二十三年韶州路曲江縣銀場聽民煽煉每年

輸銀三千兩在河南者延祐三年李珪等包霍丘縣

銀場課銀三定四年李允直包豹子崖銀洞

課銀三十錠其所得礦大抵以十分之三

輸官此銀課之興華可攻者然也珠在大都者元貞元年聽民於

揚村直沽口撈採命官買之在南京者至元十一年

《元史‧卷四十三》 三 崔蘇

命減怯安山等於宋阿江阿爺苦江忽呂古江採之

在廣州者採於大步海他如兀難曲桑剌渾都忽三

河之珠至元五年徙鳳哥等戶撈焉勝州延州乃延

等城之珠十三年命桑魯不得等撈焉此珠課之興

革可攻者然也玉在匪力沙舊有三百經亂散亡存

者止七十戶其力不充而匪力沙之地旁近有民戶

六十每同淘焉於是免其差徭與淘戶等所立水站迤至京師

合馬阿里三人言淘玉之戶舊有三百經亂散亡存

於忽都勝忽兒舍里甫丁三人所立水站迤至京師

此玉課之興華可攻者然也銅在益都者至元十六

年撥戶一千於臨朐縣七寶山等處採之在遼陽者

至元十五年撥採木夫一千戶於錦州瑞州雞山巴山

等處採之在澂江者至元二十二年撥漏籍戶於羅

矣山煽煉之在澂江者至元二十二年撥漏籍戶

戶七百六十煽為丁酉年立爐於西京州縣撥冶

也鐵在河東者太宗丙申年立爐於交城縣撥冶戶一

千煽為至元五年始立洞冶總管府七年罷之十三

年立平陽等路提舉司十四年又罷之其後廢置不

常大德十一年聽民煽煉官為抽分至武宗至大元

年復立河東都提舉司掌之所隸之冶八日大通日

《元史‧卷四十三》 四 崔

興國曰惠民曰利國曰益國曰閏曰富寧曰豐寧之
冶蓋有二云在順德等慶者至元三十一年撥冶戶
六千煽焉大德元年設都提舉司掌之其後亦廢置
不常至延祐六年始罷兩提舉司併爲順德廣平彰
德等慶提舉司併爲順德廣平陽
不常至延祐六年始罷兩提舉司掌之其後亦廢置
始於此京撥戶煽焉中統二年立提舉司爲都提
亦廢置不常大德五年始倂檀景三提舉司
舉司所隸之冶有七曰雙峯曰暗峪曰左村曰豐陽
曰臨水曰沙窩曰神德曰固鎮在檀景等處者太宗丙申年
德等慶提舉司所隸之冶有七曰雙峯曰暗峪曰銀崖曰大峪
曰五峪曰利貞曰錐山在濟南等處者中統四年拘

漏籍戶三千煽焉至元五年立洞冶總管府其後亦
廢置不常至大元年復立濟南都提舉司所隸之
監有五曰昆吾曰通和曰元國曰富國其在
各省者獨江浙江西湖廣之課爲最多凡鐵之等不
一有生黃鐵有生青鐵有靑不鐵有鑌鐵每引二百
斤此鐵課之興華可攷者然也朱砂水銀在北京者
至元十一年命蒙古都喜以恤品人戶抬吉思迷之
地採煉在湖廣五寨蕭雷發等每年包納之
砂一千五百兩羅管賽包納水銀二千二百四十兩
潭州安化縣每年辦朱砂八十兩水銀五十兩碧甸

子在和林者至元十年命烏馬兒採之在會川者二
十一年輸一千餘硯此朱砂水銀碧甸子課之興華
可攷者然也鉛錫在湖廣者至元八年辰沅靖等處
轉運司印造錫引起各冶支錫販賣無引者比私鹽
容商買引赴各冶支錫引每引計錫一百斤官收鈔三百
六十其錫没官鈔錫課之興華可攷者然也錫在
廣平者至元二十八年路鶻舉獻磁州武安縣礬窰
一十所周歲辦白礬三千斤在潭州者至元十八年
李日新自具工本於瀏陽永興礬場煎煮每十斤官
抽其二在河南者至元二十四年立礬課所於無爲路每礬

一引重三十斤價鈔五兩此礬課之興華可攷者然
也竹之所產雖不一而腹裏之河南懷孟陝西之京
兆鳳翔皆有在官竹園國初皆立司竹監掌之每歲令
稅課所官以時採斫定其價爲三等易于民間至元
四年始命制國用使司印造竹引竹監竹引至二十二
年罷司竹監聽民自賣輸稅明年又用郭晙言於衛
一萬道每道取工墨一錢九輝懷高洛京襄益郡宿開等
州復立竹貨皆隸爲在官者輸稅二十三
慶竹課皆隸提舉司者辦課在民者輸稅二十
又命陝西竹課提領司差官於輝懷辦課二十九
年

丞相完澤言懷孟竹課頻年所伐已損課無所出科

民以輸宜罷其課長養數年世祖從之此竹課之興

革可攷者也若夫硝鹻木課其興革無籍可攷故不

著焉

天曆元年歲課之數

金課腹裏四十七兩三錢　江浙省一百

八十錠一十五兩一錢　江西省二錠四十兩五

錢　湖廣省八十錠二十兩一錢　河南省三十

八兩六錢　四川省煎金七兩二錢　雲南省一

百八十四錠一兩九錢

銀課腹裏一錠二十五兩　江浙省一百一十五

錠三十九兩二錢　江西省四百六十二錠三兩

五錢　湖廣省二百三十六錠九兩　雲南省七

百三十五錠三十四兩三錢

銅課雲南省二千三百八十斤

鐵課江浙省額外鐵二千四百萬五千八百六十七

斤課鈔一千七百三錠一十四兩　江西省二十

一萬七千四百五十斤課鈔二百七十六錠二十

四兩　湖廣省二十八萬二千五百九十五斤

河南省三十九百三十斤　陝西省一萬斤　雲

南省一十二萬四千七百一斤

鈆錫課江浙省額外鈆

錢鈆冊九錠四十二兩二錢黑錫二十四錠九兩五

兩二錢　江西省錫一十七錠七兩　湖廣省鈆

一千七百九十八斤

礬課腹裏三十三兩八錢　河南省額外二千四百一十

外四十二兩五錢　江浙省額外

四錠三十三兩一錢

硝鹻課晉寧路二十六錠七兩四錢

竹木課腹裏木六百七十六錠一十五兩四錢

木九千三百五十五兩二十四　江浙省額外竹

木五百九十錠二十三兩三錢　江西省額外竹二

十六萬九千六百九十五竿板木五萬八千六百

外竹一千一百三錠二兩　河南省竹二

外木七十三錠二十五兩三錢竹二錠四十兩額

條額外竹木一千七百四十八錠三十兩一錢

鹽法

國之所資其利最廣者莫如鹽自漢桑弘羊始榷之

而後世未有遺其利者也元初以酒醋鹽稅河泊金

銀鐵冶六色取課於民歲定白銀萬錠太宗庚寅年

始行鹽法每鹽一引重四百斤其價銀一十兩世祖
中統二年減銀為七兩至元十三年既取宋而江南
之鹽所入充廣每引改為中統鈔九貫二十六年增
為五十貫元貞丙申每引又增為六十五貫至元己
酉至延祐乙卯七年之間累增為一百五十貫九偽
造鹽引者皆斬籍其財產付告人充賞犯界者減私鹽罪一
等以其鹽之半沒官半賞之然歲辦之課難易各
二年杖七十止籍其家產有郡邑首告者於所籍之
不同有因自凝結而取者解池之頗鹽也有黃海而

後成者河間山東兩淮兩浙福建等處之末鹽也惟
四川之鹽出於井深者數百尺汲水煑之視他處為
最難今各因其所產之地言之
大都之鹽太宗丙申年初於白陵港三义沽大直沽
等處置司設教煎辦每引有工本錢世祖至元二年
又增寶坻三鹽場竈戶工本每引為中統鈔三兩與
清滄等八年以大都民戶多食私鹽因麗國課驗口
給以食鹽十九年罷大都及河間山東三鹽運司設
戶部尚書負外郎各一負別給印令於大都置局賣
引鹽商貿引赴各場關鹽發賣每歲竈戶工本省臺

遺官逐季分給之十九年改立大都蘆臺越支三义
沽鹽使司二十五年復立三义蘆臺越支三鹽使
司二十八年增寵竈戶工本每引為中統鈔八兩二十
九年以歲饑減鹽課一萬引入京兆鹽運司添辦三萬
德元年以歲饑減竈戶工本省臺歲辦三萬引入河間
河間之鹽太宗庚寅年始立河間稅課所置鹽場撥
竈戶二千三百七十六隸之每鹽一袋重四百斤甲
午年立鹽運司庚子年改立提舉滄清鹽課使所歲辦
四千七百袋癸卯年改立提舉滄清鹽課使所歲辦
鹽九萬袋定宗四年改真定河間等路課程所為提

舉鹽榷滄清鹽使所憲宗二年又改河間課程所為
提舉滄清鹽使司八年每袋增鹽至四百五十斤
世祖中統元年改立宣撫司提領滄清鹽課使所四
年改滄清鹽提領所為轉運司是年辦銀七千六
十五錠米三萬三千三百餘石至元元年又增三
一萬二年改立河間都轉運司歲辦九萬五千袋
年始定例歲煎鹽十萬引辦課銀一萬錠十二年改
立都轉運使司添竈戶九百餘增鹽課二十萬引是年改
八年以河間竈戶勞苦增工本為中統鈔三貫是年
又增竈戶七百八十六十九年罷河間都轉運司改

立清滄鹽使司工二十二年後立河間等路都轉運
鹽使司增鹽課為二十九萬六百二十三年改立
河間都轉運司通辦鹽酒稅課二十七年增工本為
中統鈔五貫二十七年增竈戶四百七十辦鹽三十
五萬引至大元年文增至四十五萬引延祐元年以
鹽課停煎五萬引自是至天曆皆歲辦四十萬引所
隸之場九二十有二

元史志卷四十三 十一

山東之鹽太宗庚寅年始立益都課稅所撥竈戶
千一百七十隸之每銀一兩得鹽四十斤甲午年立
食鹽三斤竈戶逃亡者招民戶補之是歲辦銀三千
三百錠至元二年改立山東轉運司辦課銀四千六
百錠一十九兩是年戶部造山東鹽引六年增歲辦
鹽為七萬一千九百九十八引自是每歲增之至十
二年改立山東都轉運司歲辦鹽二十四萬七千四
百八十七引十八年增竈戶七百又增歲辦鹽為二
萬五千四百八十七引竈戶工本錢亦增為中統鈔
三貫二十三年歲辦鹽二十七萬一千七百四十二
引二十六年減為二十二萬引大德十年又增為二

十五萬引至大元年之後歲辦正餘鹽為三十一萬
引所隸之場九一十有九
河東之鹽出解州鹽池池方一百二十里每歲五月
場官伺池鹽生結令夫搬摣鹽花其法必值亢陽池
鹽方就或過陰雨則不能成矣太宗庚寅年始立平
陽府徵收課稅所從實辦課每鹽四十斤得銀一兩
癸巳年撥新降戶一千命鹽使姚行簡等修理鹽池
損壞蠹所憑宗壬子年又增撥一千八百五十戶歲撈
鹽一萬五千引辦課銀三千錠世祖中統二年初立
陝西轉運司仍置解鹽司於路村三年以太原民戶

元史志卷四十三 十二

自煎小鹽歲辦課銀一百五十錠五年又增小鹽課
銀為二百五十錠至元三年諭陝西四川以所辦鹽
課赴行制國用使司輸納鹽引令制國用使司給降
四年立陝西四川轉運司六年立太原提舉鹽課每
直隸制國用使司十年命撈鹽戶九百八十餘每丁
撈鹽一石給工價鈔五錢歲辦鹽六萬四千引計中
統鈔一萬一千五百二十錠二十三年改立陝西都
轉運司兼辦鹽酒醋竹等課二十九年減大都鹽司
一萬引入京兆鹽司添辦是年五月又革京兆鹽司
一止存鹽運司大德十一年增歲額為八萬二千引

至大元年，又增煎餘鹽為二萬引，通為一十萬二千引。延祐三年，以池為雨所壞，止辦課鈔八萬二千餘錠。於是晉寧、陝西之民改食滄鹽。五年，乃兗河南懷孟河南之民改食常仁紅鹽。懷孟河南三路今歲陝西鹽課，仍授鹽運使暨所臨路府州縣正官兼知榷事，賣以疏通壅塞。六年，改陝西運司為河東解鹽等慶都轉運鹽使司，直隸中書省。十月，罷陝西行省所委巡鹽官六十八員，改立提領所二，增餘鹽五百料。又罷撈鹽提領二十員，添設通判一員，列鑄分司印。是年實撈鹽一十八萬四千五百引。天曆二年辦課鈔三十九萬五千三百九十五定。

四川之鹽，為場凡一十有二，為井凡九十有五，在成都、夔府、重慶、叙南、嘉定、順慶、瀘川、紹慶等路萬山之間。元初，設拘榷課稅所，分撥竈戶五千九百餘隸之，從實辦課。後為鹽井廢壞，四川鹽運司修理鹽井，仍禁解鹽不許過界。八年，罷四川茶鹽運司。十九年，復立陝西四川轉運司，併鹽課入四川道宣慰司。二年，立興元四川鹽運司。十六年，復立之。十八年，三十二年，改立四川鹽運司，通辦鹽課。三十二年，改立四川鹽茶運司，分京兆運司為二。歲煎鹽一萬四百五十一引。二十六年

一萬七千一百五十二引。皇慶元年，以竈戶艱辛，減煎餘鹽五千引。天曆二年，辦鹽二萬八千九百一十引，計鈔八萬六千七百三十錠。

遼陽之鹽，太宗丁酉年，始命北京路徵收課稅所，以大鹽泊、硬鹽立辦鹽之法。每鹽一石，價銀白七錢半，帶納羊一千。石兒硬鹽不許過塗河界。運司布二千四，恤品路布一千，石兒硬鹽不許過塗河界。是年諭各恤下鹽課，如例輸納。二十四年，立瀋州等路鹽課舊納羊一千者，亦令如倒輸鈔。延祐二年，又命食鹽人戶歲辦課鈔，每兩率加五焉。

兩淮之鹽，至元十二年，命提舉馬里范埴依宋舊例辦課，每引重三百斤，其價為中統鈔八兩。十四年，立兩淮都轉運使司，每引始改為四百斤。十六年，額辦五十八萬七千六百二十三引。二十年以襄陽民改食，引二十六年減一十五萬引。三十年以襄陽民改食，揚州鹽又增八千二百引。大德四年，諭兩淮鹽運司設關防之法，凡鹽商經批驗所發賣者，所官收批引牙錢；其不經批驗所者，本倉就收之。八年以竈戶艱辛，遺官究議停煎五萬餘引。天曆二年額辦正餘鹽

九十五萬七十五引計中統鈔二百八十五萬二百
二十五錠所隸之場凡二十有九其工本鈔亦自四
兩淛之鹽增至十兩云
四十八引每引分作二袋每袋依宋十八界會子折
二引十九年每引於福價之上增鈔四貫二十一年
中統鈔九兩十八年增至二十一萬八千五百六十
置常平局以平民間鹽價二十三年增歲辦爲四十
五萬引二十六年減十萬引三十年置局賣鹽魚驄
於海濱漁所三十一年併煎鹽地四十四所爲三十
四場大德三年立兩浙鹽運司檢校所四五年增額
爲四十萬引至大元年又增餘鹽五萬引延祐六年
罷四檢挍所立嘉興紹興等處鹽倉官三十四場各
場鹽運官一員歲辦五十萬引七年各運司鹽課以
十分爲率議白銀一分每銀一錠准鹽課四十錠其
工本鈔淛四一一場正鹽每引迤增至二十兩餘
鹽至二十五兩淛東二十三場正鹽每引迤增至二
十五兩餘鹽至三十兩云
福建之鹽至元十三年始收其課爲鹽六千五十五
引十四年立市舶司兼辦鹽課二十年增至五萬四

千二百引二十四年改立福建等處轉運鹽使司歲
辦鹽六萬引二十九年罷福建鹽運司及鹽使司改
立福建鹽課提舉司增鹽爲七萬引大德四年復立
鹽運司九年改立福建鹽運司至順元年實辦鹽
課都提舉司增鹽至十萬引至大元年又增至十三
萬引四年改立福建鹽運司至順元年實辦鹽課三
萬七千七百八十三錠其工本鈔每引迤增
至二十貫曬鹽每引至十七貫四錢所隸之場有
七
廣東之鹽至元十三年克廣州因宋之舊立提舉司
從寶辦課十六年立江西鹽鐵茶都轉運司所轄鹽
使司六各場立管勾是年辦鹽六百二十一引二十
二年分江西鹽隸廣東宣慰司歲辦一萬八百二十
五引二十三年併廣東鹽司及市舶提舉司爲廣東
鹽課市舶提舉司每歲辦鹽一萬一千七百二十五
引大德四年增至正餘鹽二萬一千三萬五千
十年又增至三萬引十一年三萬五千五百引至大
元年又增餘鹽一萬五千引延祐二年歲煎五萬五
百五十五年又增至五萬五百五十二引所隸之場凡
十有三

廣海之鹽至元十三年初立廣海鹽課提舉司辨鹽
二萬四千引三十年又立廣西石康鹽課提舉司大
德十年增一萬一千引至大元年又增餘鹽課一萬五
千引延祐二年正課鹽通爲五萬一千六十五引

九天下一歲總辦之數惟天庸爲可攷今併著于后

鹽課鈔總二百五十六萬四千餘引

鹽課鈔總七百六十六萬一千餘錠

茶法

權茶始于唐德宗至宋遂爲國賦額與鹽等矣元之
茶課由約而約大率因宋之舊而爲之制焉世祖至
元五年用運使白廣言榷成都茶於京兆鞏昌置局
發賣私自採賣者其罪與私鹽法同六年始立西蜀
四川監榷茶場使司掌之十二年既平宋復用左丞
呂文煥言榷江西茶以宋會五十貫準中統鈔一貫
十三年定長引短引之法以三分取一長引計茶
一百二十斤收鈔五錢四分二釐八毫短引計茶
九十斤收鈔四錢二分八毫是歲徵一千二百餘錠
十四年取三分之半增至二十三百餘錠十五年又
增至六千六百餘錠十七年置榷茶都轉運司于江
州總江淮荊湖福廣之税而遂除長引專用短引每

引收鈔二兩四錢五分草茶每引收鈔二兩二錢四
分十八年增額至二萬四千錠十九年以江南茶課
官爲置局令客買引通行貨賣歲終增二萬錠二十
一年廉運使言各處食茶課程抑配于民非便於是
華之而以其所華之數於正課每引增一兩五分是
爲三兩五錢二十三年又以李起南言增引稅爲
年徵四萬錠二十五年改立江西等處都轉運司二
十六年丞相桑哥增引稅爲一十貫三十年又改江
南茶法凡管茶提舉司每茶商貨茶必令賞引無引者與
併入附近提舉司所罷其課少者五所

私茶同引之外又有茶由以給賣零茶者初每由茶
九斤收鈔一兩至是自三斤至三十斤分爲十等隨
處批引局同每引收鈔一錢元貞元年有獻利者言
舊法江南茶商至江北者又税之其在江南賣者亦
宜更税如江北之制於是朝議復增江南課三千錠
而弗税是年凡徵八萬三千錠至大元年以龍興瑞
州爲皇太后湯沐邑其課入徽政院四年增額至一
十七萬一千一百三十一錠皇慶二年更定江南茶
法又增至一千一百九十萬二千八百六十六錠延祐元年
改設批驗茶由局官五年用江西茶副法忽魯丁言

立減引添課之法每引增稅爲一十二兩五錢通辦
鈔二十五萬錠七年遂增至二十八萬九千二百一
十一錠天曆二年始罷榷茶司而歸諸州縣其歲征之
數蓋與延祐同至順之後無籍可攷他如范殿帥茶
西番大葉茶建寧騰茶亦無從知其始末故皆不著

酒醋課

元之有酒醋課自太宗始其後皆著定額爲國賦之
一焉利之所入亦厚矣初太宗辛卯年立酒醋務坊
場官榷沽辦課仍以各州府司縣長官充提點官隸
徵收課稅所其課額驗民戶多寡定之甲午年頒酒
麴醋貨條禁私造者依條治罪世祖至元十六年以
大都河間山東酒醋商稅等課併入鹽運司二十二
年詔免襄民醋課是年二月命隨路酒課依京師例
每石耶一十兩三月用右丞盧世榮等言罷上都醋
課其酒課亦改榷沽之制令酒戶自具工本官司拘
賣每石止輸鈔五兩二十八年詔江西酒醋之課不
隸茶運司福建酒醋之課不
司辦之二十九年丞相完澤等言杭州省酒課歲辦
二十七萬餘錠湖廣龍興歲辦止九萬錠輕重不均
於是減杭州省十分之二令湖廣龍興南京三省分

辦大德八年大都酒課提舉司設槽房一百所九年
併爲三十所每所一日所醞不許過二十五石之上
十年後增三所至大三年又增爲五十四所其制之
可攷者如此若夫累朝以課程撥賜諸王公主及各
寺者凡九所云

天下每歲總入之數

酒課　腹裏五萬六千二百四十三錠六十七兩
陝西行省一萬一千七百七十四錠三十四兩四錢
河南行省七萬五千七十七錠二十一兩五錢
遼陽行省二千二百五十錠一十一兩二錢
四川行省七千五百九十錠二十兩
甘肅行省二千七百七十八錠三十五兩九錢
湖廣行省五萬八千六百四十錠一十六兩八錢
雲南行省二十一萬一千一百一十七索
江浙行省一十九萬六千五百一十四錠二十一兩三錢
江西行省五萬八千七百四十八錠四十九兩八錢
醋課　腹裏三千五百七十六錠四十八兩九錢
遼陽行省三十四錠二十六兩五錢
陝西行省一千五百七十三錠三十九兩二錢
河南行省二千八百四十錠三十六兩四錢
四川行省六……

百一十六錠一十二兩八錢　江浙行省一萬一
千八百七十錠一十九兩六錢　江西行省九百
五十一錠二十四兩五錢　湖廣行省一千二百
三十一錠二十七兩九錢

商稅

商賈之有稅本以抑末而國用亦資焉元初未有定
制太宗甲午年始立徵收課稅所凡倉庫院務官并
合于人等命各處官司選有產有行之人充之其所
辦課程每月赴所輸納有貿易借貸者並徒二年秋
七十所官擾民取財者其罪亦如之世祖中統四年

用阿合馬王光祖等言凡在京權勢之家爲商賈及
以官銀賣買之人並令赴務輸稅入城不吊引者同
匿稅法至元七年遂定三十分取一之制以銀四萬
五千錠爲額有溢額者別作增餘是年五月以上都
商旅往來艱辛特免其課凡典賣田宅不納稅者禁
之二十年詔差廉幹官二員提調增餘者
遷賞虧兌者陪償降黜凡增餘每月以其數申
部違期不申及雖申不圓者其首領官初犯罰俸再
犯決一十七令史加一等三犯正官招呈省其院再
務官俸鈔於增餘錢內給之是年始定上都稅課六

十分取一舊城市肆院務遷入都城者四十分取一
二十二年又增商稅契本每一道爲中統鈔三錢減
上都稅課於一百兩之中取七錢半二十六年從丞
相桑哥之請送大增天下商稅腹裏爲二十萬錠江
南爲二十五萬錠二十九年定諸路輸納之限不許
過四孟月十五日三十一年詔天下商稅有增餘者
毋作額元貞元年用平章剌真言支增上都之稅至
大三年契本一道復增作元鈔三錢速至天曆之
際天下總入之數視至元七年所定之額蓋不啻百

商稅額數

大都宣課提舉司一十萬三千六錠一兩一十四
錢　大都路八千二百四十二錠九兩七錢　上
都留守司一千二百三十四錠五兩　上都稅課
提舉司一萬五百二十五錠五兩　興和路七百
七十一錠一十七兩一錢　永平路二千二百七十
二錠四兩五錢　保定路六千五百七錠二十三
兩五錢　嘉定路一萬七千四百八錠三兩九錢
順德路二千五百錠九兩九錢　廣平路五千
三百七十錠二十兩二錢　彰德路四千八百五錠

四十二兩八錢　大名路一萬七百九十五錠八
兩五錢　懷慶路四千九百四十九錠二兩
輝路三千六百六十三錠七兩　河間路一萬四
百六十六錠四十七兩二錢　東平路七千一百
四十一錠四十八兩四錢　東昌路四千八百七
十九兩一錢　濟寧路一萬二千四百三錠
四兩一錠三十二兩　高唐州四千

濮州二千六百七十一錠二
二百五十九錠六兩　泰安州二千
十五兩四錢　冠州七百三十八錠一十九
錢　寧海州九百四十四錠三錢　德州二千九
百一十九錠四十二兩八錢　益都路九千四百
七十七錠一十五兩　濟南路一萬二千七百五
十二錠三十六兩四錢　般陽路三千四百八十
六錠九兩　大同路八千四百三十八錠一十九
兩一錢　冀寧路一萬七千一百二十四兩
兩二錢　晉寧路二萬一千三百五十九錠四十兩
二錢
六錢
嶺北行省四百四十八錠四十五兩六錢　遼陽
行省八千二百七十三錠四十一兩四錢　河南

行省一十四萬七千四百二十八錠三十二兩三
錢　陝西行省四萬五千七百七十九錠三十九
兩二錢　四川行省一萬六千六百七十六錠四
兩八錢　甘肅行省一萬七千三百六十一錠三
十六兩三錢　江西行省六萬二千二百一十七
錠三十兩三錢　江浙行省二十六萬九千二十
二兩七錢　湖廣行省六萬八千八百四十
四錠九兩二錢

市舶

互市之法自漢通南粵始其後歷代皆嘗行之至宋
置市舶司于浙廣之地以通諸蕃貨易則其制為益
詳矣元自世祖定江南凡瀕海諸郡與蕃國往還互
易舶貨者其貨以十分取一麤者十五分取一以市
舶官主之其發舶迴帆必著其所至之地驗其所易
之物給以公文為之期日大抵皆因宋舊制而為之
法焉於是至元十四年立市舶司一於泉州令忙古
解領之立市舶司三於慶元上海澉浦令福建安撫
使楊發督之每歲招集舶商於蕃邦博易珠翠香貨
等物及次年迴帆依例抽解然後聽其貨賣時客航
自泉福販土產之物者其所徵亦與蕃貨等上海市

舶司提控王楠以為言於是定雙抽單抽之制雙抽
者蕃貨也單抽者土貨也十九年又用耿左丞言以
鈔易銅錢令市舶司以錢易海外金珠貨物仍聽舶
戶通販抽分二十年遂定抽分之法是年十月忙古
觧言舶商皆以金銀易香木於是下令禁之唯鐵不
禁二十一年設市舶都轉運司於杭泉二州官自具
船給本選人入蕃貿易諸貨其所易所獲之息以十分為
率官取其七所易人得其三凡權勢之家皆不得用
己錢入蕃為賈貿易者依例抽之二十二年併福建市
客旅就官船賣買者依例抽之

舶司入鹽運司改曰都轉運司領福建漳泉鹽貨市
舶二十三年禁海外博易者毋用銅錢二十五年又
禁廣州官民毋得運米至占城諸蕃出糴二十九年
命市舶驗貨抽分是年十一月中書省定抽分之數
及漏稅之法凡商旅販泉福等處已抽之物於本省
有市舶司之地賣者細色於二十五分之中取一麤
色於三十分之中取一免其輸稅其就市舶司買者
止於賣趣收稅而不再抽漏舶物貨依例斷沒三十
年又定市舶抽分雜禁凡二十一條條多不能盡載
擇其要者錄焉泉州上海澂浦溫州廣東杭州慶元

市舶司凡七所獨泉州於抽分之外又取三十分之
一以為稅自今諸處悉依泉州例取之仍以溫州市
舶司併入慶元杭州市舶司併入稅務凡金銀銅鐵
男女並不許私販入蕃行省行泉府司市舶司官每
年於迴帆之時前期至抽解之所以待舶船之至
先封其捲者罪之三十一年
商以細貨於馬八兒唄喃三蕃國交易
至岸隱漏物貨者多命就海中逆而閱之二年禁海
成宗詔有司勿拘海舶聽其自便元貞元年以舶船
別出鈔五萬錠令沙不丁等議規運之法大德元年
罷行泉府司二年併澂浦上海入慶元市舶提舉司
直隸中書省是年又置制用院七年以禁商下海罷
之至大元年復立泉府院整治市舶司事二年罷行
泉府院以市舶提舉司仍隸行省四年又併提舉司
年復立市舶提舉司於泉州延祐元
帆之日細物十分抽二麤物十五分抽二七年以下
蕃之人將絲銀細物易于外國又併提舉司罷之至
治二年復立泉州慶元廣東三處提舉司申嚴市舶
之禁三年復聽海商貿易歸徵其稅泰定元年諸海舶
至者止令行省抽分其大畧如此若夫中買寶貨之

制泰定三年命省臣依累朝呈獻例給價天曆元年
以其靡耗國財詔加禁止几中獻者以違制論云

額外課

元有額外課謂之額外者歲課皆有額而此課不在
其額中也然國之經用亦有賴焉課之名凡三十有
二其一曰廥二曰契本三曰河泊四曰山塲五曰
窰冶六曰房地租七曰門攤八曰池塘九曰蒲葦十
曰食羊十一曰荻葦十二曰煤炭十三曰撞岸十四
曰山查十五曰䴵十六曰魚十七曰漆十八曰酒十
九曰山澤二十曰蕩二十一曰柳二十二曰牙例二
十三曰乳牛二十四曰抽分二十五曰蒲二十六曰
魚苗二十七曰柴二十八曰羊皮二十九曰磁三十
曰竹葦三十一曰蓋三十二曰白藥其歲入之數唯
天曆元年可攷云

曆日總三百一十二萬三千一百八十五本計中
統鈔四萬五千九百八十錠三十二兩五錢內腹
裏七萬二千一十本計鈔八千五百七十錠三十
一兩一錢行省二百五十五萬二千一百七十五
本計鈔三萬七千四百一十錠一兩四錢大曆二
百二十萬二千二百三本每本鈔一兩計四萬四
千四十四錠三兩小曆九十一萬五千七百二十
五本每本鈔一錢計一千八百三十一錠三十二
兩五錢回回曆五千二百五十七本每本鈔一兩
計一百五十錠七兩

契本
內腹裏九千一百一十四道計鈔二千四百
四十九錠四十八兩行省二十三萬五千七百六十四
道計鈔...

河泊課總計鈔五萬七千六百四十三錠二十三
兩四錢內腹裏四百六十六錠四十六兩二錢行省五
萬七千一百七十六錠四十七兩二錢

山塲課總計鈔七百一十九錠四十九兩一錢內
腹裏二百三十九錠一十三兩四錢行省四百八
十錠三十五兩六錢

窰冶課總計鈔九百五十六錠四十五兩九錢內
腹裏一百九十七錠三十二兩四錢行省七百五
十九錠一十三兩

房地租總計鈔一萬二千五百一十三錠四十八兩
四錢內腹裏九百六十六錠五兩三錢行省一萬

一千八十七錠四十三兩一錢

門攤課總計鈔二萬六千八百九十九錠一十九兩一錢內湖廣省二萬六千一百六十七錠三兩四錢江西省三百六十錠一兩五錢河南省三百七十二錠一十四兩一錢

池塘課總計鈔一千九錠二十六兩五錢江浙省二十四錠二十二兩四錢江西省九百八十錠三兩八錢

蒲葦課總計鈔六百八十六錠三十三兩四錢內腹裏一百四十一錠五兩八錢行省五百四十五錠二十七兩六錢

食羊等課總計鈔一千七百六十錠二十九兩七錢內大都路四百三十八錠上都路三百九十三錠興和路三百錠大同路四百七十九錠羊市二百二十九錠二十九兩七錢煤木所一百錠

荻葦課總計鈔七百二十四錠六兩九錢內河南省六百四十四錠五兩八錢江西省八十錠一兩八錢

煤炭課總計鈔二千六百一十五錠二十六兩四錢內大同路一百二十九錠一兩九錢煤木所二千四百九十六錠二十四兩五錢

撞岸課總計鈔一百八十六錠三十七兩五錢內般陽路一百六十錠二十四兩寧海州二十六錠一十三兩五錢恩州一十三兩八錢

山查課總計鈔七十五錠二十六兩四錢內真定路一錠二十五兩四錢廣平路四十錠五兩一錢大同路三十三錠三十七兩四錢

麴課江浙省鈔五十五錠三十七兩四錢

魚課江浙省鈔一百一十二錠四十兩四錢

漆課總計鈔一百一十二錠二十六兩四錢內四川省

平灤路二十三錠二十五兩四錢江西行省六錠一十二兩五錢

酢課總計鈔二十九錠三十七兩八錢內腹裏永廣元路一百一十一錠二十五兩八錢

山場課總計鈔二十四錠二十一兩一錢內彰德路二十三錠四十兩懷慶路一十錠三十一兩一錢

蕩課平江路八百八十六錠七錢

柳課河間路四百二錠一十四兩八錢

牙例課河間路二百八錠三十三兩八錢

乳牛課真定路二百八錠三十兩

抽分課黃州路一百四十四錠四十四兩五錢

蒲課晉寧路七十二錠

魚苗課龍興路六十五錠八兩五錢

柴課安豐路三十五錠一十一兩七錢

羊皮課襄陽路一十錠四十八兩八錢

磁課夔寧路五十八錠

竹葦課奉元路三千七百四十六錠三兩六錢

蕫課興元路一百六十二錠二十七兩九錢

白藥課彰德路一十四錠二十五兩

志卷第四十三

翰林學士亞中大夫知制誥兼修國史臣宋濂……
翰林待制奉議郎知制誥兼國史院編修官臣王禕等奉
敕修

食貨三

歲賜

五戶出絲一斤不得私徵之皆輸諸有司之府視所

自昔帝王於其宗族姻戚必致其厚者所以明親親
之義也元之為制其又厚之至者歟凡諸王及后妃
公主皆有食采分地其路府州縣得薦其私人以為
監秩祿受命如王官而不得以歲月通選調其賦則
當得之數而給與之其歲賜則銀幣各有差始定於
太宗之時而增於憲宗之日及世祖平江南又各益
以民戶時科差未定每戶折支中統鈔五錢至成宗
後加至二貫其親親之義若此誠可謂厚之至矣至
於勳臣亦然又所以大報功也故詳著其所賜之人
及其數之多寡于後

諸王

太祖叔荅里真官人位
　歲賜銀三十錠段一百匹
　五戶絲丙申年分撥寧海州一萬戶延祐六

年實有四千五百三十二戶計絲一千八百
一十二斤
江南戶鈔至元十八年撥南豐州一萬一千

太祖弟搠只哈撒兒大王淄川王位
　歲賜銀一百錠段三百匹
　五戶絲丙申年分撥殷陽路二萬四千四百
　九十三戶延祐六年實有七千九百五十四
　戶計絲三千六百五十六斤
　江南戶鈔至元十三年分撥信州路三萬戶

計鈔一千二百錠
太祖弟哈赤溫大王子濟南王位
　歲賜銀一百錠綿六百二十五斤小銀色絲
　五千斤段三百四半皮一千張
　五戶絲延祐六年實有二萬一千七百八十五
　戶計絲九千七百四十八斤
　江南戶鈔至元十八年分撥建昌路六萬五
　千戶計鈔二千六百錠

太祖弟幹真那顏位

歲賜銀一百錠絹五千九十八匹綿五千九

十八斤段三百四諸物折中統鈔一百二十

錠羊皮五百張金一十六錠四十五

五戶絲丙申年分撥益都路莘廥六萬二千

一百五十六戶計絲一萬一千四百二十五

江南戶鈔至元十八年分撥建寧路七萬一

千三百七十七戶計鈔二千八百五十斤

太祖弟孛羅古觧大王子廣寧王位

歲賜銀一百錠段三百四

元史志卷四十四

五戶絲丙申年分撥恩州一萬二千六百三

戶延祐六年實有二千四百二十戶計絲一

千三百五十九斤

江南戶鈔至元十八年分撥鈆山州一萬八

千戶計鈔七百二十定

太祖長子术赤大王位

歲賜段三百四常課段一千四

五戶絲丙申年分撥平陽四萬一千三百二

戶戊年真定晉州一萬戶

江南戶鈔至元十八年分撥永州六萬戶計

鈔二千四百錠

太祖次子茶合觧大王位

歲賜銀一百錠段三百四匹綿六百二十五

常課金六錠六兩

十戶戊年真定深州一萬戶延祐六年實

有一萬七千二百一十一戶計絲六千四百

五戶絲丙申年分撥太原四萬七千三百

江南戶鈔至元十八年分撥澧州路六萬七

千三百三十戶計鈔二千六百九十三錠

三十八斤

元史志卷四十四

太祖第三子太宗子定宗位

歲賜銀一十六錠三十三兩段五十四

五戶絲丙申年分撥大名六萬八千五百九

十三戶計絲一萬二千八百三十

五戶計絲五十一百九十三斤

太祖第四子睿宗子阿里不哥大王位

歲賜銀一百錠段三百四

五戶絲丙申年分撥真定路八萬戶延祐六

年實有一萬五千二百二十八戶計絲五千一十

三斤

太祖第六子闊列堅太子河間王位

　歲賜銀一百錠段三百四

　五戶絲丙申年分撥河間路四萬五千九百

　三十戶延祐六年實有一萬一百四十戶計

　絲四千四百七十九斤

　江南戶鈔至元十八年分撥衢州路五萬三

　千九百三十戶計鈔二千一百五十七錠

太祖第五子兀魯赤太子　無嗣

　四千戶計鈔四千一百六十錠

　江南戶鈔至元十八年分撥撫州路一十萬

《元史志卷四十四》　五　中華山

太宗子合丹大王位

　歲賜銀一十六錠三十三兩段五十四

　五戶絲丁巳年分撥汴梁在城戶至元三年

　改撥鄭州延祐六年實有二千三百五十六

　戶計絲九百三十六斤

　江南戶鈔至元十八年分撥常寧州二千五

　百戶計鈔一百錠

太宗子城里大王位

　歲賜銀一十六錠三十三兩段五十四

　五戶絲丁巳年分撥汴梁在城戶至元三年

太宗子闊出太子位

　歲賜銀六十六錠三十三兩段五十四

　五戶絲丁巳年分撥汴梁路在城戶至元三

太宗子合失大王位

　歲賜銀一十六錠三十三兩段五十四

　五戶絲丁巳年分撥汴梁路在城戶至元三

　年改撥蔡州三千八百一十六戶延祐六年

　實有三百八十八戶計絲一百五十四斤

　改撥鈞州一千五百八十四戶延祐六年實

　有二千四百九十六戶計絲九百九十七斤

《元史志卷四四》　六　中華山

太宗子闊端太子位

　歲賜銀一十六錠三十三兩段五十四

　五戶絲丙申年分撥東京路四萬七千七百

　十一戶延祐六年實有一萬七千八百二十

　五戶計絲三千五百二十四斤

　江南戶鈔至元十八年分撥常德路四萬七

　千七百四十戶計鈔一千九百九錠

　年改撥雎州五千二百一十四戶延祐六年

　實有一千九百三十七戶計絲七百六十四斤

睿宗長子憲宗子阿速台大王位

歲賜銀八十二錠段三百匹又泰定二年晃
兀帖木兒大王改封并王增歲賜銀一十錠
班禿大王銀八錠又泰定三年明里忽都魯
皇后位下添歲賜中統鈔一千錠段五十四
五戶絲癸丑年查過衛輝路三千三百四十
二戶延祐六年實有二千二百八十戶計絲
九百一十六斤
絹五十四

裕宗妃伯藍也怯赤

裕宗子世祖次子裕宗位

歲賜銀五十錠
江南戶鈔延祐三年分撥江州路德化縣二
萬九千七百五十錠
五戶絲丁巳年計鈔一千一百九十錠

裕宗子順宗子武宗
十三戶
江南戶鈔大德八年分撥瑞州路六萬五千
戶計鈔二千六百錠

裕宗子旭烈大王位
歲賜銀一百錠段三百匹

王浩卿

五戶絲丁巳年分撥彰德路二萬五千五十
六戶延祐六年實有二千九百二十九戶計
絲二千二百一斤

晉宗子阿里不哥大王位見前

晉宗子末哥大王位
歲賜銀五十錠段三百四
五戶絲丁巳年分撥河南府五千五百五十
二戶延祐六年實有八百九戶計絲三百三
十三斤
江南戶鈔至元十八年分撥茶陵州八千五

十二戶計鈔三百二十四錠

晉宗子撥綽大王位
歲賜銀五十錠段三百四
五戶絲丁巳年分撥真定蠡州三千三百
十七戶延祐六年實有一千四百七十二戶
計絲六百一十二斤
江南戶鈔至元十八年分撥耒陽州五千三
百四十七戶計鈔二百一十三錠

晉宗子歲哥都大王位
五戶絲壬子年元查認濟南莘廳五千戶延

王岩卿

祐六年實有五十戶計綵二十斤

世祖長子朶兒只太子位
腹裏江南無分撥戶

世祖次子裕宗后位
歲賜段匹一千四絹一千四
江南戶鈔至元十八年分撥龍興路一十萬
五千戶計鈔四千二百錠又四怯薛伴當江
南戶鈔至元十八年撥瑞州上高縣八千戶
計鈔三百三十錠

世祖次子安西王忙哥剌位
計鈔三百三十錠

歲賜段匹一千四絹一千四
江南戶鈔至元十八年分撥吉州路六萬五
千戶計鈔二千六百錠

世祖次子北安王那木罕位
歲賜段匹一千四絹一千四
江南戶鈔至元二十二年分撥臨江路六萬
五千戶計鈔二千六百錠

世祖次子平遠王闊闊出位
歲賜段匹物料折鈔一千六百五十六錠銀
五十錠折鈔一千錠

江南戶鈔泰定元年分撥永福縣〔一萬三千〕
六百四戶計鈔五百四十四錠

世祖次子西平王奧魯赤位
歲賜段匹物料折鈔一千六百五十六錠銀
五十錠折鈔一千錠

世祖次子愛牙赤大王位
江南戶鈔大德七年分撥南恩州一萬三千
六百四戶計鈔五百四十四錠
歲賜銀五十錠段匹物料折鈔
一千六百五十六錠

世祖次子鎮南王脫歡位
江南戶鈔皇慶元年分撥邵武路光澤縣一
萬三千六百四戶計鈔五百四十四錠
歲賜銀五十錠段匹物料折鈔一千六百五
十六錠

世祖次子雲南王忽哥赤位
江南戶鈔皇慶元年分撥福州路寧德縣一
萬三千六百四戶計鈔五百四十四錠
歲賜銀五十錠段匹物料折鈔一千六百五
十六錠

江南戶鈔皇慶元年分撥福州路福安縣一
萬三千六百四戶計鈔五百四十四錠

世祖次子忽都帖木兒太子位
歲賜銀五十錠折鈔一千錠段匹物料折鈔
一千六百五十六錠
江南戶鈔皇慶元年分撥泉州路南安縣一
萬三千六百四戶計鈔五百四十四錠

裕宗長子晉王甘麻剌位
歲賜段一千四匹絹一千四又染兒只延祐元
年爲始年例支中統鈔一千錠

五戶絲闌闌不花所管益都二十九戶
江南戶鈔皇慶元年分撥南康路六萬五千
戶又選里哥兒不花湘寧王分撥湘鄉縣六
萬五千戶計鈔二十六百錠

順宗子阿木哥親王位
江南戶鈔皇慶元年分撥慶元路六萬五千
戶計鈔二千六百錠

順宗子武宗子明宗位
江南戶鈔延祐二年分撥湘潭州六萬五千
戶計鈔二千六百錠

合丼大王位
五戶絲戊午年分撥濟南漏籍二百戶延祐
六年實有一百九十三戶計絲七十七斤

阿魯渾察大王
五戶絲丁巳年分撥廣平等處一百五十
延祐三年實有八十七戶計絲三十四斤

霍里禿大王
五戶絲丁巳年分撥廣平三十戶延祐三年
實有五戶計絲二斤

阿剌忒納失里豫王
天曆元年分撥江西行省南康路

后妃公主
太祖四大斡耳朵
大斡耳朵
歲賜銀四十三錠紅紫羅二十四染絹一百
匹雜色絨五千斤針三千筒段七十五匹常
課段八百四
五戶絲乙卯年分撥保定路六萬戶延祐六
年實有一萬二千六百九十三戶計絲五千
二百七十斤

江南戶鈔至元十八年分撥頴州路二萬戶

計鈔八百錠

第二斡耳朵

歲賜銀五十錠段七十五匹常課段一千
百九十四

戶延祐六年實有一千五百五十六戶計綠
六百五十七斤

五戶綠丁巳年分撥河間青城縣二千九百

江南戶鈔至元十八年分撥頴州路一萬五
千戶計鈔六百錠

元史卷四十四　十三　片樂道

第三斡耳朵

歲賜銀五十錠段七十五匹
十二

五戶綠壬子年查認過真定等處晴零三百
一十八戶延祐六年實有一百二十一戶計

綠四十八斤

江南戶鈔至元十八年分撥頴州路二萬一
千戶計鈔八百四十錠

第四斡耳朵

歲賜銀五十錠段七十五匹

五戶綠壬子年分撥真定等處二百八十三

戶延祐六年實有一百一十六戶計綠四十

六斤又八不別及妃子位至元二十五年分
撥河間清州五百一十戶計綠二百四斤

世祖四斡耳朵

大斡耳朵

歲賜銀五十錠

江南戶鈔大德三年分撥袁州路宜春縣一
萬戶計鈔一千六百錠

第二斡耳朵

元史卷四十五　古五　片樂道

歲賜銀五十錠叉七錠段一百五十四

江南戶鈔至元二十一年分撥袁州路分宜
縣四千戶計鈔一百六十錠大德四年分撥
袁州路萍鄉州四萬二千戶計鈔一千六百

八十錠

第三斡耳朵

歲賜銀五十錠

江南戶鈔大德十年分撥袁州路宜春縣二
萬九千七百五十戶計鈔一千一百九十錠

第四斡耳朵

歲賜銀五十錠
江南戶鈔大德十年分撥袁州路萬載縣二
萬九千七百五十戶計鈔一千一百九十錠

順宗后位
歲賜叚五百匹
江南戶鈔大德二年分撥三萬二千五百戶

武宗幹耳朶
真哥皇后位
歲賜銀五十錠
江南戶鈔延祐二年分撥湘陰州四萬二千
戶計鈔一千六百八十錠

完者台皇后位
歲賜銀五十錠
江南戶鈔延祐二年分撥潭州路衡山縣二
萬九千七百五十戶計鈔一千一百九十錠

阿昔倫公主位
至元六年分撥葭州等處種田三百戶

趙國公主位
五戶絲丙申年分撥高唐州二萬戶延祐六
年實有六千七百二十九戶計絲二千三百

九十九斤
江南戶鈔至元十八年分撥柳州路二萬七
千戶計鈔一千八十錠

魯國公主位
五戶絲丙申年分撥濟寧路三萬戶延祐六
年實有六千五百三十戶計絲二千二百九
十斤
江南戶鈔至元十八年分撥汀州四萬戶計
鈔一千六百錠

昌國公主位
五戶絲丙申年分撥一萬二千六百五十二

戶延祐六年實有三千五百三十一戶計絲
二千七百六十六斤
江南戶鈔至元十八年分撥廣州路二萬七
十戶計鈔一千八十錠

鄆國公主位
五戶絲丙申年分撥濮州三萬戶延祐六年
實有五千九百六十八戶計絲一千八百三
十六斤
江南戶鈔至元十八年分撥橫州等處四萬
戶計鈔一千六百錠

塔出駙馬

五戶絲壬子年元查真定等處歲時零二百七
十戶延祐六年實有二百三十二戶計絲九
十五斤

帶魯罕公主位

五戶絲延祐六年實有代支戶六百三十戶
計絲二百五十四斤

歲賜銀四錠八兩段一十二四

大雷公主位

五戶絲丙申年分撥延安府九千七百九十
六戶延祐六年實有代支戶一千八百九戶

奔忒古兒駙馬

五戶絲庚辰年分撥眼戶五百七十三戶延
祐六年實有五十六戶計絲二十二斤
計絲七百二十二斤

獨木千公主位

五戶絲丁巳年分撥平陽一千一百戶延祐
六年實有五百六十戶計絲二百二十四斤
江南戶鈔至元十八年分撥梅州程鄉縣一
千四百戶計鈔五十六錠

勳臣

木華黎國王

五戶絲丙申年分撥東平三萬九千一十九
戶延祐六年實有八千三百五十四戶計絲
三千三百四十三斤
江南戶鈔至元十八年分撥韶州等路四萬
一千一十九戶計絲一千六百四十斤

孛羅先鋒

五戶絲丙申年分撥廣平等處種田一百戶
延祐六年實有七十戶計絲二十八斤

行五兒

五戶絲丙申年分撥大名種田一百戶延祐
六年實有三十八戶計絲一十五斤

閣閣不花先鋒

五戶絲壬子年元查益都等處歲時零二百七
十五戶延祐六年實有一百二十七戶計絲
一十五斤

撒吉思不花先鋒

五戶絲壬子年元查汴梁等處二百九十一
戶延祐六年實有一百二十七戶計絲一十

五斤

阿里侃斷事官
五戶絲壬子年元查濟寧等處三十五戶計絲一十四斤

乞里歹援都
五戶絲丙申年分撥東平一百戶計絲四十斤

孛羅海援都
五戶絲壬子年元查德州等處一百五十三戶計絲六十一斤

拾得官人
五戶絲壬子年元查東平等處暫零一百一十二戶計絲八十四斤

伯納官人
五戶絲壬子年元查東平三十二戶延祐六年實有四十五戶計絲一十八斤

笑乃帶先鋒
五戶絲丙申年分撥東平一百戶延祐六年實有七十八戶計絲三十一斤

帶孫郡王
五戶絲丙申年分撥東平東阿縣一萬戶延祐六年實有一千六百七十五戶計絲七百二十斤

愠里吝兒薛禪
江南戶鈔至元十八年分撥韶州路樂昌縣一萬七千戶計鈔四百二十八錠
五戶絲丙申年分撥泰安州二萬戶延祐六年實有五千九百七十一戶計絲二千四百
江南戶鈔至元十八年分撥桂陽州二萬一千戶計鈔八百四十錠

术赤台郡王
五戶絲丙申年分撥德州二萬戶延祐六年實有七千一百四十六戶計絲二千九百四十八斤
江南戶鈔至元十八年分撥連州路二萬一千戶計鈔八百四十錠

阿兒思蘭官人
江南戶鈔至元十八年分撥漵州路三千戶

孛魯古妻佟氏
計鈔一百二十定

五戶絲丙申年分撥真定一百戶延祐六年

實有三十九戶計絲一十五斤

八咎子

五戶絲丙申年分撥順德路一萬四千八十

七戶延祐六年實有四千四百四十六戶計

絲二千四百六斤

江南戶鈔至元十八年分撥欽州路一萬五

千八十七戶計鈔六百三錠

右手萬戶三授下李羅台萬戶

五戶絲丙申年分撥廣平路洛水州一萬七

千三百三十三戶延祐六年

《元史志卷四十四》 廿一 中華山

三十三戶計絲一千七百三十八斤

江南戶鈔至元十八年分撥全州路清湘縣

一萬七千九百一十九戶計鈔七百一十六

錠

咸木台駙馬

五戶絲丙申年分撥廣平路磁州九千四百

五十七戶延祐六年實有二千四百七十戶計

絲九百八十九斤

江南戶鈔至元二十二年分撥全州路錄事

司九千八百七十六戶計鈔三百九十五錠

翰闊烈闊里必

五戶絲丙申年分撥廣平路一萬五千八百

七戶延祐六年實有一千七百三戶計絲六

百八十斤

江南戶鈔至元二十年分撥全州路灌陽縣

一萬六千一百五十七戶計鈔六百四十六錠

左手九千戶合丹大息千戶

五戶絲丙申年分撥河間路齊東縣一千二

十三戶延祐六年實有三百六十戶計絲

一百六十斤

《元史志卷四十四》 廿二 中華山

江南戶鈔至元十八年分撥藤州蒼梧縣一

千二百四十四戶計鈔九錠

也速不花寺四千戶

五戶絲丙申年分撥河間路陵州一千二百

一十七戶延祐六年實有五百五十九戶計

絲二百二十三斤

也速兀兒荅三千戶

五戶絲丙申年分撥河間路寧津縣一千七

百七十五戶延祐六年實有七百二十二戶

計絲二百八十八斤

江南戶鈔至元十八年分撥藤州等處三千
七百三十二戶計絲二百八十八斤

帖揳兀禿千戶
五戶絲丙申年分撥河間路臨邑縣一千
百五十戶延祐六年實有三百五十四戶計
絲二百六斤

和斜溫兩投下
五戶絲丙申年分撥曹州一萬戶延祐六年
四十四戶計鈔四十九錠
江南戶鈔至元十八年分撥藤州一千二百
戶計鈔四百二十錠

實有一千九百二十八戶計絲七百四十八斤
江南戶鈔至元十八年分撥貴州一萬五百

忽都虎官人
五戶絲壬子年查認過廣平等處四千戶
江南戶鈔至元十八年分撥鄆州曲江縣五
千三百九戶計鈔二百一十二錠

减古赤
五戶絲丙申年分撥鳳翔府實有一百三十戶
江南戶鈔至元二十二年分撥永州路祁陽

縣五十戶計鈔二百錠

塔思火兒赤
五戶絲丙申年分撥東平種田戶并壬子年
續查戶共六百八十戶延祐六年實有三百
八十九戶計絲一百五十五斤

塔丑萬戶
五戶絲壬子年元查平陽等處一百八十六
戶延祐六年實有八十一戶計絲三十七斤

察罕官人
五戶絲壬子年元查懷孟等處三千六百六
十戶計絲二百

李羅渾官人
五戶絲壬子年元查保定等處四百一十五
丁巳年分撥衛輝路淇州一千一百戶延祐
六年實有一千九十九戶計絲四百四十九斤
十四斤

戶延祐六年實有五百六十戶計絲二百

速不台官人
五戶絲丁巳年分撥汴梁等處一千一百
千戶計鈔一百六十錠
江南戶鈔至元二十七年大德六年分撥四

延祐六年實有五百七十七戶計絲二百三
十斤

江南戶鈔至元二十年分撥欽州靈山縣一
千六百戶計鈔六十四錠

宿敦官人

五戶絲丁巳年分撥真定一千一百戶延祐
六年實有六十四戶計絲二十八斤

也苦千戶

五戶絲丁巳年分撥東平等處一千一百戶
延祐六年實有二百九十五戶計絲一百一
十八斤

江南戶鈔至元十八年分撥梅州一千四百
戶計鈔五十六錠

阿可兒

五戶絲癸五年分撥益都路高苑縣一千戶
延祐六年實有一百九十六戶計絲七十八
斤

伯八千戶

五戶絲丁巳年分撥太原一千一百戶延祐
六年實有三百五十一戶計絲一百四十斤

兀里羊哈歹千戶

五戶絲戊午年分撥東平等處一千戶延祐
六年實有四百七十九戶計絲一百九十一
六

秃薛官人

五戶絲丁巳年分撥興元等處種田六百戶
延祐六年實有二百戶計絲八十斤

塔察兒官人

五戶絲壬子年元查平陽二百戶延祐六年
實有二百戶計絲八十斤

折米思拨都兒

五戶絲丙由年分撥懷孟等處一百戶延祐
六年實有五十戶計絲二十斤

猱虎官人

五戶絲丁巳年分撥平陽一千戶延祐六年
實有六百戶計絲二百四十斤

孛哥帖木兒

五戶絲丙申年分撥真定等處五十八戶計

也速魯千戶

絲二十三斤

五戶絲壬子年分撥真定路一百六十九戶

延祐六年實有四十戶計絲一百一十六斤

鎮海相公

五戶絲壬子年元查保定九十五戶延祐六

年實有五十三戶計絲二十一斤

按察兒官人

五戶絲壬子年分撥太原等處五百五十戶

延祐六年實有九十八戶計絲二十九斤

按攤官人

五戶絲中統元年元查平陽路種田戶六十

戶延祐六年實有四十戶計絲一十六斤

阿朮魯拔都

五戶絲壬子年查大名等處三百一十戶延

祐六年實有三百一十戶計絲一百二十斤

李羅口下裴太納

五戶絲壬子年元查廣平等處八十二戶延

祐六年實有三十戶計絲一十二斤

戍木台行省

五戶絲壬子年元查大同等處七百五十一戶

延祐六年實有二百五十五戶計絲一百一十斤

撒禿千戶

江南戶鈔至元二十年分撥溻州三千戶計

鈔一百二十錠

也可太傅

五戶絲壬子年元查上都五百四十戶延祐

六年實有三百戶計絲一百二十斤

迭哥官人

五戶絲丙申年分撥大名清豐縣一千七百

一十三戶延祐六年實有一千三百七十戶計

絲五百七斤

小迷揑拔都兒

五戶絲壬子年元查懷孟八十八戶延祐六

年實有四十戶計絲一十六斤

黃兀兒塔海

五戶絲丙申年分撥平陽一百四十四戶延

祐六年實有一百戶計絲四十斤

怯來千戶

江南戶鈔至元二十年分撥溻州路三千戶

哈剌口溫

計鈔一百二十錠

五戶綵壬子年元查真定三十二戶

戈剌中書元圖撒罕里
五戶綵壬子年元查大都等處八百七十戶
延祐六年實有四百四十九戶計綵一百一十七斤

欠帖木
五戶綵壬子年元查曹州三十四戶延祐六

欠帖溫
年實有三十四戶

歲賜絹一百四弓絃一千條

江南戶鈔至元十九年分撥梅州安仁縣四
千戶計鈔一百六十錠

扎八忽娘子

歲賜常課段四百七十四

魚兒泊八剌干戶
五戶綵大德元年分撥真定等處一千戶延
祐三年實有六百戶計綵二百四十斤

昔寶赤
江南戶鈔至元二十一年分撥衢州路安仁
縣四千戶計鈔一百六十錠

八剌哈赤
江南戶鈔至元二十一年分撥台州路天台
縣四千戶計鈔一百六十定

阿塔赤
江南戶鈔至元二十一年分撥常德路沅江
縣四千戶計鈔一百六十錠

必闍赤
江南戶鈔至元二十一年分撥袁州路萬載
縣三千戶計鈔一百二十錠

貴赤
江南戶鈔至元二十一年分撥和州路歷陽縣
四千戶計鈔一百六十錠

歇列赤
江南戶鈔至元二十一年分撥婺州路永康縣
五十戶計鈔二十錠

八兒赤不魯古赤
江南戶鈔至元二十一年分撥衢州路鄙縣
六百戶計鈔二十四錠

阿速拔都
江南戶鈔至元二十一年分撥廬州等處三

千四百九戶計鈔一百三十六錠

也可怯薛

江南戶鈔至元二十一年分撥武岡路武縣

五千戶計鈔二百錠

忽都荅見怯薛

江南戶鈔至元二十一年分撥武岡路新寧

縣五千戶計鈔二百錠

帖古迭兒怯薛

江南戶鈔至元二十一年分撥常德路龍陽

縣五千戶計鈔二百錠

月赤察兒怯薛

江南戶鈔至元二十一年分撥武岡路綏寧

玉龍帖木兒千戶

江南戶鈔至元二十年分撥潭州三千戶計

鈔一百二十錠

別苫千戶

江南戶鈔至元二十年分撥潭州三千戶計

鈔一百二十錠

憧兀兒兀王

鈔一百二十錠

江南戶鈔延祐二年為始支中統鈔二百錠

霍木海

無城池

哈剌赤禿禿哈

五戶絲壬子年元查大明等處三十三戶

江南戶鈔至元二十一年分撥饒州路四千

戶計鈔一百六十錠

添都虎見

五戶絲丙申年分撥真定一百戶

賈荅剌罕

五戶絲壬子年元查大都一百二十戶

阿剌愽兒赤

五戶絲壬子年元查真定五十五戶

忽都那顏

五戶絲壬子年元查大名二十戶

忽辛火者

五戶絲壬子年元查真定二十七戶

大忒木兒

五戶絲壬子年元查真定二十二戶

布八火兒赤

五戶絲壬子年元查大都八十四戶

塔蘭官人
五戶絲壬子年元查大寧三戶

憨剌哈兒
五戶絲壬子年元查保定二十一戶

昔里吉萬戶
五戶絲壬子年元查大名二十戶

清河縣達魯花赤也速
五戶絲壬子年元查大都七十九戶

塔剌罕劉元帥

五戶絲壬子年元查順德一十九戶

忕薛台蠻子
五戶絲壬子年元查泰安州七戶

必闍赤汪古台
五戶絲壬子年元查汴梁等處四十六戶

阿剌罕萬戶
五戶絲壬子年元查保定一戶

徐都官人
五戶絲壬子年元查大都三十一戶

西川城左奕蒙古漢軍萬戶脫力失

歲賜常課段三十三四

伯要歹千戶
歲賜段二十四四

典迷兒
歲賜常課段六十四四

燕帖木兒太平王
歲賜天曆元年定金十錠銀五十錠鈔一萬錠

分撥江東道太平路地五百頃

元史志卷第四十四

翰林學士承旨知制誥兼修國史……等撰
翰林待制兼……等撰
國史院編修官……等撰

敕授

　食貨四

　俸秩

俸秩之制，凡朝廷職官，中統元年定之，六部官二年
職田者復益之，以俸米其所以養官吏者不亦厚乎
史胥徒，莫不有祿大德中以外有司有職田於是無
初首命給之，內而朝臣百司外而路府州縣徵而府
官必有祿，所以養廉也。元初未置祿秩，世祖即位之

《元史志卷四十五上》　一

定之隨路州縣官是年十月定之至元六年又分上
中下縣為三等提刑按察司官吏六年定之自經歷
以下七年復增之轉運司官及諸匠官七年定之其
運司依民官吏皆住支十八年更命公事畢而有祿
凡內外官吏皆住於差發內支給至十七年定奪俸以
給之公事未畢而有罪者遂之二十二年重定百官
俸始於各品分上中下三例視職事為差事大者依
上例事小者依中例二十三年又命內外官吏俸以
十分為率添支五分二十九年定各處儒學教授俸
與蒙古醫學同成宗大德三年詔益小吏俸米六年

又定各處行省宣慰司致用院宣撫司茶鹽運司鑄
冶都提舉司淘金總管府銀場提舉司等官備行俸
例七年始加給內外官吏俸米凡俸一十兩以上人
貟依小吏例每十兩給米一斗十兩以上至二十五
兩每貟給米一石餘上之數每俸一兩給米一升無
米則驗其時直給價雖貴每石不過二十兩上都大
同隆興與甘肅等處素非產米之地每石權給中統鈔
二十五兩俸三定以上者不給大二年詔隨朝官
貟及軍官等俸改給至元鈔而罷其俸米延祐七年
又命隨朝官吏俸以十分為率給米三分凡諸官貟

《元史志卷四十五上》　二

上任者不過初二日罷任者已過初五日給當月俸
各路官擅割官吏俸者罪之諸職官病假百日之外
及因病求醫親老告侍者不給祿後官已至而前官
被差者其俸兩給之隨朝官吏每月給俸如告侍事
故當官立限者全給違限託故每追罰軍官差出者
許借俸其俸殁於王事者借俸免徵各投下保充路府州
縣等官借俸與王官等職田之制路府州
三年定之按察司官十四年定之江南行省及諸司
官二十一年定之其數減腹裏之半至武宗至大二
年外官有職田者三品給祿米一百石四品給六十

石五十石、六品四十五石、七品以下四十石，俸
鈔改支至元鈔，其田拘收入官。四年，又詔公田及俸
皆復舊制。延祐三年，外官無職田者量給粟麥。凡交
代官，芒種已前去任者，其租後官收之，已後去任者，
前官分收。後又以爭競者多，俾各驗其俸月以為多
寡。其大略如此，今取其制之可攷者具列于后。

至元二十二年，百官俸例各品分上中下三等：

品級	俸	
従二品	四定	三定三十五兩
正二品	四定二十伍兩	四定一十五兩
従一品	六定	五定
正一品	五定	
正三品	三定二十五兩	三定一十五兩
従三品	三定	二定三十兩
正四品	二定二十五兩	二定一十五兩
従四品	一定四十兩	一定四十五兩
正五品	一定四十兩	一定三十兩

内外官俸數

品級	俸	
従五品	一定三十兩	一定二十兩
正六品	一定二十兩	一定一十五兩
従六品	一定一十五兩	
正七品	一定一十五兩	一定一十兩
従七品	一定一十兩	
正八品	一定	四十五兩
従八品	四十兩	
正九品	四十兩	三十五兩
従九品	三十五兩	

六師府：太師俸一百四十貫、米一十五石，諮議、參
軍俸四十五貫、米四石五斗，長史俸三十四貫
六錢六分、米三石。太傅、太保府同。監修國
史、雜軍、長史俸同。

中書省：右丞相俸一百四十貫、米一十五石，左丞
相同。平章政事俸一百二十八貫六錢六分六
釐、米一十二石，右丞、左丞同。僉知政事俸九十
五貫三錢三分三釐、米九石五斗。僉議俸五十
九貫、米六石。郎中俸四十二貫、米四石五斗。貟

外郎俸三十四貫六錢六分六釐米三石都事俸二十八貫米三石　承發管勾俸二十五貫三錢三分三釐米二石照磨省架閣庫管勾回架閣庫管勾並同　檢校官俸二十八貫米三石五斗　斷事官內一十八員俸各八十二貫六錢六分六釐米五石　一員俸四十四貫六錢六分六釐米三石　一員俸五十九貫三錢三分三釐米三石　經歷俸二十三貫六錢六分六釐米四石　知事俸二十二貫米二石五斗

客省使俸三十九貫三錢三分三釐米二石　副使俸二十八貫米三石五斗　直省舍人俸三十四貫六錢六分六釐米三石　六部尚書俸七十八貫米八石　侍郎俸五十三貫三錢三分三釐米五石　郎中俸三十四貫六錢六分六釐米三石　貟外郎俸二十八貫米三石　主事俸二十六貫六錢六分六釐米二石五斗戶部司計俸二十八貫米三石工部司程俸一十八貫米二石五斗　刑部獄丞俸一十一貫米三石司籍提領俸一十二貫六錢六分六釐米一[石]

石　同提領俸一十一貫三錢三分三釐米一石五斗　樞密院知院俸一百二十九貫三錢三分三釐米一十三石五斗同知俸一百六貫三錢三分三釐米一石　副樞俸九十五貫三錢三分三釐米九石　僉院俸九十貫一錢八分六釐米　院判俸四十二貫米四石五斗　僉議俸三十九貫三錢三分三釐米三石　都事俸二十八貫米二石管勾同　經歷俸二十二貫六錢六分六釐米三石　照磨俸二十二貫米二石管勾同　斷事官俸

斷事官俸五十九貫三錢三分三釐米六石　經歷俸二十貫六錢六分六釐米五石　知事俸三分三釐米一石五斗　照磨俸三分三釐米　右衛都指揮使俸七十貫米七石五斗　副都指揮使俸五十九貫三錢三分三釐米二石　僉都指揮使俸四十八貫六錢六分六釐米四石　經歷俸四十五貫三錢三分三釐米四石　僉事俸四十八貫六錢六分六釐米五石　知事俸二十五貫三錢三分三釐米二石五斗　經歷俸二十貫六錢六分六釐米一石五斗　都事俸一十八貫六錢六分六釐米一石五斗　事俸一十八貫六錢六分六釐米一石五斗　鎮

撫俸二十貫六錢六分六釐米一石五斗 行

軍官千戶俸二十五貫三分三釐米二石

副千戶俸二十貫六錢六分六釐米一石五斗

百戶俸一十七貫三錢三分三釐米一石五斗

彈壓俸一十二貫六錢六分六釐米一石五斗 知事

俸一十一貫三錢三分三釐米一石 弩軍官

千戶俸二十貫六錢六分六釐米一石五斗 都目俸一十

戶俸一十二貫三錢三分三釐米五斗 弩軍官例 左衛前

貫米五斗屯田千戶所同弩軍官例

衛後衛中衛武衛左阿速衛右阿速衛左都威

衛右都威衛左欽察衛右欽察衛左衛率府宗

仁衛西域司唐兀貴赤司並同右衛例 忠

翊侍衛都指揮使俸一百貫副使俸八十三貫

經歷俸三十三貫三錢三分三釐照磨俸二

十六貫六錢六分六釐 行軍官千戶俸三

三錢三分三釐米三石六分六釐弩

六分六釐 副千戶俸二十三貫三錢三分三釐弾壓俸一十六

分三釐副千戶俸二十六貫六錢六分六釐彈壓俸一百

戶俸二十三貫三錢三分三釐

貫六錢六分六釐弩軍官知事俸一十五貫三錢三分

三釐 弩軍官千戶俸二十六貫六錢六分六釐彈壓俸二十六貫六錢六分

釐百戶俸一十六貫六錢六分六釐彈壓俸一十六

十三貫三錢三分三釐 弩右手屯田千戶所千

戶俸二十六貫六錢六分六釐米百戶俸一十六

貫六錢六分六釐米一石五斗 弩右手屯田千戶所同

衛右翊蒙古侍衛並同忠翊侍衛例 隆鎮

御史臺御史大夫俸一百一十八貫

三釐中丞俸一百一十八貫六錢六分六釐米

一十二石

史俸九十六貫三錢五分米九石五斗治書侍

御史俸九十貫一錢八分米九石五斗經歷俸

三十四貫六錢六分米三石都事俸二十八貫

米三石殿中俸四十八貫六錢六分米四石

五斗知班俸一十四貫米一石五斗 監察御

史俸二十八貫米三石

奎章閣學士院大學士侍書學士俸一百一貫三錢三分三

釐米一十石五斗侍書學士俸九十五貫三錢三

三分三釐米九石五斗承制學士俸七十八貫

米八石供奉學士俸五十九貫三錢三分三釐

米六石衆書俸三十四貫三錢三分三釐釐米三

、石典籤俸二十八貫米三石　鐘書博士俸四
十一貫米四石五斗　授經郎俸二十八貫米
三石

太禧宗禋院院使俸一百一十八貫六錢六分
釐米一十二石同知俸一百貫米一十石副使
俸九十五貫三錢三分三釐米九石五斗副使
俸九十貫一錢八分米九石五斗僉院
三錢三分三釐米六石院判俸四十二貫米四
石五斗叅議俸三十九貫三錢三分三釐米三
石五斗經歷俸三十四貫六錢六分六釐米三

石都事俸二十八貫米三石熙磨俸二十二貫
米二石管勾同　斷事官俸五十九貫三錢三
分米六石經歷俸二十五貫三錢三分米二石
知事俸二十貫六錢六分米一石五斗　客省
使俸三十一貫三錢三分米三石副使俸二十

宣政院

二貫米二石

宣政院院使俸一百一十八貫六錢六分米一
石同知俸一百六貫米一十一石副使俸九十
十五貫三錢三分米九石五斗同僉院俸九十
二石同知俸一百貫米一十石副使俸九十
一錢八分米九石五斗同僉院俸五十九貫三
一錢八分米九石五斗僉院俸五十九貫三
一錢八分米九石五斗同僉院俸五

三分米六石院判俸四十二貫米四石五斗都事俸
八貫米三石熙磨俸二十二貫米二石管勾同
斷事官客省使並同太禧宗禋院例　宣徽
院同

翰林國史院承旨俸一百一十八貫六錢六分
一十二石學士俸九十五貫三錢三分米
學士俸一百六貫米一十一石侍讀
學士同直學士俸五十九貫三錢三分三釐米
米三石應奉俸二十五貫三錢三分三釐米二

六石經歷俸三十四貫六錢六分六釐米三石
都事俸二十八貫米三石　待制俸三十九貫
三錢三分三釐米三石五斗脩撰俸二十八貫
米三石應奉俸二十五貫三錢三分三釐米二
石編脩俸二十二貫米二石檢閱同典籍俸二
十貫六錢六分六釐米一石五斗　翰林院集
賢院同承旨餘並同上例

中政院院使俸一百一十八貫六錢六分米一
石五斗同知俸八十二貫三錢六分六釐米八
石五斗僉院俸七十貫米七石五斗同僉院俸五

十九貫三錢三分三釐米六石院判俸四十三

貫米四石五斗司議俸三十四貫六錢六分六

釐米三石長史俸二十八貫米三石照磨俸二

十二貫米二石管勾同

院太史院儲政院並同　太醫院典瑞院將作

太常禮儀院院使俸八十二貫六錢六分米八石

分三釐米四石經歷俸二十八貫米三石都事

十二貫米四石五斗院判俸三十七貫三錢三

十八貫六錢六分六釐米四石五斗同僉院俸四

五斗同知俸七十二貫米七石五斗僉院俸四

貫米二石　太祝俸二十貫六錢六分米一石

五斗舞禮協律同

通政院院使俸八十二貫六錢六分米八石

五斗同知俸七十二貫七錢五斗副使俸五十

九貫三錢三分三釐米六石僉院俸四十八貫

六錢六分六釐米四石院判俸三十貫三釐

米四石五斗院判俸三十九貫三錢三分三釐

米三石五斗經歷俸三十四貫六錢六分六釐

米三石五斗都事俸二十六貫六錢六分六釐

米三石都事俸二十六貫六錢六分六釐米二

石五斗照磨俸二十二貫米二石

太宗正府也可扎魯忽赤內一員俸一百一十八

貫六錢六分六釐米一十二石二十七員俸八

十二貫六錢六分六釐米一十二石二十七員俸六十七

貫米三石五斗貳釐米六石五斗郎中俸三十六

三釐米三石都事外郎俸二十六貫六錢六分米

一十二石大司農卿俸一百三貫米一十一石

米二石五斗大司農俸一百一十八貫六錢六分米

大司農司大司農俸一百一十八貫六錢六分米

大司農少卿俸九十五貫三錢三分米九石五

斗大司農丞俸九十貫一錢八分米九石五斗

經歷俸三十四貫六錢六分米三石都事俸二

十八貫米三石照磨俸二十二貫米二石管勾

同

內史府內史俸一百四十三貫三錢三分中尉俸

一百一十六貫六錢六分六釐米司馬俸八十三

貫三錢三分三釐米諮議俸四十六貫六錢六分

六釐記室俸四十貫照磨俸三十貫

大都留守司留守俸一百一貫三錢三分米一十

元史志卷四十五上 十二

石五斗同知俸八十二貫六錢六分米八石五
斗副留守俸五十九貫三錢三分釐米六石
留判俸四十二貫米四石五斗經歷俸三十四
貫六錢六分六釐米三石五斗都事俸二十八貫米
三石照磨俸二十二貫米二石
都護府大都護俸八十二貫六錢六分米八
石五斗同知俸七十二貫六錢六分六釐米七石五斗副都護
俸五十九貫三錢三分釐米六石五斗照磨俸二十二貫米二石
崇福司司使俸八十二貫六錢六分六釐米八石
同知俸七十貫米七石五斗副使俸五十九貫
三錢三分米六石司丞俸三十九貫三分
米三石五斗經歷俸二十八貫米三石都事俸
二十六貫六分六釐米二石五斗照磨俸二十
二貫米二石
給事中俸五十三貫三錢三分釐米五石左右
二貫米二石
待儀奉御俸四十八貫六錢六分六釐米四石
五斗
武備寺卿俸七十貫米七石五斗同判俸五十九

貫三錢三分三釐米六石少卿俸四十二貫米
四石五斗寺丞俸三十九貫三分三釐米
三石五斗經歷俸二十五貫三錢三分三釐米
二石知事俸二十二貫米二石照磨俸二十二
貫米二石
太僕寺卿俸七十貫米七石五斗少卿俸四十二
貫米四石五斗寺丞俸三十九貫三分三釐米
三石五斗經歷俸二十五貫三錢三分三釐米
二石知事俸二十二貫米二石照磨俸二十
六貫六分六釐米一石五斗
光祿長慶長新長秋
尚舍寺太監俸四十八貫六錢六分米四石少監
丞俸三十九貫三分米三石五斗監丞俸三
十一貫三錢三分米二石知事俸二十二貫米
二石
承徽長寧尚乘長信等寺並同
侍儀司侍儀使俸七十貫米七石五斗引進使俸
四十八貫六錢六分米四石五斗典簿俸二十
五貫三錢三分米二石承奉班都知俸二十
六貫六分米二石承奉班都知俸二十
五貫三錢三分米二石知事俸二十二貫米
二石待儀舍人俸十七貫
五貫三錢三分米二石侍儀舍人俸一十七貫

三錢三分米一石五斗

拱衛司都指揮使俸七十貫米七石五斗副都指揮使俸五十九貫三錢三分米六石僉事俸四十八貫六錢六分米五石五斗典簿俸二十五貫三錢三分米一石五斗

內宰司內宰俸七十貫米七石五斗司丞俸四十貫六錢六分六釐米二十五貫三錢三分米一石五斗

翊正司同

延慶司延慶使俸一百貫同知俸六十三貫三錢三分三釐副使俸四十六貫六錢六分六釐司丞三十四貫六錢六分米三石五斗典簿俸二十五貫三錢三分三釐米二石照磨俸二十

內正司司卿俸七十貫七石五斗司丞俸三十九貫三錢三分米三石五斗典簿俸二十五貫三錢三分米二石照磨俸二十貫六錢六分米一石

釐米二石

中瑞司同

五斗

三代

京畿運司運使俸五十六貫米六石同知俸三十九貫三錢三分米三石五斗運副俸三十四貫六錢六分米二石運判俸二十六貫六錢六分米一石提控案牘俸二

太府監監卿俸七十貫米七石五斗少監俸三十九貫三錢三分米三石五斗監丞俸三十貫米三石

經歷俸二十五貫三錢三分米二石知事俸一十四貫米一石照磨俸二十二貫米二石秘

國子監祭酒俸五十九貫米六石司業俸三十九貫三錢三分米三石五斗監丞俸三

書章佩利用中尚度支等監並同

十四貫米二石照磨俸二十二貫米二石

博士俸二十六貫六錢六分米二石太常博士俸二十六貫六錢六分米二石教授同學錄俸一十一貫三錢三分米二石國子博士同助教同

經正監卿俸七十貫米七石五斗蒙古國子監同

五十貫

三五四

米五石少監俸四十二貫米四石五斗監丞俸

三十四貫六錢六分六釐米三石經歷俸二十

五貫三錢三分三釐米二石知事俸二十二貫

米二石

闕遺監太監俸四十八貫六錢六分米四石少監

俸三十九貫三錢三分三釐米三石監丞俸三

十一貫三錢三分米二石知事俸二十二貫米

二石提控案牘俸二十貫六錢六分米一石五

斗

司天監提點俸五十九貫三錢三分米六石司天

監俸五十三貫三錢三分米五石監丞俸三十

一貫三錢三分米三石知事俸二十貫六錢

六分六釐米一石五斗　教授俸一十貫六錢六

分米一石管勾同辰俸八貫六錢六分米五

斗學正押宿並同　回回司天監少監俸四十

二貫米四石五斗餘同上

都水監都水卿俸五十三貫米六石知事俸三十

九貫三錢三分米三石五斗監丞俸三十貫米

三石經歷俸二十五貫三錢三分米二石知事

俸二十二貫米二石

大都路達魯花赤俸一百三十貫總管同副達魯

花赤一百二十貫同知八十貫治中同判官五

十五貫推官五十貫經歷四十貫知事三十貫

提控案牘二十五貫照磨同並中統鈔

行省左丞相俸二百貫平章政事一百六十六貫

六錢六分六釐右丞左丞同參知政事一百

十三貫三錢六分六釐郎中四十六貫六錢六

分六釐員外郎三十貫都事二十六貫六錢六

分六釐檢校同管勾二十三貫三錢三分三釐

理問所理問俸四十六貫六錢六分六釐副

理問俸三十貫知事俸一十六貫六錢六分六

釐提控案牘同

宣慰司　腹裏宣慰使俸中統鈔五百八十貫三

錢三分同知五百貫副使俸四百一十六貫六

六分經歷四百貫都事一百八十三貫三錢

分照磨一百五十貫　行省宣慰使俸至元鈔

八十七貫五錢同知四十九貫副使俸四十二貫

經歷二十八貫都事二十四貫照磨一十七貫

五錢

廉訪司廉訪使俸中統鈔八十貫副使四十五貫

僉事三十貫經歷二十貫知事一十五貫照磨

一十二貫

鹽運司　腹裏運使俸一百二十貫同知五十貫

副使三十五貫判官三十貫經歷二十貫知事

一十五貫照磨一十三貫

同知五十貫運副四十貫運判三十貫經歷二

十五貫知事　行省運使八十貫

上路達魯花赤俸八十貫總管同同知四十貫治

中三十貫判官二十貫推官一十九貫經歷一

十七貫知事一十二貫提控案牘一十貫　下

路達魯花赤俸七十貫總管同同知三十五貫

判官二十貫推官一十九貫經歷二十七貫知

事一十二貫提控案牘一十貫

散府達魯花赤俸六十貫知府同知三十貫判

官一十八貫推官同同知一十二貫提控案牘

一十貫

上州達魯花赤俸五十貫州尹同同知二十五貫

判官一十八貫知事一十二貫提控案牘一十

貫　中州達魯花赤俸四十貫知州同知二

十貫判官一十五貫提控案牘一十貫都目八

貫　下州達魯花赤俸三十貫知州同知一

十八貫判官一十三貫吏目四十貫

上縣達魯花赤俸二十貫縣尹同縣丞一十五貫

主簿一十三貫縣尉一十二貫典史三十五貫

巡檢一十貫　中縣達魯花赤俸一十八貫縣

尹同主簿一十二貫縣尉一十七貫縣

五貫　下縣達魯花赤俸一十七貫縣尹同主

簿一十二貫縣尉同典史三十五貫

諸署諸局諸庫等官及揚吏之屬其目甚多不可

勝書然其俸數之多寡亦皆以品級之高下為

則觀者可以類推故略而不錄

職田數

至元三年定隨路府州縣官員職田上路達魯花

赤一十六頃總管同同知八頃治中六頃府判

五頃　下路達魯花赤一十四頃總管同知

七頃府判五頃　散府達魯花赤一十頃知府

同知六頃府判四頃　上州達魯花赤一十

頃同知五頃州尹同同知五頃州判四頃

中州達魯花赤一

赤八頃州尹同同知四頃州判三頃

頃知州同知四頃州判三頃　下州達

魯花赤六頃知州同州判三頃　警巡院達魯

花赤五頃警使同警副四頃警判三頃　錄事
司達魯花赤三頃錄事同錄判二頃　縣達魯
花赤四頃縣尹同縣丞三頃主簿二頃縣尉主
簿兼尉並同　　經歷四頃
至元十四年定按察司職田各道按察使一十六
頃副使八頃僉事六頃

至元二十一年定江南行省及諸司職田比腹裏
減半上路達魯花赤八頃總管同同知四頃治
中三頃府判二頃五十畝　下路達魯花赤七
頃總管同同知三頃五十畝府判二頃五十畝
經歷二頃知事一頃提控案牘同　散府達魯
花赤六頃知府同同知三頃府判二頃提控案
牘一頃　上州達魯花赤五頃知州同同知二
頃州判同提控案牘一頃　中州達魯花赤四
頃知州同同知二頃州判一頃五十畝都目五
十畝　下州達魯花赤三頃知州同同知二頃
州判一頃五十畝　上縣達魯花赤三頃縣尉同
同縣丞一頃五十畝主簿一頃縣尉同　中縣（丞無）下縣（同上）
主簿兼尉一頃　錄事司達魯花赤一頃五十

畝錄事同錄判一頃　司獄一頃巡檢同
按察司使八頃副使四頃僉事三頃經歷二頃知
事一頃　運司官運使八頃同知四頃運副三
頃運判同經歷二頃知事二頃提控案牘同
鹽司官鹽運使二頃同知四頃運副三
頃運判同經歷二頃鹽判一頃
正同管勾各一頃

常平義倉

常平起于漢之耿壽昌義倉起于唐之戴冑皆救荒
之良法也元立義倉于鄉社又置常平于路府使饑
不擄民豐不傷農粟直不低昂而民無菜色可謂善

法漢唐者矣今攷其制常平倉世祖至元六
年始立其法豐年米賤官為增價糴之歉年米貴官為減價
糶之於是八年以和糴糧及諸河倉所撥糧貯焉二
十三年定糴法又以鹽法課糶糧充焉義倉亦至元六
年始立其法社置一倉以社長主之豐年每親丁納
粟五斗驅丁二斗無粟聽納雜色歉年就給社民於
是二十一年新城縣水二十九東平等處饑皆發
義倉賑之皇慶二年復申其令然行之既久名存而
實廢賑非有司之過與

惠民藥局

周官有醫師掌醫之政令凡邦有疾病疕瘍者造焉
則使醫分而治之此民所以無夭折之患也元立惠
民藥局官給鈔本月營子錢以備藥物仍擇良醫主
之以療貧民其深得周官設醫師之美意者與初太
宗九年始於燕京等十路置局以奉御田闊闊太醫
王璧齊楫等為局官給銀五百定為規運之本世祖
中統二年又命王祐開局四年復置局於上都每中
統鈔一百兩收息鈔一兩五錢至元二十五年以醫
失官本悉罷華之至成宗大德三年又準舊例於各
路置焉凡九局皆以各路正官提調所設良醫上路二
名下路府州各一名其所給鈔本亦驗民戶多寡以
為等差今併著于后

腹裏三千七百八十定

河南行省二百七十定

湖廣行省一千一百五十定

遼陽行省二百四十定　四川行省二百四十定

陝西行省二百四十定

江浙行省二千六百一十五定　江西行省三百定

雲南行省真賦一萬一千五百索

甘肅行省一百定

市糴

和糴自唐始所以備邊庭軍需也其弊至於害民者
蓋有之矣元和糴之名有二曰市糴糧曰鹽折草率
皆增其直而市於民於是邊庭之兵不乏食京師之
馬不乏芻而民亦用以不困其為法不亦善乎
市糴糧之法世祖中統二年始以鈔一千二百定於
上都北京西京等處糴三萬石四年以鈔一萬
五千道和中陝西軍儲是年三月又命扎馬剌丁糴
粮仍勅軍民官毋沮五年諭北京西京等路市糴軍
粮至元三年以南京等處和糴四十萬石四年命汚

州等處中納官粮續還其直八年驗各路粮粟價直
增十分之一和糴三十九萬四千六百六十石十六
年以兩淮鹽引五萬道募客旅中糴十九年以鈔三
萬定市糴於隆興等處二十年以鈔五千定市於北
京六萬定市於上都二千定市於應昌二十一年以
河間山東兩浙兩淮鹽引募諸人中糴是年四月以
鈔四千定於上都和糴應昌市糴九月發鹽引七萬道鈔三萬
定於上都和糴二十二年以鈔五萬定令木八剌沙
和糴次上都是年二月詔江南民田秋成官為定例
權糴次年減價出糴二十三年發鈔五千定市糴沙

靜

隆興軍粮二十四年官發鹽引聽民中粮是年十二月以楊州杭州鹽引五十萬道兊換民粮二十七年和糴西京粮其價毎一十兩之上增一兩延祐三年中糴和林粮二十三萬石五年六年又各和中二十萬石

鹽折草之法成宗大德八年定其則倒毎年以河間鹽令有司於五月預給京畿郡縣之民至秋成各驗鹽數輸草以給京師秣馬之用毎鹽二斤折草一束重一十斤歲用草八百萬束折鹽四萬引云

賑恤

救荒之政莫大於賑恤元賑恤之名有二曰蠲免者免其差稅即周官大司徒所謂薄征者也曰賑貸者給以米粟即周官大司徒所謂散利者也然蠲免有以恩免者有以災免者賑貸有以鰥寡孤獨而賑者有以水旱疫癘而賑者有以京師人物繁湊而毎歲賑糶者若夫納粟補官之令亦救荒之一策也其為制各不同今並著于后以見其仁厚愛民之意云

恩免之制世祖中統元年量減絲料包銀分數二年免西京北京燕京差發是年二月以真定大名河南陝西東平益都平陽等路兵興之際勞於轉輸其差

發減輕科取三年北京等路歲絲料包銀是年閏九月以濟南路遭李璮之亂免本民皆饑饉盡除差發四年以西涼民戶值渾都海阿藍解兊之亂人民流散免差稅三年至元元年詔減明年包銀十分之七是年四月逃戶復業者免差稅三年減中都包銀二年蠲免包銀差稅三年全無業者免三分之二其餘路府亦免十之五九年免諸路民戶明年包銀俸鈔及逃核戶差稅二十年免大都平灤民戶絲線俸鈔二十二年除民間包銀三年不使

帶納俸鈔盡免大都軍民地稅二十四年兊東京民絲線包銀俸鈔是年九月除北京馬五百四二十五年免遼陽武平等處差發二十七年減河間保定平灤三路絲線之半大都全免二十八年詔免腹裏諸路包銀俸鈔其大半都隆興平灤大同太原河間保定武平遠陽十路絲線盃除之二十九年免上都隆興平灤保定河間五路包銀俸鈔三十年免大都差稅三十一年成宗即位詔免天下差稅有差是年六月免腹裏軍站匠船鹽鉄等戶稅粮及江南夏稅之半元貞元年除大都民戶絲線包銀稅粮大德

元年以改元免大都上都隆興民戶差稅三年
詔免腹裏包銀俸鈔及江南夏稅十分之三四年詔
免上都大都隆興明年絲稅糧其數亦如之江南
租稅減十分之一九年又下寬免之令以恤大都上
都隆興腹裏江淮之民十年逃後民戶復業者免
稅三年十一年武宗即位詔免內外郡縣差稅有差
至大二年上尊號詔免腹裏江淮差稅之員欠者四年免腹大
都上都中都秋稅及民間差稅十分之三是年四月免大
裏包銀及江南夏稅十分之三是年四月免大都腹
都上都中都差稅三年延祐元年以改元免大都上都差
稅二年其餘被災經賑者免一年流民復業者免差
稅三年二年免各路差稅絲絹料七年色腹裏絲綿十
分之五外郡十分之三江淮夏稅所免之數與外郡
絲綿同民間逋欠差稅並除之是年免丁地稅粮包
銀絲料各有差至治二年寬恤軍民站戶臨
青萬戶府軍民船戶差稅三年福建蜑戶差稅一年
泰定三年罷江淮以南包銀天曆元年免諸路差稅
絲料有差及海北鹽課三年二年免達達軍站之貧
乏者及各路差稅有差是年十月免人民逋欠官錢
及奉元商稅各蠲竈戶雜役至順元年以改元免諸

路差稅有差減免方物之貢免河南府懷慶路門攤海
北鹽課存恤紅城屯田軍三年
災免之制世祖中統元年以各處被災驗實減免科
差三年以蠻寇攻掠免三叉沽竈戶一百六十五戶
其年絲料包銀四年以秋旱霜災減其絲料五年以益都
至元三年以東平等處蝗災減其絲料五年以濟南益都
等路禾損蠲銀六年以濟南東平恩州懷孟德州淄萊
博州曹州真定順德河間濟州河南蝗旱減差徑十
桑蠶災傷蠲免絲料七年南京河南蝗旱減差十
分之六十九年減京師民戶科差之半二十年以水
旱相仍免江南稅粮十分之二二十四年免北京鐵
民差稅是年揚州及浙西水其地稅在揚州者全免
浙西減二分二十五年南安等處被寇兵者稅粮免
徵二十六年紹興路水免地稅十之三是年六月以
其包銀俸鈔是年六月以遼陽差稅遼陽被災兵之
禾稼不收免遼陽差稅二十七年大都遼陽被災
半十月以興松二州霜免其餘量徵其半是年五月以太原
災者稅粮皆免徵其餘量徵二十八年遼陽被
去歲不登杭州其太原丁地稅粮杭州地稅並
除之九月又免州路所負歲粮二十九年以北京地

震量減歲課是年以大都去歲不登流移者眾免其
稅粮及包銀俸鈔元貞元年以供給繁重及水傷禾
稼免咸平府邊民差稅大德三年以旱蝗除揚州淮
安兩路稅粮五年各路被災重者其差稅除之六
年免大都平灤差稅七年以內郡饑荊湖川蜀供給
軍餉其差稅減免各有差八年以平陽太原地震免
夏稅並免之皇慶二年免益都饑民貸糧延祐二年
差稅三年至大元元年以江南江北水旱民饑其科差

歸德南陽徐邳陳蔡許州荊門襄陽等處水旱蕭
州等處連歲被災皆免其民戶稅粮天曆元年陝西
霜旱免其科差一年鹽官州海潮免其秋粮夏稅是
年十二月詔經寇盜剽掠州縣免差稅三年至
關陝旱免差稅三年至順元年首詔天下鰥寡
難課程及逋欠差稅皆徵
綠寡孤獨賑貸之制世祖中統元年首詔天下鰥寡
孤獨廢疾不能自存之人天民之無告者也命所在
官司以粮贍之至元元年又詔病者給藥貧者給粮
八年令各路設濟眾院以居鰥寡孤獨之外復給以
新十年以官吏破除入已凡粮薪並勑於公廳給散

十九年各路立養濟院一所仍委憲司點治二十年
給京師南城孤老衣粮房舍二十八年給鰥寡婦冬夏
衣二十九年給貧子柴薪日五斤三十一年特賜米
納元貞二年詔各處孤老疾遇寬恩人給布帛各一
大德三年詔遇天壽節人給中統鈔二貫永為定例
六年給死者棺木錢
水旱疫癘賑貸之制中統元年平陽旱遣使賑之二
年遷曳捏即地貧民就食河南平陽太原三年濟南
饑以粮三萬石賑之是年七月以課銀一百五十定
濟甘州貧民四年以錢粮幣帛賑東平濟河貧民鈔

四千定賑諸王只必帖木兒部貧民至元二年以鈔
百定賑闊闊出所部軍五年益都民饑驗口賑之六
年東平河間一十五處饑亦驗口賑之八年以粮賑
西京急遞鋪兵卒十二年濮州等處饑貸粮五千
石十六年以江南所運糯米不堪用者賑貧民十九
年真定饑賑粮兩月二十年以帛千定鈔三百定賑
水達達地貧民二十三年大都屬郡六處饑賑粮三
月二十四年以粮給諸王阿只吉部貧民大口二斗
給貧民七月以粮給諸王阿只吉部貧民萬定是年四月以陳米
小口一斗二十六年京兆旱以糧三萬石賑之是年

又賑左右翼屯田蒙古軍及月兒魯等部貧民糧各三月
二十七年大都民饑減直糶糧二十八年以
去歲隕霜害稼賑宿衛士怯憐口糧二月以饑賑徽
州溧陽等路民糧三月三十一年復賑宿衛士怯憐
口糧三月元貞元年諸王阿難荅部民饑賑糧二萬
石是年六月以糧一千三百石賑隆興府公主襄
加真位糧二千石是年軍七月以遼陽民饑賑糧
德元年以饑賑遼陽水達達等戶糧五千石亦饑賑粮有
石賑千戶減禿等戶糧一千三百石賑隆興臨
差腹裏并江南災傷之地賑糧三月二年賑龍興臨

《元史志卷四五上》 世二

江兩路饑民又賑金復州屯田軍糧二月四年鄂州
等慶民饑發湖廣省糧十萬石賑之八年以鈔萬定
賑歸德饑民九年澧陽縣火賑糧二月十一年以饑
賑安州高陽等縣糧五千石奉符等
廥鈔二千定兩浙江東等廥鈔三萬餘定糧二十萬
餘石又勸率富戶賑糶粮一百四十餘萬石賑
者驗其數之多寡而授以院務等官是年又以鈔一
十四萬七千餘定鹽引五千道糧三十萬石賑紹興
慶元台州三路饑民皇慶元年寧國饑賑糧糴兩月日
延祐之後腹裏江南飢民歲加賑恤其所賑或以粮

或以鹽引或以鈔
京師賑糶之制至元二十二年始行其法於京城
城設鋪各三所分遣官吏發海運之糧減其市直以
賑糶焉凡白米每石減鈔五兩南粳米每石六兩五
以為常成宗元貞元年以京師米貴益廣世祖之制
設肆三十所發糧七萬餘石糶之白粳米每石四兩
錢二十兩減米每石一十二兩所其每年所糶多至四十餘
鈔一十五兩白米每石一十二兩
為一十五所每肆日糶米一百石四年增所糶米價

《元史志卷四五上》 世一

為中統鈔二十五貫自是每年所糶率五十餘萬石
泰定二年減米價為二十貫致和元年又減為一十
五貫云糶糧之外復有紅貼糧糴者成宗大
德五年始行初賑糶糧多為豪強嗜利之徒用計巧
取弗能同及貧民於是今有司籍兩京貧乏之戶口之
數置半印號簿文貼各書其姓名口數逐月對貼以
給大口三升小口半之其賑糶之直三分減
其一與賑糴並行每年撥米總二十萬四千九百餘
石閏月不與焉其愛民之仁於此亦可見矣
入粟補官之制元初未嘗舉行天曆三年內外郡縣

亢旱爲災於是用太師昔刺罕等言舉而行之九江南陝西河東等歲定爲三等令其富實民戶依例出米無米者折納價鈔陝西每石從八十兩河南并腹裏每石六十兩江南三省每石四十兩實授茶鹽流官陝西如不仕讓封父母者聽鈔穀官考滿依例陞轉陝西省一千五百石之上從七品二正八品五百石之上從八品三百石之上正九品二百石之上鈔穀官五十石之上下等鈔穀官三十石之上中等門間河南并腹裏二千石之上旌表

之上正八品一千石之上從八品五百石之上從九品三百石之上從九品二百石之上上等鈔穀官一百五十石之上中等鈔穀官一百石之上下等鈔穀官江南三省一萬石之上正七品五千石之上從七品三千石之上正八品二千石之上正七品五千石之上從七之上正九品五百石之上從八品一千石錢穀官二百五十石之上中等下等錢穀官先已入粟遷授虛名今冊入粟者驗其糧數照依資品實授茶鹽流官陝西一千石之上從七品六百六十石之上正八品三百三十石之上從

八品二百石之上正九品一百三十石之上從九品河南并腹裏一千三百三十石之上從七品一千石之上正八品六百六十石之上從八品三百三十石之上正九品二百石之上從九品江南三省六千石百六十石之上正七品三千三百三十石之上品二千石之上從七品一千三百三十石之上正八品先已入粟實授茶鹽流官今冊入粟者驗其糧數加等陞除陝西七百五十石之上從七品五百石之上正八品二千五百石之上正七品一千五百石之上從七品一千石之上正八品五百石之上正九腹裏一千石之上從七品五百石之上從七

百五十石之上僧道入粟三百石之上賜六字師號都省給之二百石之上四字師號一百石之上二字師號禮部給之四川省富實民戶有能入粟赴江陵者依河南省補官倒行之夫入粟補官雖非先王之政然荒札之餘民賴其助者多矣故特識于篇末而不敢略云

三百九十

志卷第四十五上

食貨前志撮經世大典為之目凡十有九自天曆以
前載之詳矣若夫元統以後海運之多寡鈔法之更
變鹽茶之利害其見扵六條政類之中又有司采訪
事蹟凡有足徵者具錄于篇以備叅考而襲亂之際
其亡逸不存者則闕之

叅

食貨五

海運

三五十

《元史志卷第四十五下》　一

元自世祖用伯顏之言歲漕東南粟由海道以給京
師始自至元二十年至于天曆至順由四萬石以上
增而為三百萬以上其所以為國計者大矣歷歲既
久弊日以生水旱相仍公私俱困疲三省之民力以
充歲運之恒數而押運監臨之官與夫司出納之吏
恣為貪黷脚價不以時給盜賊出沒劫覆亡之患
耗損益甚兼以風濤不可測盜賊亡之患由是歲運之
自仍改至元之後有不可勝言者矣由是歲運之數
漸不如舊至正元年益以河南之粟通計江南三省
所運止得二百八十萬石二年又令江淛行省及中

正院財賦總管府撥賜諸人寺觀之糧盡數起運僅
得二百六十萬石而巳又汝潁倡亂湖廣江右相繼
陷沒而貢賦不供剥民以自奉扵是海運之
爵貲為藩屏而貢賦不至京師者積年矣至十九年朝廷遣兵部尚書
伯顏帖木兒户部尚書喬履亨徵海運于江淛由海
道至慶元抵杭州時達識帖睦邇通為江淛行中書省
丞相張士誠為太尉方國珍為平章政事詔命士誠
輸粟國珍具舟遲識帖睦邇總督之既達朝廷之命
而方張互相猜疑士誠應方氏載其粟而不以輸于

《元史志卷四十五下》　二

京也國珍恐張氏掣其舟而因乘虛以襲己也伯顏帖
木兒白于丞相正辭以責之巽言以諭之乃釋二家
之疑克濟其事先率海舟俟于嘉興之嶼浦而平江
之粟展轉以達杭之石墩又一舍而後抵嶼浦乃載
于舟展轉躬復艱苦粟之載于舟者為石十有
一萬二千又遣户部尚書王宗
禮等至江淛二十一年五月運粮赴京是年秋又遣户部尚書王宗
九月又遣兵部尚書徹徹不花侍郎韓祺往徵海運
一萬二千年五月運粮赴京視上年之數僅
一百萬石二十二年五月運粮赴京視上年之數僅
加二萬而巳九月遣户部尚書脫脫歡察爾兵部尚

書帖木至江浙二十三年五月仍運粮十有三萬石赴京九月又遣戶部侍郎博羅帖木兒監丞賽因不花往徵海運士誠託辭以拒命由是東南之粟給京師者逡止於是歲云

鈔法

至正十年右丞相脫脫欲更鈔法乃會中書省樞密院御史臺及集賢翰林兩院官共議之先是左司都事武祺嘗建言云鈔法自世祖時已行之後除撥支料本倒易昏鈔以布天下外有合支名目於寶鈔總庫料鈔轉撥所以鈔法踈通民受其利比年以來失祖宗元行鈔法本意不與轉撥故民間流轉者少致偽鈔滋多遂准其所言凡合支名目已於總庫轉支至是吏部尚書偰哲篤及武祺俱欲迎合丞相之意俾哲篤言更鈔法以楮弊一貫文省權銅錢一千文為母而錢為子衆人皆唯唯不敢出一語惟集賢大學士兼國子祭酒呂思誠獨奮然曰中統至元自有母子上料為母下料為子比之達達人乞養漢人為子是終為漢人之子而已豈有故紙為父而以銅為母兒子者乎一坐皆笑思誠又曰錢鈔用法以盭過房兒子亂鈔法以錢為母復鈔為子是錢中統鈔及至元換寶其錢一也今歷代錢及至正錢中統鈔及至元

統交鈔以錢為文雖皱鑄之規未遑而錢幣無行之益之方在乎通變惟我世祖皇帝建元之初須行中鈔之議而奏之下詔去朕聞帝王之治因時制宜損終不行耶明日諷御史大夫劾之思誠歸卧不出遂定更者有非者但不當坐廟堂高聲厲色若從其言此事豫未決御史大夫也先帖木兒言曰呂祭酒言有是則歸功汝等不成則歸罪丞相矣脫脫見其言直猶得行不得又曰丞相勿聽此言如向日開金口河成策既不可行公有何策思誠曰我有三字策曰行不何足以行徒以口舌耶偰哲篤曰我等重不倫何者為母何者為子汝不通古今道聽塗說可謂孝乎武祺又欲錢鈔兼行思誠曰錢鈔兼行輕爭高下也且自世皇以來諸帝皆諡曰孝改孝宗憲思誠曰汝董更法又欲上誣世皇是改又欲改其成憲祖宗成憲豈可輕改偰哲篤曰祖宗法弊亦可改矣猶新戚戚也雖不敢不親人未誡及滋多爾況者矣且至元鈔猶故鈔家之童稚皆識之矣交鈔尔思誠曰至元鈔非偽人為偽尔交鈔若出亦有偽非國之利也偰哲篤曰至元鈔多偽故更之鈔交鈔分為五項若下民知之藏其實而棄其盭恐

意已具厥後印造至元寶鈔以一當五名曰子母相
權而錢實未用歷歲滋久鈔法偏虛物價騰踊姦偽
日萌民用匱乏詢臣博采輿論僉謂拯弊必合
更張其以中統交鈔壹貫文省權銅錢一千文佳至
元寶鈔二貫仍鑄至正通寶錢與歷代銅錢並用以
副鈔法至元寶鈔通行如故子母相濟上
世祖立法之初意十一年置寶泉提舉司掌鼓鑄
至正通寶錢印造交鈔令民間通用行之未久物價
騰湧價逾十倍又值海內大亂軍儲供給賞賜犒勞
每日印造不可數計舟車裝運軸轤相接交料之散

滿人間者無慮無之昏軟者不復行用京師料鈔十
綻易斗粟不可得既而所在郡縣皆以物貨相貿易
公私所積之鈔遂俱不行人視之若弊楮而國用由
是遂乏矣

鹽法

大都之鹽元統二年四月御史臺備監察御史言竊
觀京畿居民繁盛日用之中鹽不同關大德中因商
販把握行市民食貴鹽乃置局設官賣之中統鈔一
買賣鹽四斤八兩後雖倍其價猶敷民用及泰定間
因所任局官不得其人在上者失於鈐束致有短少

之弊於是巨商趨利者營屬當道以局官侵盜爲由
輒奏罷之復從民販賣自是鈔一貫僅買鹽一斤無
民食貴鹽益甚私相犯界煎賣獨受其利官課爲所侵礙而
之意既而朝廷仍舊設局官爲發賣庶課不虧而民受
賜矣既而大都路備三巡院及大興宛平縣所申一又
戶部尚書建言皆如御史所陳戶部乃言以謂權鹽
之法本以裕國而便民始自大德七年罷大都運司
令河間運司燕辦每歲存留鹽數散之米鋪從其發
賣後因富商專利遂於南北二城設局凡十有五廒

官爲賣之當時立法嚴明民甚便益泰定二年因局
官綱船人等多有侵盜之弊復從民販賣而罷所置
之局未及數載有司屢言富商高擡價直之害運司
所言綱船作弊蓋因立法不嚴失於關防所致且名
廒俱有官設鹽鋪與商賈販賣並無窒礙豈有京城
之內乃草罷官賣之局宜准本部尚書所言及大都
路所申依舊制於南北二城置局爲酒毀每局日
賣十引設賣鹽官二員以歲一周爲滿責其奉公發
賣每中統鈔一貫買鹽二斤四兩毋令雜灰土其中
及權衡不得其平凡買鹽過十貫者禁之不及貫者

從所買與之如滿歲無短少失陷及元定[分數者減]
一界升用之若有侵盜者依例追斷其合賣鹽數令
河間運司分為四季起赴京廠用官定法物兩平稱
收分給各局其所賣價鈔逐旬起解委本部官輪次
提調之仍委官巡視如有豪強無利之徒頻買作
而增價轉賣者於提調巡督官痛治之仍令運
司嚴督押運之人設法防禁毋致縱令綱船人等作
弊其客商鹽貨從便相煽發賣之至元三年三月大都京廠
省上奏如戶部所擬行之至元二年京廠發賣食鹽
申戶部云近奉文帖起

四、
一萬五千引令兩平稱收如數具實申部除各綱淨
沒短少鹽計八百四十八引本廠實收一萬四千一
百五十有二引已支一萬一百引付各局發賣見存
鹽四千五十有二引支撥欲盡所擄至元三年食鹽
宜依例於河間運司起運一萬五千引赴都庶民間
食用不闕今歲宜從
河間運一萬五千引其所言乃議京廠食鹽今歲宜從
課鐵內通算支用仍召募有產業舡戶互相保識每
一千引為一綱就差各該場官一員并本司奏差或
監運巡鹽官每名管押一綱於大都與國等場見收

許彥惠

鹽內驗數分泍分司官監視如數兩平支收限三月
內赴京廠交卸耶文憑照部銷但有雜和沙土濕
潤短少數並令本綱船戶押運場官奏差監運諸人
如數均陪依例坐罪中書如戶部所議行之至正三
年以其不便罷之元統二年又復之迨今十年法又
年罷大都鹽運司設官賣鹽置局十有五處泰定二
監察御史王思誠侯思禮等建言京師自大德七
弊生在船則有侵盜滲溺之患入局則有和雜灰土
之奸名曰一貫二斤四兩實不得一斤之上其潔淨
不雜而斤兩足者唯上司挑調數處耳又常白鹽一

四

千五百引用舡五十艘每歲以四月起運官鹽二萬
引用舡五十艘每歲以七月起運而運司所遣之人
擅作威福南抵臨清止自通州至以索截河道舟
楫往來無不被攬名為和顧實乃強奪一歲之中千
里之內凡富商巨賈之載米粟者達官貴人之載家
室者一縣遮截得重賄而放行所拘留者皆貧弱無
力之人耳其舟小而不固滲溺侵盜弊病多端既達
京廠又不得依時交收淹延歲月困守無聊鬻妻子
賣舟楫者往往有之此客船所以狼顧不前使京師
百物湧貴者實由於此竊計官鹽二萬引每引脚價

中統鈔七貫總為鈔三千錠而十五局官典體給以
一歲計之又五百七十六錠其就支費房之資短腳
之價蓆草諸物又在外為當時置局設官但為民食
賣鹽殊不料官賣之弊反不如商販之賤豈徒費
國家而使百物賣之宜從憲臺具呈中書省議罷其
監局及來歲起運之時出榜文榜告鹽商從便入京
興廢如數造之既成之後付運司顧人運載蔗舟楫
舳艫如常白鹽所用船五十艘亦宜於江南造小料
通而商賈集則京師百物賤而鹽亦不貴矣御史臺
以其言具呈中書而河間運司所申鹽商從便入京

上奏如戶部所擬行之
言運司及大都路講究即同監察御史所言元設鹽
局合准草罷聽從客旅興販其常白鹽繫內府必用
之物起運如故都省聞奏二月初五日中書省
河間之鹽至正二年河間運司申戶部云本司歲辦
額餘鹽共三十八萬引計課鈔一百一十四萬錠以
供國用不為不重近年以來各處私鹽及犯界鹽販
賣者眾蓋因軍民官失於禁治以致侵礁官課鹽法
澁滯寶由於此乞轉呈都省頒降詔旨宣諭所司欽
依規辦本部具呈中書省遂於四月十七日上奏降

旨戒飭之七月又據河間運司申本司辦課全籍郡
縣行鹽地方買食官鹽去歲河間等路旱蝗闕食累
蒙賑恤民力未蘇食鹽者少又因古北口等處把臨
官及軍人不為用心詰捕大都路街市賣之或量以
公巡禁致令諸人裝載疫疱鹽不申聞恐年終課以
斗或盛者將及百起若不申聞恐年終課不如數匹
等所載疫疱鹽計一千六百餘斤自至元六年三月
迄今犯者將及百起若不申聞恐年終課不如數匹
員其咎本部具呈中書省照會樞密院給降榜文禁
治之三年又據河間運司申生財節用固治國之常

經薄賦輕徭實理民之大本本司歲額鹽三十五萬
引近年又添餘鹽三萬引元煮竈戶五千七百七十
四戶除逃亡外止存四千三百有一戶每年額鹽勒
令見在疲乏之戶勉強包煮今歲若依舊煮辦人力
不足又蕪行鹽地方旱蝗相仍百姓焉有買鹽之資
如蒙矜關自至正二年為始權免餘鹽三萬引俟豐
稔之歲煎辦如舊本部以錢粮支用不敷權擬住煎
一萬引具呈中書省正月二十八日上奏如戶部所
擬行之既而運司又言至元三十一年本司辦鹽額
二十五萬引自後累增至三十有五萬元統元年又

增餘鹽三萬引已經具呈蒙都省奏准住煎一萬引
外有二萬引勒令見户包煎實爲難堪如并
將餘鹽二萬引依前住煎誠爲便益户部又以所言具呈
中書省權擬餘鹽二萬引住煎一年至正四年煎辦
如故四月十二日上奏如户部所擬行之
山東之鹽元統二年户部呈擬山東運司准濟南路
牒依副達魯花赤完者同知閣里帖木兒所言此比大
都河間運司改設巡鹽官一十二員專一巡禁本部
詳山東運司歲辦鈔七十五萬餘錠行鹽之地周圍
三萬餘里止是運判一員豈能遍歷恐私鹽來往侵

元史志卷四十五下 十一 王宏四

碗國課本司既與濟南路講究便益宜准所言中書
省令户部復議之本部言河間運司定設奏差一十
二名巡鹽官一十六名山東運司設奏差二十四名
今既此例添設巡鹽官外擬元設奏差內減去一十
二名呈中書省如所擬行之三年二月又擬山東
運司備臨胸沂水等縣申本縣十山九水居民稀少
不便如蒙仍舊改爲食鹽令居民驗户口多寡以輸
元係食鹽地方後因改爲行鹽民間遂食貴鹽公私
納課鈔則官民俱便抑且可草私鹽之弊運司移文
分司并益都路及下滕嶧等州從長講究互言食鹽

爲便及准本司運使辛朝列牒云所擬零鹽擬依登
萊等處鹽铨注局官給印置局散賣於民非惟大課無
厰官釋私鹽之憂民免刑配之罪户部議山東運司俱
所言於滕嶧等處增置十有一局如登萊三十五局
之例於錢穀官內通行鈴注局官散賣食鹽官民俱
便既經有司講究宜從所議具呈中書省如所擬行
之至元二年御史臺擬山東運司頒辦鹽課二
路備章立縣申見奉山東蕭政廉訪司申准濟南
十八萬引除客商承辦之外見存十三萬引絕無買
者將及年終歲課不能如數所擬新城章立長山鄒

元史志卷四十五下 十二 王宏四

平濟南俱近鹽場與大小清河相接客旅興販宜依
商河滕嶧等處改爲食鹽權沁八千引責付本厰有
司自備葦蓆索脚力赴已擬固堤等場於元統三年明
例支出均散於民等事竊照山東運司初無上司
文輒擅散民食鹽追納課鈔使民不得安業今於至
元元年正月二月兩次奉到中書户部符文行鹽食
鹽地分已有定例毋得搭配於民本司不遵省部所
行寢匿符文依前差人馳驛督責州縣臨遍百姓追
微食鹽課鈔不無擾害擄本司恣意行事玩法擾民
理應取問緣繫辦課之時宜從憲臺區處又擄監察

御史所呈亦為兹事若便行取問即繁辦課時月具
呈中書省區慶戶部議呈行鹽食鹽已有定所宜從
改正若准御史臺所呈問運司却緣鹽法例應從
長規畫似難別議中書省如所擬行之

三二九五

陝西之鹽至元二年九月御史臺准陝西行臺咨之
至元元年各州縣戶口額辦鹽課其引遍散州縣甫
監察御史帖木兒不花建言近蒙委巡歷奉元東道
思轉運之方每年豫期差人分道賷引遍散州縣甫
及旬月杖限追鈔不問民之無有竊照諸慶運司之
例皆運官召商發賣惟陝西等慶鹽司近年散於民

戶且如陝西行省食鹽之戶該辦課二十萬三千一
百六十四錠有餘於內登昌延安等慶認定課鈔一
萬六千二百七十一錠慶陽環州鳳翔興元等慶歲
辦課一萬七千九百八十五錠其餘課鈔先因關陝
旱飢民多流亡准中書省咨至順三年鹽課十分為
率減免四分于今三載尚有虧負蓋因戶口凋殘十
亡七八九縱或有復業者家產已空爾来歲頗豐收而
物價甚賎得鈔為艱本司官皆勒令徵辦無分高
下一款給散必者不下二三引每引收價三錠富
家無以應辦貧下安能措畫糶終歲之粮不酬一引

之價緩則輸息而借貸急則典鬻妻子縱引目到手
力窮不能裝運止從各慶鹽商勒價收買舊債未償
新引又至民力有限官賦無窮又寧夏所產韋紅鹽
池不辦課除登昌等慶循例認納乾課從便食用
外其池隣接陝西環州百餘里紅鹽味甘而價賤解
鹽味苦而價貴百姓私相販易不可禁約以此參詳
河東鹽池除撈鹽戶口食鹽外辦課引數今後宜從
運官設法募商興販但遇行鹽之慶諸人毋得侵擾
韋紅鹽法運司每歲分輸官吏監視聽民采取立法
抽分依例發賣每引收價鈔三錠自黃河以西從民

食用通辦運司元額課鈔因時夾帶至黃河東南者
同私鹽法罪之陝西興販解鹽者不禁如此庶望官
民兩便而課亦無虧矣又攄陝西漢中道肅政廉訪
使胡通奉所陳云陝西百姓許食解鹽近脫荒倫流
移漸復正宜安輯而鹽吏不察民瘼止以恢辦為名
不論貧富散引收課或納錢入官動經歲月猶未得
鹽蓋因地遠脚力艱澁今後若令大河以東之民分
定課程買食解鹽其以西之民計口攤課任食韋紅
之鹽則官不被擾民無蕩產之禍矣且解鹽結之於
風韋紅之鹽產之杵地東鹽味苦西鹽味甘又豈肯

舍其美而就其惡乎使陝西百姓一絲均攤解鹽之
課令食韋紅之鹽則鹽吏免巡禁之勞而民亦受惠
矣本臺詳所言鹽法宜從省部定擬具呈中書省送
戶部議之本部議云陝西行臺所言鹽事宜從都省
選官前赴陝西與行省行臺及河東運司官一同講
究是否便益明白咨呈三年都省移咨陝西行省仍
摘委河東運司正官及李御史運司同知郝中順會
草昌延安興元奉元鳳翔邠州等官與總帥汪通議
初二日陝西行省官及李御史運司同知郝中順會
等俱稱當從御史帖木兒不花及廉使胡通奉所言

限以黃河為界令陝西之民從便食用韋紅二鹽解
鹽依舊西行紅鹽不許東渡其咸寧長安錄事司三
縣未散者依已散州縣一體掛酌詔納乾課與運司
已散食鹽引價同見納乾課辦鈔七萬錠通行按季
矣郝同知獨言運司不涸散引如此則民不受害而
輸納運司不涸散引今止認七萬錠餘十三萬錠從
辦二十萬錠今止認七萬錠餘十三萬錠從何處恢
辦議不合而散本省檢照運司逐年申報文冊陝西
止辦七萬二千六十餘錠郝遂稱疾不出其後託無
定論戶部參照至順二年中書省堂遣兵部郎中井

朝散與陝西行省官一同講究以涇州白家河永為
定界聽民食用仍督所在軍民官嚴行禁約毋致韋
紅二鹽犯境侵課如所擬行之
兩淮之鹽至元六年八月兩淮運司准行戶部尚書
運使王正奉牒本司自至元十四年莉立當時鹽課
未有定額但從實恢辦自後累增至六十五萬七十
五引客人買引自行赴場支鹽場官逼勒窵戶加其
斛面以通鹽商壞亂鹽法大德四年中書省奏准改
法立倉綱償運撥袋支發以革前弊本司行鹽通
地江淛江西河南湖廣所轄路分上江下流鹽法通

行至大間煎添正額餘鹽三十萬引通九十五萬七
十五引客商運至楊州東關俱於城河內停泊聽候
遍放不下三四十萬餘引積疊數多不能以時鈔放
至順四年前運使韓大中等又言歲賣額鹽九十五
萬七十五引近倉勘合赴倉該鈔十二三貫近倉不下七八貫運至
力每引遠倉該鈔十二三貫近倉不下七八貫運至
楊州東關俟候以次通放其無紅梢人等特以鹽主不
能照管視同己物恣為侵盜弊病多端及事敗到官
非不嚴加懲治莫能禁止其所盜鹽以鈔計之不過
折其舊船以償而已安能如數徵之是以裹河客商

戲陷資本外江興販多被欺侮而百姓高價以買不
絜之鹽公私俱受其害照揚州東關城外汊河兩
岸多有官民空閑之地如蒙發賣既防侵盜之患可
地起造倉房支運鹽袋到橋籍定資次貯置倉以
俟通放臨期用船載往真州聽從鹽商自行賃買基
爲悠久之利其於鹽法非小補也既申中書戶部及
乃定議令運司於已收在官客商帶納挑河錢內撥
鈔一萬錠起蓋倉房仍從都省移咨河南行省委官
河南行省照勘議擬文移往復紛紜不決久之戶部
與運司偕往相視空地果無違礙而後行之

兩浙之鹽至元五年兩浙運司申中書省云本司自
至元十三年絤立當時未有定額至十五年始立
辦鹽十五萬九千引自後累增至四十五萬引元統
元年又增餘鹽三萬引每歲總計四十有八萬引
初定官價中統鈔五貫自後增爲九貫十貫以至三
十五六十一百今則爲三錠矣每年辦正課鈔以
鈔一百四十四萬錠較之初年引增十倍價增三十
倍課額愈重煎辦愈難兼以行鹽地界所拘戶口有
限前時聽從客商就場支給設立撿校所稱撿出場
鹽袋又因支查停積延祐七年比兩淮之例改法立

倉綱官押舡到塲運鹽赴倉收貯客旅就倉支鹽始
則爲便經今二十餘年綱塲倉官任非其人惟務掊
克況淮浙風土不同兩淮跨涉四省課額雖大地廣
民多食之者衆可以辦集本司地界居江挑海煎鹽
亭竈散漫海隅本法陳壞亭民消廢其弊有五本司
所轄塲司三十四處各設令丞典史管領竈戶
火丁用工之時正當炎暑之月晝夜不休纏值陰兩
東手彷徨貧窮小戶餘無生理衣食所資全籍工本
刑禁難盡防禦鹽法陳壞官課雖有五本司
則與遼東相通舶往來私鹽出沒侵碍官接海洋
稍存抵業之家十無一二有司不體其勞又復差充
他役各塲元竈竈戶一萬七千有餘因水旱疫癘
流移死亡止存七千有餘即今未蒙僉補所攤拋下
額鹽唯勒見戶包煎而已若不早爲僉補優加存恤
將來必致損見戶而斸大課此弊之一也又如所設
三十五綱監運綱司專掌召募船戶照依隨塲日煎
月辦課額官給水脚錢就塲支裝所煎鹽袋每引元
頓四百斤又加折耗等鹽十斤裝爲二袋綱官押運
頓赴所撥之倉而交納爲客人到倉支鹽如自二月
至於十月河凍之時以運足爲度其立法非不周密

也今各綱運鹽船行歲久奸弊日滋凡遇到場

裝鹽之時私屬鹽場官吏司秤人等重其斤兩裝為

硬袋出場之後沿途盜賣雜以灰土補其虧及到

所赴之倉而倉官司秤人又各受賄既免綱運俸給水腳之

又不如鹽法一新此弊之二也本司歲辨額鹽四十八

不若仍舊令客商就場支給既折袋法不均誠非細故

費又引行鹽之地兩浙江東凡一千九百六萬餘口每

萬引食鹽四錢一分入釐總而計之為四十四萬九千

餘引雖賣盡其數猶剩鹽三萬一千餘引每年督勒

有司驗戶口請買又值荒歉連年流亡者眾煮以瀕

江近海私鹽公行軍民官失於防禦所以各倉停積

累歲未賣之鹽凡九十餘萬引無從支散如蒙早降

定制以憑遵守賞罰既明私鹽減少戶口食鹽不致

廢弛此弊之三也又每季拘收退引遇客人運鹽

到所賣之地先須報水程及所止店肆繳納退引

豈期各處提調之官不能用心檢舉縱令吏胥坊里

正等需求分例錢不滿所欲則多端留難客人或因

發賣遲滯轉往他所水程雖住引不拘納遂有埋沒

致容奸民藏匿在家影射私鹽所司亦不檢勘拘收

其懦善者賣過官鹽之後即將引目投之鄉胥吏又有

狡猾之徒不行納官通同鹽徒執以為憑興販私鹽

如蒙將有司官吏退引責賣還官

不致影射私鹽此弊之四也本司自延祐七年以來各立

杭州等七倉設置部轄掌收各綱船到

倉官攅辦其貪欲出納之間兩收其利凡遇停泊河岸

倉必受船戶之賄縱其雜和灰土收入倉或船戶到

運至好鹽無錢致賄則故生事留難以致停泊河岸

侵欺盜賣其倉官與監運人等為弊多端是以各倉

頓在倉聽候客人設置部轄掌收各綱船戶

積鹽九十餘萬引新舊相並充溢廊屋不能支發走

鹵消折利害非輕雖繫客人買過之物課鈔入官實

恐年復一年為患甚若仍舊令客商自備腳力就

場支裝庶免停積此弊之五也五者之中各倉停積

最為急務驗一歲合賣之數止該四十四萬餘引儻

賣二年尚不能盡又復煎運到倉積累多如蒙特

賜奏聞選委德望重臣與該官府從長講究無慮參酌

時宜更張法制定為良規惠濟元庶望大課無虧

見為住煎餘鹽三萬引差人貴江浙行省咨文赴中

書省請照詳焉戶部詳運司所言除餘鹽三萬引別

議外其餘事理未經行省明白定擬呈省移咨從長
講究六年五月中書省奏選官整治江浙鹽法命江
浙行省右丞納麟及首領官趙郎中等提調既而納
麟又以他故辭至正元年運使霍亞中又言兩淮福
建運司俱有餘鹽已行住賣本司繫同一體如蒙依
例住煎鹽三萬引俟本司繫同一體如蒙依
權將餘鹽三萬引倘俟閣侯鹽法通行而後辦之二年
食鹽害民為甚江浙行省官運司官屢以為言擬合
十月中書右丞相脫脫平章鐵木兒塔識等奏兩浙
欽依世祖皇帝舊制除近鹽地十里之內令民認買

《元史志卷四六》　三二　毛公甫

草罷見設鹽倉綱運聽從客商起運司買引就場支
鹽許於行鹽地方發賣草去派散之弊及設撿校批
驗所四廳選任廉幹之人直隸運司如遇客商載鹽
經過依例秤盤均平袋法批驗引目運司官常行體
宄又自至元十三年歲辦鹽課額少價輕令增至四
十五萬額多價重轉運不行今戶部定擬自至正三
年為始將兩浙額鹽量減一十萬引俟鹽法流通復
還元額散沁食鹽擬合住罷有旨從之
福建之鹽至元六年正月江浙行省據福建運司申
本司歲辦額課鹽十有三萬九引一百八十餘斤今

查勘得海口等七塲至元四年閏八月終積下附餘
增辦等鹽十萬一千九百六十二引二百六十二斤
着詳既有積賸附餘鹽數攝至元五年額鹽擬合照
依天曆元年住煎正額五萬引不給工本將上項
鹽五萬引准作正額省官本鈔二萬錠免致亭民童困
擬咨呈中書省送戶部參詳亦如所擬其下餘鹽五萬
餘引預支下年軍民食鹽實為官民便益本省如所
三萬九引有奇通行發賣辦納正課除留餘鹽十有
本年止辦額鹽八萬九引一百八十餘斤計鹽十有
萬一千九百六十二引發賣為鈔通行起解田咨本

《元史志卷四五下》　三三

省從所擬行之至正元年詔福建山東俵賣食鹽病
民為甚行省監察御史廉訪司拘該有司官宣公同
講究二年六月江浙行省左丞與行臺監察御史福
建廉訪司官及運使常山李鵬舉漳州等八路正官
講究得食鹽不便其目有三一曰
正額擬合除免二曰鹽額太重比依廣海例止牧價
二錠三曰住罷食鹽並令客商通行福建鹽課始自
至元十三年見在鹽六萬六千二百五十五引每引鈔九貫二
十年見在鹽五萬四千二百引每引鈔十四貫二十
五年增煎賣鹽為一錠三十一年始立鹽運司增鹽額為七

萬引元貞二年每引增價十五貫大德八年罷運司
併入宣慰使司恢辦十年各場煎出餘鹽立都提舉司增鹽額爲十
萬引至大元年各場煎出餘鹽三萬引四年復立運
司遂定額爲十三萬引增價鈔爲二錠延祐元年又
增爲三定運司又從權改法建延汀邵仍舊客商興
販而福興漳泉四路椿配民食流害迄今三十餘年
本道山多田少土瘠民(貧民)不加多鹽額增重八
秋粮每歲止二十七萬八千九百餘石夏稅不過一
萬一千五百餘錠而鹽課十三萬六千三百鈔三十九萬一路
錠民力日弊每遇催徵(貧者質妻鬻子以輸課至無)

《元史志卷四十五下》 廿三 平名遠

可規措徃徃逃移他方近年漳寇擾攘亦由於此運
司官耳聞目見蓋因職專恢辦惠無所施如蒙欽依
詔書事意罷餘鹽三萬引草去散賣食鹽之弊聽從
客商入路通行發賣誠爲官民兩便其正額鹽若依
廣海鹽價每引中統鈔二錠宜從都省區處(應江淅行
省遂以左丞所講宛咨呈中書省送户部定擬自至
正三年爲始將餘鹽三萬引權令減免散泝食鹽擬
合住罷其減正額鹽價即與廣海提舉司事例不同
別難更議十月二十八日右丞相脫脫平章帖木兒
達失等以所擬奏而行之

廣東之鹽至元二年御史臺淮江南諸道行御史臺
咨備監察御史韓承務建言廣東道所管鹽課提舉
司自至元十六年爲始辦鹽額六百二十一引自
後累增至三萬五千五百引延祐間又增餘鹽通正
額計五萬五百五十二引竈户籍今巳三載未
催督呻吟愁苦巳逾十年泰定間蒙憲臺及奉使宣
撫安章教陳減免餘鹽一萬五千引元統元年都省
以支持不敷權將已減餘鹽依舊煎辦今巳三載未
蒙住罷竊意議者必謂廣東控制海道連接諸蕃船
商輳集民物富庶易以辦納是蓋未能深知彼中事

《元史志卷四十五下》 廿四 平名遠

宜本道所轄七路八州平土絶少加以嵐瘴毒癘其
民刀耕火種巢頓穴岸崎嶇辛苦(貧窮之家經歲淡
食額外辦鹽賣誰售所謂富庶者不過城郭商賈
食刀交易者數家而已竈户鹽丁十逃三四官吏
與舶船交易者數家而已竈户
畏罪止將見存人户勤令帶煎又有大可應者本道
密邇蠻獠民俗頑惡誠恐有司責辦大嚴欲怨生事
所繫非輕如蒙捐此微利以示大信疲民幸甚具呈
中書省送户部定擬自元統三年爲始廣東提舉司
所辦餘鹽量減五千引十月初九日中書省以所擬
奏聞得旨從之

廣海之鹽至元五年三月湖廣行省咨中書省云廣
海鹽課提舉司額鹽三萬五千一百六十五引餘鹽
一萬五千引因歲賊為害民不聊生正額積虧四
萬餘引卧收在庫若復添辦餘鹽困苦未甦恐致不
安事關利害如蒙憐憫聞奏除免庶期元額可辦不
致遺患邊民戶部議云上項餘鹽若全恢辦緣非元
額無以本司僻在海隅所轄竈民累遭刧掠死亡逃
竄民物凋弊擬於一萬五千引內量減五千引以舒
民力中書以所擬奏聞得旨從之
四川之鹽元統三年四川行省攪鹽茶轉運使司申
至順四年中書坐到添辦餘鹽一萬引外又帶辦兩
淛運司五千引與正額鹽通行煎辦已後支用不闕
再行議擬甲司爲各塲別無煎出餘鹽不免勒令竈
戶承認規劃辛已足備以後年分若不申覆誠恐竈
戶逃竄有妨正課如蒙憐憫備咨中書省於所辦餘
鹽一萬引內量減兩淛之數又准分司運官所
言云四川鹽井俱在萬山之間比之腹裹兩淮優苦
不同又行帶辦餘鹽竈民由此而疲矣行省咨呈中
書省上奏得旨權以帶辦餘鹽五千引倚閣之

茶法

至元二年江西湖廣兩行省具以茶運司同知萬家
間所言添印茶由事咨呈中書省云本司歲辦額課
二十八萬九千二百餘錠除門攤批驗鈔外數內茶
引一百萬張每引十二兩五錢共爲鈔二十五萬九
千七十餘錠茶引一張照茶九十斤客商興販其小
末茶自有官印筒袋關防其零斤草茶由帖爲照
造一千三百八萬五千二百八十九斤該鈔二萬九
考之茶由數少課輕便於民用而不敷茶引課重數
民買食及江南產茶去處零斤採賣皆須由帖爲照
春首發賣茶由至夏秋茶由盡絕民間關用以此
多止於商旅興販年終尚有存關未賣者每歲合印
茶由以十分爲率量添二分計二百六十一萬七千
五十八斤筭依引目內官鈔每斤收鈔一錢三分八
蓋八毫八絲計增鈔七千二百六十九錠七兩餘
減去引目二萬九千七十六張庶幾引不停關茶無
私積中書戶部定擬江西茶運司歲辦公攞十萬道
引一百萬計鈔二十八萬九千二百餘錠茶引便於
商販而山塲小民全憑茶由爲照歲辦茶由一千三
百八萬五千二百八十九斤每斤一錢一分一釐一
毫二絲計鈔五千八百一十六錠七兩四錢一分
減

引二萬三千二百六十四張茶引一張造茶九十斤
納官課十二兩五錢如於茶由量添二分計二百六
十一萬七千五十八斤每斤添牧鈔一錢三分八釐
八毫八絲計鈔七千二百六十九錠七兩積出餘零
鈔毂官課無虧而便於民用合准本省擬具呈中
書省移咨行省如所擬行之至正二年李宏陳言內
一節言江州茶司擾引不便事云擾引至正二年李宏陳言
有自唐以來其法始備國朝既於江州設立提舉司七處專任
轉運司仍於各路出茶之地設立提舉茶都
散擾賣引規辦國課莫敢誰何每至十二月初

《元史志卷四十五下》 七七 楊清之

勾集各惠提舉司官吏關領次年擾引及其到司旬
月之間司官不能借聚吏貼需求各滿所欲方能給
付擾引此時春月已過及還本司方欲點對給散又
有分司官吏到各廠驗戶散擾賣引每引十張除正
納官課一百二十五兩外又聚要中統鈔二十五兩
名為搭頭事例錢以為分司官吏讀饞之資提舉司
雖以權茶為名其實不能專散擾賣引之任不過為
運司官吏營辦資財而已上行下效勢所必然提舉
司既見分司官吏所為若是亦復倣效遷延及茶戶
得擾還家已及五六月矣中間又存留茶引二三千

本以茶戶消乏為名轉賣與新興之戶每擾又多耶
中統鈔二十五兩上下分派各為已私不知此等之
錢自何而出其為茶戶之苦有不可言至如得擾在
手碾磨方與吏卒踵門催初限不知茶未登賣何
從得錢間有充裕之家必須別行措辦費引例
被拘監無非典鬻家私以應官限及終限不能足備
迯分司奇取之過茶戶本圖求利反受其害日見消
乏迯亡情實堪憫令若申明舊制每歲正月湏要運
司盡將擾引給付提舉司隨時派散無得停留在運

《元史志卷四十五下》 三五 七八 楊清之

多收分例妨誤造茶時月如有過期別行定罪仍不
許運司似前分司自行散賣擾引違者從肅政廉訪
司依例料治如此庶茶司少草舍鬻之風茶戶免損
乏之害中書省以其言送戶部定擬復移咨江西行
省委官與茶運司講究如果便益如所言行之

志卷第四十五下

翰林學士亞中大夫知制誥兼修國史臣宋濂
翰林待制宣奉郎兼知制誥□國史院編修官臣稽□等

勅修

兵一

兵者先王所以威天下而折奪姦宄戡定禍亂者也
其道則兵力富而國勢强用失其宜則兵力耗而國
勢弱故兵制之得失國勢之盛衰繫焉元之有國肇
基朔漠雖其兵制之簡略然自太祖太宗滅夏剪金霆
轟風颷奄有中土兵力可謂雄勁者矣及世祖即位

《元史志卷四十六》一　何□之

平川蜀下制□命大將帥師渡江盡取南宋之地
天下遂定于一豈非盛哉考之國初典兵之官視兵
數多寡為爵秩崇卑甲長萬夫者為萬戶千夫者為千
戶百夫者為百戶世祖時頗修官制內立五衛以總
宿衛諸軍衛設親軍都指揮使外則萬戶之下置總
管千戶之下置百戶百戶之下置總把立樞密院以
總之遇方面有警則置行樞密院事已則廢而移都
鎮撫司屬行省萬戶千戶百戶分上中下萬戶佩金
虎符跌為伏虎形首為明珠而有三珠二珠一珠金
之別千戶金符百戶銀符萬戶千戶死陣者子孫襲

爵死病則降一等總把百戶老死萬戶遷他官皆不
得襲是法尋廢後無大小皆世其官獨以罪去者則
否若夫軍士則初有蒙古軍探馬赤軍蒙古軍皆國
人探馬赤軍諸部族也其法家有男子十五以上
七十以下無衆寡盡簽為兵十人為一牌設牌頭上
馬則備戰鬥下馬則屯聚牧養孳畜是為漢軍或以
漸丁軍既平中原發民為卒是為漢軍或以貧富
甲乙戶出一人曰獨戶軍合二三而出一人則為正
軍戶餘為貼軍戶或以男子論議嘗以二十丁出
十丁出一卒或以戶論議二十戶出一卒而限年二十以上

《元史志卷四六》二

士卒之家為富商大賈則又取一人曰餘丁軍至十
五年免或取匠為軍曰匠軍或取諸侯將校之子弟
充軍曰質子軍又曰禿魯華軍是皆多事之際一時
之制天下既平嘗定為軍者有定入尺籍伍符不可更易
詐增損丁產者覺則更籍其實而以印印之病死戍
所者百日外役次丁死陣者復一年貧不能役則聚
而一之曰合併其互換則老者幼者貧不能役則別
以民補之奴得縱自便者杖授他役者還籍其繼得宋
還者復三年又逃者杖之貼戶其主貼軍其戶逃而
兵號新附軍又有遼東之糺軍契丹軍女直軍高麗

軍雲南之寸白軍福建之畬軍則皆不出戍他方者蓋
鄉兵也又有以技名者曰砲軍弩軍水手軍應募而集者
曰答剌罕軍其名數則有憲宗二年之籍世祖至元八年
之籍十一年之籍而新附軍有二十七年之籍以兵籍
係軍機重務漢人不閱其數雖樞密近臣職專軍旅者
惟長官一二人知之故有國百年而內外兵數之多寡
人莫有知之者令其典籍可考者曰兵制曰宿衛曰鎮
戍而馬政屯田站赤弓手急遞鋪兵鷹房捕獵非兵
而兵者亦以類附焉作兵志

兵制

太宗元年十一月詔兄弟諸王諸子并衆官人等 所屬去處
僉軍事理有妄分彼此者達魯花赤并官貟皆罪之 每一
牌子僉軍一名限年二十以上三十以下者充 仍定立千
百戶牌子頭其隱匿不實及知情不首并隱藏逃役軍
人者皆處死 七年七月僉宣德西京平陽太原陝西五
路人匠充軍命各處管匠頭目除織匠及和林建官殿
一切合于人莘外應有回回河西漢兒匠人并札魯花赤
及札也種田人莘通驗丁數 每二十人出軍一名 八年七月
詔燕京路保州莘處 每二十人僉軍一名 令答不葉兒
統領出軍真定河間邢州大名太原莘路 除先僉軍人外

於斷事官忽都虎新籍民戶三十七萬二千九百七
十二人數內 每二十丁起軍一名亦令屬答不葉兒
領之 十三年八月諭總管萬戶劉黑馬撩斜烈奏
忽都虎等元籍諸路民戶一百萬四千六百五十六
戶 除逃戶外有七十二萬三千九百一十戶隨路總
僉軍一十萬五千四百七十一名點數過九萬七千
五百七十五人餘因近年蝗旱民力艱難徃徃在逃
有旨令後止驗見在民戶僉軍仍命逃戶復業者免

三年軍役

世祖中統元年六月詔罷解鹽司軍一百人 初解鹽
司元籍一千鹽戶內每十戶出軍一人 後阿藍荅兒
倍其役世祖以重困其民罷之 七月以張榮實從南
征多立功命為水軍萬戶燕領霸州民戶諸水軍將
吏河陰路達魯花赤胡王千戶王端臣軍七百有四
人八柳樹千戶幹來軍三百六十一人孟州龐抄兒
赤張信軍一百九十人濵棣州海口總把張山軍一
百人滄州海口達魯花赤塔剌海軍一百人睢州李
總管庵下孟春等五十五人霸州蕭萬戶軍一百九
十五人悉聽命為
磁東平大名平陽太原衛輝懷孟莘路各處有舊屬

按扎兒罕等官所管探馬赤軍人乙卯嵗籍為民戶亦有

若壬寅甲寅兩次嵗定軍以依舊出征其或未嘗為軍及蒙古漢人民戶內作數

者悉僉為軍六月以軍士訴貧乏者報命賓富相燭

應役實有不能自存者優恤三年十月諭山東東路

經畧司益都路匠軍已前曾經僉括者可遵別路之

例伊令從軍以鳳翔府屯田軍人準充平陽軍數內

於鳳翔屯田勿遣從軍刁國器僉軍九百一

十五人即日放罷為民陝西行省言士卒戊金州者

四六

諸奧魯已嘗服役令重勞苦詔罷之併罷山東大名

河南諸路新僉防城戍卒四年二月詔統軍司及

管軍萬戶千戶等可遵太祖之制令各官以子弟入

朝充禿魯花其制萬戶禿魯花一名馬一十四牛二

具種田人四名千戶見管軍五百或五百已上者禿

魯花一色馬六牛一具種田人二名雖所管軍不

及五百具種田人同萬戶子弟健壯者亦出禿魯花

匹牛具種田人一色馬魯花子弟充禿魯花者擎其

裏子同至從人不拘定數馬四牛具除定去數目已

上復增餘者聽若有貧乏不能自備者於本萬戶內

不該出禿魯花之人通行津濟起發不得因而科及

衆軍萬戶千戶或無親子或親子幼弱未及成人者以

弟姪充候親子年及十五却行交換若親子不

得隱匿代替委有氣力不得妄稱貧乏及雖到來氣

力却有不完者並罪之是月帝以太宗舊制設官分

職軍民之事各有所司後多故之際不暇分別命阿

蒙古漢軍人並聽樞密節制統軍司都元帥府除遇邊

面緊急事務就便調度外其軍情一切大小公事並

見管軍人凡民間之事毋得預焉五月立樞密院凡

海都元帥專於北京東京平灤懿州盖州路管領

職軍都元帥之事多故之北京東京平灤懿州

四六

須申覆合設奧魯官並從樞密院設置七月詔免河

南保甲丁壯射生軍三千四百四十一戶雜泛科差

專令守把巡哨八月諭成都路行樞密院近年軍人

多逃亡事故者可於各奧魯內盡實僉補自乙卯年

定入軍籍之數悉僉起赴軍十一月女直水達達及

乞烈賓地合僉鎮守軍命亦里不花僉三千人付塔

匝來領之弃達魯花赤官之子及其餘近上戶內亦

令僉軍聽亦里不花節制至元二年八月陝西五

路西蜀四川行省言新僉軍七千人若發民戶恐致

擾亂令犨昌已有鎮軍三千諸路軍二千餘二千人

亦不必發民戶當以便宜起補從之十一月省院官
議收到私走間道盜販馬匹魯過南界人三千八百
四戶悉令充軍以一千九百七十八人與山東路統
軍司一千人與蔡州萬戶餘八百二十六戶有旨留
之軍中三年七月添內外巡軍外路每百戶選中
產者一人充之其賦令餘戶代輸在都增武衛軍四
百四年正月僉蒙古軍每戶二丁三丁者一人四
丁五丁者二人六丁七丁者三人二月詔遣官僉平
陽太原人戶為軍除軍站僧道也里可溫荅失蠻儒人
等戶外於係官投下民戶運司戶人匠打捕鷹房金
銀鐵冶丹粉錫碌等不以是何戶計驗酌中戶內丁
多堪當人戶僉軍二千人定立百戶牌子頭前赴陝
西五路西蜀四川行中書省所轄東川出征復於京
北延安兩路僉軍一千人如平陽太原例五月詔河
南路驗酌中戶內丁多堪當軍復其徭役南京路除邳州南
名歸之樞密院俾從軍人戶僉軍四百二十
宿州外依中書省分閒定應僉軍人戶驗丁數僉軍
二千五百八十名管領出征十二月僉女直水達達
軍三千人五年閏正月詔益都李璮元僉軍仍依
舊數充役二月詔諸路奧魯毋隸總管府別設總押

所官聽樞密院節制六月省臣議僉起禿魯花官貟
皆已遷轉或物故黜退者於內復有貧難蒙古人民
除隨路總管府達魯花赤總管及掌兵萬戶合令應
當其次官貟禿魯花宜放罷其自願留質者聽令應
月禁長軍之官不得侵漁士卒遠征者論罪進則聽之十
山東河南沿邊州城民戶為軍遇征進則選有力之
家同元守邊城漢軍一體出征其無力之家代守邊
城及屯田勾當六年二月僉懷孟衛輝路丁多人
戶充軍益都淄萊所轄登萊州李璮舊軍內僉一
萬人差官部領出征其淄萊路所轄淄萊等處有非

李璮舊管者僉五百二十六人其餘諸色人戶亦令
酌驗丁數僉軍起遣至軍前赴役十月從山東路統
軍司言應係逃軍未獲者令其次親丁代役身死軍
人亦親丁代補無親丁則以少壯驅丁代之七
年三月定軍官等級萬戶千戶百戶總把以軍士為
差六月成都府括民三萬一千七百七十五戶僉義士軍
八千六百十七人七月分揀隨路取發并攻破州縣抄收鐵木金火
等人匠充砲手管領出征壬子年俱作砲手附籍中
統四年揀定除正軍當役外其餘戶與民一體當

差後為出軍正戶煩難。至元四年,取元充砲手民戶津貼,其間有能與不能者,影占不便,至是分揀之。八年二月,以邠州、沙州鷹房三百人充軍。九年正月,河南省請益兵,勒諸路僉軍三萬,戶府閱實軍籍。二月,命阿術典行省蒙古軍司總管萬戶府,閱實軍籍;元帥府統軍劉整、阿里海牙典漢軍。四月,詔諸路軍戶驅丁,除軍役。七月,閱大都、京兆等處探馬赤戶名籍。九月,詔至元六年前從良入民籍者,當差;七年後凡從良者,雖從良,並令津助本戶軍役,書為從便。為民者亦如之,其餘丁年堪役依舊。

諸王權要以避役者,並還之。軍惟匠藝精巧者,以名聞。十二月,命府州司縣達魯花赤及治民長官,不妨本職,兼管諸軍。與魯各路總管府達魯花赤總管別給宣命印信;府州司縣達魯花赤長官,止給印信,任滿則別具解由,申樞密院。十年正月,合刺請給於渠江之北雲門山及嘉陵西岸虎頭山立二戍,以其圖來上,仍乞益兵二萬,勒給京兆新僉軍五千人益之。陝西京兆、延安、鳳翔三路諸色人戶約六萬戶,內僉軍六千。五月,禁乾討虜人,其願充軍者,於萬戶千戶內結成牌甲,與大軍一體征進。八月,禁軍吏之長擧

債不得重取其息,以損軍力,違者罪之。九月,襄陽生券軍至都,釋械繫,免死,聽自汴五畔征日本,仍於蒙古、漢人內選官率領之。十一年正月,初立軍官以功陞散官格。五月,便宜總帥府言:本路軍經今四十年間,或死或逃,無丁不能起補,見在軍少,乞選擇堪與不堪,詔延安府沙井、靜州等處僉軍起出征。六月,潁州屯田例,每三丁內一丁防城,二丁納糧,可僉丁壯七百餘人,并元撥保甲丁壯。近為僉軍事,乞依徐邳州屯田例,徐邳州屯田總管李丁壯,

令珣通領鎮守潁州,代見屯納合監戰軍馬別用,從之。十二年三月,遣官往遼東僉揀蒙古達魯花赤千戶百戶等官子弟出軍。詔隨處置襄陽生券軍之為農者,或自願充軍,具數以聞。五月,正陽萬戶劉復亨言,新下江南三十餘城,俱守以兵,及江北淮南潤楊等處未降,乞僉軍。力分散調度不給,以致鎮巢軍、未州兩處復叛,乞僉河西等戶為軍,并力勦除廢無後之家。或自願充軍者,惠有旨,命肅州達魯花赤并遣使同往驗各色戶計,物力冨強者僉起之。六月,僉平陽、西京、延安等路達魯花赤弟男為軍。萊州酒稅官王貞等上言,國家討

人貪圖貨利作乾討虜名
皆貨賣以充酒食之費勝則無益朝廷敗則實辱
國其招討司所收乾討虜人可悉罷之第其高下籍
為正軍命各萬戶管領征進一則得其實用二則正
王師吊伐之名實為便益從之　十四年正月詔上
都隆興西京北京四路編民捕獵等戶僉選丁壯軍
二千人防守上都中書省議從各路荅配二十五戶
內取軍一名選善騎射者充官給資中統鈔一定
仍自備鞍馬衣裝器仗編立牌甲差官部領前來赴

《元史志卷四十六》　十二　周伯明

役十二月樞密院臣言收附亡宋州城新附請糧官
軍并通事馬軍人等軍官不肯存恤多逃散者乞招
誘之命左丞陳巖等分揀堪當軍役者收係充軍俟
攜例月支錢粮其生券不堪當軍者官給牛具粮食
屯田種養　十五年正月定軍官承襲之制凡軍官
之有功者陸其秩元受之職令他有功者居之不得
令子姪復代陣亡者始得承襲病死者降一等總把
百戶老病死不在承襲之例凡將校臨陣中傷還營
病創者亦令與陣亡之人一體承襲初附百姓者
怵士卒及士卒亡命避役侵擾初附禁長軍者俱有罪

雲南行省言雲南糧屯駐蒙古軍甚少遂取漸長成
丁怵困都等軍以備出征雲南闊遠多未降之地必
須用兵已僉爨人一萬為軍續取新降落落和泥
等人亦令充軍然其人與中原不同若赴別地出征
必致逃匿宜令就各所居一方未降厤用之九月併
王怯憐口人匠或託為別戶以避其役者復令為軍
臣奏宜縱為民遂併為一萬五千諸軍戶按充諸侯
問其賞產且無貼戶之助歲久多貧乏不堪樞密院
軍士初至元九年會軍三萬止擇精銳年壯者不復
有良匠則別而出之樞密臣又言至元八年於各路

《元史志卷四十六》　十二　周伯明

軍之為富商大賈者一百四十三戶各增一軍號餘
丁軍令東平等路諸奧魯總管府言往徃人死產之
不能充二軍乞免餘丁充役者制可十二月樞密院
官議諸軍官在軍籍者除百戶總把權准軍役其元
帥招討萬戶總管千戶或首領官俱合冊當正軍一
名　十六年正月罷五翼探馬赤重役軍三月括兩
淮造回回礮新附軍至京師五月淮西道宣慰司官昂吉
附人能造礮者至京師軍匠回回漢人新
兒請招諭亡宋通事軍俾屬之麾下初亡宋多招納
北地蒙古人為通事軍遇之甚厚每戰皆列於前行

顧効死力及宋亡無所歸朝議欲編入版籍未暇也人
人類懼皆不自安至是昂吉兒請招集列之行伍以備
征戍從之九月詔河西地未斂軍之行伍以備物
力者斂軍六百人十月詔壽州等處招討使李鐵哥請召
募有罪亡命之人充軍其言使功不如使過始南宋未
平時蒙古諸色人等因得罪皆令往依焉令已平定
尚逃匿林數若釋其罪而用之必能効力無不一當十
者矣十月罷太原平陽西京延安路新斂軍籍
十七年七月詔江淮諸路招集荅剌罕軍初平江南募
死亡顧從軍者號荅剌罕屬之劉萬戶麾下南比飢混
一復散之其人皆無所歸牵群聚剽掠至是命諸路
招集之令萬奴部領如故聽范左丞李捘都二人節制
十八年二月併貧乏軍人三萬戶為一萬五千取貼
戶津貼正軍充役四月置蒙古漢人新附軍總管六月
樞密院議正軍貧乏無力者令富彊丁多貼戶權充正
軍應役驗正軍物力卻令津濟貼戶其正軍仍為軍頭
如故或正軍實係單丁者許備傭催練習之人應役丁多
者不得傭催軍官亦不得以親從人代之十九年二月
諸侯王阿只吉遣使言探馬赤軍凡九處出征各奧
魯內復徵雜泛徭役不便詔免之并詔有司母重役

軍戶六月禁長軍之官毋得占役士卒散定海荅剌
罕軍還各營及歸戍城邑十月斂發漸丁軍士遵舊
制家止一人餘皆充軍二十年二月命各處行樞密院
造新附軍籍冊六月從丞相伯顏議所括宋手號軍
八萬三千六百人立牌甲設官以統之十月定出征
軍人亡命之罪為首者斬餘令減死一等二十一
年八月江東道斂事馬剖言劉萬奴乾討虜軍私
相糾合結為徒黨張弓挾矢或詐稱使臣莫若散之
各翼萬戶千戶百戶牌甲內管領為便省院官以聞
有旨可令問此軍欲從脫歡出征虜掠耶欲且放散
還家即回奏眾軍皆言自圍襄樊渡江以來與國効
力願令還家少息遂從之籍亡宋時有是
軍死則以兄弟若子承代有旨依漢軍例籍之母涅
其手二十二年正月立行樞密院於江南三省其
各處行省見管軍馬悉以付焉九月詔福建黃華畲軍
有恒產者放為民無恒產與妻子者編為守城軍征
交趾蒙古軍五百人漢軍二千人除留蒙古軍百人
漢軍四百人為鎮南王脫歡宿衛餘悉遣還別以江
淮行樞密院蒙古軍戍江西十月從月的迷失言以

乾討虜軍七百人籍名數立牌甲命將官之無軍者
領之十一月御史臺臣言昔宋以無室家壯士為鹽
軍內附之初有五千人除征占城運糧死亡者今存
一千一百二十二人此徒皆性習凶暴民患苦之宜
給以衣粮使屯田自贍庶絕其擾從之十二月從樞
密院請嚴立軍籍條倒選壯士及有力之家充軍舊
居者至是華馬江淛省募鹽徒為軍得四千七百六

倒丁力強者充軍弱者出籍故有正軍貼戶之籍
之既久而強者充軍弱者出籍亦如故其同戶異居者
私立年期以相更代故有老稚不免從軍而強壯居
閱一千三百四十戶乞差人分揀貧富定貼戶正軍可
有充工匠者放為民者有元係各投下戶囬付者似此歇
二十四年閏二月樞密院臣言諸軍貼戶有正軍已尅者
十六人選軍官庵下無士卒有者相參統之以備各處鎮守
二十六年八月樞密院議諸管軍官萬戶千戶百戶等
或治軍有法鎮守無虞鎧伏精完差役均平軍無逃竄
者許所司薦舉以聞不次擢用諸軍吏之長非有上司之
命毋擅離職諸長軍者及蒙古軍毋得妄言邊事
成宗大德二年十二月定各省提調軍馬官員凡用隨從
軍士蒙古長官三十名次官二十名漢人一十名萬戶千

戶百戶人等俱不得役行省鎮撫止用聽探外亦不
得多餘役占十一年四月詔禮店軍還屬土番宣慰
司初西川也速迭兒按住奴帖木兒等所統探馬赤軍
自壬子年屬籍禮店隸王相府後王相府罷屬之陝西
省桑哥奏屬土番宣慰司咸以為不便大德十年命
依壬子之籍至是復改屬焉

武宗至大元年正月以通惠河千戶劉鑿所領運糧軍九
百二十人屬萬戶赤因帖木兒兵籍十二月丞相三寶奴
等言國制行省佐貳及宣慰使不得提調軍馬若遍授平
章揚州宣慰使阿憐帖木兒者當與成宗同乳毋故得行之非
常憲也今命沙的代之宣遵國制勿令提調制可
仁宗皇慶元年三月中書省臣奏李馬哥等四百戶
為民初李馬哥等四百戶屬諸侯王脫歡乙未年定
籍為民高麗林衎行及乃頒叛皆嘗僉為軍至元八年
月省臣言先是樞密院奏準雲南省宜遵各省制其
遵乙未年已定之籍後樞密復奏竟以為軍戶十二
置軍籍以李馬哥等非七十二萬戶內軍數復改為
民至大四年樞密院復奏為軍至是省官以為言命
省官居長者二負得佩虎符提調軍馬餘佐貳者不
得預已受虎符者悉牧之今雲南省言本省籍軍士

之力以辦集錢穀遇有調遣則省官親率衆上馬故
舊制雖牧民官亦得佩虎符視領軍務他省為不同
臣等議巳受虎符者依故事未受者宜頒賜之制可
二年正月詔雲南省鎮遠方掌邊務凡事涉軍旅
者自平章至僚佐湏同署押其長官二員復與哈必
赤延祐元年二月四川省軍官關負詔依民官遷
調之制差人與本省提調官及監察御史同銓注
三年三月命伯顏都萬戸府及紅胖襖總帥府各
軍九千五百人徃諸侯王所更代守邊士卒其屬都
萬戸府者軍一各馬三匹屬總帥府者軍一各馬二

元史志卷四十六　七

四令人自為計其貧不能自備者則命行伍之長及
百戸千戸等助之悉遣精銳練習騎射之士每軍一
百名百戸一員五百名千戸一員復命買住褁加觧
二人分左右部領之

翰林學士承旨知制誥兼修國史長兼翰林制誥同知制誥兼國史院編修官呈進謹奏

敕修

兵二

宿衛

宿衛者天子之禁兵也元制宿衛諸軍在內而鎮戍
諸軍在外內外相維以制輕重之勢亦一代之良法
哉方太祖時以木華黎赤老溫博爾忽博爾朮為四
怯薛領怯薛歹分番宿衛及世祖時又設五衛以為
五方始有侍衛親軍之屬置都指揮使以領之而其

〈元史志卷四七〉
（三十）一

後增置改易於是禁兵之設殆不止於前矣夫屬櫜
鞬列宮禁宿衛之事也而其用非一端用之於大朝
會則謂之圍宿軍用之於大祭祀則謂之儀仗軍車
駕巡幸用之則曰扈從軍守護天子之帑藏則曰看
守軍或夜以之警邏則為巡邏軍或歲漕至京師
用之以彈壓則為鎮遏軍令緫之為宿衛而以餘者
附見焉

四怯薛　太祖功臣博爾忽博爾朮木華黎赤老溫
時號掇里班曲律猶言四傑也太祖命其世領怯薛
之長怯薛者猶言番直宿衛也凡宿衛每三日而一

朱紹卿

更申酉戌日博爾忽領之為第一怯薛即也可怯薛
博爾忽早絕太祖命以別速部代之而非四傑功臣
之類故太祖以自名領之其云也可者言天子自領
之故也亥子丑日博爾朮領之為第二怯薛可者言
曰木華黎赤老溫絕其後怯薛巳午未日赤老溫寅卯辰
之為第四怯薛長之子孫或由天子所親信或由宰相所
薦舉或以其次序所當為即襲其職以掌環衛雖其
官甲勿論也及年勞所歸則遂擇為一品官而四
怯薛之長天子或又命大臣以緫之然不常設也其它

〈元史志卷四七〉
（四八）二

愷怯薛之職而居禁近者分冠服弓矢食飲文史車
馬廬帳府庫醫藥卜祝之事悉世守之雖以才能受
任使服官政貴盛之極然一日歸至內庭則執其事
如故至於子孫無改非甚親信不得預也其怯薛執
事之名則主弓矢鷹隼之事者曰火兒赤昔寶赤怯
憐赤書寫聖旨曰扎里赤為天子主文史者曰必闍
赤親烹飪以奉上飲食者曰博爾赤侍上帶刀及弓
矢者曰云都赤闊端赤司閽者曰八剌哈赤掌酒者
曰答剌赤典車馬者曰兀剌赤莫倫赤掌內府尚供
衣服者曰速古兒赤牧駱駝者曰帖麥赤牧羊者曰

朱紹卿

火你赤捕盜者曰忽剌罕赤奏樂者曰虎兒赤又名

忠勇之士曰霸都魯勇敢無敵之士曰拔突其名

蓋不一然皆天子左右服勞侍從執事之人其分番

更直亦如四怯薛之制而領於怯薛各以三日分番入衛其抄名數

子之所指使比之樞密各衛諸軍禁庭有事則惟天

是故無事則各執其事以備宿衛禁庭有事則惟天

甚蘭後累增為萬四千人揆之古制猶為尤親信者

之士則謂之怯薛歹亦以三日分番所御幹耳朵其宿

也然四怯薛歹自太祖以後累朝所御幹耳朵其宿

衛未嘗廢是故一朝有一朝之怯薛總而計之其數

滋多每歲所賜鈔幣動以億萬計國家大費每做於

此焉

右衛

中統三年以侍衛親軍都指揮使董文炳兼

山東東路經署共領武衛軍事命益都行省大都

督撒吉思驗壬子年已定民籍及照李璮總籍軍數

每千戶內選練習軍士二人充侍衛親軍并海州東海

漣州三處之軍屬焉至元元年改立武衛為侍衛親軍

分左右翼置都指揮使八年改立左右中三衛掌宿

衛盧從兼屯田國有大事則調度之

左衛

中

並至元八年以侍衛親軍改立

前衛

至元十六年以侍衛親軍剏置前後二衛掌

宿衛盧從兼營屯田國有大事則調度之置都指揮

使

後衛

亦至元十六年置

武衛

至元二十五年尚書省奏那海那的以漢軍

一萬人如上都所立虎賁司營屯田脩城隍二十六

年樞密院官暗伯奏以六衛六千人及近路迤南萬戶府一千人總

掌大都屯田三千人塔剌海亭可所

一萬人立武衛親軍都指揮使司掌脩治城隍及京

師內外工役之事

左都威衛

至元十六年世祖以新附到侍衛親軍

年選其軍之善造作者八百人立千戶所一及百戶所

年復以屬皇太后改隆福宮左都威衛使司至大三

一萬戶屬之東宮立侍衛親軍都指揮使司三十一

翼八以掌之而分局造作皇慶元年以王平章舊所

領軍一千人立屯田至治三年罷匠軍千戶所

右都威衛

國初木華黎奉太祖命收札剌兒兀魯

忙兀納海四投下以按察兒字羅笑乃解不里海拔

都兒閣闊不花五人領探馬赤軍既平金隨處鎮守

中統三年世祖以五投下探馬赤立蒙古探馬赤總
管府至元十六年罷其軍各於本投下應役十九年
仍令充軍二十一年樞密院奏以五投下探馬赤軍
俱屬之東宮復置官屬如舊二十二年改隆福宮右
都威衛使司三十一年改威衛侍衛司

唐兀衛　至元十八年阿沙不花言今年春奉命總
領河西軍三千人但其所帶虎符金牌者甚衆征伐
之重若無官署何以防閑之樞密院以聞遂立唐兀
衛親軍都指揮使司以總之

貴赤衛　至元二十四年立

西域親軍　元貞元年依貴赤唐兀二衛例始立西
域親軍都指揮使司

衛候直都指揮使司　至元元年裕宗招集控鶴一
百三十五人三十一年徽政院增控鶴六十五人立
衛候司以領之且掌儀從金銀器物元貞元年皇太
后復以晉王校尉一百人隸焉大德十一年益以懷
孟從行控鶴二百人隸衛候直都指揮使司至大元
年復增控鶴百人總六百人設百戶所六以為其屬
至治三年罷之四年以控鶴六百三十人歸于皇后
位下後復置立

右阿速衛　至元九年初立阿速拔都達魯花赤後
招集阿速正軍三千餘名復選阿速揭只揭了溫怯
薛丹軍七百人庶從車駕掌宿衛城禁兼營潮河蘇
沽沢川屯田并供給軍儲二十三年為阿速軍南攻
鎮巢殘傷者衆遂以鎮巢七百戶屬之并前軍南攻
一萬戶隸前後二衛至大二年始改立右衛阿速親
軍都指揮使司

左阿速衛　亦至大二年改立

隆鎮衛　　厯宗在潛邸嘗於居庸關立南北口屯
軍徼巡盜賊各設千戶所至元二十五年以南北口上
千戶所總領之至大四年改千戶所為萬戶府分欽
察唐兀貴赤西域左右阿速諸衛軍三千人并南北
口大和嶺舊隘漢軍六百九十三人屯駐東西四十
三處立十千戶所置隆鎮上萬戶府以統之皇慶元
年始改為隆鎮衛親軍都指揮使司延祐二年又以
哈兒魯軍千戶所隸焉至治元年置蒙古漢軍籍

左衛率府　至大元年命以中衛兵萬人立衛率府
屬之東宮時仁宗為皇太子曰世祖立五衛象五方
也其制猶中書之六部殆不可易遂命江南行省萬
戶府選漢軍之精銳者一萬人為東宮衛兵立衛率

府延祐元年改為忠翊府未幾復改為御臨親軍都
指揮使司又以御臨非古典改為羽林六年英宗立
為皇太子復以隸東宮仍為左衛率府

右衛率府

延祐五年以詹事院迭兒女直兩萬戶所管速怯
邪兒萬戶府及迤東女直兩萬戶右翼屯田萬戶
府兵合為右衛率府隸皇太子位下

康禮衛

武宗至大三年定康禮軍籍凡康禮氏之
非者皆別而黥之驗其實始得入籍及諸侯王阿只
吉火郎撒所領探馬赤屬康禮氏者令樞密院康禮
衛遣人乘傳徃置籍焉

忠翊侍衛 至元二十九年始立屯田府大德十一
年增軍數立為大同等廡侍衛親軍都指揮使司至
大四年四月皇太后修五臺寺遂移屬徽政院并以
京兆軍三千人增入延祐元年改中都威衛使司仍
肆徽政院至治元年始改為忠翊侍衛親軍都指揮
使司

宗仁衛 至治二年右丞相拜住奏先脫別鐵木叛
時沒入亦乞列思人一百戶與令所收蒙古子女三
千戶清州徽匠二千戶合為行軍五千請立宗仁衛
以統之於是命右丞相拜住總衛事給降虎符牌面

如右衛率府又置行軍千戶所隸焉

右欽察衛 至元二十三年依河西等衛例立欽察
衛至治二年分為左右兩衛天曆二年以本衛屬大
都督府

左欽察衛 亦至治二年始至元中立衛時設行
軍千戶十有九所屯田三所大德中置只兒哈郎鐵
哥納兩千戶所至大元年復設四千戶所至是始分
為左右二衛亦屬大都督府

龍翊侍衛 天曆元年十二月立龍翊衛親軍都指
揮使司以左欽察衛唐吉失等九千戶隸焉

虎賁親軍都指揮使司
左翊蒙古侍衛親軍都指揮使司
右翊蒙古侍衛親軍都指揮使司
宣忠斡羅思扈衛親軍都指揮使司
威武阿速衛親軍都指揮使司
東路蒙古侍衛親軍都指揮使司
女直侍衛親軍萬戶府
高麗女直漢軍萬戶府管女直侍衛親軍萬戶府
鎮守海口侍衛親軍屯儲都指揮使司
宣鎮侍衛

世祖中統元年四月諭隨路管軍萬戶有舊從萬戶
三哥西征軍人悉遣至京師克防城軍忙古解軍三
百一十九人嚴萬戶軍一千三百四十五人濟南路
軍一百四十人脫赤剌軍人一千四百四十五人紅查剌軍
一百四十五人馬總管軍一百四十四人　三年十
月諭益都大小管軍官及軍人等先李璮懷逆蒙蔽
朝廷恩命驅煽爾等以為巳惠爾等雖有效過功勞
殊無聞報一旦泯絕此非爾等之忠之惷實李璮懷
逆之罪也令侍衛親軍都指揮使董文炳來奏其詳
言爾等各有願為朝廷出力之語此復見爾等存忠

之久也今命董文炳仍為山東東路経畧使收集爾
等直隸朝廷克武衛軍近侍勾當比及應職且當守
把南邊隄防外隙軍民各得安業礪等宜益
盡心以圖勲效　至元二年十二月增侍衛親軍一
萬人内選女直軍三千高麗軍三千阿海三千益都
路一千每十人置千戶一員百人置百戶一員以領
之仍選丁力壯銳者以應役焉　三年五月帝謂樞
密臣曰侍衛親軍非朕命不得發克夫役修瓊華島
士卒即日放還　四年七月諭東京等路宣撫司命
於所管戶内以十等為率於從上第三等戶僉選侍

衛親軍一千八百名若第三等戶不敷於第二等戶
内僉補仍定立千戶百戶牌子頭并其家屬同来赴
中都應役　十四年五月以蒙古軍與漢軍相雜僑
都城内外及萬壽山宿衛仍以也速不花領圍軍
縣等萬戶府士卒百人有旨俾克侍衛軍後僉省
嚴忠範征西川既而嘉定重慶夔府皆下忠範回軍
留西道翔上言從之九月以總管張子良所匿軍二
千二百三十二人克侍衛軍士　十六年四月選揚
州省新附軍二萬人克侍衛親軍併其妻子遷赴京

師　二十四年十月總帥汪惟和選麾下銳卒一千
人請擇昆弟中一人統之以備侍衛從之
成宗元貞四年八月詔蒙古侍衛所管探馬赤軍人
子弟投克諸王位下身役者悉遵世祖成憲發還元
役克軍　大德六年二月調蒙古侍衛等軍一萬人
徃官山住夏
仁宗延祐六年九月知樞密院事塔失鐵木兒言諸
漢人不得點圍宿軍士圍籍係軍數者雖御史亦不
得預知此國制也比者領圍宿官言中書命司計李
慮恭巡視守倉庫軍卒有曠役者則罪之以懲其後

使無急而已而李司計擅取軍數善士卒在法為過

臣等議宜自中書與樞密遣人案之驗實以聞制可

七年六月以紅城中都威衛係掌軍務之司屬徽政

院不便命遵舊制俾樞密總之

圍宿軍

世祖至元二十六年七月命大都侍衛軍內復起一

萬人赴上都以俻圍宿

成宗元貞二年十月樞密院臣言昔大朝會時皇城

外皆無牆垣故用軍環繞以俻圍宿今牆垣已成南

比西三畔皆可置軍獨御酒庫西地窄不能容臣等

與丞相完澤議各城門以蒙古軍列衛及於周橋南

置戍樓以警晨旦從之

武宗至大四年正月省臣等傳皇太子命以大朝會

調蒙古漢軍三萬人俻圍宿仍遣使發山東河北河

南淮北諸路軍至京師復命都府左右翼右都威衛

整器伏車騎六月以諸侠王駙馬等來朝命發各衛

色目漢軍八百二十六人至上京復命指揮使也千

不花領之

仁宗皇慶元年六月命衛率府軍士俻圍宿守隆福

宮內外禁門十一月樞密院臣言皇太后有旨禁抏

門可嚴守衛臣等議增置百戶一員及拈欽察貴赤

西域唐兀阿速等衛調軍士九十人增守諸掖門復

命千戶一員帥百戶一員俻巡邏從之　延祐三

年十月以諸侠王來朝命圍宿軍士六千人增至一

萬人復命也了干充魯分左右部領圍宿軍士十

圍宿軍士除舊有者更增色目軍萬人以俻禁衛者

二月樞密院臣言圍宿軍士不及數其已發各衛先

地遠至不能如期可遷川葦草及青塔寺工役軍先

備守衛其各衛還家軍士亦發二萬五千人令備車

馬器械俱會京師制可　六年閏八月命知樞密院

事衆嘉領圍宿發五衛軍代羽林軍士仍以千戶二

貟百戶十貟擇士卒精銳者二百人屬之

英宗至治元年正月帝詔石佛寺以其牆垣疎壞命

副樞木溫台僉院阿散領圍宿士卒以備巡邏八月

東內皇城建宿衛屋二十五樞命五衛內摘軍二百

五十八君之以備禁衛

文宗天曆二年二月樞密院臣言去歲嘗奉旨依先

制調軍守把圍宿此時各翼軍人皆隨廐出征亦有

潰散者故不及依次調遣止於右翼待衛及右都威

衛內發軍一千一百二十六名以備圍宿今歲車駕

行幸臣等議於河南山東兩都府內起遣未差軍士
一千三名以備扈從制可五月樞密臣又言比奉令
旨放散軍人臣等議常制以三月一日放散六月一
日赴限今放散既遲可令於八月一日赴限從之

儀仗軍

世祖至元十二年十二月上尊號受冊告祭天地宗
廟調左右中三衛軍五十人爲蹕街清路軍
武宗至大二年十二月上尊號百官行朝賀禮樞密
院調軍一千人備儀仗　三年十月上皇太后尊號
行冊寶禮用內外儀仗軍數及防護五色甲馬軍二
百人　四年二月合祭天地太廟社稷用蹕街清道
及守內外牆門軍一百八十人命以圍宿軍爲之事
畢還役七月以奉迎武宗王冊祔廟用清路蹕街軍
一百五十人管軍千戶百戶各一員九月以祭享太
廟用蹕街清路軍一百五十人千戶百戶各一員
仁宗皇慶元年三月天壽節行禮用內外儀仗軍一
千人
英宗至治元年十一月命有司選控鶴衛士及色目
漢軍以備鹵簿儀仗十二月定鹵簿隊仗用軍士二
千三百三十人萬戶千戶百戶四十五員仍議用軍

士一千九百五十八人萬戶千戶百戶五十九員以備

儀仗

致和元年六月以享太廟用蹕街清路軍一百名着
粮盆軍一百名管軍官千戶百戶各一員九月行大
禮用擎執儀仗蒙古漢軍一千名
文宗天曆元年十一月親祭太廟內外用儀仗并五
色甲馬軍一千六百五十名仍命指揮青山及洪副
使攝折衝都尉提調二年正旦行禮用儀仗軍一
千人享太廟用蹕街清路軍一百名着守粮盆軍一
百名管軍千戶百戶各一員天壽節行禮用儀仗軍
一千名皇后冊寶擎執儀仗用軍一千二百名軍官
四員

扈從軍

世祖至元十七年三月發忙古解抄兒赤所領河西
軍士及阿魯黑麁下二百人入備扈從
武宗至大二年太后將幸五臺臺徽政院官請調軍扈
從省臣議昔大太后嘗幸五臺於住夏探馬赤及漢
軍內各起扈從軍三百人今遵故事從之十一月樞
密院臣言去歲六衛漢軍內以諸處興建工役故用
六千軍士於上都臣等議來歲車駕行幸復令騎卒
軍內臣等議來歲車駕行幸復令騎卒

六千人倫車馬器仗與步卒二千人唐從制可

世祖至元二十五年十一月以軍守都城外倉初大
都城內倉教有軍守之城外豐閏豐實廣財通濟四
倉無守者至是收糧頗多丞相桑哥以為言乃依都
城內倉例每倉發軍五人守之十二月中書省臣言
樞密院公廨後有倉貯糧乞調軍五人看守從之
成宗大德四年二月調軍五百人於新浚河內看閘
武宗至大四年六月帝御大安閣樞密院官奏嘗奉
旨令各門置軍守備臣等議探馬赤軍士去其所戍

《元史志卷七》 十五 麗

地遠卒莫能至擬發阿速唐兀等軍兼漢軍用之各
門置五十人制可
仁宗延祐元年閏三月隆禧院官言初世祖影殿有
軍士守之今武宗容於大崇恩福元寺安置宜依
例調軍守衛從之三年二月嶺比省乞軍守衛倉
庫命於丑漢所屬萬戶三千探馬赤軍內摘軍三百
人與之
英宗至治元年增守太廟牆垣軍初以衛士軍人共
守圍宿故止用蒙古軍四百人至是以衛士守內牆
垣其外牆止用軍士乃增至八百人復命僉院哈散

院判阿剌鐵木兒領之四月敕搠思吉幹節兒八哈
失寺內常令軍士五人守衛

巡邏軍

仁宗皇慶元年三月丞相鐵木迭兒奏每歲既幸上
京於各宿衛中留衛士三百七十人以備巡邏令歲
多盜賊宜增百人以嚴守禦制可仍命樞密與中書
分領之延祐七年五月詔留守司及虎賁司官親
率眾於夜巡邏

《元史志卷四七》 十六 圖

仁宗延祐元年閏三月樞密院官奏中書省言江浙

鎮遏軍

春運糧八十三萬六千二百六十石取日開洋前來
直沽請預差軍人鎮遏詔依年例調軍一千名右
衛副都指揮使伯顏往鎮遏之三年四月海運至
直沽樞密院官奏令歲軍數不敷乞調軍士五百人
巡鎮遏之七年四月調海運鎮遏軍一千人如舊
制

鎮戍

元初以武功定天下四方鎮戍之兵亦重矣然自其
始而觀之則太祖太宗相繼以有西域中原而攻取
之際屯兵蓋無定向其制殆不可考也世祖之時海

宇混一然後命宗王將兵鎮邊徼襟喉之地而河洛
山東據天下腹心則以蒙古探馬赤軍列大府以屯
之淮江以南地盡南海則名藩列郡又各以漢軍及
新附等軍戍焉皆世祖宏規遠略與二三大臣之所
共議達兵機之要審地理之宜而足以貽謀於後世
者也故其後江南三行省當以遷調戍兵爲言當時
莫敢有變其法者誠以祖宗成憲不易於變更古今
卒之承平旣久將驕卒惰軍政不修而天下之勢遂
至於不可爲矣豈其制之不善哉蓋法久必弊古今
之勢然也今故著其調兵屯守之制而列之爲鎮戍

焉
世祖中統元年五月詔漢軍萬戶各於本管新舊軍
內摘發軍人備衣甲器伏差官領赴燕京近地屯駐
萬戶史天澤一萬四百三十五人張馬哥二百四十
人解成一千七百六十八人紐叱剌四百六十六人
良拔都八百九十六人扶溝馬軍奴一百二十九人
內黃鐵木兒一百四十四人趙奴懷四十一人鄢陵
勝都古六十五人十一月命右三部尚書怯烈門平
章政事趙璧領蒙古漢軍於燕京近地屯駐平章塔
察兒領武衛軍一萬人屯駐北山漢軍質子軍及僉

到民間諸投下軍於西京宣德屯駐復命怯列門爲
大都督管領諸軍勾當分達達軍爲兩路一赴宣德
德興一赴興州其諸萬戶漢軍則令赴潮河屯守後
復以興州達達軍合入德興宣德命漢軍各萬戶悉
赴懷來繹山川中屯駐三年十月詔田德實所管
固安質子軍九百十六戶還元管地面至元七年以金
州軍八百隸東川統軍司質子軍四百戶還成都忽不里所管
都調襄陽府生券軍六百人熟券軍四百人由京兆
十一年正月以忙古帶等新舊軍一萬一千人戍建

府鎮戍鴨池命金州招討使欽察部領之十二月調
西川王安撫楊總帥軍與火尼赤相合與五漢黃元
剌同鎮守合荅之城十二年二月詔以東川新得
城寨逼近夔府恐南兵來侵發鞏昌路補兑軍三千
人戍之三月海州丁安撫等來降選五州丁壯四千
人守海州東海十三年十月命別速解忽別列八
都兒二人爲都元帥領蒙古軍二千人河西軍一千
人守幹端城十五年三月分揚州行省兵於隆興
府初置行省分兵諸路調遣江西省軍爲最少至是
以南廣地關阻山谿之險命鐵木兒不花領兵一萬

人赴之合元帥塔出軍以儌戰守四月詔以伯顏阿
術所調河南新僉軍三千人還守廬州六月命荊湖
北道宣慰使塔海調遣夔府諸軍士七月詔以塔海
征夔軍之還戍者及揚州江西舟師悉付水軍萬戶
張榮實將之守禦江中八月命江南諸路戍卒散歸
各所屬萬戶屯戍初渡江所得城池發各萬戶部曲
士卒以戍之父而亡命死傷者衆續至者多不着行
伍至是縱還各營以備屯戍安西王相府言川蜀既
平城邑山砦洞宄九八十三所其渠州禮義城等慶
九三十三所宜以兵鎮守餘悉撤去從之九月詔發

東京北京軍四百人往戍應昌府其應昌舊戍士卒
悉令散歸十一月定軍民異屬之制及蒙古軍屯戍
之地先是以李璮叛分軍民為二而異其屬後因平
江南軍官始兼民職遂因之以千戶守一郡則率
其麾下從之百戶亦然不便至是令軍民各異屬如
初制士卒以萬戶為率擇可屯之地屯之諸蒙古軍
士散慶南北以及還各奧魯者亦皆收聚令四萬戶所
領之衆屯河北阿术二萬戶屯河南以備調遣餘丁
定其版籍編入行伍俾各有所屬遇征伐則遣之
十六年二月命萬戶孛术魯敬領其麾下舊有士卒

守湖州先是以唐鄧均三州士卒二百八十八人屬
敬麾下後遷戍江陵府至是還之四月定上都戍卒
用本路元籍軍士國制郡邑鎮戍士卒皆更相易置
故每歲以他郡兵戍上都軍士罷枝轉輸至是以上
都民充軍者四千人每歲令備鎮戍罷他郡戍兵六
人付皇子安西王命閻里鐵木兒以戍杭州軍六百
往鎮戍之七月以西川蒙古軍七千人新附軍三千
其地發新附軍五百人蒙古軍一百人漢軍四百
月碉門魚通及黎雅諸慶民戶不奉國法議以兵戍
九十人赴京師調兩淮招討小厮蒙古軍及自此方

廻探馬赤軍代之八月調江南新附軍五千駐太原
五千駐大名五千駐衛州又發探馬赤軍一萬人及
道宣慰司事張鐸言江南鎮戍軍官不便請以時更
夔府怕剌張耆之新附軍俾四川西道宣慰使也罕
的斤將之戍幹端十七年正月詔以他令不罕守建
都布吉解守長河西之地無令遷易三月同知制東
世守不易故多與富民樹黨因奪民田宅居室盡有
司政事為害滋甚鐸上言以為皆不遷易之弊請更
其制限以歲月遷調之庶使初附之民得以安業也

五月命樞密院調兵六
百人守居庸關南北口七月
廣州鎮戍士卒初以丞相伯顏等庵下合必赤一
千五百人從元帥張弘範征廣王因留戍合必赤軍一萬
貧困多死亡者至是命更代之復以揚州行省四萬
户蒙古軍更戍潭州十月發砲卒戍揚州十月高麗王并
守十二月八番後征羅甸宣慰司請增戍卒先是以三千
人戍八番後亦奚不薛分摘其半至是師還宣慰
司復請益兵以備戰守就潭州還其祖父所領亳州偹戰
張珪率庵下徃就赤軍三千戍揚州入甘州偹戰
統之二月以合必赤軍三千戍揚州十月高麗王并

海口
十九年二月命唐兀䚟於淞江州
軍鎮戍及諭鄂州揚州隆興泉州等四省議用兵戍
列城徙浦東宣慰司於溫州分軍戍守江南自歸州
以及江陰至三海口凡二十八所四月調揚州行省
軍三千人鎮泉州又潭州行省以臨川鎮地接占城
及未附黎洞請立總管府一同鎮戍之七月以隆
興西京軍士代上都戍卒還西川先是上都屯戍士
行省皆言金州合浦固城全羅州等慶公海上下與
日本正當衝要宜設立鎮邊萬户府屯鎮從之十一
月詔以征東留後軍分鎮慶元上海澉浦三慶上船

卒其奧魯皆在西川而戍西川者多隆興西京軍士
每歲轉餉不勝勞費至是更之二十年八月留蒙
古軍千人戍揚州餘悉縱還揚州所有蒙古士卒九
千人行省請以三分為率留一分鎮戍史塔剌渾曰
蒙古士卒悍勇敢戰留一千人足矣從之十月發
軍千人樞密院議以劉萬奴所領乾討虜軍益之
二十一年四月詔增兵鎮守金齒國以其地民
地險常有盜貪固為亂兵火不足戰守請增蒙古
乾討虜軍千人福建行省先是福建行省以
餘悉放還諸奧魯十月增兵鎮守金齒國以其地民

户剛狠舊嘗以漢軍新附軍三千人戍守今再調採
馬赤蒙古軍二千人令藥剌海率赴之二十二年
二月詔改江淮江西元帥招討司為上中下三萬户
府蒙古漢人新附諸軍相參作三十七翼上萬户宿
州蘄縣真定沂鄭益都高郵沿海七翼中萬户東陽
十字路邳州鄧州杭州懷州孟州真州八翼下萬户
常州鎮江潁州亳州安慶江陰水軍益都新軍
湖州淮安壽春揚州泰州弩手保甲慶元上都新軍
黃州安豐松江鎮江水軍建康二十二翼每翼設達
魯花赤萬户副萬户各一人以隸所在行院二十

四年五月調各衛諸色軍士五百人於平灤以備鎮
戌十月詔以廣東傜獞之地山險人稀兼江西福
建賊徒聚集不時越境作亂發江西行省忽都鐵木
兒庵下軍五千人往鎮守之二十五年二月調揚
州省軍赴鄂州代鎮戌士卒三月詔黃州蘄州壽昌
諸軍還隸江淮省始三慶舊置鎮守軍以近鄂州省
言懿州地接賊境請益兵鎮戌從之四月調江淮行
省全翼一下萬戶軍移鎮江西省從之皇子脫歡士卒
及劉二拔都庵下一萬人皆散歸各營十一月增軍

戍咸平府以察忽兒思合言其地實邊徼請益兵
鎮守以備不虞故也二十六年二月命萬戶劉得
祿以軍五千人鎮守八番二十七年六月調各行
省軍於江西以備鎮戌候盜賊平息而後縱還九月
以元帥那懷庵下軍四百人守文州調江淮省下萬
戶府軍於福建鎮戌十一月江淮行省言先是丞相
伯顏及元帥阿木阿塔海等守行省時各路置軍鎮
戍視地之輕重而為之多寡厥後忙古解使之悉更
其法易置將吏士卒殊失其宜今福建盜賊已平惟
潮東一道地極邊惡賊所巢穴請復還三萬戶以鎮

守之合剌帶一軍戍江海明州台亦怜忽烈一軍戍溫處
札忽兒帶一軍戍紹興婺州其寧國徽州初用土兵後
皆與賊通今盡遷之江北更調高郵泰州兩萬戶漢
軍戍之揚州建康鎮江三城跨據大江人民繁會置
兵閱習伺察諸盜錢塘控扼海口舊置戰艦二十艘
今增置戰艦百艘海船二十艘樞密院以聞悉從之
七萬戶府杭州行省諸司府庫所在置四萬戶府水
戰之法依舊止十所今擇瀕海沿江要害二十二所分
二十八年二月調江淮省探馬赤軍及漢軍二千人
於脫歡太子側近揚州屯駐二十九年以咸平府

東京所屯新附軍五百人增戍女直地三十年正
月詔西征探馬赤軍八千人分留一千或二千餘令
放還皇子奧魯赤大王术伯言切恐軍散叢生耳留
四千還四千從之五月命思播黃平鎮遠拘刷亡宋
避役手驛軍人以增鎮守七月調四州行院新附軍
一千人戍松山
成宗元貞元年七月樞密院官奏劉二拔都兒言初
鄂州省安置軍馬之時南面止是潭州等處後得廣
西海外四州八番洞蠻等地疆界闊遠少戌軍復
增四萬人今將元屬本省四翼萬戶軍分出軍力減

少臣等謂劉二拔都兒之言有理雖然江南平定之
時沿江安置軍馬伯顏阿术阿塔海阿里海牙阿剌
罕等俱係元經攻取之人又興近臣月兒魯孛羅等
樞密院官同議安置者乞命通軍事知地理之人同
議增減安置建康太平保定萬戶府全翼軍馬七千
二年五月江淛行省
之制可九月詔以兩廣海外四州城池戍兵歲一更

二百一十二名調屬湖廣省乞分兩淮戍兵於本省
言近以
沿海鎮過樞密院官議沿江軍馬係伯顏阿术安置
勿令改動止於本省元管千戶一百戶軍內發兵鎮守
代往來勞苦給俸錢選良醫往治其疾病者命三二
年一更代之　三年二月調揚州翼鄧新萬戶府全
翼軍馬分屯靳黃　大德元年三月陝西平章政事
脫烈伯領總帥府軍三千人收捕西番四詔留總帥
軍百人及階州舊軍禿思馬軍各二百人守階州餘
軍還元翼廬省請以保定翼萬人移鎮郴州省
院官議此翼還元翼廬省請以保定翼萬人移鎮郴州省
屯駐別調兵守之七月招收亡宋左右兩江土軍千
人從思明上思等廢都元帥不花言也十一月
河南行省言前揚州立江淮行省江陵立荊湖行省

各統軍馬上下鎮過江淮省發於杭州荊湖省遷
於鄂州黃河之南大江迤北汴梁古郡設立河南江
北行省通管江淮荊湖兩省元有地面近年併入軍
馬通行管領所屬之地大江兩淮地險人
頑宋亡之後始歸順當時沿江最為緊要斟酌緩急安
置定三十一翼軍馬鎮過後遷調十二翼前去江南
餘有一十九翼於內調發止至今雖即寧靜宜應
兩淮荊襄自古隘要之地歸附之後存元額十分中一二況
未然乞照沿江元置軍馬遷調江南翼分并各省所
占本省軍人發還元翼仍前鎮過省院官議以為沿

江安置三十一翼軍馬之說本院無此簿書問之河
南省官孛魯歡其省亦無樞密院文卷內但稱至元
十九年伯顏孛魯歡王速鐵木児等共擬其地安置三萬二
千軍後增二千總三萬四千今悉令各省差占及逃
亡事故者選充役足矣又孛魯歡言去年伯顏點視
河南省見有軍五萬二百之上又若還其占役事故
軍人則共有七八萬人此數之外脫哈剌魯亦在其
一千探馬赤一千廢軍阿剌八赤等哈剌魯太子位下有
地設有非常皆可調用撥各省占役總計軍官軍人
一萬三千八百八十一名軍官二百九名軍人一萬

三千六百七十二名内漢軍五千五百八十名新附
軍八千二十八名蒙古軍六十四名江淛省占役軍
官軍人四千九百五十七名湖廣省占役軍官軍人
七千六百三名江西省福建省出征收捕未囬新附軍
十二名江西省福建省占役軍官軍人一千二百七
令還役江淛省亦言河南行省見占本省軍人八千
領漢人女直高麗等軍二千一百三十六名内有稱
八百三十三名亦宜遣還鎮過有旨兩省各差官赴
關辨議　二年正月樞密院臣言阿剌觧脫忽思所
海對陣者有父戍四五年者物力消乏乞拔六衛軍

內分一千二百人大同屯田軍八百人徹里台軍二
百人總二千二百人徃代之制可三月詔各省合併
鎮守軍福建所置者合為五十三所江淛所置者合
為二百二十七所江西元立屯軍鎮守二百二十六
所減去一百六十二所存六十四所　三年三月沅
州賊人嘯聚命以毗陽萬戸府鎮守辰州鎮巢萬戸
府鎮守沅州靖州上均萬戸府鎮守常州澧州　五
年三月詔河南省占役江淛省軍一萬一千四百七
十二名除洪澤芍陂屯田外餘令發還元翼　七年
四月調碉門四川軍二十人鎮守羅羅斯　八年二

月以江南海口軍必調斬縣王萬戸翼漢軍一百人
審萬戸翼漢軍一百人新附軍三百人守慶元自乃
顏来者蒙古軍三百人守定海
武宗至大二年七月樞密院臣言去年日本商船焚
掠慶元官軍不能敵江淛省言請以慶元台州沿海
萬戸府新附軍徃陸路鎮守以斬縣宿州兩萬戸府
陸路漢軍移就沿海屯鎮臣等議自世祖時伯顏阿
木等相地之勢制事之宜然後安置軍馬豈可輕動
前行省忙古觧等亦言以水陸軍互換遷調世祖有
訓曰忙古觧得非狂醉而發此言以水陸之兵習陸

路之伎驅步騎之士而徒風水之役難成易敗於事
何補今欲禦備莫究若從宜於水路沿海萬戸府
新附軍三分取一與陸路斬縣萬戸府漢軍相叅鎮
守從之　四年十月以江浙省嘗言兩淛沿海瀕江
臨口地接諸蕃海寇出沒燕牧附江南之後三十餘
年承平日久將驕卒惰帥領不得其人軍馬安置不
當乞斟酌衝要去處遷調鎮遏樞密院官議慶元與
日本相接且為倭商遷販焚燬宜如所請其餘遷調軍馬
事關機務別議施行之十二八雲南八百媳婦大小徹
里等作耗調四川省蒙古漢軍四千人命萬戸囊加

醇部領赴雲南鎮守其四川省言本省地方東南控
接荊湖西北襟連秦隴阻山帶江窋近蕃釁素號天
險古稱極邊重地乞於存恤歇役六年軍內調二千
人徙從之

仁宗皇慶元年十一月詔江西省瘴地內諸路鎮守
軍各移近地屯駐　延祐四年四月河南行省言本
省地方寬廣關係非輕所屬萬戶府俱於臨江沿淮
上下鎮守方面相離省府近者千里之上遠者二千
餘里不測調度卒難相應況汴梁係國家腹心之地
設立行省別無親臨軍馬較之江淛江西湖廣陝西

《元史志卷四七》　二九　施彥寧

四川等慶俱有隨省軍馬惟本省未嘗撥付樞密院
以聞命於山東河北蒙古軍河南淮比蒙古軍兩都
萬戶府調軍一千人與之十一月陝西都萬戶府言
碉門探馬赤軍一百五十名鎮守多年乞放還元翼
樞密院臣議彼中亦係要地不宜放還止令於元翼
起遣一百五十各三年一更鎮守元調四川各翼漢
軍一千名鎮守碉門乞放還元翼
泰定四年三月陝西行省嘗言奉元建立行省司相
距無軍府唯有蒙古軍都萬戶遠在鳳翔置司行臺
離三百五十餘里緩急難用乞移都萬戶府於奉元

置司軍民兩便及後陝西都萬戶府言自大德三年
命移司酌中安置經今三十餘年鳳翔置司陝西
甘肅俱各三千里地面酌中不移為便樞密議陝西
舊例未嘗提調軍馬況鳳翔行省所轄三十餘年不宜後
動制可十二月河南行省言陝西置屯
限大江比抵黃河西接關陝洞蠻草賊出沒與民為
害本省軍馬俱在瀕海沿江安置遠在汴梁并各萬戶府一
千餘里乞以砲手弩軍兩翼移於汴梁議自至元
摘軍五千名設萬戶府隨省鎮邊樞密院議自至元
十九年世祖命知地理省院官共議於瀕海沿江六

《元史志卷四七》　三十

十三處安置軍馬時汴梁未嘗置軍楊州衝要重地
置五翼軍馬并砲手弩軍今親王脫歡太子鎮遏楊
州提調四省軍馬此軍不宜更動設若河南省果用
軍則不塔剌吉所管四萬戶蒙古軍此軍在黃
州所管五萬戶蒙古軍俱在河南省之南脫別台
河之南河南省之西一萬戶在河南省之北共
剌鐵木兒安童等兩侍衛蒙古軍在河南省周圍屯駐又本省
十一衛十九翼蒙古軍馬俱在河南省之南公工皆刺果
所轄一十九翼軍馬俱在諸軍馬內調發從之
用兵即馳奏於諸軍馬內調發從之

翰林學士亞中奉制誥兼修國史臣宋濂　翰林待制承直郎兼國史院編修官臣王禕等奉
敕修

兵三
　馬政

尚牧監又隸太僕院改衛尉院院廢立太僕寺屬之
代之盛我世祖中統四年設群牧所隸太府監尋隸
沙漠萬里牧養蕃息太僕之馬殆不可以數計亦一
俗善騎射因以引馬之利取天下古或未之有蓋其
西北馬多天下秦漢而下載籍可考已元起朔方

宣徽院後隸中書省典掌御位下大幹耳朵馬其牧
地東越耽羅北踰火里禿麻西至甘肅南暨雲南等
地凡一十四處自上都大都以至玉你伯牙折連怯
呆兒周迴萬里無非牧地馬之群或千百或三五十
左股烙以官印號大印于馬其印有兵古賊古闊小
呆兒斡羅禿名牧人曰哈赤哈剌赤有千戶百
戶父子相承任事自夏及冬隨地之宜行逐水草十
月各至本地朝廷歲以九月十月遣寺官馳驛閱視
較其多寡有所產駒以聞其總數盖不可知也九病
蒙古回回漢有所產駒即烙印取勘收除見在數目造

元史志卷四十八　一　夏景物

死者三則令牧人償犬牝馬一二則賞二歲馬一一
則償牝羊一其無馬者以羊駝牛折納太廟祀事暨
諸寺影堂用乳酪則供牝馬駕伏及宮人出入則供
尚乘馬車駕行幸上都太僕卿以下皆從先驅馬出
健德門外取其肥可取乳者以行汰其羸瘦不堪者
還于群牧室車駕還京師太僕卿先期遣使徵馬五十
為取乳自天子以及諸王百官各以脫羅氈置撒帳
醞都來京師醞都者承乳車之名也既至佛哈赤哈
剌赤之在朝為卿大夫親秣飼之曰釀黑馬乳以
奉玉食謂之細乳每醞都牝馬四十每牝馬一官給

元史志卷四十八　二　夏景物

芻一束菽八升駒一給芻一束菽五升菽貴則其半
以小稻充自諸王百官而下亦有馬乳之供醞都如
前之數而馬減四之一謂之粗乳駒取給於
度支寺官亦以旬詣閞廐肥瘠又自世祖而下山
陵各有醞都取馬乳以供祀事號金陵擠馬越五年
盡以與守山陵使者凡御位下正宮位下隨朝諸色
目人負甘肅土番耽羅雲南占城盧州河西亦奚里
薛和林幹難怯魯連阿剌忽馬乞哈剌木連等處草
恩亦思渾察成海阿察脫不罕折連怯呆兒等處草
地內及江南腹裏諸處應有係官孳生馬牛駝騾羊

點數之處一十二十四道牧地各千戶百戶等名目如左

東路折連怯呆兒等處　玉你伯牙上都周圍

哈剌木連等處

阿察脫不罕　阿剌忽馬乞等處

右手固安州等處　甘州亦奚卜薛　左手未平川等處

都火里安州等處　高麗耽羅國

一折連怯呆兒地哈剌　一折連怯呆兒等處御位下

赤千戶買買的撒台怯兒八思闊闊來塔失教化

木兒哈剌那海伯要闊也兒的思撒的迷失教化

太鐵木兒塔都也先木薛肥不思塔八不兒都麻

〈元史志卷四十八〉　三

失不顏台撒敦　按赤忽里哈赤千戶下百戶脫

脫木兒　兀魯兀內土阿八剌哈赤闊闊出徹

徹地撒剌八　薛裏溫你裏溫幹脫忽赤哈剌鐵

木兒　哈思罕地僧家奴

戶哈兒

一玉你伯牙等處御位下　王你伯牙地哈剌赤百

戶忽魯禿哈兀都蠻燕鐵木兒暗出忽兒也先禿

滿玉龍鐵木兒月思哥明里不蘭

大幹耳朵位下　乞剌里郭羅赤馬其等　哈里

牙兒苟赤別鐵木兒　伯只剌苟赤阿藍荅兒

阿察兒伯顏苟赤教化的等　塔魯內亦兒哥赤

塔里牙兒赤等　伯只剌阿塔赤忽禿哈　桃山

太師月赤察兒分出鐵木兒等　伯顏只魯干阿

塔赤禿忽魯蹄　王你伯牙奴禿赤火你赤

希徹禿地吉兒鞴　哈察木敦火石腦兒哈塔

都哈剌赤別乞　軍腦兒哈剌赤火羅思　須知忽

咬剌海牙撒的　阿失溫忽都魯八都兒　王龍

鞴徹雲內州拙里牙赤昌罕　察罕腦兒欠昔

思棠樹兒安魯罕　石頭山禿忽魯　牙不罕

〈元史志卷四十八〉　四

你裏溫脫木兒　開城路黑水河不花

大幹耳朵位下完者

一阿剌忽馬乞等處御位下　阿剌忽馬乞地哈剌

赤百戶按不憐乾鐵木兒火石鐵木兒末赤卯罕不

蘭奚李羅罕　怯魯連地哈剌赤千戶床也失百

戶怯兒的的小薛干別鐵串都也連典

列坦的里也里迷失忙兀鞴幹難地蘭盡兒末

者哈只不花等

大幹耳朵位下　阿剌忽馬乞按灰等

闊赤斤等　　闊苦地

一斡斤川等處御位下　斡斤川地哈剌赤千戶月
魯阿剌鐵木兒塔塔察兒　拙里牙赤斡羅孫
馬塔哈兒地哈剌赤千戶當失燕忽里歡差太
難闊闊地兀奴忽赤忙兀觧　怯魯連八剌哈
赤八兒麻思
黃兀兒不剌按赤未兒哥忽林失

守納　斡川札馬昔寶赤忙哥撒兒赤阿兒秃
赤秃忽赤　成海後火羅罕塔兒罕按赤也先
一阿察脫不罕等處御位下　阿察脫不罕地哈剌忽
馬塔哈兒怯連口只兒哈　應里哥地按

《元史志卷甲八》　五

赤哈丹忽台迷失　應吉列古哈剌赤不魯亦
兒渾察西地哈剌赤　苔蘭速魯哈剌赤八只吉兒
哈兒哈孫不剌哈剌阿兒秃
大斡耳朵位下　怯魯連火你赤塔剌海

魯赤一所　阿剌沙阿蘭山兀都蠻亦不剌金
甘州等處御位下　口千子哈剌不花一所奧
一所寬微干塔塔安地普安　勝田地劉子
總管闊闊思地　太鐵木兒苢　甘州等處楊
住普撥可連地撒兒吉思　只哈秃屯田地安
童一所　哈剌班忽都拙思牙赤耳眉

一左手求平等處御位下　求平地哈剌赤千戶六
十樂亭地拙里牙赤阿都赤苔剌赤迷里迷失
亦兒哥赤馬其撒兒苢　香河按赤孛羅觧
速哥鐵木兒　河西務愛牙赤字羅觧　郴州哈赤
剌赤脫不察　左衛哈剌赤塔剌不都
桃花島青苔寶赤赤馬札兒
兒真定苢寶赤脫不
青州哈剌赤阿哈不花　涿州哈剌赤不曾哈思

一右手固安州四怯薛八剌哈赤平哈赤按赤不都
固安州哈剌赤脫不忽察赤忽里哈赤平哈赤那懷爲長
河西務玉提赤百戶馬札兒

《元史志卷甲八》　六

一雲南亦奚卜薛鐵木兒不花爲長
一蘆州
一益都哈剌赤忽都鐵木兒
一火里秃麻太勝忽兒爲長
一高麗耽羅

屯田

古者寓兵於農漢魏而下始置屯田爲守邊之計有
國者善用其法則亦養兵息民之要道也國初用兵
征討遇堅城大敵則必屯田以守之海內既一於是
內而各衛外而行省皆立屯田以資軍餉或因古之

制或以地之宜其為應甚詳密矣大抵勺陂洪澤
甘肅瓜沙因昔人之制其地利盖不減於舊和林陝
西四川等地則因地之宜而肇為之亦未嘗遺其利
焉至於雲南八番海南海北雖非屯田之所而以為
蠻夷腹心之地則又因制兵屯旅以控扼之由是而
天下無不可屯之地矣今故著其達
置增損之聚而内外所轄軍民屯田各以次列焉

樞密院所轄

左衛屯田　世祖中統三年三月調樞密院二十人
於東安州南永清縣東荒土及本衛元占牧地立屯

《元史志卷四十八》（七）

開耕分置左右手屯田千戶所為軍二千名為田一
千三百一十頃六十五畞
右衛屯田　世祖中統三年三月調本衛軍二千人
於永清益津等處立屯開耕分置左右手屯田千戶
所其屯軍田畞之數與左衛同
中衛屯田　世祖至元四年於武清香河等縣置立
十一年以各屯地界相去百餘里往來耕作不便遷
於河西務荒莊楊家口青臺楊家白等處其屯軍之
數與左衛同為田一千三十七頃八十二畞
前衛屯田　世祖至元十五年九月以各省軍入備

侍衛者於霸州保定涿州荒閑地土屯種分置左右
手屯田千戶所屯軍與左衛同為田一千頃
後衛屯田　置立歲月與前衛同後以求清等處田
畞低下遷昌平縣之太平莊泰定三年五月以太平
莊乃世祖經行之地營盤所在春秋往來牧放衛士
所耕作遂罷之止於舊立屯所耕作
如故屯軍與左衛同為田一千四百二十八頃一十
四畞
武衛屯田　世祖至元十八年發遞運南軍人三千名
於涿州霸州保定定興等處置立屯田分設廣備萬

《元史志卷四十八》（八）

益等六屯別立農政院以領之二十二年罷農政院
為司農寺自後與民相參屯種軍人二十六年以屯
萬戶府分管屯種軍人二十五年別立屯田二千戶
軍都指揮使司兼領屯田事仁宗皇慶元年改屬武衛親
翠府後復歸之武衛英宗至治元年命以廣備利民
二千戶軍人所互相更易屯軍三千名為田一千八百四十四頃四
十五畞
左翼屯田萬戶府　世祖至元二十六年二月罷蒙
古侍衛軍從人之屯田者別以幹端別十八里田還

漢軍及大名衛輝兩翼新附軍與前後二衛迤東還
戍士卒合併屯田設左右翼屯田萬戶於左都
於大都路霸州及河間等處立屯田開耕置漢軍左右
手二千五百戶新附軍六千戶所爲軍二千五十一名爲
田一千三百九十頃五十二畝
右翼屯田萬戶府其置立歲月與左翼同成宗大德
元年十一月發真定軍人三百名於武清縣崔黃口
增置屯田仁宗延祐五年四月立衛率府以本府屯
田併屬詹事院後復歸之樞密分置漢軍千戶所三
別置新附軍千戶所一爲軍一千■百四十人爲田

六百九十九頃五十畝
忠翊侍衛屯田　世祖至元二十九年十一月命各
萬戶府摘大同隆興太原平陽等處軍人四千名於
燕只哥赤斤地面及紅城周迴置立屯田開耕荒田
二千頃仍命西京宣慰司領其事後改立大同等處
屯儲萬戶府以領之成宗大德十一年改侍衛親軍
都指揮使司仍領屯田武宗至大四年以黃華領新
附屯田軍一千人併歸本衛別立屯署是年改大同
侍衛爲中都威衛屬之徽政院分屯軍二千置黃華
翼止以二千八分置左右手屯田千戶所黃華領新

附軍屯故仁宗延祐二年遷紅城屯軍於古北口
太平莊屯種五年復僉中都威衛軍八百人於左都
威衛所轄地內別立屯署七年十二月罷左都威衛
及太平莊白草營等處屯田復於紅城周迴立屯仍
屬中都威衛英宗至治元年始改爲忠翊侍衛屯田
如故爲田二千頃後移置屯所不知其數
左右欽察衛屯田　世祖至元二十四年發本衛軍
一千五百一十二名分置左右手屯田千戶所及欽
察屯田千戶所於清州等處屯田英宗至治二年始
分左右欽察衛以左右手屯田千戶所分屬之文宗

天曆二年創立龍翊侍衛復以隸焉爲軍左手千戶
所七百五名爲田右手千戶所四百三十七名欽察
所八百名爲田左手千戶所一百三十七頃五十畝
右手千戶所二百一十八頃五十畝
百頃
左衛率府屯田　武宗至大元年六月命於大都路
漷州武清縣及保定路新城縣置立屯田英宗至治
元年以武衛與左衛率府屯田地互更易之分置三翼屯田千戶
所耕作命以兩衛屯田地界相離隔絕不便
所爲軍三千人爲田一千五百頃

宗仁衛屯田 英宗至治二年八月發五衛漢軍二
千人於大寧等處創立屯田分置兩翼屯田千戶所
為田二千頃
宣忠扈衛屯田 文宗至順元年十二月命收聚訖
一萬幹羅斯給地一百頃立宣忠扈衛親軍萬戶府
屯田依宗仁衛例

三百五十二

大農司所轄
永平屯田總管府 世祖至元二十四年八月以比
京採取材木百姓三千餘戶於灤州立屯設官署以
領其事為戶三千二百九十為田一萬一千六百一
十四頃四十九畝

〈元史志卷四十八〉 十一 第又

營田提舉司 不詳其建置之始其設立處所在大
都潞州之武清縣為戶軍二百五十三民一千二百
三十五析居放良不蘭奚一十不蘭奚二百三十二火
者一百七十口獨居不蘭奚一十二口黑尾木丁八
十二名為田三千五百二頃九十三畝
廣濟署屯田 世祖至元二十二年正月以崔黃口
空城屯田歲游不收遷於清滄等處後大司農寺以
尚珍署備領屯夫二百三十戶歸之既又遷濟南河
間五百五十戶平灤真定保定三路屯夫四百五十

戶併入本屯為戶共一千二百三十為田一萬二千
六百頃三十八畝
宣徽院所轄
淮東淮西屯田打捕總管府 世祖至元十六年募
民開耕連海州荒地官給禾種自備牛具所得子粒
官得十之四民得十之六仍免屯戶徭役屢欲中廢
不果二十七年所轄提舉司一十九處併為十二其
後再併止設八處為戶一萬一千七百四十三為田
一萬五千一百九十三頃三十九畝

三州五

豐閏署 世祖至元二十二年創立於大都路薊州之
豐閏縣為戶八百三十七為田三百四十九頃
寶坻屯 世祖至元十六年僉大都屬邑編民三百
戶立屯於大都之寶坻縣為田四百五十頃
尚珍署 世祖至元二十三年置立於濟寧路之亥
州為戶四百五十六為田九千七百一十九頃七十
二畝

〈元史志卷四十八〉 十二 善文

腹裏所轄軍民屯田
大同等處屯儲總管府屯田 成宗大德四年以西
京黃華嶺等處屯儲田土頗廣發軍民九千餘人立屯開
耕六年始設屯儲軍民總管府萬戶府十一年放罷漢

軍還紅城屯所止存民夫在屯仁宗時改萬戶府爲總管府爲戶軍四千二十民五千九百四十五爲田五千頃

虎賁親軍都指揮使司屯田　世祖至元十七年十二月月兒曾官人言近於滅捏怯土赤納赤高州忽蘭若班等處改置驛傳臣等議可於舊置驛所設立屯田從之二十八年發虎賁親軍二千人入屯二十九年增軍一千屯立三十四屯於上都置司爲軍三千人佃戶七十九爲田四千二百二頃七十九畝

領北行省屯田　世祖至元二十一年併和林阿剌闕元領軍一千人入五條河成宗元貞元年摘六衛漢軍一千名赴稱海屯田大德三年以五條河漢軍卷併入稱海仁宗延祐三年罷稱海屯田復立屯於五條河六年分揀蒙古軍五千人後立屯稱海七年命依世祖舊制稱海五條河俱設屯田發軍一千人於五條河立屯英宗時立屯田萬戶府爲戶四千六百四十八爲田六千四百餘頃

遼陽等處行中書省所轄屯田

大寧路海陽等處打捕屯田所　世祖至元二十三年以大寧遼陽平灤諸路拘刷漏籍放良等蘭奚人

戶及僧道之還俗者立屯於瑞州之西瀕海荒地開耕設打捕屯田總管府成宗大德四年罷之止立打捕屯田所爲戶元撥井呂募共一百二十二爲田二百三十頃五十畝

浦峪路屯田萬戶府　世祖至元二十九年十月以蠻軍三百戶女直一百九十戶於平府屯種三十年命本府萬戶和曾古解領其事仍於茶剌罕剌憐等處立屯三百三十一年罷萬戶屯田仁宗大德二年撥蠻軍三百戶屬肇州蒙古萬戶府止存女直一百九十戶依舊立屯爲田四百頃

金復州萬戶府屯田　世祖至元二十一年五月發新附軍一千二百八十一戶於忻都察置立屯田二十六年分京師應役新附軍一千人屯田哈思罕關東荒地三十年以王龍帖木兒塔失海牙兩萬戶新附軍一千三百六十戶併入金復州立屯耕作爲戶三千六百四十一爲田二千五百二十三頃

肇州蒙古屯田萬戶府　成宗元貞元年七月以乃顏不曾古赤及打魚水達達女直等戶於肇州旁近地開耕爲戶不曾古赤二百二十戶水達達八十戶歸附軍三百戶續增漸丁五十二戶

河南行省所轄軍民屯田

南陽府民屯　世祖至元二年正月詔孟州之東黃
河之北南至八柳樹枯河徐州等所領士卒立屯可
令阿木阿剌罕等所領士卒立屯耕種并摘各萬戶
所管漢軍屯田六年以攻襄樊軍餉不足發南京河
南歸德諸路編民二萬餘戶於唐鄧申裕等處立屯
領之尋罷改立南陽屯田總管府後復罷止隸有司
八年散還元屯戶別僉南陽諸色戶計立營田使司
爲戶六千四十一爲田一萬六百六十二頃七畝

洪澤萬戶府屯田　世祖至元二十三年立洪澤芍

〈元史志卷四八〉　十五

比三屯設萬戶府以統之先是江淮行省言國家經
費糧儲爲急令屯田之利無過兩淮況勾陂立洪澤皆
漢唐舊管立屯之地若令江淮新附漢軍屯田可歲
得糧百五十餘萬石至是從之三十一年罷三屯萬
戶止立洪澤屯田萬戶府以統之其置立廠所在淮
安路之白水塘黃家嘩等處爲戶一萬五千九百九
十四名爲田三萬五千三百一十二頃二十一畝

爲陂屯田萬戶府　世祖至元二十一年二月江淮
行省言安豐之芍陂可溉田萬餘頃乞置三萬人立
屯中書省議發軍士二千人姑試行之後屯戶至一

萬四千八百八名

德安寺廠軍民屯田總管府　世祖至元十八年以
各翼取到漢軍及各路拘收手號新附軍分置十屯
立屯田萬戶府三十一年改立總管府爲民九千三
百七十五名軍五千九百六十五名爲田八千八百
七十九頃九十六畝

陝西屯田總管府　世祖至元十一年正月以安西
王府所管編民二千戶立櫟陽涇陽終南渭南屯田
十八年立屯田所十九年以軍站屯戶拘權爲怯憐

〈元史志卷四八〉　十六

口戶計放還而無所歸者籍爲屯戶立安西平涼屯
田設提領所以領之二十九年立鳳翔鎮原屯
田放罷至元十年所斂接應成都延安軍人置立民
屯設立屯田所尋改爲軍屯令千戶所管領三十年
復更爲民屯爲戶鳳翔一千一百二十七戶鎮原九
百一十三戶櫟陽七百八十六戶後存六百五十二
涇陽六百九十六戶後存五百八十戶彭原一千
二百三十八戶安西七百二十四戶後存二百六十
二戶平涼二百八十八戶終南七百七十一戶後存
七百一十三戶渭南八百一十一戶後存七百六十

六戶爲田鳳翔九十頃一十二畝鎮原四百二十六
頃八十五畝櫟陽一千二十頃九十九畝安
二十頃九十九畝彭原五百四十五頃九十六畝安
西四百六十七頃七十八畝平涼一百一十五頃二
十畝終南九百四十三頃七十六畝渭南一千二百
二十二頃三十一畝
陝西等處萬戶府屯田　世祖至元十九年以
整屋南係官荒地發歸附軍立孝子林張馬村軍屯
二十年以南山把口子巡哨軍人八百戶於整屋縣
之否園莊寧州之大昌原屯田二十一年發文州鎮

戍新附軍九百人立亞栢鎮軍屯復以燕京戍守新
附軍四百六十三戶於德順州之威戎立屯開耕爲
戶孝子林屯三百一戶張馬村屯三百一十三戶否
園莊屯二百三十三戶大昌原屯四百七十四戶亞
栢鎮屯九百戶威戎屯四百六十三戶爲田孝子林
二十三頃八十畝張馬村屯七十三頃八十畝否園
一百一十八頃三十畝大昌原一百五十八頃七十
九畝亞栢鎮二百六十八頃五十九畝威戎一百六
十四頃八十畝
貴赤延安總管府屯　世祖至元十九年以拘收贖

身放良不蘭奚及漏籍戶計於延安路採馬赤草地
屯田爲戶二千七百二十七爲田四百八十六頃
甘肅等處行中書省所轄軍民屯田
寧夏等處新附軍萬戶府屯田　世祖至元十九年
三月發遣南新附軍一千三百八十二戶往寧夏等
處屯田二十一年遣塔塔簒千戶所管軍人九百五
十八戶屯田爲田一千四百九十八頃三十三畝
沙州瓜州置立屯田先是遣都元帥劉恩往肅州諸
郡視地之所宜恩還言宜立屯田遂從之發軍於甘

管軍萬戶府屯田　世祖至元十八年正月命肅州
州黑山子湍峪泉水渠鴨子翅等處立屯爲戶二千
二百九十爲田一千一百六十六頃六十四畝
寧夏營田司屯田　世祖至元八年正月僉發已未
年隨州鄆州投降人民一千一百七十戶往中興居住
十一年編爲屯田戶凡二千四百丁二十三年續僉
漸丁得三百人爲屯田戶一千八百頃
寧夏路放良官屯田　世祖至元十一年從安撫司
請以招收放良人民九百四戶編聚屯田爲田四百
四十六頃五十畝
亦集乃屯田　世祖至元十六年調歸附軍人於甘

州十八年以充屯田軍二十二年遷廿州新附軍二
百人隸屯亦集乃合即渠開種為田九十一頃五十
畝

月以贛州路所轄信豐會昌龍南安等處賊人出
沒發寨兵及采舊役弖手與抄數漏籍人戶立屯耕
守以鎮遏之為戶三千二百六十五為田五百二十
四頃六十八畝

江西等處行中書省所轄屯田

贛州路南安寨兵萬戶府屯田 成宗大德二年正

《元史志卷甲八 十九》 朱文

汀漳屯田 世祖至元十八年以福建調軍糧儲費
用依腰裹例置立屯田命管軍總管鄭楚等發鎮中
士卒年老不堪備征戰者得百有十四人又募南安
等縣居民一千八百二十五戶立屯耕作成宗元貞
三年命於南詔糶番各立屯田摘撥見戍軍人每屯
置一千五百名及將所招陳弔眼等餘黨入屯興軍
人相兼耕種為戶汀州屯一千五百二十五名漳州
屯一千五百一十三名為田汀州屯二百二十五
漳州屯二百五十頃

高麗國立屯

高麗屯田 世祖至元七年剏立是時東征日本欲
積糧餉為進取之計遂以王綧洪茶丘等所管高麗
軍二千人及發中衛軍二千人合婆娑府咸平府屯
田各一千人於王京東寧府鳳州等一十處置立屯
戶二千人屯田二十九處

四川行省所轄軍民屯田

廣元路民屯 世祖至元十三年從利路元帥言廣
元實東西兩川要衝支給造繁經理係官田畝得九
頃六十畝遂以襄州刷到無主人口偶配為十戶立
屯開種十八年發新得州編民七十七戶屯田為戶

《元史志卷甲八 二十》 朱文

共八十七

敘州宣撫司民屯 世祖至元十一年命西蜀四川
經略使起立屯田十五年僉長寧軍富順州等處編
民四百七十五戶立屯耕種十九年續僉一百六十
戶二十年敘州僉民一千九百二十五年富順州
復僉民六百八十四戶增入蕭屯二十七年取勘析出屯
戶得二百八十四戶成宗元貞二年襆放罷站戶一千
一十七戶依舊屯田總之為戶四千四百四十四

紹慶路民屯 世祖至元十九年於本路來當差民
戶內僉二十三名置立屯田二十年於彭水縣籍管

【上欄】

萬州寄戶內僉撥二十戶二十一年僉彭水縣未當
差民戶三十二戶增入二十六年屯戶貧乏者多員
通復僉彭水縣編民一十六戶補之爲員

嘉定路僉民屯　世祖十九年僉亡宋編民四戶
置立屯田成宗元貞元年撥成都義士軍八戶增入
爲戶一十二

千三百三十六戶置立民屯二十年復僉二百一十二
戶增入總之五千一十六戶

《元史志卷四八》

順慶路民屯　世祖至元十二年僉順慶民三千四
百六十八戶置立屯田十九年復於民戶內差撥一

潼川府民屯　世祖至元十一年僉本府編民及義
士軍二千二百二十四戶立屯十三年復僉民一百
四十二戶二十一年行省遣使於遂寧府擇監夫之
老弱廢疾者得四十六戶僉充屯戶總之二千四百
一十二戶

婁路總管府民屯　世祖至元十一年置累僉本路
編民至五千二百二十七戶續於新附軍內僉老弱五十
六戶增入

重慶路民屯　世祖至元十一年置累於江津巴縣

瀘州忠州等處命撥編民二千三百八十七戶并巴縣

【下欄】

募共三千五百六十六戶

成都路民屯　世祖至元十三年續僉陰陽人四十戶
辦納屯糧二十二年續僉瀘州編民九千七戶充屯
田戶三十一年續僉千戶高德所管民一十四戶

保寧萬戶府軍屯　世祖至元二十六年保寧府言
本管軍人一戶或二丁三丁父兄子弟應役實爲重
併若又遷於成都屯種去家隔遠逃匿必多乞令本
府在營屯士卒及婁路守鎮軍人止於保寧府沁江屯種
九人從萬戶也速迭兒西征別僉漸丁軍人入屯爲
從之僉軍一千二百各二十七年發屯軍一百二十

《元史志卷四八》

戶一千三百二十九名爲田一百一十八頃二十七畝

叙州等處萬戶府軍屯　成宗元貞二年改立叙
州軍屯遷遂寧屯軍二百三十九人校叙州宣化縣
嗢口上下荒地開耕爲田四百一十一頃八十三畝

重慶五路守鎮萬戶府軍屯
仁宗延祐七年發軍一千二百人於重慶路三堆中嶍趙市等處屯耕爲
田四百二十頃

婁路萬戶府軍屯　世祖至元二十一年從四川行
省議除沿邊重地分軍鎮守餘軍一萬人命官於成
都諸處擇膏腴地立屯開耕爲戶三百五十一人爲

甲五十六頃七十畝九創立十四屯

成都等路萬戶府軍屯於本路崇慶州義興鄉楠木

園置立爲戶二百九十九人爲田四十二頃七十畝

河東陝西等路萬戶府軍屯　置立於灌州之青城

陶壩及崇慶州之大柵頭等處爲戶一千三百二十

八名爲田二百八頃七畝

廣安等處萬戶府軍屯　置立於成都路崇慶州之

七寶壩爲戶一百五十名爲田三十八頃六十七畝

保寧萬戶府軍屯　置立於重慶州晉源縣之金馬

爲戶五百六十四名爲田七十五頃九十五畝

叙州萬戶府軍屯　置立於灌州之青城爲戶二百

二十一名爲田四十三頃六十七畝

五路萬戶府軍屯　置立於成都路崇慶州之大柵

鎮孝感鄉及灌州青城縣之懷仁鄉爲戶一千一百

六十一名爲田二百三十頃一十七畝

興元金州等處萬戶府軍屯　置立於崇慶州晉源

縣八都萬戶府爲戶三百四十四名爲田五十六頃

隨路八都萬戶府軍屯　置立於灌州青城縣溫江縣

舊附等軍萬戶府軍屯　置立於灌州青城縣崇慶

爲戶八百三十二名爲田一百六十二頃五十七畝

州等處爲戶一千二名爲田一百二十九頃五十畝

炮手等萬戶府軍屯　置立於灌州青城縣龍池鄉爲

戶九十六名爲田一十六頃八十畝

順慶軍屯　置立於晉源縣義興鄉江源縣將軍

爲戶五百六十五名爲田九十八頃八十七畝

平楊軍屯　置立於灌州青城崇慶州大柵頭爲戶

三百九十八名爲田六十九頃六十五畝

遂寧州軍屯　爲戶二千名爲田三百五十頃

嘉定萬戶府軍屯　世祖至元二十一年摘家古漢

軍及嘉定新附軍三百六十八人於崇慶州青城等處

屯田二十八年還之元異止餘屯軍一十三名爲田

二頃二十七畝

順慶等處萬戶府軍屯　世祖至元二十六年發軍

於沱江下流漢初等處屯種爲戶六百五十六名爲

田一百一十四頃八十畝

廣安等處萬戶府軍屯　世祖至元二十七年撥廣

安舊附漢軍一百一十八名於新明等處立屯開耕

爲田二十頃六十五畝

雲南行省所轄軍民屯田　世祖至元二十二畝

威楚提舉司屯田　世祖至元十五年於威楚提舉

鹽使司拘刷漏籍人戶充民屯本司就領其事與中
原之制不同為戶三十三為田一百六十五雙

大理金齒等處宣慰司都元帥府軍民屯　世祖至
元十二年命於所轄州縣拘刷漏籍人戶得六千六
十有六戶置立屯田十四年僉本府編民四百戶益
之十八年續僉來昌府編民一千二百七十五戶增
入二十六年續僉爨棘軍人二百八十一戶增入二
十七年復僉爨棘軍人二百八十一戶增入二十八
年續增一百一十九戶總之民屯三千七百四十一
戶軍屯六百戶為田軍民已業二萬二千一百五雙

《元史志卷甲八》　廿五

民一百戶立民屯二十七年僉爨棘軍一百五十二
戶立軍屯為田軍屯六百八雙民屯四百雙俱已業

鶴慶路軍民屯田　世祖至元十二年僉鶴慶路編

武定路總管府軍屯　世祖至元二十七年以雲南
戍軍糧餉不足於和曲祿勸二州爨棘軍內僉一百

威楚路軍民屯田　世祖至元十二年立威楚民
拘刷本路漏籍人戶得一千一百一戶內入八百六十
六戶官給燕主荒田四千三百三十雙餘戶自備已
業田二千一百七十五雙二十七年始立屯軍於本

路爨棘軍內僉三百九十戶內一十二戶官給荒
田六十雙餘戶自備已業田一千五百三十六雙

中慶路軍民屯田　世祖至元十二年置立中慶民
屯拘於所屬州縣內拘刷漏籍人戶得四千一百九十
七戶官給田一萬七千二十二雙自備已業田二千
六百二雙二十七年始立軍屯用爨棘軍人七百有
九戶官給田二百三十四雙自備已業田二千六百
一雙

《元史志卷甲八》　廿六

曲靖等處宣慰司兼管軍萬戶府軍民屯田　世祖
至元十二年立曲靖路民屯拘刷所轄州郡諸色漏
籍人戶七百四十戶立屯十八年續僉民一千五百
戶增入其所耕之田官給一千四百八十雙自備已
業田三千雙十二年立澂江民屯所僉屯戶與澂江
同凡一千二百六十戶二十六年始立軍屯於爨棘
軍內僉一百六十九戶二十七年復僉民二百二十六
戶增入十二年立仁德府民屯所僉屯戶與澂江同
凡八十戶官給田一百六十雙二十六年始立軍屯

僉爨棘軍四百四十雙二十七年續僉五十六戶增入
所耕田畝四百雙俱係軍人已業

烏撒宣慰司軍民屯田　世祖至元二十七年立烏

撒路軍屯以爨僰軍一百一十四戶屯田又立東川
路民屯戶亦係爨僰軍人八十六戶皆自備已業
臨安宣慰司兼管軍萬戶府軍民屯田　世祖至元
十二年立臨安民屯二處皆於所屬州縣拘刷漏籍
人戶開耕宣慰司所管民屯三千四百雙二十年續立爨
所管民屯二千戶田三千一百六十雙二十七年續立爨
爨軍屯爲戶二百八十八爲田一千一百五十二雙
梁千戶翼軍屯　世祖至元三十年梁王遣使詣雲
南行省言以漢軍一千八人置立屯田於烏蒙屯後遷於三
百人備鎮戍巡邏止存七百人於烏蒙

新興州爲田三千七百八十九雙
羅羅斯宣慰司兼管軍萬戶府軍民屯田　世祖至
元二十七年立會通民屯屯戶係爨僰土軍二戶十
六年立建昌民屯撥編民一百四十戶二十三年發爨
爨軍一百八十戶是年又立會川路民屯發爨
本路所轄州邑編民四十戶十六年立德昌路民屯
發編民二十一戶二十年始立軍屯發爨軍人一
百二十戶
烏蒙等處屯田總管府軍屯　　仁宗延祐三年立烏
蒙軍屯先是雲南行省言烏蒙乃雲南咽喉之地別

無屯戍軍馬其地廣闊土脈膏腴皆有古昔屯田之
蹟乞發畏吾兒及新附漢軍屯田鎮遏至是從之爲
戶軍五千人爲田一千二百五十頃
湖廣等處行中書省所轄屯田三處
海北海南道宣慰司都元帥府民屯　世祖至元三
十年召募民戶并發新附士卒於海南海北等處置
立屯田成宗元貞元年以其地多瘴癘縱屯軍二
千人還各翼留二十人與召募民之屯種大德三年
罷屯田萬戶府屯軍悉令還役止令民戶種之
二十八戶田瓊州路五千一百二十一戶雷州路一千

五百六十六戶高州路九百四十八戶化州路八百
四十三戶廉州路六十戶爲田瓊州路二百九十二
頃九十八畝雷州路一百六十五頃五十一畝高州
路四十五頃化州路五十五頃二十四畝廉州路四
頃八十八畝
廣西兩江道宣慰司都元帥撞兵屯田　成宗大德
二年黃聖許叛逃之交趾遺棄水田五百四十五頃
七畝部民有呂瓊者言募牧蘭等處開屯耕種
撞民丁於上浪忠州諸處開屯耕種十年平大任洞徭
賊黃德寧等以其地所遺田土續置藤州屯田爲戶

上浪屯一千二百八十二戶忠州屯六百一十四戶
那扶屯一千九戶雷留屯一百八十七戶永口屯一
千五百九十九戶績增藤州屯二百八頃一十九畝
湖南道宣慰司衡州等處屯田　世祖至元二十五
年調德安屯田萬戶府軍士一千四百六十七名分
置衡州之清化永州之烏符武岡之白倉置立屯田
二十七年募衡陽縣無土產居民得九戶增入清化
屯為戶清化屯軍民五百九戶烏符屯軍民五百戶
白倉屯同為田清化屯一百二十頃一十九畝烏符
屯一百三頃五十畝白倉屯八十六頃九十二畝

翰林學士承旨臣危素……制誥兼修國史臣王……等奉敕修

站赤　四

共四

元制站赤者驛傳之譯名也蓋以通達邊情布宣號
令古人所謂置郵而傳命未有重於此者焉凡站陸
則以馬或以牛或以驢或以車而水則以舟其給驛傳
璽書謂之鋪馬聖旨遇軍務之急則又以金字圓符
為信銀字者次之內則掌之天府外則國人之為長
官者主之其官有驛令有提領又置脫脫禾孫於關
會之地以司辨詰皆總之於通政院及中書兵部而
站戶闕乏逃亡則又以時僉補且加賑郵馬於是四
方往來之使止則有館舍頓則有供帳饑渴則有飲
食而梯航畢達海宇會同元之天下視前代所以為
極盛也今故著其驛政之大者然後紀各省水陸凡
若干站而遼東狗站亦因以附見云

太宗元年十一月敕諸牛鋪馬站每一百戶置漢車
一十具各站俱置米倉站戶每年一牌內納米一石
令百戶一人掌之比使臣每日支肉一斤麵一斤米

一升酒一瓶四年五月諭隨路官員并站赤人等
使臣無牌面文字始給馬之驛官及元差官皆罪之
有文字牌面而不給驛馬者亦論罪若係軍情急速
及送納顏色綵線酒食米粟段疋鷹隼但係御用諸
物雖無牌面文字亦驗數應付車牛
世祖中統四年三月中書省定議乘驛馬長行馬
使臣從之及下文字曳剌解子人等分例乘驛使臣
換馬厭正使臣支粥食解渴酒從人支粥宿頓厭正
使臣白米一升麵一斤酒一升油鹽雜支鈔一十文
冬月一行日支炭五斤十月一日為始正月三十日
終住支從人白米一升麵一斤長行馬使臣賚聖旨
令旨及省部文字幹當官事者其一二居長人負支
宿頓分例次人與粥飯仍支給馬一匹草一十二斤
料五升十月為始至三月三十日終止白米一升麵
一斤油鹽雜支五月支鈔一十文接呈公文曳剌解子人依部
擬宿頓廳批支五月雲州設站戶取迎南州城站戶
籍內選堪中上戶應當馬站戶馬一匹牛站戶牛二
裏於各戶選堪當站役之人不問親軀每戶取二丁
及家屬於立站去處安置五年八月詔站戶貧富
不等每戶限四頃除免稅石以供鋪馬祗應已上地

敓全納地稅　至元六年二月詔各道憲司如總管
府例每道給舖馬劄子三道　七年正月省部官定
議各路總府在城驛設官二員於見役人員內選用
州縣驛設頭目二名如見役人即是相應站戶就令
依上任事不係站戶則就本站馬戶內別行選用
脫脫禾孫依舊存設隨路見設總站官罷之十一月
立諸站都統領使司往來使臣脫脫禾孫盤問
赤未能盡識宜繪畫馬匹數目復以省印覆之庶無
疑惑因命令後各廳取給舖馬標附文籍其馬匹數

八年正月中書省議舖馬劄子初用蒙古字各站

付驛史房書寫畢就左右司用墨印印給馬數目省
印訖別行附籍發行墨印左右司封掌　九年八
月諸站都統領使司言朝省諸司局院及外路諸官
府應差馳驛使臣所責劄子從脫脫禾孫辨詰無脫
脫禾孫之廳令總管府驗之　十一年十月命隨廳
站赤直隸各路總管府其站戶家屬令元籍州縣管
領　十三年正月改諸站都統領使司為通政院命
降鑄印信　十七年二月詔江淮諸路增置水站除
海青使臣及事干軍務者方許馳驛餘者自濟州水
站為始並令乘船往來　十八年閏八月詔除上都

榆林迤北站外隨路官錢不須支給驗其閒劇量
增站戶協力自備首思當站　十九年四月詔給各
廳行省舖馬聖旨揚州行省鄂州行省泉州行省隆
興行省占城行省安西行省四川行省西夏行省甘
州行省每省五道南方驗田糧及七十石者准當站
馬一匹九月通政院言隨路站赤三五戶共當正
馬一匹十三戶供車一輛自備一切什物公用近年
以來多為諸王公主及正官太子位下頭目識認招
收或冒入投下戶計者遂致站赤損弊乞換補站戶

從之十月增給各省舖馬聖旨西川京兆泉州十道

甘州中興各五道　二十年二月和林宣慰司給舖
馬聖旨二道江淮行省增給十道都省遣使繁多亦
增二十道給之七月免站戶和顧和買一切雜泛差
役仍令自備首思十一月增給甘州行省舖馬聖旨
十道給之為二十道十二月增名省及轉運司宣慰
司舖馬聖旨三十五道江淮行省十道四川行省十
道安西轉運司分司二道荊湖行省所轄湖南宣慰
司三道福建行省十道　二十一年二月增給各廳
舖馬劄子荊湖占城等廳本省一十道荊湖北道宣
慰司二道所轄路分一十六廳每廳二道山東運司

二道河間運司七道宣德府三道江西行省五道福
建行省所轄路分七處每處二道司農司五道四川
行省所轄順元路宣慰司三道思州播州兩處宣撫
司各三道都省二十四省四月定增使臣來宿
頗支米一升麵一斤羊肉一斤酒一升柴一束油鹽
雜支增鈔二分通作三分經過減半從者每名支米
一升經過減半九月給阿里海牙所治之省鋪馬聖
旨十道所轄宣慰司二處各三道二十二年四月
紹陝西行省弁各處宣慰司行工部等處鋪馬劄子
一百二十六道　二十三年四月福建東京兩行省

各給圓牌二面與魯赤出使交阯先給圓牌二面今
再增二面於脫歡太子位下給發南京行省起馬三
十匹給圓牌二面剏立三處宣慰司給劄子起馬三
十四年四月增給尚書省鋪馬聖旨一百
五十道二十四年四月增給尚書省鋪馬聖旨一百
省言徐州至揚州水馬站兩各分置夏月水潦使臣
勞苦請徙馬站附併水站一處安置馳驛者白日馬
行夜則經由水路況站戶皆是水濱居止者虜義官
民兩便從之七月給中興路陝西行省廣東宣慰司
沙不丁等官鋪馬聖旨一十三道　二十五年正月

股裏路分三十八處年鋪祗應鐵不數增給鈔三十
九百八十一錠併元額七千一百六十九錠分上下半年給降二月命
鈔一萬一千一百五十錠分上下半年給降二月命
南方站戶以糧七十石出馬一匹為則或以十石之下
八九戶共之或二三十石之上兩三戶共之惟求我
糧僅足當站之數不至多餘郤免其一切雜泛差役
若有納糧百石之下七十石之上自請獨當站馬
四者聽之五月增給遼陽行省鋪馬劄子五道十一
月福建行省元給鋪馬聖旨二十四道增給劄子六
道二十六年正月給先祿寺鋪馬劄子四道二月從

沿海鎮守官蔡澤言以舊有水軍二千人於海道置
立水站三月給海道運糧萬戶府鋪馬聖旨五道四
月四川紹慶路給鋪馬劄子二道九月增給東宣慰
行省增給鋪馬聖旨五道太原府宣慰司及儲峙提
舉司給降二道八月給遼東宣慰司鋪馬聖旨五道
大理金齒宣慰司四道九月增給西京宣慰司三道
劄子五道江淮行省所轄浙東道宣慰司三道紹典
路總管府給降二道甘肅行省所轄亦集乃總管府
沙州肅州三路給六道十一月增給甘肅行省鋪馬
聖旨七道　二十七年正月增給陝西行省鋪馬聖

旨五道。二月,都省增給鋪馬聖旨一百五十道,江淮行省一十五道。六月,給管田提舉司鋪馬聖旨二道。九月,江淮行省所轄徽州路水道不通,給鋪馬聖旨二道。二十八年六月,隨廠設站官二員,大都至上都置司史三名,餘設二名,祗應頭目非奉通政院明文,不得擅科差役,戶及百者設百戶一名。七月,詔各路府州縣達魯花赤長官依軍戶例兼管站赤,與魯花奉通政院明文。十二月,增給省鋪馬聖旨三百五十道。二十九年三月,命通政院分官四員,於江南四省監理站赤,給印與之。三十年正月,南丹州洞蠻來朝,立安撫司,於其地給鋪馬聖旨二道。三月,兩淮都轉運鹽使司增給鋪馬聖旨二道。五月,給淘金運司鋪馬聖旨,起馬五匹,太司農司起馬二十四。六月,江浙行省言:各路逓運站船,若止以六戶供船一般,除苗不過十四五石,力寡不能當役,至十戶過逓融食擬從之。詔令各路逓融食擬,從之。八月,給劉二技都兒圓牌三面,鋪馬聖旨一十五道。十月,給濟南府鹽運司鋪馬聖旨一道。三十一年六月,增給福建運司鋪馬聖旨,起馬聖旨五匹。

成宗大德八年正月,御史臺臣言:各處站赤合用祗應官錢,多不依時撥降,又或數少不給,遂令站戶輪當庫子,陪備應辦。莫若驗使臣起數,實支官錢,所在官司依時撥降,令各站提領收掌祗待,毋得科配小民,似為便益。詔都省定議行之。十年,從江浙省臣言,命站官仍領祗待,選站戶之有餘糧者以充庫子,止設一名,上下半年更代,就准本里正主首身役。武宗至大三年五月,給嘉興、松江、瑞州三路正主首及汴梁等處管民總管府鋪馬聖旨各三道。四年三月,詔拘收各衙門鋪馬聖旨,命中書省定議以聞。省臣言:始者站赤隸兵部,後屬通政院,今通政院急於整治,站赤消乏,合依舊命兵部領之。又言:昨奉旨以站赤屬兵部,今右丞相鐵木迭兒等議,漢地之驛命兵部領之,其鐵烈干、納鄰末降等處蒙古站赤仍付通政院領。蒙古站赤院懸隸兵部可也。閏七月,復立通政院,領蒙古站赤。帝曰:何必如此,但令罷通政院,隸兵部可也。八月,詔大都至上都每站,除設驛令承發外,設提領三員,司吏三名。其腹裏路分衝要水陸站赤,設提領二員,司吏二名。其餘閒慢驛分,止設提領二員。每一百戶設百戶一名,如無驛令,量擬提領二員,每一百戶設百戶一名,從

搰該路府州縣提調正官於站戶內選用三歲為滿
九滋設官吏頭目人等盡罷之十一月給中政院鋪
馬聖旨二十道
仁宗皇慶二年四月增給陝西行臺鋪馬聖旨八道
六月中書省臣言典瑞監掌金字圓牌馬聖旨
三百餘道至大四年九聖旨皆納之于翰林院以金
字圓牌不敷增置五十面蓋圓牌遣使初為軍情大
事而設不宜濫給自今求給牌面不經中書省樞密
院者宜勿與從之延祐元年十月沙瓜州立屯儲
總管萬戶府給鋪馬聖旨六道　五年十月中書兵
部言各站設置提領止受部劄行九品印職專車馬
之役所領站赤多者三二千少者五七百戶比之軍
民體非輕細柰何俸祿不給三年一更貪邪得以自
縱今擬各驛館驛除今丞外見役提領不許交接從
之七年四月詔蒙古漢人站依世祖舊制悉歸之
通政院十一月從通政院官請詔腹裏江南漢地站
赤依舊制命各路達魯花赤總管提調州縣官勿得
預
泰定元年三月遣官賑給帖里于木憐納憐等一百
一十九站鈔二十一萬三千三百錠糧七萬六千二

三七六

元史卷第四九

九

徐仲明

百四十四石八斗北方站赤每歲加津濟至此為最盛
中書省所轄腹裏各路站赤總計一百九十八處
陸站一百七十五處馬一萬二千九百九十八匹
車一千六百十九輛牛一千七百八十二頭驢四千
九百八頭水站二十一處船九百五十隻馬二
百六十四牛二百隻驢三百九十四頭羊五
口牛站二處牛三百六隻
河南江北等處行中書省所轄總計一百七十九處
該一百九十六站　陸站一百六十處馬三千九百
二十八匹車二百十七輛牛一百九十二隻驢
水站九十處船一千五百一十
遼陽等處行中書省所轄總計一百二十處
馬六千五百一十五匹車二十六百二十一輛牛
五千二百五十九隻
狗站一十五處元設站戶三百狗三千隻後除絕
云倒死外實在站戶二百八十九狗二百一十八
隻
江浙等處行中書省所轄總計二百六十二處
馬站一百三十四處馬五十一百二十三匹
轎

三七七

元史卷第四九

十

徐仲明

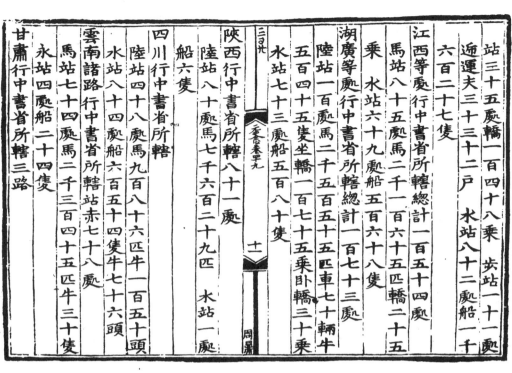

站三十五處轎一百四十八乘　步站一十一處

逓運夫三十二戶　水站八十二處船一千

六百二十七隻

江西等處行中書省所轄總計一百五十處

馬站八十五處馬二千一百六十五匹轎二十處

乘　水站六十九處船五百六十八隻

湖廣等處行中書省所轄總計一百七十三處

馬站一百處馬二千五百五十匹車七十輛牛

五百四十五乘坐轎一百七十五乘卧轎三十乘

陸站一百處馬二千五百五十四車七十輛牛

水站七十三處船五百八十隻

陝西行中書省所轄八十一處

陸站八十處馬七千六百二十九匹

船六隻　水站一處

四川行中書省所轄

陸站四十八處馬九百八十六匹牛一百五十頭

水站八十四處船六百五十四隻牛七十六頭

雲南諸路行中書省所轄站赤七十八處

馬站七十四處馬二千三百四十五匹牛三十

永站四處船二十四隻

甘肅行中書省所轄三路

脫末孫馬站六處馬四百九十一匹四

十九頭驢一百七十一頭羊六百五十口

弓手

元制郡邑設弓手以防盜也內而京師有南北兩城兵馬

司外而諸路府所轄州縣設縣尉司巡檢司捕盜所皆置

巡軍弓手而其數則有多寡之不同職巡邏專捕獲官

有綱運及流徙者至則執兵伏導送以轉相授受外此

則不敢役示專其職焉

世祖中統五年隨州府驛路設置巡馬及馬步弓手驗民

戶多寡定立額數除本管頭目外本處長官兼充提控

官其夜禁之法一更三點鐘聲絶禁人行五更三點鐘聲動

聽人行有公事急速及喪病產育之類則不在此限達

者罪二十七下有官者笞七下准贖元寶鈔一貫州縣城池

相離遠處其間五七十里所有村店及二十戶以上者設立巡

防弓手合用器仗必須完備令本縣長官提調二十戶以下不

須及二十戶數其巡軍別設不在戶數之內關津渡口必當

設立店舍弓手去處或五七十里創立聚落店舍亦

者依數差捕若無村店去處不在五七十里之限於本路不以是何投

下當差戶計及軍站人匠打捕鷹房斡脫窰冶諸色人等戶

內每一百戶內取中戶一名充役與免本戶合著差發其當

戶推到合該差發數目部於九十九戶內拘攤若有失盜
勤令當該弓手定立二限盤捉每限一月如限內不獲其
捕盜官強盜停俸兩月竊盜一月外攤弓手如一月不
獲強盜決二十七下三月不獲者強盜三十七下竊盜二十七下如
盜強盜決二十七下兩月不獲者強盜三十七下竊盜二十七下不
限內獲賊數又一半者全免正罪至元三年省部議隨
獲強盜決二十七下三月不獲者竊盜七下兩月竊盜一月不
酌京府司縣合用人數止於本廳包銀絲線并止納包
路戶數多寡不同兼軍站不該差發似難拘攤擬合斟
銀戶計內每一百戶選差中戶一名當役本戶合當差
發稅銀部令九十九戶包納從之四年除上都中都已

有巡軍其所轄州縣合設弓手俱於本路包銀等戶選
丁多強壯者充驗各處州縣戶數多寡程繁慢設置
合用器仗各人自備八年御史臺言諸路宜選年壯熟
閑弓馬之人以備巡捕之職弓手數少者亦宜增置除
捕盜防轉不得別行差占十六年分大都南北兩城兵
馬司各主捕盜之任南城三十二廳弓手一千四百名
北城一十七廳弓手七百九十五名二十三年省臺官
言捕賊巡馬先令執持悶棍以行賊眾多有弓箭反致
巡軍被傷令議給各路弓箭十副府州七副司縣五副
各令置備防盜從之仁宗延祐二年從江南行御史臺

請以各處弓手人等往往致害人命役三年者罷之
還當民役別於相應戶內補換

急遞鋪兵

右者置郵而傳命示速也元制設急遞鋪以達四方
文書之往來其所繫至重其立法蓋可考焉世祖時
自燕京至開平府復自開平府至京兆始驗地里達
近人數多寡立急遞站鋪每十里或十五里二十五
里則設一鋪於各州縣所管民戶及漏籍戶內僉起
鋪兵中統元年詔隨處官司設傳遞鋪每鋪置鋪
丁五人各處縣官置文簿一道付鋪遇有轉遞文字

當傳鋪所即於鋪歷上標註名件到鋪時刻及所轄轉遞人姓名
置簿令轉送人取下鋪押字交收時刻還鋪本縣官
司時復照刷稽滯者治罪其文字本縣官司絹袋封
記以牌書號其牌長五寸闊一寸五分以綠油黃字
書號若係邊關文字發遣時刻以憑照勘遲速其匣子
號及寫某處文字用匣子封鎖於上重別題
俱係營造小尺上以千字文為號仍將本管地境置
長一尺闊四寸高三寸用黑油紅字書號已上牌匣
立鋪驛卓望地名遞相傳報鋪兵一晝夜行四百里
各路總管府委有俸正官一員每季親行提點州縣

若有違犯易爲挨問隨路鋪兵不許顧人領替須要
本戶少壯人力正身應役每鋪安置十二時輪子一
枚紅綽屑一座弁牌額及上司行下諸路申上鋪曆
二本每遇夜常明燈燭其鋪兵每名備夾版鈴攀各
一付纓槍一軟絹包袱三尺簑衣一領回曆
一本各廠往來文字人吏每日逐旋發放
夾紙印信封皮各路承發文字先用净檢紙封晷於上更用厚
及將承發到文字驗視有無開拆磨擦損壞批寫字
樣分朗附簿九年左補闕祖立福合言諸路急迤鋪
名不合人情急者急速也國家設官署名字必須吉

亦委有俸末職正官上下半月照刷如有急慢初犯
事輕者管四十贖銅再犯罰俸一月三犯者決總管
府提點官比總管減一等仍科三十初犯贖銅再犯
罰俸半月三犯者決鋪兵鋪司痛行斷罪至元八年
申命州縣官用心照刷及點閱少鋪司鋪兵九有
本作急走迤到下鋪交割附曆訖於四曆上令鋪司
以軟絹包袱更用油絹捲縛夾版束繫賣小四曆一
迤轉文字到鋪司隨即分明附籍速令當該鋪兵畏
壞或亂行批寫字樣如此附寫一行鋪司畫字迴還
驗到鋪時刻弁文字總計角數及有無開拆磨擦損

刻鋪兵須壯健善走者不堪之人隨即易換三十一
年大都設置總急迤鋪提領所降九品銅印設提領
三員英宗至治三年各廠急迤鋪每十鋪設一郵長
於州縣籍記司吏內差充使之專督其事一歲之内
能盡職者從優補用不能者提調官量輕重罪之九
鋪卒皆腰華帶懸鈴持槍挾雨衣賣文書以行夜則
持炬火道狹則車馬者聞鈴避諸旁夜板以
驚虎狼也響及所之鋪則鋪人出以俟其至囊板以
護文書不破碎不壞積摺小漆絹以禦雨雪不使濡
濕之及各鋪得之則又展轉迤去

祥者爲美宜更定之遂更爲通遠鋪二十年留守司
官言初立急迤鋪時取之不能當差貧戶陳其差發充
鋪兵又不敷者於漏籍戶內貼補今富之貧者郤充
求充鋪兵乞擇其富者令充站戶站戶之貧者郤充
鋪兵從之二十八年中書省定議近年入迤文字其
緘雜亂發遣無時今後省部弁諸衙門入迤文字封
他官府同省臺院九有急速之事別置匣子發遣
淮行省者部臺院九江淮行省者不以是何文字通
其匣子入迤隨到即行鋪司須能附寫文曆辦定時
常事皆付承發司隨所投下去麼類爲一緘如往江

元制自御位及諸王皆有昔寶赤盖鷹人也是故捕
獵有戶使之致鮮食以鷹宗廟供天庖而齒革羽毛
又皆足以備用此始不可闕焉者也然地有禁取有
時而違者則罪之冬春之交天子或親事近郊縱鷹
隼摶擊以為游豫之度謂之飛放故鷹房捕獵皆有
司存而打捕鷹房人戶多取析居放良及漏籍寄籣
奕選俗僧道與九驅後無賴者及招收亡宋舊役等
戶為之其差發除納地稅商稅依例出軍等六色宣
課外並免其雜泛差役自太宗乙未年抄籍分屬御
位下及諸王公主駙馬各投下及世祖時行尚書省
當重定其籍厥後永為定制焉

御位下打捕鷹房官　一所權官張元大都路寶坻
縣置司元額七十七戶　一所王阿都赤世襲祖
父職掌十投下中都順天真定宣德等路諸色人
匠打捕等戶元額一百四十七戶　一所管領大
都等廉打捕鷹房民戶達魯花赤石抹也先世襲
祖父職元額一百一十七戶　一所管領大都路
打捕鷹房等官李脫歡帖木兒世襲祖父職元額
二百二十八戶　一所宣授管領大都等廉打捕

鷹房人匠等戶達魯花赤黃也速辭兒世襲祖父
職元額五十戶　一所管領鷹房打捕人匠等戶
達魯花赤移剌帖木兒世襲祖父職元額一百五
十七戶　一所宣授管領打捕鷹房等戶達魯花
赤阿八赤世襲祖父職元額三百五十五戶　一
所宣授管領大都等路打捕鷹房人戶達魯花赤
寒食世襲祖父職元額二百四十三戶

諸王位下　汝寧王位下管領民匠打捕鷹房等
官元額二百一戶　晉賽因大王位下管領本投
下大都等路打捕鷹房諸色人匠達魯花赤都總
管府元額七百八十戶

天下州縣所設獵戶　腹裏打捕戶總計四千四百
二十三戶　河東宣慰司打捕戶五百九十八戶
晉寧路打捕戶三百三十二戶　大同路打捕戶
一十五戶　翼寧路打捕戶二百五十一戶　上
都留守司打捕戶三百九十七戶　宣德提領所
打捕戶一百八十二戶　山東宣慰司打捕戶三
百九十七戶　宣德提領所打捕戶一百八十二
戶　山東宣慰司打捕戶一百戶　益都路打捕
戶四十三戶　濟南路打捕戶三十六戶　般陽

路二十一戶　東平路三十四戶　曹州八十四

戶　德州一十戶　濮州三十二戶　泰安州五

戶　東昌路一戶　真定路九十一戶　順德路

一十九戶　廣平路一十九戶　冠州五戶　恩

州二戶　彰德三十七戶　衛輝路一十六戶

大名路二百八十六戶　保安州一百九　河

間路二百五十二戶　隨路提舉司一千一百

十一戶　河間鷹房府二百七十六名　都總管

府七百五十六戶

遠陽大寧等處打捕鷹房官捕戶七百五十九戶

東平等路打捕鷹房官捕戶三百九戶　隨州德

安河南襄陽懷孟等處打捕鷹房官捕戶一百七

十二戶　权捕提領所捕戶四十戶　高麗鷹房

總管捕戶二百五十二戶　河南等路打捕鷹房官

官捕戶五百二十一戶　益都等處打捕鷹房

捕戶一千一百四十二戶　河北河南東平等處打

捕鷹房官捕戶三百戶　隨路打捕鷹房總管捕

戶一百五十九戶　真定保定等處打捕鷹房官捕

捕戶五十戶　淮安路鷹房官捕戶四十七戶

揚州等處打捕鷹房官捕戶七十二戶

宣徽院管轄淮東淮西屯田打捕總管府司屬打

捕衛門提舉司十處千戶所一處總一萬四千三

百二戶　淮安提舉司八百五十八戶　安東提

舉司九百一十二戶　招泗提舉司四百六十五

戶　鎮巢提舉司二千五百四十戶　蘄黃提舉

司一千一百一十二戶　通泰提舉司七百四十

九戶　塔山提舉司六百四十四戶　魚網提舉

司二千五百一十九戶　打捕手號軍上千戶所

打捕軍六百四戶

志卷四十九

翰林學士亞中大夫知
制誥兼修　國史臣濂　翰林待　制臣審言知
制誥臣黨　翰林編修官臣穉業

刑法一

自古有天下者雖聖帝明王不能去刑法以爲治是
故道之以德義而民弗從則必律之以法法復焉
則刑辟之施誠有不得已者是以先王制刑非以立
威乃所以輔治也故書曰士制百姓于刑之中以教
祗德後世專務黷刑徃法以爲治者無乃昧於本末
輕重之義乎歷代得失考諸史可見已元興其初未

有法守百司斷理獄訟循用金律頗傷嚴刻及世祖
平宋疆理混一由是簡除繁苛始定新律頒之有司
號曰至元新格仁宗之時又以格例條畫有關於風
紀者類集成書號曰風憲宏綱至英宗時復命宰執
儒臣取前書而加損益焉書成號曰大元通制其書
之大綱有三一曰詔制二曰條格三曰斷例凡詔制
爲條九十有四條格爲條一千一百五十有一斷例
爲條七百十有七大槩纂集世祖以來法制事例而
已其五刑之目凡七下至五十七謂之笞刑自六十
七至一百七謂之杖刑其徒法年數杖數相附麗爲

加減鹽徒盜賊既決而又鐐之流則南人遷於遼陽
迤北之地北人遷於南方湖廣之鄉死刑則有斬而
無絞惡逆之極者又有陵遲處死之法焉蓋古者以
墨劓剕宮大辟爲五刑後世除肉刑乃以笞杖徒流
死爲五刑之數元因之更用輕典蓋亦仁失世祖謂
宰臣曰朕或怒有罪者使汝殺汝勿殺必遲回一二
日乃覆奏斯言也雖古仁君何以過之自後纘體而
君惟刑之恤凡郡國有疑獄必遣官覆讞而從輕死
罪審錄無冤者亦必待報然後加刑而大德間王約
復上言國朝之制笞杖十減爲七今之杖一百者宜

止九十七不當又加十也此其君臣之間唯知輕典
之爲尚百年之間天下又寧亦豈偶然而致歟然其
弊也南北異制事類繁瑣挾情之吏舞文出入
比附用譑行私而党頑不法之徒又數以售其奸究
至於西僧歲作佛事或恣意縱囚以售其奸伴善
良者喑啞而飲恨識者病之然則元之刑法其得在
仁厚其失在乎緩弛而不知檢也今按其實條列而
次第之使後世有以考其得失作刑法志

名例
五刑

笞刑
七下　十七　二十七
三十七　四十七　五十七

杖刑
六十七　七十七　八十七
九十七　一百七

徒刑
一年杖六十七　一年半杖七十七　二年杖八十七
二年半杖九十七　三年杖一百七

流刑
遼陽　湖廣　迤北

死刑
斬
陵遲處死
五服

斬衰　三年
子為父婦為夫之父之類
杖期　期　五月　三月

齊衰　三年
子為母婦為夫之母之類
杖期　期　五月　三月

大功
九月　長殤九月　中殤七月

為同堂兄弟為姑姊妹適人者之類

小功
五月　殤

總麻
三月　殤
為伯叔祖父母為再從兄弟之類
為族兄弟為族曾祖父母之類

十惡

謀反
謂謀危社稷

謀大逆
謂謀毀宗廟山陵及宮闕

謀叛
謂謀背國從偽

惡逆
謂毆及謀殺祖父母父母殺伯叔父母姑兄姊
外祖父母夫夫之祖父母父母者

不道
謂殺一家非死罪三人及支解人造畜蠱毒厭魅

大不敬
謂盜大祀神御之物乘輿服御物盜及偽造御
寶合和御藥誤不如本方及封題誤若造御膳

誤犯食禁御幸舟船誤不牢固指斥乘輿情理

切害及對捍制使而無人臣之禮

不孝

謂告言詛詈祖父母及祖父母父母在

別籍異財若供養有闕居父母喪身自嫁娶若作

樂釋服從吉聞祖父母父母喪匿不舉哀詐稱

祖父母父母死

不睦

謂謀殺及賣緦麻以上親毆告夫及大功以上

尊長小功尊屬

不義

謂殺本屬府主刺史縣令見受業師吏卒殺本

部五品以上官長及聞夫喪匿不舉哀若作

樂釋服從吉及改嫁

內亂

謂姦小功以上親父祖妾及與和者

八議

議親

謂皇帝袒免以上親及太皇太

后皇太后緦麻

以上親皇后小功以上親

議故

謂故舊

議賢

謂有大德行

議能

謂有大才業

議功

謂有大功勳

議貴

謂職事官三品以上散官二品以上及爵一品

者

議勤

謂有大勤勞

議賓

謂承先代之後為國賓者

贖刑附

諸牧民官公罪之輕者許罰贖

諸職官犯夜者贖

諸年老七十以上年幼十五以下不任杖責者贖

諸罪人癃篤殘疾有妨科決者贖

諸掌宿衛三日一更直掌四門之鑰昏閉晨啓毋敢
不慎　諸欲言事人關入宮殿呼巽上聞杖一百七
發元籍　諸擅帶刀闖入殿庭者杖八十七流遠
諸登皇城角樓因爲盜者處死
玉寶器者處死　諸輒入禁苑盜殺官獸者爲首杖
四十七掌門衛受財縱放者五十七坐鋪守把軍人
不訶問二十七　諸漢人南人投充宿衛士總宿衛
官輒收納之並坐罪　諸大都上都諸城門夜有急

三百五二
《元史志卷五十》
七　韓木芳

務須出入者遣官以夜行象牙圓符及織成聖旨啓
門門尉辯驗明白乃許啓雖有牙符而無織成聖旨
者不以何人並勿啓違者處死

職制

諸官府印章長官掌收次官封之差故即以牒發次
官次其下者弟封之不得付其私人　諸郡縣城門
鎖鑰並從有司掌之　諸有司九萬舉刑名出納等
文字非有故並湏圓署行之　諸職官到任距上司
百里之內者公詣百里之外者免上司輒非理徵會
稽失公務者禁之　諸內外百司呈署文字並湏由

下而上論定而後行之　諸省府以下百司凡行公
務置朱銷簿按治官以時考之　諸職官公坐同臧
者以先到任居上輒越次而坐者正之　諸有司公
事各官連銜申票其上司者並自書其名有故從對
讀首領官代書之具述其故抄名下曹吏輒代書其
名者罪之　諸職官受代聽除之處從所便員載解
由私赴都者禁之　諸有司案牘籍帳編次架閣各
路提控案牘無架閣庫官與經歷知事同掌之散府
州縣知事提控案牘都吏目典史掌之任滿相沿交
割毋敢不慎　諸樞密院行省文卷除軍數及邊關

三百九六
《元史志卷五十》
八　卡芳

兵機不在考閱餘並從監察御史考閱之　諸職官
承上司他委所治闖官者許回申不得擅令首領官
吏攝事　諸職官押運官物赴都除常所不差者餘
並置籍輪差徇私不均者罪其上司　諸吏員遷調
廉訪司書吏奏差避道路府州縣吏避貫　諸有司
遺失印信隨即尋獲者罰俸一月追尋不獲者具申
禮部別鑄元掌印官解職坐罪非獲元印不得給由
求叙　諸躬匿邊關文字者流　諸蒙古人居官犯
法論罪既定必擇蒙古斷之行杖亦如之　諸四
怯薛及諸王駙馬蒙古色目之人犯姦盜詐偽從大

宗正府治之諸以親女獻當路權貴求進用已得

者追奪所受命仍沒入其家諸官吏在任與親戚

故舊及禮應追往之人追往者聽餘並禁之諸職

官到任輒受所部贄見儀物比受贓減等論諸職

官受部民事後致謝食用之物者笞二十七記過

諸上司及出使官於使所受燕饗遺者准不

枉法者殿三年再犯不敘無祿者減一等以至元鈔

諸職官及有出身人因事受財枉法者除名不敘

法減二等經過而受者各減一等從臺察之

為則枉法一貫至十貫笞四十七不滿貫者量情斷

罪依例除名一十貫以上至二十貫五十七二十貫

以上至五十貫杖七十七一百貫之上一百七不枉

法一貫至二十貫笞四十七本等敘不滿貫者量情

斷罪解見任別行求仕二十貫以上至五十貫五十

七注邊遠一任五十貫以上至一百貫杖六十七降

一等一百貫以上至一百五十貫七十七降二等一

百五十貫以上至二百貫八十七降三等二百貫以

上至三百貫九十七降四等三百貫以上一百七以

名不敘諸內外百司官吏受贓悔過自首無不盡

不實者免罪有不盡不實止坐不盡之贓若知人欲

告而首及以贓還主並減罪二等聞知他廳事發首

者計其日程雖不知亦以知人欲告而首論詭名代

首者勿聽犯人實有病故許親屬代首臺憲官代

贓不在准首之限有司受人首告者笞二十七諸告

贓有實跡人求略未得財者笞二十七諸官吏初

恐嚇有罪人求略而官吏初不知者

本未嘗言而故以錢物所在坐之與錢人家俱坐

者止以錢物真人家指作過度而誣陷人諸職官但犯

贓私有罪狀明白者停職聽斷諸奴隸為官但犯

贓罪除名諸職官犯職生前贓狀明白雖死猶責

家屬納贓諸官吏犯贓罪遇原免或自首免罪過

錢人即因人致罪不坐諸官吏贓罰臺官問者歸

臺省官問者斷後仍徒諸職官犯贓家人受贓減官吏法

臨問官者斷後仍徒諸官吏家人受贓減官吏法

二等坐官吏初不知及知即首官吏家人依本法

首官吏減家人法二等坐家人依本法若官吏知情

故令家人受財官吏依本法家人免坐官吏實不知

者止坐家人諸職官受除未任因承差而犯贓者亦

同見任論邊遠遷轉官已任而未受文憑犯贓者亦

如之吏未出職受賕既出職事發罷所受職

穀官吏受賕事發不枉法者止計賕論罪不殿年敘

職官受賕聞知事發回付到主同知人欲告自論

減二等科罪枉法者降先職三等敘不枉法者解職

者停其職歸對諸職官侵用官錢者以枉法論雖會赦仍除

名不敘

別敘　諸職官受賕在任犯贓被問贓狀已明而稱疾

垂成近臣奏徵入朝者執付元問官　諸職官受賕丁憂終制日究問軍

在逃者同獄成　諸職官犯贓

《元史志卷五十》 十一 楊仲弢

官不丁憂者不在終制之限　諸職官犯贓已承伏

會赦者即改悔徵贓黜降如條未承伏者勿論　諸職

官受賕即改悔選主其主猶執告者勿論　諸職官

受財為人請託者計贓論罪　諸小吏犯贓並斷罪

除名　諸庫子等職已有出身無添給祿米者不與

小吏犯贓同論　諸揀吏出身應入流或以職官轉

補但犯贓並同吏員坐除名府州縣首領官非朝命

者同吏員　諸吏員取受非真犯者不除名　諸流

外官越受民詞者笞一十七首領官二十七記過

諸臨民官於無職田州縣虛徵其入於民者斷罪解

職記過　諸職官頻入茶酒市肆及倡優之家者斷

罪罷職　諸監臨官私役弓手笞二十七三名已上

加一等占騎弓手馬笞一十七並記過名百司管吏

輒應副者各減一等　諸內外官吏疾病消百日者

罪者杖六十七有官者罷職不敘贓多者從重論

始發罪從已斷殿降從後發　諸有過被問詐死逃

作闕期年後仕　諸職官連犯二罪輕罪已斷重罪

行省以下大小司存長官非理折辱其首領官者

諸之首領官有過失聽申上司不得擅問長官處決

禁之首領官執覆不從許直申上司　諸隨朝官無

不公首領官

《元史志卷五十》 十二 楊仲弢

故不公聚者坐罪選待　諸職官已受宣勅以地遠

官早輒稱故不赴者奪所受命議種田或在任詐稱

病而去者三年後降二等敘其同僚徇私與文書者

降一等敘　諸受命職官關期已及或有辨證勾稽

喪葬疾病公私諸務妨阻不能之任者許其始末詣

本屬有司自陳保勘給擾再敘並任元注地方有司

保勘不實者並坐之　諸除官員關次未及輒先

任所居住守代者從本管上司究之　諸名衙門

報將聽除及罷閑無祿私心之人差遣者禁　諸職

官親死不奔喪杖六十七降先職二等雜職敘未終

喪赴官笞四十七降一等終制若有罪詐稱親喪杖八十七除名不敍親父沒稱始死笞五十七見任雜職敍凡不丁父母憂者丁母大故喪同官吏私罪被逮凡無問已招未招矜恕之諸辨赴丁憂終制曰追問公罪並聽其諸職官父母亡匿喪縱宴樂遇國哀私家設音樂者罷不敍以記之有託故者應憲官科而罪之諸官吏遷葬諸外任官貪謟告應有假故具曹狀報所屬仍置籍祖父母父母給假二十日並除馬程日七十里限內俸錢仍給之遠限不至者勤傅諸職官任滿解由

應給而不給不應給而給及有過而不開爲者罪及有司解由到部增損功罪不以實者亦如之諸罷免官敍復給由而匿其過名者罪及初給由有司諸職官過求仕已除事覺者笞四十七追奪不敍職官被罪理筭殿年以被問停職月日爲始諸諸官負親年及致仕而不知止者廉訪司科黜之諸方官負親年七十以上者許之元籍有司保勘重注近關便養冒濫者坐罪諸職官沒於王事者其應繼之人降二等蔭敍諸內外百司五品以上進上表章並以蒙古字書毋敢不敬仍以漢字書其副諸

內外百司凡進賀表箋繕寫謄籍印識各以式其輕犯廟諱御名者並禁之諸內外百司應出給劄付有額設譯史者並以蒙古字書寫諸內外百司有蕭設蒙古回回譯史者每遇行移及勘合文字關開防仍無用之諸內外百司公務尊早有序各守定制惟樞政出典外郡申部公文書姓名不書各諸人惟樞密院御史臺徽政宣政諸院許自言所職其餘臣口傳璽旨行事者禁之諸大小機務必由中書不由中書而輒上聞既上聞而又不由中書徑下所司行之者以違制論所司亦不禀白而輒受以行之

者從監察御史廉訪司科之諸中書機務有泄其議者量所泄事聞奏論罪諸省部官名隷宿衛者畫出治事夜入番直諸檢校官勾檢中書及六曹之務其有稽遺省掾呈省論罰部吏就錄罪名開呈諸行省擅役軍人營繕雖公廨不奏請猶議罪諸行省官皆給符諸行省官長官二負給金虎符使軍官軍惟雲南行省官皆給符諸行省所轄軍官軍情急慢從提調軍馬長官下就斷諸行省雜犯受宣官以上咨稟受勑官以下就斷諸行餘雜犯受宣官以上咨稟受勑官以下就斷諸行省歲支錢糧各慶正官季一照勘歲終會其成于行

省以式稽考濫者徵之實者籍之總其緊沿都省臺憲官閱實之　諸方面大臣受金縱賊成亂者斬僚佐受金或阿順不能臣正並坐罪會赦仍除名　諸樞密院及各省所部軍官其庵下征者戍者出者處者饑寒不贍役使不均代以私人舉債倍息在家曰逃有力曰乏惟單窮是使惟貨賄是圖以苦士卒以耗兵籍百戶有罪萬戶千戶有罪及萬戶萬戶有罪從樞密院及行省帥府以其狀聞隨事論罪諸宣徽院所抽分馬牛羊官嚴其程期制其供億諸宣政院文卷除修佛事不在照刷外其餘文卷謹其銓束之法以譏察之其有欺官擾民者廉訪司

（四〇）

糾之　諸翰林院應譯寫制書必呈中書省共議其藁其文卷非邊遠軍情重事並從監察御史考閱之諸宣政院文卷並從臺憲照刷及所隷内外司存並照刷之　諸徽政院及怯憐口人匠舊設諸府司文卷並從臺憲照刷　諸臺官職掌飭官箴稽諸吏課内秩群祀外察行人與聞軍國奏議理達民庶寬辭凡有司刑名賦役銓選會計調度徵收營繕鞫勘審讞勾稽及庶官廉貪屬禁張弛編民憚獨流移強暴姦弁惡糾彈之　諸行臺官主察行省宣慰司已下諸軍民官吏之作姦犯科者窮民

之流離失業者豪強家之奪民利者按察官之不稱職任者餘視内臺立法同　諸御史臺所轄各道憲司民有寃滯赴愬于臺者咸著于籍歲終則會以考其各道之殿最而黜陟之　諸臺憲所察天下官吏賊污欺詐稽違罪入于刑書者歲會其數及其罪狀上之藏于中書　諸内外臺歲遣監察御史刷磨各省文卷并察各道廉訪司官弗稱者呈臺黜罰吏弗稱者就罷之　諸廉訪司官弗稱者呈臺彈劾必著其罪狀舉劾失當並坐之　諸風憲薦舉官弗稱者就罷之　諸風憲薦舉史九遇廷臣奏事必隨入内在廷有不可與聞之人

（三九九）

即糾弁之朝會祭祀一切行禮失儀越次及託故不至者即糾罰之文武百官謁假事故三日以外者以曹狀報之九官府秔置百官并禮任及被差往還報曹狀並同　諸廉訪分司官每季孟夏初旬出錄囚仲秋中旬出按治明年孟夏中旬還其憚速違期託故避事者從監察御史劾之　諸廉訪司分巡各路軍民官吏有過得罪狀明白者六品以下總司論罪五品以上申臺聞奏　諸廉訪司官擅封黜軍器庫者笞三十七解職別叙　諸廉訪司官吏受賕事雖不告言監察御史廉訪司察之實者糾之　諸行省官及

首領官受賂，隨省廉訪司察知者上之臺，已下就問。
諸行省理問所見問公事，廉訪司輒逮問者，禁之。
諸職官受賕，廉訪司必親臨聽決，有必不能親臨
者，摘敵品有司老陳其能正官問之。諸被按官吏
有究抑者，詣御史臺陳言，所言實罪被告，所言虛罪
告者仍加等。其有故掊按問官吏以事者，禁之。諸
但犯贓加等斷罪，雖不坐法，亦除名。諸方面之臣，
刑問之，軍官則先奪所佩符而問之。諸風憲官吏，
按問職官贓，毋遍施刑，惟衆證已明而不欵伏者，加
入覲，輒欵所部官吏俸錢儵禮物者，禁之，遠者罪之。

元史志卷五十 〔十七〕 王洪州

諸湖南北江西兩廣接境溪洞蠻獠竊發，諸監臨
禁治不嚴及故縱者，軍官笞三十七，管民官二十七，
並削所受階一等記過。諸邊隅鎮守不嚴，他盜輒
入境殺掠者，軍官坐罪，民官不坐。諸軍官鎮撫
逭隔三年無嘯聚之盜者，民官減一資，軍官陞散官
一階，五年無者，軍民官各陞散官一等。諸郡縣版
籍所司謹度置之，正官相沿掌之。諸勸農官每歲
終則上其所治農桑水利之成績，以上于大司農。若本屬
上司會所部之成績以上于省，而殿最之。其在官怠其事，隳其法
情成否，以上于省而殿最之，其在官怠其事，隳其法

者罪之。諸職官行田受民戶齊欽錢者，以一多科
斷。諸受財占民差徭者，以枉法論。諸額課所在
管民正官董其事，若以他故出次官通攝之，諸額
收錢糧各處計吏歲一，諸省之有齊欽者從治
官舉劾。諸郡縣歲以三限徵收稅粮，初限十月終，
中限十一月終，末限十二月終，遠者初限笞四十，再
犯杖八十，但結攬及自願與結攬人等，並沒入其家
財，仍依元科之數倍徵之。若不差正官部糧而以權
官部之，或致失陷及輸不足者，違魯花赤管民官同
坐。諸州縣義倉糧數不實，監臨失舉察者罪之。

元史志卷五十 〔十八〕 王洪州

諸職官拷禁刑之日決斷公事者，罰俸一月，吏笞二
十七記過。諸有司斷諸小罪輒以杖頭非法杖人，
致死罪坐判署官。諸魯訴官吏之人有罪，其被
訴官吏勿推。諸有司報憑妄言惟薄私事逮繫人
者，笞四十七，解職期年後叙。諸職官得代及休致，
凡有追會並同見任，其婚姻田債諸事止令子孫弟
姪陳訴，有司輒相侵陵者究之。諸職官聽訟者事關
罵詈親闒者勿問，違者罪之。諸職官聽訟者，事關
有服之親，升婚姻之家，及曾受業之師，與所讎嫌之
人，應迴避而不迴避者，各以其所犯坐之。有輒以官

法臨決尊長者雖會赦仍解職降敘　諸有司事關蒙古軍者與管軍官約會問　諸管軍官與僧官及鹽運司打捕鷹坊軍匠各投下管領諸色人等但犯強竊盜賊偽造寶鈔嗇賣人口發塚放火犯姦及諸死罪並從有司歸問其鬬訟婚田良賤錢債財產宗從繼絕及科差不公自相告言者從本管理問若事關民戶者就便歸斷　諸州縣鄰境軍民相關詞訟至者有司就約會歸問並從有司追逮三約不赴上司陳訴及元斷官吏　諸僧道儒人有爭有元告就被論官司歸斷不在約會之例斷不當理許司勿問止令三家所掌會問　諸哈的大師止令掌教念經回回人應有刑名戶婚錢粮詞訟並從有司問之　諸僧人但犯姦盜詐偽致傷人命及諸重罪有司歸問其自相爭告從各寺院住持本管頭目歸問若僧俗相爭田土與有司約會　不至有司就問　諸各寺院稅糧除前宋所有常住及世祖所賜田土免納稅粮外已後諸人布施并已力典賣者依例納粮　諸管民官以公事攝所部並用信牌便歸問　諸其差人擾衆者禁之　諸掩骼埋胔有司之職或饑歲流莩或中路暴死無親屬收認應聞有司檢覆者

檢覆既畢就付地主隣人收葬不須檢覆者亦就收葬　諸救災卹患鄰邑之禮歲饑輒開羅者罪之諸縣災傷過時而不申或申不以實及按治官之以時檢踏皆罪之　諸蟲蝗為災有司失捕路官各罰俸一月州官各笞一十七縣官各二十七記過諸水旱為災人民艱食有司檢覆災傷或以熟作荒致轉徙饑莩者正官笞三十七佐官二十七各罰俸任降先職一等敘　諸有司檢覆災傷不以時申報或以可救為不可救一項二十七一十七二百頃已上者笞二十七五百頃已上者笞三十七惟以荒作熟抑民納粮者笞四十七罷之託故不行妨誤檢覆者笞三十七　諸義夫節婦孝子順孫其節行卓異應旌表者從所屬有司舉之監察御史廉訪司察之但有冒濫罪及元舉應受賜而有司不以實報者正官笞四十七解職別敘　諸州縣舉茂秀才非經監察御史廉訪司體察者不得開申　諸民犯弑逆有司稱故不聽理者杖六十七解見任殿三年雜職敘　諸檢屍有司故遷延及撿覆牒到不受以致屍變者正官笞三十七首領官吏各四十七其不親臨或使人代之以致增

減不實後易輕及初覆檢官相符同者正官隨事
輕重論罪黜降首領官吏各笞五十七仍作行
人杖七十七受財者以枉法論　諸有司在監四人
因病而死虛立檢屍文案及關覆撿官者正官笞三
十七解職別敘者仍會赦者仍記其過
已改除仍記其過　諸蕃王及軍馬經過郡縣委積
檢屍傷屍已焚瘞止傅會初檢申報者解職別敘若
移易殯斂者禁之　諸郡縣非遇聖旨令旨諸王駙
馬大臣經過官吏並免郊迎妨奪公務仍不得賒以
館勞並許於應給官物內支遣申行省知會或擅

錢物按治官常糾察之　諸職官但犯軍情遠誤受
勑官各路就斷受宣官從都省分其餘公罪
各路並不得輒斷　諸部送囚徒中路所次州縣不
寄囚於獄而監收旅舍以致反禁而亡者部送官笞
二十七還職本廳防護官笞四十七就責捕賊仍通
記過名
六十七解職降先品一等敘刑部記過
買依時置估對物給價官吏權豪因緣結攬營私害
公者罪之　諸有司和買諸物多餘估計分受其價
者準盜官錢論不分受以冒估多寡論監臨及當該

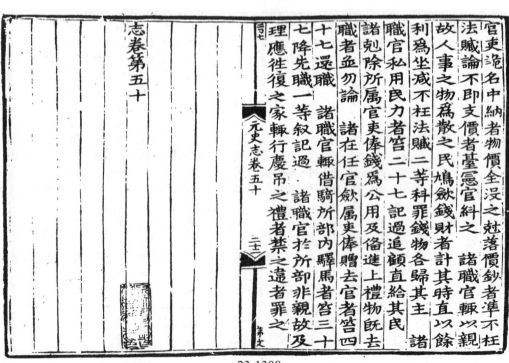

官吏詭名中納者物價全沒之尅落價鈔者準不枉
法贓論不即支價者臺憲官料以親
利為坐減不枉法贓二等科罪錢物各歸其民
故人事之物為散之民鳩斂錢財者計其時直以餘
職官私用民力者笞二十七記過追顧直給其民　諸
諸尅除所屬官吏俸錢為公用及餽進上禮物既去
職者並勿論　諸在任官尅屬吏俸贈去官者笞四
十七還職　諸職官輒借騎所部內驛馬者笞三十
七降先職一等敘記過　諸職官於所部非親故及
理應往復之家輒行慶吊之禮者禁之遠者罪之

志卷第五十

翰林學士承旨榮祿大夫知制誥兼修國史宋濂等奉　制承直郎國史編修官臣王禕等奉

勑修

刑法二
職制下

諸職官戶在軍籍管軍官輒追逮其身者禁之　諸
中外大小軍官不能以法撫循軍人而又害之者從
監察御史廉訪司紏察之行省官及宣慰司元帥府
官無故以軍官自衛者亦如之　諸軍官不法各廳
憲司就問之樞府不得委官同問　諸管軍官輒以

所佩金銀符充典質者笞五十七降散官一等受質
者減二等　諸軍官犯贓應罷職殿降者上所佩符
再叙日給之　諸軍官役使軍人萬戶八名千戶減
萬戶之半彈壓減千戶之半　是數者坐罪　諸軍
官驅役軍人致死非命者量事斷罪並罷職徵燒埋
銀給苦主　諸管軍官擅放正軍及分受雇役錢者
以枉法論除名不叙　諸管軍官吏尅除軍人衣糧
鹽菜錢并全未給散會赦尅除已招者追給未招者
免徵未給散者給散其私役軍人官牛帶種官地并
管民官占種官地所收子粒已招者追沒未招者免

徵　諸軍官役其出征軍人家屬又借之錢而多取
息者並坐之　諸軍官輒縱軍人誣民以罪嚇取錢
物而分贓自厚者計贓科罪除名不叙　諸民間失
火鎮守軍官坐視不救而反縱軍剽掠者杖六十七
紏之　諸軍官輒斷民訟者笞五十七　諸軍
職犯贓罪者罷之不以常調殿降論　諸投下官吏
叙　諸投下官吏受贓與常選官同論　諸投下雜
上盲影占民站除其徵役故縱爲民害者杖七十七
沒其家財之半所占民杖一百七還元籍　諸王傳

文卷監察御史考閱與有司同　諸位下置財賦營
田等司歲終則會會畢從廉訪司考閱之　諸投下
輕重囚徒並從廉訪司審錄　諸藩即事務大者奏
裁小者移中書以教令行者禁之　諸倉庫官吏
與府州司縣官吏人等以百姓合納稅糧通同攬納
接受折價飛鈔者十石以上各刺面杖一百七十石
以下九十七官吏除名不叙退閑官吏豪勢冨戶行
鋪人等違犯者十石之上杖九十七十石之下八十
七其部糧官吏知情分受笞五十七除名有失
覺察者監臨部糧官吏二十七府州總部糧官吏一

十七若能捕覆犯人者與免本罪若本倉官人吏等盜

糴官糧與攬納飛鈔同論知情糴買十石以上杖一

百七十石之下九十七其漕運官吏有失覺察者驗

粮數多寡治罪其盜糴糧人償價諸倉所主守錢粮

粮於倉官并結攬糴買人均徵官　諸倉庫官吏

人等盜所主守錢粮一貫以下決五十七至十貫杖

六十七每二十貫加一等一百二十貫徒一年每三

十貫加半年二百四十貫徒三年三百貫處死計贓

以至元鈔為則諸物以當時價佑折計之　諸倉庫

官知庫子攢典人等侵盜移易官物匿不舉發

《元史志卷第五十一》　三　楊叔曾

者與犯人同罪失覺察者減犯人罪四等　諸倉庫

錢粮出納所設首領官及提舉監支納以下攢

千人以上互相覺察若有違法短少一體均陪任內

收支錢粮正收倒除皆完方許給由諸典守錢庫失

官已倒昬鈔不用退印笞五十七解見任提調官合

計黜笞一十七並記過名　諸鈔庫官輒以自己昬

鈔詭名倒換者笞三十七記過　諸平準行用庫倒

換昬鈔多取工墨錢庫官知而不曾分贓者減一等

並解職別叙主謀又受贓者以枉法論除名不叙

諸白紙坊典守官私受桑楮皮折價者計贓以枉法

論除名不叙仍追贓收買本色還官　諸京倉受粮

部官董之外倉收粮州縣長官董之收不如法致腐

敗者按治官通究之　諸倉官委任親屬為家丁致

盜糴官粮者笞五十七　諸倉官輒釘斛官多收民租主

謀者五十七同僚初不知情既知而不能改正者笞三十

七解職別叙　諸京師每日散糴糴官米人止一斗權

豪勢要及有禄之家輒糴買者笞二十七追中統鈔

二十五貫付告人充賞　諸運司造作典守官

材料者計贓以枉法論除名不叙　諸運司辦課官

《元史志卷第五十一》　四

取受事發辦課畢日追問受代離職者就問之　諸

鹽場官勘問人致死者從轉運司差官攝其職發犯

人歸有司　諸稅務官輒到務文契枉作匿稅

私其罰錢者以枉法論除名不叙　諸財賦總管淘

金提舉司存雖有護持制書事勑者監察御史

廉訪司準法行之　諸守庫藏軍官夜不直宿致有

盜者笞三十七還職捕盜不獲者圍宿軍官軍人追

陪所失物貨俟覆盜徵贓給還若遇強刼軍官軍人

力所不及者不在追斷之限　諸雜造局院輒與諸

人帶造軍器者禁之　諸兩浙財賦府隸徵政者掌

治錢穀造作歲終報成以次年正月至于二月從廉
訪司稽其文書違者科之諸有司橋梁不修道途
不治雖修治而不牢強者按治及監臨官宪治之
諸有司不以時修築隄防霖雨旣降水涝至漂民
廬舍溺民妻子爲民害者本郡官吏罰俸一月縣
官各笞二十七典史各一十七並記過名諸漕運
官輒拘括水陸舟車阻滯商旅者禁之諸漕運官
輒受贓縱水手人等以稻陳盜換官粮者以枉法計
贓論罪除名不叙諸海道都漕運萬戶府所轄千
戶巳下有罪萬戶問之徇情者

監察御史廉訪司察之漕事畢然後廉訪司考其案
牘諸海道運粮船戶盜糶官粮詐稱遭風覆没者
計贓剌斷雖會赦仍剌之諸使臣行臺過重壓損禾
及驛吏輒敢搜檢者禁之諸使臣行臺脫脫禾孫
驛馬而脫脫禾孫與使臣交贈爲好不以法稱盤者
笞二十七記過　　諸急遞鋪輒開所遞實封文書妄
入無名文字者笞五十七　　諸急遞鋪每上下半月
府州判官縣主簿親臨檢視所遞文字但有稽違磨
擦沉匿鋪司鋪兵即驗事重輕論罪各路正官一員
總之廉訪司察之其有弗職親臨官初犯笞二十七

再犯加一等三犯呈省別議總提調官減親臨官一
等每季具申上司有無稽違仍於各官任滿日解由
開寫而黜陟之諸使臣輒騎懷駒馬者取與各笞
五十七及以車易馬者俱坐之諸公主下嫁迎送
往還者並不得由傳置諸使臣在道奪回馬易所
禁之遠者罪之諸使臣在城輒騎占驛馬者笞二
十七仍償其直若以私事故選良馬馳至死者
至死者償其直若以私事故選良馬馳至死者笞二
多還官記過使還人員除軍情急務外日不過三驛
驛官仍於關文標寫起止程期違者各笞二十七冊

犯罷役　　諸乘驛使臣或枉道營私橫索祗待或訪
舊逸遊餒損馬乘並申聞斷治諸使臣枉道馳驛
者笞五十七脫禾孫擅依隨給驛者依例科罰
諸驛使詐改公牒多起馬者狀八十七其部押官馬
輒夾帶私馬多取草料者并没入其私馬諸朝廷
軍情大事奉旨遣使者佩以金字圓符給驛其餘小
事止用御寶聖旨諸王公主駙馬亦爲軍情急務遣
使者佩以銀字圓符給驛其餘止用御寶聖旨若濫
給者從臺憲官糺察之諸高麗使臣所帶徒從來
則俱來去則俱去輒留中路郡邑貿賣者禁之易馬

諸出使官員所至輒受官吏筵宴及
官吏輒相邀請並從風憲察諸使臣所過州縣
無故不得入城有故入城者止於公館安宿於
官民之家者從風憲之諸遣使開讀詔書所過
州郡就便開讀者聽非所經由而輒往者禁之若本
宗事須親往者不在此限諸使臣所至之處有親
戚故舊禮應追往者聽諸受命出使郡國使還匿
進表使臣五日外不還職托故稽留他有營者止所
字符節及錫貢之物久不進者狀六十七記過諸
給驛籍其姓名罷黜之諸出使郡國使事之外毋

出界者禁之

元史志卷五十一　七　王子文

有所與有必須上聞者實封以聞諸銜命出使輒
將有司囚審斷者罪之諸奉使循行郡縣有告
廉訪司官不法者若其人嘗為風憲所黜罷則與監
察御史雜問之餘聽專問諸官吏公差輒受人賄
行禮物者隨事論罪聽却獲他境盜賊使發隣道貼補
盜境內若失過盜賊或許令功過相補諸捕
如獲他境強盜或偽造實鈔二起各准境內強盜一
起無強盜者准竊盜二起如獲竊盜亦如之如境內
無失但獲強竊盜賊依例理賞若應捕之人及事主
等告指捕獲者不賞諸捕盜官不得差遣者臺

憲官紏之諸捕盜官任內失過盜賊除獲別境盜
準折外三限不獲強盜三起竊盜五起各笞一十七
強盜五起竊盜十起各笞二十七強盜十起竊盜十
五起各笞三十七鎮守軍官一體捕限者同罪親民
提控捕盜減罪二等其限內獲賊及半者免罪若諸
遣捕逐盜賊輒理民訟者禁之諸南北兵馬司罪在
人獲盜應賞者賞之諸南北兵馬司職在巡警非諸
在城錄事錄判分番巡捕若有失盜止坐巡捕官
四八十七以下決遣應剌配者就剌配之諸路
諸職官非應捕之人告獲反賊者陞二等用諸告

元史志卷五十一　八　王子文

獲強盜每名官給賞錢至元鈔五十貫竊盜二十五
貫親獲者倍之獲強盜至五人與一官諸捕獲我
遞党徒比獲強盜給賞諸隨都城守軍官軍人親
獲強竊盜者減半給賞諸都城失盜一年不獲
者勒軍陪償所盜財物其敢占滙禁死亡者杖
諸捕盜官捕獲強竊盜賊不即牒發滙禁者禁之
七十七罷職諸盜牛馬悔過放還者以竊盜刺斷者以
不徵倍賊賞錢有司輒以常盜刺斷者以
刑名違錯科罰諸捕盜官輒受人逝至匿名文字
枉勘平人為盜致囚死獄中者杖九十七罷職不敘

23-1312

正問官六十七降先職二等叙首領官笞四十七注

邊遠一任承吏杖六十七罷役不叙主意寫匿名文

書者杖一百七流遠遞送匿名文

主事遞送者減三等 諸捕盜官搜捕逆賊報將平

人審問蹤跡乘怒毆之避近致死者 諸捕盜官受財故縱

別叙記過徵燒埋銀給苦主

賊囚者與犯人同罪已敗獲者徒杖並減一等 諸

父有罪不坐其子兄有罪不坐其弟 諸大宗正府

理斷人命重事必以漢字立案牘以公文移憲臺然

後監察御史審覆之 諸有司非法用刑者重罪之

《元史志卷五十一 九 中華》

已殺之人輒劓割其肉而去者禁之違者重罪之

諸鞫獄不能正其心和其氣感之以誠動之以情推

之以理輒施以大披挂及王侍郎繩索并法外慘酷

之刑者悉禁止之 諸鞫問罪囚除朝省委問大獄

外不得寅夜問事 諸各路推官專掌

推鞫刑獄平反冤滯董理州縣刑名之事其餘庶務

毋有所與按治官歲錄其殿最秩滿則上其事而黜

陟之凡推官若受差不聞上司輒離職者亦坐罪

諸處斷重囚雖叛逆必令臺憲審錄而後斬於市曹

諸內外四禁從各路正官及監察御史廉訪司以

時審錄輕者斷遣重者結案其有寬滯就牽察之

諸正蒙古人除犯死罪監禁依常法有司毋得拷掠

仍日給飲食犯真姦盜者解束帶佩囊散收餘犯輕

重者以理對證有司勿執拘之逃逸者監收諸奏

決天下四值上怒勿輒奏上欲有所誅必遲回一二

日乃覆奏 諸有司因公依理決罰贖者更科

決 諸犯罪二罪俱發以重者論若一等一罪

坐 諸累過不悛年七十以上應罰贖之身死者不

先發已經論決餘罪後發其輕若等者勿論

之通計前罪以充後數 諸職官輒以微故秉怒不

《元史志卷五十一 十 中華》

取招詞斷決人避近致死又誘苦主焚瘞其屍者笞

五十七解職別叙記過 諸鞫獄輒以私怨暴怒去

衣鞭背者禁之 諸鞫問因徒重事須加拷訊者長

貳僚佐會議立案然後行之違者重加其罪 諸弓

兵扺候獄卒輒毆死罪囚者為首杖一百七為從減

一等均徵燒埋銀給苦主其枉死應徵倍贓者免徵

諸有司輒收禁無罪之人者正官並笞一十七記

過無招枉禁致自縊而死者笞三十七期年後叙

諸有司輒將無辜枉禁瘐死者解職降先品一等叙

諸有司承告被盜報將景迹人非理枉勘身死却

獲正賊者正問官笞五十七解職期年後降先職一

等敘首領官及承吏各五十七罷役不敘均徵燒埋

銀給苦主通記過名　諸有司受財故縱正賊誣執

非罪非法拷訊連逮妻子衔寃赴獄事未曉白身已

就死正官杖一百七除名佐官八十七降二等雜職

囚自死者以所入人金罪以全罪論

敘仍均徵燒埋銀　諸有司論入人全罪若未決者及

未決放者從減等論仍記過　諸故出入人之罪全科而

三等失出人罪者減五等未決放者又減一等並記

過　諸有司失出人死罪者笞五十七解職期年後

《元史志卷五十一》　十一　胡拱之

降先品一等敘記過正犯故入人追禁結案　諸有司輒

將革前雜犯承問斷遣者以故入論　諸監臨狀仇

違法枉斷所監臨職官者抵罪不敘　諸審囚官強

愎自用輒將蒙古人剌字者杖七十七除名將已剌

字去之　諸爲盜並從有司歸問各投下輒擅遣

者坐罪　諸鬭毆殺人無輕重並結案上省部詳讞

有司輒任情擅斷者笞五十七　諸禁囚囚械桍不嚴致反獄者直日押獄

一等敘　諸禁囚囚械桍不嚴致反獄者直日押獄

杖九十七獄卒各七十七司獄及提牢官皆坐罪百

日內全獲者不坐　諸罪在大惡官吏受贓縱令私

和者罷之　諸司獄受財縱犯姦囚人在禁跣枷飲

酒者以枉法科罪除名　諸流囚強盜持伏不曾傷

得財四十貫爲從及竊盜割車剜房傷事主爲從不

人但得財若得財至二十貫爲從不持伏不曾傷

曾傷事主但曾得財不曾得財內有舊賊初犯怯烈

司盜馳馬牛爲從賣良人爲奴婢一人詐偽都省

行省印套畫省官押字動支錢粮千碩選法或妄造

妖言犯上並杖一百七流奴兄千初犯盜馳馬牛爲

首及盜財三百貫以上盜財十貫以下經斷再犯發

《元史志卷五十一》　十二　胡拱之

塚關棺傷屍內應流者挑剜裸湊寶鈔以真作偽再

犯知情買使偽鈔三犯並杖一百七發肇州屯種

諸犯罪流遠逃歸再獲仍流若中路遭亂而逃閏月

犯及已老病并會赦者釋之　諸流囚居役非遇元

正寒食重午等節並勿給假　諸配役囚徒遇閏月

通理之　諸應徒流役未行會赦者釋之已行未至會

赦者亦釋之　諸囚徒配役役所停罷者會赦免放

諸有罪奉旨流遠雖會赦非奏請不得放還　諸

徒罪晝則帶鎖居役夜則入四牢房其流罪發各處

屯種者止令監臨關防屯種　諸流遠囚徒惟女直

高麗二族流湖廣餘並流奴兒干及取海青之地

諸徒罪無配役之所者發鹽司居役　諸主守失囚

者減囚罪三等長押流囚官中路失囚者視提牢官

減主守罪四等既斷還職　諸大小刑獄應繫之

人並送司獄司分輕重監收　諸掌刑獄輒縱囚徒

在禁飲博及帶刀刃紙筆陰陽文字入禁者罪之

諸獄具枷長五尺以上六尺以下闊一尺四寸以上

一尺六寸以下死罪重二十五斤以下徒流二十斤以上

二尺六寸以上徒流二十斤以下杻

長一尺六寸以上二尺以下橫三寸厚一寸鑰長八

尺以上一丈二尺以下鎖連環重三斤笞大頭徑二

分七釐小頭徑一分七釐罪五十七以下用之杖大

頭徑三分二釐小頭徑二分二釐罪六十七以上用

之訊杖大頭徑四分五釐小頭徑三分五釐長三尺

五寸並刊削節目無令筋膠諸物裝釘應決者並用

小頭其決笞及杖者臀受拷訊者臀股分受務令

均停　諸郡縣佐貳及幕官每月分番提牢三日一

親臨點視其有枉禁及淹延者即舉聞月終則具四

數牒次官其在上都囚禁從留守司提之　諸南北

兵馬司每月分番提牢仍令提控案牘薰掌囚禁

諸鹽運司監收鹽徒每月佐貳官分番董視與有司

同　諸內郡官仕雲南者有罪依常律土官有罪罰

而不廢　諸左右兩江所部土官輒興兵相讎殺者

坐以叛逆之罪其有妄相告言者以其罪罪之有司

受財妄聽者以枉法論諸土官有能受撫軍民境內

寧謐者三年一次保勘陞官其有勳勞及應陞賞承

襲文字至帥府輒非理疏駁故為難阻者罷之

祭令

諸國家有事于郊廟凡獄官及百執事之人受誓戒

之後散齊宿於正寢致齊於祀所散齊日治事如故

不弔喪問疾不作樂不判署刑殺文字不決罰罪人

不與穢惡事致齊日惟祀事得行餘悉禁之　諸獄

鎮名山國家之所秩祀小民輒僭禮犯義以祈禱褻

瀆者禁之　諸五嶽四瀆五鎮國家秩祀有常諸王

公主駙馬輒遣人降香致祭者禁之　諸郡縣宣聖

廟凡官員使臣軍馬輒敢館穀於內有司輒敢聽訟

宴飲於內工官輒敢營造於內並行禁之諸書院同

諸每月朔望郡縣長吏率其僚屬詣孔子廟亦

拜謁禮畢從學官升堂講說其鄉村市鎮亦擇有學

問德行可為師長者於農隙之時以教導民其有視

為遷緩而不務者斜之

學規

諸蒙古漢人國子監學官任內驗其教養出格生員
多寡以為陞遷博士教授有闕從監察御史舉之其
不稱職者黜之坐及元舉之官　諸國子生悖慢師
長及行禮失儀言行不謹講誦不熟功課不辦無故
廢學有故不告輒出告假遵限執事失課無故
並委正錄舉察除悖慢師長別議論餘者初犯戒諭再
犯三犯約量責罰其厨人僕夫門子常切在學供給
使令違者就便決責　諸國學居首善之地六館諸

《元史志卷五十一》　主

生以次陞齋母或躐等其有未應陞而求陞及曾犯
學規者輕者降之重者黜之其不以道者監察
御史糾之　諸國子監私試積分生員其有不事課
業及一切違戾規矩初犯罰一分再犯罰二分三犯
除名已補高等生員其有違戾規矩初犯罰一年
再犯除名並從學正錄舉知見不料舉者從
本監議罰在學生員歲終實歷坐齋不滿半周歲者
並除名除月假外其餘告假不用準算學錄歲終通
行考較漢人生員三年不能通一經及不肯篤勤者
勤令出學　諸奎章閣授經郎生員每月朔望上弦

下弦給假四日當入宿衛者給假三日餘有故須請
假者於授經郎稟說附曆給假無故不入學第一次
罰當日會食第二次於師席前罰拜及當日會食第
三次於學士院及師席前罰拜及當日會食三次不
改奏聞懲戒黜退　諸隨路學校計其錢糧多寡養
育生員聞懲戒黜退　諸隨路學政必使課講有程訓
迪有法賞勤罰隋作成人材其錢糧廢廟宇教養無實行止不
諸教官在任侵盜錢糧荒廢廟宇教養無實行止不
戚有忝師席從廉訪司料之任滿有司輒朦朧給由
者究之　諸贍學田土學官職吏或賣熟為荒減額

《元史志卷五十一》　十六

收租或受財縱令豪右占佃陷沒蠹并及巧名冒支
者提調官究之　諸貧寒老病之士必為眾所尊敬
者保申本路體覆無異下本學養贍仍移廉訪司察
之但有冒濫從提調官改正　諸各處學校不稱習
作養之地有司輒侵借其錢糧者禁之教官不稱職
者廉訪司料之　諸在任及已代教官輒勞家入學
貸不令坐齋肄業有名無實及在學而訓誨無法課
講肄茍應故事者教授正錄提調官罰俸有差
諸醫人於十三科內不能精通一科者不得行醫太

醫院不精加考試輒以私妄舉充隨朝太醫及內外
郡縣醫官內外郡縣醫學不依法考試輒縱人行醫
者並從監察御史廉訪司察之

軍律

諸軍官離職屯軍離營行軍離伍者皆有罪　諸
軍官不得擅離部署赴闕言事有必合言者實封
附遞以聞　諸隨處軍馬有久遠營屯或時暫經過
並從官給粮食輒妨擾農民但滯客旅者禁之　諸
臨陣先退者處死　諸統軍捕逐寇盜分守要害者
相為聲援稽留失期致殺死將士仍不即追襲者處
死雖會赦罷職不敘　諸軍民官鎮守邊陲帥兵擊
賊紀律無統變易號令背約失期形分勢格致令破
軍殺將或未戰逃歸或棄城退走復能建招徠之功
者減其罪無功者各以其罪罪之　諸防戍軍人於
屯所逃者杖一百七再犯者處死若科定出征逃匿
者斬以徇　諸軍戶貧乏已經存恤而復逃者杖八
十七發道當軍隱蔽藏者減二等兩鄰知而不首者
減隱藏罪二等　諸軍戶告乏求替者從有司覆實
之其詐妄者廉訪司究之　諸各衛寇從漢軍每戶
選續習壯丁一人常充仍於貼戶內選兩人輪番供

役其有故必合替換者自萬戶至千百戶相視所換
之可用然後用之百戶千戶萬戶私換者驗名數多
寡論罪解降　諸管軍官吏受錢代軍空名者驗
入己錢數以枉法科罪除名令兄弟子姪丁代替
者驗名數多寡論罪解降　諸軍馬征伐虜掠良民
兇徒射利署賣人口或自賊殺或以病亡棄屍道路
暴骸溝壑者嚴行禁止

戶婚

諸匠戶子女使男習工事女習針繡其輒致拘刷者
禁之　諸係官當差人戶非奉朝省文字輒投充諸

王及各投下給使者論罪　諸僧道還俗兄弟析居
奴放為良未入于籍者應諸王諸子公主駙馬毋拘
藏之民有敢隱藏者罪之　諸庶民有妄以漏籍戶
及土田投於諸王公主駙馬呈獻者論罪諸投下輒
收者亦罪之　諸官吏占人戶供給私用者治罪
男女而正有司治賊歛急致貧民鬻男女為輪者治
諸有司治賊歛急致貧民鬻男女為奴者追還所鬻
財之半以勞軍首者為奴即以為良有司失舉者罪
之　諸民戶流亡所在有司起遣復業輒以開遺人
收之者禁之　諸鰥寡孤獨老弱殘疾窮而無告者

於養濟院收養應收養而不收養
者罪其守宰按治官常糾察之 諸被災流民有司
招諭復業其年深不能復業及失所在者蠲其賦稅
抑民包納者從臺憲官糾之 諸年穀不熟人民轉
徙所至既經賑濟復聚黨持伏剽刧財物毆傷平民
者除孤老殘疾不能自贍任便居住有司依前存養
其餘有子弟者驗其家口計程遠近支與粮次第諸
押還元籍沿路復爲民害者從所在有司斷遣 諸
蒙古回回契冊女直漢人軍前所俘人口留家者爲
奴婢居外附籍者即爲良民已居外復認爲奴婢者

没入其家財 諸收捕叛軍人掠取生口並從按
治官及軍民官一同審閱實爲賊黨妻屬者給公據
付之無公擾者以掠良民之罪罪之 諸群盜降附
以所刧掠男女充收捕官饋獻者勿受仍還爲民其
親屬司收係者使男女相配聽其留賊所者悉歸
縱之 諸收到被掠婦人忘其鄉里并無親屬可歸
者有司與之嫁聘所得聘財與資粮束 諸軍民官
輒隱藏降附人民不令復業者罪之 諸籍没人口
元主私典賣者追收入官徵價還主 諸投下官員
招占已籍係官民匠戶計者没其家財所占戶歸本

元史卷五十一

籍 諸投下所籍戶令出五戶絲餘悉勿與其有橫
斂於民從臺憲究之 諸願棄俗出家爲僧道若本
戶丁多差役不闕及有兄弟足以侍養父母者於本
籍有司陳請保勘申路給據剃度者斷罪歸俗
諸河西僧人有妻子者當差發稅鋪馬次舍與庶
民同其無妻子者及同宗有服之親鰥寡
毋困乏不共子職及同宗有服之親鰥寡孤獨老弱
殘疾不能自存寄食養濟院不行收養者重議其罪
親族亦貧不能給者許於養濟院收錄 諸典賣田宅
從有司給擾立契買主賣主隨時赴有司推收稅粮

若買主權豪官吏阿徇不即過割止令賣主納稅或
爲分派別戶包納或爲立詭名但受分文之賦笞五
十七仍於買主名下驗元價追徵以半没官半付告
者首領官及主掌吏斷罪罷役 諸典賣田宅須從
尊長書押給擾立帳歷問有服房親及隣人典主不
願交易者限十日批退違限不批退者笞一十七願
交易者限十五日議價立契成交違限不酬價者笞三十
七住便交易親隣典主故相邀阻需求書字錢物者
管二十七業主虛張高價不相由問成交者笞三十
七仍聽親隣典主一百日收贖限外不得事訴業主欺

元史卷五十一

昧故不交業者笞四十親隣典主在他所者百里
之外不在由問之限違例事覺有司不以理聽斷
者監察御史廉訪司科之　諸軍官軍人不歸營七
到任為民害者行省住來使臣不歸館驛輙於民家
居止為民害者行省　諸官貪不歸官舍住來使臣
出私錢懺居者聽
奪占取錢物者計贓論罪仍以已賣田宅誣買主占
諸婚田訴訟必於本年結絕已經務停而不結絕者
從廉訪司及本管上司正官吏之罪累經務停而不
結絕者即與歸結不在務停之限違者罪亦如之其
所爭田內租入納稅之外並從有司收貯斷後隨田
給付
諸以女子典雇於人及典雇人之子女者並
禁止之若已典雇願以婚嫁之禮為妻妾者聽
諸受財嫁賣妻妾為奴婢者禁其夫婦同雇而不相離者聽
受錢典雇妻妾及過房弟妹者禁
諸乞養過房
男女者聽轉賣為奴婢者禁之奴婢良民者禁
諸守宰抑取部民男女為奴婢者杖七十七期年
之　諸妄訴良人為奴者杖非理殘虐者聽
後降二等雜職叙　諸妾訴良得實給據居住候者
杖八十七有官者罷之　諸奴婢背主
元籍親屬收領無親屬者聽令自便　諸奴婢肯主

在逃杖七十七　諸男女議婚有以指腹割衿為定
者禁之　諸嫁娶之家飲食宴好求足成禮以華侈
相尚暮夜不休者禁之
而未成婚其夫家犯叛逆應沒入者　諸女子已許嫁
索聘財及多取媒利者諭衆決遣
姦事恐脅成親者杖八十七離之有子者其夫雖為盜及
則追還聘財不棄則減半成婚若其夫雖為盜賊欲棄
勿改嫁　諸男女既定婚其女犯姦事覺夫家欲棄
犯流遠者皆聽改嫁已成婚有子者
哀拜靈成婚者杖八十七離之有官者罷之仍沒其
聘財婦人不坐　諸服內定婚各減服內成親罪二
等仍離之聘財沒官　諸有女許嫁已報書及有私
約或已受聘財而輙悔者笞三十七更許他人者笞
四十七已成婚者五十七後娶知情者減一等女歸
前夫男家悔者不坐不追聘財五年無故不娶者有
司給據改嫁　諸有女納壻復逐壻者
杖六十七後壻同其罪女歸前夫聘財沒官
官要娼為妻者笞四十七解職　諸有妻妾復
娶妻妾者笞四十七離之在官者解職記過不追聘
財
諸先通姦被斷復娶以為妻妾者雖有所生男

女猶離之 諸轉嫁已歸未成婚男婦者杖六十七

婦歸宗聘財沒官 諸受財以妻轉嫁者杖六十七

追還聘財娶者不知情不坐 婦人歸宗 諸以書幣

娶人女爲妾後受財轉嫁他人者杖五十七 聘財沒

官妾歸宗有官者罷之 諸僧道悖教娶妻聘財沒

官妾歸宗有官者罷之 諸典賣佃戶

者禁佃戶嫁娶從其父母 諸兄弟婦者杖六

十七離之 諸漢人南人父沒子收其庶母兄

之有官者除名 諸漢人南人父沒子收其庶母

三十七 諸居父母喪姦收庶母者仍坐主婚各杖一百七離

七婦九十七離之雖出首仍坐 主婚者各杖五十七行媒

沒弟收其嫂者禁之 諸姑表兄弟嫂叔不相收收

者以姦論 諸奴收主妻者以姦論強收主女者處

死 諸爲子報以亡父之妾與人人輒受而私之與

者杖七十七受者笞五十七 諸受財嫁妻所監臨

妻以枉法論杖七十七 除名追財沒官妻還前夫

諸良家女願與人奴爲婚者即改正爲良賣爲奴

妻以爲奴婢賣之者即改正爲良賣主買主同罪

沒官 諸以童養未成婚男婦轉配其奴者笞五十

七婦歸宗 諸逃奴有女嫁良人妻已爲良人妻不離

有男女歸宗而本主覺察者追其聘財歸本主婦人不離

諸棄妻已歸宗改嫁者從其後夫 諸棄妻改嫁

後夫亡復納以爲妻者離之 諸夫婦不相睦賣休

買休者禁之違者罪之和離者不坐 諸出妻妾須

約以書契聽其改嫁以手模爲徵者禁之 諸婦人

背夫棄男姦出家爲尼者杖六十七還其夫 諸賣

買良人爲倡賣主買主同罪婦還元價半沒官 諸賣

半付告者或婦人自陳或因事發覺全沒入之良家

女孕勒令墮胎者犯人坐罪倡優親屬願爲倡者聽

婦犯姦爲夫所棄或倡人坐罪倡優放爲良 諸勒妻妾

爲倡者杖八十七以乞養良家女爲人歌舞給宴樂

及勒爲倡者杖七十七婦人並歸宗勒奴婢爲倡者

笞四十七婦人放從良 諸受財縱妻妾姦隨時自首

夫與姦婦姦夫各杖八十七離之其妻妾爲倡者本

者不坐若日月已久纏自首者勿聽

志卷第五十一

翰林學士亞中大夫知制誥兼修國史臣宋濂

翰林待制奉議大夫同知制誥兼修國史編修官臣王禕等奉

勅

刑法三

食貨

戶私賣鹽者同私鹽法　諸偽造鹽引者斬家產付

總管府官一同歸斷三犯聞奏定罪如監臨官及竈

縣官禁治不嚴初犯笞四十再犯杖八十本司官與

內一半付告人充賞賣貨犯界者減私鹽罪一等提

諸犯私鹽者杖七十徒二年財產一半沒官於沒物

三五九　《元史志卷五十二》　一　夏景初

告人充賞失覺察者鄰佑不首告杖一百商賈販鹽

到處不呈引發賣及鹽引數外夾帶鹽引不相隨並

同私鹽法鹽已賣五日內不赴司縣批納引目杖六

十徒一年因而轉用者同賣私鹽法犯私鹽及犯界

斷後發鹽場充鹽夫帶鐐居役淌放還　諸給散

煎鹽竈戶工本官吏通同尅減者計贓論罪　諸大

都南北兩城開廂設立鹽局為發賣其餘州縣鄉

村並聽鹽商典販　諸賣鹽局官煎鹽竈戶販鹽客

旅行鋪之家輒挿和灰土硝鹼者笞五十七　諸蒙

古人私煮鹽者依常法　諸犯私鹽會赦家產未入

官者革撥　諸私鹽再犯加等斷徒如初犯三犯杖

斷同再犯流遠婦人免徒其博易諸物不論巨細科

全罪　諸轉買私鹽食用者笞五十七不用斷沒之

令　諸捕獲私鹽止理見發之家勿聽攀指平民有

權貨無犯人以權貨解官無權貨有犯人家勿問　諸

巡捕私鹽非承告明白不得輒入人家搜檢　諸

犯私鹽被獲拒捕者斷罪流遠因而傷人者處死

諸巡鹽軍官輒受財脫放鹽徒者以枉法計贓論罪

奪所佩符及所受命罷職不敘　諸茶客旅納課

買茶隨處驗引發賣畢三日內不赴所在官司批納

三五八　《元史志卷五十二》　二　夏景初

引目者杖六十因而轉用或抹字號或增添夾帶

斤重及引不隨茶者並同私茶法但犯私茶杖七十

杖七十其偽造茶引者斬家產付告人充賞　諸私

茶非私自入山採者不從斷沒法　諸私鹽之地有

茶一半沒官一半付告人充賞應捕人同若茶園磨

戶犯者及運茶船主知情夾帶同罪有司禁治不嚴

致有私茶生發罪及官吏茶過批驗者不批驗者

有巧立名色廣取用錢及多秤金數尅除火耗為民

司歲徵金課正官監視人戶自執權衡兩平收受其

害者從監察御史廉訪司紏之　諸出銅之地民間

敢私煉者禁之 諸鐵法無引私販者比私鹽減一
等杖六十鐵没官内一半折價付告人充賞僞造
引者同僞造省部印信論罪官給賞鈔二錠付告人
監臨正官禁治私鐵不嚴致有私鐵生發者初犯笞
三十再犯加一等三犯別議黜降客旅赴冶支鐵引
已賣十日内不赴有司批納引目笞四十因而轉用
後不批月日出給引鐵不相隨引外夾帶鐵没官鐵
同私鐵法凡私鐵農器釜刀鐮斧杖及破壞生熟
鐵器不在禁限江南鐵貨及生熟鐵器不得於淮漢
以北販賣違者以私鐵論 諸衛輝等處販賣私竹
者竹及價錢並没官首告得

實者於没官物約量給
賞犯界私賣者減私竹罪一等者民間住宅内外并
關攔竹不成取本主自用外貨賣者依例抽分有司
禁治不嚴者之仍於解由内開寫 諸私造唆魯
麻酒者同私酒法杖七十徒二年財產一半没官有
首告者於没官物内一半給賞 諸蒙古漢軍輙醖
造私酒醋麪者依常法 諸犯禁飲私酒者笞三十
七 諸犯界酒十瓶以下罰中統鈔一十兩笞二十
七十瓶以上罰鈔四十兩笞四十七酒給元主酒麪
多罰止五十兩罪止六十 諸匿稅者物貨一半没

官於没官物内一半付告人充賞但犯笞五十八入門
不弔引同匿稅法 諸辦課官佶物收稅而輙科於
本色者禁之其監臨官吏輙於稅課求索什物者
以盜官物論取與同坐 諸辦課官所掌應辦之物
並三十分中取一輙估直多收稅錢别立名色巧
取分例及不應收稅者各以其罪罪之 諸辦課官吏於鄉村有市集之處課稅之廉訪
司常加體察 諸在城稅務官吏輙於鄉村妄執經過商賈匿
稅者禁之 諸辦課官侵用增餘稅錢者以不弔法
贓論罪 諸職官印契不納稅錢者計應納稅錢以

不弔法論 諸市舶金銀銅錢鐵貨男女人口絲綿
段疋銷金綾羅米糧軍器等不得私販下海違者舶
商船主綱首事頭火長各杖一百七船物没官有首
告者以没官物内一半充賞廉訪司常加科察 諸
公憑每大船一帶柴水船八艪船各一驗憑小船而
行或有驗無憑及數外夾帶即同私販犯人杖一百
財者計贓以弔法論 諸舶商大船給公驗小船給
七船物並没官内一半付告人充賞公驗内批寫物
貨不實及轉變滲泄作弊同漏舶法杖一百七財物

没官舶司官吏容隱斷罪不敘　諸番國遣使奉貢仍具貢物報市舶司稱驗若有夾帶不與抽分者以漏舶論　諸海門鎮守軍官輒與番邦田舶頭目等人通情滲泄舶貨者杖一百七除名不敘　諸中賣寶貨耗蠹國財者禁之　諸雲南行使貶法官司商賈輒以他貼入境者禁之

大惡

諸大臣謀危社稷者誅　諸無故議論謀逆爲倡者處死和者流　諸潛謀反亂者處死安主及兩隣知而不首者同罪內能悔過自首者免罪給賞不應捕人首告者官之　諸謀反已有反狀爲首及同情者陵遲處死爲從者處死　諸謀反知情不首者減爲從一等流遠並没入其家其相須連坐者各以其罪罪之　諸父謀反子異籍不坐　諸謀反事覺捕治得實行省不得遽行誅殺結案待報　諸匿反叛不首者處死没入其家爲所誘惑相連而起者杖一百七　諸假託神異狂謀犯上者處死　諸亂言犯上者處死仍没其家　諸指斥乘輿者非特恩必坐之　諸妄撰詞曲誣人以犯上惡言者處死　諸職官輒指斥詔旨亂

言者雖會赦仍除名不敘　諸子孫弒其祖父母父母者陵遲處死因風狂者處死　諸醉後毆其父母父母無他子告乞免死養老者杖一百七居役百日　諸子弒其繼母者與嫡母同　諸部內有犯惡逆之而隣佑社長知而不首者有司承告而不問皆坐之　諸子弒其父母雖瘐死獄中仍支解其屍以徇　諸毆傷祖父母父母者皆處死　諸謀殺已改嫁祖母者仍以惡逆論　諸挾仇毆死義父及殺傷舅生母者皆處死　諸圖財殺傷義母者處死　諸爲人子孫或因貧困或信巫覡說誘發掘祖宗墳墓盜其財物賣其塋地者驗輕重斷罪移棄屍骸不爲祭祀者同惡遞結案買者知情減犯人罪二等價錢没官不知情臨事詳審有司仍不得出給賣墳地公據　諸爲人子孫爲首同他盜發掘祖宗墳墓盜取財物者以惡逆論結案雖遇大赦原免仍剌字徙遠方屯種　諸婦毆舅姑者處死　諸因姦毆死其夫及其舅姑陵遲處死　諸弟殺其兄者處死　諸弟欲圖其兄財而毆其姊者父子並陵遲處死　諸兄因爭毆其弟弟還毆其兄避遁致死會赦仍以故殺論　諸嫂叔爭殺死其嫂者處死　諸因爭毆殺

其兄者雖死仍戮其屍 諸因爭移怒戳傷其兄者
於市曹杖一百七流遠 諸挾仇毆死其伯叔母者
慶死、諸因爭兄弟同謀毆父者
挾仇故殺其從父偶獲生免者罪與已死同 諸
夫者醫人同慶死 諸妻殺傷其夫章養生免者 諸妻
因爭殺殺其夫慶死 諸婦人間醫人買毒藥殺其
殺死論 諸婿因醉殺其婦死同 諸奴詀詈其主不
死同 諸奴殺傷本主者慶死 諸奴故
逐者杖一百七居役二年淌日歸其主 諸奴故
殺其主者陵遲慶死 諸奴毆死主者慶死 諸
挾仇殺傷人一家俱獲生免者與已死同其同謀悔
過不至者減等論 諸以姦盡殺其母黨一家者陵
遲慶死 諸兄挾仇與子同謀殺其弟一家者皆慶
死 諸支解人賣以為食者以不道論雖瘐死仍徵
燒埋銀給苦主 諸魘魅大臣者慶死 諸妻魘魅
其夫子魘魅其父會大赦者子流遠妻從其夫嫁賣
者陵遲慶死仍没其家產其同居家口雖不知情並
徒遠方已行而不曾殺人者比強盜不曾傷人不得
財杖一百七徒三年謀而未行者九十七徒二年半

其應死之人能自首或捕獲同罪者給犯人家產應
捕者減半

姦非

諸和姦者杖七十七有夫者八十七誘姦婦逃者加
一等男女罪同婦人去衣受刑未成者減四等強姦
有夫婦人者死無夫者杖一百七未成者減一等婦
人不坐其媒合及容止者各減姦罪三等止理見發
之家私和者減四等 諸指姦不坐 諸無夫婦人
有孕稱與某人姦即指姦人女即同指姦受刑未婦
與宮女姦者出軍 諸翁欺姦男婦已成者慶死未
成者杖一百七男婦歸宗和姦者皆慶死男婦虛執
翁姦已成有司已加翁拷掠男婦招虛者慶死發付
翁姦未成已加翁拷掠男婦招虛者杖一百七發付
夫家從其嫁賣婦告或翁告同若男婦告重事笞三十七
成却問得翁欲姦婦告或翁告重事笞三十七
歸宗 諸欺姦義男婦杖一百七欺姦不成杖八十
七婦並不坐 諸男婦與姦夫謀誣翁欺姦
諸男婦與姦夫謀誣翁欺姦買休出離者杖一百七
夫家當差雖會赦仍異居
者各杖一百七 姦夫流遠姦婦從夫所欲 諸嫂寡
從夫嫁賣姦夫減一等買休錢没官 諸與弟妻姦

守志，叔強姦者，杖九十七。諸與同居姪婦姦，各杖一百七，有官者除名。諸強姦姪婦未成者，杖一百七。諸與兄弟之女姦，皆處死。諸強姦與從兄弟之女姦減一等，與族兄弟之女姦減二等。父妾者各杖九十七，婦人聽其夫嫁賣。諸姦妻妾未婚者，杖一百七，以姦論。因又與殺其夫者皆處死，加二等，婦人聽其夫嫁賣。諸因姦偷遞家財，止以姦論。諸雇人之妻為妾，年滿而歸夫者皆處死。諸子犯姦，父女出，以姦論。諸居父母喪而歸雇主復與通，即首，仍坐之，諸姦不理首原。諸姦生男女隨父女隨母。

隨母

諸僧尼道士女冠犯姦，斷後並勒還俗。諸強姦人幼女者處死，雖和同，強女不坐，凡稱幼女，止十歲以下。諸年老姦人幼女，杖一百七，不聽贖。諸十五歲未成丁男，和姦十歲以下女，雖和同強減死，杖一百七，女不坐。諸強姦妻前夫男婦未成，及強姦妻前夫女已成，並杖一百七，妻離之。諸三男強姦一婦者，皆處死，婦人不坐。諸強姦十歲以上女者，杖一百七，有祿人犯者同。諸職官求姦未成者，笞五十七，解見任雜職敘。諸職官犯姦者，如常律，仍除名，但杖六十七，罷職降二等雜職敘記過。諸職官強姦

部民妻未成，杖一百七，除名不敘。諸職官因姦買部民妾，姦非姦所捕獲，止以買論，笞三十七。諸職官因姦買部民妾為妻者，杖九十七，解職別敘。諸監臨官與所監臨四人妾為妻者，杖九十七，除名。諸職官與倡優之妻姦，因娶為妾者，杖九十七，罷職不敘。諸監臨官令人姦污所部民妻，杖八十七，罷職記過，婦人笞四十七。諸主姦奴妻者不坐。諸奴有女已許嫁為良人，即為良人，其女夫家仍願為婚者，減元議財錢之半，不願者追還元下聘財，令父權管為良改嫁。諸奴姦主女者處死。諸強姦主妻者處死。諸以傔從與命婦姦，以命婦從姦夫進者，皆處死。諸奴與主妻妾姦，婦姦夫及奴主輒欺姦者，皆處死。諸良民竊奴婢生子，子隨母還主，奴生子，子隨母為良，仍興籍當差。諸奴婢相姦，笞四十七。諸夫受財縱妻妾為倡者，夫妻妾各量情論罪，八十七，離之。若夫受財勒妻妾為娼，妻妾為倡者，妻妾量情論罪。諸和姦同謀，以財買休却要為妻者，各杖九十七，姦婦歸其夫。諸夫妻不睦，夫以威逼逼其妻指與人姦者，杖七十七，妻不坐，離之。諸塔誣妻父與女

姦者杖九十七妻離之　諸夫指姦而棄其所指
姦夫輒停妻而娶之者兩離之　諸姦姦婦同謀
殺其夫者皆屬死仍於姦夫家屬徵燒埋銀　諸因
姦殺其本夫姦婦不知情以減死論　諸妻與人姦
同謀藥死其夫偶獲生免者罪與已死同依例結案
諸與姦婦同謀藥死其正妻親殺其姦夫及爲人妻妾
死姦夫同謀殺其姦夫正妻拒捕屬死
無罪　諸姦婦約爲妻却毆死正妻者屬死
諸婦人爲首與衆姦夫同謀殺其夫者皆屬死
與人姦夫於姦所殺其姦夫及其妻妾爲人妻妾

其強姦之夫並不坐若於姦所殺其姦夫而妻妾
免殺其妻妾而姦夫獲免者杖一百七　諸姦夫殺
死姦婦者與故殺常人同　諸求姦不從毆死其婦
以強盜持仗殺人論　諸兩姦夫與一姦婦皆有宿
約其先至者因闘殺其後至者以故殺論

　　　盜賊

諸盜賊共盜者并贓論仍以造意之人爲首隨從者
各減一等或二罪以上俱發從其重者論之　諸竊
盜初犯刺左臂謂已得財則再犯刺右臂三犯刺項
強盜初犯刺項並充景跡人官司以法拘檢關防之

其蒙古人有犯及婦人犯者不在刺字之例　諸評
盜賊者皆以至元鈔爲則除正贓外仍追倍贓其有
未獲賊人及雖獲無可追償並於有罪名下追徵
諸犯竊盜者徒一年杖六十七一年半杖七十七二年
杖八十七二年半杖九十七三年杖一百七皆先決
訖然後發遣合屬帶鐐居役應配役人隨有金銀銅
鐵洞冶屯田隄岸橋道一切等屬就作令人監視日
計工程滿日放還充景跡人　諸盜未發而自首者
原其罪能捕獲同伴者仍依例給賞其於事主有所
損傷及准首再犯不在原免之例　諸杖罪以下府

州追勘明白即聽斷決徒罪總管府決配仍申合于
上司照驗流罪以上須牒廉訪司官審覆無冤方得
結案依例待報　諸徒伴有未獲追會有不完者如復
審既定贓驗明白理無可疑亦聽依上歸結　諸強
盜持仗但傷人者雖不得財皆死不曾傷人不得財
徒二年半但得財徒三年至二十貫爲首者死餘人
流遠不持仗傷人者惟造意及下手者死不曾傷人
不得財徒一年半十貫以下徒二年每十貫加一等
至四十貫爲首者死餘人各徒三年若因盜而姦同
傷人之坐其同行人止依本法謀而未行者於不得

財罪上各減一等坐之　諸竊盜始謀而未行者皆
四十七已行而不得財者五十七得財十貫以下六
十七至二十貫七十七每二十貫加一等一百貫徒
一年每一百貫加一等一百貫以上者流　諸盜庫藏錢
物者比常盜加一等贓滿至五百貫以上　諸盜驢騾者初
盜駞馬牛驢騾者一陪九盜驢騾者初犯為首九十七徒
徒二年半為從八十七徒二年再犯加等罪止三犯不分
為從一百七十七徒三年再犯加等罪止一百七出軍
首從一百七十七徒二年半為從六十七徒
盜牛者初犯為首七十七徒

一年再犯加等罪止一百七出軍盜驢騾者初犯為
首六十七徒一年為從五十七刺放再犯加等罪止
徒三年盜羊猪者初犯一年為首五十七刺放為從四十
七刺放再犯加等罪止徒三年盜係官駞馬牛者比
常盜加一等　諸劇賊既欵附得官復以捕賊為由
虐取民財者計贓論罪流遠　諸強盜再犯仍刺
諸強盜殺傷事主不分首從皆處死
諸強盜奪人財
以強盜論　諸以藥迷啗人取其財者以強盜論
諸白晝持仗剽掠得財毆傷事主若得財者不曾傷事
主並以強盜論　諸官民行船遭風著淺報有搶虜

財物者比同強盜科斷若會赦仍不與真盜同論徵
贓免罪　諸強盜出外國其邊臣執以來獻者賜金
帛以旌之　諸盜乘輿服御器物者不分首從皆處
死知情領賣宥價錢者減一等　諸盜官錢追徵
未畫到官禁繫既久實無可折償者除之　諸守庫
軍但盜庫中財物者處死會赦者仍刺之　諸內藏
典守輒盜庫中財物者處死　諸造鈔庫工匠私藏
昏鈔為監臨搜獲不得財者以盜庫藏錢物不得財
七　諸盜印鈔庫鈔者杖一百七監臨防守者笞三十
合毀之鈔出庫者杖一百七　諸檢昏鈔行人輒盜

加等論杖七十七　諸燒鈔庫合千檢鈔行人輒盜
昏鈔出庫分使者刺斷　諸盜局院官物雖贓不滿
貫仍加等杖七十七刺字　諸工匠已關出庫物料
成造及額餘外不曾還官因盜出局者斷罪免刺
諸盜已到倉官糧而未離倉事覺者以不得財論免
刺　諸盜官府文卷作故紙變賣者杖七十七　諸
盜官府文卷符節比常盜加一等計贓坐罪
買卷人笞四十七　諸盜人笞四十七　諸圖
財謀故殺人多者陵遲處
死仍驗各賊所殺人數於家屬均徵燒埋銀　諸圖
財隔溺人于死辛獲生免者罪與已死同　諸圖財

殺死他人奴婢即以圖財殺人論　諸奴盜主財而逃送其逃者輒殺其奴而取其財即以強盜殺人論　諸發塚已開塚者同竊盜開棺槨者同強盜毀屍骸者同傷人仍於犯人家屬徵燒埋銀　諸挾仇發塚盜棄其屍者慶死　諸發塚得財不傷屍杖一百七刺配　諸盜發諸王駙馬墳塋者不分首從皆慶死看守禁地人杖一百七三分家產一分沒官同看守人杖六十七　諸事主殺死盜者不坐　諸寅夜潛入人家被毆傷而死者勿論　諸於迥野盜伐人村木者免刺計贓科斷　諸被脅從上盜至盜所後應識過於門者其主不知情不得輒書於其主之門　諸被誘脅上盜不曾分贓而容隱不首者杖六十七免刺　諸盜親屬財免刺再盜再犯他人財止作初犯論　諸先誘姦婦人在逃後犯竊盜二事俱發私止以姦爲坐　諸爲盜再犯論　諸奴婢數爲盜以誘姦爲重枝從姦刺從盜　諸瘖啞爲盜不論瘖啞斷充景跡人　諸詐稱搜稅攔頭剽奪行李財物者以盜論斷　諸盜米糧非因飢餓者仍刺斷　諸

盜塔廟神像服飾無人看守者斷罪免刺　諸事主及盜私相休和者同罪所盜錢物定倍贓等沒官　諸竊盜應徒若有祖父母父母年老無兼丁侍養者刺斷免徒再犯而親尚存者候親終日發遣居役　諸女直人爲盜刺斷同漢人　諸年飢民窮見物而盜計贓斷罪免刺配及徵倍贓　諸父博不勝失所得贓事覺追正贓仍坐博者罪　諸年飢中頻犯者從一重論刺斷　諸爲盜以所得贓與人以子同盜子年未出幼不曾分贓免罪　諸竊盜一歲之中頻犯者從一重論刺斷　諸其子若婿同持杖行劫子若婿減死一等坐免刺充景跡人　諸父爲人誘爲盜疾不能徃命其子從之而分其贓者父減爲從子以爲從論　諸兄遏未成丁弟同上盜減爲從子以爲從論　諸兄弟同盜罪皆至死父母老而乏養者內以一人情罪可逭者免死養親　諸兄弟同盜皆刺　諸父子兄弟頻同上盜從九盜首從論　諸父子兄弟同爲強盜者皆慶死　諸夫謀爲強盜妻不諫反從之盜者減爲從一等論罪　諸親屬相盜謂本服緦麻以上親及大功以上共爲婚姻之家犯盜止坐其罪並不在刺字倍贓再犯之限其別居尊長於卑幼家竊

盜若強盜及甲幼於尊長家行竊盜者緦麻小功減
凡人一等大功減二等期親減三等強盜者準凡盜
論殺傷者各依故殺傷法若同居甲幼將人盜已家
財物者五十貫以下笞二十七每五十貫加一等罪
止五十七貫他人依常盜減一等　諸姑表姪盜姑夫
祖父母而不之郷因盜祖父母錢者不坐　諸女在室喪其父不能自存有
財同親屬相盜論　諸曾過房他人子孫
以為子孫輒盜所過房之家財物者即以親屬相盜
論　諸奴盜主財應流遠而主求免者聽　諸奴盜

《元史志卷五十二》　〈七〉　楊子明

主財斷罪免刺　諸盜雇主財者免刺不追倍贓盜
先雇主財者同常盜論　諸佃客盜地主財同常盜
論　諸同主奴相盜斷罪免刺配不追倍贓
同受雇人財不以同居論　諸賃屋與房主同居而
盜房主財者與常盜論　諸盜同本財者笞五十七
不以真盜計贓論　諸巡捕軍兵因自為盜或曾共為盜
盜加一等論罪若自相覺察告捕到官者比常
首獲同伴者免罪給賞　諸軍人為盜刺斷免充景
跡人仍追賞錢給告者　諸守庫藏軍人輒為首誘
引外人偷盜官物但經二次三次入庫為盜及提鈴

把門軍人受贓縱賊者皆虜死為從者杖一百七刺
字流遠　諸見役軍人在逃因為竊盜得財杖一百
七仍刺字從逃軍人從盜　諸軍人在路奪人財
物又迫逐人致死非命者為首杖一百七為從七十
七徵燒埋銀給苦主　諸婦人為盜斷罪免刺配及
人姦盜舅姑財與姦夫令娶已為妻者姦非姦夫捕
獲止以同居甲幼盜尊長財為坐笞五十七歸宗姦
夫杖六十七　諸為僧竊取佛像腹中裝飾還俗充
諸僧道為盜同常盜刺斷徵倍贓還俗充景跡人
諸僧道盜其親師祖師父及同師兄弟財者免刺

《元史志卷五十二》　〈六〉　楊子明

不追倍贓斷罪還俗　諸幼小為盜事發老大以幼
小論未老疾為盜事發老疾以老疾論其所當罪聽
贖仍免刺配　諸犯罪發老疾亦如之　諸年未出幼再犯竊
盜者仍免刺贖罪發充景跡人
首年長者為從初犯再犯三犯刺斷徒流並
盜者仍免刺贖罪　諸竊盜年幼者為
諸掏摸人身上錢物者初犯再犯三犯刺斷徒流並
同竊盜法仍以赦後為坐　諸以七十二局欺誘良
家子弟富商大賈博塞錢物者以竊盜論計贓斷配
諸夜發同舟橐中裝取其財者與竊盜真犯同論

諸略賣良人為奴婢者略賣一人杖一百七流遠二人以上處死為妻妾子孫因而殺傷人者同強盜法若略而未賣者減一等為奴婢貨賣為奴婢者一百七徒三年因而子孫者七十七徒一年半知情要賣及藏匿受錢者各遞減犯人罪一等假以過房乞養賣為名因而貨賣為奴婢者九十七引領牙保知情減二等價沒官人給親如無元買契券有司輒給公據及承告不即追捕者並笞四十七關津主司知而受財縱放者減

又各減一等及和同相賣為奴婢者各一百七略誘

犯人罪三等除名不敘失檢察者笞二十七如能告獲者略人每人給賞三十貫和誘每人二十貫以至元鈔為則於犯人名下追徵無財者徵及知情安主牙保應捕人減半其事未發而自首者若同黨能悔過自首擒獲其徒黨者並原其罪仍給賞之半再犯及因略傷人者不在首原之例 諸婦人誘賣良人罪應徒者免徒 諸職官誘略良人為奴革後不首仍除名不敘所誘略人給親 諸兄盜牛脅其弟同宰殺者弟不坐 諸白晝劫奪驛馬為首者處死為從減一等流遠 諸盜親屬馬牛事未覺自首願償

價不從既送官仍以自首論免刺 諸強盜行劫為主所逐分散奔走為從者不知不以殺傷事主不分首從論為首者處死為從者杖一百七刺配 諸竊盜棄財拒捕毆傷事主者杖一百七刺 諸為盜先竊後強會赦其下手殺傷事主者不赦餘仍刺而釋之 諸盜賊分贓不均從賊欲首為首賊所殺者仍以謀故殺人論 諸盜賊贓有主謀故殺捕盜之人者身雖不行合以為首論若未行盜及行盜之後知情藏匿之家各減強竊從

殺傷人為從者不知不諸盜賊分受贓物者

料合指引上盜分受贓物者

賊一等科斷免刺其已經斷怗終不改者與從賊同諸謀欲圖人所貿之田輒遣人強劫贖田之價者主謀下手一體刺斷其甲幼諸盜賊應徵正贓及燒埋銀貧無以備令其折庸凡折庸視各處庸價而會之庸價三分之二官錢役於人日準男子工價三分之二官錢役於旁近之處私人不知情止於本盜追徵其所盜即官錢雖不知情錢役於事主之家 諸盜賊得財用於酒肆倡優之家不知情止於本盜追徵若用買貨物還其貨物徵元贓於所用之家追徵若用買貨物還其貨物徵元贓諸奴婢盜人牛馬既斷罪其贓無可徵者以其人給

物主其主願贖者聽　諸盜官錢追徵未盡到官
繫既火實無可折償者　諸係官人口盜人牛
馬免徵倍贓　諸盜賊正贓已徵無可追
理者免徵　諸盜賊正贓或典質於人典主不知情
羊倍贓無可徵者就發配役出軍　諸遷荒盜賊盜馳馬牛驢
而歸其贓仍徵還元價　諸盜賊正贓已徵給主倍贓無可
與後犯贓罪同者勿論　諸先犯強盜刺斷再犯
竊盜止依再犯竊盜刺配　諸出軍賊徒在逃初犯
杖六十七再犯加二等罪止一百七仍發元流所出
軍　諸強竊盜充景跡人者五年不犯除其能

《元史志卷五十二》　廿一

告發及捕獲強盜一名減二年二名比五年竊盜一
名減一年應除籍之外所獲多者依常人獲盜理賞
不及數者給憑通理籍既除再犯終身拘籍之几景
跡人有不告知隣佑輙離家經宿及游惰不事生產
跡人緝捕之外有司毋差遣出入妨其理生　諸景
跡人有司究之隣佑有失覺察者亦罪之　諸景
作業者有司窩藏却挾恨殺其盜而取其財　諸
跡人受命捕盜既獲其盜却犯有罪賊人論
不以平人殺有罪賊人論　諸色目人犯盜免刺科
斷發本管官司設法拘撿限內改過者除其籍無本
管官司發付者從有司收充景跡人　諸為盜經刺

自除其字再犯非理者補刺五年不再犯已除籍者
不補刺年未滿者仍補刺　諸盜賊赦前擅去所刺
字不再犯赦後不補刺　諸應刺左右臂而臂有雕
青者隨上下空歇之處刺之　諸犯竊盜已經刺臂
累犯竊盜左右項臂剌偏而再犯竊盜於
却偏文其身覆蓋元剌再犯竊盜於手背剌之　諸
之　諸子盜父首弟盜兄首婿盜翁首並同自首者
免罪　諸奴盜主首者斷罪免刺不徵倍贓仍付其
主為奴　諸脅從上盜而不受贓者止以不首之罪

《元史志卷五十二》　廿二

罪之杖六十七不剌　諸為盜悔過以所盜贓還主
者免罪　諸為盜得財者聞有涉疑根捕却以贓還
主者減二等論罪免徒刺及倍贓　諸竊盜因事主
盤詰而自首服其贓減二等論罪剌
字無服之親相首為盜止科其罪免刺配倍贓　諸
諸盜賊為首者自首免罪為從不首仍全科
竊盜悔過以贓還主不盡其餘贓猶及剌罪者仍剌
之

志卷第五十二

翰林學士中大夫知制誥兼修國史宋濂　翰林待制承直郎兼國史院編修官王禕奉勅撰

勅修

刑法四

詐偽

諸主謀偽造符寶及受財鑄造者，皆處死。同情轉募工匠及受募刻字者，杖一百七。偽造制敕書者處死。諸妄增減制書者處死。諸近侍官輒詐傳上言者，杖一百七，除名不敘（但犯制敕者處死，若偽造省府劄付者杖一百七）。

諸偽造省府劄付者，杖一百七，再犯流遠，知情不首者八十七，其文理訛謬不堪行用者九十七。若偽造司縣印信文字，追呼平民，勒取財物者，初犯杖七十七，累犯者一百七。

諸偽造宣慰司印信契本及商稅務青由，欺冒商賈者，杖一百七。諸赦前偽造省印，赦後不曾銷毀，杖七十七。有官者奪所受宣敕放官職者，雖會赦流遠。

諸偽造押字，盜用省印，賣放官職者，杖八十七，告捕得實者，徵中統鈔一百貫充賞。

諸偽造稅務雜印，私熱顏色，偽稅物貨者，杖八十七，告人罪一等，實者徵中統鈔一百貫充賞，物主知情減犯人罪一等，其匿稅之物一半沒官，於沒官物內一半付告人充賞。

不知情者不坐，物給元主。其捕獲人擅自脫放者，減犯人罪二等，受財者與犯人同罪。

諸省部小史為人誤毀行移撿扎，輒自刻印者，補署押求蓋本罪，無他情弊，行移撿扎輒自刻者，杖七十七，發元籍。

諸偽造諸王印信及令旨抄題者處死。諸盤獲偽造印信之人，同獲強盜給賞。

百兩，如無太史院曆日印信，便同私曆，造者以違制論。諸受財賣他人勅牒及収買轉賣者，杖一百七，刺面發元籍，買者杖八十七發元籍。

諸以疾輒令人代乘驛傳而徃者，杖六十七，代者笞五

十七。諸公差於官船夾帶從人冒支分例者，笞一十七，記過，支分例米追徵還官。

諸詐稱使臣，偽寫給驛文字，起馬匹舟船者，杖一百七，有司失覺察，輒憑無印信關牒倒給者，判署官笞三十七，首領官吏四十七。

諸職官詐傳上司言語，擅起驛馬者，杖六十七。脫脫禾孫依隨擅給驛馬者，笞五十七，並解職別敘。記過驛官二十七還職。

諸詐稱監臨長官，署置差遣，委官聽理民訟者，杖九十七。詐稱隨行令史者，笞五

諸詐稱官嚇取錢物者，杖八十七，鍰物沒官。諸詐稱

十七　諸偽造寶鈔首謀起意并雕板抄紙紙收買顏
料書填字號窩藏印造但同情者皆處死仍沒其家
產兩隣知而不首者杖七十七坊正主首社長失覺
察并巡捕軍兵各笞四十七捕盜官及鎮守巡軍
官各三十七未獲賊徒依強盜立限緝捕買使偽鈔
者初犯杖一百七再犯加徒一年三犯科斷流遠
偽鈔者皆處死　諸造偽鈔子聽給使不與父同
諸捕獲偽鈔賞銀五錠給銀不給鈔　諸夫偽造寶
坐子造偽鈔父不同造不與子同坐　諸父子同
鈔者妻不坐　諸偽造寶鈔印板不全者杖一百七

《元史志卷五十三》　三

諸偽造寶鈔沒其家產不及其妻子　諸赦前收
藏偽鈔赦後行使者杖一百七不曾行使而不首者
減一等　諸偽造鈔罪應死者雖親老無燕丁不聽
上請　諸捕獲偽造寶鈔之人雖巳身故其應得賞
錢仍給其親屬　諸奴婢買使偽鈔其主陳首者不
在理賞之例　諸挑剜裰轄寶鈔者不分首從杖一
百七徒一年兼犯流遠年七十以上者呈稟定奪母
輙聽贖買使者減一等　諸燒造偽銀者徒　諸造
賣偽銀買主不知情價錢給主偽銀內銷提真銀沒
官依本犯科罪　諸偽造各倉支發糧籌者笞五十

七巳支出官糧者準盜係官錢物科罪倉官人等有
犯者依監主自盜法贓重者從重論　諸冒支官錢
計贓以枉法論並除名不敘　諸冒名入仕者杖六
十七奪所受命追俸發元籍會赦不首笞四十七仍
追奪之　諸奴受主命冒受祿遷官
者杖七十七犯在革前革後不出首者笞四十七並
及同僚相容隱者八十七　諸子冒父官居職任事
諸邊臣冒以子
婿詐稱招徠蠻獠保充土官者除名不敘拘奪所授
官　諸軍官承襲偽增年者監察御史廉訪司科察

《元史志卷五十三》　四

之濫保官吏並坐罪　諸職官妄報出身履歷者除
名不敘　諸譯史令史有過不敘詐稱作闕別處補
用者笞五十七罷役不敘　諸輸納官物報增朱
鈔者杖六十七　諸有司長官輒以追到盜贓增
支使却虛立給主文案者雖會赦解職降先職二等
叙承吏除名不敘　諸帥府上功文字詐添有功軍
人名數主謀者杖八十七除名不敘隨從書寫者笞
五十七　諸詐以軍功受單入仕者罷之仍奪所受
命　諸擅改巳奏官貟選人姓名者雖會赦除名黜
元籍　諸曹吏報於公牘改易年月圖道罪責者笞

五十七罷役別叙記過　諸譁強之人輒爲人偽增
籍面者杖八十七紅泥粉壁識過其門　諸蒙古譯
史能辨出詐偽文字二起以上者減一資陞轉

訴訟

諸告人罪者須明注年月指陳實事不得稱疑誣告
者抵罪反坐越訴者笞五十七本屬官司有過及有
冤抑屢告不理或理斷偏屈并應合迴避者許赴上
司陳之　諸訴訟本爭事外別生餘事者禁其本爭
事畢別訴者聽　諸軍民風憲官有罪各從其所屬
上司訴之　諸民間雜犯赴有司陳首者聽　諸告

言重事實輕事虛免坐輕事實重事虛反坐　諸中
外有司發人家錄私書報興獄訟者禁之若本宗事
項引用證驗者仍聽追照其搆飾傅會以文致人罪
者審辨之除本宗外餘事並勿聽理　諸教令人告
緦麻以上親及奴婢告主者各減所告罪二等其教令若教
令人告子孫各減所告罪一等若教唆應
反坐或得實應賞者皆以告者爲首教令今爲從　諸
老廢篤疾事須爭訴者止令同居親屬深知本末者代
之若謀反大逆子孫不孝爲義同居所侵侮必須自陳
者聽　諸致仕得代官不得已與齊民訟許其親屬

家人代訴所司毋侵撓之　諸婦人報代男子告辨
爭訟者禁之若果寡居及雖有子男爲他故所妨事
須爭訟者不在禁例　諸子證其父奴訐其主並禁
止之　諸親屬相告並同自首　諸妻訐夫惡比同
妾弟姪不相容隱凡干名犯義爲風化之玷者並禁
自首原免凡夫有罪非惡逆重事妻得相容隱而報
告訐其夫者笞四十七　諸妻曾背夫而逃被斷後
誣告其夫以重罪者抵罪反坐從其夫　諸告人罪者自
下而上不得越訴諸府州司縣應受理而不受理雖

受理而聽斷偏屈或遷延不決者隨輕重而罪罰之
諸訴訟官吏受略不法徑赴省部臺院經省臺院
院不行經乘與訴之省部臺院報經乘與訴者
諸陳訴有理路府州縣不行訴之省部臺院省臺
罪之　諸職官誣告人狂法贓者以其罪罪之除名
不叙　諸奴婢告其主私事者處死本主求免者聽減一
等　諸以奴告主私事主同自首奴杖七十七

鬬毆

諸鬬毆以手足擊人傷者笞二十七以他物者三十
七傷及拔髮方寸以上四十七若血從耳目出及內

損吐血者加一等折齒毀缺耳鼻眇一日及折手足
指若破骨及湯火傷人者杖六十七折二齒二指以
上及瞎髮并刃傷人肋脅兩目墮人胎七十七
以穢物污人頭面者罪亦如之折跌人肢體及瞎其
目者九十七辜内平復者各減二等即損二事以上
及因舊患令至篤疾若斷舌及毀敗人陰陽者一百
七諸訴毆詈有闌告者勿聽違者坐之　諸保辜
者手足毆傷人限十日以他物毆傷者二十日以
及湯火傷人者三十日折跌支體及破骨者五十日以刃
毆傷不相須餘條毆傷及殺傷者準此限内死者各

依殺人論其在限外及雖在限内以他故死者各依
本毆傷法他故謂別增餘患而死者　諸倡女鬥傷
良人辜限之外死者杖七十七單衣受刑　諸毆傷
人辜限外死者杖七十七　諸以非理毆傷妻妾者
罪以本毆傷論並離之若妻不為父母悅以致非理
毆傷者罪減三等仍離之　諸職官毆妻墮胎者笞
三十七解職期年後降先品一等注邊遠一任妻離
之諸以非理陵虐未成婚男婦者笞四十七婦歸
宗不追聘財　諸男姑非理陵虐無罪男者笞四
十七男婦歸宗不追聘財　諸蒙古人與漢人爭毆

漢人勿還報許訴于有司　諸蒙古人研傷他
人奴知罪願休和者聽　諸以他物傷人致成廢疾
者杖七十七仍追中統鈔一十錠付被傷人充養濟
之資　諸因鬥毆研傷人成廢疾者杖八十七徵中
統鈔一十錠付被告人充養濟之資為父還毆致傷
者徵其鈔之半　諸職官輒誣訴平人為盜捕其夫
男女於私家榜訊監禁非理陵虐者杖一百七流遠
其被害有致殘廢者仍徵中統鈔二十定克養之
賚　諸職官輒將義男去勢以克閘官進納者杖一
百七除名不叙記過義男歸宗　諸以微故殘傷義

男肢體廢疾者加凡人折跌肢體一等論義男歸宗
仍徵中統鈔五百貫克養贍之貲　諸尊長輒以微
罪剗傷弟姪雙目者與常人同罪杖一百七追徵贍
養鈔二十錠給苦主免流識過于門無罪者仍流
諸弟雖聽其兄之佻同謀剗其兄之眼即以弟刺破
各杖一百七流遠而弟加遠　諸早幼挾仇報剗傷
尊長雙目成篤疾者杖一百七流遠仍徵中統鈔二
十錠克養贍之貲主使者亦如之　諸挾讎傷人之
人兩目成篤疾者杖一百七流遠　諸挾讎傷人之目
者若一目元損又傷其一目與傷兩目同論雖會赦

仍流　諸因爭誤聽人一目者杖七十七微中統鈔

五十兩充醫藥之費　諸脫脫禾孫報毆傷往來使

臣者笞四十七解職記過　諸職官報以他物毆傷

使臣者杖六十七解職記過　諸司屬官報毆傷本管上司幕官

者笞四十七　諸司使酒罵長官者

傷主帥者杖六十七解職記過　諸按部官因爭辯報毆有司官

並解職別叙記過　諸監臨官挾怨

當廳扯捽屬官屬官報毆之者笞四十七　諸

有司官還毆者各笞三十七解職　諸臨官挾怨

方面大臣不能以正率下報與幕屬公堂鬥爭雜會

赦並罷免記過赦前無招者還職　諸職官報毆傷

官者二十七並解職記過　諸同僚改除復以私忿

相毆署者皆罷其所受新命　諸在閑職官報毆傷同署

所監臨以所毆傷法論罪記過　諸職官毆傷同署

長官者笞五十七解見任降先品一等叙仍記過名

諸有司長官報毆同位正官者笞三十七毆佐貳

從所傷輕重論罪　諸軍官縱酒因戲而忿故毆傷

本籍在任長官者杖六十七　諸職官相毆報毆署

有司官者笞三十七記過　諸幕僚因公報以惡言

署長官者笞四十七記過　長官報還毆者笞一十七並記

過名　諸職官乘醉當街毆傷平人者笞四十七記

過　諸職官間居與厮民相毆傷者職官減一等聽罰

贖　諸以他物毆傷職官者加一等笞五十七不聽贖

小民恃年老毆所屬官長者杖六十七不聽　諸

諸惡少無賴報毆傷禁近之人者杖七十七

殺傷

諸殺人者死仍於家屬徵燒埋銀五十兩若王無

銀者徵中統鈔一十錠會赦免罪者倍之　諸部民

毆死官長主謀及下手者皆處死同毆傷非致命者

諸殺人者還自殺不死

者仍處死　諸殺人從而加功無故殺之情者會赦

仍釋之　諸鬥毆殺人先誤後故者即以故殺論

諸因鬥毆以刃殺人及他物毆死人者並同故殺

諸因爭人以刃傷人幸獲生免者杖一百七

方殺人人覺而逃却孫愍致殺其徵科者仍以故殺論

諸有司微科急民弗堪致殺其徵科者仍以故殺論

諸醉中欲殺其妻不得移愍殺其解紛之人者

諸欲誘倡女逃不從輒殺之者與殺常人同

諸鬥毆殺人者結眾待報　諸人殺死其父子毆

之死者不坐仍於殺父者之家徵燒埋銀五十兩

諸蒙古人因爭及乘醉毆死漢人者斷罰出征並

全徵燒埋銀 諸因鬬爭一人誤蹋死小兒一人毆

人致死毆死者結案蹋者杖一百七並徵燒埋銀諸

有人戲調其妻夫遇之因傷而死者減一等 諸

罪不徵燒埋銀 諸毆死應捕殺惡逆之人者免

論罪仍徵燒埋銀 諸毆死姦夫傷毒流注而死雖

在辜限之外仍減殺人罪三等坐之 諸因爭以頭

觸人與人俱仆肘抵其心避逅致死者以毆殺論

徵燒埋銀 諸出使從人毆死舘夫者以毆殺論

諸因戲言相毆致傷人命者杖一百七 諸父母

《元史志卷五十三》 十一 高麗

復納他人為夫即為義父若逐其子出居於外即同

凡人其有所鬬毆殺傷即以凡人鬬毆殺傷論 諸

彼此有罪之人相格致死者與殺常人同 諸職官

下毆人致死者杖八十七解職期年後降先品一等

以微故毆殺齊民者處死 諸職官受賕為民所告

叙徵燒埋銀給苦主若會赦仍毆降徵銀 諸鬬帥

報毆死告者以故殺論 諸軍官因公乘怒報命毆

侵盗係官錢糧怒衆吏發其姦輒令人毆死者以故殺

論雖會大赦仍追奪不叙倍徵燒埋銀 諸局院官

輒以微故毆死匠人者處死 諸父無故以刃殺其

子者杖七十七 諸子不孝父與弟姪同謀置之死

地者父不坐弟姪闌一百七 諸女已嫁聞女有過

殺者父其女答五十七追還元受聘財給夫別要

諸父有故毆死其子女避逅致死者免罪 諸後夫毆

死前夫之子者處死 諸妻故殺妾子者杖九十七

從其夫嫁賣 諸男婦雖有過舅姑輒加殘虐致死

者杖一百七 諸子不孝父及其婦者杖

七十七婦元有粧奩之物盡歸其父母 諸以細故

殺其弟者處死 諸兄以立繼之子主謀殺其嫡弟

者主謀下手者皆處死其田宅人口財物盡歸死者妻

《元史志卷五十三》 十二 高麗

子其子歸宗 諸弟先毆其兄兄還殺其弟即兄殺

有罪之弟不以凡人鬬殺論 諸因爭誤毆死異居

弟者杖七十七徵燒埋銀之半 諸兄毆弟妻因傷而死

者與殺常人同 諸妹為尼與人私兄聞而諫之不

從反訴詈扯摔其兄者杖一百七 諸因爭故殺族

凡人鬬殺論 諸兄毆弟之妻有罪之妹以故殺論 諸

徵燒埋銀 諸嫂溺死其小姑者以故殺論 諸

爭毆死姪兄弟之子者杖一百七故以刃殺之者處

死並徵燒埋銀 諸毆死兄弟之子而圖其財者處死

死 諸夫婦同謀殺其兄弟之子者皆處死 諸尊

長誤毆甲幼致死者杖七十七異居者仍徵燒埋銀

諸以微過輒殺其妻者與故殺常人同

諸因夫妻反目報藥死其妻者與故殺常人同

諸妻以殘酷毆死其妾者杖一百七

夫毆之致死者杖七十七

諸妻悖慢其舅姑又詬詈其舅姑以傷其夫之心夫毆之避逅致死者不坐

諸妻惡而愛妾輒求妻微罪而殺之者死

諸風聞渫婁故殺定婚妻者杖一百七去衣受刑

諸舅以無賞之罪故殺其甥者與殺常人同論

諸因爭挾仇毆死其婿者與殺常人同

諸奴毆詈其主主毆傷奴致死者免罪

諸故殺無罪奴婢杖八十七因醉殺之者減一等

諸毆死擬放良奴婢者杖七十七

諸謀殺已放良奴婢者與故殺常人同

諸良人以鬥毆殺人奴杖一百七徵燒埋銀五十兩

諸良人戲殺他人奴者杖七十七徵燒埋銀五十兩

諸奴毆死其弟弟亦為同主奴主乞貸死者聽

諸異主奴婢相犯至重刑者仍依例結案

諸奴毆死其主弟者同常人同主相犯

諸地主毆死佃客者杖一百七徵燒埋銀五十兩

諸醉中誤認他人為仇人故殺致命者雖誤同故

諸奴受本主命執仇殺人者減死

流遠

諸挾仇殺人會赦為首者下手者不赦為從不曾下手者免死徒一年

諸以老病殺人者不以老病免

諸謀故殺人年七十以上並枷禁歸勘結案

諸兩家之子昏暮奔還中路相迎撞仆于地因傷致死者不坐

諸謀殺人者免罪徵燒埋銀五十兩給苦主

諸小兒過失殺人者免罪徵鈔五十兩給苦主

諸十五以下小兒因爭毆傷人致死者聽贖徵燒埋銀給苦主

諸十五以下醫者毆人因傷致死者杖一百七徵燒埋銀給苦主

諸病風狂毆死人致死免罪徵燒埋銀

諸庸醫以鍼藥殺人者杖一百七徵燒埋銀

諸毆磚石剝斫之果誤傷人致死者杖八十七徵燒埋銀

諸軍士習射招箭者不謹致被傷而死射者不坐仍徵燒埋銀

諸過誤踏死小兒杖七十七徵燒埋銀

諸昏夜行車不知有人在地誤致轢死者笞三十七徵燒埋銀

諸驅車走馬致傷人命者杖七十七徵燒埋銀

諸昏夜馳馬誤觸人死者杖七十七徵燒埋銀之半給苦主

諸幼小自相作戲誤傷致死者不坐

諸戲傷人命自顧休和者聽

諸兩人作戲爭物一人放手一人失勢跌死放者不坐

諸以物戲驚小兒成疾而死者杖六十七追徵燒埋銀五十

諸以戲與人相逐致人跌傷而死者其罪徒仍

徵燒埋銀給苦主　諸駝駝在牧醫人而死者牧人

者以其馬給苦主馬別買當後　諸驛馬在野醫人而死

皆一十七以駝駝給主

女以誣頼仇人而死者與故殺論　諸後夫置毒飲食與前

夫子女食而死者以故殺常人論　諸故殺無罪之

溺死誣頼人者杖一百七　諸因爭以妻前夫男女

者免徵燒埋銀犯人財產人口並付其妻子仍爲民

孫以誣頼仇人者以故殺常人論　諸殺人無苦主

當差　諸殺有罪之人免徵燒埋銀　諸圖財謀故

殺人多者皆陵遲處死　驗各賊所殺人數於家屬均

徵燒埋銀　諸同居相毆而死及殺人罪未結正而

死者並不徵燒埋銀　諸殺人者被殺之人或家住

他所官徵燒埋銀移本籍得其家屬給之　諸鬪毆

殺人應徵燒埋銀而犯人貧竇不能出償幷其餘親

屬無應徵之人官與支給　諸致傷人命應徵燒埋

銀者止徵銀價中統鈔一十錠　諸因爭同毆死人

會赦應倍徵銀者爲首致命徵中統鈔一十錠

爲從均徵一十錠　諸毆死人雖不見屍招證明白

者仍徵燒埋銀　諸僧道殺人燒埋銀於常住追徵

諸庸作毆傷人命徵燒埋銀不及庸作之家　諸

奴毆人致死犯在主家於本主徵燒埋銀不犯在主

家燒埋銀無可徵者不徵於其主

禁令

諸度量權衡不同者犯人笞五十七司縣正官初犯

罰俸一月再犯笞二十七三犯別議仍記過名路府

州縣達魯花赤長官提調失職初犯罰俸二十日再

犯別議　諸奏目及官府公文並用國字其有襲用

畏兀字者禁之　諸但降詔旨條畫民間報刻小本

賣于市者禁之　諸內外應佩符職官報以符付其

傔從佩服者禁之　諸官貟朝會服其朝服私致敬

於人臣者罰　諸隨朝文武百官朝賀不至者罰中

統鈔十貫失儀者罰中統鈔八貫　諸宰相出入報

敢衝犯者罪之　諸章服惟蒙古人及宿衛之士不

許服龍鳳文餘並不禁謂龍五爪二角者職官一品

二品許服渾金花　三品服金荅子四品五品服金荅

帶襴六品七品服金　花八品九品服四花職事散官

從一高命婦一品至三品服渾金四品五品服金荅

子六品以下惟服銷金弁金紗荅子首飾一品至三

品許用金珠寶玉四品五品用金玉真珠六品以下

用金惟耳環用珠玉同籍者不限親踈期親雖別籍弁
出嫁同車與並不得用龍鳳文一品至二品許用間金
粧飾銀蠐頭繡帶青幔四品五品用素獅頭繡帶青幔
六品至九品用素雲頭素帶青幔內外有出身考滿應
入流見役人員服用與九品同受各投下令鈞旨有
印信見任人貟亦與九品同庶人惟許服暗花紵絲綾
綢綾羅毛毳不許用赭黃冐笠不得飾以金玉鞾不得
裁置花樣首飾許用翠花金釵篦各一事惟耳環許用
金珠碧甸餘並用銀車與黑油齊頭平頂皁幔諸色目
人除行營帳外餘並與庶人同職官致仕與見任同解

（十七）

隸公使人惟許服綢絹倡家出入止服皁背不許乘坐
車馬應服色等第上得兼下下不得借上違者職官解
見任期年後降一等叙餘人笞五十七違禁之物付告
深非犯得除名不叙其命婦又子孫與見任同諸樂人工
藝人等服用與庶人同九承應粧扮之物不拘上例皁
降者依應得品級不叙者與庶人同父祖有官既歿年
捉人充賞御賜之物不在禁限　諸官貟以黃金飾甲
者禁之遠者甲匠同罪　諸常人鞍轡畫虎兔者聽之
雲龍犀牛者禁之　諸段疋織造周身大龍者禁之
肯背小龍者勿禁　諸市造鞍轡箭鏃鞾履及諸雜

帶用金為飾者禁之　諸郡縣魯花赤及諸投下
擅造軍器者禁之　諸神廟儀仗止以土木紙綵代
之用真兵器者禁　諸都城小民造彈弓及執者杖
七十七沒其家財之半在外郡縣不在禁限　諸打
捕及捕盜巡馬弓手巡鹽弓手許執弓箭餘悉禁之
諸漢人持兵器者禁之漢人為軍者不禁　諸民間
尺鐵骨朵及含刀鐵拄杖者禁之　諸私藏甲全副
軍器賣與應執把之人者不禁　諸私藏甲片不堪
者處死不成副者笞五十七徒一年零散甲片不堪
穿繫禦敵者笞三十七　鎗若刀若弩私有十件者處

（十八）　三九六

死五件以上杖九十七徒三年四件以下七十七徒
二年不堪使用笞五十七弓箭私有十副者處死五
副以上杖九十七徒三年四副以下七十七徒二年
不成副笞五十七弓一箭三十為一副　諸嶽瀆
祠廟輒敢觸犯作踐者禁之　諸伏羲媧皇堯禹
湯后土等廟軍馬使臣敢沮壞者禁之　諸名山大
川寺觀祠廟弁前代名人遺蹟敢拆毀者禁之　諸
改寺觀為祠廟改觀為寺者禁之　諸祠廟寺觀摸勒御
寶聖旨及諸王令旨者禁之　諸為子行孝報以割
肝刲股埋兒之屬為孝者並禁止之　諸民間喪葬

以紙為屋室金銀為馬雜綵衣服惟帳者悉禁之

諸墳墓以氊為屋其上者禁之諸家廟春秋祭

祀輒用公服行禮者禁之諸民間祖宗神主稱皇

字者禁之　諸小民房屋安置擡項衙宇有鱗爪龍

獸者笞三十七陶人二十七　諸職官居見任雖有

善政不許立碑巳立而犯贓汙者毀之無治狀以壟

譽立碑者毀之　諸夜禁一更三點鐘聲絕禁人行

五更三點鐘聲動聽人行違者笞二十七有官者聽

贖其公務急速及疾病死喪産育之類不禁　諸江南之地每

司曉鐘未動寺觀輒鳴鐘者禁之

夜禁鐘以前市井點燈買賣曉鐘之後人家點燈

書工作者並不禁其集衆祠禱者禁之　諸犯夜拒

捕斷傷徼巡者杖一百七　諸城郭人民隣甲相保

門置水瓮積水常盈家設火具每物須備大風時作

則傳呼以徇于路有司不時點視凡救火之具不備

者罪之　諸遺火延燒係官房舍杖七十七所毀房舍

房舍笞五十七因致傷人命者杖八十七延燒民

財畜公私俱免償燒自巳房舍者笞二十七止坐

失火之人　諸煎鹽草地輒縱野火延燒者杖八十

七因致闕用者奏取聖裁隣接管民官專一關防禁

治

諸縱火圍獵延燒民房舍錢穀者斷罪勒償償

未盡而會赦者免徵　諸故燒太子諸王房舍者

死　諸故燒官府廨宇及有人居止宅舍無問舍宇

大小財物多寡比同強盜免剌杖一百七徒三年因

傷人命同殺人其無人居止空房并損壞財物及田

塲積聚之物同竊盜剌斷因盜燒物仍盜取財物者

銀再犯者決配役蒲徒千里之外　諸挾仇放火隨

時撲滅不曾延燎者比強盜不曾傷人不得財杖七

十七徒一年半免剌雖親屬相犯比同常人　諸每

月朔望二弦九有生之物殺者禁之　諸郡縣歲正

月五月各禁宰殺十日其餓饉去處自朔日為始禁

殺三日　諸每歲自十二月至來歲正月殺母羊者

禁之　諸宴會雖達官殺馬為禮者禁之其有老病

者杖一百徵鈔二十五兩付告人充賞兩隣知而見

首者笞二十七本管頭目失覺察者笞五十七若老病

不任鞭勒者亦必與衆驗而後殺之　諸私宰牛馬

殺不告因脅取錢物者杖七十七若老病不任用者

從有司辨驗方許宰殺巳病死者申驗開剝其筋角

即付官皮肉若不自用須投稅貨賣違者同匿稅法

諸助力私宰馬牛者減正犯人

有司禁治不嚴者科之

諸私宰官馬牛為首杖一
百七為從八十七
二等論罪諸牛馬驢死而筋角不盡實輸官者
一副以上笞二十七五副以上四十七十副以上杖
六十七仍徵所犯物價付告人充賞

諸毀傷體膚

以行丐於市者禁之

諸江

河津渡或明知潮信已到及受財故縱偽帶鈴淹
延不渡以致中流覆溺傷害人命者為首處死為從
採者罪之

諸諸王駙馬及諸權貴豪右侵占山場阻民樵
之

諸關讖不嚴者罪之

諸城郭內外故偽帶鈴者禁

減一等

諸棄俗出家不從有司體覆輒度為僧道
者其師笞五十七受度者四十七發元籍
報入民家強行抄化者禁之
衣善友為名聚眾結社者禁之

諸僧道偽造經文犯

諸色目僧尼女冠

上惑眾為首者斬為從各以輕重論刑

諸以非

理迎賽祈禱惑眾亂民者禁之

諸俗人集眾鳴鏡

作佛事者禁之

諸軍官檣財聚眾張設儀衛鳴鑼
擊鼓迎賽神社以為民倡者笞五十七其副二十七
並記過

諸陰陽家天文圖讖應禁之書敢私藏者
罪之

諸陰陽家偽造圖讖釋老家私撰經文几以

邪說左道誑民惑眾者禁之違者重罪之在寺觀者
罪及主守居外者所在有司察之

諸陰陽家者流輒為人燃燈祭星蠱惑人心者
禁之

諸妄言星變災祥者

諸陰陽法師
徒

諸妄言禁書者

諸王公主駙馬家者禁之諸以陰陽相法書
報入諸王公主駙馬家者禁之

符呪水火興端之術惑亂人聽希求仕進者禁之遠
者罪之

諸寫匿名文書所言重者慶死輕者流沒
其妻子與捕獲人充賞事主自獲者不賞

名文字許人私罪不涉官事者杖七十七諸投匿
名文字於人家脅取錢物者杖八十七發元籍

諸寫匿

諸

見匿名文書非隨時敗獲者即與燒致報以聞官者
減犯人二等論罪九匿名文字其言不及官府止欲
許人罪者如所許論

諸民間子弟不務生業報於
城市坊鎮演唱詞話教習雜戲聚眾淫謔並禁治之

諸弄禽蛇傀儡藏撇钹倒花錢擊魚鼓惑人集
眾以賣偽藥者禁之違者重罪之諸棄本逐末習
用角觝之戲寧攻剌之術者師弟子並杖七十七

諸亂製詞曲為譏議者流諸賭博錢物杖七十七
錢物沒官有官者罷見任期年後雜職內敘開張博
房之家罪亦如之再犯加徒一年應捕故縱笞四十

七受財者同罪有司縱令攀指平人及在前同賭人
罪及官吏賭飲食者不坐
自首者勿論　諸賭博因事發露追到攤場賭具贓
證明白者即以本法科論不以展轉攀指革撥諸
故縱牛馬食踐田禾者禁之　諸所在鎮守蒙古漢
軍各立營所無故輒入人家求索酒食及縱頭疋食
踐田禾桑果發強取飲食草料為民害者禁之　諸藩王無都省文書輒於
各勳徽收差發強取飲食草料為民害者禁之
有麂豹為害之處有司嚴勒官兵及打捕之人多方
捕之其有不應捕之人自能設機捕獲者皮肉不須

納官就以充賞　諸職官違例放鷹追奪當日所服
用鞍馬衣物沒官　諸所撥各官圍獵山場並毋禁
民樵採違者治之　諸年穀不登人民愁困諸王達
官應出圍獵者並禁止之　諸田禾未收毋縱圍獵
於近比不耕種之地圍獵者聽　諸軍人受財偏造
火印將所管官馬盜換與人者杖九十七追贓沒官
諸年穀不登有姓饑之遇禁地野獸搏而食之者
毋輒沒入　諸打捕鷹坊官以合進御膳野物賣價
自私者計贓以枉法論除名不叙　諸舟車之靡器
服之奇方面大臣非錫貢不得擅進　諸關遺人口

到監即核所稱籍貫召主識認半年之上無主識認
者四配爲戶付有司當差殘疾老病給以衣引而縱
遣之頭疋有主識認者徵還已用草料價錢然後給
主無主識認則籍其毛齒而收養之　諸關遺奴婢
私相配合雖生育子女有主識認者各歸其主無本
主者官與收係　諸隱藏關遺鷹犬者笞三十七沒
其家財之半其收拾關遺之物在他人地內者與地主
分在官地內者一半納官在已地內者即同業主得
罪之　諸鋤獲宿藏之物
諸隱藏關遺鷹犬之人因以爲民害者
古器珍寶之物聞官進獻約量給價若有詐偽隱

匿斷罪追沒　諸監臨官輒舉貸於民者取與俱罪
之　諸稱貸錢穀年月雖多不過一本一息有輒取
蠃於人或轉換契券息上加息或占人牛馬財產奪
人子女以爲奴婢者重加之罪仍償多取之息其本
息沒官　諸典質不設正庫不立信帖違例取息者
禁之　諸開廟店戶居客旅非所知識必問其所
奉官府文引但有可疑者不得容止違者罪之　諸
官行錢商船輒置旗幟　諸經商及因事出外必從
職名姓來江河者禁之　諸投下并其
有司會問鄰保出給文引遠者究治

餘有印信衙門並不得濫給文引

醫人報相賣買致傷人命者買者賣者皆慶死不曾
傷人者各杖六十七仍追至元鈔一百兩與告人充
賞不通醫術製合為藥於市井貨賣者禁之　諸
海使臣及舶商報以中國生口寶貨戎器馬匹遺外
畨者從廉訪司察之　諸商賈收買金銀下畨者禁
之遺者罪之　諸海濵豪民報與畨商交通貿易銅
錢下海者杖一百七　諸倡妓之家所生男女每季
不過次月十日會其數以上于中書省有未生墮其
胎已生報殺其命者禁之　諸倡妓之家報買良人
為倡而有司不審濫給公攬稅務無憑報與印稅並
嚴禁之違者痛繩之

雜犯

諸闘爭祈報提大名字者罪之　諸職官因公失
口亂言者笞二十七　諸快意中或酒後及害風狂
疾失口亂言者別無情理者免罪　諸惡少無賴結聚
朋黨陵轢善良故行闘爭相與羅織者與木偶連鎖
巡行街衢得後犯人代之然後決遣　諸惡少白畫
持刀劍於都市中欲殺本部官長者杖九十七　諸
無賴軍人報受財毆人因尊取鐵物者杖八十七　紅

泥粉壁識過其門免徒　諸先作過犯曾經紅泥粉
壁後犯未應還徒者於元置紅泥粉壁添錄過名
諸豪右權勢官府威行鄉井淫暴貪虐累犯不悛者
從遠惡之地屯種　諸貴勢之家奴隸有犯報
奴報剌面剌鼻斷其面非理殘害善者禁之　諸
生免者杖一百七流遠　諸頻犯過惡累人後辜慶
私置鐵枷釘項禁鋼及擅剌其面者禁之　諸獲逃
諸黨人殘害良善彊將男子去勢絕滅人後辜慶
奴者杖六十七　諸羅哩回回為民害者從所在有

諸失盜捕盜官不立限捕盜却令他戶陪償事主財
物者罰俸兩月仍立限追捕　諸強盜殺人三限不獲
獲會赦捕盜官報分彼疆此界不即捕捉者笞四十七解職
解由內通行開寫依例黜降　諸他境盜入境逃藏
別敘記過　諸已斷流因在禁未發反徵毆傷禁子
已逃復獲者慶死未出禁者杖一百七發已擬流所
諸辭發囚徒經過州縣止宿不寄收牢房報於逃
旅監禁以致脫監在逃者長押官笞二十七還後防

遇官四十七記過　諸囚徒及獄而逃主守減犯人
罪二等提牢官又減主守四等隨時捉獲及半以上
者罰俸一月　諸奴婢背主而逃杖七十七誘引窩
藏者六十七隣人社長坊里正知不首捕者笞三十
關譏應捕人受賕脫放著以枉法論寺觀軍勢
家影蔽及投下冒收為戶者依藏匿論自首者免罪
諸告覆逃奴者於所將財物內三分取一付告獲
人充賞　諸逃奴拒捕不曾致傷人命者杖一百七

恤刑

諸獄囚必輕重異處男女異室毋或褻雜司獄致其

《元史志卷五十三》　芷七

慎獄卒去其虐　提牢官盡其誠　諸在禁囚徒無親
屬供給或有親屬而貧不能給者日給倉米一升三
升之中給粟一升以食有疾者九油炭席薦之屬各
以時具其餼寒而衣糧不繼疾患而醫療不時政非
理死損者坐有司罪　諸凡獄司看守囚徒夜
支清油一斤　諸路府州縣但停囚去庱於鼠耗糧
內放支囚糧　諸在禁無家屬囚徒歲十二月至于
正月給羊皮為披盡榜韈及薪草為暖匣熏炕之用
諸獄訟有必聽候歸對之人召保知在如無保識
有司給糧養濟勿寄養於民家　諸流囚在路有司

日給米一升有疾命良醫治之疾愈隨時發遣　諸
獄醫囚之司命必試而後用之若有弗瘳坐掌醫及
提調官之罪　諸獄囚病至二分病報漸增至九
為死證若以重為輕以急為緩誤傷人命者究之
諸獄囚有病主司勸實給醫藥病重者去枷鎖扭聽
家人入侍職事散官五品以上聽二人入侍犯惡逆
以上及強盜至死奴婢殺主者給醫看候不脫枷
司在禁囚徒餼食衣糧不時病不督看候不脫枷
扭不令親人入侍一歲之內死至十人以上者　諸有
笞二十七次官三十七還職首領官四十七罷職別

叙記過　諸孕婦有罪產後百日決遣臨產之月聽
令召保產後二十日復追入禁無保及犯死罪者產
時令婦人入侍　諸犯死罪有親年七十以上無兼
丁侍養者許陳請奏裁　諸有罪年七十以上十五
以下及篤廢殘疾罰贖者每笞杖一罰中統鈔一貫
諸疑獄在禁五年之上不能明者遇赦釋免

《元史志卷五十三》　共八

平反

諸獄應賞者從有司保勘廉訪司體覆
而後議之其有冒監不實者從罪及保勘體覆官吏
諸官吏平反冤獄應賞者從有司保勘廉訪司體覆
諸路府軍民長官因收捕反叛羅織平民強奪室

女殺虜人口財產并覆人之家其同僚能理平民之
冤正犯人之罪歸其俘虜活其死命者於本官上優
陞一等還用九職官能平反重刑一起以上陞等同
諸職官能平反冤獄一起之上與減一資　　諸路
府曹吏能平反冤獄者於各道宣慰司部令史補用

志卷第五十三

翰林學士亞中大夫知制誥兼修
國史臣宋濂　翰林待制奉議大夫兼國子
國史院編修官臣王禕　制

元史一百六

勅修

后妃表

后妃之制殿有等威其來尚矣元初因其國俗不聚族姓
非此族也不居嫡選當時史臣以爲舅甥之貴蓋有周姬
齊姜之遺意歷世守之固可嘉也然其居則有曰斡耳朵
之分沒復有繼承守位號之法位號之濟名分之濟則亦甚
矣累朝嘗詔有司修后妃傳而未見成書遺而不錄乎且一代
之考則其氏名之僅見簡牘者尚可遺也内廷秘勿今莫
之制存焉關疑而慎言斯可矣作后妃表

四凡十五

太祖	太宗	定宗	憲宗

元史后妃表卷一　一

太祖
孛兒台旭真太皇后
弘吉烈氏至元二年
追諡光獻皇后
加諡光獻翼聖皇后

忽蘭皇后
右大斡耳朵

亦憐真八剌皇后
脫忽思皇后
帖木倫皇后
闊闊倫皇后
忽魯渾皇后

太宗
正言皇后乃馬真氏
脫列哥那六皇后乃馬
皇后至元二年追諡昭慈皇后

斡兀立海迷失三
火里差皇后
火魯剌
皇后至元二年追部人

定宗

憲宗

元史后妃表卷一　二

一五十

哈兒八真皇后
亦乞剌真皇后
脫忽思察兒妃子
也里忽禿皇后
也里忽禿皇后
右弟二斡耳朵

路剌合真妃子
也里忽禿妃子
察兒妃子
右弟二斡耳朵

阿失倫皇后
忽魯哈剌皇后
禿兒哈剌皇后
阿昔迷失皇后
察兒皇后

完者忽都皇后
潭魯忽忽夕妃子
忽魯灰妃子
剌伯妃子
也速干皇后
右弟三斡耳朵

完者忽都皇后
韓吾惠思皇后
哈荅安皇后
忽答皇后
燕里妃子

禿干妃子
完者妃子
金蓮妃子
兀者台妃子

奴倫妃子

勾真妃子

鐵郎哈妃子

右苐四斡耳朵

八不別及妃子

知所守斡耳不

故附于此

帖古倫大皇后

右大斡耳朵

泰必皇后弘吉列氏
立爲皇后大德三年授

四八七

世祖　成宗　武宗　仁宗

真哥皇后弘吉列氏
氏勳臣普化之女冥初
戎王忽思之孫也泰定
至大三年册爲皇后二
年二年册爲皇后延祐
宣慈惠聖皇后

慈聖皇后

速哥失里皇后真哥姝也
答里麻失里皇后

武王按項那類女也至元
册寳十年帝崩武宗
初篤爲皇后至元十年授
中用事妃子亦列氏明敏
之治識省猶有限爲
八年崩三十六年追謚曰
南必皇后弘吉列氏也
二十二年爲皇后至元
德順皇后妃子亦列氏
速哥失里皇后真哥姝也
早喪答里大元后追尊
刺哈答里以辛亥歳大德
蠲享元成廟
盷聖皇后

伯苐二斡耳朵
右第三斡耳朵
塔刺海皇后
右第二斡耳朵

闕闕倫皇后
右苐四斡耳朵

秋高忌顯田后妻鬰氏
得見崴賜鋪田后妻鬰氏
乞里吉忽帖尼皇后

八罕妃子
右見崴賜鋪不知所
守斡耳朵皇后
泰定答思皇后
泰定三年詔守世
祖斡耳朵

横不忽妃子

速哥八剌皇后亦乞列氏八不罕
昌國公主益里海涯女
也至治元年册爲皇后
亦怜真八剌皇后昌國
主益里海涯女也
泰定四年崩謚曰莊靖

慈聖皇后

英宗　泰定　明宗　文宗

牙忽都魯皇后

牙忽都魯皇后
朵而只班皇后

撒合八剌皇后帝姝等
忽剌皇后
也速皇后

不顏忽都皇后

八不沙皇后

月魯沙皇后

按出罕皇后

一昔里皇后弘吉列氏
魯國公主祿哥吉刺氏
天曆元年立爲皇后仍
授徽政院順三年尊爲
皇太后臨朝稱制元統
元年又尊爲太皇太后仍
稱制至元六年鴆大皇太
后之頭徙東安州卒徙

元史后妃卷一　四

牙忽都魯皇后只班皇后

上顏怯里迷失皇后
脫忽思皇后

失烈帖木兒皇后

鐵你皇后

必罕皇后八不罕姝也
速哥答里皇后必罕

順宗	烈祖	睿宗	裕宗	顯宗
	宣懿皇后諱月倫至哎魯和帖尼妃子怯烈 元二年追上尊諡	氏至元二年追上尊諡 古列氏至元三十一年 曰莊聖皇后至大三年 尊爲皇太后大德罕 加諡曰顯懿莊聖皇 崩諡曰徽仁裕聖皇 尊號 后	安真迷失妃子 后	普顏怯里迷失妃子泰 定元年追尊諡曰宣 拜拜海妃子 忽上海妃子 后
各巳妃子弘吉列氏大德 壬年上尊爲皇太后延祐 二年上尊號曰儀天興聖 慈明說尊元合德壽皇 章福慶皇太后七年尊 曰太皇太后七年又尊 尊爲皇太后				

二百八十六

昭敬元聖皇后怯性聰
慧然不幕偷飭又正莊
東朝濟益甚內則黑
曬母奈列門用事內則
幸臣失列門細隙等亙
滿亂朝政及英宗立辟
佞諛選水怙恃寵作非
伟誅兩後勢類少飛焉

勅修
宗室世系表

自昔帝王之興莫不衆建子弟以蕃王室所以崇本
支隆國勢也觀其屬籍有圖王牒有起大統小宗秩
乎不素蓋亦慎矣然以唐室之盛自玄宗後諸王不
出閤而史已失其世次況後世乎元之宗系諸王
匱石室者甚秘外廷莫能知也其在史官固特其纂
而考諸簡牘又未必盡得其詳則因其所可知而闕
其所不知亦史氏法也作宗室世系表

元史世系表卷二

脫奔千里捶		
裏阿闌果尖		
博察兒		
博合覩撥者		
始祖孛端叉兒 林昔黑剌兒一 速蒙敦七 一子		
既率萬兒率子 海都 子		
納真 令九孫兒 兄其子孫也	某 某 某 某	

海都位

海都

拜皆兒子一		
敦必乃 六 子		

元史表卷二

宗剌哈寧晃 收兄擇崔愬 兒裏生二子	直拏 斯令大 毋元表章子孫也		
獠忽真不亢 速高 令音只 元剌亨子孫也			
忽闌 新北手無	合丹 令子孫也	忽都篤率贅 苍里真	
	撥瑞幹赤斤	忽當剌罕	烈聖遠敦
		忽都哀率贅 苍里真	

元史表卷二

答里真位

答里真　大納耶耶　小哥大王
宰王闊闊出　也里干大王　哈魯罕王　宣端王買奴　阿魯大王
宰海王赤思蠻　宰海拔都兒　宰海王阿海

國王斡嗔郇顏者也次五別里古台王
次三哈赤溫大王次四鐵木哥斡赤斤所謂皇太弟
烈祖神元皇帝五子長太祖皇帝次二搠只哈兒王

元史表卷二　三

搠只哈兒王位
搠只哈兒　淄川王也苦　核相哥大王　勢都兒王　愛哥阿不干王　脫忽王
齊王八不沙　必列虎大王　黃元兒王　伯木兒王
齊王龍帖木兒齊王月魯帖木兒　別兒帖木兒王

哈赤溫大王位
哈赤溫　濟南王孫古歹　哈丹大王　龍王忽剌出　濟南王勝納冑

鐵木哥斡赤斤國王位
鐵木哥斡赤斤　斡端大王　阿木魯赤　愛牙哈赤　塔察兒國王　壽王乃蠻台　李羅大王　遼王脫脫
只不干大王　也不干大王　兀剌兒吉歹大王

元史表卷二　四

奧速海大王　察剌海大王　李羅万大王　要罕王撥會寶　勿罕王　本伯大王　也只大王　不只兒大王

帖木迭兒王　八乞出大王　襲剌謙大王　撥里吉大王　八里牙大王　三寶大王

察忽剌大王　勿列虎兒王　吳王朵列把　吳王木喃子　濟陽王澈度　宰王阿答里麥

23-1351

別里古台大王位

元史表卷三

五

別里古台

罕堯忽大王		呂溫不花大王	世連不花大王		白虎大王	斡魯台大王	壽王脱里出	察兒剌大王	哈失歹大王	撒答吉大王

白虎大王

斡魯台大王 — 帖八兒都大王 — 氣都哥哥大王 — 脱帖木兒大王 — 也堅黃元兒至

壽王脱里出 — 愛牙哈赤大王 — 脱帖木兒大王 — 燕鍚大王 — 忻都大王

察兒剌大王 — 別里古歹兒至 — 其王 — 忽剌歹大王

哈失歹大王 — 斡羅忽罕王 — 賣列大王

世連不花大王 — 廣寧王瓜都 — 帖木兒大王 — 乃顏大王 — 脱徹木兒大王

呂溫不花大王 — 滅吉歹大王 — 漬察大王 — 乃顏大王

罕堯忽大王 — 霍歷極大王 — 塔出大王

鬼吉剌歹王 — 廣寧王被黑帖兒 — 廣寧王渾禮察 — 撒里蠻王 — 抹札兒王 — 闊闊出大王 — 定王薛徹千 — 定王察兒台

术赤太子位

术赤 — 拔都大王 — 撒里答大王 — 忙哥帖木兒王 — 脱脱蒙哥帖木兒王 — 寧肅王脱脱 — 月即列大王 — 伯忽大王 — 札尼列大王 — 蕭王寬徹

察合台太子位

二卅七

元史表卷三

六

答事

察合台太子位

察合台太子 — 也速蒙哥王 — 合剌旭烈大王 — 阿魯忽大王 — 介剌大王 — 克王貫住韓 — 越王禿剌

成遠王阿吉 — 成遠王忽都鐵穆 — 帖木而不花王 — 南答失里王 — 赤困鐵木兒 — 元兀思帖木兒王

闊列堅太子位

闊列堅 — 河間王忽察 — 忽魯万大王 — 也不干大王 — 一八八大王 — 安定王脱歡 — 合賓帖木兒兒班王

闊列堅 — 八八剌大王 — 也滅千大王 — 伯答罕王

忽魯万大王 — 安定王也滅木兒王

元史表卷二

太宗皇帝七子長定宗皇帝次二闊端太子次三闊出太子次
四哈剌察兒王次五合失大王次六合丹大王次七滅里大王
按憲宗紀有云太宗以子月良不材故不立為嗣今考經世大典帝系譜及
歲賜錄並不見月良名字次序故不敢列之世表謹著于此以俟知者

闊端太子位　闊端
　曲列曾大王　汾陽王別帖木兒荊王速也不干
　帖必烈大王　亦憐真大王
　滅里吉歹王　也速不花大王
　蒙哥都大王
　只必帖木兒

闊出太子位　闊出
　昔列門太子　宇羅赤大王　靖遠王哈歹
　裹窜圭帖木兒
　藁窜圭阿魯八

哈剌察兒王位　哈剌察兒
　脫脫大王　月刮吉
　少監朵兒只

合失大王位　合失
　海都大王　攻寧王察八兒…

合丹大王位　合丹
　觀闍赤王　小薛大王　星吉班大王

元史表卷二

滅里大王位　滅里
　脫忽大王　俺都剌大王　愛牙赤大王　陽翟王禿滿　陽翟王太平　陽翟王曲春　陽翟王柴兒赤
　也不干大王　龐火郎撒
　也迭兒大王
　也孫脫大王
　火你大王　咬住大王
　那海大王

忽察大王位　忽察
　亦兒監藏王

定宗皇帝三子長忽察大王次二腦忽太子次三禾忽大王

腦忽太子位　腦忽
　完者也不干王

禾忽大王位　禾忽
　南平王禿魯

睿宗皇帝十一子長憲宗皇帝次二忽覩都次三失
其名次四世祖皇帝次五失其名次六旭烈兀大王
次七阿里不哥大王次八撥綽大王次九末哥大王
次十歲都哥大王次十一雪別台大王

忽覩都大王位

旭烈兀大王位

旭烈兀 — 阿八哈王 — 阿曾大王 — 廣平王合兒饔／闍王出伯／幽王喃忽里

亦憐真朵兒王 — 脫脫木兒王 — 靖遠王養贄 — 其 — 亦悟真八的王

阿里不哥大王位

阿里不哥 — 乃剌忽花大王 — 威定王未案闍／魏王孛羅帖木兒

刺甘失甘大王 — 鎮寧王那海／定王藥木忽兒 — 其 — 燕大王／冀王李羅／鐵木見脫／完者帖木兒王

撥綽大王位

撥綽 — 詐必烈俾兒大王 — 楚王牙忽都 — 楚王脫烈鐵木兒／楚王八都兒／燕帖木兒王／朵羅不花王／速哥帖木兒王／燕帖木兒王

〈元史世系表卷二〉　九

末哥大王位

末哥 — 昌童大王 — 伯帖木兒大王 — 求寧番顏禿兒

歲都哥大王位

歲都哥 — 速不歹大王 — 荊王脫脫木兒 — 荊王也速不堅

哈曾孫大王

雪別台大王位

雪別台 — 其 — 月魯帖木兒／買閭也先

班秃大王位

憲宗皇帝五子長班秃大王次二阿速歹大王次三
龍答失大王次四河平王昔里吉次五辦都早卒無嗣

班秃

阿速歹大王位

阿速歹 — 阿速歹

龍答失大王位

龍答失 — 撒里蠻王／衛王兒澤／鄭王徹徹禿

玉龍答失大王位

玉龍答失 — 五龍答失

河平王昔里吉位

河平王昔里吉 — 昔里吉 — 元嘗思不花王／并兒火你帖木兒／嘉王火你忽／答沙亦寧忽

〈元史世系表卷二〉　十

世祖皇帝十子長朵而只王次二皇太子真金即裕宗也
次三安西王忙哥剌次四北安王那木罕無後次五雲南王
忽哥赤次六愛牙赤大王次七西平王奧魯赤次八寧王闊闊出
次九鎮南王脫歡次十忽都魯帖木兒王

朵兒只王位

安西王忙哥剌位
忙哥剌
安西阿難答
月魯帖木兒王
按檀不花

雲南王忽哥赤位
忽哥赤
營王也先帖木兒

愛牙赤大王位
愛牙赤
阿木干大王
也怕昌不花王

西平王奧魯赤位
奧魯赤
鎮西武靖王鐵木兒不花
武靖王鎖南班
亦只里大王
西平王鎖南的斤加
貢哥班王

寧王闊闊出位

《元史世系表卷二》 十一 何澄

鎮南王脫歡位
脫歡
寧王阿都赤
鎮南王老章
鎮南王脫木兒不花 鎮南王孛羅不花
威順王寬徹普化
宣讓王帖木兒不花

忽都魯帖木兒王位
忽都魯帖木兒
阿八也不干王
曾為需只王

文濟王蠻子
宣慶王蠻子
富壽王不答失里

裕宗皇帝三子長晉王甘麻剌即顯宗也次二答剌
麻八剌太子即順宗也次三成宗皇帝
顯宗皇帝三子長梁王松山次二泰定皇帝次三湘
寧王迭里哥兒不花

《元史世系表卷二》 十二 何澄之

梁王松山位

松山　梁王王禅　雷帖木兒不花

湘寧王迭里哥兒不花位

迭里哥兒不花、湘忽美剌童

順宗皇帝三子長魏王阿木哥次二武宗皇帝次三…

仁宗皇帝

魏王阿木哥位

阿木哥　脱不花大王

西靖王阿會　寬子大王　答剌麻失里大王　孛羅大王

魏王孛羅帖木兒

元史世系表卷二　十三　何英

成宗皇帝　一子皇太子德壽早薨無後

武宗皇帝　二子長明宗皇帝次二文宗皇帝

仁宗皇帝　二子長英宗皇帝次安王兀都思不花早隕無後

英宗皇帝無子

泰定皇帝　四子長皇太子阿里吉八次二晉王八的麻亦兒間卜次三小薛太子次四允丹藏卜太子俱早隕無後

明宗皇帝二子長子順皇帝次寧宗皇帝

文宗皇帝三子長皇太子阿剌忒答剌早薨無後次二燕帖古思太子次三太平訥太子俱早隕無後

寧宗皇帝蚤吉無子

順皇帝三子長皇太子愛猷識理達臘餘二子蚤世

按十祖世系錄云始祖孛端義兒收統急里忽魯人民民戶時嘗得一懷姙婦人曰挿只來自後別為一種所生遺腹兒因其母名曰挿只來自後納之其亦號達靼今以非始祖親子故不列之世表附著于此云

元史世系表卷二　十四　何宗天

表卷第二

諸王表

昔周封列國七十而同姓者五十三人漢申丹書之信
而外戚侯者恩澤廣矣詩曰大邦維屏大宗維翰其
此之謂子元興宗室駙馬通稱諸王歲賜之頒分地
之入所以盡夫展親之義者亦優且渥然初制簡朴
位貌無稱惟視印章以為輕重厥後遂有國邑之名而
賜印之等猶前日也得諸掌故具著于篇作諸王表

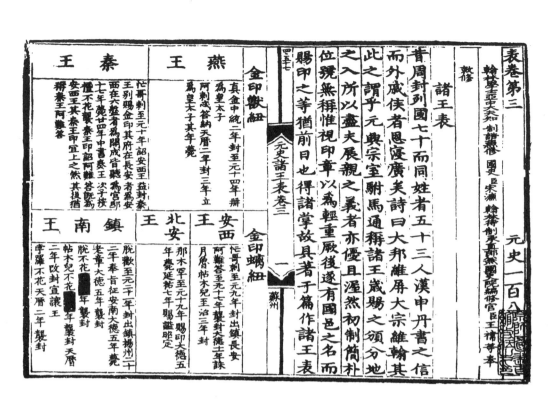

《元史諸王表卷三》 一 蘇州

金印獸紐

王燕	王秦
為皇太子／阿剌感答納天曆二年封至三年立為皇太子其年薨	忙哥剌至元十年詔安西王別賜金印其府在長安又為安西王又在六盤者開成皆為宮邸十七年薨廿四年中書奏王次子按檀不花襲安西其秦王印宜上之然其後猶稱秦王阿難答

金印螭紐

王安西	王北安	王南鎮
忙哥剌至元九年封出鎮長安阿難答至元十七年襲封大德七年誅／月魯帖木兒至治三年封	那木罕至元十九年賜印大德五年薨／月魯帖木兒延祐七年賜諡昭定	脫歡至元二十一年封出鎮揚州二十二年奉旨征安南大德五年薨／老章大德五年襲封脫不花帖木兒不花年襲封天曆二年襲封

《元史諸王表卷三》 二 蘇州

王晉	王梁	越王	營王	王鄃	王寧	王齊	王楚
甘麻剌至元二十九年由梁王改封出鎮大斡耳朵大德六年薨也孫鐵木兒大德六年襲封至治三年立為皇帝八的麻亦兒間卜泰定元年封帝闊端不花大德十一年後仁宗平內難有功封至大二年以怨望誅	松山至元三十年封鎮雲南王禪泰定三年由鎮南王進封王燕帖木兒天曆元年由鎮南王進封王燕帖木兒	禿剌大德十一年後仁宗平內難有功封至大二年以怨望誅于柳林兵敗見殺	也先帖木兒大德十一年封至晉王云南王	阿都赤／薛徹禿皇慶二年由雲遠王進封／月魯帖木兒泰定元年封	拙忽難駙馬至大元年襲封／關闊生大德十一年由寧遠王進封由恩王改封	月魯帖木兒／八不沙大德十一年封	枝黙天曆元年後故封／八都兒

王懷寧	王北寧	王湘寧	王陽翟	王雲陽	王恩平	王北平	王安遠	王汝寧	王宣德	王文濟
海山大德八年封出鎮稱海七年立為皇帝	迭里哥兒不花大二年徙封湘寧王	八剌失里至治三年襲封	太平泰定元年襲封帖木兒赤	送里哥兒不花大德十一年徙封陽翟王由春	塔思不花至大四年封	轟古䚟駙馬由寧遠王進封那木䚟駙馬皇慶元年改封北安王	丑漢駙馬皇慶元年襲封	察八兒延祐元年封忽剌台泰定元年襲封	不荅失里皇慶二年封	蠻子

元史諸王表 卷三

（上表・上段）

王荊	王嘉	王趙	王隴	〔元史諸王表 卷三 四五〕	王定	王魯	王魏	王濟	王淄
也速不堅 脫火赤 脫火赤□年封至順二年來朝	忽魯歹 火兒忽 弄王	火郎撒至大元年封 阿魯禿延祐元年封	主忽聯馬由衛王進封 忽都魯 忻都察	周伯明	薛徹干至治三年封 祭里台泰定四年封	鑾子台駙馬由濟寧王進封 阿不歹駙馬大德十一年封皇慶元年 阿加失立至大四年襲封 桑哥八剌駙馬元統元年襲封 要木忽兒至大元年由定遠王進	阿木哥 李羅帖木兒 改封吳王	唵思里延祐七年讓封 改封吳王	出伯大德十一年由威武西寧王進封

（上表・下段）

王廣寧	西靖王	柳城王	西寧王	宣讓王	〔三〕	王西安	威靖王	威順王	王武寧	保恩王
爪都中統三年封至元十三年賜印 按渾察至順元年封 徹里帖木兒	阿魯至順元年封	亦憐真八天曆三年封 速來蠻天曆三年封	忽答里迷失天曆二年封 帖木兒不花天曆二年由鎮南改封	帖木兒不花天曆二年由鎮南改封 王改封	周伯明	阿忒納答失里天曆元年封	火里元察兒駙馬泰定皇后父也 泰定二年封	寬徹普化□年賜金印	撒撒禿泰定三年封至順二年進封鄆王	王龍帖木兒延祐三年封□年進封恩王

（下表・上段）

王安	王周	王壽	王吳	〔元史諸王表 卷三 三八〕	王兗	王衛	王昌
元都思不花延祐二年封七年附 封順陽王尋被殺	未失剌延祐二年封天曆元年 立為皇帝	脫里出 乃蠻歹至大元年封	朵列納皇慶元年由濟王徙封 凝里出 木南子天曆三年由濟陽王徙封 溶陽王 □年封天曆元年	周伯明	賈住韓至大三年封	完澤至大三年由衛安王進封 沙藍朵兒 □年由懿德王	忽隣駙馬 阿失駙馬延祐四年封 八剌失里駙馬 □年封

（下表・下段）

王衛安	王鎮寧	寧王	王濟南	王雲南		王河平	王河間	邑名金印駝紐	無國	王保寧
完澤大德九年封至大三年進封衛王	李羅大德九年封延祐四年進封冀王	那懷至大三年封	出伯大德八年封十一年進封豳王 也只里至元二十四年封	忽哥赤 也先帖木兒至元二十七年襲封 老的至大二年封		昔里吉至元四年封	兀古帶至元二年封	金印駝紐	移相哥大王 □年賜印	幹即天曆二年封

上表

王遼	王冀	王恩	王岐	（卷三 四）	王并	王懷	王豫	王肅
脱脱延祐三年封 牙納失里	李羅延祐四年由鎮遠王進封	月魯帖木兒延祐四年封 王龍帖木兒由保恩王進封	脱脱木兒延祐四年封 陽王進封 瑣南管卜泰定四年封	元史諸王表卷三 五 蘇	晃火帖木兒泰定二年由嘉王徙封	脱帖木兒泰定三年封天曆元年立為皇帝	阿武思納失里天曆元年封	寬徹天曆二年封

威定	王寧蕭	王襄寧	王安南	王安定	王武陽	永豐郡王	王安德	王永寧	王汾陽	王威遠	王求寧
藥木忽兒大德九年由定遠王徙封	脱脱至大元年封	迷哥兒不花至大四年封 阿魯灰		脱徹皇慶二年封 朶兒只班		丑漢附馬皇慶元年封旋改封 安遠王	不答失里皇慶二年封	卜顏帖木兒延祐七年封	別帖木兒延祐七年封	巳都帖木兒至治三年封	卻澤至順元年封

下表

王鄭	王邠	王廓	王慶	王薊	無國名者	駙馬	緬國王	安南	國安南王
徹徹禿至順二年由武寧王進封	卜顏帖木兒至順二年封	懿傳只班至順三年立為皇帝	三年立為順年封至順	高麗瀋王璋大德十年以附馬 高麗王璋延祐六年以附馬襲封 高麗至高泰定三年以附馬襲封	按只吉歹王	王諶至元 年封		陳光昺	

王武平	王寧海	王昭武	王順陽	王延安	王濟寧	王高唐	王高昌	王白蘭	無國	邑名
帖木兒不花泰定三年封	亦思蠻 阿海 不花帖木兒至順元年封	合伯附馬大德五年 八都兒延祐十年封	元都思不花延祐七年由安王降封尋見殺	也不干	鑾子台附馬後進封魯首王	闊里吉思附馬		瑣南藏卜至元年封後出家	別失帖木兒王泰定元年	

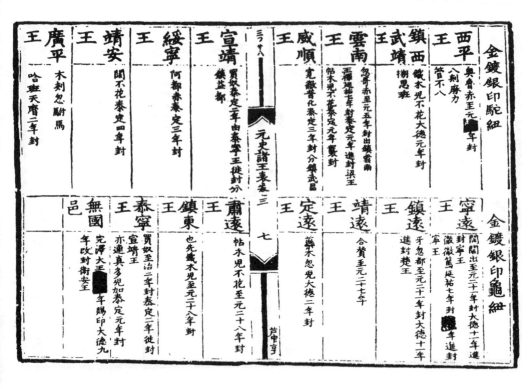

元史諸王表三　七

金鍍銀印駝紐　**金鍍銀印龜紐**

西平王	鎮西王	武靖王	雲南王	威順王	宣靖王	靖安王	綏寧王	宣靖王	靖安王	廣平王
奧魯赤至元□年封　八剌麻力　筆不八	鐵木兒不花大德元年封	搠思班	忽哥赤至元五年封出鎮雲南　帖木兒不花至元七年封　老的大德元年襲封	寬徹普化泰定三年封分鎮武昌	買奴泰定三年由秦寧王徙封分	闊不花泰定四年封	阿都赤泰定三年封	鎮益都		木剌忽駙馬　哈班天曆二年封

定遠王	靖遠王	鎮遠王	寧遠王	定遠王	肅遠王	鎮東王	泰寧王	無國邑
藥木忽兒大德二年封	合贊至元二十七年	于忽都至元二十年封大德十一年進封楚王	闊闊出至元三十二年封大德十一年進封	帖木兒不花至元二十八年封		也先鐵木兒至元二十八年封	買奴至治二年封泰定二年從封　宣靖王　亦連真多兒加泰定元年封	完澤大王大德九年改封衛安王

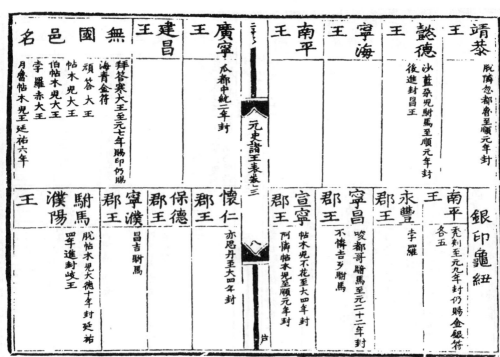

元史諸王表三　八

銀印龜紐

靖恭王	懿德王	寧海王	南平王	廣寧王	建昌王	無國邑	名邑國無
脫儁忽都魯至順元年封	沙藍朶兒駙馬至順元年封後進封昌王			爪都中統二年封	頑荅大王　帖木兒大王　伯帖木兒大王　李羅赤大王	拜荅寒大王至元七年賜印仍賜　海青金符	月魯帖木兒至延祐六年

南平郡王	永豐郡王	寧海郡王	宣寧郡王	宣昌郡王	懷仁郡王	保德郡王	寧濮郡王	駙馬	濮陽王
堯剌至元九年封仍賜金銀符　各五	李羅	咬都哥駙馬至元二十二年封	不憐吉歹駙馬	阿憐帖木兒至順元年封　帖木兒不花至大四年封	亦思丹至大四年封		昌吉駙馬	脫帖木兒大德十年封延祐四年進封岐王	四年進封

無國邑名者

不花駙馬賜之二四年

別乞帖木兒王至元十七年

怯里多鄰王至元十一年

阿渾帖木兒王

完者也不干王

那木忽思大王

合必赤大王

八不大王延祐四年詔復以世祖所賜印

忽都魯賓帖木兒王

賓子合寶帖木兒王

印賜其子合寶帖木兒王

出伯大王至元二十五年後改對戍威

西靖王

昌吉駙馬後改對寧濮郡王

岳忽難王大德二年賜印

翰林學士亞中大夫知制誥兼修國史臣宋濂　翰林待制承直郎兼國史院編修官臣王褘奉敕修

諸公主表

昔者史臣有言婦人內夫家雖天姬之貴史氏猶外而弗詳然元室之制非勳臣世族及封國之君則莫得尚主是以世聯戚畹者親視諸王其藩翰屏垣之寄蓋亦重矣則其世次顧可以弗之著耶且秦漢以來惟帝姬得號公主而元則諸王之女亦縈稱焉是又不可不知也惜乎記載弗備所可見者懂此而已作諸公主表

《元史公主表卷四》　（一）　蘇州

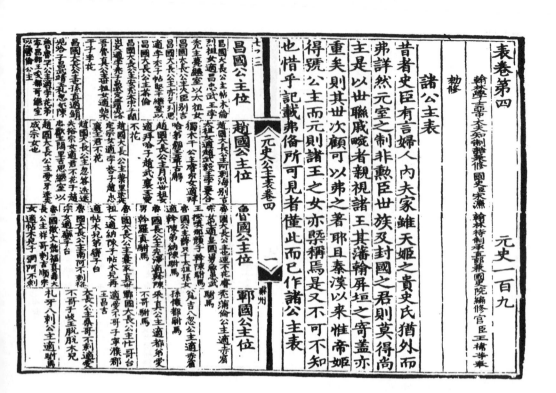

昌國公主位　　趙國公主位　　魯國公主位　　鄆國公主位

《元史公主表卷四》　（二）　蘇州

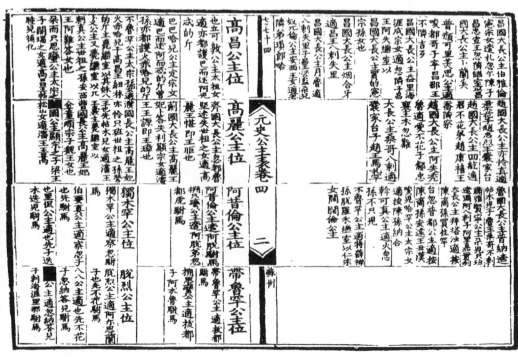

高昌公主位　　高麗公主位　　阿昔倫公主位　　帶魯罕公主位

獨木干公主位　　脫烈公主位

元史公主表卷四　（三）　蘇州

延安公主位	公主位	公主位	各公主位
火曾公主適哈答駙馬			
闊闊干公主適脱亦木			
赤駙馬			
脱脱灰公主世祖孫女			
適忽都達兒駙馬			
公主達別里迷失		公主達成不刃不刃駙	
合剌駙馬	公主達滅里駙馬	公主達不刃曾孫	
八駙馬	公主達塔出駙馬	完者台公主達束寧王	
	公主達木真伯子木真		
	公主達別合剌子塔	公主達賽千吟	
	賽駙馬	外澤	
	駙馬	公主達哈丹子朶思	英壽大長公主要安
延安公主適延安王也不	公主達哈丹子朶忽		難世祖孫克也
干			公主達合納那顏孫
			明慈貞懿大長公主不
			答昔你明宗之女
			泰定皇帝伯姊也
			壽寧大長公主顯宗女
			買買公主
			阿刺乞公主
			木客里公主
			雪靈的斤公主
			阿失禿公主
			失憐答里公主

翰林學士朝奉大夫知制誥兼修國史臣宋濂　翰林待制奉議郎兼國史院編修官臣王褘奉

敕修

三公表

古者三公之職寅亮天地燮理陰陽以論道經邦者
也元初以太師太傳太保為三公自木華黎國王始
為太師後几為三公者皆國之元勳而漢人則惟劉
秉忠嘗為太保其後鮮有聞矣其制又有大司徒司
徒太尉司空之屬然其置否不常人品或混故置者
又或開府不開府焉若夫東宮亦嘗置三師三少而
不恒有也今固不得而悉著之惟自木華黎而下得
拜三公者若干人作三公表

元史表卷五上

太祖皇帝	太師	太傳	太保
丙寅 元年			
丁卯 二年			
戊辰 三年			
己巳 四年			
庚午 五年			
辛未 六年			
壬申 七年			
癸酉 八年			
甲戌 九年	木華黎		
乙亥 十年	木華黎		
丙子 十一年	木華黎		
丁丑 十二年	木華黎		
戊寅 十三年	木華黎		
己卯 十四年	木華黎		
庚辰 十五年	木華黎		
辛巳 十六年	木華黎		
壬午 十七年	木華黎		
癸未 十八年	木華黎		

元史表卷五上

（上段）太宗皇帝

甲申	十九年
乙酉	二十年
丙戌	二十一年
丁亥	二十二年
戊子	**太宗皇帝**
己丑	元年
庚寅	二年
辛卯	三年
壬辰	四年
癸巳	五年
甲午	六年
乙未	七年
丙申	八年
丁酉	九年
戊戌	十年
己亥	十一年
庚子	十二年
辛丑	十三年
壬寅	

阿海　秃懷　明安

按和林廣記多載國初之事內有太師阿海太傳秃懷太保明安之名及他公牘所報亦間見之然拜罷歲月之先後不可考矣故著于此

（版心）元史表卷五上　三　趙仁山

（下段）定宗皇帝・憲宗皇帝

癸卯	
甲辰	
乙巳	
丙午	**定宗皇帝** 元年
丁未	二年
戊申	三年
己酉	**憲宗皇帝**
庚戌	
辛亥	元年
壬子	二年
癸丑	三年
甲寅	四年
乙卯	五年
丙辰	六年
丁巳	七年
戊午	八年
己未	**世祖皇帝** 九年

（版心）七十八　五　元史表卷五上　四　趙仁山

表一（上段）

干支	年	人名
庚申	中統元年	
辛酉	二年	
壬戌	三年	
癸亥	四年	
甲子	至元元年	劉秉忠
乙丑	二年	劉秉忠
丙寅	三年	劉秉忠
丁卯	四年	劉秉忠
戊辰	五年	劉秉忠
己巳	六年	劉秉忠

（中縫）元史表卷五上　五

干支	年	人名
庚午	七年	趙侃／劉秉忠
辛未	八年	劉秉忠
壬申	九年	劉秉忠
癸酉	十年	劉秉忠
甲戌	十一年	劉秉忠
乙亥	十二年	劉秉忠
丙子	十三年	
丁丑	十四年	
戊寅	十五年	
己卯	十六年	

表二（下段）

干支	年	人名
庚辰	十七年	
辛巳	十八年	
壬午	十九年	
癸未	二十年	
甲申	二十一年	
乙酉	二十二年	
丙戌	二十三年	
丁亥	二十四年	
戊子	二十五年	
己丑	二十六年	

（中縫）元史表卷五上　六　三十五

干支	年	人名
庚寅	二十七年	
辛卯	二十八年	
壬辰	二十九年	
癸巳	三十年	
甲午	三十一年	
乙未	成宗皇帝　元貞元年	月赤察兒
丙申	二年	月赤察兒
丁酉	大德元年	月赤察兒
戊戌	二年	

元史表卷五上（七）

成宗／武宗皇帝 諸年（右→左）：

三年	己亥	月赤察兒		
四年	庚子	月赤察兒		
五年	辛丑	月赤察兒	完澤	
六年	壬寅	月赤察兒		
七年	癸卯	月赤察兒		
八年	甲辰	月赤察兒		
九年	乙巳	哈剌哈孫	塔剌海	
十年	丙午			
十一年	丁未	月赤察兒		

（武宗皇帝）

至大元年	戊申			
二年	己酉	阿剌不花	乞台普濟	三寶奴
三年	庚戌	脫兒赤顏	乞台普濟	
四年	辛亥	忽魯忽荅	帖可	
仁宗皇帝 皇慶元年	壬子	阿撒罕	帖可	曲出
二年	癸丑	阿撒罕	伯忽	曲出

元史表卷五上（八）

延祐元年	甲寅	阿撒罕	伯忽	曲出
二年	乙卯	阿撒罕	伯忽	曲出
三年	丙辰	鐵木迭兒	伯忽	曲出
四年	丁巳	鐵木迭兒	伯忽	曲出
五年	戊午	鐵木迭兒	伯忽	曲出
六年	己未	鐵木迭兒	伯忽	曲出
七年	庚申	鐵木迭兒	伯忽	曲出
英宗皇帝 至治元年	辛酉	鐵木迭兒	朶觮	曲出
二年	壬戌	鐵木迭兒	朶觮	曲出
三年	癸亥	朶觮	伯顏察兒	
泰定皇帝 泰定元年	甲子	伯忽	按塔出	伯顏察兒
二年	乙丑	朶觮	禿忽魯	
三年	丙寅	朶觮	禿忽魯	
四年	丁卯	朶觮	禿忽魯	
文宗皇帝 天曆元年	戊辰	燕鐵木兒	伯荅沙	禿忽魯
二年	己巳	燕鐵木兒	伯荅沙	伯顏
至順元年	庚午	燕鐵木兒	伯荅沙	伯顏

表卷第五上

十八

五

元史表卷五上

九

貝

表卷第五下

翰林學士承旨知制誥兼修國史宋濂等奉敕撰　元史一百十一

順帝

三公表二

年	太師	太傅	太保
癸酉　元統元年	燕鐵木兒	撒敦	完者帖木兒
甲戌　二年	伯顏	撒敦	燕不隣
乙亥　至元元年	伯顏	撒敦	定住
丙子　二年	伯顏	伯顏	定住
丁丑　三年	伯顏	伯顏	馬札兒台
戊寅　四年	伯顏	伯顏	馬札兒台
己卯　五年	伯顏	伯顏	馬札兒台
庚辰　六年	伯顏	伯顏	馬札兒台
辛巳　至正元年	伯顏	伯顏	馬札兒台
壬午　二年	伯顏	馬札兒台	馬札兒台
癸未　三年	伯顏	脫失海牙	馬札兒台
甲申　四年	馬札兒台	撻馬赤	馬札兒台

（元史表五下　二　蔣若觀）

年	太師	太傅	太保
乙酉　五年	馬札兒台		伯撒里
丙戌　六年	馬札兒台		伯撒里
丁亥　七年	馬札兒台		別兒怯不花
戊子　八年	脫脫		
己丑　九年	脫脫	脫脫	
庚寅　十年	脫脫	脫脫	
辛卯　十一年	脫脫	脫脫	阿魯圖
壬辰　十二年	脫脫	脫脫	
癸巳　十三年	脫脫	脫脫	
甲午　十四年	脫脫	汪家奴	伯撒里
乙未　十五年	汪家奴	聚家奴	定住
丙申　十六年	汪家奴	聚家奴	定住
丁酉　十七年	汪家奴	聚家奴	伯撒里
戊戌　十八年	汪家奴	聚家奴	搠思監
己亥　十九年	汪家奴	汪家奴	搠思監
庚子　二十年	汪家奴	太平	搠思監
辛丑　二十一年	汪家奴	老章	搠思監

（元史卷表五下　二　蔣若觀）

表卷第五下

壬寅 二十二年	癸卯 二十三年	甲辰 二十四年	乙巳 二十五年	丙午 二十六年	丁未 二十七年	戊申 二十八年
汪家奴	汪家奴		伯撒里	伯撒里		
老章	老章	擴廓帖木兒	擴廓帖木兒	擴廓帖木兒		擴廓帖木兒
搠思監	字羅帖木兒	禿堅帖木兒	也速	也速	也速	也速

九十五

翰林學士亞中大夫知制誥兼修國史臣宋濂　翰林待制承直郎同知制誥兼修國史臣王褘等奉敕修

表

宰相者上承天子下統百司治體繫焉元初將相大臣年月疏闊簡牘未詳者則闕之中統建元以來宰執之官其拜罷歲月之可考者列而書之作宰相年表

宰相年表

太祖皇帝

中書令　右丞相　左丞相　平章政事　右丞　左丞　參知政事

干支	年
丙寅	元年
丁卯	二年
戊辰	三年
己巳	四年
庚午	五年
辛未	六年
壬申	七年
癸酉	八年
甲戌	九年
乙亥	十年
丙子	十一年
丁丑	十二年
戊寅	十三年
己卯	十四年
庚辰	十五年
辛巳	十六年
壬午	十七年
癸未	十八年
甲申	十九年
乙酉	二十年
丙戌	二十一年
丁亥	二十二年
戊子	二十三年

太宗皇帝

干支	年
己丑	元年
庚寅	二年
辛卯	三年
壬辰	四年
癸巳	五年
甲午	六年

元史表卷六上

元史表卷六上　楊叔章

上表（紀年）

乙未	七年
丙申	八年
丁酉	九年
戊戌	十年
己亥	十一年
庚子	十二年
辛丑	十三年
壬寅	
癸卯	
甲辰	
乙巳	（六）
丙午	定宗皇帝　元年
丁未	二年
戊申	三年
己酉	
庚戌	
辛亥	憲宗皇帝　元年
壬子	二年

（中縫）三

下表（世祖皇帝　一百七十七）

官	中統元年　庚申	二年　辛酉	三年　壬戌	四年　癸亥
中書令				
右丞相	祃祃	不花	史天澤　耶律鑄	不花　六月忽當不花
左丞相				
平章政事	王文統	趙璧　王文統　忽當不花　塔察兒　張　廉希憲　賽典赤	忽當不花　塔察兒　張　廉希憲　賽典赤　王文統　張	塔察兒　廉希憲　賽典赤
右丞			闊闊	粘合　闊闊
左丞		張文謙　商挺	張文謙　商挺	商挺
參知政事	張啓元	楊果	楊果	

（中縫）四　六　楊叔章

23-1372

元史表卷六上

（一）至元元年～五年（表上半）

年（干支）	至元元年（甲子）	二年（乙丑）		三年（丙寅）	四年（丁卯）	五年（戊辰）
註	六月 左丞相	是年置丞相五　貞	六／五	是年置丞相五　貞		
丞相等	線真代、史天澤 塔察兒代、耶律鑄 趙璧、王文統、張、姚樞、張文謙 楊果	史天澤、忽都察兒、賽典赤、廉希憲、趙璧、張、阿合馬 阿里別、姚樞、商挺		耶律鑄、伯顏、安童、忽都察兒、廉希憲、宋子貞、阿里別、張、王	安童、史天澤、忽都察兒、耶律鑄 伯顏、廉希憲、阿里別、（賽合丁、朱子貞、張、王、商挺）	安童、史天澤、耶律鑄、忽都察兒、伯顏、廉希憲、阿里別

（二）至元六年～十一年（表下半）

年（干支）	六年（己巳）	七年（庚午）	八年（辛未）		九年（壬申）	十年（癸酉）	十一年（甲戌）
註		中書省	中書省（是年置尚書省 以下省 惟設平章政事）	元史表卷六上／三十二／六	尚書省（罷尚書省 十二月）		
丞相等	安童、史天澤、忽都察兒 伯顏、耶律鑄、阿里別、廉希憲、張惠	安童、忽都察兒、耶律鑄、阿合馬、伯顏、廉希憲 阿里別、許衡、張惠、蔡祥 李	安童、忽都察兒、張易、阿合馬、伯顏、趙、廉希憲、許衡、張惠、蔡祥 李		安童、忽都察兒、哈伯、張易、趙、（尚書省）、許衡、張惠、蔡祥 李	安童、忽都察兒、哈伯、阿合馬、張易、趙、張、蔡祥 李	安童、忽都察兒 哈伯、阿合馬、趙、張、蔡祥 李

元史表卷六上 七

六二五

乙亥 十二年	丙子 十三年	丁丑 十四年	戊寅 十五年	己卯 十六年	庚辰 十七年	辛巳 十八年	壬午 十九年
安童							兔兒剌䚟 阿合馬 正月至三月 耶律鑄
忽都察 哈伯 阿合馬	忽都察兒 告伯 阿合馬	趙 阿合馬	忽都察兒 告伯 阿合馬	阿里 阿合馬	哈伯 阿合馬	阿合馬 伯	阿合馬
張易	張易	哈伯					
趙	張	張	張	張	張	張	扎珊
張	郝禎	郝禎	耿仁	郝禎	耿仁	郝禎	耿仁
李				耿仁	阿里	耿仁	郝禎
麥朮貹丁						阿里	張鵬舉

王磬卿

元史表卷六上 八

六 二十四

癸未 二十年	甲申 二十一年	乙酉 二十二年	丙戌 二十三年	丁亥 二十四年	（是年置尚書省 設官如七年制） 二十四年	戊子 二十五年 （尚書省是年置）
四月至 十二月 和禮霍孫	和禮霍孫					
和禮霍孫 耶律鑄	耶律鑄	安童	安童	安童 中書省	中書省	安童 桑哥
扎珊	扎珊	阿癸哈 忽都帶 盧世榮史	薛闍干 麥朮貹丁 也速解兒	薛闍干 麥朮貹丁	桑哥 阿魯渾撒理 葉李 尚書省	伯荅兒崔 蔡朮貹丁 帖木兒 葉李
麥朮貹丁	麥朮貹丁	撒的迷失				
張鵬舉	張鵬舉 温迪罕	楊	廉	不顏里海	馬紹	馬紹
麥朮貹丁 張阿亦伯	温迪罕	廉	郭 王浩卿	牙 馬紹 忙都	張佳哥 何	忙都

23-1374

己丑 二十六年	庚寅 二十七年	二十二 六	辛卯 二十八年	壬辰 二十九年
相承一員 始增	是年置尚書省	元史表卷六上		正月至 五月罷
尚書者	尚書者 桑哥	九	中書省 桑哥	
阿會潭薩	中書省 安童	中統山	完澤	完澤
理	帖木兒	尚書省 桑哥	理	理
	麥朮督丁	帖木兒	帖木兒	阿曾潭薩 忙都
	伯荅兒 崔	麥朮督丁	咱喜魯	不忽木 何榮祖 馬紹
	阿曾潭薩 葉李	帖木兒 葉李	阿木兒	
	忙都	葉李	不忽木 何榮祖 馬紹	忙都
	張吉甫	馬紹	咱魯	葉李
	張佳哥	馬紹	帖可 何榮祖 馬紹	
夾谷	張佳哥	張吉哥	魯代	燕葛都
	何	何	賀勝	杜
	夾谷	夾谷十月	杜	夾谷十二月

癸巳 三十年	甲午 三十一年	六 五十四	乙未 元貞元年	戊戌 元貞元年
		元史表卷六上	成宗皇帝	
完澤	完澤	十	完澤	完澤
		中統山		
剌真 商議省	不忽木	不忽木	咱喜魯	不忽木
麥朮督丁 阿里	咱喜魯	帖可	賽典赤 何榮祖 祝暗都剌 杜	賽典赤 何榮祖 祝暗都剌 阿里
帖可 商議省 阿里	帖可 事	剌真	剌真 阿里 商議省	帖可 阿里
剌真 事	麥朮督丁 張	麥朮督丁 張 增十一月	何	楊
不忽木 事	賽典赤 何榮祖 祝暗都剌 杜		不忽木	三月改
賽典赤 何榮祖 張	剌真 商議省			
咱喜魯 事	何			
麥朮督丁 阿里 商議省				
梁暗都剌				
祝暗都剌				

元史表卷六上　十一　張友仁

丙申 二年	丁酉 大德元年　六	戊戌 二年　三百六
完澤	完澤	完澤
蔡桑膏	賽典赤 阿里	也先帖木
不忽木	不忽木 三月至十二月	兒 世先帖木
伯顏	叚那海 三月至十二月	剌真 二月 正月至六月
剌真 十二月	剌真 三月至十二月	帖可 四月 三月至閏十二月
帖可 三月至十二月	帖可	叚那海 正月至二月
阿里	張九思	賽典赤 禠暗都剌 楊
張九思 梁暗都剌	梁暗都剌	張九思 正月至閏十二月
楊	楊	楊 正月至五月
何	何	張 何
呂	呂	呂

元史表卷六上　十二

己亥 三年	庚子 四年　六 二百八	辛丑 五年	壬寅 六年
完澤	完澤	完澤	完澤
哈剌哈孫	哈剌哈孫	哈剌哈孫	哈剌哈孫
兒 剌真 正月	賽典赤 入都馬辛	賽典赤 入都馬辛 呂	賽典赤 入都馬辛
帖可 四月至十二月	叚那海 禠暗都剌	阿魯渾薩	理
賽典赤 禠暗都剌	剌真 七月 正月至	理 十二月	理
叚那海	阿魯渾薩	阿魯渾薩	阿魯渾薩
楊 入都馬辛	禠暗都剌	禠暗都剌	叚那海 楊
呂	叚那海 楊	叚那海 楊 入都馬辛 呂	入都馬辛
月呂不花 迷兒火者	月呂不花 迷兒火者	呂	月呂不花 迷兒火者
張斯立	哈剌鑾子	月呂不花 迷兒火者	哈剌鑾子
哈剌鑾子 張斯立	張斯立	張斯立	張友仁

癸卯 七年		甲辰 八年

元史表卷六上

哈剌哈孫　阿忽台
元澤
賽典赤　誥諸刺　段那海
阿老丁　洪雙叔　尚文　柔㒦
迷兒火者
八都馬辛　月古不花　哈剌䜌子
理　阿會達剌　理　木八剌沙　退諳都剌
阿小潼陽　楊　呂　哈剌䜌子　張斯立
張閏士　董　張
哈剌哈孫　阿忽台
火失海牙　迷兒火者

二四四三　六

乙巳 九年		丙午 十年

元史表卷六上

哈剌哈孫　阿忽台
伯顏　帖可　塔思不花
阿里　八都馬辛
八都馬辛　長壽　阿里
伯顏　尚文　脫歡
段那海　阿散　帖可　哈剌䜌子
董　趙　張　迷兒火者
杜　童間　也先伯　迷兒火者　張
張閏士

二四三○　六

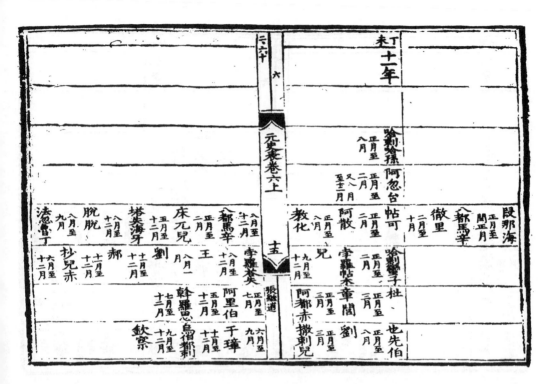

丁未
十一年

段那海
都馬辛
徹里
帖可　阿忽台
劉汝孫

武宗皇帝

戊申
至大元年
二十八　六　元史表卷六上　十六

23-1378

上半

己酉　二年　六

是年置尚書省

中書省　九月至十二月　每省事滿

每省事滿脫脫　入月至十二月

元史表卷六上

塔思花　脫脫

七　易中參

喩失海牙朮花憨兒解職　伯都

阿散　閏十二月至十二月

脫歡兒　四月六月至十二月

察兀　閏十二月

兒

赤因帖木　十二月

脫歡兒

阿散　三月至九月

阿散　十月三月至閏二月

兒

察兀　十二月至十二月

赤因帖木

兒

忙哥帖木王熙　八月十二月

保八

烏都剌剌高昉　正月至十月

脫脫　正月十二月至十二月

保八　十二月

三寶奴　十二月至六月

伯都

劉

下半

庚戌　三年　　辛亥　四年　六

是年置尚書省　明年正月罷

中書省

尚書省

塔思花　脫脫

脫脫

三寶奴

帖木迭兒脫脫

元史表卷六上

八　易中參

伯顏　十一月至十二月

樂實

察兀　十七月至十一月

阿散　正月一六月至十一月

兒

赤因榮　八月至十二月

伯都

忽都不了幹只　六月至十一月

保八

忙哥帖木兒王熙　十二月至十二月

樂實　十一月至十二月

忽都不了幹只　正月至四月

四四　十一月至正月至十二月

賈　八月至十二月

郝彬　十二月至十二月

帖罣脫歡　正月至八月

伯顏　十一月至十二月

兒

赤因帖木

察兀　十二月至十二月

忽都不了幹只　三月至

李孟　四月

伯顏　十二月

完澤　十二月至二月

阿散　八月至二月

忙哥帖木兒王熙　八月至十二月

烏都剌剌李　十二月至十二月

帖罣脫歡　正月至八月

賈　八月至正月至

郝彬　十二月

兒

阿散　十一月至一月

上表

仁宗皇帝		癸丑 二年	甲寅 延祐元年
壬子 皇慶元年	二十七 六		
		十九	
		章亦方	
帖木迭兒 阿散		帖木迭兒 阿散 正月 十二月	秃忽魯 正月至 二月
九月至 十二月			阿散
烏伯都剌 李 二月至 九月		秃忽魯 正月至 五月	章閭 正月至 十月
		張珪 五月至 十二月	
		章閭 六月至 十二月	
八剌脫因 阿卜海牙 蔡 三月至 十二月		烏伯都剌 六月至 十二月	烏伯都剌 五月至 十二月
		八剌脫因 正月至 五月	八剌脫因 阿卜海牙 趙世延 正月至 十一月
許師敬 賈 九月至 十二月		阿卜海牙 許師敬 正月至 五月	
		木兒 六月至 七月	
		秃魯花帖	
		薛 九月至 十二月	

下表

丙辰 三年	丁巳 四年
二百四十五 六	
元史表卷六上	
二十 章	
帖木迭兒 阿散 正月至 六月	帖木迭兒 阿散 正月至 六月
烏伯都剌 李孟 五月	伯荅沙 九月至 十二月
伯帖木兒 阿卜海牙 正月至 五月	伯帖木兒 阿卜海牙 正月至 七月
拜住 六月至 八月	赤因帖木 乞塔 五月 十二月至
王毅 六月至 十二月	高昉 正月至 六月
曹 六月至 十二月	煥住 六月至 十二月
不花	高昉

乙卯 二年	丙辰 三年（承上）
帖木迭兒 阿散 八月至 十二月	
烏伯都剌 拜住 正月至 八月	烏伯都剌 拜住 正月 八月至
李孟 五月	李孟 五月
拜住	拜住 六月至 八月
阿卜海牙 曹 一月 九月	阿卜海牙 王毅 六月至 八月
趙世延 正月至 十一月	郭 八月至 十二月
郭	王 六月至 八月
曹	不花

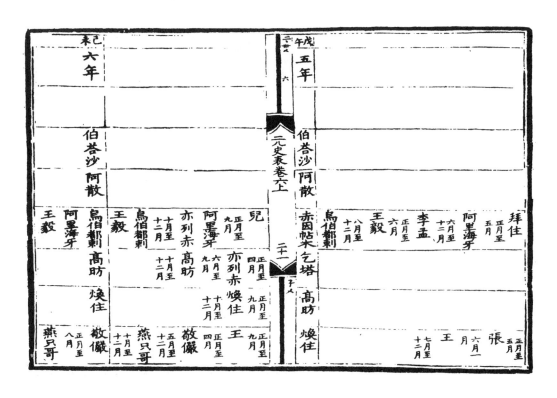

元史表卷六上

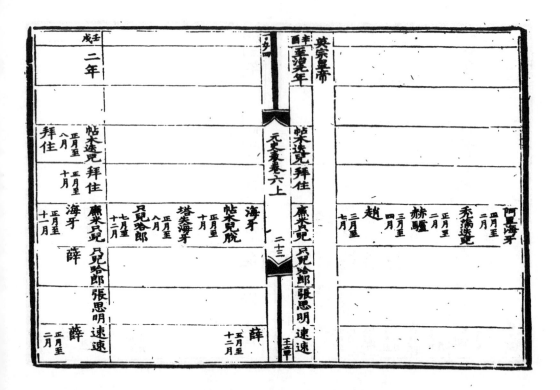

英宗皇帝

乙酉 至治元年

壬戌 二年

二十三

王磐

泰定皇帝

甲子 泰定元年

癸亥 三年

二十六

二十四

王寧

元史表卷六上

上表（乙丑 二年／丙寅 三年／丁卯 四年）

丁卯 四年	丙寅 三年（三卅六／六）	乙丑 二年
	樊帖木兒 倒剌沙	旭邁傑 正月 八月 / 倒剌沙
	兒 一月 十二月	塔失帖木 正月 八月
		禿滿迭兒 五月至 十二月
塔龍察兒 倒剌沙	禿滿迭兒 善僧 潑皮	禿滿迭兒 善僧 正月至 十二月 / 乃蠻觮 二月 十二月 / 張珪 正月至 三月至 十二月 / 烏伯都剌 二月 十二月 / 潑皮 三月至 十二月
禿滿迭兒 許師敬 正月至 十二月	伯顏察兒 十月 善僧 正月 十二月 察乃 二月 乃蠻觮 正月至 五月 烏伯都剌 二月 許師敬 十月至 十二月	潑皮 正月至 四月 / 許師敬 正月至 四月 / 楊庭玉 二月 四月 / 朵朵
朵朵 馮不花	朵朵 正月至 十月 史惟良 正月 十二月 馮不花	許師敬 四月至 五月 / 馮不花 十一月至 十二月

下表（文宗皇帝 天曆元年 戊辰／己巳 二年）

己巳 二年	戊辰 天曆元年（三卅十／六）	文宗皇帝 天曆元年
燕鐵木兒 別不花	燕鐵木兒 別不花	察乃 烏伯都剌 趙世延 正月至 十二月 / 伯顏察兒 十月 十二月
帖木兒不花 正月至 八月 / 閣閣台 八月至 十二月 / 明里董阿 正月至 八月	闊闊台 九月至 十二月 / 明里董阿 九月至 十二月 / 欽察台 九月至 十二月 / 敬儼 十月至 十二月	闊闊台 十一月 十二月 / 塔失海牙 趙世延 九月至 十一月 / 速速 九月至 十一月 / 月魯不花 十一月 十二月 / 史惟良 九月至 十一月 / 張友諒 十一月至 十二月 / 月魯帖木 十一月至 十二月
徹里帖木 五月至 正月至 / 月魯帖木 趙世安 八月 正月 / 左吉 正月	兒 正月至 五月 / 兒 正月至 八月 / 屠	兒 十一月至 十二月 / 王士熙 十一月至 十二月 史惟良 九月 十二月

元史表卷六上

二七

孫成

庚午												辛未
至順元年												二年

閤兒意思 趙世安

敬儼 正月至 四月
王毅 正月 四月至八月
哈兒帖木 五月至八月
撒迪 八月至十一月
朶兒只 十一月至十二月
兒 八月
撒迪 五月至八月
阿榮 八月至十二月
王結 正月至五月
趙世安 正月至五月
海牙 三月
張友諒和尚

元史表卷六上

二八

孫成

表卷第六上

辛未	二年

燕鐵木兒

海牙 三月
趙世延 正月至閏七月
阿里海牙 閏七月
欽察台 撒迪
朶兒只 正月至二月
亦列赤 正月至二月
阿海牙
赤列赤
伯撒里
禿兒哈帖
木兒
張友諒 五月至九月
脫亦納
姚庸
張友諒 正月至閏七月
脫亦納
姚庸
耿煥
姚庸
燕帖木兒
赤列赤
亦列赤
木兒

至順元年
燕鐵木兒
伯顏 二月
阿兒思蘭 欽察台
趙世延 十一月
海牙 十二月
朶兒只 九月至十一月
撒迪
史惟良
趙世安 正月至二月
蔡文淵 五月

順帝

宰相年表二

敕

	乙亥 至元元年	甲戌 二年	二百卌五	戊 二年	癸酉 元統元年	
中書令			元史表卷六下 一			
右丞相	莬元元年	伯顏	伯顏	伯顏	燕鐵木兒	
左丞相	伯顏 七月初二 日命獨相	伯顏	撒敦	撒敦	伯顏	
平章政事	撒敦 唐其勢 六月 伏誅	撒敦 定住	脫別夕 阿息兒 撒迪 正月除河南 承相	脫別夕 阿里海牙 撒迪	欽察夕 阿里海牙 撒迪	
	潤兒言思 阿吉兒 知院 七月還	定住	潤兒言思	潤兒言思	潤兒言思	右丞
	亁卜班 十月	亁卜班 平章 七月升	亁卜班	亁卜班	史惟良	左丞
	耿煥 十月	王煥 晉化 四月除拜 臺中承除	王結	王結	忽都海牙	參知政事
	許有壬	納麟 臺中承除 七月由兩	許有壬 十月由由除	忽都海牙 尖除	高履貞	
				胡尤中		

	丙子 二年	一百卌三	丁丑 三年	戊寅 四年	
		元史表卷六下 二			
右丞相	伯顏		伯顏	伯顏	
左丞相	撒迪 七月初 日中丞 除第三平 章十月由 御史大夫				
平章政事	阿吉刺 李羅 七月初 章日除第 里		塔失海牙 帖木兒不花 李羅	探馬赤 阿吉刺 李羅 哈兒禿	
	李羅 十月由 知院除	定住	塔失海牙 千位 李羅 定住	阿吉刺 李羅 定住	
	亁卜班	亁卜班	亁卜班	亁卜班	
	王懋德	王懋德	王懋德	王懋德	
	許有壬	納麟	納麟 許有壬	納麟 傅巖起	
	胡尤中				

元史表六下

（上表）

己卯五年｜庚辰六年 平九｜辛巳 至正元年

- 李羅
- 阿吉剌
- 只兒瓦歹
- 哈八兒瓦
- 伯顏
- 伯顏
- 鐵木兒塔識
- 李羅
- 單卜班
- 脫脫
- 脫脫
- 馬札兒台
- 汪家奴
- 沙剌班
- 鐵木兒不花　別兒怯不花　鐵木兒塔識
- 也先帖木兒
- 脫歡
- 阿魯
- 許有壬
- 傅巖起
- 阿魯
- 許有壬
- 定住
- 阿魯
- 傅巖起
- 納麟

（下表）

壬午二年｜癸未三年｜甲申四年 二十三｜乙酉五年

- 脫脫
- 脫脫
- 脫脫
- 阿魯圖
- 別兒怯不花　鐵木兒塔識
- 也先帖木兒
- 納麟
- 太平
- 許有壬
- 伯顏
- 定住
- 吳鄰元花
- 韓元善
- 姚庸
- 棚思監
- 納哈赤
- 董中簡
- 趙德壽
- 葡萄正
- 院使

元史表卷六下

丁亥 七年					元史表卷六下 五	丙戌 六年		
								太平 十月烏蒙御史大夫
別兒怯不花 十一月	朵兒只 十一月					阿魯圖		華小班 七月
太平 十二月	朵兒只	鐵木兒塔識				別兒怯不花	納麟	伯顏
韓加訥	定住	帖木哥	太平			鐵木兒塔識	納麟 七月	華小班
朵朵	教化	瑣南班	定住			帖木哥	教化	朵兒只班
	脫歡 七月		忽都不花 十月			華小班		呂思誠
	呂思誠					朵兒只班		菩薩麻
孔思立 七月	魏中立	道童	瑣南班	魏中立		呂思誠 七月	瑣南班 七月	朵兒只班
	福壽 六月					呂思誠		呂思誠 十月
								韓元善 十月

辛卯 十一年	庚寅 十年		元史表卷六下 六	己丑 九年		戊子 八年	
				朵兒只 七月罷		朵兒只	
脫脫	脫脫			脫脫 七月罷		太平	
				太平 七月			
朵兒只班	定住	柏顏	定住	柏顏	忽都不花	教化	
普化	太不花	太不花	搠思監	欽察白	太不花	定住	
棚思監	定住			韓加訥		忽都不花	
韓元善	搠思監			太不花			
				搠思監			
脫列	脫列	韓元善		呂思誠		韓元善	
韓鏞	韓鏞			撒馬篤		孔思立	
皇孫良楨 十二月	松壽			泰從德		福壽	

元史表卷六下　七　任德中

甲午 十四年		癸巳 十三年（三獨人）		壬辰 十二年	
脫脫		脫脫		脫脫	
定住		定住		定住	菊虎兒華 韓元善 帖里帖穆爾
普化	月赤察兒	搠思監	忽都海牙	哈麻	忽魯不花
搠思監		普化		普化	設月祭
悟良哈台	桑哥失理	哈麻	島孫良楨	哈麻	賈魯 設月祭
魯孫良楨	呂思誠	禿禿		島孫良楨	悟良哈台
哈麻 鎖南班	杜秉彝	杜秉彝		杜秉彝	烏有行悟

元史表卷六下　八　任德中

丁酉 十七年		丙申 十六年（三獨人）		乙未 十五年	
搠思監		定住		汪家奴	
太平		搠思監		定住	
悟良哈台	帖里帖木兒 列帖木兒	搠思監	黑廝 拜住	搠思監	桑哥失理 細的誠 玩普班 哈麻
島吉孫良楨	塞因帖木兒	悟良哈台		島吉孫良楨	寶子 拜住
成遵		幹藥		杜秉彝	呂思誠 李稷
俺普		呂思誠 劉伯米兒 成遵 李稷	完者不花 苔蘭	陳敬伯	實理門

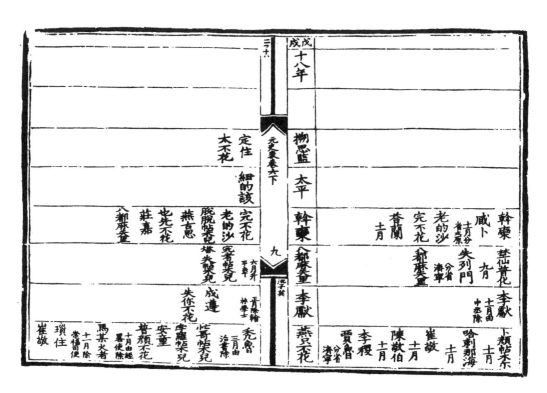

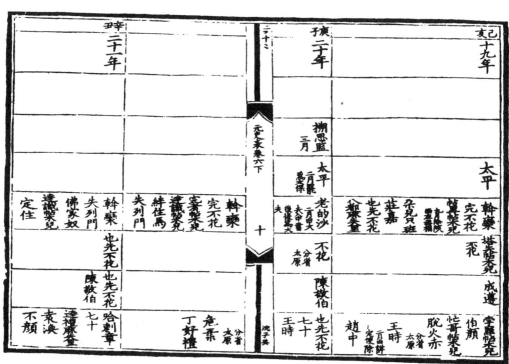

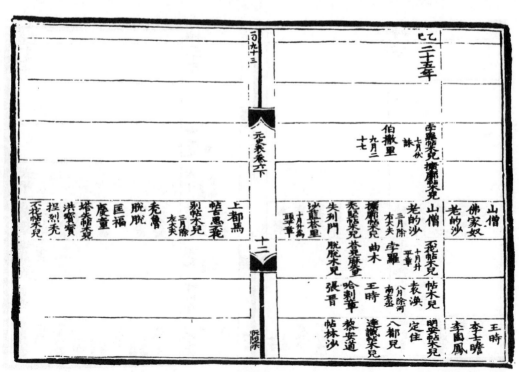

元義卷六下　十一

元義卷六下　十二

元史表卷六下

（上半表）

丙午 二十六年
丁未 二十七年

十三

表子名

忽憐台
金那海

伯撒里　擴廓帖木兒
失列門　月魯帖木兒　札剌尔台

沙藍荅里　南堂　不花帖木兒　帖林沙
正月　七十　甕子　札剌尔台
李國鳳
袁瑛
帖林沙
亦老溫
陳祖仁
董鈞安
李國鳳
王公羅夂

也速
擴廓帖木兒
俺普
帖林沙　定住　哈海
妄奇帖木兒
帖里帖木兒　札剌尔
俺普
七十
陳敬伯
平章
董鈞安
杂兒只

沙藍荅里　咸家奴
哈剌章
伯顏帖木兒
甕子
完者帖木兒
不顏帖木兒
哈剌那海

東
總兵
七月餘大都　守河
南王　火赤
大同　分省
九月至河東

定住
張守禮　孫景益
劉益
阿剌不花
尹炳文
董元曾
蓋元訓
胡濬
普顏不花
鐵里帖木兒
陝思丁

元史表卷六下

（下半表）

表卷第六下

一百州二

戊申 二十八年

十四

表子名

也速
失列門　哈剌章　定住
慶童
咸家奴　火思忽普
張守禮　張裕
董鈞安　孫景益
哈海
郭庸

月魯帖木兒
伯顏帖木兒
完者帖木兒
燕亦不花
膘寳圓花
李思齊
俺普
瑣住

右塊（名）：
陳敬伯
李克舜
火里赤
板荅兒
丁好禮
帖林沙
忽魯帖木兒
陳秉直
楊誠
貊高
關保

分省　河東

莊家
法都忽剌
分省　保定
供給山東

翰林學士亞中大夫知制誥兼修國史　臣　吳澂　翰林待制奉議大夫兼國史院編修官　臣　⋯⋯

纂修

后妃一

《元史傳卷一》

太祖光獻翼聖皇后名旭真弘吉剌氏特薛禪之女
也特薛禪與子按陳從太祖征伐有功賜號國舅封
王爵以統其部族有旨生男尚公主世世不絕世祖至元二年十二月追諡光獻翼聖皇后冊
文曰尊祖致誠孝寔王政之攸先法天地建鴻名亦母儀之克稱肆先虔於太室庸昭示於後昆體茲
至公節以大惠欽惟光獻皇后宅心淵靜稟德柔嘉
當聖神創業之初有夙夜求賢之助功施社稷垂慈
訓於景襄慶衍官閫微音於莊聖協贊龍飛之運
永詒燕翼之謀惟同人著稱齊亦推本興王之迹
在漢世始諡光烈蓋萬申追遠之情是用稽迪舊章
增崇遺美謹遣攝太尉奉玉冊玉寶加上尊諡曰
光獻翼聖皇后伏惟淑靈降格典禮備膺於億萬年
茂隆丕祚祔太祖廟諡后妃有四斡耳朵四十
餘人不記氏族其名悉見于表後皆倣此
太宗昭慈皇后名脫列哥那乃馬真氏生定宗歲辛

五十一月太宗崩后稱制攝國者五年丙午會諸王
百官議立定宗朝政多出於后至元二年崩追諡昭
慈皇后升祔太宗廟
定宗欽淑皇后名斡兀立海迷失定宗崩后抱子失
列門垂簾聽政者六月至元二年追諡欽淑皇后
憲宗貞節皇后名忽都台弘吉剌氏特薛禪孫忙哥
陳之女也蚤崩后妹也速兒繼為妃至元二年追諡
貞節皇后升祔憲宗廟
世祖昭睿順聖皇后名察必弘吉剌氏濟寧忠武王
按陳之女也生裕宗中統初立為皇后至元十年三

《元史傳卷一》

月授冊寶上尊號貞懿昭聖順天睿文光應皇后一
日帝怪薛官奏割京城外近地牧馬帝既允方以圖
進后至帝前將諫先陽責太保劉秉忠曰汝漢人聰
明者言則帝聽汝何為不諫向初到定都時若以地
牧馬則可今軍蘸俱分業已定奪之可乎帝默然命
罷其事后嘗於太府監支繒帛表裏各一帝謂后曰
此軍國所需非私家物后何可得支繒帛表裏各一
親執女工拘諸舊弓弦練之緝以為紉以為衣其韌
此綾綺宣徽院羊臑皮置不用后取之合縫為地毯
其勤儉有節而無棄物類如此十三年平宋幼主朝

于上都大宴眾皆歡甚唯后不樂帝曰我今平江南
自此不用兵甲眾人皆喜爾獨不樂何耶后跪奏曰
妾聞自古無千歲之國母使吾子孫及此則幸矣帝
以宋府庫故物各聚置殿庭上召后視之后徧視之
去帝遣宦者追問后欲何所取后曰宋人貯蓄以遺
其子孫子孫不能守而歸於我我何忍取一物耶時
宋太后全氏至京不習北方風土后為奏令回江南
帝不允至三奏帝乃苔曰爾婦人無遠慮若使之南
還或浮言一動即廢其家非所以愛之也苟能愛之
時加存邮使之便安可也后退益厚待之

前簪帝因射日色炫目以語后后即益前簪帝大喜
遂命為式又製一衣前有裳無社後長悟於前亦無
領袖綴以兩禮名曰比甲以便弓馬時皆倣之后性
明敏達於事機國家初政左右匡正當時與有力焉
十四年二月崩三十一年成宗即位五月追謚昭睿
順聖皇后其冊文曰奉先思孝臣子之至情節惠勿
名古今之大典惟殺娥有明德之號而周任著思齊
之稱爰考舊章武崇尊謚恭惟先皇后厚德載物正
位承天隆內治於公宮綱大倫於天下暴事龍潛之
邸及乘虎變之秋鄂渚班師洞識事機之會上都踐

胡木之

祚居多輔佐之謀先物之明獨斷于衷進賢之志允
叶于上左右我聖祖建帝王之極功撫育我前人嗣
社稷之重託臣下之勤勞灼見生民之疾苦周知僾
宸極二十年垂慈範千萬世惟全美聖而益聖宜顯
冊書而屢書懇懇之誠敬展尊尊親親之
義以揚盛烈以對耿光謹道其官其奉玉冊玉寶上
尊謚曰昭睿順聖皇后欽惟淑靈在天明鑒逮下增
輝煇晉茂揚徽懿之晉合饗太官益衍壽昌之福祚
祔世祖廟

南必皇后弘吉剌氏納陳孫仙童之女也至元二十

年納為皇后繼守正宮時世祖春秋高顧預政相臣
常不得見帝輒因后奏事焉有子一人名鐵蔑赤
成宗貞慈靜懿皇后名失憐荅里弘吉剌氏幹羅陳
之女也大德三年十月立為后生皇子德壽早薨武
宗至大三年十月追尊謚貞慈靜懿皇后其冊文曰
宗桃定位象天地之有陰陽今古同祧幽明以行
典禮哀榮昭昭倍孝敬蕭陳恭惟先元妃弘吉剌氏慶
毓仙源德昭形史春宮主饋共瞻采翟之輝椒掖正
名莫際飛龍之會惟貞協在中之美而慈推成物之
仁靜既合夫坤元懿益彰於壹則雖小星之遺下豈

胡太之

衆曜之敢齊嗣服云初追懷昌已是用究成先志式
闡徽稱謹遣其官其上尊諡曰貞慈靜懿皇后升祔
於成宗皇帝殿室伏惟淑靈永伸配侑介以景福佑
我無疆

卜魯罕皇后伯岳吾氏駙馬脫里思之女元貞初立
爲皇后大德三年十月授冊寶成宗多疾后居中用
事信任相臣哈剌哈孫大德之政人稱平兄皆后慮
決京師靭建萬寧寺中塑祕密佛像其形醜怪后以
手帕蒙覆其面尋傳旨毀之省院臺臣奏上尊號帝
不允車駕章上都后方自奏請帝曰我病日久國家

《元史傳卷一》 五

大事多廢不舉尚守理此等事耶事遂寢大德十年
后嘗謀毗順宗妃答己與其子仁宗往懷州明年成
宗崩時武宗在北邊恐其歸必報前怨后乃命取安
西王阿難荅失里來京師謀立之仁宗自懷州入清
宮禁既誅安西王幷擒后以私通事出居東安州
武宗宣慈惠聖皇后名真哥弘吉剌氏脫憐子逆不
刺之女至大三年四月冊爲皇后其文曰乾爲天坤
爲地四時由是以相成日宗陽月宗陰萬象以之而
著承后職有關於世教先猷具載於邦彝惟慈旨之
親承亦愈言之兄若洛爾皇后弘吉剌氏膚聰淑哲

端懿誠莊實愛分輝源天潢之自出縷徽迪慶系綏
組以相仍後逸皇慶二年立長秋寺掌皇后宮政秩
三品泰定四年十一月崩上尊諡曰宣慈惠聖皇后
升祔武宗廟

速哥失里皇后按陳哈剌只只之女真哥皇后之從妹
也妃二人亦乞烈氏奴兀倫公主之女竇生明宗天
曆二年追諡仁獻章聖皇后唐兀氏生文宗天曆二
年追諡文獻昭聖皇后

仁宗莊懿慈聖皇后名阿納失失里弘吉剌氏生英
宗皇慶二年三月冊爲皇后上冊寶遣官祭告天地
宗廟

《元史傳卷一》 六

於南郊及太廟政典內院爲中政院秩正二品英宗即
位上尊號皇太后其冊文曰坤承乾德所以著兩儀之
稱母統父專所以崇一體之號故因親而立之以愛宜考禮之
以正名恭惟聖母溫慈惠和淑哲端懿上以奉宗祐之
重下以叙倫紀之常恢王化于二南嗣徽音於三母輔
佐先考憂勤警戒之應深擁佑眇躬撫育提撕之恩至
迫于今日紹我丕基規摹一出於慈闈付托益彰於祖
訓致天下之養以爲樂未足盡於孝心極域中之大以
爲尊庶可稱其懿美式導貴貴之義用罄親親之情謹
遣其官其奉冊上尊號曰皇太后伏惟周宗緜緜長信

穆穆備洛書之錫福鑿坤極之儀天啓佑後人永錫
纉祚明日受百官朝賀于興聖宮至治二年崩上謚
莊懿慈聖皇后其冊文曰天子弗逮優天子位而報則豐昌
勝孺慕之心必盡欽崇之禮欽惟先皇太后夙明靈
則克嗣徽音輔佐先朝有恭儉節用之實誕育眇質
有劬勞顧復之恩九族咸育於仁四海仰遵其化昊
天不弔景命靡憶聖情慘怛愛舉經追嚴徽
用榆揚于彤史正宜敦繹于寶章之長違念善之未泯是
號謹遣攝太尉某官其奉玉冊玉寶上尊號曰莊懿

慈聖皇后伏惟淑靈如在合饗太宮鑒格孔昭膺茲
鉅典陰相丕祚億萬斯年升祔仁宗廟
英宗莊靜懿聖皇后名速哥八剌亦啓烈氏昌國公
主益里海涯女也至治元年冊爲皇后泰定四年六
月崩謚曰莊靜懿聖皇后
泰定帝八不罕皇后弘吉剌氏按陳孫斡留察兒之
女泰定元年冊爲皇后
妃二人一曰必罕一曰速哥答里皆弘吉剌氏亦王
買住罕之女也文宗天曆初俱安置東安州
明宗貞裕徽聖皇后名邁來迪生順帝而崩文宗立

謚貞裕徽聖皇后
八不沙皇后成宗甥壽寧公主之女也侍明宗潛邸
生寧宗天曆二年立寧寺徽寺掌明宗皇后宮事以鈔
萬錠幣帛二千定供后宮用十一月后請爲明宗
資福命帝師率諸僧作佛事七日于大天源延聖
寺道士建醮于玉虛天寶太乙萬壽四宮及武當龍
虎二山至順元年勅有司供明宗后宮幣帛二百定
是年四月崩
文宗卜荅失里皇后弘吉剌氏父駙馬魯王琱阿不
剌母魯國公主桑哥吉剌文宗居藩后亦在行天

曆元年文宗即位立爲皇后二年授冊寶十一月后
以銀五萬兩助建大承天護聖寺至順元年以籍沒
張珪家田四百頃賜護聖寺爲永業后與宦者拜住
謀殺明宗后八不沙三年八月文宗崩于上都后導
宗十一月奉玉冊玉寶尊皇后爲皇太后十二月御
敬末命申帝初志遂立明宗次子懿璘質班是爲寧
興聖殿受朝賀寧宗崩大臣請立太子燕帖古思后
曰天位至重吾子尚幼明宗長子妥懽帖睦爾在廣
西今十三歲矣理當立之於是奉旨迎至京師以明
年六月即位是爲順帝元統元年尊爲太皇太后仍

稱制臨朝至元六年六月詔去尊號安置東安州尋崩

寧宗苔里也忒迷失皇后弘吉剌氏至順三年十月

立為后至正二十八年崩祔於寧宗廟

順帝苔納失里皇后欽察氏太師太平王燕鐵木兒

之女也至順四年立為后元統二年授冊寶其冊文曰

天之元統二氣配莫厚於坤儀月之道循右行明同

馬鄧之功咨爾皇后欽察氏雍肅惠慈謙裕靜淑延

德於亢宗亦疇庸於先正造周資任姒之化興漢表

真於乾曜若昔帝王之宅后居多輔相之世勳蓋選

元史傳卷一 九 茅克礼

祖延父鳳堅翼亮之心于國于家實護修齊之助朕

續玉圖之初載親承太后之屨謨卷我元臣簡茲碩媛

相嚴禋而辛典奉慈極以愉顏用彰樟崔之華式著祈

常之舊令攝太尉授以玉冊寶章命爾為皇后備

成嘉禮宏賁大猷於戲萬高生賢予篤懷于良佐闕

雎正始爾勉嗣於徽音永錫壽康昭示悠久三年后以御

史大夫唐其勢以謀逆誅弟塔剌海走匿后宮后以衣

蔽之因遷后出宮承相伯顏矯后于開平民舍

伯顏忽都皇后弘吉剌氏宣慈惠聖皇后真哥姪毓

德王孛羅帖木兒之女也至元三年三月立為皇后

其冊文曰帝王之道齊其家而天下平風教所基正

乎位而人倫厚愛擇配以承宗事若稽古以率典常

咨爾弘吉剌氏淑哲溫恭齊莊貞一屬選賢於中壹

躬受命於慈闈厥帥來嬪蹈榘儀之有度動容中禮

謹夙夜以無違茲表式於宮庭宜推崇其位號乃

吉旦庸舉彝章遣攝太尉某持節授以玉冊寶章命

爾為皇后於戲章遣攝坤承順成於四序日明月儼

共御享嘉之運益延昌熾之期勉爾徽音律修內治

火照臨於萬方朕欲躋世於仁安爾其助予之德化

生皇子真金二歲而天后性御儉不妬忌動以禮法

自持第三皇后奇氏素有寵居興聖西宮帝幸東

元史傳卷一 十 茅克礼

內后左右以為言后無幾微怨望意從帝時巡上京

次中道帝遣內官傳旨欲臨幸后辭曰暮夜非至尊

性來之時內官往後者三竟拒不納帝益賢之帝嘗

問后中政院所支錢糧皆傳波肯汝還記之否后對

曰妾居坤德殿終日端坐未嘗妄諭戶閫至正二十

記耶居坤德殿何至服此等衣耶其所遺衣服弊壞

五年八月崩年四十二奇氏后見其所遺衣服弊壞

大笑曰正宮皇后何至服此等衣耶其樸素可知踰

月皇太子自冀寧歸哭之甚哀

完者忽都皇后奇氏高麗人生皇太子愛猷識理達

臘家微用后貴三世皆追封王爵初徽政院使秃滿
選兒進為宮女主供若飲以事順帝后性頗黠日見
寵幸後卷納失里皇后方驕妬篡厚之咎納失里
既遇害帝欲立之丞相伯顏爭不可伯顏罷相沙剌
班遂請立為第二皇后居興聖宮改徽政院為資正
院后無事則取女孝經史書訪問歷代皇后之有賢
行者為法四方貢獻或有珍味輒先遣使薦太廟然
後敢食至正十八年京城大飢后命官為粥食之又
出金銀粟帛命資正院使朴不花於京都十一門置
冢葬死者遺骸十餘萬后命僧建水陸大會廣之時

《元史傳卷一》 十一 張周土

帝頗急於政治后與皇太子愛猷識理達臘遂謀內
禪遣朴不花諭意丞相太平太平不卷後召太平至
宮奉酒賜之自申前請太平依違而已由是后與太
子嘖之而寵幸既被劾黜后諷御史大夫佛家奴為
因后而寵幸奴乃謀再劾朴不花不見之兩月不見
辯明佛家奴謫居潮河初奇氏之族在高麗者帖赤
佛家奴詗居潮河初奇氏之族在高麗者帖赤驕橫
高麗王怒盡殺之二十三年后謂皇太子曰汝何不
為我復讎即遣立高麗王族人留京師者為王以奇
族之子三寶奴為元子遣同知樞密院事崔帖木兒

為丞相用兵一萬奔倭兵共徃納之過鴨綠水伏
兵四起乃大敗餘十七騎而還后大慚二十四年七
月字羅帖木兒稱兵犯闕皇太子出奔冀寧下令討
字羅帖木兒字羅帖木兒怒嗾監察御史起宗言
后外撓國政帝宜還后出于外帝不卷二十五年
后書召太子后仍回幽所後又數納美女於字羅帖
木兒至百日始還宮及字羅帖木兒死召皇太子還
守之四月庚寅字羅帖木兒逼后還宮帝不卷二十五年
三月遂矯制幽于諸色總管府令其黨姚伯顏不花

《元史傳卷二》 十二 張周土

京師后傳旨令廓擴帖木兒以兵擁皇太子入城欲
脅帝禪位廓擴帖木兒知其意至京城三十里外即
遣軍還營皇太子復銜之事見廓帖木兒傳會伯
顏忽都皇后崩十二月中書省臣奏言后宜正位中
宮帝不卷又皇后崩十二月中書省臣奏言后宜正位
主之帝乃授之冊寶改資正院為崇政院而中政院亦兼
先於夫婦后以母天下王化始於家邦典禮之常
古今收重咨爾肅良合氏篤生名族來事朕躬徽戒
相成每勤於夙夜恭儉率下多歷於歲年既發祥元
子於儲闈復流慶孫枝於甲觀眷若中宮之位允宜
淑配之賢宗戚大臣況僉言而數請披庭諸御咸傾

望以推尊乃屢遜辭尤可嘉尚今遣攝太尉某持節
授以玉冊玉寶命爾為皇后於戲慎修壼政益勉徇
輔佐之心貽嗣徽音同保我延洪之福其欽寵命以
衍壽祺二十八年從帝北奔

傳卷第一

翰林學士亞中大夫知制誥兼修國史臣脫脫等奉制旨知制誥兼修國史臣歐陽玄等奉

睿宗

睿宗景襄皇帝諱拖雷太祖第四子太宗母弟也方
太祖崩時太宗留霊博之地國事無所屬拖雷實身
任之聞燕京盜賊白晝剽掠富民財物吏不能禁遂
遣塔察吾圖撒合里往窮治之殺十有六人盜始屏
息己丑夏太宗還京八月即位明年庚寅秋太宗伐
金命拖雷帥師以從破天城堡援蒲城縣聞金平章

《元史列傳卷二》

合達条政蒲阿守西邊遂渡河攻鳳翔會前兵戰不
利從太宗援之合達乃退辛卯春破洛陽河中諸城
太宗還官山大會諸侯王謂曰人言耗國家者實由
冠敵今金未殄實我敵也諸君寧無計乎拖雷進曰
臣有愚計非衆可聞太宗屏左右丞臨問之其言秘
所恃者黃河潼關之險爾若出寶雞入漢中不一月
人莫知也可達唐鄧金人聞之寧不下手拖雷
然之言於太宗太宗大喜語諸王大臣曰昔太祖嘗
有志此舉今拖雷能言之真賽因也賽因猶華言大

好云遂大發兵太宗以中軍自碗子城南下渡河由
洛陽進斡陳那顏以左軍由濟南進而拖雷總右軍
自鳳翔渡渭水過寶雞入小潼關涉宋人之境沿漢
水而下期以明年春俱會于汴遣搠不罕詣宋假道
且約合兵入宋殺使者拖雷大怒曰彼昔嘗王來
通好遽自食言背盟乎乃分兵攻宋諸城堡取房入
漢中進襲四川陷閬州過南部而還遂由金取房遣
鋒三千人破金兵十餘萬于武當山趨均州乘騎浮
渡漢水遇變曲涅率千騎馳白太宗太宗方詣漢水
將分兵應之會變曲涅至即遣慰諭拖雷亟合兵焉

《元史列傳卷二》

拖雷既渡漢金大將合達設伏二十餘萬于鄧州之
西擾隘待之時拖雷兵下蒲四萬及得諜報乃悉留
輜重輕騎以進十二月丙子及金人戰于禹山偽北
以誘之金人不動拖雷舉火夜行金合達聞其且至
退保鄧州攻之三日不下遂將而北以三千騎為殿
刺等率之為殿明旦大霧迷道焉金人所襲殺傷相
當拖雷以札剌失律罷之而以野里朮都忽等諉
幾敗金軍壬辰春合達等知拖雷已比合步騎十五
萬躡其後拖雷按兵遣其將忽都忽等諉以誘之日且暮
令軍中曰毋令彼得休息宜夜鼓譟以擾之太宗時

〔上半〕

亦渡河遺親王口溫等萬餘騎來會天大雨
雪金人僵凍無人色幾不能軍拖雷即欲擊之諸將
請俟太宗至破之未晚拖雷曰機不可失彼脫入城
未易圖也況大敵在前敢以遺君父乎遂奮擊于三
峯山大破之追奔數十里流血被道資伏委積金之
精銳盡於此矣餘衆逃至睢州伏兵起又敗之合達
走鈞州僅遺數百騎蒲阿走汴至望京橋復禽獲之
太宗尋至按行戰地碩謂拖雷曰微汝不能致此捷
也諸侯王進曰誠如聖諭然拖雷之功著在社稷蓋
又指其定冊云爾拖雷從容對曰臣何功之有此天

之威皇帝之福也聞者服其不伐從太宗攻鈞州援
之復合達攻許州又拔之遂從太宗收定河南諸郡
四月由半渡入真定過中都出比口住夏于官山五
月太宗不豫六月疾甚拖雷禱于天地請以身代之
又取巫覡祓除釁滌之水飲焉居數日太宗疾愈拖
雷從之北還至阿剌合的思之地遇疾而薨壽四十
有閏如怯烈氏子十一人長憲宗次四則世祖也憲
宗立追諡曰英武皇帝廟號睿宗二年合祭昊天后
土以太祖睿宗配享世祖至元二年改諡景襄皇帝

裕宗

〔下半〕

裕宗

裕宗文惠明孝皇帝諱真金世祖嫡子也母昭睿順
聖皇后弘吉烈氏少從姚樞竇默受孝經及終卷世
祖大悅設食饗樞等中統三年封燕王守中書令丞
相史天倪入啟食乳母進新衣却之曰吾何事於
是王將入中書署勑每月必再至中書省
省臣所啟等國事也爾宜入與聞之四年兼判樞密
院事至元初省臣奏請王署勑王曰我幼未嘗習祖宗典則
也嘗從幸興和世祖違豫憂形于色夕不能寐聞母
皇后暴得風疾即悲泣衣不及帶而行七年秋受詔

巡撫稱海至冬還京聞謂諸王扎剌忽及從官伯顏
等曰吾屬適有故暇宜各悉乃心慎言所守俾吾聞
之於是撒里蠻曰太祖有訓欲治身先治心欲責人
先責已伯顏曰皇上有訓欺罔盜竊人之至惡一為
欺罔則後雖出善言人終弗信一為盜竊則事雖未
覺心常惴惴若捕者將至扎剌忽曰我祖有訓長者
梢深者底蓋言貴有終始必極其杪深必完其底
不可中輟也王曰皇上有訓母持大心大心一持事
即隳敗吾觀孔子之語即與聖訓合也至王恟陳說
尤多事見恟傳十年二月立為皇太子仍薫中書令

判樞密院事受王冊皇帝若曰咨爾皇太子真金仰
惟太祖皇帝遺訓嫡子中有克嗣繼統者豫選定
之是用立太宗英文皇帝以紹隆丕構自時厥後為
僉同之議乃從燕邸即立爾為皇太子積有日矣今
不顯立冢嫡遠若爭端朕上遵祖宗宏規下協昆第
者儒臣敷奏國家定立儲嗣宜有冊命此典禮也今
遺攝太尉左丞相伯顏持節授爾玉冊金寶於戲聖
武燕謀爾其承奉昆第宗親爾其和協使仁孝顯于
躬行柳可謂不負所托矣尚其戒哉勿替朕命九月
丙戌詔立宮師府設官屬三十有八算起廐士楊恭

《元史列傳卷三》　五

懿于京兆太子嘗有疾世祖臨幸親和藥以賜之遺
侍臣李衆馳祀嶽瀆名山川太子戒其所至郡邑毋
煩吏迎送重擾民也詔以侍親軍萬人盡隸東宮
太子命王慶端董士亨選其驍勇者教以兵法時閱
試焉太子服綾袷為潘所漬命侍臣重加染治侍臣
請織更製之太子曰吾欲織百端非難也碩是物
未澈豈宜棄之東宮香殿成工請鑒石為池如曲通
流觴故事宜弃之太子曰古有肉林酒池爾欲效之耶不
許每與諸王近臣晉射之暇輙講論經典若資治耶不
鑑貞觀政要王恂許偹所述遼金帝王行事要畧下

至武經等書從容片言之間苟有允愜未嘗不為之
洒然改政時侍經幄者如王恂白棟皆朝夕不出東
宮而待制李謙太常宋衢尤加咨訪蓋無間也十八
年正月昭睿順聖皇后崩太子自獵所奔赴勾飲不
入口者終日設廬帳居之命宋衢擇可偹顧問者衢
以郭祐何瑋徐琰馬紹楊居寬何榮祖楊仁風等為
言太子曰是數人者盡為我致之宜自近者始遂召
瑋于易州琰于東平贊善王恂卒太子聞之嗟悼賻
鈔二千五百緡一日碩謂左右曰王贊善善補
未嘗碩惜隨事規正良多裨補今鮮有其四　時阿

《元史列傳卷三》　六

合馬擅國重柄太子惡其姦惡未嘗少假顏色盜知
阿合馬所畏懼者獨太子爾因為偽太子夜入京城
召而殺之及和禮霍孫入相太子曰阿合馬死於盜
手汝任中書塔以何瑋等議省事徐苟或為左司
我當力持之中書詔以何瑋茶省事張苟或沮撓
郎中瑋琰入見太子諭之曰汝等學孔子之道今始
得行宜盡平生所學力行之辟楊仁風于潞州馬紹
于東平復辟楊恭懿同置省中議事以衛輝總管董文
用練達官政與恭懿同置省中按察副使王惲進承
華事署一曰廣孝二曰立愛三曰端本四曰進學五

23-1401

曰擇術六曰謹習七曰聽政八曰達聰九曰撫軍十
曰明分十一曰崇儒十二曰親賢十三曰去邪十四
曰納誨十五曰幾諫十六曰從諫十七曰推恩十八
曰尙儉十九曰戒逸二十曰審官太子聞漢成帝不
絶馳道唐肅宗政絳紗袍爲朱明服大喜曰使吾行
之亦當若古人設戒義固當爾詔割江西龍興路爲
莫名邪萬未必果邪也鉄食之豈遽使人不正邪張
九思對曰萬世之計邢峙止齊太子食邪萬頤宮使
太子分地太子謂左右曰安得治民如邢州張耕者
手誠使之往治俾江南諸郡取法民必安集於是召

宋衜大選署守長江西行省以歲課羨餘鈔四十七
萬緡獻太子恐曰朝廷令汝等安治百姓安能錢
粮何患不足百姓不安錢粮雖多安能自奉乎盡御
之阿里以民官蕭思課司請歲附輸羊三百太子以其
越例罷之祭政劉思敬遣其第思恭以新民百六十
戶來獻太子問民所從來對曰思敬征重慶時所俘
養者太子蹙然曰此屬宜隨所在放遣爲
民毋重失人心爲蒙宣撫司進馬諭歲獻之額即諭
之曰去歲嘗俾勿多進馬恐道路所經數勞吾民也
自今其勿復然二十年春辟劉因于保定因以疾辭

固辟之乃至拜右贊善大夫以吏部郎中夾谷之奇
爲左贊善大夫是時已立國子學李棟宋衜李謙皆
以東宮僚友繼典教事至是命因專領之而以衜等
仍備咨訪章宗時有司論太學生廩費
太多章宗謂養出一范文正公所償頤豈少哉其言
甚善會因復以疾乞去二十二年以長史邢律有尙
爲國子司業中庶子伯必以其子阿八赤入見論令
入學伯必即令其子入蒙古學逾年又見太子問讀
何書其子以蒙古書對太子曰我命汝學漢人文字
耳其亞入胄監遣使辟宋工部侍郎倪堅于開元既

至訪以古今成敗得失堅對言三代得天下以仁其
失也以不仁漢唐之亡也以外戚閹豎宋之亡也以
姦黨權臣太子嘉納賜酒曰景乃罷諭德李謙夾谷
之奇嘗進言曰殿下性凤成關理久熟方遵聖訓
衆決庶務如視膳問安之禮固無待於贊諭至於軍
民之利病政令之得失事關朝廷責在臺院有非宮
臣所宜言者也敬陳十事曰正心曰睦親曰
心臣等不容緘口者也敬陳十事曰正心曰睦親曰
崇儉曰親賢曰幾諫曰戢兵曰尙文曰定律曰正名
曰華敵其論正心有云太子之心天下之本也太子

心正則天心有所屬人心有所繫矣唐太宗嘗言人
主一心攻之者眾或以勇力或以辯口或以諂諛或
以姦詐或以嗜欲輻湊攻之各求自售人主少懈而
受其一則其害有不可勝言者亦不為少須喚醒此
心得則遠近之歡心得矣其論正名華敝尤切中時
尊甲懸殊必恩意俯速然後得盡其歡心宗親之歡
宗親為王室之藩屏人之福固本澄原莫此為切論
挑則宗社生靈之福固本澄原莫此為切論聽
政太子在中書日久明於聽斷四方州郡科徵輸清

造作和市有係民休戚者聞之即日奏罷右丞盧世
榮以言利進太子意深非之嘗曰財非天降安得歲
取嬴乎恐生民膏血竭於此也豈惟害民實國之大
蠹其後世榮果坐罪桑哥素主世榮聞太子有言訖
箝口不敢救至元以來天下臻於太平人材輩出太
子之士德意未嘗衰宋衛目疾賜鈔千五百緡王
行之優禮遇之在師友之列者非朝廷名德則布衣節
磐告老而歸官其婿于東平以終養孔洙自江南入
觀則賣張九恩學聖人之道不知有聖人之後其大
雅不群本於天性中外歸心焉於是世祖春秋高江

南行臺監察御史言事者請襷位於太子太子聞之
懼臺臣寢其奏不敢遽聞而小人以臺臣隱匿乘間
發之世祖怒甚太子愈益懼未幾遂薨壽四十有三
成宗即位追謚曰文惠明孝皇帝廟號裕宗祔于太
廟

顯宗

顯宗光聖仁孝皇帝諱甘麻剌裕宗長子也母曰徽
仁裕聖皇后弘吉剌氏甘麻剌少育於祖母昭睿順
聖皇后日侍世祖未嘗離左右畏慎不妄言言必無
隱至元中奉旨鎮北邊叛王岳木忽兒等聞其至望

風請降既而都阿察八兒諸王遣使求和遽境以寧
嘗出征駐金山會大雪擁火坐帳內歡甚碩謂左右
曰今日風雪如是吾與卿輩猶有寒色彼從士亦人
耳腰弓矢荷刃周廬之外其苦可知遂命饗人大為
肉麋親嘗而徧賜之撫循部曲之暇則命也戒堅以
國語講通鑑戒其近侍太不花曰朝廷以藩屏寄我
事有不逮正在汝輩輔助其或依勢作威不用我命
輕者論遣大者奏聞耳宜各慎之使百姓安業主上
無比顧之憂則子與卿等亦樂處於此乃所以報國
家也二十六年世祖以其居邊日久特命獵于柳林

之地率衆至漵州恐廩膳不均令左右司之分給從
士仍飭其衆曰汝等飲食既足若復侵漁百姓是汝
自取罪戾噬皆如約民賴以安比還觀世祖于
上京世祖命諸王出鎮雲南過中山又明年春
年冬封梁王授以金印出鎮雲南過中山又明年春
過懷孟從卒馬馳之屬不下千百計所至未嘗橫取
韓幹及軍馬達達國土更鑄晉王金印授之中書
省臣言于世祖曰諸王皆置傅今晉王守太祖肇基
之地視諸王宜有加請置內史世祖從之以比安

王傅禿歸梁王傅木八剌沙雲南行省平章賽陽並
爲內史明年置內史府又明年世祖崩晉王聞訃奔
赴上都諸王大臣咸在晉王曰昔皇祖命我鎮北
方以衛社稷父歷事頗服厥職毋弟鐵木耳仁孝
宜嗣大統於是成宗即位而晉王復歸藩即元貞
元年塔塔兒部年穀不熟徵宣徽院賑之又荅剌
民飢請朝廷賑之詔賜王鈔千萬貫及銀帛有差
太后復以雲南所貢金器遣杂年來賜是歲冬奉詔
以知樞密院事阿里罕爲內史
大德二年詔給秋米五百石五年成宗以邊士貧乏

分給鈔一千萬貫六年正月乙巳王薨年四十王薨

性仁厚御下有恩元貞初藩臣屬官審伯年老請以
其子代之內史言於王王曰惟天子所命其自守如
此故尤爲朝廷所重然尚浮屠命僧作佛事歲耗
財不可勝計也孫帖木兒以嗣晉王即皇帝位諡武
哥兒不花王薨後十年仁宗即位諡王獻武又十一
年英宗遇弒王薨孫帖木兒以嗣晉王即皇帝位追尊
曰光聖仁孝皇帝廟號顯宗祔享太室又六年文宗
即位乃毀其廟室

順宗

順宗昭聖衍孝皇帝諱荅剌麻八剌裕宗第二子也
母曰徽仁裕聖皇后弘吉剌氏至元初裕宗爲燕王
荅剌麻八剌生于燕邸明年詔裕宗居潮河八月召
至京師凡乘輿巡幸及歲時朝賀未嘗不侍裕宗以
行稍長世祖薨荅剌麻八剌以皇孫鍾愛兩宮優
二十二年裕宗薨荅剌麻八剌以皇孫鍾愛兩宮優
其出閤之禮二十八年始詔出鎮懷州以侍衛都指
揮使梭都尚書王倚從行至趙州以疾召還明年春
者民遮訴于道荅剌麻八剌杖從卒以懲衆遣王
倚入奏世祖大悅荅剌麻八剌未至以疾召還明年
春世祖北幸

23-1404

留治疾京師越兩月而薨年二十有九子三人長曰
阿木哥封魏王郭出也妃所生者曰海山是為武宗
曰愛育黎拔力八達是為仁宗大德十一年秋武宗
即位追諡曰昭聖衍孝皇帝廟號順宗祔享太廟

列傳卷第二

后妃二

晉宗顯懿莊聖皇后，名唆魯帖尼，怯烈氏，生子憲宗、
世祖，相繼為帝。至元二年，追上尊諡莊聖皇后，升祔
晉宗廟。至大二年十二月，加諡顯懿莊聖皇后。三年
十月，又上玉冊，其文曰：祖功宗德，稱誅於天，內則聞
以增佐定之光，下以伸通追之孝。欽惟莊聖皇后，英
儀受成於廟，行之大者名必顯，恩之隆者報則豐。上

明溥博聖善柔嘉尊儷，景襄陰教純被逮事，光獻婦
職勤修勲著，於承天祥兩占於蹇，日跡聖緒洪源
之有漸，知深仁厚澤之無垠。玄符肇自塗山，顧前徽
之未稱著，鎔興於文母，豈後嗣之能忘，是用奓攷尋
經，丕揚景鑠，縟繹慈之詛，形容青史之規謹遺攄。
太尉某奉玉冊玉寶，加上尊諡曰顯懿莊聖皇后。伏
惟晉靈昭毗，鑒格禮嚴，閟宮樂歌夷則，億萬斯年承
休無斁。

裕宗徽仁裕聖皇后伯藍也怯赤，一名闊闊真，弘吉
剌氏，生順宗、成宗。先是，世祖出田獵，道渴，至一帳房

見一女子緝駝茸，世祖從覓馬渴，女子曰：馬渴有之，
但我父母諸兄皆不在，我女子難以與汝。世祖欲去
之，女子又曰：我獨居此，汝自去於理，我父
毋即歸，姑待之。頃史果歸，出馬渴飲，世祖既去，諸臣
嘆息曰：得此等女子為人家婦，豈不美耶。後者之言，
知其未許嫁，言于世祖俱曰有一老臣嘗知向者之
謀擇太子妃，世祖大喜，納為太子妃。后性
孝謹，善事中宮，世祖每稱之為賢德媳婦。侍令柔軟，
聖皇后不離左右，至溷廁所用紙，亦以面擦令柔軟
以進。一日裕宗有疾，世祖視見狀，上設織金臥褥，

世祖慍而語之曰：我嘗以汝為賢，何乃若此耶。后跪
吾曰：常時不曾敢用，今為太子病，恐有濕氣，因用之。
即時徹去。世祖崩，成宗至上都，諸王畢會。先是御史
中丞崔彧得玉璽于木華黎國王曾孫世德家，其文
曰：受命于天，既壽永昌。上之于后，至是后手授成宗
即皇帝位，尊后為皇太后。冊文曰：自家而國，治道必
有所先，立愛惟親，君德莫先於孝，況恩深於鞠我，而
禮重於正名。歷代以來，令儀可考，人子之職所在，天
下之母宜尊。恭惟聖母善本乎天資，靜專法乎地道，
上以奉宗祊之重，下以敘倫紀之常，助我前人守卷

耳憂勤之志保予冲子成恩齊雍肅之風肆神器之
有歸知孫謀之素定昇付雖由於曆數規摹一出於
庭闈是用率籲羣心章明鉅度不勝拳拳大願謹奉
冊寶上尊稱曰皇太后伏惟長信穆穆周宗綿綿備
洛書之錫福繁慈極之儀天瑤圖寶運於萬斯年命
設官屬置徽政院後宮官有受獻浙西田七百頃籍
於位下太后曰我寡居婦人衣食自有餘況江南率
土皆國家所有我曷敢私之即命中書省盡易院官
之受獻者后之弟欲居后求官后語之曰若欲求官
耶汝自爲之勿以累我也其後弟東被黜人皆服后

之先見大德四年二月崩祔葬先陵諡曰裕聖皇后
升祔裕宗廟至大三年十月又追尊諡曰徽仁裕聖
皇后
顯宗宣懿淑聖皇后名普顏怯里迷失弘吉剌氏顯
宗居晉邸納爲元妃生泰定帝泰定元年追尊宣懿
淑聖皇后其冊文曰祗纘皇圖方弘仁孝之化追崇
聖母永懷鞠育之恩匪建鴻名疇彰厚德欽惟皇妣
晉王妃弘吉剌氏淑伴周姒賢邁虞嬪儷我先王格
守瑩基之地昭其懿範益恢正始之風順坤道以承
乾炳月輝以週日陰功久積衍聖緒於無疆神器攸

歸知慶源之有自仰徽音之如在慨至養之莫加丰
選休辰爰脩縟典謹遣攝太尉其奉玉冊玉寶上尊
諡曰宣懿淑聖皇后伏惟淑靈在上式垂鑒臨合享
太宮永錫繁祉升祔皇考顯宗廟天曆初復祧顯宗
廟祀
順宗昭獻元聖皇后名荅己弘吉剌氏按陳孫渾都
帖木兒之女裕宗居燕邸及潮河順宗俱在侍稍長
世祖賜女侍郭氏後乃納后爲妃生武宗及仁宗大
德九年成宗不豫卜魯罕皇后秉政仁宗母子出
居懷州十年十二月后至懷州十一年正月成宗崩

時武宗總兵北邊左丞相荅剌罕哈剌哈孫陰遣使
報仁宗與后奔還京師后與仁宗入內哭復出居舊
邸朝夕入莫即遣使迎武宗還以五月即位先是太
后以兩太子星命付陰陽家推算閒所宜立對曰重
光大荒落有災旛蒙作䈍長父重光爲武宗生年旃
蒙爲仁宗生年太后頗惑其言遣近臣朵耳諭旨武
宗曰汝兄第二人皆我所出豈有親疎陰陽家所言
運祚脩短不容不思也武宗聞之默然進康里脫脫
而言曰我捍北邊十年又俶次居長太后以星命爲
言茫昧難信使我設施合於天心民望雖一日之短

亦足垂名萬世何可以陰陽家言而乖祖宗之託哉

脫以聞太后愕然曰脩短之說雖出術家吾為太
子速應所以深愛太子也太子既如是言今當速來
耳詳見康里脫脫傳中五月武宗既立即日尊太后
為皇太后立仁宗為皇太子三宮協和十一月帝朝

太后于隆福宮上皇太后玉冊玉寶至大元年正
月太后幸五臺山作佛事詔高麗王璋從之四月立
興聖宮江淮財賦總管府以司太后錢粮三年二月
以上皇太后尊號告祀南郊四月以興聖宮鷹坊等

戶四千分處遼陽建萬戶府統之十月戊申帝率皇
太子諸王群臣朝興聖宮上皇太后尊號冊寶曰儀
天興聖慈仁昭懿壽元皇太后上皇太后庚戌后恭謝太廟以
皇太后受尊號詔赦天下四年仁宗即位延祐二年
三月帝率諸王百官奉玉冊玉寶加上皇太后尊號
曰儀天興聖慈仁昭懿壽元全德泰寧福慶皇太后
延祐七年英宗即位十二月上尊號太皇太后冊文

云王政之先無以加孝人倫之本莫大尊親肆予臨
御之初首舉推崇之典恭惟太皇太后陛下仁施溥
博明燭幽微爰自居淵潛之宮已有母天下之望方

武宗之北狩適成廟之賓天旋克振於乾綱諒再安
於宗祐雖有在躬之歷數寔司創業之艱難儀式表
於慈闈動恊謀於先帝莫宪寔扶日之妙夙如扶日之
躬列德邁逾塗山功高文母是宜加於四字式衍於
心萬歲千秋願求膺於善頌丙辰太后御大明殿受
懿壽元全德泰寧福慶徽文崇佑太皇太后於戲茲
徽稱謹奉玉冊玉寶加上尊號曰儀天興聖慈仁昭
朝賀戊辰告太廟太后見明宗少時有英氣而英宗

稍柔懦諸群小以立明宗必不利於已遂擁立英宗
及既即位太后來賀英宗毅然見於色后退而悔
曰我不擬養此兒耶遂飲恨成疾至治三年二月崩
升祔順宗廟配食后性聰慧歷佐三朝教宮中侍女
皆執治女功親操井臼然不事檢飭自正位東朝溺
門紐隣及時宰迭木帖兒相率為奸以至簧辱平章
悉益甚內則黑驢母亦烈失八用事外則幸臣失烈
張珪等濁亂朝政無所不至及英宗立群倖伏誅而
後勢骸頓息焉

傳卷第三

翰林學士朝奉大夫知制誥兼修國史臣宋濂翰林待制兼直同知制誥兼國史院編修官王褘等奉

勅修

別里古台

宗王別里古台者烈祖之第五子太祖之季弟也天
性純厚明敏多智略不喜華飾軀幹魁偉勇力絕人
幼從太祖平諸部路掌從馬國法常以腹心遇敗則
牽從馬其子孫景多居厥近太祖行在所南接按只
台營地嘗從太祖宴諸部族或潛圖害別里古台以
刀斫其臂傷甚帝大怒欲索而誅之別里古台曰今

【元史列傳卷四　一　周東上】

將舉大事於天下其可以臣故而生釁隙哉且臣雖
傷甚幸不至死請勿治帝尤賢之當創業之初征取
諸國王未嘗不在軍中摧鋒陷陣不避艱險帝嘗曰
有別里古台之力哈撒兒之射此朕之所以取天下
也其見稱如此嘗立爲國相又長扎魯火赤別授之
印賜以蒙古百姓三千戶及廣寧路恩州二城戶一
萬一千六百三以爲分地又以幹難怯魯之地建營
以居江南平加賜信州路及鈆山州二城戶一萬八
千王薨子曰罕禿忽曰速不花曰溫不花罕禿
忽性剛猛知兵從憲宗征伐多立戰功及攻釣魚山

而還道由河南招來流亡二百餘戶悉以入籍罕禿忽
子曰霍歷極以疾廢不能軍世祖俾居千恩以統其
藩人至大三年霍歷極薨子塔出嗣塔出性溫厚謙
恭好學通經史能撫恤其民云也速不花子曰爪都
中統三年始以推戴功封廣寧王至元十三年賜銀
印口溫不花領兵河南屢建大功子曰減里吉台龔

吉剌台

木赤

木赤者太祖長子也國初以親王分封西比其地極
遠去京師數萬里驛騎急行二百餘日方達京師以

【元史列傳卷四　二　周東】

故其地郡邑風俗皆莫得而詳焉木赤薨子拔都嗣
拔都薨弟撒里荅嗣撒里荅薨弟爪都嗣爪都忙
哥帖木兒薨弟脫脫忙哥帖木兒薨弟脫脫
脫脫薨弟伯忽嗣伯忽薨弟月即別嗣至元二年月
即別遣使來求分地歲賜以賑給軍站京師元無所
領府治三年中書請置總管府給正三品印至大元
年月即別薨子札忽別嗣其位下舊賜平陽晉州永
州分地歲賦中統鈔二千四百定自至元五年已卯
歲始給之

禿剌

秃剌太祖次子察合台四世孫也少以勇力聞大德

十一年春成宗崩左丞相阿忽台等潛立安西王
阿難答而推皇后伯岳吾氏稱制中外洶洶仁宗歸
自懷孟引秃剌入內縛阿忽台等以出誅之大事遂
定武宗即位第功封越王錫金印以紹興路為其分
地秃剌居常快快有怨望意至大元年秋武宗幸涼
亭將御舟秃剌止之帝曰爾何如免未得未可遽
止此蓋國俗儕輩相靳之語而秃剌言之武宗由是
銜焉既而大宴萬歲山秃剌醉起解其腰帶擲諸地

〈元史列傳卷四〉　三　周東

真目謂帝曰爾與我者止此爾帝益疑其有異志二
年春命楚王牙忽都丞相脫脫平章赤因鐵木兒鞫
之辭遂伏誅子西安王阿剌忒納失里天曆初以
推戴功進封豫王

牙忽都

牙忽都祖父撥綽宗麻子也母曰馬一寶
乃馬真氏撥綽驍勇善騎射憲宗命大將軍北征欽
察有功賜號拔都歲丁巳分土諸侯王賜蠡州三千
戶薛必烈傑兒薛必烈傑兒娶弘吉剌氏生牙忽都牙
三百四十七戶為其食邑

忽都年十三世祖命襲其祖父統軍至元十二年從
安西王比征十三年失列吉叛遣人誘脅之牙忽都
不從事王益忠謹八魯渾技都兒粘闇與海都通相
舉引去王遣牙忽都將兵追之擒八魯渾等獻未
幾失列吉約木忽兒等反以兵攻王脫帖
木兒生致牙忽都使失列吉牙忽都與王親
臣那台等謀逃歸事覺那台等被殺復繫牙忽都困
辱俟至十四年兀魯台伯顏帥師討叛失列吉
木忽兒迎戰牙忽都脫帖木兒禿剌哈亂其
陣失列吉軍亂因得脫走見帝鬚髮盡白帝閔之

〈元史列傳卷四〉　四　東山

賚甚厚至元十八年加封來陽州五千三百四十七
戶二十一年命與禿禿哈同討海都牙忽都先進遇
得謀人知其虛實直前衝敵陣破其精兵海都敗走
甲弓矢其後比安王駐帖木兒河王乃以功詔賜鈔幣鎧
圖也不堅引兵趨怯綠憐河大帳闊闊出禿禿
哈率眾追之那懷之民樓攘不知所從牙忽都將三
百騎進至阿赤怯地會王帳下遜篤邑部兵逃去牙
忽都諭之使還時怯必禿禿忽兒霍台誘蒙古軍二萬
從乃頹牙忽都知之夜襲其河上軍突入帳中遇忽

都城堅築養之間道逸去二十七年海都入寇時
孫兒柔哈方居守大帳詔遣牙忽都同力備禦軍未
戰而潰牙忽都與其子脫列帖木
兒忽兒明理帖木兒所掠牙忽都不思哈剌鞘上悉為藥
兒相失獨與十三騎奔還世祖撫慰歎特厚復命脫列帖木
相桑哥家財分賜之仍各賜白金五十兩珠子一酒
里忽徹徹不花性剛命其部屬同時被剽掠者以故
厄鈔幣稱是又命牙忽都常侍左右武宗撫
命掌大帳固辭成宗立命牙忽都

兵潰北請以子脫列帖木兒從大德五年海都篤哇
合軍入寇列帖木兒將兵千人擁護先後力戰功
多在軍十年成宗崩安西王阿難答與明理帖木兒
窺覦神器牙忽都曰世祖皇帝之嫡孫在神器所當
屬安西藩王也入繼非制武宗即位以其父子勞效
忠勤益厚遇之進封楚王賜金印置王傅以馬馬都
尉都剌哈之女弟弘吉烈氏爲楚王妃又以叛王察八
兒親屬賜之脫列帖木兒襲封鎮遠王至大三年察八
八兒來歸宗親皆會牙忽都進曰太祖皇帝削平四
方惟南土未定列聖嗣位未遑統一世祖皇帝混一

四海顧惟宗室諸王弗克同堂而燕令陛下洪福齊
天技都罕之高首已附順叛王察八兒舉族來歸人
民境土悉爲一家地大物衆有可恃者焉有不可恃
者爲昔我太祖有訓世祖詔之世祖嘗有聞治亂國者
冝以法齊之所以辨上下定民志令請有以整飭
則人將有所勸懲惟陛下鑒之帝嘉納其言以整飭
其後故號人民貲帑悉歸之脫列帖木兒薨子八都
薨仁宗命脫列帖木兒嗣楚王延祐中明宗西出脫
列帖木兒坐累徙西番沒入其家貲之半明宗西出脫
制曰脫列帖木兒何罪其轉徙籍沒豈不以我故耶

兒立八都兒薨有子三人曰燕帖木兒曰速哥帖木
兒曰柔羅不花燕帖木兒嗣時年十有二如弘吉剌
氏哈剌不兒駙馬之女孫速哥失里皇后之從妹也

寬徹普化

寬徹普化世祖之孫鎮南王脫歡子也泰定三年封
威順王鎮武昌賜金印撥付怯薛丹五百名又自募
至一千名設王傅官屬湖廣行省供億錢糧衣襄歲
支米三萬石錢三萬二千錠又日給王子諸妃飲膳
文宗天曆初賜寬徹普化縱怯薛等官侵奪民利民頗
仍鎮湖廣而寬徹普化

患苦之至元五年太師伯顏矯制召赴京貶之及脫
脫為相始明其無辜命復還鎮至正二年湖北廉訪
司料言寬徹普化恃以宗室恣行不法不報十一年
徐壽輝為亂起蘄黃寬徹普化與其子別帖木兒昏
帖木兒引兵至金剛臺壽輝偽將鄒普勝陷武昌寬徹普化
帖木兒十二年壽輝偽將倪文俊敗之執別
與湖廣行省平章和尚棄城走詔追奪寬徹普化印
而誅和尚十三年湖廣行省參知政事阿魯輝克復
武昌及漢陽寬徹普化復率領王子幵本部怯薛丹
屢討賊立功十四年詔寬徹普化復鎮武昌還其印

十六年命寬徹普化與宣讓王帖木兒不花以兵鎮
遇懷慶各賜黃金一錠白金五錠幣帛九四鈔二十
錠未幾復還武昌命其子報恩奴接待奴佛家奴以
大船四十餘隻水陸並進至沔陽攻徐壽輝偽將倪
文俊且載妃妾以行兵至漢川縣雞鳴汊水淺船閣
不能行文俊以火筏盡焚其船接待奴佛家奴皆遇
害而報恩奴自死妃妾皆陷寬徹普化自雲南經蜀轉戰而
五年侯至成州伯顏荅失奉寬徹普化走陝西二十
去至成州于成州欲之京師李思齊以没其子曰和
俾屯田于成州以没其子曰和尚者封義王侍從順

帝左右多著勞劬帝出入常與俱至正二十四年李
羅帖木兒稱兵犯闕遂為中書右丞相總握國柄恣
為淫厲和尚心恣其無君數為帝言之受密旨與儒
士徐士本謀交結勇士上都馬金那海伯顏達兒帖
古思不花火你忽都洪寶寶黃哈剌八禿龍從雲陰
圖刺字羅帖木兒忽都以事濟放鴿鈴為驍徐士本
掌之明年七月李羅帖木兒入奏重行至延春閣李
上都馬等競前斫死之詳見字羅帖木兒傳二十八
年順帝將北奔詔淮王帖木兒不花監國而以和尚
佐之及京城將破即先遁不知所之

帖木兒不花

帖木兒不花世祖孫鎮南王脫歡第
第九子脫歡以討安南無成功終身不許見遂封鎮
南王出鎮楊州脫歡薨子老章襲封鎮南王老章薨
弟脫不花乃嗣為鎮南王文宗天曆初賜帖木兒不
木兒不花襲封鎮南王脫歡請以其位復還字羅帖
花巳長帖木兒不花請以其位復還字羅帖木兒不
花黃金五十兩白金五十兩幣三十四二年李羅不
以其讓而不居也改封宣讓王賜金印移鎮於廬州

順帝至元元年撥廬州饒州牧地一百頃賜之二年

賜市宅錢四千錠命其王府官凡班次列于有司之

右五年伯顏擅權矯制黜帖木兒不花及威順王寬

徹普化至脫脫為相始言于帝明此兩王者皆無辜

詔令復還鎮至正十二年廬州境内賊起淮西廉訪

使陳思謙言于帖木兒不花曰玉以帝室之胄鎮撫

淮甸豈耳坐視且府中官屬及怯薛丹人等數甚多

必有可使摧鋒陷陣者惟王圖之帖木兒不花大悟

其言曰此吾責也即命以所部兵及諸王乞塔歹等

分道擊賊撟其渠帥廬州境内皆平帝聞之賜金帶

銀鈔以賞其功十六年命帖木兒不花與寬徹普化

以兵鎮遏懷慶路賜金銀各一錠幣帛九四鈔二十

錠既而波潁之寇南渡淮帖木兒不花復以便宜調

苟陂屯軍拒之及廬州不守乃挈身北歸留京師二

十七年進封淮王賜金印設王傅等官二十八年

大明兵逼京師順帝北奔詔以帖木兒不花監國而

揉慶童中書左丞相輔之俄而城破帖木兒不花死

之年八十三

翰林學士承旨榮祿大夫知制誥兼修國史宋濂等奉
敕修　　　　　國子監修官王禕等撰

特薛禪

特薛禪姓孛思忽兒弘吉剌氏世居朔漠本名特因
從太祖起兵有功賜名薛禪故無稱回特薛禪女曰
孛兒台太祖光獻翼聖皇后子曰按陳從太祖征伐
凡三十二戰平西夏斷潼關道取回紇尋斯干城皆
與有功歲丁亥賜國號國男按陳那顏壬辰賜銀印封
河西王以統其國族丁酉賜錢二十萬繒有旨弘吉

《元史列傳卷五》一

剌氏生女世世以為后生男世世尚公主每歲四時孟月
聽讀所賜旨世世不絕又賜所俘獲軍民五千二百
仍授萬戶以領之按陳薨葬官人山元貞元年二月
追封濟寧王諡忠武妻哈真追封濟寧王妃子幹陳薨
歲戊戌授萬戶尚曆宗女也速不花公主幹陳薨
不海韓弟納陳淮甸丁巳襲萬戶
又從世祖南沙淮甸下大清口獲船百餘艘又率兵
平山東濟兗畢等州及阿里不哥歡幹羅陳等十人自從至于
王北伐以其子哈海魯與阿里不哥之黨八兒哈八兒思寺
莘來由失木魯與阿里不哥之黨八兒哈八兒思寺

戰追北至李羅克禿復戰自旦及夕斬首萬級僵尸
被野薨葬末懷禿幹羅陳襲萬戶尚完澤公主完澤
公主薨繼尚襄加真公主至元十四年薨葬拓剌里
無子弟曰帖木兒至元十八年襲萬戶二十四年乃
顏叛從帝親征以功封濟寧郡王賜與諸王及統兵官王
速帖木兒等率兵討之由龜剌兒河與哈丹禿魯干
戰至惱木連河殲其眾帝賜名按察兒禿那顏以旌
其功薨葬末懷禿子二人長曰琱阿不剌次曰桑哥
不剌皆紹至元二十七年以其弟璽子台襲萬戶亦

《元史列傳卷五》二

尚襄加真公主成宗即位封皇姑魯國大長公主以
金印封璽子台為濟寧王奉旨率本部兵討叛王海
都篤哇既與之遇方約戰行伍未定單騎突入陣中
往復數四敵兵大擾一戰遂大捷時武宗在藩邸統
大軍以鎮朔方有旨令璽子台襲萬戶
武守薨來以遏北方襄加真公主薨年五十有二大德十一年三
哥不剌公主長子琱阿不剌襲萬戶尚祥哥剌吉公主
月按荅兒金印加封魯王至大
六月封大長公主璽子台阿不剌金印加封魯王至大
二年賜平江稻田一千五百頃皇慶間加封皇姑大

長公主天曆間加號皇姑徽文懿福真壽大長公主

至大三年琱阿不剌薨末懷玩阿里琱阿

不剌嫡子也至大三年甫八歲襲萬戶四年七月襲

封魯王琱阿不剌之弟阿里嘉室利琱阿

至順間封桑哥兒只班號肅雅賢寧公主桑哥不剌者

皇旨養于幹可珍公主時奉旨尚普納公主至順間

魯王琱阿不剌之子阿里不剌金印封鄆安王職千

戶元統元年授萬戶二年三月加封鄆安公主號皇

元史列傳卷五
三
次子英

姑大長公主加封桑哥不剌魯王以疾薨年六十一

此皆以駙馬爵者也唆兒火都者亦按陳之

子以從征功在太祖朝遙受左丞相為千戶仍賜以

達金銀章及金銀字海青圓符五驛馬券六其子曰

阿哈駙馬當憲宗朝嘗寧兵破徐州以功受賞黃金

一鋌白金萬戶所受驛券皆仍其舊九唆兒火

詔弘吉剌萬戶所受之而唆兒火都之諸孫若李羅沙

都所受者宜皆以阿哈千戶

伯顏聲子添壽不花大都不花掌吉等及阿哈千戶

之孫曰也達達兒與按陳之弟名冊者在太祖世授

官本藩蒙古軍站千戶冊之子曰哈兒孫以平金

功賜號按都兒哈兒孫之孫曰都羅兒至元四年

授光祿大夫以銀章封懿國公有脫憐者亦按陳之

裔孫也世祖授本藩千戶仍賜驛圓符各四令以

兵守朔土之怯魯連二十四年從族父按荅兒進不剌嗣

叛王乃顏有功亦賜號按都兒脫憐辛子買買

李羅帖木兒嗣以金章封毓德王字羅帖木兒薨買

住罕孫帖木兒嗣以金章封毓德王字羅帖木兒薨

裔孫尚台忽魯都公仁宗朝封安逺王以兵守莽

来有荅兒罕者亦特薛禪之裔孫也以從軍功世祖

亦賜以按都兒之號加賜黃金一鋌其子曰不只兒

從征乃援禽其黨金家奴帝賞以金帶其後有曰伯

奢者即其孫也又按陳之孫納合尚太宗次唆兒哈罕

公主火忽之孫不只兒尚斡罕可真公主又特薛禪諸

孫有名脫羅禾者不尚不魯罕公主繼尚闊闊倫公主

此皆尚公主為駙馬者也九其女之為后者自光獻

翼聖皇后以降憲宗貞郎皇后諱忽都台及后妹也速

兒皆按陳從孫忙哥陳之女世祖昭睿順聖皇后諱

察必濟寧忠武王按陳之女其諱帖古倫者按陳孫

脫憐之女諱喃必冊繼守正宮者納陳孫僆童之女
成宗貞慈靜懿皇后諱普顏怯里迷失者按陳之女也順
宗昭獻元聖皇后諱答吉大德十一年十一月上尊號曰武宗
冊上皇太后至大三年十月加上尊號曰儀天興聖慈
仁昭懿壽元皇太后諱真哥脫
孫渾都帖木兒之女武宗宣慈惠聖皇后諱真哥脫
儀天興聖慈仁昭懿壽元全德泰寧福慶皇太后則按陳
祐七年又加徽文崇祐元宗延祐二年加上尊號曰
慈仁昭懿壽元皇太后仁宗延
憐子迸不剌之女其諱速哥失里者按陳孫罕留察兒之女
只兒之女泰定皇后諱八不罕按陳孫罕留察兒之女

其諱必罕諱速哥答里者皆脫憐孫買住罕之女文
宗皇后諱不答失里瑂阿不剌魯王之女此則弘吉
剌氏之為后者也初弘吉剌氏族居苦烈兒溫都
兒斤迭烈木兒斤也里古納河之地歲甲戌太祖在迭
蔑可兒時有旨分賜按陳及其弟火忽冊等農土
兒為農土申諭按陳曰是苦烈兒溫都兒斤腦兒迭
猶言界也若分賜按陳及哈撒兒及哈赤溫及
歲可兒等地汝則居之諭冊曰阿剌忽馬乞迺東蒜
吉納禿山木兒速拓哈海罕連直至阿只兒忽溫都
哈老哥魯等地汝則居之當以胡盧忽兒河北為鄰

按赤台為界又諭火忽曰哈老溫迺東塗河潢河之
開火兒赤納慶州之地與亦乞列思為鄰汝則居之
又諭按陳之子唆魯火都曰以汝父子能輸忠于國
可木兒溫都兒迺東絡馬河至于赤山塗南與
國民為隣汝則居之至元七年幹羅陳萬戶及其
北三百里咎兒海子定本藩所受農土之地可建城邑以
妃襄元貞元年濟寧王蠻子台亦尚襄加真公主復與
居帝從之遂名其城為應昌府二十二年改為應昌
路元貞元年濟寧王蠻子台亦尚襄加真公主復與
公主請於帝以應昌路東七百里駐冬之地興建城

邑複從之大德元年名其城為全寧路弘吉剌之分
邑得任其陪臣為達魯花赤者有濟寧路及濟寧單
三州鉅野鄆城金鄉嘉祥磁陽寧陽曲阜泗水一十六縣此丙
沛縣單父之所賜也至元六年陸古濟寧州為濟寧府十八
年始陸之所賜而濟兖單三州隸焉又汀州路長汀寧
化清流武平上杭連城六縣此至元十三年之所賜
也又有永平路灤州盧龍遷安撫寧昌黎石城樂亭
六縣此至大二年所賜也其應昌全寧等路則自達魯
頓則至大二年所賜也其應昌全寧等路則自達魯

花赤總管以下諸官屬皆得專住其陪臣而王人不與
馬此外復有王傅府自王傅六人而下其群屬有錢
粮人匠鷹房軍民軍站管田稻田烟粉千戶總管提
舉等官以署計者四十餘員計者七百餘人可得
而稽攷者也其五戶絲金鈔之數則丙申所賜汀州
寧路之三萬戶至元十八年所賜汀州路之四萬戶
然以斤計者歲二十二百有奇鈔以錠計者歲一千
六百有奇此則所謂歲賜者也

李忽亦乞列思氏善騎射太祖嘗潛遣术兒徹丹出

李忽

元史列傳卷五　七

使至也兒古納河李忽知其為帝所遣值日暮因留
止宿殺羊以享之术兒徹丹馬疲乏後假以良馬及
遷李忽待之有加术兒徹丹其以白帝帝大喜許妻
以皇妹帖木倫李忽宗族乃遣也不堅歹等詣太祖
因致言曰臣聞威德所加若雲開見日春風解凍喜
不自勝帝問李忽葦畜幾何也不堅歹對曰有馬三
十疋請以馬之半為聘禮帝方欲取天下汝亦以
商賈夫昔人有言同心實難朕方何以財為竟以
列思之民從李忽劾忠於我可也等以兵三萬入
妹妻之既而术赤刺歹札木哈脫也

冠李忽聞之遣波㮤歹磨里忽來告乃興哈剌里
札剌兀塔兒哈泥等討脫也等掠其民乃
蠻叛帝召李忽以兵至大戰敗之皇妹薨復妻以皇
女火魯帝召李忽以兵八台之子也可忽林圖帶弓
矢也帝令李忽與之敵哈兒八台曰吾兒豈能為人臣僕乎列等拒戰於
為也帝令李忽與之敵哈兒李忽直前擒月列剌殺也可忽林圖哈兒八
碙圖河李忽直前擒月之盡殺其衆從太師國王木華
台走渡拙赤碼東西以功封冠二州從征西夏薨病贈
黎略地遼東以功封太師開府儀同三司駙馬都尉
推忠宣力佐命功臣太師開府儀同三司駙馬都尉

元史列傳卷五　八

上柱國進封昌王謐忠武子鎖兒哈襲爵
鎖兒哈事太宗興木華黎取嘉州降其民遣伯秃兒
哈拙赤碼來獻捷帝曰若父宣力國家朕昔見之今
命親王安赤台以女也孫真公主妻之薨贈推誠靖
宣佐運贊治功臣太師開府儀同三司駙馬都尉
惠宗皇后子札兒赤安秃公主生女是為
以疾薨鎖兒哈娶皇子闊出討萬奴有功太宗
鎖兒哈克兒前烈賜以金帶七寶鞍召至中都
柱國襲封昌王謐忠靖札忽兒臣有子二人長月列
台要皇子賽因主卜女哈答罕公主生脫別台興乃

顏戰有功次忽憐

忽憐尚憲宗女伯牙魯罕公主後脫黑帖木兒叛世
祖命忽憐與失列及等討之大戰終日脫黑帖木兒
敗走帝嘉之復令尚憲宗孫女不蘭奚公主宋平封
以廣州乃顏聲剌哈兒叛世祖親征薛徹堅等與哈
剌軍屢戰帝令忽憐至值薛徹堅等戰于程火失溫
之地哈答罕軍衆甚盛忽憐以兵二百迎敵敗之哈答
軍等走度猱河還其業兌踰年夏帝命忽憐復征之
至曲列兒塔兀兒二河之間大戰其衆皆度塔兀河
道去余百人逃匿山谷忽憐即率兵二百徒步追之

《元史列傳卷五》

九 子荚

薛徹堅止之曰彼亡命者安得徒行忽憐不聽徃殺
其衆薛徹堅以聞賜金一鋌銀五鋌又踰年復徃征
之興哈答罕過于兀剌河忽憐夜率千人潛入其軍
盡殺之帝賜劍五萬貫金一鋌銀十鋌忽憐薨刵劾
忠保德輔運佐理功臣太師開府儀同三司刵馬都
尉上柱國追封昌王謚忠宣子阿失于海都帝遣晉
王甘麻剌并武宗師討之大德五
年戰哈剌答山阿失射篤哇中其膝擒殺甚多篤哇
號哭而道武宗賜之衣成宗加賜珠衣封爲昌王置
王府官屬仁宗朝復賜以寧昌縣稅入阿失尚成宗

女亦里哈牙公主後尚憲宗魯孫女買的公主阿失
薨子八剌失里襲封昌王忽憐從弟不花尚世祖女
兀魯真公主其弟鎮即哈答娶皇子忙哥剌女奴兀倫
公主生女是爲武宗仁獻章聖皇后寔生明宗

阿剌兀思剔吉忽里

阿剌兀思剔吉忽里
遠祖卜國世爲部長金源氏塹山爲界以限南北阿
剌兀思剔吉忽里以一軍守其衝要時西北有國曰
乃蠻其主太陽可汗遣使來約欲相親附以同攻朔
方部衆有欲從之者阿剌兀思剔吉忽里弗從乃執

《元史列傳卷五》

十 子荚

其使奉酒六尊具以其謀來告太祖時朔方未有酒
太祖飲三爵而止曰是物少則發性多則亂性使
酬以馬五百羊一千遂約同攻太陽可汗阿剌兀思
剔吉忽里先期而至既平乃廬從下中原復爲鄉導
南出界垣太祖留阿剌兀思剔吉忽里歸鎮本部爲
其部衆昔之異議者所殺長子不顏昔班併死之其
妻阿里黑妻幼子孛要合與姪鎮國逃難夜遁至界
垣吉守者繼城以登因避地雲中太祖既定雲中聘
求得之賜與甚厚乃追封阿剌兀思剔吉忽里爲高
唐王阿里黑爲高唐王妃以其子孛要合尚幼先封

其姪鎮國爲比平王鎮國薨子轟古台襲爵尚膺宗
女獨木干公主略地江淮薨于軍賜興州民千餘戶
給其衆牟要合窈從攻西域還
別吉公主公主明厲有智略車駕征伐四出嘗使留
中軍國大政諮禀而後行師出無內顧之憂公主爲
力居多牟要合薨後公主視之皆
如已出牟要合薨追封高唐王諡武毅後加贈宣忠
協力翊衛果毅功臣太傅儀同三司上柱國駙馬都
尉追封趙王公主阿剌海別吉追封皇祖姑齊國大

長公主加封趙國子君不花尚定宗長女葉里迷失
公主愛不花尚世祖季女月烈公主中統初總兵討
阿里不哥敗闕不花於按檀火爾歡之地三年圍李
璮于濟南獨當一面事平又從征西比敗叛王之黨
搬里霸子孔古烈愛不花卒子闊里吉思
闊里吉思性勇毅習武事尤篤於儒術築萬卷堂於
私第日與諸儒討論經史性理陰陽術數靡不該貫
阿忽答的迷失公主紹尚愛牙失里公主宗王也不
干叛牟精騎千餘盡夜蓐行旬日追及之時方暑得
戰北風大起左右請待之闊里吉思曰當暑得風天

贊我也策馬赴戰騎士隨之大殺其眾也不千以數
騎逐去闊里吉思身中三矢斷其駿凱還諸賜黃金
三斤白金千五百斤成宗即位封高唐王西比不安
請於帝願徃平之再三請帝乃許及行且誓曰若不
平西比吾馬首不南大德元年夏遇敵于伯牙思
之地眾謂當俟大軍畢至與戰未晚闊里吉思曰大
丈夫報國戰弓矢等物以獻詔賜世祖所服貂裘實鞍七
將卒百數以戰號矢等物二年秋闊里吉思帥師共議防邊
咸曰敵徃歲不冬出且可休兵于境闊里吉思曰不

然今秋候騎來者甚少所謂駑爲將擊必匿其形備
不可緩也远不以爲然闊里吉思獨嚴兵以待之是
冬敵兵果大至三戰三克闊里吉思乘勝逐北深入
險地後騎不繼馬蹶陷敵遂爲所執敵誘使降性正
言不屈又欲以女妻之闊里吉思毅然曰我帝婿也
非帝后面命而再娶可乎敵不敢逼帝嘗遣使問性
阿昔思特使敵境見於人衆中闊里吉思一見輒問
兩宮安否次問嗣子何如言未畢左右即引其去明
日遣使者還不復再見竟不屈死焉九年追封高唐
忠憲王加贈推忠宣力崇文守正亮節保德功臣太

師開府儀同三司上柱國駙馬都尉追封趙王公主
忽答的迷失追封齊國長公主愛牙失里封齊國公
主並加封趙國子木安幼詔以弟木忽難襲高唐王
木忽難才識英偉謹守成業撫民御衆境内又安睛
其兄死節遣使如京師表請郵典又請翰林承旨閭
復銘諸石教養木安過於己子命家臣之謹厚者掌
其兄女阿珍服秘玩待術安成立悉以付之至大二年
木忽難加封趙王即以讓木安一日召王傅脫歡司馬
晉王女阿剌的納八剌公主木安襲趙王尚
阿昔思謂曰先王旅殯卜羅荒遠之地神靈將何依
吾痛心欲無生若請於上得歸葬先塋瞑目無憾矣
二人言之知樞密院事也里吉尼以聞帝嗟悼久之
曰木安孝子也即賜阿昔思黃金一瓶得脫歡之子
失忽都魯王傅木忽難之子阿魯忽都斷事官也先
等一十九人乘驛以徃復賜從者鈔五百貫洪陽王
月赤察兒丞相脫禾出八都魯差兵五百人護其行
至殯所奠告啟視尸體如生遂得歸葬

《元史列傳卷五》

十三

翰林學士亞中大夫知制誥兼修國史宋濂　翰林待制承務郎兼國史院編修官王禕奉

勑修

木華黎

木華黎札剌兒氏世居阿難水東父孔溫窟哇以戚
里故在太祖麾下從平篾里吉征乃蠻又叛太
祖與六騎走中道乏食乃擒水際橐駞殺
之燔以啖太祖追騎垂及而太祖馬斃五騎相顧駭
聞孔溫窟哇以所乘馬濟太祖
復免有子五人木華黎其第三子也生時有白氣出

帳中神巫異之曰此非常兒也及長沉毅多智畧猿
臂善射挽弓二石強與博爾術博爾忽赤老溫事太
祖俱以忠勇稱號掇里班曲律猶華言四傑也太祖軍
當失利會大雪失牙帳所在夜卧草澤中木華黎與
博爾術張裘覆立雪中障蔽達旦竟不移足一
日太祖從三十餘騎行谿谷間碩謂曰此中或遇寇
當奈何對曰請以身當之既而冦果自林間突出矢
下如雨木華黎引弓射之三發中三人其首呼曰爾
為誰曰木華黎也徐觧馬鞍持之捍衛求援於太祖太

《元史列傳卷六》　一　四　王壽朋

祖遣木華黎及博爾術詩救之盡殺乃蠻之衆于按
臺之下獲甲伏馬牛而還既而王可汗謀襲太祖
下技台知之密告太祖太祖遣木華黎選精騎夜研
其營王可汗走死諸部大人聞風欵附歲丙寅太祖
即皇帝位首命木華黎為左右萬戶從容謂
曰國內平定汝等之力居多我與汝猶車之有轅身
之有臂也汝等切宜體此勿替初心金之降者皆言
其主璟殺宗親荒淫日恣帝曰朕出師有名矣辛
未從伐金薄宣德克德興壬申攻雲中九原諸郡
拔之進圍撫州金兵號四十萬陣野狐嶺北木華黎
曰彼衆我寡弗致死力戰未易破也率敢死士策馬
橫戈大呼陷陣帝麾諸軍並進大敗金兵追至澮河
殭尸百里癸酉攻居庸關守將拒不得入遣別將間
統兵趨紫荊口攻下益都濱棣諸城遂次霸州史
遂拔涿州因分兵攻取諸城並奏為萬戶甲戌從圍燕金
天倪蕭勃迭率衆來降並奏為萬戶甲戌從圍燕金
主請和北還命統諸軍征遼東次高州盧琮金朴以
城降乙亥禪將蕭也先以計平定東京進攻北京金
主將銀青率衆二十萬拒花道逆戰敗之斬首八萬
餘級城中食盡契丹軍斬關來降進軍通之其下殺

《元史列傳卷六》　二　四　王壽朋

銀青推寅荅虎為帥遂舉城降木華黎怒其降緩欲
坑之蕭也先曰此京為遼西重鎮既降而坑之後豈
有降者乎從之奏寅荅虎留守北京以吾也而權兵
馬都元帥鎮之遣高德玉劉蒲速窩兒招諭與中府
同知元帥鎮之遣高德玉劉蒲速窩兒走免未幾吏民
殺兀里卜推土豪石天應為帥舉城降奏與中尹
兵馬都提控錦州張鯨聚衆十餘萬為節度使稱臨
海郡王至是来降詔木華黎以鯨總北京十提控兵
從撥忽關南征未附州郡木華黎密察鯨有反側意
請以蕭也先監其軍至平州鯨稱疾逗留復謀遁去

監軍蕭也先執送行在誅之鯨弟致憤其兄被誅擾
錦州叛署平灤利義懿廣寧等州木華黎率蒙古
不花等軍數萬討之州郡多殺致所署長吏降進逼
紅羅山主將杜秀降奏為錦州節度使丙子致隔與
中府七月進兵臨興中先遣吾也而等攻溜石山諭
之曰今若急攻賊必遣兵来援我斷其歸路致可擒
也又遣蒙古不花屯永德縣東候之致果遣子致隔與
平將騎兵八千步卒三萬援溜石蒙古不花引兵趨
之馳報木華黎夜半引兵疾馳遇于神水縣東夾擊
之分麾下兵之半下馬步戰選善射者數千令曰賊

步兵無甲疾射之乃麾騎兵齊進大敗之斬東平及士
卒萬二千八百餘級接開義縣進圍錦州致遺張太平
高益出戰又敗之斬首三千餘級溺死者不可勝數圍
守月餘致憤誅廣寧劉琰懿州田禾尚降木華黎曰
縛致出降伏誅廣寧劉琰懿州田禾尚降木華黎懼
此叛寇延存之無以懲後除工匠優伶外悉屠之蘇
復海三州斷完顏衆家奴咸平宣撫蒲鮮等率衆十
餘萬遁入海島丁丑八月詔封太師國王都行省承
制行事賜晉袴黃金印曰子孫傳國世世不絕分弘
吉剌亦乞思忽魯兀忙兀等十軍及吾也而埶丹

蕃漢等軍並屬麾下且諭曰太行之北朕自經畧太
行以南卿其勉之賜大駕所建九斿大旗仍諭諸將
曰木華黎建此旗以出號令如朕親臨也乃建行省
于雲燕以圖中原遂自燕攻遂城及蠡州諸城拔之
之冬破大名府遂徇平陽金守臣棄城遁以前鋒拓拔
自西京由大和嶺入河東攻太原忻代澤潞汾霍等
州悉降之遂循平陽金守臣棄城遁以前鋒拓拔
察兒統蒙古軍鎮之拒金兵以義州監軍李廷植之
第守忠權河東南路帥府事己卯以蕭特末兒等出
雲朔攻降岢嵐火山軍以谷里夾打為元帥達魯花

赤攻拔石隰州擊絳州克之庚辰復由燕徇趙至蒲城
武仙舉真定來降權知河北西路
曰今中原粗定而所過猶縱兵抄掠所獲老稚悉遣還田里
也木華黎曰善下令禁無剽掠非王者予民之意
軍中蕭然吏民大悅兵至滄陽金兵屯黃陵岡號
降進攻天平寨破之遣蒙古不花分兵畧定河北衛懷
孟州入濟南嚴實籍所隸相魏磁洺恩博滑濬等州戶
三十萬詣軍門降時金兵屯黃陵岡以輕兵五百擊走之遂會大軍薄
二萬襲濟南木華黎以輕兵五百擊走之
黃陵岡金兵陣河南岸示以死戰木華黎曰此不可用

長兵當以短兵取勝令騎下馬引蒲齊發亦下馬皆戰
果大敗之溺死者衆進攻楚丘楚丘城小而固四面皆
水令諸軍以草木填之塹直抵城下嚴實率所部先登拔
之攻下單州圍東平以實權山東西路行省戒之曰東
平糧盡必棄城走汝伺其去即入城安輯之勿苦郡縣
以敗事也留校曾忽禿以蒙古軍三千屯守之辛巳四
月東平糧盡金行省忙古奔汴按曾忽禿邀擊之斬七
千餘級忙古引數百騎遁去實入城建行省撫其民先
是郡王帶孫攻洺不下至是遣石天應拔之五月還
軍野狐嶺宋連水忠義統轄石珪來降以為濟兗單

三州都總管予繡衣玉帶勞之曰汝不憚跋涉數千
里慕義而來尋當列奏賜汝高爵爾勉之京東安
撫使張琳皆來降以琳行山東東路益都景濱棣
莘州都元帥府事鄭遵亦以東鄉舊縣降陞為完州
以遵為節度使行元帥府事秋八月從駐青家監國
公主遣使來勞大饗將士由東勝渡河西夏國李王
請以兵五萬屬焉冬十月復由雲中歷太和寨入葭
州金將王公佐道以石天應權行臺兵馬都元帥進
取綏德破馬蹄寨距延安三十里止舍金行省完顏
合達出兵三萬陣于城東蒙古不花以騎三千覘之

馳報曰彼見吾兵少有輕敵心明日合戰當佯敗可
以伏兵取勝也從之夜半以大軍銜枚齊進伏於城
東十五里兩谷間明日蒙古不花進兵望見金兵即
棄鼓旗走金兵果追之伏發鼓聲震天地萬矢齊下
金兵大敗斬七千級獲馬八百匹連走保延安圍之
旬日不下乃南徇洛川克鄜州北京權帥石天應擒
送金騎將張鐵槍木華黎責其不降屬聲咢曰我受
金朝厚恩二十餘年今事至此有死而已木華黎義
之欲解其縛諸將怒其不屈竟殺之遂降坊州大饗
士卒聞金復取隰州以軒成為經畧使於是復由丹

州渡河圍隩克之留合統蒙古軍鎮石隩間以田
雄權元帥府事壬午秋七月令蒙古不花引兵出秦
隴以張聲勢視山川險夷大兵道雲中攻下孟州四
蹄寨遷其民于州技晉陽義和寨進克三清嚴入霍
邑山堡遷其人於趙城縣薄青龍堡金平陽降遷天
祚拒守祚將蒲察定住監軍王和關壁降遷天祚于
平陽八月有星晝見隱士喬靜真曰今河北雖平而
河南泰華未下若因天象而不進兵天下何時而定
耶且遣君命得孫忠乎冬十月過晉至絳技榮州胡

棍堡所至望風歸附河中久為金有至是復來歸木
華黎召石天應謂曰蒲為河東要害我擇守者非君
不可乃以天應權河東南北路陝右關西行臺平陽
李守忠太原攸哈刺技都隰州田雄並受節制命天
應造浮梁以濟歸師乃渡河技同州下蒲城徑趨長
安金京兆行省完顏合達擁兵二十萬固守之遣按赤
下兀胡乃太不花兵六千屯守之謂諸將曰吾奉
三千斷潼關遂西取遠東山東河北不勞餘力前
分麾下太不花兵六千屯守之謂諸將曰吾奉兵
命專征不數年攻遠西遠東山東河北不勞吾命將盡耶乃駐
攻天平延安令攻鳳翔皆不下宣吾命將盡耶乃駐

兵渭水南遣蒙古不花南越牛嶺關徇宋鳳州而還
時中條山賊侯七等聚眾十餘萬伺大兵既西謀襲
河中石天應遣別將吳權府引兵五百夜出東門伏
兩谷間戒之曰吳權府醉酒失期天應陷賊燒燃
後可克也吳權府賊將天應戰死城陷諸將曰橋未甲工
之斬數萬級侯七復遁去木華黎以天應子幹可襲
領其眾癸未春師還浮梁未成顧諸將曰橋未甲工
安可坐待乎復攻下河西堡寨十餘三月渡河還開
喜縣疾篤召其弟帶孫曰我為國家助成大業撫
執銳垂四十年東征西討無復遺恨茅恨汴京未下
耳汝其勉之薨年五十四歟後太祖親攻鳳翔謂諸
將曰使木華黎在朕不親至此矣至治元年詔封孔
溫窟哇推忠效節保大佐運功臣太師開府儀同三
司上柱國魯國王謚忠宣木華黎體仁開國輔世佐
命功臣太師開府儀同三司上柱國魯國王謚忠武
子孛魯嗣

孛魯沈毅魁傑寬厚愛人通諸國語善騎射年二十
七入朝行在所時太祖在西域夏國主李王陰結外
援蓄異圖密詔孛魯討之甲申秋九月攻銀州克之

斬首數萬級獲生口馬駞牛羊數十萬俘監府塔海
命都元帥蒙古不華將兵守其要害而還乙酉春復
朝行在所同知真定府事武仙叛殺都元帥史天倪
脅居民遁于雙門寨仙弟質於軍中挈家逃歸遣撒
寒追及於紫金關斬之命天倪弟天澤代領師府事
丙戌夏詔封功臣戶口為食邑曰十投下字魯居其
首宋將李全陷益都執元帥張琳送楚州秋九月郡
王帶孫率兵圍全于益都冬十二月字魯引兵入齊
先遣李喜孫招諭全全欲降部將田世榮等不從殺
喜孫丁亥春三月全突圍欲走邀擊大敗之斬首七

千餘級自相蹂踐溺死不可勝計夏四月城中食盡
全降諸將皆曰全勢窮出降非心服也今若不誅後
必為患字魯曰不然誅一人易耳山東未降者尚多
全素得人心殺之不足以立威徒失民望聞詔字
曾便宜處之乃以全為山東淮南楚平時滕州尚為
田世榮副之郡縣聞風歙附山東悉平行省鄭衍德
全降諸將或言炎暑未可進攻字魯曰上親督大
軍平定西域數年未聞當暑不戰我等安敢自逸乎
金守諸將或言炎暑未可進攻字魯曰上親督大
遂偪進兵金兵出戰敗之斬三千餘級其餘老幼開
門出降以州屬石天祿偪先鋒元帥蕭乃台統蒙古

軍屯濟兗課課不花以兵三千屯灤沂莒以偹宋千
戶接礼統大軍駐河北偹金九月師還至燕獵于昌
平民持牛酒以獻鄰之及還賜館人銀數百兩聞太
祖崩趨赴北庭哀毀遘疾戊子夏五月薨年三十二
至治元年詔封純誠開濟保德輔運功臣太師開府
儀同三司上柱國魯國王諡忠定子七人長塔思速渾
察次覇都魯次伯亦難次野茂于次野不干次阿里

乞失
塔思一名查剌溫幼與常兒異英才大暑緯有祖風
木華里常曰成吾志必此兒也及長每語必先忠孝
曰大丈夫受天子厚恩當效死行陣間以圖報稱安能
委靡苟且目前以築先世勳業哉年十八襲爵遂至
雲中庚寅秋九月叛將武仙圍潞州太宗命塔思救
之仙聞之退軍十餘里大兵未至塔思率十餘騎馳
之是夜五鼓金將移剌蒲阿來襲我師與戰不利退
賊形勢仙恐有伏不敢犯塔思曰日暮矣待明旦擊
守沁南賊還攻潞州城陷主將任存死之冬十月帝
親征遣萬戶只吉台與塔思復取潞州仙夜遁逸
擊之斬首七千餘級以任存妊代領其眾十一月帝
攻鳳翔命塔思守潼關以偹金兵河中自石天應死

復為金有。辛卯，帝親攻援之，金元帥完顏火燎遁。塔
思追斬之。壬辰春，厲宗與金兵相拒于汝漢間，金步
騎二十萬。帝命塔思與親王按赤台、口溫不花合軍
先進渡河以為聲援。至三峯山與金兵戰，挫其鋒。諸
列將戰會大雪，金兵搶移刺蒲宛、完顏合達單騎走鈞
軍繼進大敗。金之祖父佐興大業，累著勳，代臣襲世
州，追斬之。遼興諸郡皆降，惟汴京、歸德、蔡州未下。塔
思遣使請曰：臣當萬死，願分攻汴
爵當無寸效，去歲復失利上黨，罪當萬死，願分攻汴

城一隅以報陛下。壯其言，命卜之，不利乃止。癸巳
秋九月，從定宗于潛邸東征，搶金咸平宣撫完顏萬
奴于遼東。萬奴自乙亥歲率眾保東海，至是平之。甲
午秋七月，朝行在所。時諸王大會，帝謂塔思曰：先皇
帝嘗開大業垂四十年，今中原、西夏、高麗、回鶻諸國
皆已臣附，惟東南一隅尚阻聲教。朕欲躬行天討，卿
等以為何如。群臣未對，塔思對曰：臣家累世受恩圖
報萬一，正在今日。臣雖駑鈍，願伏天威，掃清淮浙，何
勞大駕親臨不測之地哉。帝忻曰：塔思錐年少英風
美績，簡在朕心，終能成我家大事矣。賜黃金甲玖璖

帶及良弓二十。命興王子曲出總軍南征。乙未冬，援
棗陽，曲出別徇襄鄧。塔思引兵攻鄧，鄧瀕漢江，城堅
兵精且多戰艦。塔思命造木筏，遣汶上達魯花赤劉
援都兒將死士五百乘筏進擊，引騎兵沿岸迎射，大
破之，溺死者過半，餘皆走。鄴壁堅不能下，俘生口馬
牛數萬而還。丙申冬十月，復出鄧州，遂至斬黃，鄆州有
年，夬惟王以生靈為念，乃捨之，遂進拔符鎮六安縣。
遣使獻金帛牛酒犒師，請曰：宋小國也，進貢大朝有
置酒大虞殿，塔思曰：此故金主所居，我人臣也，不可
焦家寨。丁酉秋九月，由八柳渡河入汴京，守臣劉甫

處此，遂宴於甫家。冬十月，復與口溫不花攻光州，主
將黃舜卿降。口溫不花別署黃州，塔思攻大蘇山，斬
首數千級，獲生口牛馬以千數。戊戌春正月至安慶
府，官民皆遁于江東，至歧陽關，宋汪統制率兵三千
降，遷之尉氏。三月朝行在所，秋九月帝宴群臣于行
宮，塔思大醉。帝語侍臣曰：塔思神已逝矣，其能久乎。
冬十二月還雲中。己亥春三月薨，年二十八。子碩篤
兒幼，弟速運察襲。碩篤兒既長，詔別賜民三千戶為
食邑，得建國王旗幟，降五品印一、七品印二付其家，
臣置官屬如列侯故事。碩篤兒薨，子忽都華襲。忽都

華黎子忽都帖木兒薨忽
都帖木兒薨子寶哥襲寶
哥薨子道童襲

速渾察性嚴厲賞罰明信人莫敢犯與兄塔思從太
宗攻鳳翔有功將兵抵潼關與金人戰屢捷既滅金
皇子闊出攻宋襄陽入郢速渾察即上京之西阿兒查禿塔
思薨速渾察襲爵即他行省監鎮事必先白之定其
都行省蒙古漢軍士紀綱整肅還朝以告帝曰真木華黎
奇氣所部軍士紀綱整肅還朝以告帝真木華黎
家兒也他國使有至者每見皆倉皇失次不能措辭
可否而後上聞帝嘗遣使有至者每見皆倉皇失次不能措辭
思薨速渾察襲爵即他行省監鎮事必先白之定其
有所宜施天下初附民心未安萬一守者自縱事變
忽起悔之晚矣尋薨延祐三年贈宣忠同德
臣太師開府儀同三司上柱國追封為東平郡王諡忠
忠宣子四人曰忽林池襲王爵曰乃燕曰相威曰撒
蜜相威自有傳
乃燕性謙和好學以賢能
諸子命乃燕襲爵乃燕力
辭曰臣有兄忽林池當襲
以待之速渾察曰爾言誠是也然時有不同寬各
司既莫敢越而復示之以威使人怖畏盡少加寬恕
必慰撫良久始得盡其所欲言左右或諫曰諸王百

帝曰朕知之然柔弱不能勝忽林池亦固讓乃燕頓
首涕泣力辭不得命既而曰若然則臣必不敢受
願代臣兄行軍國之事於是忽林池襲爵為國王事無
巨細必與乃燕謀議剖決精當無所擁滯世祖在潛藩
常與論事乃燕陳大義又明習典故世祖謂左右
曰乃燕後必可大用因號之曰薛禪猶華言大賢也
乃燕雖居顯要而小心謹畏每誨
從太祖皇帝出入矢石間被堅執銳斬將搴旗勤勞
四十餘年遂成功名以故一家蒙恩深厚可謂極矣
慎勿驕惰以墮先王之名爾曹戒之之病卒世祖聞之
為之悲悼至正八年贈中奉大夫遼陽等處行中書
省參知政事護軍追封魯郡公子二人曰碩德曰伯
顏察兒碩德通敏有幹才世祖即位入宿衛典朝儀
後同知通政院事嘗言遼東幹拙吉烈滅二種民數
為寇宜遣近臣諭之問碩德對曰先臣從太祖皇
世冑可使帝深然之以立勳業陛下不以臣年少愚
帝定天下不辭險艱以
頊願請行帝大喜賜御衣錫燕以行碩德至集諸
戶陳兵衝要詰其渠魁誅之脅從者皆降帝大悅賞
賚有差後從征乃顏及使西域屢建殊勳卒贈推忠

宣惠寧遠功臣謚忠敏加贈資善大夫嶺北等處行
中書省右丞上護軍追封魯郡公
霸突魯從世祖征伐為先鋒元帥累立戰功世祖在
潛邸從容語霸突魯曰今天下稍定我欲勸主上駐
驛邱鶻以休兵息民何如對曰幽燕之地龍蟠虎踞
形勢雄偉南控江淮北連朔漠且天子必居中以受
四方朝覲大王果欲經營天下駐驛之所非燕不可
世祖憮然曰非卿言我幾失之己未秋命霸突魯率
諸軍由蔡伐宋沿邊諸將遂與世祖兵
合而南五戰皆捷遂渡大江傅于鄂會憲宗崩于蜀

阿里不哥構亂和林世祖北還留霸突魯總軍務以
待命世祖至開平即位還定都于燕嘗曰朕居此以
臨天下霸突魯之力也師還中統二年卒于軍大德
八年追贈推誠宣力翊衛功臣太師開府儀同三司
上柱國東平王謚武靖夫人帖木倫昭睿順聖皇后同
母兄也子四人長安童次定童次霸都虎台他姬子
曰和童襲國王安童別有傳
塔塔兒台孔溫窟哇莘三子帶孫郡王之後父曰忙
哥從憲宗征伐累立戰功歲己未攻合州會憲宗崩
命塔塔兒台護靈駕赴比會阿里不哥叛拘留數日

逃歸追騎執以比還將殺之親王阿速合王龍塔思
曰塔塔兒台乃太師國王之壻不可殺也遂獲免至
元元年從阿速台來歸世祖嘉之授懷遠大將軍佩
金虎符世襲東平達魯花赤命宿衛士四十人給驛
送之官所蒞官一紀鎮靜不擾鄆人賴之以安卒年
四十二子四人只必幼嗜讀書習翰墨至元十四年
監東平官少中大夫多善政以清白稱嘗出家藏書
二千餘卷置東平廟學使學徒講律之尋授嘉議
夫江南湖北道提刑按察使改浙西大德四年入觀
賜金段十四明年春卒年五十一子三人皆早喪自

只必除按察使弟禿不申嗣其職禿不申性淳靖喜
怒不形知民疾苦而能以善道之旱嘗致禱即兩歲
饑請於朝發廩以賑之睦同僚與學校加太中大夫
士民刻石紀其政績云卒年五十一子五人長不老
次嗣塔實脫因次阿魯灰次完者不花次留住馬皆
以次嗣塔實脫為東平達魯花
赤次塔實脫
脫脫祖嗣國王速渾察深有智畧嘗奉命征討所
向克捷父撒蠻幼穎異自強祿時世祖撫育之若子
嘗挾之南征同舟濟大江應其有失繫之御榻及長
常侍左右帝嘗詔之曰男女異路古制也況披庭乎

禮不可不肅汝其司之既而近臣李羅銜命遣出行
失其次撒蠻怒其逾禮執而囚之別室帝怔怍其久不
至詢知其故命釋其罪撒蠻因進曰今自陛下出陛
下乃自違之何以責臣下乎帝曰卿言誠是也由是
有恣怯其母孛羅海篤意教之攷若恐不及稍長
既失怯其母孛羅海篤意教之攷若恐不及稍長
直宿衛世祖俊親誨導尤以嗜酒為戒既冠儀觀甚
偉喜與儒士語每聞一善言善行若獲拱璧終身識
之不忘至元二十四年從征乃顏帝駐驆於山巔旌
旗蔽野鼓未作候者報有隙可乘脫脫即擐甲率家

元史列傳卷六　十七

奴數十人疾馳擊之眾皆披靡不敢前帝望見之大
加嗟賞遣使者勞之且召還曰卿勿輕進此冠易擒
也視其力已折矢已中箭矢帝顧謂近臣曰撒蠻幼
幸早死脫脫幼朕撫而教之常恐其不立今能如此
撒蠻可謂有子矣遂親解佩刀及所乘馬賜之由是
深加器重得預聞機密之事其後哈丹復為亂成宗
時在潛邸督師往征之脫脫引銀率先躍馬應之其
報大潰脫脫陷于淖泥中哈丹兵復進挑戰脫脫
弟阿老瓦丁奮戈衝擊遂大敗之成宗即位其寵顧
為尤篤常侍禁闥出入惟謹退語家人曰我昔親承

先帝訓飭令勿嗜飲今未能絕也豈有為人知過而
不能改者乎自今以往家人有以酒至吾前者即痛
懲之帝聞之喜曰扎剌兒脫脫者無幾今能剛
制于酒真可大用矣即拜資德大夫上都留守通政
院使虎賁衛親軍都指揮使政令嚴肅克修其職三
年朝議以江浙行省地大人眾非世臣有重望者不
足以鎮之進拜榮祿大夫江浙等處行中書省平章
政事有旨命中書勿以僕從有私囑者慎勿
右母命中書門外以餒之始至嚴飭左
聽若軍民諸事有關於利害者則言之當言而不言

元史列傳卷六　十八

爾之責也言而不聽我之咎也聞者為之悚慄時朱
清張瑄以海運之故致位多行
不法恐事覺以黃金五十兩珠三囊賂脫脫求蔽其
罪脫脫大怒繫之有司道使者以聞帝喜曰脫脫我
家老臣之子孫其志固宜與眾人珠賜內府黃金五
十兩命回使寵賚之有豪民白晝殺人者脫脫立命
有司按法誅之自是豪猾屏息民賴以安帝以浙民
相安之久未及召還大德十一年卒于位年四十四
子朵兒只别有傳

博爾朮

博爾术阿兒剌氏始祖孛端察兒以才武雄湖方父
納忽阿兒闌與烈祖神元皇帝接境敦睦好博爾
术志意沉雄善戰知兵事太祖於諳邸共覆纛危義
均同氣征伐四出無往不從時諸部未寧共覆纛危
警夜帝寢必安枕寓直於内語及政要或至達旦君
臣之契猶魚水也初要兒斤部卒盜牧馬博爾術與
往追之時年十三知眾寡不敵乃出奇從旁夾擊之
盗跡所掠去及戰于大赤兀里兩軍相接下令殊死
故麾太祖嘉其男膽又嘗潰圍扶怯列太祖失馬博
戰踣步勿退博爾術縶馬於腰跽而引滿分寸不離

爾术擁帝累騎而馳頓止中野會天兩雪失牙帳所
在卧草澤中與木華黎張氈裘以蔽帝通夕植立足
蹟不移及旦雪深數尺遂免於難幾里期之戰亦以
風雪迷陣再入敵中求太祖不見丙寅歲太
還卧慾車中聞博爾術不見急趨輜重則帝已
祖即皇帝位君臣之分益家嘗從容謂博爾術及木
有敕身之有賢汝等宜體此勿替遂以博爾術及木
華黎為左右萬戶各以其屬翊衛位在諸將上皇子
寮哈歹出鎮西域有旨從博爾術受教博爾術教以

人王經涉險阻必養善地所過無輕舍止太祖謂皇
子曰朕之教汝亦不踰是未幾賜廣平路户一萬七
千三百有奇為分地以老病薨太祖痛悼之大德五
年贈推忠協謀佐運功臣太師開府儀同三司追封廣平王諡忠定孫
廣平王諡武忠子字藥台襲爵萬户贈推誠宣力保
順功臣太師開府儀同三司追封
玉昔帖木兒

王昔帖木兒世祖時嘗寵以不名賜號月呂魯那演猶
華言能官也弱冠襲爵統搉台部銀器量宏達莫測其
際世祖聞其賢驛召赴闕見其風骨尾厚解御服銀貂

賜之時重太官内膳之選特命領其事侍宴内殿王
昔帖木兒起行酒詔諸王妃皆爲答禮至元十二年
拜御史大夫時江南既定益封功臣後遂賜全州清
湘縣户為分地其在中臺務振宏網弗親細故興利
之臣欲援金舊制併臺入灃府當政者又請以郡
府之吏互照憲司擿底王昔帖木兒議乃沮遇事廷辯吐辭鯁
奸若是有傷之霽威王昔帖木兒曰風憲所以戰
直世祖每為之霽威至元二十四年宗王乃顏叛東
郡世祖躬行天討命總戎者先之世祖至半道王昔
帖木兒已退敵僵尸覆野旬之間三戰三捷獲乃

顏以獻詔選乘輿橐駞百蹄勞之謝曰天威所臨猶
風倔草臣何力之有世祖還留玉昔帖木兒勤其餘
黨乃執其首金家奴以獻數人於軍前明
年乃顏之遺尊及兩河哈禿魯干復命出師兩與之
過皆敗之追及
盡哈丹禿魯干莫知所終夷其城撫其民而還詔賜
內府七寶冠帶以旌其加太傅開府儀同三司申命
侯春方進乃倍道燕行過黑龍江摶其集寇殺戮詒
禦邊杭海二十九年加錄軍國重事知樞密院事宗
王帥臣咸稟命為特賜步輦入內位望之崇廷臣無

出其右三十年成宗以皇孫撫軍北邊王昔帖木兒
輔行請授皇孫以儲闈舊璽詔從之三十一年世祖
崩皇孫南還宗室諸王會于上都定策之際玉昔帖
木兒起謂晉王甘麻剌曰宮車晏駕已踰三月神器
不可久虛宗社之長奚俟而不言甘麻剌遽曰皇帝
王為宗盟之長且無憾皇孫迷即位進秩太師
北面事之於是宗親大臣合辭勸進玉昔帖木兒復
坐曰大事已定吾家事也
賜以尚方玉帶寶服還鎮北邊元貞元年冬議邊事
入朝兩宮錫宴如家人禮賜其妻禿忽魯宴服及他

珍寶十一月以疾薨大德五年詔贈忠武同德翊亮
功臣依前太師開府儀同三司錄軍國重事御史大
夫追封廣平王諡曰貞憲子三人木剌忽仍襲爵為
萬戶次胖憐次胖胖哈為御史大夫

博爾忽

博爾忽許兀慎氏事太祖為第一千戶歿於敵子脫
歡襲職從憲宗四征不庭有拓地功子失里門鎮徵
外從征六詔等城亦歿于兵子月赤察兒性仁厚勤
儉事母以孝聞資貌英偉望之如神世祖雅聞其賢
且閔其父之死年十六召見帝見其容止端重奏對

詳明喜而謂曰失烈門有子矣即命領四怯薛太官
至元十七年長一怯薛明平詔曰月赤察兒秉心忠
旨不可以其年少而弗陞其官可代線真為宣徽使
二十六年帝討叛者于杭海衆皆陳月赤察兒奏曰
丞相安童伯顏御史大夫月呂祿皆已受命征戰三
實親事敬慎知無不言言無不盡晚暢朝章言輒稱
人者臣不可以後之今勃賊逆命敢竊天戈惟陛下
憐臣使臣一戰帝曰乃祖博爾忽佐我太祖無征不
在無戰不克其功大矣卿以為安童董與爾家同功
一體各立戰功自恥不逮然親屬纛蓋恭衛朝夕爾

功非小何必身踐行伍手事斬馘乃快爾心耶二十

七年桑哥既立尚書省殺興已者籍天下口以刑爵

爲貨既而紀綱大紊尚書平章政事也速荅兒太官

屬也潛以其事白月赤察兒請奏劾之桑哥伏誅帝

曰月赤察兒口伐大姦發其蒙敝刀以没入桑哥黃

金四百兩白金三千五百兩及水田水磑別墅賞其

清彊桑哥既敗帝以湖廣行省西連番洞諸蠻南接

驚好鬭思得賢方伯往撫安之月赤察兒舉哈剌哈

交趾島夷延袤數千里其間土沃人稠舎丁溪子善

孫荅剌罕以爲行省平章政事凡八年威德交孚洽

于海外入爲丞相天下稱賢世以月赤察兒爲知人

二十八年都水使者請整渠西導白浮諸水經都城

中東入潞河則江淮之舟既達廣濟渠可直泊於都

城之匯帝亦欲其成又不欲役其細民敕四怯薛人

及諸府人專其役度其高深畫地分賦之刻日使畢

工月赤察兒率其屬著役者服操畚鍤即所賦以倡

趙者雲集依刻而渠成賜名曰通惠河公私便之帝

語近臣曰是渠非月赤察兒身率衆手成不速也成

宗卽位制曰月赤察兒盡其誠力深其謀議抖忠於

國流惠於人可加開府儀同三司太保錄軍國重事

樞密宣徽使大德四年拜太師初金山南北叛王海

都篤娃擾之不奉正朔垂五十年時入爲寇嘗命觀

王綵左右部宗王諸帥屯列大軍備其衝突五年朝

議北師少息紀律不嚴命月赤察兒副晉王以督之

是年海都篤娃入寇大軍分爲五隊月赤察兒將其

一軍隨之出敵之背五軍合擊大敗之海都篤娃道

一鋒既交頗不利月赤察兒恐被甲持矛身先陷陣

去月赤察兒亦罷兵遣使詣武宗時武

宗亦在軍月赤察兒遣使詣諸王將帥議曰

篤娃請降爲我大利固當待命於上然往返再閱月

必失事機事機一失爲國大患人民困於轉輸將士

疲於討伐無有已時矣篤娃之妻我爭馬兀合剌之

妹也宜遣使報之許其臣附衆議皆以爲名既遣始

以事聞帝曰月赤察兒深識機宜既而象議皆以爲

命由是數人稍稍來歸十年冬叛王城里鐵木兒等

屯于金山武宗師惢其不意先諭金山月赤察兒以

諸軍繼徃壓之以威唆之以利滅里鐵木兒乃降其

部人驚潰月赤察兒遣秃蒲鐵木兒忽將萬人深

入其部人亦降察八兒者海都長子也海都死嗣領

其衆至是掩取其部人凡兩部十餘萬口至大元年

月赤察兒遣使奏曰諸王禿苦滅本懷攜貳而察八
兒游兵近境叛黨素無悛心倘合謀致死則垂成之
功顧爲國患臣以爲昔者薦娃先衆請和雖死宜遣
使安撫其子歘微使不我異又諸部既已歸明我之
牧地不足宜亟諸降人於金山之陽吾軍屯田金山
之北軍食既饒又成重戍就彼有謀吾已撮其腹心
月赤察兒既移軍察八兒禿苦滅果欲奔歘徹不見
納去留無所遂相率来降於是北邊始宰帝詔月赤
矣奏入帝曰是謀甚善卿宜移軍阿荅罕三撒海地
察兒曰卿之先世佐我祖宗常爲大將攻城戰野功

烈甚著卿乃國之元老宣忠底績靖謐中外朕入繼
大統卿之謀猷獻居多令立和林等廳行中書省以卿
爲右丞相依前太師錄軍國重事特封淇陽王佩黃
金印宗藩將領寶卿庵進退其益懋乃德悉乃心
力毋替所服四年月赤察兒入朝帝宴于大明殿者
禮優渥尋以疾薨于弟詔贈宣忠安達佐運彌亮功
臣謚忠武

塔察兒一名佈益居官山佲祖父博爾忽從太祖起朔
方直宿衛爲火兒赤火兒赤者佩櫜鞬侍左右者也由
是子孫世其職博爾忽從太祖平諸國宣力爲多當時

與木華黎等俱以功爲號四傑搭察兒其從孫也暁勇
善戰勿直宿衛太祖平燕薦宗監國開燕京盜賊恣
意殘殺勿直宿衛富庶之家載運其物有司不能禁乃遣
搭察兒耶律楚材窮治其黨誅首惡十有六人由是
巨盜屏迹與諸王軍士俘㐹治園河中府扳之壬辰從渡白
破潼關取陝洛辛卯從園河中河東諸州郡濟河
坡時薦宗已自西和州入興元由武關出唐鄧太宗
以薦宗與金兵相持父乃遣使約期會兵合進即詔
暨諸軍至鈞州連日大雪薦宗與金人戰于三峯山

大破之詔搭察兒等進園汴城金主即以兄子曹王
訛可爲質太宗與薦宗還河北搭察兒復與金兵戰
于南薫門癸巳金主遷蔡州搭察兒復帥師園蔡甲
午戍金遂留鎮撫中原分兵屯大河之上以遏宗兵
丙申破宋光息諸州事聞于朝以息州軍民三千户
賜之戊戍辛子別里虎觶嗣爲火兒赤薦宗即位歲
壬子襲父職總管四萬户蒙古漢軍攻宋兩淮悉定
邊地戍午會師園宋襄陽遍樊城力戰死之次日宋
都艑至元七年賜金虎符襲蒙古軍萬户八年悉兵
再攻襄陽園樊城進戰鄂岳漢陽江陵歸峽諸州皆

及論功卒

有功十二年加昭毅大將軍受詔爲隆興出征都元
帥與李恒等長驅而宋人莫當其鋒戰勝攻取望風
迎降盡平江西十一城又徇嶺南廣東宋亡還師未

列傳卷第六

翰林學士□譯文制誥兼修□□□臣宋濂翰林待制兼□□院編修官臣王褘等奉

勅修

察罕　亦力撒合　立智理威

察罕

【元史列傳卷七　一】

察罕初名益德唐兀密氏父曲也怙律為夏臣其
妻方懷察罕不容於嫡母以配掌羊群者父里木察
罕稍長其母以告且曰嫡母已有弟矣察罕武勇過
人幼牧羊於野植杖於地脫帽實杖端跪拜歌舞太
祖出獵見而問之察罕對曰獨行則懼且聞有大官
人行則年長者尊今獨行故致歡於懼而聞有大官
至先習禮儀耳帝異之乃翟以歸語光獻皇后曰今
日出獵得佳兒可善視之命給事內廷及長賜姓蒙
古妻以宮人弘吉剌氏嘗行困脫靴藉草而寢鵁鳴
其旁心惡之擲靴擊之有蛇自靴中墜歸以其事聞
帝曰是禽人所惡者在爾則為喜神宜戒子孫勿殺
其類從帝略雲中桑乾金將定薛擁重兵守野狐嶺
帝遣察罕覘實實言彼馬足輕動不足畏也帝命
敢行而前遂破其軍圍白樓七日拔之以功為御帳
前首千戶從帝征西域字哈里薛迷思干十二城回
國主札剌丁拒守鐵門關兵不得進察罕先驅開道回

斬其將餘衆悉降又從攻西夏破廝州師次甘州察
罕父曲也怙律居守城中察罕射書招之且求見其
弟時弟年十三命登城於高麗見之且遣使諭父
使早降其副阿綽等三十六人合謀殺曲也怙律父
子并殺使者併力拒守城破帝欲盡坑之察罕言夏
姓無辜止罪三十六人進攻靈州夏人以十萬衆赴
援帝親與戰大敗之還次六盤夏主堅守中興帝遣
察罕入城諭以禍福衆方議降會帝崩諸將遺夏主
親之復議屠中興察罕力諫止之馳入安集遺民太
宗即位從略河南北還清水菩蘭荅八之地賜馬三

【元史列傳卷七　二】

百珠衣金帶鞍勒皇子闊出忽都禿伐宋命察罕為
斥候又從親王口溫不花南伐歲乙未克棗陽及光
化軍未幾召口溫不花赴行在以全軍付察罕丁酉
復與口溫不花進克光州戊戌授馬步軍都帥率
諸翼軍攻拔天長縣及滁壽泗等州定宗即位賜金
貂裘一領珠衣一金綺二疋以都元帥領尚書省事
五十兩珠衣一金綺一金綺二疋以都元帥領尚書省事
賜汴梁歸德河南懷孟曹濮太原三千餘戶為食邑
賜諸麾草地合一萬四千五百餘頃戶二萬餘未幾
復召賜金四百五十兩金綺弓矢等物乙卯卒贈推

忠開濟翊運功臣開府儀同三司上柱國追封河南
王諡武宣子十人長木花里木花里事懿宗直宿衛
從攻釣魚山以功授四斡耳朵怯憐口千戶賜金幣
及黃金馬鞍勒世祖即位賜金五十兩珠二串至元
四年攻宋自江陵略地回至安陽灘宋兵拓其歸路
木花里奮擊敗之都元帥阿术噠馬宋軍追及之木
花里挾之上馬鏖戰退宋兵由是得免特賜銀二百
五十兩佩金虎符為蒙古軍萬戶榮祿大夫平章政事有功卒
于軍贈推誠宣力功臣榮祿大夫平章政事柱國追
封涼國公諡武毅從孫亦力撒合

亦力撒合祖曲也怯太祖時得召見屬皇子察哈
台為扎魯火赤父阿波古事諸王阿魯忽居西域至
元十年擇貴族子備宿衛亦力撒合至闕下以為
速古兒赤掌服御事甚親章有大政時以訪之之稱
之曰秀才而不名嘗奉使河西還奏諸王只必帖木
兒用官太濫帝嘉之擢河東提刑按察使遂平陽路
達魯花赤泰不花召還賜黃金百兩銀五百兩以旌
其直進南臺中丞帝出內中寶刀賜之曰以鎮外臺
時承相阿合馬之子忽辛為江浙行省平章政事特
勢貪穢亦力撒合覈其姦得賄鈔八十一萬錠奏而

誅之并劾江淮釋教摠攝楊輦真加諸不法事諸道
練勳二十一年改北京宣慰使諸王乃顏鎮遼東亦
力撒合寮其有異志必反密請備之二十三年罷宣
慰司遼陽行省以亦力撒合為參知政事已而乃
顏果反帝自將征之時諸軍皆會亦力撒合掌運糧
儲軍供無乏帝東方平帝嘉其先見且餉運有勞加左
丞二十七年命尚諸王箏吉女親為資裝以送之併
贈玉帶一以四川行省左丞二十九年再賜玉帶一
元貞元年成宗即位入朝辛弟立智理威
立智理威為裕宗東宮必闍赤典文書至元十八年
蜀初定帝閔其地久受兵百姓傷殘擇近臣撫安之
以立智理威為嘉定路達魯花赤時方以關田均賦
以立智理威奉詔甚謹民安之
彈盜息訟諸事課守令立智理威
使者交薦其能會盜起雲南號數十萬聲言欲寇成
都立智理威馳入告急言辭懇切繼以泣涕大臣疑
其不然帝曰雲南朕所經理未可忽也乃推食以勞
之又語立智理威曰南人生長亂離豈不厭兵畏禍
耶御之乖方保之不以其道故為亂耳其歸以朕意
告諸將叛則討之服則捨之毋多殺以傷生意則人
必定矣立智理威至蜀宣布上旨俄召為泉府卿後

遷刑部尚書有小吏誣告漕臣劉獻盜倉粟宰相桑
哥方事聚斂阿其意鍛煉枉服立刑部
天下持平今輦轂之下漕臣以冤死何以正四方乎
即以實聞以是忤丞相出為江東道宣慰使在官務
興學諸生有俊秀者拔而用之為政嚴明豪民猾吏
縮手不敢犯然亦無所刑戮而治元貞二年遷四川
行省參知政事蜀有婦人殺夫者繫治數十人加以
箠楚卒不得其實立智理威至盡按得之大德三年
以叅知政事為湖南宣慰使總政荊湖荊湖多弊政
而公田為甚部內實無田隨民所輸租取之戶無大

小皆出公田租雖水旱不免立智理威問民所不便
凡十數事上於朝而言公田尤切朝議遣使理之會
有詔凡官無公田者始隨俸給之民力少蘇七年再
遷四川行省參知政事八年進左丞雲南王入朝所
在以驛騎縱獵立智理威曰驛騎所以傳命令事非
有急且不得馳況獵乎王憚為之止獵蜀人饑親勸
分以賑之所活甚衆有死無葬者則以已錢買地使
葬且修寬政以撫其民部內以治十年入朝帝以白
金對衣賜之加資德大夫湖廣行省左丞湖嶺織
幣上供以省臣領工作遣使買綵他郡多為奸利工

官又為刻剝故匠戶曰貪造幣惡立智理威不遣
使令工視賈人有藏綵者撑買之工不告病歲省費
數萬質他郡推用之皆便至大三年以疾卒於官年
五十七初贈資德大夫陝西行省右丞上護軍寧夏
郡公諡忠惠再贈推誠節崇德贊治功臣榮祿大
夫中書平章政事柱國秦國公子二人長買訥翰林
學士承旨次韓嘉訥御史大夫孫達理麻內府宰相

札八兒火者

札八兒火者賽夷人賽夷西域部之族長也因以為
氏火者其官稱也札八兒長身美髯方瞳廣顙雄勇

善騎射初謁太祖于軍中一見異之太祖與克烈汪
罕有陳一夕汪罕潛兵來倉卒不為備衆軍大潰太
祖遽引去從行者僅十九人札八兒與焉至班朱尼
河餱糧俱盡荒遠無所得食會一野馬北來諸王哈
札兒射之殪遂剝革為釜出火于石汲河水煮而啗
之太祖舉手仰天而誓曰使我克定大業當與諸人
同甘苦苟渝此言有如河水將士莫不感泣汪罕旣
滅西域諸部次第亦平乃遣札八兒使金金不為禮
而歸金人恃居庸之塞冶鐵錮關門布鐵蔾藜百餘
里守以精銳札八兒旣還報太祖遂進師距關百里

不能前召扎八兒問對曰從此而北黑樹林中有
間道騎行可一人臣向當過之若勒兵銜枚以出終
夕可至太祖乃令扎八兒輕騎前導日暮入谷黎明
諸軍已在平地疾趨南口金鼓之聲若自天下金人
猶睡未知也比驚起已莫能支吾鋒鏑所及流血被
野開既破中都大震已而金人遷汴太祖覽中都山
川形勢顧謂左右近臣曰朕之所以至此者扎八兒
之功為多又謂扎八兒曰汝引弓射之隨所落悉
異汝為己地乘興北歸留扎八兒與諸將守中都授
黃河以北鐵門以南天下都達魯花赤賜養老一百
戶并四王府為君第扎八兒每戰被重甲舞槊陷陣
馳突如飛嘗乘橐駞以戰叢莫能當有立真人者有
道之士也隱居崑崙山中太祖聞其名命扎八兒性
諤之立扎八兒曰我嘗識公扎八兒曰我亦嘗見
真人他日偶坐問扎八兒曰百歲之後富貴何在于
子孫蕃衍予扎八兒曰公欲極一身貴顯乎欲
慈以承宗祀足矣后命矣後果如所顧云卒年
一百一十八贈推忠佐命功臣太傳開府儀同三司
上柱國追封涼國公諡武定二子阿里罕明里察阿
里罕蚩從扎八兒出入行陣勇而善謀愿宗伐蜀為

天下賀子共馬都元帥生只終湖南宣慰使贈推
誠保德功臣金紫光祿大夫司徒追封涼國公諡安
惠生陝西行省平章政事養安太府監丞阿思蘭太
僕寺丞補李養生阿菂實太僕寺卿明里察贈開
府儀同三司上柱國追封涼國公諡康懿生戶部尚
書亦不剌金陝西行省參知政事哈剌

木赤台

木赤台兀魯兀台氏其先剌真八都以材武雄諸部
生子曰兀魯兀台曰忙兀與扎剌兒弘吉剌亦乞列
思等五人當開創之先恊贊大業厥後太祖即位命
其子孫各因其名為氏號五投下朔方既定舉六十
五人為千夫長兀魯兀台之孫曰木赤台其一也木
赤台有膽略善騎射勇冠一時初怯列王可汗之子
鮮昆有智勇諸部畏之怯列亦哈剌哈真沙陀等師
眾來侵群下忠勇無賴術赤台者宜急遣之拒敵從之
急矣群下忠勇無賴
術赤台承命單騎陷陣射殺鮮昆乞台降其大將失列門
等遂併有怯列之地乃殲滅兒乞台合共來侵諸部
有陰附之者不虞太祖領兵卒至諸部潰去乘勝敗
之術赤台俘其主扎哈堅普及二女以歸諸部悉平

與扎哈堅普盟而歸之未幾乃薨復叛術赤台以
襲扎哈堅普殺之遂平其國術赤台始從征怯烈亦
自罕哈啟行歷班真海子間關萬里每遇戰陣必為
先鋒帝嘗諭之曰朕之望汝如高山前日影也賜
御木八哈別吉引者思百伸統兀魯兀四千人世世
無替子怯台材武過人自太宗及世祖歷事四朝以
勞封德清郡王賜金印丙申賜怯台麑子端真拔都
太宗時與亦剌哈台戰勝帝即以亦剌哈妻賜之世
泊屬邑俱隸焉怯台麑子端真拔都兒襲爵為郡王
至元十八年增食邑二萬一千戶肇慶路連州德州

元史列傳卷七　九

祖之征阿里不哥也怯台子哈荅與忽都忽跪而自
獻于前臣父祖羍在先朝當軍旅征伐之寄屬立戰
功今王師比征臣等羍少壯願如父祖以力戰自效
既得請於是戰于石木溫都之地諸王哈丹駙馬脫
真與兀魯忙兀居右諸王塔察兒及太丑台居左合
必赤將中軍兵始交獲其將合丹斬之外剌之軍遂
敗衂又戰于失烈延塔兀之地當帝前混戰至日晡
勝之帝必赤及兀里羍佐卒行賞各有差李璮叛帝
遣哈必赤及黃金將佐與闊闊出徃討之哈荅與兀
魯納兒台亦在行理平與有功焉哈荅子脫歡亦嘗

從諸王徹徹都討只火台獲之又嘗破失烈吉要
不忽兒于野孫漠連及征乃顏脫歡弟慶童亦在軍
雖病猶力戰怯台二子曰端真曰哈荅哈荅三子曰
脫歡曰隣只班曰慶童脫歡二子曰塔失帖木兒
曰朵來塔失帖木兒一子曰匣剌不花自怯台而下
凡九人皆封郡王云

鎮海

鎮海怯烈台氏初以軍伍長從太祖同飲班朱尼河
水與諸王百官大會兀難河上太祖尊號曰成吉思
皇帝歲庚午從太祖征乃蠻有功賜良馬一壬申從

元史列傳卷七　十

攻曲出諸國賜珍珠旗佩金虎符為闍里必從攻塔
塔兒欽察唐兀只溫契丹女直河西諸國所俘生口
萬計悉以上獻御用服器白金等物命屯田於阿
魯歡立鎮海城戍守之壬申從太祖謀定漢地師次
隆興與金將忽察虎戰矢中臆間暴瘡而出者復數
四軍聲為之大振既破撫太祖命於城中環射四箭
凡箭所至園池邸舍之處悉以賜之尋拜中書右丞
相巳丑太宗即位庀從至西京攻河中河南均州癸
巳攻蔡州以功賜恩州一千戶先是收天下童男童
女及工匠置局弘州既而得西域織金綺紋工三百

餘户及汴京纖毛褐工三百户皆分隸弘州命鎮海
世掌焉定宗即位以鎮海為先朝舊臣乃拜中書右
丞相薨年八十四子十人勃古思繼食其封邑從世
祖征花馬大理率兵千人結浮橋于金沙江以濟師
中統初論功授益州等路宣撫使賜金虎符帶三
年改東平路副達魯花赤討平叛寇尋遷濟南等路
宣慰至元二年遷南京路達魯花赤四年討平鞏縣
叛民以病乞謝事特授保定路達魯花赤賜錢一萬
貫歸老于家卒年八十一

肖乃台

【元史列傳卷七】 十一 〈卷五 倪谷慶〉

肖乃台禿伯怯烈氏以忠勇侍太祖時木華黎博兒
術既立為左右萬户帝從容謂肖乃台曰汝願屬誰
麾下為我宣力對曰願屬木華黎即日命佩金符領
蒙古軍從太師國王為先鋒兵至河北史天澤之父
率老幼數千詣軍門降國王承制授天澤兄天倪河
北西路都元帥真定乙酉天澤送母還白霫副帥
主帥遣監軍李伯祐詣國王軍前言狀且請援兵
武倦綏天倪以真定叛經歷王緝追天澤至燕請攝
王命肖乃台率精甲三千與天澤合兵進圍中山倦遣
其將鴌鐵槍來援肖乃台撤圍迎之過諸新樂舊擊

敗之會日暮阻水為營肖乃台料其氣索必宵遁乘
勝復進擊大敗之搶鐵槍中山守將亦宵遁遂克中
山取無極拔趙州倦棄真定奔西山抱擴寨肖乃台
與天澤入城撫定其民未幾倦潛結水軍為内應夜
開南門納倦復擾其城肖乃台倉卒以步兵七十踰
城奔藁城遲明部曲稍集兵威復振襲取真定倦
棄城遁將士怒民之友覆驅萬人出將屠之肖乃台
曰金氏暴國威信僕我來蘇此民為賊所驅脇有何
罪焉若不勝一朝之忿非惟自屈其力且堅他城不
降之心乃皆釋之初倦之叛也其弟質國王軍中聞

【元史列傳卷七】 十三 〈卷五 倪谷慶〉

之遁去肖乃台遣弟撒寒追及於紫荊關斬之俘其
妻子而還乃整兵前進下太原略太行拔長勝寨斬
倦守將盧治中圍倦於雙門寨倦遁去引兵出太行
山東遇宋將彭義斌與戰敗之追至大明守將蘇元
擒義斌斬之至大明守將蘇元帥以城降遂引兵臨
東平敗安撫仙將遁他將邀擊敗之遂定東平又與蒙古不
守將棄城遁他將邀擊敗之遂定東平又與蒙古不
花狗河北懷孟衛從國王定益都壬辰度河略汴京
徇雎州遇金將完顏慶山奴與戰敗之追斬慶山奴
金主入蔡諸軍圍之肖乃台史天澤攻城北面汝水

阻其前結筏潛渡血戰連日金亡朝廷以肖乃台功
多命併將史氏三萬戶軍以圖南征賜東平戶二百
俾食其賦命嚴賞實為治第宅分撥牧馬草地日膳供
二羊及衣糧等以老病卒于東平歸葬漢北子七人
抹兀荅兒兀魯台知名
抹兀荅兒上其功奉旨賞銀五十兩授提舉本投下諸
忽林赤行省于襄陽略地
里不哥於失木禿之地三年又與李璮戰有功國王
年追阿蘭荅兒渾都海預有戰功二年從比征敗阿
兩淮已未從渡江攻鄂州以功賞銀五十兩中統元
色匠戶達魯花赤卒子四人火你赤江南行臺御史
大夫
兀魯台中統三年從石高山奉旨拘集探馬赤軍授
本軍千戶至元八年授武略將軍佩銀符十年攻樊
城有功換金符武德將軍十一年渡江有功賞銀三
百兩歐武節將軍十二年四月軍至建安卒于軍子
脫落合察兒襲職從參政阿剌罕攻獨松關有功
宣武將軍尋命管領侍衛軍樞密院錄其渡江以來
累次戰功十八年陞速大將軍二十年江西行省
命討武寧叛賊董琦平之改授虎符江州萬戶府達

元史列傳卷七　十三

魯花赤二十四年移鎮潮州值賊張文惠羅半天等
嘯聚江西行樞密院檄討之領兵破賊寨斬賊首察
大老李尊長等養其偽銀印三卒于軍
吾也而
吾也而珊竹氏狀兒甚偉腰大十圍父曰圖魯華察
以武勇稱太祖五年吾也而與折不那演克金東京
有功九年從太師木華黎取北京領共為先驅下之
捷聞授金紫光祿大夫北京總管都元帥權留撫其人
綏懷有方自京以南相繼來降時金將權魯以惠州
漁河口為隘有殺數萬圖復北疆吾也而以銳兵千
人擊摧其鋒殺數千人獲其旗鼓羊馬斬撻魯於軍
中有趙守玉者擾興州吾也而討平之十一年張致
以錦州叛又攻破之木華黎大喜以馬十四甲五事
之賊軍射殺所乘馬軍士憤怒鶩戈衝擊大破賊軍
賞其戰功十二年興州監軍重兒以兵叛吾也而往征
十五年從征山東大戰東平馳赴陷陣生挾二將以
還木華黎壯之俟又取葭廊二州十八年從帝親征河
股力戰破之佚又以功上聞十六年從征延安矢中右
獻十七年克鳳翔及所屬州郡十八年從帝親征河
西明年下之詔賜吾也而馬五匹甲一事二十年從

元史列傳卷七　十四

未華象圍益都越二年下三十餘城太宗元年入覲
命與撒里荅火兒赤征遼東下之三年又與撒里荅
征高麗下受開龍宣泰葭等十餘城高麗懼請和吾
也而論之曰若能以子為質當休十三年遺其子
縛從吾也而來朝帝大悅加賜予伊充北京東京
盧指庵三軍敵國猶可克況東夷小醜乎帝壯其素
佩虎符憲宗元年召問東夷事對曰臣雖老倚藉威
廣寧蓋州平州泰州開元府七路征行兵馬都元帥
問飲酒餞何對曰唯所賜時有一駙馬都尉在側素
以酒稱命與之角飲帝大哭賜賜名馬俄謝病歸

七年復來朝帝憫其老謂曰自太祖時效勞至今者
獨卿無憖賜賚甚厚以都元帥授其中子阿海八年
秋九月辛亥夜中星隕帳前光數丈有聲吾也而曰
吾死矣明日卒年九十六子四人審禮最有名太宗
時授北京等路遠魯花赤至元七年改授昭勇大將
軍河間路總管

曷思麥里

曷思麥里西域谷則幹兒朵人初為西遼闊兒罕近
侍後為谷則幹兒朵所屬可散八思哈長官太祖西
征曷思麥里率可散等城酋長迎降大將哲伯以聞

帝命曷思麥里從哲伯為先鋒攻乃蠻克之斬其主
曲出律哲伯令曷思麥里持曲出律首往徇其地若
可失哈兒押兒牽幹端諸城皆望風降附又從你
沙不兒城諭下之帝親征至薛迷思干與其主扎剌
丁合戰于月亦心揭赤之地敗之追襲扎剌丁等於
阿剌黑城戰于禿馬溫山又敗之帝遣使趣哲
又敗之扎剌丁逃入于海曷思麥里權其主珍寶以還
取玉兒谷德痕兩城繼而愍顏城亦下帝遣使兒還
伯葭馳以討欽察命曷思麥里招諭曲兒只部西寨
沙等城悉降至谷兒只部及阿速部以共拒敵皆戰

敗而降又招降黑林城進擊幹羅思於鐵兒山克之
獲其國主密只思臉哲伯命曷思麥里獻諸木赤太
子誅之尋征康里至字子八里城與其主霍脫思罕
戰又敗其軍進至欽察亦平之軍還哲伯卒會帝親
征河西曷思麥里持所獲珍寶及七寶繖曷思繖迎見千阿

刺思不剌思帝顧群臣曰哲伯常稱曷思繖命隨其力
其軀幹雖小而聲聞甚大乃以所進金寶命
所勝悉賜之仍命與薛徹兀兒為必闍赤未幾曷思
麥里奏徙徙者嘗招安到士卒留亦八里城宜令尾從
征河西許之命常居左右至也吉里海牙又討平失

的兒威從太祖征汴至懷孟令領奧魯事帝由白坡
渡黄河會憲宗兵攻金將合達敗之回駐金蓮川壬
辰授懷孟州達魯花赤佩金符癸巳金將強元帥圍
懷州昌思麥里率其衆及昔里吉思鎮刺海等力戰
金兵退又遣蒲察寒奴乞失烈札魯招謝金總帥抵
真率其麾下軍民萬餘人來降已亥六月帝以昌思
麥里從軍西域宣力居多命其長子担只必襲為懷
孟達魯花赤火赤密里吉襲為必闍赤令昌思麥里
為扎魯火赤歸西域大帥察罕行省帖木迭児奏留
之帝允其請庚子進懷孟河南二十八處都達魯花

赤所隸州郡不從命者制令籍其家乙卯五月卒子
密里吉復為懷孟達魯花赤中統三年從攻淮西與
宋戰死

列傳卷第七

翰林學士嘉議大夫知制誥同修國史兼經筵官臣宋濂等奉敕修

敕授

速不台

速不台蒙古兀良合人其先世獵於斡難河上遇敦
必乃皇帝因相結納至太祖時已五世夫捏里必者
生宇忽都衆目爲折里麻折里麻者漢言有謀略人
也三世孫合赤溫生哈班哈班二子長忽魯渾次速
不台俱驍勇善騎射太祖在班朱尼河時哈班嘗驅
群羊以進遇盜被靱忽魯渾與速不台繼至以槍剌

《元史列傳卷八　一　高掌》

之人馬皆倒餘黨逸去送父難羊得達於行在所
忽魯渾以百戶從帝與乃蠻部主戰於長城之南忽
魯渾射却之其衆奔潰赤檀山而潰速不台以質子
事帝爲百戶歲壬申攻金桓州先登援其城帝命賜
金帛一車城里吉部強戚不附滅里吉者會諸將於禿
兀剌河之黑林問誰能爲我征滅里吉者速不台請
行帝壯而許之乃選裨將阿里出領百人先行覘其
虛實速不台戒阿里出曰汝止宿必載其
嬰兒速不台以行去則遺之使若挈家而逃者遂
之果以爲逃者遂不爲備已卯大軍至蟾河與滅里

吉遇一戰而獲其二將盡降其衆其部主霍都奔欽
察速不台追之與欽察戰于玉峪敗之壬午帝征回
回國其主滅里委國而去命速不台與只別追之及
于欠里河只別戰不利速不台夜遁復命繞兵河東
藝三炬以張軍勢其王夜遁速不台駐軍河東戒其衆人
川必里城追之凡所經歷皆無水之地既度川先
發千人爲游騎繼以大軍晝夜兼行比至滅里逃入
海不月餘病死盡獲其所棄珍寶以獻帝曰速不台
枕干血戰爲我家宣勞甚嘉之賜以大珠銀罌
未速不台上奏請討欽察許之遂引兵統寬定吉思

《元史列傳卷八　二　高掌》

海展轉至太和嶺鑿石開道出其不意至則遇其酋
長玉里吉及塔塔哈兒方聚於不租河縱兵奮擊其
衆潰走矢及玉里吉之子逃於林間其奴來告而執
之餘衆悉降遂收其境又至阿里吉河與斡羅思部
大小密赤思老遇一戰降之略阿速部而還欽察之
奴來告其主者速不台縱爲民還以聞帝曰奴忠
其主肯忠他人乎遂戮之又奏以滅里吉乃蠻怯烈
杭斤欽察諸部千戶通立一軍從速不台比年在外
部獲馬萬匹以獻帝欲征河西以速不台奏願從西征帝命度
恐父母思之遺令歸省速不台奏願從西征帝命度

大磧以往丙戌攻下撒里畏吾特勒赤閼等部及德
順鎮戎蘭會洮河諸州得牝馬五千匹悉獻于朝丁
亥聞太祖崩乃還乙丑太宗即位以禿滅干公主妻
之從攻潼關軍失利帝責之曆宗時在藩邸言兵家
勝負不常請令立功自效遂命引兵從曆宗經理河
南道出牛頭關遇金將合達帥步騎數十萬待戰曆
宗問以方略速不台曰城居之人不耐勞皆數挑以
勞之戰乃可勝也師集三峯山金兵圍之數匝會風
雪大作其士卒僵仆帥衆殺殆盡自是金軍不
能復振壬辰夏曆宗還駐官山留速不台統諸道兵
圍汴癸巳金主渡河北走追敗之於黃龍岡斬首萬
餘級金主復南走歸德府未幾復走蔡州破金主自
后妃及寶器以獻進圍蔡州甲午蔡州破金主自焚
死時汴梁受兵日久歲饑人相食速不台下令縱其
民比渡以就食乙未太宗命諸王拔都西征入赤蠻
且曰聞人赤蠻有膽勇速不台亦有膽勇可以勝之
遂命爲先鋒與入赤蠻戰繼又令統大軍遂虜入赤蠻
妻子於寬田吉思海入赤蠻關速不台至大懽逃入
海中宰丑太宗命諸王拔都等討兀魯思部主也烈
班爲其所敗圍禿里思哥城不克拔都奏遣速不台

督戰速不台選爲哈必赤軍怯憐口等五十八人赴之一
戰獲也烈班進攻禿里思哥城三日克之盡耶兀魯
思所部而還經哈喗里山攻馬札兒部主怯憐速不
台爲先鋒與諸王拔都吒里兀昔班哈冊五道分進
衆曰怯憐軍勢威未可輕進速不台出奇計誘其軍
至漷寧河諸王軍於上流水淺馬可涉中復有橋下
流河戰拔都軍爭橋反爲所乘沒甲士三十人并
涉河與戰拔都軍欲結搣潛渡繞出敵後未渡諸王先
亡其麾下將入哈禿既渡諸王以敵尚衆欲要速不
台還徐圖之速不台曰王欲歸自歸我不至禿納河
馬茶城不還也乃馳至馬茶城諸王亦至遂攻拔之
而還諸王來會拔都曰漷寧河戰時速不台救遲殺
我八哈禿速不台曰諸王惟知上流水淺且有橋遂
渡而與戰不知我於下流結搣未成今但言我遲當
思其故於是拔都亦悟後大會飲以馬乳及蒲萄酒
言征怯憐時事曰當時所獲皆速不台功也壬寅太
宗崩癸卯諸王大會速不台以病不能往且曰吾於
族屬爲兄弟安得不往甲辰遂會於也只里河丙午定
宗即位既朝會還家于禿剌河上戊申卒年七十三
贈劾忠宣力佐命功臣開府儀同三司上柱國追封

兀良合台初事太祖時憲宗為皇孫尚幼以兀良合
台世為功臣家使護育之憲宗在潛邸遂分掌宿衛
歲乙巳領兵從定宗征女真國破萬奴於遼東繼從
諸王拔都征欽察兀魯思阿
孛烈兒諸部平之己酉定宗崩
與宗室大臣議立憲宗事久未決四月諸王大會定
宗皇后問所宜立皆惶惑莫敢對兀良合台對曰此
議巳先定矣不可復變拔都曰兀良合台言是也議
遂定憲宗即位之明年世祖以皇弟總兵討西南夷

三九七　　《元史列傳卷八》　五　六

烏蠻白蠻鬼蠻諸國以兀良合台總督軍事其鬼蠻
即赤禿哥國也癸丑秋大軍自旦當嶺入雲南境摩
娑二部酋長唆火脫因塔裏馬來迎降遂至金沙江
兀良合台分兵入察罕章蓋白蠻也所在寨柵以次
攻下之獨阿塔剌所居半空和寨依山枕江牢不可
拔使人覘之阿塔剌遣兵來拒兀良合台遣其子阿术迎
擊之寨兵退走遂并其弟阿叔城俱拔之進師取龍
首關開辟入大理國城甲寅秋復分兵取附都善
闡轉攻合剌章水城屠之合剌章蓋謂蠻也前次羅

部府大酋高昇集諸部兵拒戰大破之於洟可浪山
下遂進至烏蠻所都押赤城城際滇池三面皆水既
險且堅選驍勇以砲摧其北門縱火攻之皆不克刀
大震鼓鉦進而作作而止使不知所為如是者七日
阿术引善射者二百騎期以三日四面進擊兀良合
其右合台護尉掩其左約三日捲而內向及圓合與
以獻餘眾依阻山谷者分命禆將刈昔
大潰至昆澤擒其國王段智興及其渠帥馬合剌昔
伺其困之夜五鼓遣其子阿术潛師躍入亂斫之遂
台陷陣鏖戰又攻纖寨拔之至乾德哥城兀良合台

四六　　《元史列傳卷八》　六　蘆仲章　六

病委軍事於阿术環城立砲以草填塹眾軍始集阿
术巳率所部搏戰城上城送破乙卯攻赤禿哥因阿
合阿因蕁城阿术先登取其三城又攻赤禿哥山寨
阿术緣嶺而戰遂拔之乘勝擊破魯厮國塔渾城又
阿忿蘭城魯魯厮國大懼請降阿伯國有兵四萬不
取阿蘭城攻之入其城舉國請降復攻阿魯山寨進攻
降阿术攻之乃搜捕未降者遇赤禿哥軍於合打台
阿魯城克之乃搜捕未降者遇赤禿哥軍於合打台
山追赴臨崖盡殺之自出師至此凡二年平大理五
城八府四郡俱殺烏白等蠻三十七部兵威所加無不
欵附丙辰征白蠻國波麗國阿术生擒其驍將獻俘

闕下詔以便宜取道與鐵哥帶兒兵合逐出烏蒙趨
瀘江刳禿剌蠻三城卻宋將張都統兵三萬奪其船
二百艘於斬湖江斬獲不可勝計遂通道於嘉定重
慶抵合州濟蜀江與鐵哥帶兒會丁巳以雲南平遣
元帥還鎮大理遂經六盤山至臨洮府與大營合月
餘後西征烏蠻秋九月遣使招降交趾不報冬十月
進兵壓境其國主陳日煚懼江列象騎步卒甚盛兀
良合台分軍爲三隊濟江徹徹都從下流先濟大師

元史列傳八

居中駙馬懷都與阿术在後仍授徹徹都方略曰汝
軍既濟勿與之戰彼必來逆我駙馬隨斷其後汝伺
便奪其船蠻若潰走至江無船必爲我擒矣師既登
岸即繼與戰徹徹都違命蠻雖大敗得駕舟逸去兀
良合台怒曰先鋒遣我卻慶軍有常刑徹徹都懼飲
藥死兀良合台入交趾爲久駐計軍令嚴肅毫無
犯越七日日暨請內附於是置酒大饗軍士還軍押
赤城戊午引兵入宋境其地炎瘴軍士皆病遇敵少
卻亡軍士四人阿术還繼擒其卒十二人其援復至
阿术以三十騎阿馬禿繼以五十騎擊走之時兀良

合台亦病將旋師阿术戰馬五十疋夜爲禿剌蠻所
掠入告兀良合台曰吾馬盡爲盜掠去將何以行即
分軍搜訪知有三寨藏生擒賊首盡得前後所盜馬
而乃屠押赤城憲宗遣使諭旨約明年正月會軍長
沙乃率四王騎兵三千蠻獠萬人破橫山寨闖老蒼
關徇宋內地宋陳兵六萬以俟遣阿术與四王潛自
間道衝其中堅大敗之盡殺其衆乘勝擊逐貴州
蹂躪象州入靜江府連破辰沅二州直抵潭州城下渾
州出兵二十萬斷我歸路兀良合台遣阿术與大納

元史列傳卷八

王龍帖木兒軍其前而自與四王軍其後夾擊破之
兵自入敵境轉鬭千里未嘗敗北大小十三戰殺宋
兵四十餘萬擒其將大小三人其州又遣兵來攻退
至門灒掩溺殆盡乃不敢復出壁城下月餘時世祖
已渡江駐鄂州遣也里蒙古領兵二千人來援且加
勞問遂自鄂州之滸黃洲比渡與大軍合庚申世祖
即位夏四月兀良合台至上都後十二年卒年七十
二子阿术自有傳

按兀良週

按兀良週雍古氏其先居雲中塞上父熙公爲金群牧

使歲辛未驅所牧馬來歸太祖終其官按竺邇紉鞠

于外祖术要甲家訛言為趙家因姓趙氏年十四隸

皇子寀合台部嘗從大獵獲麋鹿有二虎突出射

之皆死由是以善射名皇子深器愛之甲戌太祖西

征尋思干阿里麻里等國以功為千戶丁亥從征積

石州先登拔其城圍河州斬首四十級破臨洮攻德

順斬首百餘級從攻鞏昌駐兵秦州太宗即位尊察合

置驛抵玉關通西域從定關隴辛卯從圍鳳翔按竺

台為皇兄以按竺邇為元帥戊子鎮冊州自燉煌

通分兵攻西南隅城上礮石亂下選死士先登拔其

《元史列傳卷八》 九 許彥惠

城斬金將劉興哥分兵攻西和州宋將彊俊領眾數

萬堅壁清野以老我師按竺邇率死士罵城下挑戰

俊怒悉眾出陣按竺邇佯走俊追之因以奇兵奪其

城伏兵要其歸轉戰數十里斬首數千級擒俊餘眾

退保仇池進擊按之從援平涼慶陽邠寧皆降涇

州復叛殺守將郭元怒眾議屠之按竺邇但誅首惡

師還原州陣民蕉老幼夜亡走眾曰此必反也宜誅

之以警其餘按竺邇曰此輩懼吾驅故耳遣人

諭之曰波等若走以軍法治罪父母妻子併誅矣汝

歸保無他明年草青具牛酒迎師於此州民皆復歸

豪民陳苟集數千人潛新寨諸洞眾議以火攻之按

竺邇曰招諭不出攻之未晚遂偕數騎抵寨縱馬解

弓矢召苟遙語折矢與誓肯即相呼羅拜謝更生

之恩皆降金人守潼關攻之戰於扇車回不克厔宗

分兵由山南入金境按竺邇為先鋒趣散關金久矣

燒絕棧道復由兩當縣出魚關軍沔州宋制置使桂

如淵守興元按竺邇假道於如淵曰宋雖金讎金又

不從我兵鋒一洗國耻今欲假道於如淵唐

鄧會大兵以滅金豈獨為吾之利亦宋之利也如淵

度我軍壓境勢不徒還遂遣人導我師由武休關東

《元史列傳八》 十 許彥惠

抵鄧州西破小關金人大駭謂我軍自天而下其平

章完顏合達樞密使移刺蒲阿帥十七都尉兵數十

萬相拒于鄧我師不與戰直趣鈞州與親王按赤台

等兵合陣三峯山下會天大雪金兵成列按竺邇先

率所部精兵迎擊於前諸軍乘之金師敗績癸巳金

主奔蔡十二月從圍蔡甲午金亡初金將郭斌自鳳

翔突圍出保金蘭定會四州至是命按竺邇往取之

園斌于會州食盡將走敗之于城門兵入城巷戰死

傷甚眾斌手劍驅其妻子聚一室焚之已而自投火

中有安奴自火中抱兒出泣授人曰將軍盡忠吾使

絕嗣此其兄也幸衰而收之言畢後赴火死按竺邇
聞之惻然命保其孤遂定四州金將汪世顯守鞏州
皇子濶端圍之未下遣按竺邇等往招之世顯率衆
來降皇兄嘉其材勇賞賚甚厚賜名拔都拜征行大
元帥丙申大軍伐蜀皇子出大散關分兵令宗王穆
直等出陰平郡期會于成都按竺邇領砲手兵為先
鋒破宕昌殘階州攻文州守將劉禄將月不下謀知
城中無井乃奪其汲道率壯士柵城先登殺守將為
數十人遂拔其城祿死之因招徠吐蕃酋長勘陁孟
迦等十族皆賜以銀符署定龍州送與大散軍合進

克城都師還而成都復叛丁酉按竺邇言於宗王曰
隴州縣方平人心猶貳西漢陽當隴蜀之衝宋及吐
蕃利於入寇宜得良將以鎮之宗王曰安反側制寇
賊此上策也然無以易汝遂分蒙古千戶五人隸麾
下以往按竺邇命侯和尚南戍沔州之石門木魯西
戍階州之兩水謹斥堠巖巡邏西南諸州不敢犯之
戊戌從元帥塔海率兵代蜀克隆慶己亥攻重
慶庚子圍萬州宋人將舟師數百艘溯流迎戰按竺
邇順流率勁兵乘巨筏於其間弓弩兩射按竺
入不能敵敗諸夔門辛丑伐西川破二十餘城成都

守將田顯開北門以納師宋制置使陳隆之出奔追
獲之縛至漢州令誘降守將王夔夔不降進兵攻之
襲夜驅火牛突圍出奔遂斬隆之壬寅會大軍破之
寧瀘敘芊州癸亥破資州庚戌按竺邇安輯涇邠二
州宋制置使余玠攻興元文州降將王德新乘隙自
階州叛執亳牛二鎮將領砲衆千餘走江油奪江油牛以按
竺邇還舊鎮按竺邇遣將直擣江油屯牛以歸中
統元年世祖即位親王有異謀者其將阿藍荅兒渾
都海圍城關隴時按竺邇以老委軍於其子帝遣宗
王哈丹哈必赤阿昌馬西討按竺邇曰今內難方殷浸

亂關隴宣臣子安卧之時耶吾雜老尚能破賊遂引
兵出刪丹之耀碑谷從阿昌馬與之合戰會大風畫
晦戰至晡大敗之斬馘無筭按竺邇與總帥汪良臣
獲阿藍荅兒渾都海等捷聞帝錫璽書褒羙賜弓矢
錦衣四年卒年六十九延祐元年贈推忠佐運功臣
太保儀同三司上柱國封秦國公諡武宣子十人徵
理國寶最知名徵理襲職為元帥丁巳從父攻瀘州
晦率部兵由水門先登破其壁德降後以病廢卒國
降宋將劉整率宋將姚德壁雲頂山戊午大軍圍之徹
寶一名黑梓少擊劍學書倜儻好義有謀署父為元

帥軍務悉以委之故所至多捷從攻重慶降宋都統
張實併掠合州以歸中統元年從攻阿藍荅兒有功
阿藍荅兒叛火都擾吐蕃之黠西嶺國寶攝帥事
討之衆欲速戰國寶曰此窮寇也宜少緩以計破之
賜弓矢金綺初都欲西走國寶擒要之挑戰之捷元
則歛兵自固相持兩月潛兵出其不意襲征行
帥徹理以病不視事國寶乃謂諸第曰昔我先人耀
西陸大功既集關隴雖寧而西戎未靖此吾輩立
功之秋也乃遣謝罪與第國能持金帛說降吐蕃首
兵西陸大功既集關隴雖寧而西戎未靖此吾輩

長勘陷孟迦從國寶入
觀國寶奏曰文州山川險阻
控庸蜀拒吐蕃宜城文州屯兵鎮之從之授國寶三
品印為蒙古漢軍元帥無文州吐蕃萬戶府達魯花
赤與勘陷孟迦皆賜金符時扶州諸羌未附欸從國寶宣
上威德於是阿哩禪波哩揭授
入覲國寶圖山川形勢以獻詔授阿哩禪波哩揭為萬
戶賜金虎符諸首長皆為千戶皆賜金符賜國寶金幣國
治文州有善政至元四年辛延祐元年贈推誠佐理
功臣光禄大夫平章政事柱國封梁國公謚忠定子世
榮世延初國寶將辛以世榮紉命第國安襲其職國

章政事

畏荅兒

畏荅兒忙兀人其先剌真八都兒有二子次名忙兀

安既襲蒙古漢軍元帥無文州吐蕃萬戶府達魯花
赤後以其兄國寶安邊功賜金虎符進昭勇大將軍
十五年討叛王魯于六盤獲之請解職授世榮帝
曰人爭而汝讓可以敦薄俗錄其六盤功進大將軍
將軍招討使世榮襄懷遠大將軍蒙古漢軍元帥無
文州吐蕃萬戶府達魯花赤後以功進昭毅大
吐蕃宣慰使議事都元帥佩三珠虎符延中書平

兒始別為忙兀氏畏荅兒其六世孫也與兄畏翼俱
事太祖時太祖強盛畏翼率其屬歸之畏荅兒乃還
之不聽追之又不肯還畏荅兒曰
汝兄既去汝獨留此何為畏荅兒無以自明取失折
而誓曰所不終事主者有如此矢太祖察其誠更名
為薛禪約為按達薛禪者聰明之謂也按達者定交
不易之謂也太祖與克烈王罕對陳於哈剌真師少
不敵帝命兀魯一軍先發其將朮徹台橫鞭馬鬣不入
應畏荅兒奮然曰我猶鏨也諸君斧也鏨不入
我請先入諸軍繼之萬一不還有三黃頭兒在唯上

念之遂先出陷陣大敗之至晡時猶追逐不已敕使
止之乃還腦中流矢創甚帝親傳以善藥留慶帳中
月餘卒帝深惜之及王罕滅帝以其將只里吉寶抗
畏荅兒乃分只里吉寶民百戶隸其子且使世世
賜不絕仍令收完忙兀人民之散亡者太宗思其功
後以此方萬戶封其子忙哥為郡王泰安州民丙申忽都忽
大料漢民分城邑以封功臣今差次惟視舊數多寡
帝許其少忽都忽對曰不然畏荅兒封戶雖少戰功則
多其增封為二萬戶與十功臣同為諸侯者封戶皆

異其籍兀魯爭曰忙哥舊兵不及臣之半今封頗多
於臣帝曰汝忘而先橫鞭馬鬣時耶兀魯遂不敢言
忙哥辛孫只里毛觧乞荅觧魯孫忽都忽兀忽里

哈赤俱襲封為郡王

博羅歡　伯都

博羅歡畏荅兒幼子熊木昬之孫瓅魯火都之子也
時諸侯王及十功臣各有斷事官博羅歡年十六為
本部斷事官從世祖討阿里不哥數有功帝喜而賜
馬四十匹金幣稱之中統三年李璮叛命帥忙兀一
軍圍濟南分兵掠益都萊州悉平之詔錄燕南獄讞

決明兒賜衣一襲皇子雲南王愛牙赤為其省臣寶
合丁毒死事覺中書擇可治其獄者四人奏上皆不
稱旨丞相線真以博羅歡聞帝可其奏博羅歡辭曰
臣不敢受死年少不知書行未至雲南恐誤事耳帝乃以吏
尚書別帖木兒輔其行素不能容可且持歸待我取之恐
歡迎餽祈勿究其事博羅歡應其握兵徽外拒之恐
致釁陽諾曰吾素不能容可且持歸待我取之博羅
謂線真曰卿舉得其人矣賜黃金五十兩詔忙兀事
歡至則竟其獄誅毒王者而歸于省陞見帝碩
無大小悉統於博羅歡授昭勇大將軍右衛親軍都

指揮使大都則專右衛上都則無三衛會伐宋授金
吾衛上將軍中書右丞詔分大軍為二右軍受伯顏
阿术節度左軍受博羅歡節度俄兼淮東都元帥罷
山東經畧司而以其軍悉隸焉遂軍于下邳召將佐
謀曰清河城小而固與昭信淮安泗州為掎角猝未
易拔海州東海石秋遠在數百里之外必不嚴備吾
吾技上兵為疑兵以輕騎倍道襲之其守將可擒也師
至三城果皆下清河亦降宋主以國內附而淮東諸
城猶為之守詔博羅歡進軍拔淮安南堡戰白馬湖
及寶應掠高郵自西小河入漕河援灣頭新通泰授

兵送下揚州淮東平益封挂陽德慶二萬一千戶十
四年討叛臣只里幹台於德昌平之賜王帶文綺與
博羅同署樞密院事拜中書右丞行省北京未幾召
還時江南新附尚多反側詔募民能從大軍討者
使自為一軍聽節度於其長而毋役於他軍制命符
即皆與正同會博羅歡寢疾乃附樞密董文忠奏曰
今疆土寖廣英奏上石與疾賜坐與語帝大悟遂可其
者將愈眾矣百萬指揮可集何假此無藉之徒
彼一蹙即掠人貨財俘人妻孥怵怨益滋而叛
奏而常德入訴唐兀一軍殘暴其境內敕斬以徇九

〈吏列傳卷八〉 六 七

所募軍皆罷十六年以哈剌斯博羅思幹羅罕諸部
不相統命博羅歡監之十八年以中書右丞行省甘
廟二十年拜御史大夫行御史臺事以疾歸諸王乃
類叛帝將親征博羅歡諫曰昔太祖分封東諸侯其
地與戶臣皆加之以二十為率乃顏得其九忙兀兀
魯扎剌兒咒朵音剌亦其烈思五諸侯得其十一惟徵
五諸侯兵自足當之何至上煩乘輿哉臣疾且愈請
將東征帝乃賜鎧甲弓矢鞍勒命督五諸侯兵與乃
顏戰敗之其黨塔不帶以兵來拒會久雨軍乏食諸
將欲退博羅歡曰今兩陣相對豈容先動俄塔不帶

引兵退博羅歡以其師乘之轉戰二日身中三矢大
破之斬其駙馬忽倫適太師月魯那演大軍來會遂
平乃顏擒塔不帶既而其黨哈丹復叛詔與諸侯王
乃馬帶討之哈丹游騎猝至博羅歡從三騎返走抵
絕澗可二丈許追騎垂及哈丹二妃以戲敕以一賜
於陳姓返凡四歲凱旋其馬一躍而過
三從騎皆沒人以為有神助云哈丹死斬其子老的
乃馬帶一軍分賜之博羅歡陳其金銀器於延春閣上召諸
侯王將師分賜之博羅歡辭帝曰卿可謂能讓乃賜
金銀器五百兩以旌之河南宣慰改行中書省拜平

〈元史列傳卷八〉 六 十

章政事有詔括馬母及勳臣之家博羅歡曰吾馬成
群所治地方三千里不先出馬何以為吏民之倡乃
先入善馬十有八汴南諸州莘為巨浸博羅歡躬行
決口督有司繕完之三十一年成宗立遷陝西行中
書省平章政事未行留鎮河南入朝請以泰安州所
入五戶絲四千斤易內庫繒帛分給忙兀一軍帝為
救近車送軍中賜以銀百五十兩陞辭帝諭之曰鄉
今白鬚世祖德言寔多聞之宜加慎護因以世祖所
佩弓失躬帶賜之有頃近臣奏伐宋時右軍分屬伯
顏阿术左軍分屬博羅歡令伯顏阿术皆受分地而

博羅歡未及惟帝裁之帝曰何父不言豈彼恥自請
耶乃益封高郵五百户大德元年版王藥木忽兒兀
魯速不花來歸博羅歡聞之遣使馳奏曰諸王之叛
皆由其父此華幼弱無所知今兹來歸宜棄其前
惡以勸未至帝深以為然賜金鞍勒命以平章政事
行省湖廣會并福建行省入江浙拜光祿大夫上柱
國江浙等處行中書省平章政事居歲餘卒年六十

三博羅歡勇有智畧戰常以身先之所獲射物悉與
將士故得死力平居常以國事為憂聞變即請行
至終其事乃止其忠義蓋天性然也累贈推忠宣力

賀運功臣太師開府儀同三司上柱國加封奉安王
謚武穆子渾都伯都堅先帖木兒博羅渾都山東宣
慰使遥授中書平章政事堅先帖木兒河南江北等
處行中書省左丞相卒官開府儀同三司翰林學士
承旨博羅陝西等處行中書省平章政事堅先帖木
兒子尼摩星吉襲郡王亦思剌毛性吉中政使
伯都幼穎異不以家世自矜長嗜書史大德五年擢
江東道廉訪副使拜江南行臺侍御史未幾召入僉
樞密院事領舍兒別赤至大二年出為江南行臺御
史中丞遷陝西行臺御史大夫延祐元年拜甘肅行

省平章政事時米價騰湧陸輓一石費二百緡乃為
經畫計所省至四百餘萬緡自是諸倉俱充溢甘州
氣寒地瘠少稔歲民饑則發粟賑之春關種則貸之
於是兵餉既足民食亦給詔賜名鷹甲冑弓矢及鈔
五千緡以勞為四年移江浙行省平章政事入為太
子賓客上書陳古先聖王正心脩身之道帝嘉納之

遷江南行臺御史大夫皇太后謂帝所服藥須空青
南行臺御史大夫陸見以疾固辭帝慰諭父之命以
平章之祿歸養于家復賜鈔十萬緡
止其行遂以疾辭去寓居高郵英宗即位復命為江

詔遣使江南訪求之伯都辭謝曰臣曩膺重寄深懼
弗稱今已病瘵況敢叨濫厚祿以受重賜平併以所
給平章政事祿歸有司泰定元年還京師辛朝廷知
其貲賄鈔二萬五千貫御史臺奏賻三萬五千貫仍
還所辭祿妻弘吉剌氏弗受曰始伯都仕于朝不敢
受廪祿今歿矣豈受是祿非其意也卒辭之子篤爾
只將作院判官

抄思

抄思乃蠻部人又號曰荅祿其先秦陽為乃蠻部主
祖曲書律父敵溫太祖舉兵討不庭曲書律失其部

祖奉中宮旨侍宮掖抄思年二十五即從征伐破代
石二州不避矢石每先登焉鴈門之戰屢捷會太宗
命睿宗平金抄思執銳以從與金兵戰所向無前壬
辰次鈞州金兵墨于三峯山抄思察其譽壁不堅
夜領精騎襲之金兵驚擾遂乘擊之拔三峯山睿宗
以抄思功聞于朝有旨以湯陰縣黃招撫芊一百一
十七戶賜之抄思力辭不受復賜以男女五十口宅
一區黃金鑿帶酒壺盃各一辭弗許迺受之制受
萬戶與內侍胡都虎留乞僉起西京等處軍人征行

《元史列傳卷八》　廿一

及鎮守隨州招集民戶每千人以官一貟領之丁酉
秋七月奉旨調軍得西京大名濱棣懷孟真定河間
邢洺磁威新衛保等府州軍四千六十餘人統之後
移鎮潁以疾歸大名歲戊申正月卒年四十四子別
的因

別的因在襁褓時父抄思方領兵平金與其祖母康
里氏在三皇后宮庭戊申父抄思卒母張氏迎養
因以歸祖母康里氏辛張嘗從容訓之曰人有三成
人知畏懼成人知羞恥成人知艱難成人否則禽獸
而巳別的因受教雖謹甲寅世祖以宗王鎮黑水有
落敬溫奔契丹卒抄思尚幼與其母跋涉間行歸太

旨諭察罕那顏命別的因襲抄思職爲副萬戶鎮守
隨潁等處丙辰冬十有二月世祖復諭征鎮軍士悉
聽別的因等號令別的因身長七尺餘肩豐多力善
刀舞充精騎射士卒咸畏服之明年庚申世祖即位
委任充專癸亥正月召赴行在所冬十一月謁見世
祖於行在所世祖賜金符以別的因爲壽潁二州屯
田府達魯花赤時二州地多荒蕪有虎食民妻其夫
來告別的因黙然良父曰此易治耳迺立檻設機縛
蕉羊檻中以誘虎夜半虎果至機發虎堕檻中因取
射之虎遂死自是虎害頓息至元十三年授明威將

《元史列傳卷八》　廿三

軍信陽府達魯花赤佩金符時信陽亦多虎別的因
至未父一日以馬鞁鞍上出獵命左右燔山虎出
走別的因以褐擲虎虎搏褐擲地而乳別的因旋馬
視虎射之虎立死十六年進宣威將軍常德路副達
魯花赤會同知李明秀作亂別的因請以單騎往招
之直抵賊壘賊輕之不設備別的諭以朝廷恩德
使爲自新計明秀素畏服迺與俱來別的因聞于朝
明秀伏誅賊遂平三十一年進懷遠大將軍遷池州
路達魯花赤之官道經潁上潁近荆山有野豕時出
害民禾稼民莫能制聞別的因至迎拜境上告以其

故別的因曰毋應也遂至荆山以狼牙箭射之丞走

數里大德十三年進昭勇大將軍台州路達魯花赤卒

年八十一子不花僉嶺南廣西道肅政廉訪司事文

圭有隱德贈秘書監著作郎延壽湯陰縣達魯花赤

孫守兼曾孫與權皆讀書登進士科人多稱之

列傳卷第八

翰林學士亞中大夫知制誥兼修國史臣宋濂翰林待制奉議大夫兼國史院編修官臣王褘等奉

勅修

《元史列傳卷九》

巴而术阿而忒的斤

巴而术阿而忒都護者高昌國主號也先世居畏兀兒之地有和林山二水出焉曰禿忽剌曰薛靈哥一夕有神光降于樹在兩河之間人即其所而候之樹乃生瘦若懷妊狀自是光常見越九月又十日而樹瘿裂得嬰兒五土人收養之其最稚者曰不可罕既壯遂能有其民人土田而為之君

長傳三十餘君是為玉倫的斤數與唐人相攻戰父之議和親以息民罷兵於是唐以金蓮公主妻之子蒿勵的斤居和林別力跋力若言婦所居山也又有山曰天靈山也南有石山曰胡力巷哈言福山也唐使與相地者至其國曰和林之盛彊以有此山也盡壞其山以弱其國乃告諸斤曰既為婚姻將有求於尒其山興之子福山之石上國無所用而唐人頋見之石大不能動唐人以烈火焚之沃以釅醋其石碎乃轝而去國中鳥獸為之悲號後七日玉倫的斤卒灾異屢見民弗

安居傳位者又數七乃遷於交州即火州也統別失八里之地北至阿术河南揆酒泉東至兀敦甲石哈西臨西蕃居者凡百七十餘載而至巴而术阿而忒的斤於契丹歲已巳聞太祖興朔方遂殺契丹所置監國等官欲來附未行帝遣使使其國亦都護大喜即遣使入奏曰臣聞皇帝威德即棄契丹嘗好方將通誠不自意天使降臨下國自今而後都護方將為臣僕是時帝征大陽可汗射其子脫脫之脫脫之子大都赤剌溫馬札兒禿薛千四人以不能歸全屍遂取其頭涉也兒的石河將奔亦都護先

《元史列傳卷九》

遣使徃亦都護侵之四人者至與大戰於檻河亦都護遣其國相來報帝復遣使還謝亦都護以金寶入貢未朝帝于怯緑連河奏曰陛下若恩顧臣使臣得與陛下四子之末庶幾猶其犬馬之力帝感其言使尚公主也帝立安敦且得序於諸子與者必那演征罕勉力鎮潭田田諸國將部曲萬人以先紀律嚴明所向克捷又從帝征河西皆有大功既卒而次子玉古倫赤的斤嗣玉古倫赤的卒子馬木剌的斤嗣將探馬軍萬人從憲宗代宋合州攻釣魚山有功還火州卒至元三年世祖命其子火赤

哈兒的介嗣為亦都護海都帖木迭兒之亂畏兀兒
之民遭亂解散於是有旨命亦都護收而撫之其民
人在宗王近戚之境者悉遣還其部畏兀兒之衆復
輯十二年都卜思巴等率兵十二萬圍火州聲言
曰阿只吉與魯只諸王以三十萬之衆猶不能抗我
而自潰爾敢以孤城當吾鋒乎亦都護曰吾聞忠臣
不事二主吾生以此城為家死以此城為墓終不能
我亦太祖皇帝諸孫何以不附我且爾京嘗尚公主
從爾也受圍凡六月不解都哇以書繫矢射城中曰
矣爾能以女與我我則休兵不然則急攻爾其民相

與言曰城中食且盡力已困都哇攻不止則相與俱
亡矣亦都護曰吾豈惜一女而不以紓民命乎然吾
終不能與之相見以其女也立亦黑迷失別吉厚載
以笛引絚縋城下而與之都哇解去其後入朝帝嘉
其功錫以重賞妻以公主曰巴巴哈兒定宗之女也
又賜鈔十萬錠以賑其民還鎮火州屯於州南哈密
力之地兵力尚寡比方軍忽至其地大戰力盡遂死
之子細林的介尚幼乞嗣關請兵北征以復父讎帝壯
其志賜金幣巨萬妻以公主曰不魯罕太宗之孫女
也公主薨又尚其妹曰八卜又有旨師出河西侯北

征諸軍并發遂留求昌會吐蕃脫思麻作亂詔以榮
禄大夫平章政事領本部探馬軍萬人鎮吐蕃宣
慰司威德明信賊用欵迹其民賴以安武宗召宗
為亦都護賜之金印復署其部押西蕃諸官仁宗
始稽故實封為高昌王別以金印賜之設王傅之官
其王公主薨尚公曰亦剌真安西王之女也帖木兒
木兒補化次曰籤吉皆八卜又公主所生也帖木兒
火州復立畏兀兒城池延祐五年薨子二人長曰帖
義公主印行諸內郡亦都護印行諸畏兀兒之境八卜
補化大德中尚公主曰朶兒只思蠻闊端太子孫女

也至大中從父入觀儤宿衛又事皇太后於東朝拜
中奉大夫領大都護事又以資善大夫出為鞏昌等
處都總帥達魯花赤奔父喪於永昌請以王爵讓其
叔父歆察父力辭乃嗣為亦都護高昌王至治
中領甘肅諸軍仍治其部泰定中召還與威順王寬
徹不花宣靖王買奴靖安王闊不花分鎮襄陽俄拜
開府儀同三司湖廣行省平章政事文宗召至京師
佐平大難時湖廣左丞有以忌嫉害政者詔命誅之
帖木兒補化乃為申請曰是誠有罪然不至死人服
其雅量天曆元年拜開府儀同三司上柱國錄軍國

重事知樞密院事明年正月以奮官勳封拜中書左
丞相三月加太子詹事十月拜御史大夫其第籤吉
乃以讓嗣為亦都護高昌王

鐵邁赤　虎都　鐵木祿　塔海

鐵邁赤合魯氏善騎射初事忽蘭帳前嘗命為
桐馬官從太祖定西夏又從皇子闊出忽都魯鐵
木咎兄定河南累有戰功憲宗之代宗也世祖以皇
弟受命攻鄂大駕征西川遣元帥兀良哈台自交趾
擕宋與諸軍合歲已未皇弟駐兵鄂渚聞兀良哈台
由廣西至長沙遣鐵邁赤將練卒千人鐵騎三千迎
兀良哈台于岳州元良哈台得援抵江夏北渡黃州
鐵邁赤與有力焉世祖即位命從征叛王于失木土
之地勞績益著至元七年授蒙古諸萬戶府奧魯總
管十九年以疾卒子八人虎都鐵木祿最顯
虎都鐵木祿好讀書與學士大夫遊字之曰漢卿仁
宗嘗顧左右曰虎都鐵木祿字漢卿名卿不讓也
汝等以漢卿名之宜矣其母姓劉氏故人又稱之曰
劉漢卿云至元十一年從丞相伯顏渡江既取宋遣
視宋故宮室護帑藏論下明越等州從平章奧魯入
觀授忠顯校尉總把再轉昭信校尉二十二年授奉

訓大夫荊湖占城等處行中書省理問官時行省之
名曰荊湖占城曰荊湖曰湖廣凡三改理問一日以
軍事入奏敷陳辨白有指趣世祖大悅若曰辭簡意
明令人樂於聽受昔以其兄阿里警敏捷給冬侍左
右斯人顧不勝耶勅都護納志之平章政事程
鵬飛建議征日本奏漢卿為征東省郎中帝顧朕自錄
納若曰鵬飛南士也猶知其能姑聽之俟還丞相
任征東省罷徵漢卿還丞相阿里海牙以湖廣行省
機密事重舍漢卿無可用者遣卽中岳洛也奴奏留
從之二十一年從皇子鎮南王征交趾比還鄂時權
臣方擅威福遂退處于家二十八年詔太傅右丞相
順德王答剌罕搶攉姦于鄂答剌罕遂拜湖廣行中
書省平章政事論舊人知方面之務者衆薦漢卿遣
使即南陽家居驛致武昌奏事京師帝嘉之擢給事
中居再歲提刑按察司政肅政廉訪司臺臣奏授奉
議大夫廣西海北道副使伐交趾之仍舊職既而湖
廣行省平章政事劉傑奏辭留之以漢卿督匠南
東帝曰此重事也須才幹之乃濟用以漢卿督匠五百于廣
方勅曰汝還當顯汝于衆因頓首謝事既集帝崩遷
福建行省郎中朝列大夫漢陽監府中順大夫湖南

宣慰副使峒酋岑雄叛奉詔開諭頑獷怙服畋太中
大夫河南行中書省郎中通議大夫同僉樞密院事
拜禮部尚書大臣奏覈實江南民田漢卿奉詔撫使江
西以田額舊定重擾民不便置不問止奏茶漕置局
十有七所以七品印章敕授局官五十一負增中統
課緡五十萬轉正議大夫兵部尚書未幾命為中奉
大夫荊湖北道宣慰使已命後留之延祐三年大臣
以浙東倭奴商舶貿易致亂奏遣漢卿宣慰闌浙撫
戰兵民海陸為之靜謐云從子塔海

塔海漢鄉兄子也世祖時從士土哈充哈剌赤至元
二十四年扈駕征乃顏二十六年入覲帝命充賓兒
赤扈駕至和林賜只孫冠服大德四年授中書直省
含人選中書客省副使武宗即位賜中統鈔五百錠
以旌其能尋進和林行省理問所官改通政僉院歷
和寧路總管改汴梁先是朝廷令民自實田土有司
繩以峻法民多匿報以塞命其後差稅無所於徵民
多逃竄流移者塔海以其弊言于朝由是省民間虛
糧二十二萬民賴以安後改住盧州時有隨水死者人皆
民患之塔海禱于天蝗乃引去亦有隨蝗此來
以為異民乏食開廩減直俾民羅之所活甚衆天厯

元年冬十月樞密院臣奏以塔海充樞密僉院守潼
關及河中府帝遣人馳賜白金鈔幣宣授僉書樞密
院事未幾西軍犯南陽督諸衛兵往平之至其地首
率勇士與帖木哥等戰摧其前鋒將奪其旗鼓西軍
敗走賜三珠虎符進大都督累官資善大夫

按扎兒
按扎兒拓跋氏嘗扈從太祖南征丙子復從定諸
部有功命領蒙古軍為前鋒時木華黎暨博爾朮為太
左右萬戶長各以其屬為胡衛太祖命木華黎為太
師國王都行省承制行事兵臨燕遼營肯齊會趙韓
魏皆下歲已卯河中府降兵屯還以按扎兒領前鋒
總帥仍統所部兵屯平陽以偪金攝國王事時金將
乞石烈氏擁兵數過患然畏按扎兒威名不敢輕
犯其境歲壬午元帥石天應守河中府屯中條山金
候將軍率昆弟兵十餘萬夜襲河中天應遣偏裨吳
權府率五百兵出東門伏兩谷關諭之曰侯其半過
即翼擊之俾腹背受敵即成禽矣吳醉敵至聲援弗
繼城遂陷天應死焉其城屠其民將趙中條按未
扎兒進兵擊之斬首數萬級逃免者僅十數歲癸未
春至聞喜縣西下馬村木華黎卒詔以子孛魯襲其

爵時平陽重地令按扎兒居守歲庚寅字魯由雲中
圍緯州金將武仙恐退保潞東十餘里原上字魯馳
至沁南未立鼓乞石烈引兵襲其後字魯戰失利輒
重人口皆隔沒按扎兒妻奴丹氏亦被獲拘于大衆
金主聞按扎兒威名召奴丹氏見奴丹氏色莊言正
不為動金主因謂之曰今縱爾還能偕爾夫來當厚
賞爾奴丹氏佯諾之遂得還太宗聞而義之名曰襃
賞甚厚遂詔預其夫前鋒事帝率從弟按只吉歹口
溫不花大王皇弟第四太子璽國王字魯征潞州鳳翔
至鈞州三峯山金將完顏合達引兵十五萬来戰偉

其同僉移剌不花萆怒誅之明年壬辰春三月帝班
師比還命偕都元帥唆伯台圍汴城中讖按扎兒旗
幾以疾卒子忙漢拙赤哥至元十五年從征海都二十
功臣賜平陽戶六百一十有四驅戶三十獵戶四未
懼懼曰其妻猶勇且義況其夫平歲甲午金七詔封
千戶二十四年從征乃顏二十六年從征忙漢為管軍
七年宣授蒙古侍衛親軍千戶佩金符元貞元年有
旨命領探馬赤軍偕哈伯元帥從宗王出伯西征攻
授貽信校尉右都威衛千戶大德元年色還至大四
年卒子乃㢮襲拙赤哥入宿衛從世祖征鄂漢以功

賜白金至元三年從征李璮戰死之子闊闊木為御
史臺都事至元三十一年國王速渾察之子拾得既
沒其家有故璽王將㢮之命闊闊木以示中丞崔彧
御史楊桓辯其文曰受命于天既壽永昌盖秦璽也
或請獻之微仁裕聖皇后以鈔二千五百貫賜拾
得家金織文段二賜闊闊木成宗即位近臣以其事
聞授闊闊木漢中廉訪僉事仕至湖南廉訪使

雪不台

雪不台蒙古部兀良罕氏遠祖捏里彌生字忽都雄
勇有智畧魯孫合盤溫生哈班哈不里哈班生二子

長虎魯渾次雪不台太祖初建興都于班朱泥河令
龍居河也哈班驅羣羊入貢遇盜見執雪不台及兄
虎魯渾隨至剌盜殺之衆潰去哈班得以羊進帝所
由是父子兄弟以義勇稱虎魯渾以百夫長西征破
乃㢮立戰功雪不台以質子襲職七年攻桓州先登
下其城賜金幣凡一車十一年戰滅里吉衆于蟾河
追其部長玉峪大破之遂有其地后從征田鵑竟其主
棄國去雪不台率衆追之回鵑竟走死其帑藏之積
盡入內府賜寶珠一銀罌十八年討定欽察鑾戰幹
羅思大小密赤思老降之奏滅里吉乃㢮怯烈斤欽

察部千戶通立一軍十九年獻馬萬定二十一年取
駆里長吾特勤赤憫等部德順鎮戎蘭會洮等州獻
牝馬三千迄太宗二年大舉伐金渡河而南厝宗以
太弟將兵渡漢水而北會河南之三峯山金圖合轍
諸將率步騎數十萬待戰雪不台從厝宗出牛頭關
謀曰城邑兵野戰而風雪大作金卒僵踣去氣遂奮敵衆
西戍河南諸州以次降破四年夏雪不台總諸道兵

四七

《元史列傳卷九》 十一 朱大仟

盡虜河南義宗走衞州又走蔡州癸巳秋汴
攻汴金義宗走衞州又走蔡州六年春金亡雪不台以汴民饑
將以城降其冬攻蔡六年春金亡雪不台以汴民饑

縱使渡河就食民德之是年詔宗王搋都西征雪不
台爲先鋒戰大捷十三年討兀魯思部主野力班禽
之攻馬劄部與其酋怯憐戰潮寧河遷偏師由下流
搗其城拔之是時北庭西域河南北關隴皆底定雪
不台功力居多初太祖征西夏閔其久於行間救還
省觀雪不台對曰君勞臣佚情所未安帝壯而聽之
又金帥合達見獲以不屈猶問雪不台安在請一
識之雪不台出謂曰汝須史人耳識我何爲曰人臣
亦各爲其主卿勇蓋諸將天生英豪其偶然邪吾見
卿甘心瞑目矣定宗三年卒於薦列河之地年七十

有三至大元年贈效忠宣力佐命功臣開府儀同三
司上柱國河南王謚忠定

嗹木海

嗹木海蒙古八剌忽觮氏與父字合出俱事太祖征
伐有功帝嘗問攻城畧地兵伏何先對曰攻城以砲
石爲先力重而能及遠故也帝悅即命爲砲手嵗甲
戌太師國王木華黎南伐帝諭之曰嗹木海言攻城
用砲之䇿甚汝能任之何城不破即授金符使爲
隨路砲手達魯花赤嗹木海選五百餘人教習之後
定諸國多賴其力太宗即位留爲近侍以講武藝嵗

三〇八

《元史列傳卷九》 十二 朱大仟

壬辰從攻河南有功壬子憲宗特授虎符墜都元帥
癸丑從宗主旭烈兀征刺里山桃里寺河
西諸部悉下之卒子求木台兒以從戰功授金符襲
砲手總管至元十年修立正陽東西二城置砲二百
餘座與宋人戰郤之十三年從丞相伯顏伐宋駐軍
臨安之皋亭山同忙古歹等八人率甲三百入宋宮
取傳國寶宋太后請解兵延見內殿期明日奉寶乞
降至期果遣賈餘慶等奉寶至軍前以功授行省斷
事官復令其子忽都荅兒襲砲手總管十四年進昭
勇大將軍砲手萬戶佩元降虎符鎮平江之常熟有

叛民擁衆自號太尉者行省會諸軍討之與忽都荅
兒父子自爲一軍奮戈陷陣斬賊首戴太尉擒朱太
尉帝嘉其功十五年兼平江路達魯花赤尋遷徽州
湖州卒忽都荅兒後陞砲手萬戸玫授達魯花赤卒

昔里鈴部

馬蹄鈴部以所乘馬與首帥使奔自乘所蹄馬而殿
將偏降以牛酒犒師而設伏兵以待之首帥至伏發
互用也太祖時西夏既服大軍西征復懷貳心帝
聞之旋師致命鈴部同忽都鐵穆兒招諭泌州州
昔里鈴部唐兀人昔里氏鈴部赤云甘卜音相近而

後擊敗之他日帝聞曰卿臨死地而易馬與人何也
鈴部對曰小臣陣死不足重首帥乃陞下器使宿
將不可失也帝以爲忠乃進兵圍蕭州守者乃鈴部之
兄懼城破害及其家先以爲請帝怒城久不下有言
盡屠之惟聽鈴部求其親族家人於死所於是得免
死者百有六戸歸其田業歲乙未定宗憲宗皆以親
王與速卜帶征西域明年啓行鈴部亦在中又明年
至寬田吉思海鈴部從諸王授都征幹羅斯至也里
替城大戰七日拔之已亥冬十有一月至阿速滅怯
思城負固久不下明年春正月鈴部率敢死士十人

踦雲梯先登俘十一人大呼曰城破矣衆蟻附而上
遂拔之賜西馬西錦錫名拔都明年班師定鈴部千
戸賜只孫爲四時宴服尋遷斷事官丙午定宗即位
進秩大名路達魯花赤憲宗以卜只兒來諡行臺命
鈴部同署既又別錫虎符出監大名已未世祖南征
供給軍餉未嘗乏絕以疾與歸卒于家年六十九子

愛魯

愛魯襲爲大名路達魯花赤至元五年從雲南征金
齒諸部靈兵萬人絕縹甸道擊之斬首千餘級諸部
震服六年再入定其租賦平火不麻等二十四砦得
七馴象以還七年改中慶路達魯花赤兼管爨僰軍
十年平童賽典赤行省雲南令愛曾疆理未昌增田
爲多十一年閲中慶版籍得隱戸萬餘以四千戸即
其地屯田十三年詔開烏蒙道帥師至王連寺州所
過城砦未附者盡擊下之水陸皆置驛傳由是大爲
賽典赤信任十四年忙部也可不薛叛以兵二千討
平之遷廣南西道左右兩江宣撫使兼招討使十六
年還雲南諸路宣慰使副都元帥十七年復立雲南
行省拜參知政事十八年烏蒙羅佐山白水江蠻殺
萬戸阿忽以叛復討平之十九年召詣闕進左丞也

可不詳優叛部與西川都元帥也速苔兒
脫里察會師進討禽也可不詳送京師仁普諸首長
皆降得戶四千兒諸將征緬愛魯供餽
餉無乏絕二十二年烏蒙阿謀殺宣撫使以叛與右
丞拜苔兒往征之拜苔兒以愛魯習知其山川道里
令諸軍悉聽指授分道進擊生擒阿蒙以歸二十四
年進右丞朝連立尚書省後改行尚書右丞鎮南王
征交趾詔愛魯將兵六千人從之自羅羅至交趾境
交趾拒詔愛魯以兵四萬守木兀門愛魯與戰破之
擒其將黎石阿英比三月大小一十八戰乃至其王
城與諸軍會戰又二十餘合功為多二十五年感癢
瘍卒贈平章政事諡毅敏子教化中書平章政事請
于朝贈其祖昔里鈐部太師諡貞獻加贈愛魯太師
追封觀國公改諡忠節

樂直脂魯華

樂直脂魯華蒙古克烈氏初以其部人二百從太祖
征乃蠻西夏有功命將萬人為太師國王木華黎前
鋒下金桓州得其監馬幾百萬匹分屬諸軍軍勢大
振歲辛未破遼東西諸州唯東京未下獲金使遣往
諭之樂直脂魯華曰東京金舊都倚巖而守固攻之

未易下以計破之可也請易服與其使偕往說之彼
將不疑俟其門開繼以大軍赴之則可克矣夾卒如其
計徇地河北攻大名小大數十戰城垂陷中流矢而
卒武宗時贈太傅追封衛國公諡武敏子撒吉思卜
華嗣將其軍太宗元年己丑錫金符安輯河北山東
諸州先是真定同知武仙玫滅都元帥史天倪家其
弟天澤擊仙走後真定以天澤為真定河間濟南平
平大名五路萬戶庚寅命撒吉思卜華佩金虎符以
總師行省監其軍金宣宗之徒都千汴也立河平軍
於新衛以自固恃為北門撒吉思卜華數攻之不拔
壬申正月太宗自白波濟河而南霽宗由峭石灘渡
漢而北撒吉思卜華集西都水之舟渡自河陰王鄭
鄭守馬伯堅降及金義宗勢力窮魔出奔帝命撒吉
思卜華追躡之會其節度斜捨阿葉衛入汴撒吉思
卜華遂擾而有之十二月義宗自黃陵岡濟河謀後
衛撒吉思卜華與其將白撒戰白公廟五日夜伊斬
萬計餘眾盡潰義宗竄歸德撒吉思卜華追躡其後
薄北門而軍左右皆水其舟師日至癸巳四月其將
官奴夜棄斫營腹背受敵撒吉思卜華與一軍皆沒
嗣國王塔思承制以其弟明安苔兒領其行營尋有

昔以爲蒙古漢軍萬戶明安荅兒善騎射從征淮安
因糧於敵未嘗圉乏軍士免擄之勞咸樂爲用焉
丑憲宗遣從昔烈門太子南伐死于釣州五子長脩
虎幼普闌溪脩虎從世祖比征叛王挺戈出入其障
帝壯之賜號援都賞白金四百五十兩及平李壇之
亂亦有戰功普闌溪脩光禄大夫徽政使金亡命大臣
忽都虎卒民分封功臣撒吉思卜華妻楊氏自陳曰
晉胄及夫皆死國事而獨爾見遺事聞帝曰彼家再
世死難宜賜新衛民二百戶撒吉思卜華贈太師諡
忠武明安荅兒贈太保諡武毅爵皆衛國公

昔兒吉思

昔兒吉思幼從太祖征囘囘河西諸國俱有戰功太
宗時從厯宗西征師次京兆府會亦來哈解率諸部
兵作亂昔兒吉思挺身斫賊陣下馬搏戰賊衆莫不
披靡俄失所乘馬歩走至厯宗軍中賊退厯宗嘉其
勤勞妻以侍女唆火台世祖尤愛之軍旅田獵未嘗
不在左右初昔兒吉思之妻爲皇子乳母於是皇太
后待以家人之禮得同飲也昔兒吉思子塔出爲寶兒
渾非宗戚貴胄不得飲也昔兒吉思子塔出子千家奴
赤迷只幹耳朵千戶塔出子千家奴徽里臺千家奴

從征乃顏力戰而死帝命籍其人口財物以賜之
撒里蠻年十六從世祖討阿里不哥戰於失門禿有
功賜號援都賞賚尤厚授光禄少卿仍襲爲迷只
幹耳朵千戶政同僉徽院事以管軍千戶
從征號援都同僉徽院進愈院事以同知宣徽
院事成宗時拜宣徽使加大司徒卒子帖木迷兒襲
爲迷只幹耳朵千戶累遷宣徽院使遷授左丞相

哈散納

哈散納怯烈亦氏太祖時從征王罕有功命同飲班
朱尼河之水且曰與我共飲此水者世爲我用後管
領阿兒渾軍從太祖征西域下䋲迷則于不花剌等

城至太宗時仍命領阿兒渾軍并四囘人匠三千戶
駐于尊麻林尋授平陽太原兩路達魯花赤總管諸
色人匠後以疾卒子撒的迷失襲撒的迷失襲惡宗攻釣魚山有
功以疾卒子撒的迷失襲撒的迷失襲惡宗攻釣魚山有
充貴赤千戶還西域親軍副都指揮使大德元年卒
弟禿滿荅龍襲禿滿荅卒子哈剌童襲

敕

布智兒

布智兒，蒙古脫脫里台氏，父紐兒傑，身長八尺有勇力，為善騎射，能造弓矢，嘗道逢太祖前驅騎士別那顏，遂與俱見太祖，視其所挾弓矢甚佳，問誰為造者，對曰臣自為之，適有野鳥翔于前，射之獲其二，并以二矢獻而退，別那顏隨之至所居，布智兒出見別那顏奇之，許以女妻之，父子遂俱事太祖，嘗從征討賜紐兒傑授都名從征回回，幹羅思等國，每臨陣布智兒奮身力戰身中數矢，太祖親視之令人拔其矢血流滿體，悶仆氣絕，太祖命取一牛剖其腹納布智兒于牛腹浸熱血中移時遂甦，紐兒傑卒憲宗以布智兒為大都行天下諸路也，可扎魯忽赤印造寶鈔賜七寶金帶燕衣十襲又賜蔚州定安為食邑布智兒卒有子四人長事世祖備宿衛會丞相伯顏伐宋奏好禮督水軍攻襄樊從渡江入臨安以功授昭毅大將軍水軍翼萬戶所達魯花赤別帖木兒吏部尚書補兒苔思雲南宣慰使不蘭奚襲父職為水軍翼

萬戶招討使鎮守江陰移通州子完者不花遼陽省理問

召烈台抄兀兒

召烈台抄兀兒初事太祖時有哈剌赤散只兒朵魯班塔塔兒弘吉剌亦乞列思等居堅河之濱忽蘭也兒吉之地謀扎木合為帝將不利於太祖知其謀馳以告太祖遂以兵收海剌兒渾之地盡誅扎木合等惟弘吉剌入降太祖賜以荅剌罕之名其子那真事世祖為也可扎魯花赤賜以荅剌罕伴撒襲其職伴撒卒子火魯忽台襲致和元年八月執倒剌沙起軍之使察罕不花并其金字圓牌以獻天曆元年十一月帝賜金帶仍復其職嘗奏言有犯法者治之當自貴人始窮乏不給者救之當自下始如此則可得報心矣其言良切於事弊云

闊闊不花

闊闊不花者按攤脫脫里氏為人魁岸有膂力以善射名歲庚寅太祖命太師木華黎伐金分探馬赤為五部各置將一人闊闊不花為五部前鋒都元帥射知名所向莫能支然不嗜殺惟欲以威信懷附故所至無殘破略定濱棣諸州俘獲焦林諸處民四百餘但籍

其姓名遺歸鄉里徇益都守將降得其財物馬畜悉
以分賜士卒歲壬辰從太宗渡河攻汴梁歸德分兵
渡淮攻壽州守將無降意射書城中諭之城中人感
泣以綵輿奉金公主開門送欵闕闕下令軍中
輙入城虜掠者死城中帖然公主義宗之姑也歲丙
申太宗命五部將分鎮太原字羅鎮真定肖乃台鎮
按察兒鎮平陽太原字羅鎮中原闕闕不花鎮益都濟南
烈台鎮東平括其民匠得七十二萬戶以三千戶賜
五部將闕闕不花得分戶六百立官治其賦得薦置
長吏歲從官給其所得五戶絲以疾卒官子黃頭代

領探馬赤為元帥從丞相伯顏取宋道死子東哥馬
襲其職累遷右都威衛千戶卒

拜延八都魯

拜延八都魯蒙古扎刺兒氏幼事太祖賜名八都魯
歲乙未太宗命領扎刺台氏勾事太祖賜名八都魯
同征關西有功癸丑憲宗命與阿脫總帥汪世顯創
立利州城甲寅領元帥兵紫金山破宋軍鹿角寨奪其軍
餉器械丁巳從都元帥紐鄰城成都及領兵圍雲頂
山下其城帝親征元帥紐鄰既進兵涉馬湖江留拜
延入都魯鎮成都降屬縣諸城得其民悉撫安之賜

黃金五十兩衣九襲諸王哈州朵歡脫脫等征大理
還命拜延八都魯領兵迎之道過新津寨與宋潘都
統遇戰敗之殺獲甚眾中統二年元帥紐鄰上其功
授蒙古奧魯官子外貌台孫元渾察至元六年拜延
八都魯告老元渾察代其軍行省也速荅兒征諸
國有功元年從大軍征斡端又有功賞銀五十兩
二十一年諸王末伯元渾察以勇士五十八人與戰
遊擊軍時敵軍二千餘元渾察徒往乞失哈生之地為
擒其將也班胡火者以獻王壯之以其功聞賞銀六
百兩鈔四千五百貫授蒙古軍萬戶賜三珠虎符三

十年以疾卒次子襲授曲先塔林左副元帥政授四川蒙古
塔海忽都襲陸鎮國上將軍都元帥政授四川蒙古
副都萬戶至治二年以疾退子字羅帖木兒襲

阿术魯

阿术魯蒙古氏太祖時命同飲班朱尼河之水扈駕
親征有功命領兵收叫遼東女直還賞金甲珠衣寶
帶他物稱是復命總兵征西夏與敵兵大戰于合刺
合察兒之地西夏勢蹙其主懼乞降執之以獻太宗
殺之賜以所籍貲產繼領兵收附信安下金二十餘
城其後告老諸王塔察兒命其子不花代領其軍

紹古兒

紹古兒麥里吉台氏事太祖命同飲班朱尼河之水
虜從親征巳而從破信安略地河西賜金虎符授洺
磁等路都達魯花赤領軍出征復從伐金破河南太
宗命領濟南大名信安等處軍馬復從伐國王誉石出
從世祖渡江攻鄂還鎮恩州中統三年從征李璮有
功尋命修立邳州城領兵凡兩淮十一年從丞相伯
顏渡江有戰功又從參政董文炳泛海出征還鎮嘉
征歲辛亥辛子拜都襲都虎襲移睢州
興行安撫事十二年加昭勇大將軍職如故十四年
從征交趾明年還師授邳州萬戶府萬戶三十年沒
以其國降表貢物入見帝嘉之厚加賞賚二十四年
西道宣慰使加招討使仍鎮國上將軍奉詔征占城
路宣慰使尋罷黃州宣慰司復舊任十六年改授浙
授嘉興路總管府達魯花赤尋陞鎮國上將軍黃州

于軍

阿剌瓦而思

阿剌瓦而思畏兀兒氏仕其國為千夫長太祖
征西域駐蹕八兀耳之地阿剌瓦而思率其部曲來
降從帝親征既破瀚海軍又攻輪臺高昌于闐尋斯

于等靡戰不克沒于軍子阿剌瓦而
功至元二十九年卒壽一百二歲子五
人長烏馬兒陳州達魯花赤次不別隆鎮衛都指揮
使次忻都監察御史次阿合馬拱衛直司都指揮
次阿散不別驍勇善騎射歷事成宗武宗仁宗數被
寵遇計前後所賜楮幣餘四十萬緡綵之以獻特賜衣一
圍減里帖木兒等于陀羅臺驛擒之以獻特賜衣一
自上都逃來丞相燕帖木兒任為禪將率壯士百人
榮祿大夫三珠虎符子幹都蠻襲職致和元年八月
護及禿禿馬失甲金束帶各一白金一百兩鈔二百
錠天曆元年九月充行院同僉十月從擊忽剌台馬
扎罕等軍于盧溝橋敗之追至紫荆關多所俘獲招
降安童所將軍一千五百人後以功受上賞二年進
樞密院三年以隆鎮衛都指揮使蕭領拱衛司

抄兒

抄兒別速氏世居汴梁陽武縣從太祖收附諸國有
功又從征金沒于陣子抄海從征河南山東復沒于
陳子別帖將其父軍從攻鄂州以功賞銀帛衣甲等
繼從太子忽哥赤西征大理國復沒于陳子阿必察
至元五年授武署將軍蒙古千戶賜金符從圍襄樊

復渡江，奪陽羅堡岸口，以功賞白金，進武將軍、蒙古軍總管，管領左右兩萬戶軍。既下廣德，從平章阿里海牙征海外國，率士鼓戰船，進奪岸口，擒勇士趙安等，以功賞銀帛。十六年，命管領蒙古侍衛軍，以疾卒于軍。

也蒲甘卜

也蒲甘卜，唐兀氏，歲辛巳率衆歸太祖，隸蒙古軍籍，奉旨同所管河西人從木華黎出征，以疾卒。子昂吉兒襲領其軍，征諸國有功。至元六年，授金符千戶，從征斬黃、安慶等處。九年，易虎符，陞信陽萬戶。從平章阿术南征又有功，歷淮西道宣慰使、叅知政事、都元帥、廬州蒙古漢軍萬戶府達魯花赤、行省左丞相、尚書左丞。積官上將軍。二十一年，携其子昂阿秀入見世祖，命昂阿秀充速古兒赤。二十四年，随駕征乃顏有功，奉旨代其父職。二十六年，授廬州蒙古漢軍萬戶府達魯花赤。大德六年，領兵討宋隆濟等，以功受上賞，還鎮廬州，以私財築室一百二十餘間，以居軍士之貧者。省臺以其事聞，特命陞其秩，以金束帶賜之。泰定四年卒。昂阿赤授金符，唐兀禿魯花千戶，後改授海北海南道廉訪使。

趙阿哥潘

趙阿哥潘，土波思烏思藏掇族氏，始附宋，賜姓趙氏。世居臨洮，祖巴命富甲諸羌。父阿哥昌貌甚偉有力，蕭人。金貞祐中，以軍功至臨河節度使。金七保蓮花昌為疊州安撫使。時，兵興城無居人，至則招逃亡，立城壘，課耕桑，以安輯之。年八十卒于官。阿哥潘事親以孝聞，從伐蜀，與宋都統制曹友聞屢戰勝，員畧相當。以破大安功最，授同知臨洮府事。斬朝天關，乘嘉陵江至閬州，復蜀船三百艘，攻利州，生得其劉太尉，戰敗宋師于潼川。宋制置使劉雄飛進攻青居山，阿哥潘擊之，宵潰。四川大震。進逼成都，畧嘉定，平峨眉、太平寨，擒其將陳侍郎、田太尉，餘衆悉降。大小五十餘戰皆先啗陳。皇子賜以金甲銀器，歲降王子。世祖皇弟南征大理，道出臨洮，見而奇之，命攝元帥。昌時，宋兵屯兩川，堡柵相望，矢石交擊，歷五年而城始完。憲宗出蜀，以阿哥潘為選鋒，攻西安下之，賜金符，授臨洮府元帥。駐鈞魚山，合州守將王堅夜來所營，阿哥潘率壯士逆戰，手殺數十百人，堅遂引去。

元史列傳卷十

明日陛見帝喜曰有臣如此朕復何憂賜黃金五十
兩名曰技都中統建元詔還鎮臨洮歲饑發私廩以
賑貧乏給民農種粟二千餘石蕪菁子百石人賴不
饑郡當孔道傳置旁午有司敝于供給阿哥潘以私
哥潘好畜良馬常千蹄歲擇其上驥五駉貢于朝子
馬百疋充驛騎羊十口代民輸帝聞而嘉之詔京兆
行省酬其直阿哥潘曰我豈以私惠而邀公賞耶卒
不受以軍事赴青居山道爲宋兵所邀遂死于敵阿
孫遵之不替先是勳臣子孫爲祖父請謚者帝每斬
之至是勑大臣以美謚謚之謚曰桓勇子重喜始給

侍皇子闊端爲親衛癸丑從世祖征哈剌章數有功
中統元年渾都海叛從總帥汪良臣引兵至援沙河
納火石地逆戰以功授征行元帥四年從討忽都達
吉散竹台荂克之制必帖木兒王承制使襲父職爲
元帥入覲賜金虎符爲臨洮府達魯花赤時解軍職
而轉民官者例納所佩符有旨趙氏世世勤勞其金
符勿拘常例使終佩之重喜在郡邵農興學省刑敦
教以善治聞請致事不許詔其長子官卓斯結襲爲
達魯花赤隆喜肇昌二十四處宣慰使卒謚桓襄
官卓斯結性靖退辭官閒處二十餘年仁宗聞其名

召不起子德壽雲南左丞

純只海

純只海散术台氏弱冠宿衛太祖帳下從征西域諸
國有功歲癸巳太宗命佩金虎符充益都行省軍民
達魯花赤從大帥太出破徐州擒金帥國用安丁酉
以益都爲皇太子分土還京兆行省都達魯花赤至
懷值大疫士卒困憊有旨
代寮罕總軍河南尋復懷盂已亥同僚王榮潛畜異
志欲殺純只海妻喜禮伯倫闊之率其衆攻
海口置佛祠中純只海裏瘡從二子馳旁郡請兵討

榮家奪出之純只海裏瘡從二子馳旁郡請兵討
殺之朝廷遣使以榮妻孥貲產賜純只海家且盡驅
懷民萬餘口郭外將戮之純只海力爭曰爲惡者止
榮一人耳其民何罪若果盡誅徒守空城何爲苟朝
廷罪使者以不殺吾請以身當之使者還奏帝是其
言民賴不死純只海給郡人德之既入覲太宗以純只
爲官罷秋毫無所取郡人德之區於和林尋以疾卒
海先朝舊臣功績昭著初贈推忠宣力功臣金紫光祿
勑葬山陵之側皇慶初贈第一賜以宅
大夫上柱國溫國公謚忠襄仍勑詞臣劉敏中製文

樹碑於懷以雄其功云子昂阿剌嗣

苦徹揆都兒

苦徹揆都兒欽察人初事太宗掌牧馬從攻鳳翔戰
潼關皆有功後從大將速不台攻汴京金人列木柵
於河南苦徹揆都兒率士往援之賜良馬十四師
乃得脫蔡州破金守將佩虎符立城上苦徹揆都兒
以鐵椎擊殺之取虎符以獻帝嘉其能命從皇子攻
苫兒與金將戰金將掉其鬚苦徹揆都兒進所金將
其首以歸賜白金五十兩幣四匹從攻蔡州前鋒苫

東陽繼從宗王口溫不花攻光州一日五戰光州下
賜黃金五十兩白金酒器一事馬三十四百戶愛不
怯赤自以臨陳不勇乞苦徹揆都兒自代遂陞百戶
從攻滁州與宋兵大戰至暮宋兵敗走西山苦徹揆
絕江者與千戶忽孫追殺之歲巳未世祖伐宋募能
都兒與脫歡領兵百人同宋使諭鄂州使降抵城下
鄂守將殺使者以軍來襲苦徹揆都兒與之遇奮擊
大破之復賜黃金五十兩中統三年授蔡州蒙古漢
軍萬戶冬宋人犯西平苦徹揆都兒逐比踰淮獲其

生口甚眾至元二年秋由安慶入廬州聞宋兵至函
設伏于竹林擊殺之四年秋九月元帥阿朮軍襄陽
安陽灘宋兵攎渡口苦徹揆都兒擊破其眾五年從
阿朮圍襄陽擊奪宋將夏貴米舟阿朮入漢江以其
有戰功俾與扎剌兒引軍南畧獲八十人十年八月
署遷滁州淮東十一年遣招鄂州十二年遣招滁州
宋軍敗走之十三年復署地淮東獲其總管二人以
安撫改武署軍將軍管千戶五月伏兵大江北岸擊
獻遷滁州總管府達魯花赤宋都統姜才率軍取粮
高郵苦徹揆都兒從史萬戶奪其馬及粮臺二萬淮

東平入朝十四年從討叛人只里瓦丁于懷剌合都
改宣武將軍滁州路總管府達魯花赤十七年率其
子脫歡孫麻兀入見奏曰臣老矣幸主上憐之帝命
以脫歡為宣武將軍滁州路總管府佩金符麻兀為
路總管府達魯花赤赤後脫歡以征倭功授明威將
軍滁州萬戶府達魯花赤佩三珠虎符又以征爪哇功陞昭毅
大將軍鎮守無為滁州萬戶府達魯花赤次子鎖住
襲其職

怯怯里

怯怯里幹耳那氏太宗七年南伐以千戶從闕端攻
安豐壽州又從諸王塔察兒率蒙古軍二千攻荊山
破之賜馬二匹與萬戶納解以兵守沂鄒署連海又
從元帥阿朮攻襄陽卒子相兀速襲軍乘艦
從丞相阿朮攻襄樊又從塔出萊正陽堡瀘軍乘艦
來寇壁壘相兀速率征騎渡淮水而軍射死者
甚衆至元十一年賜金符授武署將軍明年從御史
大夫愽羅罕平灤海九月從丞相伯顏渡淮兵
一千騎攻淮安南門破之又從元帥愽羅罕築灣頭
堡萬戶納兒解卧疾令相兀速權領蒙古直漢人

三萬戶夏五月宋揚州都統姜才引兵來侵相兀速
率本部兵逆戰有功又從丞相阿朮襲制置使李庭
芝及姜才于泰州皆殺之十四年加宣武將軍軍
總管十八年屬蒙古侍衛親軍總管二十三年改千
戶三十年陞蒙古侍衛親軍副指揮使司事易金虎
符加顯武將軍子捏古解元貞元年為蒙古侍衛親
軍百戶大德六年襲父職佩金虎符授宣武將軍延
祐四年陞左翊蒙古侍衛親軍都指揮使仍所佩符

進懷遠大將軍

塔不已兒

塔不已兒東紀氏太宗時以招討使將兵出征破
信安河南以功授金虎符征行萬戶歲甲寅以疾卒
子脫察兒刺襲職歲已未率兵渡江破十字寨命其子
重喜從行重喜率先引弓射中敵兵又多殺獲旣而
與敵兵戰于洋隘口奪戰艦一流矢中左足勇氣愈
倍時世祖駐蹕洋隘口比親勞之日汝年幼能宣力
如是深可嘉尚繼今尤當勉之及脫察兒卒以重
喜襲職中統三年從征李璮有功四年以兵鎮莒州
至元二年奉旨初築十字路城以備守禦重喜率兵
南巡為游擊軍四年從抄不花出征至泗州北古城

時蔡千戶為敵兵所圍重喜奮舊戰救而出之五年入
覲帝嘉其功賜白金納失失叚及金鞭弓矢等十年
修正陽城明年宋兵圍正陽從戰敗之十二年從下
連海諸城俄奉旨率五千人從出征道過衢陽店與
宋將李提轄等戰大敗之殺掠幾盡遂駐兵瓜洲十
三年夏六月宋都統姜才領諸軍來圍城堡敗之秋
七月從兵襲擊李庭芝等于泰州十四年進昭勇大
將軍婺州路總管府達魯花赤佩已降虎符未幾卒
子慶孫襲職初授宣武將軍管軍總管鎮守安樂州
十六年移戍鎮江府十八年還鎮通州二十年進明

咸將軍二十二年移鎮十字路二十四年領諸翼軍
鎮太湖教習水戰二十九年從征爪哇陸路勇大將
軍征行上萬戶將行有吉留之皇慶二年卒子宇蘭
寇襲

直脫兒

直脫兒蒙古氏父阿察兒事太祖為博兒直脫兒
從太宗征欽察康里回回等部有功四年收河南關
西諸路得民戶四萬餘以屬莊重皇太后為脂粉線
線顏色戶八年建織染七局子涿州明年改涿州路
以直脫兒為達魯花赤卒子哈蘭术襲佩虎符李瓊

叛世祖命領諸萬戶為監戰達魯花赤以討之有功
授解萬戶翼監戰領軍運益都路蒙古萬戶監戰密
州没于軍從子忽剌出襲職授昭勇大將軍至元十
一年攻宋六安軍有功行中書省命領諸軍戰艦衝
宋軍宋軍敗有旨褒賞九月師次安慶忽剌出及余
政董文炳領山東諸軍順洑東下至丁家洲遇宋臣
夏貴孫虎臣等戰江中宋軍大敗擒其將校三十七
人軍五千餘船四十艘十二年三月與宋丞相阿术
等皆戰忽剌出與董文炳身冒矢石泝流麾戰八十
沙復有功七月復與宋軍戰焦山江中時丞相阿术

餘里忽剌出身被數傷暴創力戰遂勝之九月宋臣
張殿師攻奪呂城倉刱陽縣忽剌出與萬戶懷都往
救生擒之十月下常州從丞相伯顏略署蘇湖秀州至
長橋遇宋軍文敗之十三年正月師至杭州丞相伯
顏命忽剌出守浙江亭及宋北門五月楊州軍刻楊
子橋僅敗之六月敗真州及高郵寶應至通海
口降楊州及高郵寶應真州滁州菁城江南平加昭
毅大將軍職如故尋遷湖州路達魯花赤十四年進
鎮國上將軍職淮東宣慰使已而屯守上都十五年授
嘉議大夫行御史臺中丞十九年進資善大夫福建

行省左丞黃華叛平之二十年授江淮行省左丞二
十三年遷右丞三月進榮祿大夫江浙行省平章政
事六月卒

月里麻思

月里麻思乃馬氏歲丁丑太宗命與斷事官忽都那
同署歲戊戌又同阿术魯接都兒達魯花赤破南
宿州歲辛丑使宋議和從行者七十餘人月里麻思
語之曰吾與汝等奉命南下而馳抵淮上宋將以兵
馬毋厚君命已而宋議和遇害當死
人在我生死頃刻間耳若能降官爵可立致不然必不

汝貸月里麻思曰吾持節南來以通國好反誘我以
不義有死而已言辭慷慨不少屈宋將知其不可逼
乃四之長沙飛虎塞三十六年而死世祖深悼之詔
復其家以子忽都哈思自陳於帝曰臣願為國效死為父雪耻帝
嘉納之授以上均州監戰萬戶十八年以招討使將
兵征日本死於敵

捏古剌

捏古剌在憲宗朝與也里牙阿速三十人來歸後從
征釣魚山討李璮皆有功子阿塔赤世祖時圍襄陽

《元史列傳卷十》　十七　王誗高　八

下江南敗失列及征乃顏皆以功受賞後事成宗武
宗為札撒兀孫仁宗時歷官至左阿速衛千戶辛子
教化初為速古兒赤繼襲父職必里阿禿叛奉旨徃
平之凱還賜衣一襲從丞相燕帖木
兒戰居庸北有功九月從拱衛直都指揮使尋遷童
佩卿子者燕不花初事仁宗為速古兒赤英宗時為
進酒寶兒赤天曆元年迎文宗于河南賜白銀綵段
命為溫都赤九月徃居庸關料敵道逢二軍謂探馬
赤諸軍曰今此兵且至其避之者燕不花恐搖衆心
即抜所佩刀斬之授兵部郎中招集阿速軍四百餘

人十月進兵部尚書授雙珠虎符領軍六百人迎敵
通州會丞相燕帖木兒至檀子山與禿蒲迭兒戰敗
之遷大司農丞

阿兒思蘭

阿兒思蘭阿速氏初憲宗以兵圍阿兒思蘭之城阿
兒思蘭偕其子阿散真迎謁軍門帝命專領
阿速人且留其軍之半餘悉還之俾鎮其境內以阿
散真置左右道遇闍兒叛軍阿散真力戰死不
能為國效力今以次子捏古來獻之陛下願用之捏
遣使裹屍還葬之阿兒思蘭言于帝曰臣長子死不

《元史列傳卷十》　十八　王誗高

古來至帝命從兀良哈台征哈剌章有功兀良哈台
賞以白金名馬從伐宋中流矢而死子忽都忽兒都荅充
管軍百戶世祖命從不羅那顏使哈兒馬其之地以
疾卒子忽都帖木兒忽都潛即時從征海都以功賞
白金至大元年授宣武將軍左衛阿速親軍副都指
揮使四年卒

哈八兒禿

哈八兒禿薛禪亦氏憲宗時從攻釣魚山有功還又從
親王塔察兒北征充千戶所都鎮撫從千戶脫倫伐
宋没于陣子察罕從塔察兒攻樊城西門領揚州等

爇游擊軍與宋兵戰有功至元十一年從忽都帖木
兒攻江陵東南城堡又從阿剌罕敗宋兵于陽邏堡
之南阿剌罕選爲本萬戶府副鎮撫十二年分隸脫
脫總管出廣德游擊軍與宋兵戰敗之賜以白金酒
器又從攻獨松千秋授出等關及諸山寨其降民悉
綏撫之賜白金一百四十三年中書省檄爲瑞安縣
達魯花赤始至招集逃移民十萬餘戶十四年陞忠
顯校尉管軍總把併領新附軍五百人從宣慰唐兀
台戰千司空山有功命以其職薦都鎮撫俄選充侍
衛親軍十六年授銀符忠武校尉管軍總把二十四

年賜金符授承信校尉蒙古衛軍屯田千戶二十五
年進武義將軍本所達魯花赤二十七年陞左翼也
田萬戶府副萬戶大德五年卒子太納襲

　　艾貌

艾貌挍都康里氏初從雪不台那演征欽察攻河西
城收西關破河南繼從定宗暑地阿奴皆有功又從
四太子南伐命充怤口阿荅赤李可孫又從兵渡
江攻鄂以疾卒于軍子也速台兒從討阿藍荅渾都
海征李瓘伐宋累功授管軍總把至元十四年從攻
福建興化招古田等處民五千餘戶以功陞武畧將

軍千戶賜金符又招手號新軍二千五百餘人陞宣
武將軍總管賜虎符有旨征日本也速台兒顧効力
賜少弓矢進懷遠大將軍萬戶二十年授泰州萬戶
府達魯花赤二十三年遷昭勇大將軍欽察親軍都
指揮使二十四年從征乃顏有功明年卒後贈金吾
衛上將軍追封成武郡公謚顯敏

列傳卷第十

翰林學士亞中大夫知制誥兼修國史臣宋濂　翰林待制奉議大夫直郎同知制誥兼國史院編修官臣王禕等奉

勅修

塔本

塔本伊吾廬人以其好揚人善稱之曰揚公父宋
五設託陀託陀者其國主所賜號猶華言國老也塔
本初從太祖討諸部屬陀艱危復從圍燕征遼西下
平灤白霫諸城軍士有妄殺人者塔本戒之曰國之
本民也殺人得地何益於國且殺無罪以堅敵心非
上意太祖聞而喜之賜金虎符俾鎮撫白霫諸郡號
行省都元帥管內得承制除縣吏死囚得專決父之
徒治興平兵火傷殘民慘無生意塔本召父老
問所苦爲除之薄賦歛役有時民大悅乃相與告教
無遠約束歸者四集塔本始至戶止七百不一二年
乃至萬戶出己馬以寬驛人貸廉吏銀其子錢不能
償者焚其券農不克耕亦與之牛比歲告稔民用以
饒庚寅詔益中山平定平原隸行省甲午盜李仙趙
小哥等作亂塔本止誅首惡宥其詿誤癸卯立春日
宴畢僚歸而疾作遂卒是夕星隕隱隱有聲遺命葬
以紙衣尾棺贈推誠定遠佐運功臣太師開府儀同

三司上柱國追封營國公諡忠武子阿里乞失鐵木
兒

阿里乞失帖木兒嗣父職爲興平等處行省都帥
其爲治一遵先政興學養士輕刑薄徵雖同僚不敢
私役一民從大軍代高麗有功歲丙辰辛酉贈宣忠
義功臣榮祿大夫平章政事柱國追封營國公諡武
襄子阿台

阿台當襲父職適罷行省爲平灤路總管府丁巳憲
宗命阿台爲平灤路達魯花赤始至請蠲銀鹽酒等
稅課八之一細民不征世祖即位來朝賜金虎符諸
侯王道出平灤供給費銀七千五百兩戶部不即償
阿台自陳上前盡取償以歸置甲乙籍籍民丁力民
甚便之至元十年進階懷遠大將軍歲饑發粟賑民
或持不可阿台曰朝廷不允賴以家粟償官於是全
活甚衆像始至阿台必遺之鹽米羊畜什器曰非
有他也欲其不剝民耳姻族窮者若月有常給民有喪
不能葬者與之棺槨布帛資糧濼爲孤竹故國乃廟
祀伯夷叔齊以勵風俗二十一年進昭武大將軍二
十四年乃顏叛獻馬五百疋佐軍太祖大喜已而得
乃顏銀甕瓦以賜之二十五年入朝以疾卒賜宣力

功臣資德大夫中書右丞上護軍追封永平郡公謚

忠亮子迭里威失

迭里威失少好讀書成宗時入宿衛授河西廉訪司

僉事拜監察御史遷淮西廉訪副使召爲中書左司

貟外郎改樞密院參議陞判官延祐四年授翰林侍

講學士出爲河間路總管屬歲饑出俸金及官庫所

積賑之活數十萬人河間當水陸要衝四方供億皆

取給焉迭里威失立法調遣民便之復建言增置便

習弓馬尉一人益邏兵之數於是盗賊屏息陵州羣

凶爲官民害悉收繫死獄中後陞遼陽行省叅知政

《元史列傳卷十一　三》　九　王德明

事子鎖咬兒哈的迷失

鎖咬兒哈的迷失年十二宿衛英宗潛邸掌服御諸

物英宗即位拜監察御史至治元年春詔起大利于

京西毒安山鎖咬兒哈的迷失與御史觀音保成珪

李謙亨上章極諫以爲東作方始而興大役以耗財

病民非所以祈福也且歲在辛酉不宜興築丞相帖

木迭兒分取其半監察御史發其姦由是疾忌臺諫

劉夔妄獻浙右民田冒出內帑鈔六百萬貫初相帖

至是帖木迭兒之子瑣南爲治書侍御史密奏曰彼

宿衛舊臣迭里開事有不便弗即入白今訕上以揚已之

直大不敬帝乃殺鎖咬兒哈的迷失與觀音保杖殺珪

謙亨縣之竄諸退裔泰定初贈鎖咬兒哈的迷失資

德大夫御史中丞上護軍追封永平郡公謚貞慇賜

其妻子鈔五百貫良田千頃仍詔樹碑神道

哈剌亦哈赤北魯

哈剌亦哈赤北魯畏兀人也性聦敏習事國王月仙

帖木兒亦都護聞其名自唆里迷國徵爲斷事官月

仙帖木兒卒子八兒出阿兒剌亦都護年幼西遼主

鞠兒可汗遣使攝其國且召哈剌亦哈赤北魯至則

以爲諸子師八兒忽闻阿兒忩闻太祖明聖乃殺西遼

《元史列傳十一　四》　九　王德明

使更遣阿憐帖木兒都督等四人使西遼阿憐帖木

兒都督者哈剌亦哈赤北魯婿也其語以其故於是

與其子月朵失野訥馳歸太祖一見大悅即令諸皇

子受學焉仍令月朵失野訥以質子入宿衛從帝西

征至別失八里東獨山見城空無人帝問此何城也

對曰獨山城往歲大饑民皆流移之它所然此地當

比來要衝宜耕種以爲備臣昔在唆里迷國

六十頃移居此比帝曰善遣月朵失野訥偑金符往取

之父子皆留居焉後六年太祖西征還見田野墾闢

民物繁庶大悅問哈剌亦哈赤北魯則已死矣迺賜

月朵失野訥都督印章兼獨山城達魯花赤月朵失
野訥卒子乞赤宋忽兒在太宗時襲爵賜號荅剌罕
子四人曰塔塔兒曰忽棧曰火兒思蠻曰月兒思蠻
世祖命火兒思從雪雪的斤鎮雲南月兒思蠻
憲宗襲父爵兼領僧人後因軍帥札忽台攊別失
八里盡室徒居平涼與其子阿的迷失帖木兒入覲
六盤安西王薨其子阿難荅嗣成宗即位遣使入朝
因奏阿的迷失帖木兒父子本先帝舊臣來事先王
服勤二十餘年矣若終老王府非所以盡其才也願
以歸陛下用之成宗可其奏授阿的迷失帖木兒汝
州達魯花赤積官秘書太監卒子阿隣帖木兒
阿隣帖木兒善國書多聞識歷事累朝縣翰林待制
累遷榮祿大夫翰林學士承旨英宗時以舊學日侍
左右陳說祖宗以來及古先哲王嘉言善行翻譯諸
經紀錄故實總治諸王駙馬番國朝會之事天曆初
比迎明宗入正大統一見歡甚顧左右曰此朕師也
天曆三年進光祿大夫知經筵事子曰沙剌班曰禿
忽魯曰六十四日咱納祿沙剌班累拜中書平章政事
大司徒宣政院使

塔塔統阿
塔塔統阿畏兀人也性聰慧善言論深通本國文字
乃蠻大敭可汗尊之為傳掌其金印及錢穀太祖西
征乃蠻國亡塔塔統阿懷印逃去俄就擒帝詰之曰
大敭人民疆土悉歸於我矣汝負印何之對曰臣職
也將以死守欲求其主授之耳安敢有他帝曰忠孝
人也問是印何用對曰出納錢穀委任人材一切事
皆用之以為信驗帝善之命居左右是後凡有制
旨始用印章仍命掌之帝曰汝深知本國文字乎塔
塔統阿悉以所蘊對稱旨遂命教太子諸王以畏兀
字書國言太宗即位命司內府玉璽金帛命其妻吾
和利氏為皇子哈剌察兒乳母時加賜予塔塔統阿
名諸子諭之曰上以汝母鞠育太子賜予甚厚汝等
豈宜有之當先供太子用有餘則可分受帝聞之顧
侍臣曰塔塔統阿以朕所賜先供太子其廉介可知
矣由是數加禮遇以疾卒至大三年贈中奉大夫追
封鴈門郡公子四人長王笏迷失少力渾迷失次速
羅海次萬綿玉笏迷失守護皇孫脫脫營霫都海叛
時玉笏迷失少有勇畧渾都海叛於三盤
戰敗之追至只必勒適遇阿藍荅兒與之合兵復戰

王笏速死之力渾迷失有督力嘗獵于野與衆相
失遇盜三人欲奪其衣力渾迷失博之盡仆遂縛以
還帝召見選力士與之角無與敵者帝壯之賜金令
備宿衛速羅海襲父職仍命司内府玉纛金帛萬緜
舊事皇子哈剌察兒世祖即位從其母入見欲官之
以無功辭命統宿衛奉使遼東卒封鴈門郡公子阿
必實哈陝西行省平章政事

岳璘帖穆尔

岳璘帖穆尔畏兀國相暾欲谷之裔也其兄
化理伽普華年十六襲國相善剌罕時西契丹方強
威制畏兀命太師僧少監來臨其國驕志用權奢淫
自奉畏兀王患之謀於化理伽普華日計將安出對
曰能殺少監挈吾衆歸大蒙古國彼且震駭吳遂率
猿圉少監斬之以功加號化理伽俟底進授明別吉
妻號赫思迷林左右有疾其功者諸千其王曰少監
珥珠先王寶也化理伽普華度無以自明乃亡附太祖
怒索寶甚急化理伽普華
賜以金虎符獅紐銀印金蝸椅一衣金直孫校尉四
人仍食二十三郡繼又賜銀五萬兩以第岳璘帖穆
尔為質化理伽普華以疾卒岳璘帖穆尔從太祖征

討多戰功皇弟幹真求師傳帝命岳璘帖穆尔性壯訓
導諸王子以孝弟敦睦仁厚不殺為先帝聞而嘉之
從平河南從鄭縣民萬餘户入樂安俄授河南等處
軍民都達魯花赤佩金虎符并賜宫女四人所得上
激厲之國人羨慕道出河西所過榛蕪或時乏水為
方賞資悉葷歸故郡以散親舊且咸陳漢官儀衛以
之鑒井置塢居民使客相慶稱便太祖即位以中原
多盜選充大斷事官從幹真出鎮順天等路布德化
寬征徭選盜適姦華州郡清容尋後監河南等處軍民
年六十七卒于保定後贈宣力保德功匡山東宣慰
使謚莊簡子合剌普華見忠義傳

李楨

李楨字幹臣其先西夏國族子也金末楨以經童中
選既長入為質子以文學得近侍太宗嘉之賜名玉
出干心闍赤從皇子闊出伐金帝命之曰九軍中事
須訪楨以行及下河南諸郡闊出遣楨偕吉登哥往
唐鄧二州鞍民實兵餘歲函流散十八九楨至賑恤
饑寒歸者如市十年從大將察罕下淮甸楨以功佩
金符授軍前行中書省左右司郎中楨奏尋訪天下
儒士令所在優贍之十三年師圖壽春天雨不止楨

言於察罕曰頓師城下暑雨疫作將有不利且城火
拒命破必屠之則生靈何辜請退舍數里身往招之
從之楨遂單騎入敵壘曉以利害明日與其將二人
率衆來降以功賜銀五千兩楨表言襄陽乃吳蜀之
要衝宋之咽襟得之則可為他日取宋之基本定宗
嘉其言庚戌賜虎符授襄陽軍馬萬戶丙辰憲宗命
楨率師巡哨襄樊戊午帝親征召楨同議事秋九月
辛于合州年五十九

速哥

速哥蒙古怯烈氏世傳李唐外族父懷都事太祖嘗
從飲班木居河水速哥為人外若質直而內實沉勇
有謀雅為太宗所知命使金因俾覘其虛實語之曰
即不還子孫無憂不富貴也速哥頓首曰臣死職耳
奉陛下威命以行可無慮也帝忻賜所常御馬至河
金人閉之舟中七日始登南岸又三旬乃達汴及見
金主曰天子念爾土地民力日疲故遣我致命
爾能共修歲幣通好不絕則轉禍為福矣謁者令下
拜速哥曰我大國使為爾足平金主壯之取金厄飲
之酒曰歸語汝主必欲加兵敢率精銳以相周旋歲
幣非所聞也速哥飲畢即懷金厄以出速哥雖佯為

不智而黙識其地理阨塞城郭人民之強弱既復命
備以虛實告且以所懷金厄獻帝喜曰我得金於汝
手中矣復以賜之始令徵兵衛導速哥居中行親
舟欲渡金軍陣於河南帝令儀衛軍亦由襄鄙至兩
軍夾攻之及金云詔賜金護駕鄂士五人曰此以旌汝
為使之不辱也昔使過崞州崞人盜殺其良馬至是
無以崞民賜之歲乙未帝從容謂速哥曰我將官汝
西域中原惟汝擇之速哥再拜曰幸甚臣意中原為
便帝曰西山之境八達以北汝主之汝於城中構
大樓居其上使人皆仰望汝汝俯而諭之顧不偉乎
乃以為山西大達魯花赤受命方出有囬囬六人訟
事不實抵罪遇諸途急止監者曰姑緩其刑當入
奏復見帝曰此六人者名著西域徒以小罪盡誅之
恐非所以懷遠人也願以賜臣臣得困辱之使自悔
悟遷善為他日用殺之無益也帝意解召六人謂之
曰生汝者速哥也其竭力事之至雲中皆釋之後有
至大官者其寬大愛人多類此卒年六十二贈推忠
翊運同德功臣太師開府儀同三司上柱國追封宣
寧王諡忠襄子六人曰長罕曰玉呂忽都曰撒合里

都日忽蘭日忽都兒

合里都皆從兀魯赤太子出征以戰功顯忽蘭之母
以后戚故得襲職鈕強植弱均役平刑閭郡賴以安
轄乙未之抄戶籍也前賜崞人已入官籍更賜山西
戶三百西方多盗郡縣捕不得則法當計所失物直
倍償官縣苦之有甄軍判者率群盗往來阜平曲陽
間殺人渾源界而奪之財縣以失捕當償忽蘭曰此
大盗也縣豈能制哉即遣千人捕甄殺之勤捕其餘
黨其害乃除忽蘭性純篤然酷好佛嘗施千金修龍
官寺建金輪大會供僧萬人卒年四十二贈太保金

《元史列傳十二》 十一 頁

紫光禄大夫上柱國追封雲國公謚康忠子天德于
思潁悟過人世祖聞其賢令襄父爵養母完顏氏以
孝聞自中山北來適有遠嘗天德于思督造兵甲撫
循其民無有寧息形容盡瘁帝聞而嘉之賜馴豹名
鷹使得縱獵禁地當時春顧最號優渥卒年三十九
贈太傅儀同三司上柱國追封雲國公謚顯毅子孫
世多顯貴云

忙哥撒兒

忙哥撒兒察哈札剌兒氏曾祖赤老溫愷赤祖㨿阿
父那海並事烈祖及太祖嗣位年尚幼所部多叛亡

㨿阿獨不去皇弟䒭只哈撒兒陰撼之去亦謝不從
㨿阿精騎射帝甚愛之號為黑尔傑華言善射之尤
者也帝嘗與賊遇將戰有二㿃鷥至帝命㨿阿射之
請曰射其雄乎抑雌者乎帝曰雄者㨿阿一發墜其
雄賊望見驚曰是善射若此飛鳥且不能逃況人乎
不戰敵止㨿阿亦不動敵率兵鉞而進㨿阿與其弟
不動敵卒疑畏不敢
敵望俄復鼓而進那海按兵備
前世祖征䒭里吉兵潰㨿阿左右力戰以衝
帝會兀良罕哲里馬來援那海事太祖勳
歷艱險未嘗形於言帝嘉其忠且念其世勳詔封懷

《元史列傳十二》 十二 頁

洛陽百七十五戶忙哥撒兒事庸宗恭謹過其父嘗
從攻鳳翔首立奇功定宗陸為斷事官剛明能舉職
憲宗在藩邸深知其人從征幹羅思阿剌欽察諸部
常身先諸將及以所俘寶王頒諸將則退然一無所
取憲宗由是益重之使治藩邸之分民間出遊獵則
長其軍士動如紀律雖太后及諸嬪御小有過失知
無不言以故邸中人咸敬憚之廼以為斷事官之長
其位在三公之上猶漢之大將軍也既拜命出帳殺
外敬豪坐熊席其儕列坐左右者四十人忙哥撒兒
問曰主上以我長此官諸公其為我言當以何道守

官發皆默然又問之有夏人和斡居下坐進曰夫札
曾忽赤之道猶宰之卦羊也解肴者不使傷其脊在
持平而已忽哥撒兒聞之即起入帳內衆不知所為
皆咎和斡失言既入乃為帝言善帝召和
斡命之步曰是可用之才也和斡由是知名定為詔
宗王八都罕大會宗親議立憲宗畏兀八刺曰失烈
宗時汝何不言耶八都罕固亦遵先帝遺言也有異
議者吾請斬之衆乃不敢異八都罕乃奉憲宗立之

憲宗之幼也太宗甚重之一日行幸天大風入帳毆
命憲宗坐滕下撫其首曰是可以君天下他日用犿
按豹皇孫失烈門尚幼曰以犿則犢將安所養
太宗以為有仁心又曰是可以君天下其後大宗崩
六皇后攝政竟立定宗故至是二人各舉以為言云
憲宗既立察哈台之子及按赤台等謀作亂刳車轅
藏兵其中以入韓折兵見克薛傑見之上變忙哥撒
見即發兵迎之按赤台不虞事遽覺倉卒不能戰遂
悉就擒憲宗親簡其有罪者付之鞫治不阿委任益專有當刑者輒以
誅之帝以其奉法不阿委任益專有當刑者輒以法

門皇孫也宜立且先帝嘗言其可以君天下諸大臣
皆莫敢言哥撒兒獨曰汝言誠是先皇后立定

刑之乃入奏帝無不報可帝或卧未起忽哥撒兒入
奏事至帳前扣箭房帝問何言即可奏以所御大
帳行扇賜之其見親寵如此癸丑冬病酒而辛為詔
忙哥撒兒當國時多所誅戮及是咸騰謗言適身之
諭其子罕曰汝高祖亦老溫愷赤暨汝祖實傳貨嘉之汝父忙
成吉思皇帝皆著勞績惟朕兄弟亦罔有過咎從
哥撒兒自其幼時事我太宗朝夕忠勤罔有過咎
暨朕討定斡羅思阿速穗兒別歆里欽察大川
造方舟伐山通道攻城野戰功多於諸將俘厥寶玉
我皇考經營四方迨事皇姊及朕兄弟亦罔有過咎

大賚諸將則退然無欲得之心惟朕言是用修我邦
憲治我蒐田輯我國家閫不咸乂惟厥忠雖其私親
與朕嬪御小有過咎一是無有比私故朕皇姊迨朕
昆弟無不嘉賴朝之老臣宿衛耆舊無不嚴畏錄其
勤勞命爲札魯忽赤治朕皇考受民布昭大公以辨
獄慎民愛你朕股肱耳目衆無譖言朕聽以安自時
厥後察哈台阿哈之孫太宗之裔定宗闥出之子及
其民人越有他志賴天之靈時則有克薛傑者以告
于朕汝父肅將大旅以遏亂署按赤台等謀是用潰
悉就拘執朕取有罪者使辨治之汝父體朕之公共

刑其宥克比于法又使治也速不里獄亦克比于法
惟爾脫歡脫兒赤自朕用汝父用法不阿兄弟親姻
咸麗死朕將寵之如生曰爾亦有死即若有懶志人
是而有福不如是而有禍惟天惟君能禍福人惟天
惟君是敬是畏立身正直行身貞絜是汝之福反是
勿思也能用朕言則人將仇汝伺汝間汝愁汝福必曰
汝亦與我夷矣汝則殆哉汝於朕言弗慎繹之汝則
兵不用朕言則人將殆汝伺汝間伺汝無間伺汝怨
有欲克慎繹之人將敬汝畏汝無慢汝怨

汝者矣又而毋而婦有讒欺巧俟構亂之言慎勿聽
之則盡善矣至順四年追封忙哥撒兒爲充國公子
四人長脫次也先帖木兒次帖木兒不
花脫歡爲萬戶無子脫兒赤子明禮帖木兒累官翰
林學士承旨從征乃顏有功明禮帖木兒子咬住咬
住子也先延徽寺卿也先帖木兒曰哈刺合孫帖
木兒不花子曰塔术納曰哈里哈孫曰伯沙
伯荅沙幼入宿衛爲寶兒赤歷事成宗武宗由光祿
少卿擢同知宣徽院事陞銀青光祿大夫宣徽使
遙授左丞相武宗崩護梓宮葬于北守山陵三年乃

還仁宗即位眷顧益厚延祐二年孫中書右丞相時
承平日久朝廷清明君臣端拱廟堂之上而百姓乂
安於下一時號稱極治仁宗崩帖木兒迭兒執政政授
集賢大學士仍開府儀同三司錄軍國重事未幾以
大宗正札魯忽赤出鎮北方亦以清靜爲治邊民按
堵泰定間鑾綏來上文宗嘉之拜太傅仍爲長者其
至順三年覺伯荅沙及倒剌沙攜兵上都兵潰伯
苔沙奉重綏來上文宗皆歡其廉詔贈推忠佐理正德東
義功臣開府儀同三司太師上柱國追封威平王三
也貪無以爲歛人皆歡其廉實厚號稱札魯忽赤

子長馬馬的斤次潑皮次八郎八郎蕡而孤其母乞
咬勢氏二十而寡守節不他適八郎後爲大宗正府
札魯忽赤能繼其先有成立者毋氏之教也

孟速思

孟速思畏兀人世居別失八里古北庭都護之地幼
有奇質年十五盡通本國書太祖闡之召至闕下一
見大悅曰此兒目中有火它日可大用以授膺宗使
視顯懿莊聖皇后分邑歲賦復事世祖曰
親用憲宗崩孟速思言于世祖曰神器不可久曠太
祖嫡孫唯王最長且賢宜即皇帝位諸王塔察兒也

孫哥合丹等咸是其言世祖即位眷顧益重南征時
與近臣不只兒爲斷事官及諸王阿里不哥叛相拒
漠北不只兒有二心孟速思知之奏從之於中都親
監護以往帝以爲忠數命收召豪俊凡所引薦皆極
其選詔與安童並拜丞相固辭帝語安童及丞相伯
顏御史大夫月魯那演等曰賢哉孟速思求之彼族
誠爲罕也孟速思爲人剛嚴謹信蚤居帷幄謀議世
莫得聞至元四年卒年六十有二帝尤哀悼特諡敏
惠武宗朝贈推忠同德佐理功臣太師開府儀同三
司上柱國追封武都王改諡智敏子九人多至大官

翰林學士亞中大夫知制誥兼修國史臣宋濂　翰林待制奉訓大夫同知制誥兼國史院編修官臣王禕奉

敕修

賽典赤贍思丁

賽典赤贍思丁一名烏馬兒回回人別菴伯爾之裔

其國言賽典猶華言貴族也太祖西征賽典赤率

千騎以文豹白鶻迎降命入宿衛從征伐以賽典赤

呼之而不名太宗即位授豐靖雲內三州都達魯花

赤改太原平陽二路達魯花赤入為燕京斷事官憲

宗即位命同塔剌渾行六部事遷燕京路總管采訪

政權採訪使帝伐蜀賽典赤主饋餉供億未嘗闕之

世祖即位立十路宣撫司擢燕京宣撫使中統二年

拜中書平章政事皆降制獎諭至元元年置陝西五

路西蜀四川行中書省出為平章政事涖官三年增

戶九千五百六十五軍一萬二千二百五十五鈔六

千二百二十五定屯田粮九萬七千二十一石樽節

和買鈔三百三十一定中書以聞詔賞銀五千兩仍

命陝西五路四川行院大小官屬並聽節制與賽典

鎮四川宋將昝萬壽擁強兵守嘉定與賽典赤對

壘一以誠意待之不為侵掠萬壽心服未幾賽典赤

召還萬壽請置酒為好左右皆難之賽典赤竟往不

疑酒至左右復言未可飲賽典赤咲曰若等何見之

小耶吾將軍能毒我其能盡毒我朝之人乎萬壽嘆

服八年有旨大軍見圍襄陽各道宜進兵以牽制之

於是賽典赤偕率兵水陸並進至嘉定獲宋將

二人順流縱筏斷其浮橋覆戰艦二十八艘尋命行

省事于興元專給粮餉十一年帝謂賽典赤曰雲南

朕嘗親臨比因委任失宜使遠人不安欲選謹厚者

撫治之無如卿者賽典赤拜受命退朝即訪求知雲

南地里者畫其山川城郭驛舍軍屯夷險遠近為圖

以進帝大悅遂拜平章政事行省雲南賜鈔五十萬

緡金寶無算時宗王脫忽魯方鎮雲南感於左右之

言以賽典赤至必奪其權其甲兵以為備賽典赤聞

之乃遣其子納速剌丁先至王所請曰天子以雲南

守者非人致諸國背叛故命臣來安集之且戒以至

境即加撫循今未敢專顧王遣一人來共議王聞遣

蠻即遣其下曰吾等為波斯叛所誤明日遣親臣撒

乃等至賽典赤問以何禮見對曰吾等與納速剌丁

償來視猶兄弟也請用子禮見皆以名馬為贄拜跪

甚恭觀者大駭乃設宴陳所賜金寶飲器酒罷盡以

與之二人大喜過望明日來謝語之曰二君雖爲宗
王親臣未有名爵不可以讓國事欲各授君行省斷
事官以未見王未敢擅授令一人還先稟王王大悅
由是政令一聽賽典赤所爲十二年奏雲南壞地均
制又奏哈剌章慰司薫行元帥府事並聽行省節
戶主之宜改置令長並從之十三年以所改雲南郡
縣上聞雲南俗無禮儀男女往往自相配偶親死則
火之不爲喪祭無秔稻桑麻子弟不知讀書賽典赤
教之拜跪之節婚姻行媒死者爲之棺槨葬祭教民
附者尚多今擬宣慰司薫行元帥府事並聽行省節
第十
搠種爲陂池以備水旱創建孔子廟明倫堂購經史
授學田由是文風稍興雲南民以貝代錢是時初行
鈔法民不便之賽典赤爲聞于朝許仍其俗又患山
路險遠盜賊出沒爲行者病相地置鎮每鎮設土酋
吏一人百夫長一人往來者或值刦掠則罪及之有
吏數輩怨賽典赤不已用至京師誣其專擅數事
帝顧侍臣曰賽典赤憂國愛民朕洞知之此輩何敢
誣告即命械送賽典赤麾治之既至脫其械且諭之
曰若曹不知上以便宜命我故許我專擅我今不汝
罪且命汝以官能竭忠自贖乎皆扣頭拜謝曰其有

死罪平章既生之而又官之誓以死報交阯叛服不
常湖廣省發兵屢征不利賽典赤遣人諭以逆順禍
福且納爲兄弟交阯王大喜親至雲南賽典赤郊迎
待以賓禮遂乞永爲藩臣麾麇甸叛往征之有憂色
從者問故賽典赤曰吾非憂出征也憂汝曹冐鋒鏑
不幸以無辜而死又憂汝曹刦虜平民使不聊生及
民叛則又從而征之耳師次麾麇城三日不降諸將
請攻之賽典赤不可遣使以理諭之麾麇主曰謹奉
命越三日又不降諸將奮勇請進兵賽典赤又不可
俄而將卒有乘城進攻者賽典赤大怒遽鳴金止之
召萬戶叱責之曰天子命我安撫雲南未嘗命以
殺戮也無主將命而擅攻於軍法當誅命在右縛
之諸將扣首請俟城下之日從事麾麇主聞之曰平
章寬仁如此吾拒命不祥乃舉國出降將卒亦釋不
誅由是西南諸夷翕然欸附夷酋每來見例有所獻
納賽典赤悉分賜從官或以給貧民秋毫無所私爲
酒食勞苦首長製衣冠履易其卉服草屨皆感悦
賽典赤居雲南六年至元十六年卒年六十九百姓
巷哭蕐郡聞比門交阯王遣使者十二人齎經爲文
致祭其辭有生我育我慈父慈母之語使者號泣震

野帝思賽典赤之功詔雲南省臣盡守賽典赤成規
不得輒改大德元年贈守仁佐運安遠濟美功臣太
師開府儀同三司上柱國咸陽王謚忠惠子五人長
納速剌丁次哈散廣東道宣慰使都元帥次忽辛次
苫速丁元黙里建昌路總管次馬速忽雲南諸路行
中書省平章政事

納速剌丁累官中奉大夫雲南路宣慰使都元帥至
元十六年遷帥大理以軍抵金齒蒲驃曲蠟緬國招
安夷寨三百籍戶十二萬二百定租賦置郵傳立衛
兵歸以馴象十二入貢有旨賞金五十兩衣二襲麾

《元史列傳卷十二》五　中樂山

下士賞銀有差會其父賜恩丁戕雲南省臣於諸夷
失撫綏之方世祖憂之近臣以納速丁為言十七年
授資德大夫雲南行中書省左丞尋陞右丞建言三
事其一謂雲南省規措所造金薄貿易病民宜罷其
一謂雲南有省有宣慰司又有都元帥府近宣慰司
已奏罷而元帥府尚存臣謂行省既蒞領軍民則元
帥府亦在所當罷其一謂雲南官員子弟入質臣謂
事官子弟當遣餘宜罷奏可二十一年進榮祿大夫
平章政事奏減合剌章冗官歲省俸金九百餘兩屯
田課程專人掌之歲得五千兩三十二年以合剌章

蒙古軍千人從皇太子脫歡征交趾論功賞銀二千
兩二十八年進拜陝西行省平章政事二十九年以
疾辛酉贈推誠佐理協德功臣太師開府儀同三司
柱國中書左丞相封延安王子十二人伯顏中書平
章政事烏馬兒江淛行省平章政事劉法兒荊湖宣
慰使忽先雲南行省平章政事沙的雲南行省左丞
阿容太常禮儀院使伯顏察兒中書平章政事佩金
虎符贈太師開府儀同三司上柱國中書左丞相奉
元王謚忠懿

忽辛至元初以世臣子備宿衛世祖善其應對至元

十四年授兵部郎中明年出為河南等路宣慰司同
知河南多強盜性狠戾群聚山林刼殺行路官軍收捕
失利忽辛以招安自任遣土豪持檄諭之未幾賊二
人來自歸忽辛賜之冠巾且諭之曰汝昔為賊今既
自歸即良民矣俾侍左右出入房闥無間悉放還令
遍諭其黨數日後招集其為首者十輩來身長各七
尺餘羅拜庭下顧視異常衆悉驚怖失措忽辛命吏
食之各得其歡心群盜聞之相繼欵附二十一年授
雲南諸路轉運使明年轉陝西道又明年授燕南河

北道宣慰司同知尋除南京總管三十年授兩淛鹽
運使大德九年進江東道宣慰使改陝西行臺御史
中丞再改雲南行省右丞既至條具諸不便事言于
宗王請更張之王不可忽辛與左丞劉正馳還京師
有旨令宗王協力施行由是一切病民之政悉革而
新之豪民規避徭役往往投充王府宿衛有司不勝
供給忽辛按朝廷覺領所無者悉籍為民去其宿衛
興劉正反覆研鞫反狀盡得竟斬之軍粮支給地理

三分之二馬龍州酋謀叛陰與外賊通持所受宣勅
納賊以示信事覺宗王為左右所蔽將釋之忽辛
遠近不同吏寅緣為姦忽辛籍軍戶姓名及舍廬廨
所為更番支給吏茲始除先是贍思一。為雲南平章
時建孔子廟為學校撥田五頃以供祭祀教養贍思
丁亥田為大德寺所有忽辛按廟學舊籍奪歸之乃
復下諸郡邑遍立廟學選文學之士為之教官文風
大興王府畜馬繁多悉縱之郊敗民禾稼而牧人又
在民家宿食室無寧居忽辛度地置草場構屋數十
間使為牧所民得以安廣南酋沙奴素悍宋時嘗
賜以金印雲南諸部悉平獨此梗化忽辛遣使誘致
待之以禮留數月不遣酋請還忽辛曰汝欲還可納

印來酋不得已賚印以納忽辛置酒宴勞諷令借印
入觀帝大悅大德五年緬國主負固不臣忽辛遣人
諭之曰我老賽典赤平章子也惟先訓是遵凡官府
抗汝國所不便事當一切為汝更之緬國主聞之遂
與使者偕來獻白象一旦曰此象古來所未有今聖
德所致敢效方物既入帝賜緬國主以世子之號烏
蕃等租賦歲發軍徵索乃集忽辛以利害榜諸蠻
不遣一卒而租賦咸足俄有屬飛語及符讖以惑宗
王者忽辛引劉正密為奏馳報朝廷遣使臨問凡造
言之徒悉誅之忽辛偕使者還觀大德八年出為四

川行省左丞歐江淛行省至大元年拜榮祿大夫江
西行省平章政事明年以母老謝職歸養又明年正
月辛天曆元年贈守德宣惠敏政功臣上柱國雍國
公謚忠簡子二人伯杭中慶路達魯花赤曲列湖南
道宣慰使

　　布魯海牙

布魯海牙畏吾人也祖牙兒八海牙父吉臺海牙俱
以功為其國世臣布魯海牙幼孤依其舅氏家就學未
幾即善其國書尤精騎射年十八隨其主內附充宿
衛太祖西征布魯海牙扈從不避勞苦帝嘉其勤賜

以羊馬氊帳又以居里可汗女石抹氏配之太祖崩
諸王來會選使燕京總理財幣使還莊聖太后聞其
廉謹以名求之於太宗凡中官軍民匠戶之在燕京
中山者悉命統之又賜以中山店舍園田民戶二十
授虎符賜民戶十未幾授斷事官使職如故時斷事官
得專生殺多倚勢作威而布魯海牙小心謹愼於
用刑有民誤歐人死吏使擒于市懼則殺之既而不懼乃曰
誤歐人死情有可宥子而能孝義無可誅遂併釋之

使出銀以資藥埋且呼死者家諭之其人悅從是時
法制未定奴有罪者主得專殺布魯海牙知其非法
而不能救嘗出金贖死者數十人征討之際隸軍籍
者憚於行役徃徃募人代之又軍中多逃歸者朝廷
下制募代者杖百逃歸者死命布魯海牙與斷事官
十只兒按順天等路及至州縣得募人代者萬一千
戶逃者十二人然募者聞命將下已潛遣家人易逃
募者布魯海牙聞之歎曰募者已懼罪徃逃者因
單弱思歸情皆可矜吾可不伸理即遂奏其狀皆得
輕減有丁多產富而家人不徃及未至役所而即逃

者則曰此而不殺何以戒後有竊妓逃者吏論當死
布魯海牙曰敗亂綱常罪固宜死此妓也豈可例論
命杖之其執法平允類如此世祖即位擇信臣宣撫
十道命布魯海牙使真定其罪富民出錢貸人者不
止蹱時倍取其息布魯海牙正其罪使償者息如本而
後定為令中統鈔法行以金銀為本本至乃降新
鈔時莊聖太后已命取真定金銀由是真定無本鈔
不可得布魯海牙遣幕僚邢澤徃謂平章王文統曰
昔奉太后旨命取金銀悉送至上京真定南北衝之地
居民商賈甚多令舊鈔既罷新鈔不降何以為政且

以金銀為本豈若以民為本又太后之取金帛以賞
推戴之功也其為本不亦大乎文統不能奪立降鈔
五千定民賴以便遷德萊路宣慰使佩金虎符
來朝帝命坐慰勞之賜以海東青鶻至元二年秋卒
年六十九布魯海牙性孝友造大宅於燕京自畏吾
國迎母來居事之盡有其產及賣顧築室宅旁迎阿里普
海牙欵之弟益特思海牙以宿憾為言常慰諭之終無
間言帝嘗賜以太府綾絹五千四絲絮相等弟求四
之一納其國賦盡與之無吝色初布魯海牙拜廉使

命下之日子希憲適生喜曰吾聞古以官為姓天
以廉為吾宗之姓于故子孫皆姓廉氏後或奏廉氏
仕進者多宜稍汰去世祖曰布魯海牙功多子孫亦
朕所知非汝當預大德初贈儀同三司大司徒追封
魏國公謚孝懿子希閔希憲希恕希顏希懲希
曾貢希中希括孫五十三人登顯仕者代有之希
憲自有傳

高智耀 子睿附

高智耀河西人世仕夏國曾祖逸大都督府尹祖良
惠右丞相智耀登本國進士第夏亡隱賀蘭山太宗

《元史列傳卷十二》 十二

訪求河西故家子孫之賢者眾以智耀對召見將用
之邊辭歸皇子闊端鎮西涼儒者皆隸役智耀謁藩
邸言儒者給復已久一旦與廝養同役非便請除之
皇子從其言欲奏官之不就憲宗即位智耀入見言
儒者所學堯舜禹湯文武之道自古有國家者用之
則治不用則否養成其材將以資其用也宜以綱常治
天下豈方技所得比帝曰善前此未有以是告朕者
役以教育之帝問儒家何如巫醫對曰儒以綱常治
詔復海內儒士徭役無有所與世祖在潛邸已聞其
賢及即位召見又力言儒術有補治道反覆辯論辭

累千百帝異其言鑄印授之命凡免役儒戶皆從之
給公文為左驗時淮蜀遭俘虜者皆沒為奴智耀
奏言以儒為驅古無有也陛下方以古道為治宜除
之以風厲天下帝然之即拜翰林學士命循行郡縣
區別之得數千人黃臣或言其詭濫帝詰之對曰士
璧則金也金色有淺深謂之非士亦不可帝悅更寵資之智耀又言國初庶
政草創綱紀未張宜用前代置御史臺以糾肅官常
至元五年立御史臺以智耀為中丞等路提

《元史列傳卷十二》 十二

刑按察使會西北藩王遣使入朝謂本朝舊俗與漢
法異令留漢地建都邑城郭儀文制度遵用漢法其
故何如帝求報聘之使以析其問智耀入見請行帝
問所咨畫一敷對稱旨即日遣就道至上京病卒帝
為之震悼後贈崇文贊治功臣金紫光祿大夫司徒
柱國追封寧國公謚文忠子睿
睿資稟直亮智耀之比使也攜之以行及卒帝問其
子安在近臣以睿見時年十六授符寶郎出入禁闥
恭謹詳雅久之授唐兀衛指揮副使歷翰林待制禮
部侍郎除嘉興路總管境內有宿盜白晝掠民財捕
者積十數輩莫敢近睿下令不旬日生擒之一郡以

寧摧江東道提刑按察使部內草竊陸梁聲言圍宣
城郡將怯懦城門不開睿召責之曰冦勢方熾官先
示弱民何所憑即命密治兵衛而洞開城門聽民出
入貿易自便旣而冦以有備不敢進遂討平之除同
僉行樞密院事遷浙西道肅政廉訪使
按以法閭境內之拜江南行臺侍御史中丞（盜竊官錢三萬緡有司）
除淮東道肅政廉訪使鹽官州民有
連結黨與持郡邑短長其目曰十老吏莫敢問睿悉
得其情即縱遣之未幾果得真盜復拜南臺御史中

【元史列傳卷十二】 十三

丞務持大體有儒者之風焉延祐元年卒年六十有
六累贈推忠佐理功臣太傅開府儀同三司上柱國
追封寧國公諡貞簡子納麟官至太尉江南諸道行
御史臺大夫

鐵哥

鐵哥姓伽乃氏迦葉彌兒者西域箐乾
國也父斡脫赤與叔父那摩俱學浮屠氏斡脫赤兄
弟相謂曰世道擾攘吾國將亡東比有天子氣盍往
歸之乃偕入見太宗禮遇之定宗師事那摩以斡脫
赤佩金符奉使省民瘼憲宗尊那摩為國師授玉印

總天下釋教斡脫赤亦貴用事領迦葉彌兒萬戶奏
曰迦葉彌兒西陲小國尚未臣服請從諭之詔偕近
侍以往其國主不從怒而殺之帝為發兵誅國主元
貞元年封代國公諡忠遂斡脫赤子甫四歲
斡脫赤子也帝方食雞軀以賜鐵哥鐵哥捧而不食
性穎悟不為嬉戲從那摩入見帝問誰氏子對曰兄
帝問之對曰將以遺母帝奇之加賜一雞世祖即位
幸香山永安寺見書畏吾字旁壁間誰所書僧對曰
國師兄子鐵哥書也帝召見愛其容儀秀麗語音清
亮命隸丞相孛羅備宿衛是世祖事憲宗甚親愛

【元史列傳卷十三】 十五

堯以讒稍疎國師導世祖宜加敬慎遂友愛如初至
後
是帝將用鐵哥曰吾以酬國師也於是鐵哥年十七
詔擇貴家女妻之辭曰臣母漢人每欲求漢人女為
婦臣不敢傷母心乃為娶冊氏女女之命掌饔膳湯
藥日益親密至元十六年鐵哥奏曰武臣佩符古制
也今長民者亦佩符請省之以彰武職從之十七年
進正議大夫尚膳監帝嘗諭之曰朕聞父飲藥子先
嘗之君飲藥臣先嘗之令卿典朕膳凡飲食湯藥宜
先嘗之又曰朕以宿衛士隸卿其可任使者疏其才
能朕將用之詔賜第於大明宮之左留守段珪言遍

木局不便帝曰俾居近禁閫以便召使木局稍臨又
何害焉高州人言州境多野獸害稱願捕以充鐵
哥曰捕獸充貢徒濟其私耳且擾民不可聽從之十
九年遷同知宣徽院事領尚膳監有食尚食者何與焉內
帝察知之怒鐵哥曰失餅之罪在臣食者何與焉內
府食用圓米鐵哥奏曰計粳米一石僅得圓米四斗
請自今非御用止給常米帝皆善之進中奉大司
免誤中名駝駝死帝怒命誅之鐵哥曰殺人有償畜射
農寺達魯花赤從獵百杳兒之地獵人亦不刺金射
太重帝驚曰誤耶史官必書亟釋之庚人有盜鹽秫

米者罪當死鐵哥諫曰臣鞫庚人其母病盜秫欲食
母耳請貸之牧人有盜割駝峯者將誅之鐵哥曰生
割駝峯誠忍人也然殺之恐垂陛下仁恕心詔皆免死
二十二年進正奉大夫大司農司農寺宜陛為大司農
秩二品使天下知朝廷重農之意制可進善大夫
司農時司農供膳有司多擾民鐵哥奏曰屯田則備
諸物立供膳司甚便從之桓州飢民鬻子女以為食
鐵哥奏以官幣贖之二十四年從征乃顏至撒兒都
之地叛王塔不台率兵奄至鐵哥奏曰昔李廣一將
耳尚能以疑退敵況陛下萬乘之威乎今彼眾我寡

不得地利當設疑以退之於是帝張弓蓋攙胡床鐵
哥從容進酒塔不台按兵覘伺懼有伏遂引去帝以
金章宗王帶賜之二十九年進榮祿大夫中書平章
政事以病足聽輿輀入殿門帝嘗憶比征事不能悉
記鐵哥條舉甚詳帝悅以金束帶賜之初詔遣使宋新
附民種蒲萄於野馬川晃火兒不刺之地既獻其實
鐵哥以此方多寒氣歲賜衣服從之成宗即位以瑪
哥先朝舊臣賜銀一千兩鈔十萬貫他日又賜以鐵
瑙椀謂鐵哥曰此器先皇所用朕全賜卿以卿父侍
先皇故也大德元年加光祿大夫三年乙解機務從

之仍授平章政事議中書省事時諸王朝見未有知
典故者帝曰惟鐵哥知之甲專其事凡廩餼金帛之
數皆遵世祖制詔自今懷諸王之禮悉命鐵哥掌之
七年復拜中書平章政事平灤大水鐵哥奏曰散財
聚民古之道也全平灤水災不加賑恤民不聊生矣
從之十年丁母憂詔奪情起復遼王脫入朝從者
執兵入大明宮鐵哥劾止之王懼謝自劾帝稱善不已
相望鐵哥輒發廩賑之飢乃陳疏自劾帝遣授中書
武宗即位賜金一百兩加金紫光祿大夫遙授中書
右丞相有訴寧遠王闊闊出有逆謀者命誅之鐵哥

知其誣廷辨之由是得釋從高麗二年領度支院尋
賜江州稻田五千畝仁宗皇慶元年授開府儀同三
司太傅錄軍國重事乃進奏世祖子惟寧遠王在宜
賜還從之二年奉命詣萬安寺祀世祖感疾歸皇太
后令內臣問疾鐵哥附奏曰臣死無日願太后輔陛
下布惟新之政社稷之福也是年薨賜賻禮加厚勑
有司治喪事贈太師開府儀同三司上柱國追封秦
國公諡忠穆加贈推誠守正佐理翊戴功臣封延安
王改諡忠獻子六人忽察淮東宣慰使平安奴太平
路達魯花赤也識哥同知山東宣慰司事虎里台同

《元史列傳卷十二》　十七

知真定總管府事亦可麻同知都護府事重喜隆禧
院副使孫八人伯顏中書平章政事餘多居宿衛

翰林學士承旨知制誥兼修國史臣宋濂等奉敕修
翰林待制承直郎同知制誥兼國史院編修官臣蔣易等奉敕修

穆

安童

安童木華黎四世孫霸突魯長子也中統初世祖追
錄元勳召入長宿衛年方十三位在百寮上母弘吉
刺氏昭睿皇后之姊通籍禁中世祖一日見之問及
安童對曰安童雖幼公輔器也世祖曰何以知之對
曰每退朝必與老成人語未嘗狎一年少是以知之
世祖悅四年執阿里不哥黨千餘將置之法安童侍

側帝語之曰朕欲置此屬於死地何如對曰人各為
其主陛下甫定大難遽以私憾殺人將何以懷服未
附帝驚曰卿年少何從得老成語此言正與朕意合
由是深重之至元二年秋八月拜光祿大夫中書右
丞相增食邑至四千戶辭曰今三方雖定江南未附
臣以年少謬膺重任恐四方有輕朝廷心帝動容有
間曰朕思之熟矣無以踰卿者卿其勿辭安童即拜
命入省議事衡以疾辭安童即親候其館與語良
久既還念之不釋者累日三年帝諭衡曰安童尚幼
未更事善輔導之汝有嘉謨當先告之以達朕朕將

擇焉衡對曰安童聰敏且有執守告以古人所言悉能
領解臣不敢不盡心但應中有人間之則難行外用勢
力納人其中則難行臣入省之日淺所見如此四年三
月安童奏內外官漬用老成人宜令儒臣姚樞等入省
議事帝曰此輩雖閒猶當優養其令入省議事五年延
臣密議立尚書省以阿合馬領之乃先奏以安童宜位
三公事下諸儒議商挺倡言曰安童國之柱石若為三
公是崇虛名而實奪之權也甚不可衆曰然事遂罷七
年四月奏曰臣近言尚書省樞密院各令奏事並如常
制其大政令從臣等議定然後上聞既得旨與尚書

一切徑奏似違前旨帝曰豈阿合馬以朕頗信用之故
爾專權即不與卿議非是勅如前旨八年陝西省臣
速送兒建言比因饑饉盜賊滋橫若不顯戮一二無以
示懲勅中書詳議安童奏曰強竊均死恐非所宜罪至
死者宜仍舊待報從之十年春三月陝西省臣至寶上
皇后弘吉刺氏以冊金寶立燕王為皇太子兼中書
令判樞密院事冬十月帝諭安童及伯顏等曰近史
天澤姚樞纂定新格朕已親覽皆可行之典汝等亦
當一一留心參考豈無一二可增減者各令紀錄促
議行之時天下待報死四五十人安童奏其中十三

人因闔歐殺人餘無可疑於是詔以所奏十三人免
宛從軍十一年奏阿合馬蠹國害民數事又奏各部
與大都路官多非才乞加黜汰從之十二年七月詔
以行中書省樞密院事從太子北平王出鎮遼在
慰勞之頓首謝曰臣奉使無狀有累聖德遂留寢殿
語至四鼓乃出冬十一月和禮霍孫罷復拜中書右
丞相加金紫光祿大夫二十二年右丞盧世榮敗詔
與諸儒條其所用人及所為事悉罷之二十三年夏
中書奏擬漕司諸官姓名帝曰如平章右丞等朕當
親擇餘皆卿等職也安童奏曰比聞聖意欲倚近侍
為耳目臣猥承任使若所行非法從其舉奏罪之輕
重惟陛下裁處令近臣乃伺隙援引非類曰某居某
官某居某職以所署奏目付中書施行臣謂銓選之
法自有定制其尤無事例者臣常毅格不行應其黨
有矩臣者即入言之奏微前史部尚書李昶不
勿行其妄奏者即安童按問多所平反嘗退朝自
起復奏賜田十頃二十四年宗王乃顏叛世祖親討
平之宗室註誤罪者命安童多所平反嘗
左從門出諸免罪者爭迎謝或執德扶上馬安童毅

然不顧有乘間言於帝曰諸王雖有罪皆帝室近親
也丞相雖尊人臣也何悖慢如此帝良久曰汝等小
人豈知安童所為特辱之使改過耳是歲復立尚書
省安童切諫曰臣力不能回天乞不用桑哥別相事
者猶或不至於民誤國不聽二十五年見天下大權
盡歸尚書屢求退不許二十八年罷相仍領宿衛事
雨木冰三日世祖震悼曰人言丞相病固弗信果
喪予良弼詔大臣監護喪事大德七年成宗制贈推
三十年春正月以疾薨于京師樂安里第年四十九
忠同德翊運功臣太師開府儀同三司上柱國東平

忠憲王碑曰開國元勳命世大臣之碑子兀都帶
兀都帶器度宏遠世祖時襲長宿衛父安童歿凡賵賻
之物一無所受以素車樸馬歸葬只蘭禿先坐事母
以孝聞成宗即位拜銀青榮祿大夫大司徒領太常
寺事為侍按庭贊畫大政帝及中宮咸以家人禮待之
號常侍按庭請諡尚郊攝太尉冊上尊號廟號皇后尊
大德六年正月薨年三十一至大二年制贈輸誠保
德翊運功臣太師開府儀同三司上柱國東平王諡
忠簡子拜住自有傳

廉希憲

廉希憲字善甫布魯海牙子也幼魁偉舉止異凡兒九歲家奴四人盜五馬逃去既獲時於法當死父愁將付有司希憲泣諫止之俱得免死又嘗侍母居中山有二奴醉出惡言希憲聞之即遣人執而送繫府獄狀之皆奇希憲有識世祖為皇弟希憲年十九得入侍見其容止議論恩寵殊絕希憲篤好經史不釋卷一日方讀孟子聞召急懷以進世祖問其說遂以性善義利仁暴之旨為對世祖嘉之曰廉孟子由是知名嘗與近臣校射世祖前希憲腰插三矢有欲取以射者希憲曰汝以我為不能耶但吾弓力稍弱耳左右授以勁弓三發連中眾驚服曰真文武材也歲甲寅世祖以京兆分地命希憲為宣撫使京兆控制隴蜀諸王貴藩分布左右民雜亂戎尤號難治希憲講求民病抑強扶弱服日從名儒若許衡姚樞董諮訪治道首請用衡提舉京兆學校教育人材為根本計國制為士者無隸奴籍京兆多豪強癃令不行希憲至悉令著籍為儒有民妻與卜者厭詛其夫殺之獄成僚佐皆言方大旱卜者宜減死希憲議當伏法巳而大雨立應初世祖受命憲宗經理河南關右居數歲讒者謂王府人多專擅不法至是命阿藍

吾兒劉太平檢覈所部用酷吏分領其事大開告訐希憲曰宣撫司事由己出有罪固當獨任僚屬何預及事竟卒無獲罪者己未憲宗駐蹕合州世祖渡江取鄂州命希憲入籍府庫希憲引儒生百餘人伏軍門因言今王師渡江凡軍中俘獲士人宜官贖遣還以廣異恩世祖嘉納之還者五百餘人才傑悉從人望子惠黎庶卒土歸心今先皇母弟前期撫定及今南代率先渡江天道可知且殿下收召至希憲啟曰殿下太祖嫡孫先皇母弟前征雲南覬國神器無主願速還京正大位以安天下然之且命希憲先行審察事變對曰劉太平霍魯海在關右渾都海在六盤征南諸軍散處泰蜀太平要結諸將其性險詐素畏殿下英武倘倚關中形勝設有異謀漸不可制宜遣趙良弼往覘人情事宜從之阿里不哥攬亂比逸遣忍思發兵河朔大肆凶暴真定名士李槃嘗奉莊太后侍阿里不哥講讀脫忍恩怨鞅不附己械之希憲訪槃於獄言於世祖而釋之世祖命希憲賜膳於宗王塔察兒希憲即以己意白王宜首建翊戴之謀賜許以身任其事歸禧其言世祖曰若此重事卿何不懼之甚耶庚申至開

平宗室諸王勸進謙讓未允希憲復以天時人事進言

且曰阿里不哥於殿下為母弟居守朔方專制有年

或覬望神器事不可測宜早定大計世祖然之明日

即位建元中統希憲上言高麗王子俱父留京師今

聞其父死宜立為王遣還國以恩結之又言郡兵初分

還宜遣使與宋講好勅諸軍北歸帝皆從之趙良弼

還自關中言乃併京兆四川為一道以希憲宣撫

使太平霍魯海開之乘驛急入京兆密謀為變後三

日希憲至宣布詔旨遣使安諭六盤未幾斷事官闐

闐出遣使來告渾都海已反殺所遣使者柔羅台遣

人諭其黨窊里火者於成都乞台不花於青居使各

以兵來援又多與蒙古軍與魯官兀奴忽等金帛盡

起新軍且約太平霍魯海同日俱發希憲得報召僚

屬謂曰上新即位責任吾等正為今日不早為之計殆

將無及遣巂户劉黑馬京兆治中高鵬霄華州尹史

起獄復遣劉黑馬誅密里火者總帥汪惟正誅乞台

於廣掩捕太平霍魯海及其黨獲之盡得其奸謀悉置

不花具以驛聞時關中無兵備命汪惟良將兵誅豁

軍進六盤惟良以未得上旨為辭希憲即解所佩虎

符銀印授之曰此皆身承密旨君但辦吾事制符已

飛奏矣又付銀一萬五千兩以充功出庫幣製軍

衣惟良感激遂行又發蜀卒更戍及在家餘丁推節制

諸軍蒙古官八春將之謂之曰君所將之衆未經訓

練六盤兵精勿與春爭鋒但張聲勢使不得東則大事

方出迎詔人心遂安乃遣使自劾傳行刑徵調諸

軍擅以惟良為帥等罪帝深善之曰朕委卿以

其是也別賜金虎符使即制諸軍且詔曰經所謂權此

濟矣會有詔赦至希憲命絞太平於獄尸於通衢

方面之權事富從宜毋拘常制坐失事機西川將組

隣興魯官將舉兵應渾都海八春獲之繫其黨五十

餘人于乾州獄送二人至京兆請并殺之二人自分

必死希憲謂僚佐曰渾都海不能乘勢東來保無他

慮今希憲反側彼軍見其將校執四或別

生心眾志未一猶懷反側並加寬釋使之感恩劾

力就發此軍餘丁往隸八春上策也初八春既執諸

校其軍皆懼駭亂四出莫可禁過及知諸校獲全紐

校與魯官得釋大喜過望切諭其屬出兵劾力人人

隣悅八春亦釋然開悟果得精騎數千將與俱西詔

感悅希憲為中書右丞行秦蜀省事渾都海聞京兆有

備遂西渡河趨甘州阿藍答兒復自和林提兵與之
合分結隴蜀諸將又使紐隣兄宿敦為書招紐隣於
是成都帥百家奴興元
遣使言人心危疑事不可測希憲遣使深諭戒之兩
川諸將素憚希憲威名忙古台青居汪惟正欽察俱
憲力言不可乃止會親王合丹及汪惟良八春等合
兵後戰西涼大敗之俘斬略盡得二叛首以送泉之
兒軸重皆空就食秦雍朝議欲棄兩川退守興元希
合軍而東諸將失利河右大震西土親王楛帖木
川事聞帝大嘉之曰希憲真男子也進拜平章
京兆市事聞帝大嘉之曰希憲真男子也進拜平章

元史列傳十三　九　章彥沙

政事賜宅一區時希憲年三十矢希憲奏四川降民
皆散虜山谷宜申勑軍吏禁止侵掠違者千戶以下
興犯人同罪又禁諸人無販易生口由是四川遂安
降者益衆又罷解鹽戶所摘軍及京兆諸廠無籍戶
之戍靈州屯田者以母老願賜袗察獲宋臣張炳震王
政千人俱以寬民力欽宗皆遣之還因為書愧感自
興宋四川制置余玠諭以天道人事玠得書愧感自
守不敢復動鞏昌帥言鎮戎州有謀為叛者連
引四百餘人希憲詳推之惟誅首惡五人宋將劉整
以瀘州降盡繫前歸宋者數百人待報希憲奏釋之

且致書宰臣待整以恩當得其死力整後甫建取其襄
陽之策果立勳効宋將家屬之在北者希憲歲給其粮
仕於宋者子弟得越省界其親人皆感之李璮反山
東事連王文統平章趙壁省引遂至大用且關中形勝之地希憲
由張易希憲薦引遂至大用且關中形勝之地希憲
得民心有商挺趙良弼為之輔此事宜關聖慮帝曰
希憲自幼事朕朕知其心挺良弼皆正士何慮焉帝曰
降人費正寅以私怨譖希憲因李璮叛亦修城治兵
潛畜異志帝因惑之命中書右丞南合代希憲行省
且覆視所告事卒無實狀詔希憲還京師陛見言曰

元史列傳十三　十　九　章彥沙

方關陜叛亂川蜀未寧事急星火臣隨宜行事不謀
佐貳如寅所言罪止在臣臣請逮繫有司帝撫御床
曰當時之言天知之朕知之卿果何罪慰諭良久進
拜中書平章政事一日夜半召希憲入禁中從容道
潘邸時事因及趙璧所言希憲曰昔攻鄂時賈似道
作木栅環城一夕而成陛下顧毫從諸臣時賈似道
如似道者用之劉秉忠張易進曰山東王文統才智
士也今為李璮幕僚詔問臣臣對亦聞之寳未嘗識
其人也帝曰朕亦記此希憲在中書振舉綱維綜劾
名寳汰逐冗濫裁抑僥倖興利除害事無不便當時

23-1497

《元史列傳十三》 十一

翕然稱治典文物粲然可考又建言國家自開創
巳來凡納土及始命之臣咸令世守至今將六十年
子孫皆奴視部下都邑長吏皆皂隸僮使前古
所無宜更張之使考課黜陟始議行遷轉法至元元
年丁丑憂率親族行古喪禮勺飲不入口者三日慟
則嘔血不能起寢卧草上廬于墓傍宰執以憂制未
有詔奪情起復希憲雖不敢違旨然出則素服從事
定欲極力起之相與詣廬聞號痛聲竟不忍言未幾
入必縗絰及喪父亦如之奸臣阿合馬領左右部專
總財賦會其黨相攻撃帝命中書推覆眾畏其權莫
敢問希憲窮治其事以狀聞杖阿合馬罷所領歸有
司帝諭希憲曰吏廢法而貪民失業而逃工不給用
財不贍費先朝此久矣自卿等為相朕無此憂對
曰陛下聖猶堯舜臣等未能以皋陶稷契之道贊輔
帝懷慙多矣今日小治未足多也因論
及魏徵對曰忠臣良臣何代無之顧人主用不用爾
治化以致太平希憲言其事當爾希憲曰此闔官預
政之漸不可啓也遂入奏杖之言者訟丞相史天澤
有內侍傳旨入朝堂
親黨布列中外威權日盛漸不可制詔罷天澤政事
使待鞫問希憲進曰天澤事陛下久知天澤深者無

《元史列傳十三》 十二

如陛下始自潛藩多經任使將兵牧民悉有治劾
陛下知其可付大事用為輔相小人一旦有言陛
下當熟察其心果有肆横不臣者乎今日信臣故
臣得預此旨他日有訟臣者臣亦遭疑矣臣等備員
政府陛下之疑信若此則保天澤既罷亦當罷
臣帝良久曰卿且退朕思之明日帝召希憲諭曰
思之天澤無對訟者事遂解又有訟四川師欽察者
勑中書急遣使誅之明日希憲覆奏帝怒曰尚爾運
回即對曰欽察大帥以一小人言被誅民心必駭收
繫至此與訟者廷對然後明其罪於天下為宜詔遣
能者按問其後事竟無實欽察得免希憲每奏議帝
前論事激切無少回惜帝曰卿昔事朕王府多所容
受今為天子臣乃爾木強耶希憲對曰王府事輕天
下事重一或面從天下將受其害臣非不自愛也方
士請煉大丹勑中書給所需希憲曰
且日堯舜得壽不因大丹也帝曰然遂却之時方尊
禮國師帝命希憲受戒對曰臣受孔子戒矣帝曰孔
子亦有戒耶對曰臣為臣當忠為子當孝孔子之戒
是而已五年始建御史臺繼設各道提刑按察司時
阿合馬專總財利乃曰庶務責成諸路錢穀付之轉

運今繩治之如此事何由辦希憲曰立臺察古制也
内則彈劾奸邪外則察視非常訪求民瘼桿益國政
無大於此若去之使上下專恣貪暴事豈可集耶阿
合馬不能對七年詔釋京師繫四西域人匿積馬丁
用事先朝資累鉅萬皆為怨家所告繫大都獄飢釋之
矣時希憲在告實不預其事是秋車駕還自上都怨
家訴於帝希憲取堂判補署之曰讀書固朕所教
其獨不署以苟免即帝入見以詔書為言帝曰詔
釋四耳豈有詔釋匿積馬丁即對曰不釋匿積馬丁
臣等亦未聞有此詔帝怒曰汝等號稱讀書臨事乃

爾宜得何罪對曰臣等忝為宰相有罪當罷退帝曰
但從汝言即與左丞耶律鑄同罷一日帝問侍臣
希憲居家何為侍臣以讀書對帝曰讀書固朕所教
然讀之而不肯用多讀何為意責其罷政而不復求
進也阿合馬因說之曰希憲嘗有疾帝遣醫三人
診視醫言須用沙糖作飲時最艱得家人求於阿
色田希憲清資何從宴設希憲與妻子宴樂爾帝憂
合馬與之二斤且致密意希憲卻之曰使此物果能
活人吾終不以奸人所與求活也帝聞而遣賜之嗣
國王頭輦哥行省鎮遼陽有言其擾民不便者十一

年詔起希憲為北京行省平章政事將行肩輿入辭
賜坐帝曰昔在先朝卿深識事機每以帝道啟朕及
鄂漢班師屢陳天命朕心不忘丞相卿實宜為朕素
托耳遼雲戶不下數萬諸王國壻分地所在彼皆
知卿能故命卿往鎮體朕此意遼東多親王使者傳
令旨官吏至始革正之有西域人自稱駙
馬營于城外繫富民誣其祖父嘗貸息錢索償甚急
民訴之行省希憲命收捕之其人怒乘馬入省堂乃
檻上希憲命捽下晚而問之曰法無私汝何人敢
擅繫民令城繫之其人惶懼求哀國王亦為之請乃

稍寬令待對輿營夜遁俄詔國王歸國希憲獨行省
事朝廷降鈔買馬六千五百希憲遣買於東州得羨
餘馬千三百希憲曰上之則若自衒即與他郡之不
及者以其直遺官長公主及國壻入朝縱獵郊原擾
民為甚希憲面諭國壻欲入奏之國壻慚愕入語公
主公主出歛希憲酒曰從者擾民吾不知也請以鈔
萬五千貫還歛民之直辛勿遣使者自是貴人過者
皆莫敢縱十二年右丞阿里海牙下江陵圖地形上
於朝請命重臣開大府鎮之帝急召希憲還使行省
荊南賜坐諭曰荊南入我版籍欲使新附者感恩未

來者向從宋知我朝有臣如此亦足以降其心南土
甲濕於鄉非宜今以大事付託度鄉不辭賜田以養
居者馬五十以給從者希憲曰臣每懼才識淺近不
能勝負大任何敢辭疾然致辭新賜復有詔令希憲
承制授三品以下官希憲胃暑疾驅以進至鎮阿里
海牙率其屬郊迎里拜塵中荊人大駭即日禁剽奪
通商販興販利除害兵民按堵仍錄宋故宣撫置二
司幕僚能任事者以備采訪仍擇二十餘人隨材授
職左右難之希憲曰今國家臣子也何用致疑時
宋故官禮謁大府必廣致珍玩希憲拒之且語之曰

汝等身仍故官或不次遷擢當念聖恩盡力報効今
所鎮者若皆己物我取之為非義一或係官事同盜
竊若欲於民不為無罪宜戒慎之皆感激謝去令几
俘獲之人敢殺者以故殺平民論為軍士所虜病而
棄之者許人牧養病愈故主不得復有立契券質賣
妻子者重其罪仍沒入其直先時江陵城外蓄水扞
樂希憲命決之得良田數萬畝以為貧民之業發沙
市倉粟之不入官籍者二十萬斛以賑公安之饑大
綱既舉乃召教不可緩也遂大興學選教官置經籍
旦日親詣講舍以厲諸生西南溪洞及思播田楊二

民重慶制置趙定應俱越境請降事聞帝曰先朝非
用兵不可不得地今希憲能令數千百里外越境納土
其治化可見也關吏得江陵人私書不敢發上之樞
密臣發之帝前其中有曰歸附之初人不聊生皇帝
遣廉相出鎮荊南豈惟人漸德化昆蟲草木咸被澤
矣帝曰希憲不嗜殺人故能爾也希憲久不愈十
四年春近臣董文忠言江陵濕熱如希憲疾病何即召
希憲還江陵民號泣遮道留之不得相與畫像建祠
希憲還橐素蕭然琴書自隨而已帝知其貧特賜白
金五千兩鈔萬貫五月至上都太常卿田忠良來問

疾希憲謂曰上都聖上龍飛之地天下視為根本近
聞龍岡遺火延燒民居此常事耳慎勿令安談地理
者感動上意未幾果有數輩以徙置都邑事奏樞密
副使張易中書左丞張文謙與之廷辨力言不可帝
不悅明日召忠良質其事忠良以希憲語對帝曰希
憲病甚猶應及此即其議遂止詔徵楊州名醫王仲
明視希憲疾既至希憲服其藥能杖而起帝喜謂希
憲曰卿得良醫誠如聖諭設或肆惰良醫何益蓋以醫
苟能戒慎則誠如聖諭設或肆惰良醫何益蓋以醫
諷諫也會議立門下省帝曰侍中非希憲不可遺中

使諭旨曰韃馬之任不以勞卿坐而論道時至省中
事有必須靴奏肩興以入可也希憲附奏曰臣疾何
足卿輸忠效力生平所願皇太子亦遣人諭旨曰上
命卿領門下省無憚群小吾爲卿除之竟爲阿合馬
所沮十六年春賜鈔萬貫詔復入中書希憲稱疾篤
皇太子遣侍臣問疾因問治道希憲曰君天下在用
人用君子則治用小人則亂臣病雖劇委之大者
甚憂者大奸專政群小阿附誤國害民病不可藥矣
下宜開聖意急爲屏除不然日就沉痾不可藥矣戒
其子曰丈夫見義勇爲禍福無預於己謂皇嬰稷契

伊傳周召爲不可及是自棄也天下事苟無章制三
代可復也又曰汝讀狄梁公傳乎梁公有大節爲不
肖子所墜汝輩宜慎之十七年十一月十九夜有大
星隕于正寢之旁流光照地久之方滅是夕希憲卒
年五十大德八年贈忠清粹德功臣太傅開府儀同
三司追封魏國公諡文正加贈推忠佐理翊運功臣
太師開府儀同三司上柱國恒陽王諡如故子六人
孚僉遼陽等處行中書事恪台州路總管
章政事忱邵武路總管恒御史中丞悖江西等處行
中書省參知政事從弟希賢

希賢字逢甫一名中都海牙伯父布魯海牙嘗曰是
兒剛果當大吾家年二十餘與從兄希憲同侍世祖
出入禁中小心慎密至元初北部王拘殺使者世祖
選使往諭之廷臣推希賢至則布上意辭旨條暢王
悔謝爲設宴贈貂裘一襲白金一笏還奏帝喜賜以
御膳尋進中議大夫兵部尚書左丞相伯顏伐宋既
渡江至元十二年春授希賢禮部尚書佩金虎符興
工部侍郎嚴忠範秘書丞紫芝持國書使宋三月
丙戌至廣德軍獨松關守關者不知爲使襲而殺之
張濡以爲己功受賞知廣德軍明年宋亡獲張濡殺
之詔遣使護希賢喪歸後復籍濡家貲付其家希賢
苑時年二十九

翰林學士承旨知制誥兼修國史臣宋濂　翰林待
制兼國史院編修官臣王禕等奉
敕修

伯顏

恒出迁臣右世祖益賢之勑以中書右丞相安童女
偉聰其言屬曰非諸侯王臣也其留事朕與謀國事
顏長於西域至元初旭烈兀遣入奏事世祖見其貌
食其地父曉古台世其官從宗王旭烈兀開西域伯
部左千戶祖阿剌襲父職蕭斷事官平忽禪有功得
伯顏蒙古八隣部人曾祖述律哥圖事太祖為八隣

第妻之若曰為伯顏婦不慚爾氏矣二年七月拜光
禄大夫中書左丞相諸曹白事有難决者徐以一二
語决之衆服曰真宰輔也四年改中書右丞七年遷
同知樞密院事十年春持節奉玉册立燕王真金為
皇太子十一年大舉伐宋與史天澤並拜中書左丞
相行省荊湖時荊湖淮西各建行省為行中書省
一或致敗事詔改淮西行省領河南等路行中書省
病表請專任伯顏乃以伯顏領河南等路行中書省
所屬並聽節制秋七月陛辭世祖諭之曰昔曹彬以
不嗜殺平江南汝其體朕心為吾曹彬可也九月甲

《元史列傳卷十四》　一

戊朔會師于襄陽分軍為三道並進丙戌伯顏與平
章阿术由中道循漢江趨郢州萬戶武秀為前鋒遇
水濼霖雨水溢無舟不能涉伯顏曰吾且飛渡大江
而憚此潢潦耶乃召一壯士負甲仗騎而前導庵諸
軍甲濟癸巳次鹽山距郢州二十里郢在漢水北以
石為城宋人又於漢水南築新郢橫鐵絚鎖戰艦密
樹椿木水中下流黃家灣堡亦設總管禦之具堡之西
有溝南通藤湖至江僅數里乃遣總管李庭劉國傑
攻黃家灣堡拔之破竹席地逾舟由藤湖入漢江諸
將請曰郢城我之喉襟不取恐為後患伯顏曰用兵

緩急我則知之攻城下策也大軍之出豈為此一城
哉遂舍郢順流下伯顏阿术殿後不滿百騎十月戊
午行大澤中郢將趙文義范興以騎二千來襲伯顏
元术未及介胄迎擊之伯顏手殺文義擒范興
興殺之其士卒死者五百人生獲數十人甲子次沙
洋乙丑命斷事官楊仁風拕其一俘持黃
榜檄文傳趙文義首入城招其守將王虎臣王大用
虎臣等斬俘焚黃榜禪將傳蓋以水軍十七人來降
虎臣等又斬其軍之欲降者伯顏復命呂文煥招之
又不應日暮風大起伯顏命順風制金汁砲焚其廬

《元史列傳卷十四》　二

舍烟燄漲天城遂破萬戶忙古歹生擒虎臣大用等
四人餘悉屠之丙寅次新城令萬戶帖木兒史彄列
沙洋所戮於城下射黃榜檄文於城中以招之其守
將邊居誼邀呂文煥至城下飛矢中
右臂奔還邀居誼邀呂文煥與語丁卯城下即授招討使
佩以金符令呼城上軍即縋城下居誼邀入
乃令總管李庭攻破其外堡諸軍蟻附
城悉斬之已其副都統制黃順踰城出降而登拔居誼終不出
聚三千猶力戰而死居誼舉家自焚逐併誅王虎臣以城
王大用等四人十一月丙戌次復州知州翟貴以城

降諸將請點視其倉庫軍籍遣官鎮撫伯顏不聽諭
諸將不得入城違者以軍法論阿术使右丞阿里海
牙來言渡江之期伯顏不答明日又來又不答阿术
乃自來伯顏曰此大事也主上以付吾二人可使餘
人知吾形勢乎潛刻期而去乙未軍次蔡店丁酉佳
漢口形勢宋淮西制置使夏貴等以戰艦萬艘分據要
害都統王達守陽邏堡荊湖宣撫朱禩孫以遊擊軍
扼中流兵不得進千戶馬福建言淪河口可通沙蕪
入江伯顏使覘沙蕪口夏貴亦以精兵守之乃圍漢
陽軍聲言由漢口渡江貴果移兵援漢陽十二月丙

午軍次漢口辛亥諸將自漢口開壩引船入淪河先
遣萬戶阿剌罕以兵拒沙蕪口逼近武磯巡視陽羅
城堡徑趨沙蕪遂入大江壬子伯顏戰艦萬計相踵
而至以數千艘泊於淪河灣口屯蒙古漢軍數十
萬戶於江北諸將言沙蕪南岸彼將士皆
取伯顏曰吾亦知其可必取應汝輩會小功失大事
我輩受宋厚恩戮力死戰此其時也安有叛降
癸丑遣人招之不應甲寅再遣人招之其將士皆
一舉渡江牧其全功可也遂令偹攻具進軍陽羅堡
萬騎於江北諸將言沙蕪南岸彼船在焉可攻而
之理偹吾甲兵決之今我宋天下猶賭博孤注輸

嬴在此一擲爾伯顏麾諸將攻之三日不克有術者
來言天道南行金木相犯若二星交過則江可渡伯
顏却之使勿言乃密謀於阿术曰彼謂我必援此堡
方能渡江此堡甚堅攻之徒勞汝今夜以鐵騎三千
泛舟直趨上流為攝虜之計詰旦渡江襲南岸已過
則速遣人報我乙卯分遣右丞阿里海牙督萬戶張
弘範忽失海牙折的迷失等先以步騎攻陽羅堡夏
貴來援逐俾阿术出其不意率萬戶晏徹兒忙古歹
史格賈文備四翼軍沂流西上四十里對青山磯而
泊是夜雪大作遙見南岸多露沙洲阿术登舟指示

諸將令徑趨是洲載馬後隨萬戶史格一軍先渡為
其都統程鵬飛所卻阿术橫身蹈決血戰中流搖其
將高邦顯等死者無筭鵬飛被七創敗走得船千餘
艘遂得南岸阿术與鎮撫阿璋等數十人攀岸步鬬
開而復合者數四南軍阻水不得相薄遂起浮橋成
來報伯顏大喜揮諸將急攻陽羅堡斬王達宋軍
斬溺不可數計追至鄂州東門而還丙辰阿术遣使
艦相銜直抵夏貴貴引麾下軍數千先遁諸將
列而渡阿里海牙縱兵解汝楫等四翼軍成
大潰數十萬眾死傷殆盡夏貴僅以身免走至白虎

山諸將謂貴大將不可使逸去請追之伯顏曰陽羅
之捷吾欲遣使前告宋人而貴走矣吾使不必追也
丁巳伯顏登武磯山大江南北皆我軍也諸將稱賀
阿顏辭謝之阿术還渡江議兵所向或欲先取斷黃
佑贊之曰汝國所恃者江淮而已令我大兵飛渡長
萬全計伯顏從之己未師次鄂州遣呂文煥楊仁風
术曰若赴下流退無所擾先取鄂州渡漢雖踰旬日可為
然知漢陽軍王儀知德安府來興國皆以城降程鵬
戰艦三千艘火照城中兩城大恐庚申知鄂州張晏
江如履平地汝輩何不速降鄂特漢陽將乃焚其

飛以其軍降壬戌定新附官品級撒宋兵分隸諸將
先是邊民戍卒陷入宋境者悉縱遣之丁卯遣萬戶
也的哥總管忽都歹入奏渡江之捷分命阿剌罕先
鋒黃頭取壽昌糧四十萬斛以充軍餉留右丞阿里
海牙等以兵四萬分省于鄂規取荆湖已伯顏與
阿术以大軍水陸東下俾阿术先攻黃州十二年春
正月癸酉朔至黃州甲戌沿江制置副使知黃州陳
奕降伯顏承制授奕沿江大都督奕以書招蘄州安
其子嚴嚴降承制授奕沿江
景模後遣阿术以舟師造其城下癸未伯顏至蘄州

景模出降即承制授以淮西宣撫使留萬戶帶塔兒
守之阿术後以舟師先趨江州兵部尚書呂師夔在
江州與知州錢真孫遣人來迎降丙戌伯顏至江州
即以師夔為江州守師夔設宴庚公樓選宋宗室女
二人盛飾以獻伯顏怒曰吾奉聖天子明命興仁義
之師問罪於宋豈以女色移吾志乎斥遣之知南康
軍葉閶來降殿前都指揮使知安慶府范文虎亦奉
書納欵阿术遂率舟師造安慶文虎出降伯顏至湖
口遣千戶霄玉繫浮橋以渡風迅水駛橋不能成乃
橋于大孤山神有頃風息橋成大軍畢渡二月壬寅

朔伯顏至安慶承制授文虎兩淛大都督文虎以其
従子友信知安慶府事命萬戶喬珪戍之丁未次池州
都統制張林以城降戊申通判權州事趙昂發與其
妻自經死伯顏入城見而憐之令具衣衾葬焉宋宰
臣賈似道遣宋京致書請還已降州郡約貢歲幣伯
顏遣武略將軍囊加歹同其介阮思聰報命止京以
待且使謂似道曰未渡江議和則可令汪立還乃釋宋京
郡皆內附欲和則當來面議也囊加歹遂諸路軍馬十
三萬號百萬步軍指揮使孫虎臣為前鋒淮西制置
申發池州壬戍次丁家洲賈似道都督諸

使夏貴以戰艦二千五百艘橫亘江中似道將後軍
伯顏命左右翼萬戶率騎兵夾江而進砲聲震百里
宋軍陣動貴先遁以扁舟掠似道船呼曰彼敗我寡
勢不支矣似道聞之倉皇失措遽鳴金收軍軍潰發
大呼曰宋軍敗矣諸戰艦居后者阿术促騎召之挺
身登舟手枹衝敵船舳艫分尺合阿术以小
旗麾何瑋李庭等並舟深入伯顏命步騎左右挾之
追殺百五十餘里溺死無算得船二千餘艘及其軍
資器伏圖籍符印似道東走揚州貴走廬州虎臣走
泰州甲子改太平州丁卯知州孟之縉及知無為軍

劉權知鎮巢軍曹旺知和州王喜俱以城降庚午師
次建康之龍灣大賚將士三月癸酉宋汪立制置趙
淮道淮兄淮起兵溧陽就執而死都統徐王榮翁福
等以城降命招討使咳都守之知寧國府趙與可遁知饒州唐
總管石祖忠以城降下淮西滁州諸郡亦相繼降丙
震死而江東諸郡皆知城降傳令諸將各守營壘毋
子國信使廉希賢與嚴忠範等奉命使宋宋人所殺庚寅伯顏道
得妄有侵掠希賢果為宋人所殺使事希賢固
伯顏曰行人以言不以兵兵多徒為累使
請與之丙戍至獨松嶺

左右司貟外郎石天麟詣闕奏事世祖大悅悉可其
奏伯顏以行中書省駐建康阿塔海董文炳以行樞
宻院駐鎮江阿术別奉詔攻揚州江東歲饑民大疫
伯顏隨眼敕之民賴以安宋人遣都統洪模移書徐
王榮等言殺使之事太皇太后及嗣君實不知皆遣
誚詐之計以視我之匿實當擇人以同徃觀其事體
將之罪當按誅之愿輸幣請罷兵通好伯顏曰彼
宣布威德令彼速降乃命議事官張羽等持王榮荅
書至平江驛宋人又殺伯顏泰曰宋人之擾江海如
熾不利行師俟秋再舉

獸保險令巳扼其吭少繼之則逸而逃矣世祖語使
者曰將在軍不從中制兵法也宜從丞相言五月丁
亥復命奉御愛先傳旨召伯顏赴闕以阿剌罕為參
政留治省事伯顏至鎮江會諸將計事令各還鎮乃
渡江北行入見於上都七月癸未進中書右丞相讓
功於阿術遂以阿術為左丞相益都行視沂州等軍
首付以詔書俾諭宋主乃取道
墨調淮東都元帥李魯歡副都元帥阿里伯以所部
兵沂淮進九月戊寅會師淮安城下遣新附官孫
嗣武叩城大呼又射書城中諭守將使降皆不應庚

《元史列傳卷十四》 九 周鼎

辰招討別里迷失拒北城西門伯顏與李魯歡阿里
伯親臨南城堡揮諸將長驅而登拔之潰兵欲奔大
城追襲至城門斬首數百級遂平其南堡丙戌次寶
應軍戊子次高郵十月庚戌圍揚州召諸將指授方
略留李魯歡阿里伯守灣頭新堡眾軍南行壬戌至
鎮江罷行院以阿塔海董文炳同署事十一月乙亥
伯顏分軍為三道期會于臨安參政阿剌罕等為右
軍以步騎自建康出四安趨獨松嶺參政董文炳等
為左軍以舟師自江陰循海趨澉浦華亭伯顏及右
丞阿塔海由中道節制諸軍水陸並進壬午伯顏軍

至常州先是常州守王宗洙遁通判王虎臣以城降
其都統制劉師勇與張彥王安節等復拒之推姚訾
為守固拒數月不下伯顏遣人至城下射書城中招
諭勿以巳降叛為疑勿以拒敵我師為懼皆不應
乃親督帳前軍臨南城又多建火砲張弓弩晝夜攻
之渝西制置文天祥遣尹玉麻士龍來援皆戰死及
申伯顏帳前軍先登豎赤旗城上諸軍見而大呼
通判陳炤等苑之生獲王安節斬之劉師勇斷服單
曰丞相登矣師畢登宋兵大潰技之屠其城勇服單
騎奔平江諸將請追之伯顏曰勿追師勇所過城守

《元史列傳卷十四》 十

者瞻落矣以行省都事馬恕為常州尹遣蒙古軍都
元帥閣里帖木兒萬戶懷都先攝無錫州萬戶忙古
歹晏徹兒巡太湖遣監戰亦乞里歹招討使唆都宣
撫使游顯會閣里帖木兒趨平江庚寅遣降人游
介實奉詔書副本使于宋仍以書諭宋主宋大臣曰
辛丑次無錫宋將作監柳岳等奉其國主及太皇太
后書併宋之大臣與伯顏書來見善泣而言曰太皇
太后年高嗣君幼冲且在衰絰中自古禮不伐喪望
哀愍班師敢不每年進奉修好今日事至此者皆好
臣賈似道失信誤國耳伯顏曰生上即位之初奉國

書俯好汝國執我行人一十六年所以興師問罪去
歲又無故殺害廉奉使等誰之過歟如欲我師不進
將劲鍰王納土乎李主出降天下柞小
兒之手今亦失於小児之手盖天道也不必多言岳
奉使所賫國書入奏先是平江守潜說友遣通判胡
頃首泣不已遣招討使抄児赤以栁岳来使事及嚴
王邦傑通判王矩之率衆出降庚申囊加歹都
統王等既以城降而復爲宋人所攝甲辰行兩淅大都督
其使栁岳還臨安以忙古歹范文虎行兩淅大都
事遣審王俯吳江長橋不旬日而成庚申囊加歹

宋尚書夏士林侍郎呂師孟正少卿陸秀夫以書
来請尊世祖爲伯父而世修子姪之禮且約歲幣銀
二十五萬兩帛二十五萬匹癸亥遣囊加歹同師孟
等還臨安忙古歹范文虎會阿剌罕昔里伯取湖
州知州趙良淳死之丙寅趙與可以城降審王守長
江留游顯懷都忽都不花屯兵鎮守別遣審王守長
橋十三年正月已巳嘉興安撫劉漢傑以其宰
萬户忽都虎等成之癸酉宋軍器監劉庭瑞以
臣陳宜中等書来即遣囘乙亥宜中遣御史劉岊
奉宋主稱臣表文副本及致書伯顏約會長安鎮辛

已衆軍至崇德宜中又令都統洪模持書同囊加歹
来見壬午次長安鎮宜中等不至癸未進軍臨平鎮
甲申次皐亭山宋主遣知臨安府賈餘慶等還臨安召
康軍承宣使尹甫和州防禦使吉甫奉傳國璽及降
表詣軍前伯顏受託遣囊加歹以餘慶等代爲丞相
不拜自請至軍前乙酉進軍至臨安北十五里分遣
宋宰臣出議降事時宜中已遁以文天祥爲右
董文炳呂文煥范文虎从視城堡安諭軍民囊加歹
洪模来報中與張世傑蘇義劉師勇等挾益王廣
王下浙江航海而南惟謝太后及幼主在宮中伯顏

遣使諭右軍阿剌罕奥魯赤左軍董文炳范文虎
攝守淅江以勁兵五千人追之不及而還丙戌禁軍
士母入城遣呂文煥持黃榜諭臨安中外軍民俾安
堵如故先是三衙衛士白晝殺人閭里小民乘亂剽
掠至是民皆安之丁亥遣程鵬飛洪雙壽等入宮慰
諭謝后戊子謝之遣丞相吳堅文天祥樞密謝堂安
撫賈餘慶内官鄧惟善来見伯顏慰遣之頔天祥舉
動不常颭有異志留之軍中天祥數請歸彼皆遣歸何故
不荅天祥怒曰我此来爲兩國大事彼皆遣歸今日之事
留我伯顏曰勿怒汝爲宋大臣責任非輕今日之事

政當與我共之令忙古歹咬都館伴轡廉之令程鵬
飛洪雙壽同賈餘慶易宋主削帝號降表己丑駐軍
臨安城北之湖州市遣千戶襲加歹等以宋傳國璽
入獻庚寅月丁酉遣劉顗建大將旗敷率左右翼萬戶巡臨安
城觀潮於淛江暮還湖州市宋宗室大臣皆來見辛
宋主謝后諭未附州郡手詔至軍前令鎮撫唐古歹
卯萬戶張弘範郎中孟祺同程鵬飛以所易降表及
峯觀臨安形勢命唆都撫諭軍民部分諸將共守其
罷文天祥所招募義兵二萬餘人王辰伯顏登獅子
城護其宮癸巳謝后復使人來勞問仍以溫言慰遣

之甲午分置其三衙諸司兵于各翼以俟調遣其生
募等軍愿歸者聽分遣蕭郁王世英等招諭徽信諸
州二月丁酉遣劉顗等往淮西招夏貴仍遣別將徇
地淛東西於是知嚴州方回知婺州劉怡知台州楊
必大知慶州梁棋並以城降命右丞張惠參政阿剌
罕董文炳呂文煥入見謝后宣布德意以慰諭之辛
丑宋主率文武百僚里闤拜發降表伯顏承制以臨
安為兩淛大都督府忙古歹范文虎入治府事復命
張惠阿剌罕董文炳呂文煥等入城籍其軍民錢穀
之數閱實倉庫牧百官誥命符印圖籍悉罷宋官府

取宋主居之別室分遣新附官招諭南北兩廣四川
未下州郡部分諸將分屯要害仍禁人不得侵壞宋
氏山陵是日進軍淛江之滸潮不至者三日人以為
天助癸卯謝后命吳堅賈餘慶謝堂家鉉翁劉岊等
文天祥並為祈請使楊應奎趙若秀為奉表押疆官
赴闕請命伯顏等表稱賀曰臣伯顏言國家之業大
一統海宇必明主之愛及迄文軌之同區宇一清普
天均慶臣伯顏等誠懼誠忭頓首頓首恭惟皇帝陛
威之抗岳干戈之爰朴頓首頓首恭惟皇帝陛
下道光五葉統接千齡梯航日出之邦冠帶月支之

域際丹崖而述職奄瀚海而為家獨此島夷弗遵聲
教謂江湖可以保逆命舟楫可以敵王師連兵貢圓
逾四十年背德食言難一二計當聖主飛渡江南之
日遣行人乞為城下之盟逮凱奏之言旋輒詐謀盜
復海三城之地我信使忘乾坤再造之恩招納我叛
一介行李之來禍餂出于自求怒致襄樊之討彼赫然無
頗等蕭將禁旅恭行天誅爰從襄漢之上流復出武
昌之故渡藩屏一空于江表烽煙直接於錢塘尚無
度德量力之心將有殺使毀書之事屬廟謨之親稟

謂根本之宜先乃命阿剌罕取道于獨松董文炳進師于海渚臣與阿塔海忝司中闇直指偽都搞角之勢既成水陸之師並進常州已下列郡傳檄而悉平臨安爲期諸將連營彼知窮蹙迻致哀鳴始何益於實事率卒直抵于近郊召來用事之大臣放散思歸之衛士崛強心在四郊之橫草都無飛走計窮一片之降旛始堅其宋國主已於二月初五日望闕拜伏歸附訖所有倉廩府庫封籍待命外臣奉楊寬大撫戢吏民九衢之市肆不移一代之繁華如

故茲惟睿笲卓冠前王視萬里如目前運天下于掌上致令臣等獲對明時歌七德以告成深切龍庭之想上萬年而爲壽敬陳虎拜之詞臣伯顏等無任瞻天望聖激切屏營之至謹奉表稱賀以聞戊申堅等發臨安堂不行癸丑宋福王與芮奉書于伯顏辭甚懇切伯顏報曰爾國既以歸降南比夏貴以淮南降庚宜速來同預大事且遣迂之戊仁夏貴以一家爲申命囊加夕傳旨召伯顏偕宋君臣入朝三月丁卯伯顏入臨安俾郎中孟棋籍其禮樂祭器冊寶儀仗圖書庚午囊加夕至甲戌與芮來伯顏議以阿剌罕

董文炳留治行省事以經略閩粵忙古夕以都督鎮浙西唆都以宣撫使鎮澉東唐兀夕李庭護送宋君臣止上乙亥伯顏發臨安丁丑阿塔海等宣詔趣宋主母后入觀聽詔畢即日俱出宮惟謝后以疾獨留隆國夫人黃氏官人從行者百餘人福王與芮沂王乙未伯顏以宋主至上都世祖御大安閤受朝降授宋主瀛開府儀同三司檢校大安閤徒封瀛國公宋平數百人宋主求見伯顏曰未入朝無相見之禮五月乃獻謝堂楊鎮而下官屬從行者數千人三學之士得府三十七州百二十八關監二縣七百三十三命

伯顏告于天地宗廟大赦天下帝勞伯顏伯顏再拜謝曰奉陛下成筭阿術効力臣何功之有復拜同知樞密院賜銀鼠青鼠只孫二十襲禅校有功者百二十三人賞賚有差朔海都稱兵內向詔以右丞相安童佐皇子北平王昔里吉劫比平王拘安童脅宗王以叛十四年諸王那木罕統諸軍拘安童力麻里備之命伯顏率師討之與其衆遇於幹魯歡河夾水而陳相持終日俟其懈摩軍爲兩隊掩其不備破之昔里吉走死十八年二月世祖命燕王撫軍比遣以伯顏從仍諭之曰伯顏才兼將相忠於所事故俾後汝

不可以常人遇之燕王每與論事尊禮有加是歲須群
臣食邑詔益以藤州等處四千九百七十七戶伯顏先
之取宋而還也詔百官郊迎以勞之平章阿合馬先
百官半舍道謁伯顏解所服玉鉤絛遺之且曰宋寶
主固多吾實無所取勿以此為薄也
已思中傷之乃謡以平宋時取其玉挑盞帝命按之
無驗遂釋之復其任阿合馬飲死有獻此玉者帝愕
然曰幾陷我忠良別吉里迷失嘗譖伯顏以死罪未
幾以它罪誅敕伯顏臨視伯顏與之酒愴然不顧而
遂世祖問其故對曰彼自有罪以臣臨之之人將不知
天誅之公也二十二年秋宗王阿只吉失律詔伯顏
代總其軍先是邊兵嘗乏食伯顏令軍中採蒐怯葉
兒及菽敦之根蚵之人四斛草粒稱是盛冬兩雪人
馬頼以不飢又令軍士有捕塔剌不歡之獸者
積其皮至萬人莫知其意既而遣使輦至京師帝笑
曰伯顏以邊地寒軍士無衣欲易吾繪帛耳遂賜以
衣二十四年春二月或告乃詔伯顏窺覘之乃
軔之伯顏覺與其徙者趨出分三道逸去驛人以得
多載衣裘故爭獻健馬遂得脫馳還白狀夏四月乃顏反

從世祖親征奏李庭董士選將漢軍得以漢法戰乃
顏之黨金家奴塔不可進乘興漢軍力戰乃皆潰
之撝乃顏二十六年進金紫光祿大夫知樞密院事
出鎮和林和林置知院自伯顏始二十九年秋宗王
明理鐵木兒挾海都以叛詔伯顏討之相值于阿撒
忽禿嶺矢下如雨眾軍莫敢登伯顏令之曰汝寒君衣
之汝飢君食之政欲勠力於此時爾於此不勉將何
以報麾諸軍進後者斬伯顏先登陷陣諸軍望風爭
舊大破之明里鐵木兒挺身走命速哥梯迷禿兒等
追之伯顏引軍夜還至必失禿遇伏兵伯顏眠壁
不動黎明遂引去伯顏輕騎追至別竭兒速哥梯迷
禿兒等兵亦至乃夾擊之斬首二千級俘其餘眾以
歸諸將言古禮兵勝必禑旗于所征之地欲用囚虜
為牲伯顏不可跟皆歡服軍中擭謀者忻都欲殺之
伯顏不許厚賜之遣賚書諭明里鐵木兒以禑福明
里鐵木兒得書感泣以眾來歸未幾海都復犯邊仍
顏留拒之延臣有諸伯顏久居北邊與海都通好仍
保守無尺寸之獲者詔以御史大夫玉昔帖木兒代
之居伯顏于大同以俟後命玉昔帖木兒未至三驛
會海都兵復至伯顏遣人語玉昔帖木兒曰公姑止

待我翁此冠而來未晚也伯顏與海都兵交且戰且
却凡七日諸將以為怯憤曰果懼戰何不授軍於大
夫伯顏曰海都懸軍涉吾地邀之則遁誘其深入一
戰可擒也諸軍必欲速戰若失海都果脫去乃召王昔帖
木兒至軍授以印而行時成宗以皇孫奉詔撫軍北
邊舉酒以饋曰公去將何以教我伯顏舉所酌酒曰
可慎者惟此與女色耳軍中固當嚴紀律而恩德不
可偏廢冬夏營駐循舊為便成宗悉從之三十年冬
十二月驛召至自大同世祖不豫明年正月世祖崩

《元史列傳卷十四》 十九 徐官

伯顏總百官以聽兵馬司請曰出鳴晨鐘日入鳴昏
鐘以防變故伯顏呵之曰汝將為賊邪如其一如平日
適有盜內府銀者宰執以其事赦而盜欲誅之伯顏
曰何時無盜令以誰命而誅之人皆服其有識成宗
即位于上都之大安閣親王有違言伯顏握劍立殿
陛陳祖宗寶訓宣揚頗命述所以立成宗之意辭色
俱厲諸王股栗趨殿下拜五月拜開府儀同三司太
傳錄軍國重事依前知樞密院事賜金銀各有差時
相有忌之者伯顏語之曰幸送我兩罍羙酒與諸王
欲於宮前餘非所知也江南三省累請罷行樞密院

成宗問于伯顏時已屬疾張目對曰內而省院各置
為宜外而軍民分隸不便成宗是之三院遂罷冬十
二月丙申有大星隕于東北己亥木水庚子伯顏
薨年五十九伯顏深略善斷將二十萬眾代宋若將
一人諸帥仰之若神明畢事還朝裝惟衣被而已
未嘗言功也大德八年特贈宣忠佐命開濟功臣太
師開府儀同三司追封淮安王諡忠武至正四年加
贈宣忠佐命開濟翊戴切臣進封淮王嘉如故子買
的斤知樞密院事襲加
樞密院事集賢學士至治末省先坐於白只剌山間

《元史列傳卷十四》 廿 徐寅

有變赴上都或勸少避之曰我興國同休戚令有難
可避乎至上都果見凶久之得釋尋拜河南江北行
省平章政事遷江南行臺御史大夫曾孫普達失理
皆能世其家

列傳卷第十四

翰林學士亞中大夫知制誥兼修國史宋濂　翰林待制承直郎同知制誥兼國史院編修官王褘奉敕修

阿术

阿术兀良氏都帥兀良合台子也沉幾有智略臨陣
勇決氣蓋萬人憲宗時從其父征西南夷率精兵為
候騎所向摧陷莫敢當其鋒至平大理諸部降交
趾無不行事見兀良合台傳憲宗嘉勞之曰阿术
未有名位挺身奉國特賜黃金三百兩以勉將來世
祖即位留典宿衛中統三年從諸王拜出帖哥征李
璮有功九月自宿衛將軍拜征南都元帥治兵于涁
復立宿州至元元年八月略地兩淮攻取戰獲軍聲
大振四年八月觀兵襄陽遂入南郡耶倰人鐵城等
柵俘生口五萬軍還宋兵邀襲樊間阿术乃自安陽
灘濟江留精騎五千陣牛心嶺復立虛寨設疑火夜
半敵果至斬首萬餘級初阿术過襄陽駐馬虎頭山
指漢東白河口曰若築城於此襄陽糧道可斷也五
年遂築鹿門新城等堡繼又築臺灘漢水中與夾江堡
相應自是宋兵援襄者不能進六年七月大霖雨漢
水溢宋將夏貴范文虎相繼率兵來援後分兵出入

《元史列傳卷十五》一

東岸林谷間阿术謂諸將曰此張虛形不可與戰且
整舟師備新堡諸將從之明日宋兵果越新堡大破
之殺溺師擒生五千餘人獲戰船百餘艘於是治戰船
教水軍築圜城以逼襄陽文虎復率舟師來興
國又以兵百艘侵百丈山前後邀擊於湍灘俱敗走
之九年三月破樊城外郛增築重圍以逼之宋禆將
張順張貴裝軍衣百船自上流入襄陽阿术與元帥
死順得入城俄乘輪船順流東走阿术攻之順
整分泊戰船以待燃薪照江兩岸如晝阿术追戰至
櫃門關擒貴餘眾盡死是年九月加同平章事先是

《元史列傳卷十五》二

襄樊兩城漢水出其間宋兵植木江中聯以鐵鎖中
造浮梁以通援兵樊恃此為固至是阿术以機鋸斷
木以斧斷鎖焚其橋襄兵不能援十二月遂拔樊城
襄守將吕文焕懼而出降十年七月奉命略淮東
揚州城下宋以千騎出戰阿术伏兵道左佯北宋兵
逐之伏發擒其騎將王都統十一年正月入覲與參
政阿里海牙奏請伐宋帝命相臣議久不決阿术進
曰臣久在行間備見宋兵弱於往昔失今不取時不
再來帝即可其奏詔益兵十萬與丞相伯顏參政阿
里海牙等同伐宋三月進平章政事秋九月師次郢

之鹽山得俘民言宋沿江九
郡精銳盡聚鄂江東西
兩城今舟師出其間騎兵不得護岸此危道也不若
耶黃家灣堡東有河口可由其中拖船入湖轉以下
江爲便從之遂舍攻鄂而去行大澤中忽宋騎兵千
人突至時從後州次備禦堅阿术即奮槊馳擊所向畏
避追斬五百餘級生擒其將趙范二統制進攻沙洋
新城扼之前次復州守將羅貴迎降時夏貴鎖大艦
扼江漢口兩岸備禦嚴阿术用軍將馬福計回舟
渝河口穿湖中從陽羅堡西沙蕪口入大江十二月
軍至陽羅堡攻之不克阿术謂伯顏曰攻城下策也

若分軍船之半循岸西上對青山磯止泊伺隙擣虛
可以得志從之明日阿术遇見南岸沙洲即率眾趨
之載馬後隨宋將程鵬飛來拒大戰中流鵬飛敗走
諸軍抵沙洲急擊攀岸步闔開而復合者數四敵小
却出馬於岸遂力戰破之追擊至鄂東門而還夏貴
聞阿术飛渡大驚引麾下兵三百艘先遁餘皆潰走
遂援陽羅堡盡得其軍實伯顏議師所向或欲先耶
嘶黃阿术曰若赴下流退無所擾上耶鄂漢雖遲旬
日師有所依可以萬全已未水陸並趨鄂漢樊其船
三千艘煙燄漲天漢陽鄂州大恐相繼皆降十二年

正月黃蘄江州降阿术率舟師趙安慶范文虎迎降
繼下池州宋丞相賈似道擁重兵拒兵京來
請和伯顏謂阿术曰有詔令我軍駐守無湖遣兵
若釋似道而不擊恐已降州今夏難守且宋無信
方遣使請和而又射我軍船執我邏騎今日惟當進
兵事若有失罪歸於我二月辛酉師次丁家洲遂與
宋前鋒孫虎臣對陣夏貴以戰艦二千五百艘橫亘
江中似道將兵殿其後時已遣騎兵夾岸而進兩岸
樹砲擊其中堅宋軍軍動阿术挺身登舟手自持柂
突入敵陣諸軍繼進宋兵遂大潰以上詳見伯顏傳

世祖以宋重兵皆駐揚州臨安倚之爲重四月命阿
术分兵圍守揚州庚申次真州敗宋兵于珠金砂斬
首二千餘級既抵揚州乃造樓櫓戰具于瓜州漕粟
于真州樹柵以斷其糧道宋都統姜才領步騎二萬
來攻柵敵軍夾河爲陣阿术麾騎士渡河擊之戰數
合堅不能却眾軍佯北才逐之遂奮而回擊之萬矢雨
集才軍不能支擒其副將張林斬首萬八千級七月
庚每十船爲一舫聯以鐵鎖以示必死阿术登石
山東宋兩淮鎮將張世傑孫虎臣以舟師萬艘駐焦
公山望之舳艫連接旌旗蔽江曰可燒而走也遂選

強健善射者千人載以巨艦分兩翼夾射阿术居中
合勢進擊繼以火矢燒其連檣煙燄漲天宋兵既碎
舟死戰至是欲走不能前軍爭赴水死後軍散走追
至圍山獲黃白鷂船七百餘艘自是宋人不復能軍
矣十月詔拜中書左丞相仍論之曰淮南重地李庭
芝狡詐須卿等之時諸軍進取臨安阿术駐兵瓜州
以絕揚州之援伯顏所以兵不血刃而平宋者阿术
控制之功為多十三年二月夏貴舉淮西諸城來附
阿术謂諸將曰今宋已亡獨庭芝未下以外助猶多
故也若絕其聲援塞彼糧道尚恐東走通泰逃命江

《元史列傳卷十五》　五

海乃柵揚之西北丁村以扼其高郵寶應之餽運貯
粟灣頭堡以備捍禦留屯新城以逼泰州又遣千戶
伯顏察兒率甲三百助灣頭兵勢且戒之曰庭芝
水路既絕必從陸出冝謹備之如丁村烽起當首尾
相應斷其歸路六月甲戌姜才知高郵米運將至果
夜出步騎五千犯丁村柵至曉伯顏察兒來援所將
皆阿术牙下精兵旗幟盡雙赤月衆軍望其塵連呼
曰阿术相來矣宋軍識其旗皆遁才脫身走追殺兵
四百步卒免者不滿百人壬辰李庭芝以朱煥守揚
州挾姜才東走阿术率兵追龐骨殺步卒千人庭芝僅

入泰州遂築壘以守之七月乙巳朱煥以揚州降乙
卯泰州守將孫良臣開北門納降執李庭芝姜才奉
命戮揚州市揚既下阿术申嚴士卒禁暴掠有武
衛軍校掠民二馬即斬以徇兩淮悉平得府二州二
十二軍四縣六十九九月辛酉入見世祖於大明殿
陳宋俘第行賞寶封泰興縣二千戶又西征至哈剌
霍州以疾卒年五十四追封河南王

阿里海牙

阿里海牙畏吾兒人也初生胞中剖而出其父以為

《元史列傳卷十五》　六

不祥將棄之母不忍比長果聰辨有膽略家貧嘗躬
耕舍未嘗歎曰大丈夫當立功朝延何至效細民事畎
畝乎去求其國書讀之逾月又棄去用薦者得事世
祖于潛邸世祖即位漸見擢用由左右司郎中遷參
議中書省事至元二年立諸路行中書省進僉河南
行省事五年命與元帥阿术劉整取襄陽又加參知
政事始帝遣諸將命毋攻城但圍之以俟其自降乃
築長圍起萬山包百丈楚山盡鹿門以絕之宋兵入
援者皆敗去然城中糧儲多圍之五年終不下九年
二月破樊城外郛其將復閉內城守阿里海牙以為

襄陽之有樊城猶齒之有脣也宜先攻樊城樊城下
則襄陽可不攻而得乃入奏帝始可會有西域人
亦思馬因獻新礮法因以其人來軍中十年正月為
礮攻攻破之先是宋兵為浮橋以通襄陽之援阿里
海牙發水軍焚其橋襄援不至城乃援阿術傳
阿里海牙既破樊移其攻具以向襄陽一礮中其譙
樓聲如雷霆震城中洶洶諸將多踰城降者劉
整欲立碎其城執文煥以快其意阿里海牙獨不欲
攻乃身至城下與文煥語曰君以孤軍守者數年、
今飛鳥路絕主上深嘉汝忠若降則尊官厚祿可必

得矢不殺汝也文煥狐疑未決又折矢與之誓如是
者數四文煥感而出降遂與入朝帝以文煥為昭勇
大將軍侍衛親軍都指揮使襄漢大都督阿里海牙
行荊湖等路樞密院事鎮襄陽阿里海牙奏曰襄陽
自昔用武之地也今天助順而克之宜乘勝順流長
驅宋可必平章阿術亦贊其說帝命承相安童同知樞密
議之天澤曰朝廷若遣重臣如丞相安童可立待也
院事伯顏者一人都督諸軍則四海混同可立待也
帝曰伯顏可乃大徵兵拜伯顏為行中書省左丞相
阿術為平章阿里海牙進行省右丞賞鈔二百錠十

一年九月會師襄陽遂破鄂州及沙洋新城十二月
師出沙蕪口會宋制置夏貴守諸隘甚固阿里海牙麾
兵攻武磯堡貴趨援之阿術遂以兵西渡青山磯宋
都統程鵬飛來迎戰敗之江中會貴兵亦敗走廬州
宣撫朱禩孫夜遁還江陵知鄂州張晏然以城降鵬
飛以本軍降鄂城下議曰鄂
江江南之要區也且兵糧皆備今蜀江陵岳鄂皆未
下不以一大將鎮撫之上流一動剽鄂非我有也乃
以兵四萬遣阿里海牙戍鄂而與阿術大兵以東
阿里海牙集鄂民宣上德惠禁將士毋侵掠其下恐

懼無敢取民之菜者民大悅遣人徇壽昌信陽德安
諸郡皆下進徇江陵十有二年春三月與安撫高世
傑兵遇巴陵命張榮實攜其中堅解汝楫率諸翼兵
左右角之世傑敗走追降之于桃花灘遂下岳州四
月至沙市城不下縱火攻之沙市立破宣撫榮軍
制置高達恐即以城降乃入江陵釋係囚放成券軍
除其徭賦及法令之繁細者傳檄鄂歸峽常德澧隨
辰沅靖復均房施荊門及諸洞無不降者盡泰官其
所降官以兵守峽籍其戶口財賦來上帝喜大宴三
日語近臣曰伯顏兵東阿里海牙以孤軍戍鄂朕甚

憂之今荊南定吾東兵可無後患矣乃親作手詔懷
之命右丞廉希憲守江陵促阿里海牙急還鄂且以
沿江諸城新附者委之阿里海牙至鄂招潭州守臣
李芾不聽乃移兵長沙拔湘陰冬十月至潭為書射
城中以示芾曰速下以活州民否則屠矣不答乃決
陸水部分諸將以礮攻之破其木堡流矢中留礮甚
督戰益急奪其城潭人復作月城以相拒凡攻七十
日大小數十戰十有三年春正月芾力屈及轉運使
鍾蜚英都統陳義皆自殺其將劉孝忠以城降諸將
欲屠之阿里海牙曰是州生齒數百萬口若悉殺之

非上諭伯顏以曹彬不殺忘也其屈法生之復發倉
以食飢者遣使徇郴全道桂陽永衡武岡寶慶袁韶
南雄諸郡其守臣皆率其民來迎曰聞丞相體皇帝
好生之德毋殺虜所過皆秋毫無犯民今復見太平
江陵獨宋經略使馬墍守靜江不下使總管俞全等
各奉表來降承相稱阿里海牙也奏官其降官皆如
招之皆為所殺會宋主以國降降手詔遣湘山僧宗
勉諭墍復殺之阿里海牙又為書以天命地利人
心開墾許以廣西大都督反覆千餘言終不聽因入
朝賀平宋拜平章政事使持詔如靜江諭之十一月

前兵至嚴關墍守關弗納破其兵又敗都統馬應麒
於小溶江遂逼靜江錄上所賜靜江詔以示墍墍焚
之斬其使靜江以水為固乃築堰斷大陽小溶二江
以遏上流決東南埭以迴其隍破其城民間城破即
縱火焚居室多赴水死墍及其總制黃文政總管張
虎以殘兵突圍走執之阿里海牙以靜江民易叛非
潭比不重刑之則廣西諸州不服因悉坑之斬於
市分遣萬戶脫溫不花徇賓融柳欽横梧藤皆下之特磨王
祖徇鬱林貴廉象脫隣徇得容藤梧皆下之特磨王
儂士貴南丹州牧莫大秀皆奉表求內附奏官其降

官如潭州以兵戍靜江昭賀梧邕融乃還潭既而宋
二王稱制海中雷瓊全永與潭屬縣之民文才喻周
隆張虎羅飛龍咸起兵應之舒黃斷相繼亦起大者眾
數萬小者不下數千詔命討之且略地海外者阿里海
牙既定才喻等至雷州使人諭瓊州安撫趙與珞降
不聽遂自航大海五百里至雷州使人執之且喻瓊
裂殺之盡定瓊南寧萬安吉陽地降八番羅甸蠻以
其總管文龍兒入見置宣慰司八番羅甸卧龍羅番
大龍過蠻盧番小龍石番方番洪番程番並置安撫
以鎮之十八年奏請從省鄂州所定荊南淮西江西

海南廣西之地凡得州五十八峒夷山獠不可勝計
大率以口舌降之未嘗專事殺戮又其耽民悉定從
輕賦民所在立祠祀之二十三年入朝加光祿大夫
湖廣行省左丞相卒年六十贈開府儀同三司上柱
國封楚國公謚武定至正八年進封江陵王子忽失
海牙湖廣行中書省左丞貫只哥江西行中書省平
章政事

相威

相威國王速渾察之子也性弘毅重厚不飲酒寡言
笑喜延士大夫聽讀經史論古今治亂至直臣盡忠

《元史列傳卷十五》 十一

良將制勝必為之擊節稱善以故臨大事決大議言
必中節至元十一年世祖命相威總速渾察元統弘
吉剌等五投下兵從伐宋由正陽取安豐速略廬克和
攻司空山平野人原道安慶渡江東下會丞相伯顏
兵于潤州分三道並進相威率左軍參政董文炳為
副部署將校申明約束江陰華亭澉浦上海悉望風
欸附吏民按堵如故進屯鹽官伯顏已駐師臨安城
下得宋幼主降表相威乃移兵瓜洲與阿木兵合臨
揚州都統姜才以兵二萬攻楊子橋率諸將擊敗之
十三年夏驛召相威秋入覲大饗賚功授金虎符征

西都元帥仍賜弓矢甲鞍文錦表裏四剑萬貫貫從者
賞賜有差時親王海都叛命領汪總帥兵以鎮西土
十四年召拜江南諸道行臺御史大夫乃上奏曰陛
下以臣為耳目臣以監察御史司為耳目倘非
其人是人之耳目先自閉塞下情何由上達帝嘉之
命御史臺清其選每除目至必集幕僚御史議其可
否不愜公論者即劾去之繼陳便民一十五事其略
曰併行省削冗官鈴鎮戍拘官船業流民錄故官贓
饋遺淮浙鹽運司直隸行省大司農營田司併入
宣慰司理訟勿分南北公田召佃仍減其租華宋公

《元史列傳卷十五》 十二

吏勿容作弊帝皆納焉浙東盜起浙西宣慰使昔里
伯縱兵肆掠俘及平民乃遣御史商琥攝錢唐津渡
關治之得釋者以數千計昔里伯道還都奏執揚
州治其罪十六年入覲會左丞崔斌等言平章阿合
馬不法事有旨命相威及知樞密院博羅自開平馳
驛大都共鞫之阿合馬稱疾不出博羅欲田相威厲
聲色曰奉旨按問敢四奏耶令輿疾赴對首責數事
既引伏有旨釋免仍諭相威曰朕知卿不惜顏面復
命還南行臺十七年有旨命相威檢覈阿里海牙忽
都帖木兒等所俘三萬二千余口並放為民十八年

左丞范文虎參政李庭以兵十萬航海征倭七晝夜
至竹島與遼陽省臣兵合欲先攻太宰府遲疑不發
八月朔颶風大作士卒十喪六七帝震怒後命行省
左丞相塔海征之一時無敢諫者相威遣使入奏曰
倭不奉職貢可伐而不可怒可緩而不可急向為之計預
行迫期戰船不堅前車已覆後當改轍今為之計預
修戰艦訓練士卒耀兵揚武使彼聞之深自備禦遲
以歲月俟其疲急出其不意乘風疾徃一舉而下萬
全之策也帝意始釋遂罷其役又陳皇太子既令中
書宜領撫軍監國之任選正人端士立詹事實客諭

〈元史列傳卷卉〉 十三

德讚善衛翼左右所以樹國本也帝深然之十九年
又奏阿里海牙占降民一千八百戶為奴阿里海牙
以為征討所得有旨果降民也還之有司若征討所
得令御史臺籍其數以聞量賜有功者阿里海牙又
自陳其功比伯顏當賜養老戶御史勝魯瞻勃之阿
里海牙自辨有旨遣使赴行臺逮問相威曰為臣敢
爾欺詐邪勝御史何罪即馳奏使者竟歸二十年以
疾請入覲進譯語資治通鑑帝即以賜東宮經進講
讀年四十四訃聞帝悼惜不已子阿老瓦丁南行臺
州拜江淮行省左丞相二十一年啟行四月卒于藟

御史大夫孫脫歡集賢大學士

土土哈

土土哈其先本武平北折連川按荅罕山部族自曲
出徙居西北玉里伯里山因以為氏號其國曰欽察
其地去中國三萬餘里夏夜極短日暫沒即出曲出
生唆末納唆末納生亦納思世為欽察國主太祖征
蔑里乞其主火都奔欽察亦納思納之太祖遣使諭
之曰汝奚匿吾負箭之麋迺以相還不然禍且及汝
亦納思苔曰鷹迺猶能生之吾顧不如草
木耶太祖乃命將討之亦納思巳老國中大亂亦納

〈元史列傳卷卉〉 十四

思之子忽魯速蠻遣使自歸於太祖而憲宗受命帥
師已扣其境忽魯速蠻之子班都察舉族迎降從征
麥怯思有功率欽察百人從世祖征大理伐宋以強
勇稱嘗侍左右掌尚方畜馬以進色清
而味美號黑馬乳因目其屬曰哈剌赤土土哈班都
察之子也中統元年父子從世祖北征俱以功受上
賞班都察卒乃襲父職備宿衛宗王海都構亂世祖
以國家根本之地命皇太子北平王率諸王鎮守之
至元十四年諸王脫脫木失烈吉叛冠抄諸部掠憲
宗所御大帳以去土土哈率兵討之敗其將脫兒赤

顏於納蘭不剌邀諸部以還應昌部族只兒瓦台搆
亂脫脫木引兵應之中途遇土土哈將戰先獲其候
騎數十脫脫木乃引去遂滅只兒瓦台追脫脫木奪回
至秃兀剌河三宿而後返尋復敗之於斡歡河奪回
所掠大帳還諸部之眾於北平十五年大軍北征詔
率以獻又敗吉謚哥等裹瘡力戰獲羊馬輜重甚眾
還朝帝召至榻前親慰勞之賜金銀酒器及銀百兩
金幣九歲時預宴只孫冠服全海東白鶻一仍賜以
尊回所掠大帳而諭之曰祖宗武帳非人臣所得御

以卿能歸之故以授卿嘗有旨欽察人為民及隸諸
王者皆別籍之以隸土土哈戶給鈔二千貫歲賜粟
帛選其材勇以備禁衛十九年授昭勇大將軍同知
太僕院事二十年改同知衛尉院事兼領群牧司請
以所部哈剌赤屯田畿內詔給霸州文安縣田四百
頃益以宋新附軍人八百俾領其事二十一年賜金
虎符并賜金貂裘帽玉帶各一海東青鶻一水磑壹
區近郊田二千畝籍河東諸路蒙古軍子弟四千六
百人隸其麾下二十二年拜鎮國上將軍樞密院副
使二十三年置欽察親軍衛都指揮使聽以宗

族將吏備官屬海都兵犯金山詔與大將朵兒朵懷
共禦之二十四年宗王乃顏叛陰道使來結也不干
勝剌哈為土土哈所執盡得其情以聞勝剌哈設宴
邀二大將朵兒朵懷將往土土哈所執盡得其情遂
止勝剌哈計不得行未幾有旨令勝剌哈以為事不可測遂
虞是縱虎入山林也乃命從西道進既而有言不
東道進土土哈言於北安王曰彼分地在東脫兀不
干叛者眾欲先聞於朝然後發兵土土哈曰兵貴神
速若彼果叛我軍出其不意可即圖之否則與約而
還即日啟行疾驅七晝夜渡秃兀剌河戰于亨怯嶺

大敗之也不干僅以身免世祖時親征乃顏聞之遣
使命土土哈收其餘黨沿河而下遇叛王鐵哥軍萬
騎擊走之獲馬甚眾并擒叛王兀塔海盡降其眾二
所誅之欽察康里之屬自叛所來歸者即以付土土
哈置哈剌魯萬戶府欽察之散慶安西諸王部下者
悉令統之時成宗以皇孫撫軍於北詔以土土哈從
追顏餘黨於哈剌溫誅叛王火魯哈孫所攻遣使告
十五年諸王也只里為叛王火魯哈孫所攻遣使告
急復從皇孫移師援之敗諸兀魯灰還至哈剌溫山
夜渡貴烈河敗叛王哈丹盡得遼左諸部置東路萬

戶府世祖多其功以也只里女弟塔倫妻之二十六
年從皇孫晉王征海都抵杭海嶺敵先擾險諸軍失
利惟土土哈以其軍直前鏖戰翼晉王而出追騎大
至乃選精銳設伏以待之冠不敢逼秋七月世祖巡
幸北邊召見慰諭之曰昔太祖與其臣同患難者飲
班术河之水以記功今日之事何愧昔人卿其勉之
還至京師大宴群臣復謂土土哈曰朔方人來聞海
都言杭海之役帝欲先欽察之士土土哈言慶賞之典
哉論功行賞宜先之帝曰兩母飾讓蒙古人誠居汝右

力戰嘗在汝右耶召諸將頒賞有差初世祖既取宋
命籍建康廬饒租戶千為哈剌赤戶益以俘獲千七
百戶賜土土哈仍官一子以督其賦二十八年土土
哈奏哈剌赤萬人比一復賜其部曲氂衣襜珠衣金
帶王帶海東青鶻各一復賜海東青鶻聞之皆引
於是率哈剌赤萬人比獵於漢塔海邊冠聞還至
去二十九年秋略地金山獲海都之戶三千餘還至
和林有詔進取乞里吉思三十年春師次欠河冰行
數日始至其境盡收其五部之眾屯兵守之奏功加
龍虎衛上將軍仍給行樞密院印海都聞取乞里吉

思引兵至欠河復敗之擒其將孛羅察三十一年成
宗即位詔以邊境事重其兔會朝遣使就賜銀五百
兩七寶金壺盤盂各一鈔萬貫白氈帳一獨峯駞五
冬召至京師賞賚有加別賜其廛下士鈔千二百萬
貫元貞元年春仍出守北邊二年秋諸王附海都者
率眾來歸遷民驚擾帝解御衣以賜又賜金五十兩
諸王岳木忽等入朝貫轎輿各一大德元年正月拜
銀青榮祿大夫上柱國同知樞密院事欽察親軍都
銀千五百兩鈔五萬
指揮使奉命還北邊二月至宣德府卒年六十一贈

金紫光祿大夫司空追封延國公謚武毅後加封昇
王子八人其第三子曰牀兀兒
牀兀兒初以大臣子奉詔從太師月兒魯行軍戰於
百搭山有功拜昭勇大將軍在衛親軍都指揮使大
德元年襲父職領征北諸軍師瑜金山攻八隣之
地八隣之南有苔魯忽河其將帖良臺阻水而軍伐
木柵岸以自庇士皆下馬跪坐持弓矢以待我軍矢
不能及馬不能進牀兀兒命吹銅角擊軍大呼聲震
林野其眾不知所為爭起就馬於是麾師畢渡湧水
拍岸木柵漂散因奮師馳擊追奔五十里盡得其人

馬廬悵還次阿雷河與海都所遣援八隣之將字伯
軍遇河之上有高山亭伯陣於山上馬不利下馳床
兀兒麾軍渡河蹙之其馬多顛蹶急擊敗之追奔三
十餘里亭伯僅以身免二年北邊諸王都哇徹禿
等潛師龍火兒以禿之地其地亦有山甚高敵兵擾
之床兀兒選勇而善步者持挺及四面上奮擊盡覆
其軍三年入朝成宗親解御衣賜之慰勞優渥鎮
國上將軍僉樞密院事欽察親軍都指揮使太僕少
卿復還遣是時武宗在潛邸領軍朝方軍事必諮於
床兀兒及戰床兀兒嘗為先四年秋叛王禿麥斡魯
思等犯邊床兀兒迎敵於爛容之地及其未陣直前
搏之敵不敢支追之踰金山乃還五年海都兵越金
山而南止於鐵堅古山因高以自保床兀兒急引兵
馳其陣左右奮擊所殺不可勝計都哇之兵樂盡武
敗之復與都哇相持于兀兒禿之地床兀兒以精銳
宗親視其戰乃嘆曰何其壯耶力戰未有如此者事
聞詔遣御史大夫禿只等即赤訥思之地集諸王軍
將問戰勝功狀咸稱床兀兒及使者以功簿奏帝命
忽禿楚王公察吉兒及使者以功簿奏帝命尚雅
衣遣使臨賜之七年秋入朝帝親諭之曰卿鎮北邊

累建大功雖以黃金周飾卿身猶不足以盡朕意賜
以衣帽金珠等物甚厚拜驃騎衛上將軍樞密院副
使欽察親軍都指揮使太僕少卿仍賜其軍萬人鈔
四千萬貫九年諸王都哇察八兒明里帖木兒等相
聚而謀曰昔我太祖艱難以成帝業奄有天下我子
孫乃弗克靖恭以安享其成連年構兵以相殘殺是
自隳祖宗之業也今撫軍鎮遼者皆吾世祖之嫡孫
吾與誰爭哉且前與土土哈戰既弗能勝今與其子
床兀兒戰又無功惟天惟祖宗意可見矣不若遣使
請命罷兵通一家之好使吾士民老者得以養少者
得以長傷殘疲憊者得以休息則亦無負太祖之所
望於我子孫者矣使至帝許之於是明里帖木兒等
罷兵入朝特為置驛以通往來十年拜榮祿大夫同
知樞密院事尋拜光祿大夫知樞密院事欽察左衛
指揮太僕少卿皆如故成宗崩武宗時在漠麻出之
海上床兀兒請急歸定大業以副天下之望武宗納
其言即日南還及即位賜以先朝所御大武帳等物
加拜平章政事仍兼樞密欽察左衛御大武帳還封
容國公授以銀印賜尚服衣段及虎豹之屬至大二
年入朝加封句容郡王改授金印帝曰世祖征大理

襲封句容郡王

木兒荅剌罕太師右丞相太平王撒敦左丞相荅里

國至治二年卒年六十三後累封揚王子六人燕帖

兀兒常曰老臣受朝廷之賜厚矣吾子孫當以死報

之每見必賜坐每食必賜食待以宗室親王之禮柈

書省事知樞密院事大理國進象牙金飾轎即以賜

之地又敗之四年帝念其功而憫其老召入商議中

麥干之地追出其境至鐵門關遇其大軍於扎亦兒

《元史列傳卷十五》 些 伯山

服二年敗也不花所遣將也不干忽都帖木兒于赤

先不花等軍于亦忒失海迷之地遣使入報賜以尚

左衛親軍都指揮使太僕少卿延祐元年敗版王也

禄大夫平章政事知樞密院事欽察親軍都指揮使

馬轎賜之俾得乘至殿門下仁宗即位入朝特授光

臣實不敢帝顧左右曰他人不知辭此別命有司置

衣固非臣所敢當而乘輿尤非所宜蒙也貪寵過當

兀兒叩頭泣涕固辭而言曰世祖所御之帳所服之

以世祖所乘安輿賜之且曰以卿有足疾故賜此輿

時所御武帳及所服珠衣今以賜卿其勿辭翌日又

阿八赤

來阿八赤

來阿八赤寧夏人父术速忽里歸太祖選居宿衛繼命掌膳事憲宗即位大舉伐宋攻釣魚山命諸將議進取之計术速忽里言於帝曰川蜀之地三分我有其二所未附者巴江以下數十州而已地削勢弱兵粮皆仰給東南故死守以抗我師蜀地巖險重慶合州又其藩屏皆新築之城依險為固今頓兵堅城之

四八八十二 阿朶六

下未見其利昌若城二城之間選銳卒五萬命宿將守之與成都舊兵相出入不時擾之以牽制其援師然後我師乘新集之銳用降人為鄉導水陸東下破忠涪萬夔諸小郡平其城俘其民俟冬水涸瞿唐三峽不日可下出荊楚與鄂州渡江諸軍合勢如此則東南之事一舉可定其上流重慶合州孤危無援不降即走矣諸將曰攻城則功在頃刻反以其言為迂卒不用於是博選宿衛中材力可任用者以阿八赤降即走矣諸將曰攻城則功在頃刻反以其言為迂奉命往監元帥紐鄰軍遏宋人援兵駐重慶下流之銅羅峽夾江攔壘為墨宋都統甘順自夔州泝流西

上乘舟來攻阿八赤預積薪於二壘明火鼓譟矢石如雨順流而進宋人力戰不能支退保西岸欲自固黎明復至阿八赤身率精兵緣壘而下戰艦後進當時若從此策東南其足平乎朕在鄂渚日望上流阿八赤歷陳始末誦其父平平南征襄樊發河南北器械糧儲之聲勢耳至元七年南征襄樊發河南北器械糧儲崩阿八赤從父道歸燕世祖即位問以對世祖撫掌曰宋人敗走殺傷數千人帝聞而壯之賜銀二鋌悉聚于淮西之義陽廣宋人剽掠命阿八赤督運二日而畢既還世祖大悅以銀一鋌賜之十四年立尚

膳院授中順大夫同知尚膳院事十八年佩三珠虎符授通奉大夫益都等路宣慰使都元帥發兵萬人開運河阿八赤往來督視寒暑不輟有兩卒自傷其手以示不律不可用阿八赤撤樞密并行省奏聞斬之以懲不律運河既開遷膠萊海道漕運使同僉宣徽院事遼左不寧復降虎符授征東招討使阿八赤招徠降附期以自新遠近帖然二十二年授阿八赤宣慰使都元帥皇子鎮南王征交趾授湖廣等征東中書省右丞召見世祖親解衣衣之并金玉束帶及弓矢甲冑賜焉二十四年改湖廣等處行尚書

省右丞詔四省所發士馬俾阿八赤閱視九月領中
衛親軍千人翊導皇子至思明州賊阻險拒守於是
選精銳與賊戰于女兒關斬馘萬計餘兵棄關走於
是大軍深入而匿山海進至交州陳日烜空其城而遁
阿八赤悉出兵分定其地招降納附勿縱士卒侵掠急
捕士多此人春夏之交瘴癘作賊弗就擒吾不能持久
曰賊棄巢穴而匿山海者意待吾之敝而乘之耳將
日烜此策之善者也時日烜屢遣使約降欲以略緩
我師諸將皆信其說且修城以居而待其至父之軍
乏食日烜不降擁眾擾竹洞安邦海口阿八赤率兵

《元史列傳卷六十》 三

張德明

往攻之屢與賊遇晝夜迎戰賊兵敗遁會將士多疫
不能進而諸蠻復叛所得關阨皆失守乃議班師選
諸軍步騎命先啓行且戰且行日數十合賊擾高險
射妻矢將士裹瘡以戰諸軍護皇子出賊境阿八赤
中毒矢三首項股皆腫遂卒子寄僧為水達達屯田
總管府達魯花赤乃顏叛戰于高麗雙城調萬安軍
達魯花赤平黎蠻有功遷雷州路總管孫完者不
花同知潮州路總管府事次禿滿不花也先不花太
不花

紐璘 也速合兒附

紐璘珊竹帶人祖孛羅帶為太祖宿衛從太宗平金
戍河南父太答兒佐憲宗征阿速欽察等國有功拜
都元帥歲壬子率陝西西海鞏昌諸軍攻宋入蜀癸
丑與總帥汪田哥立利州甲寅攻碉門黎雅等城乙
卯入重慶擄都統制張實是歲卒紐璘偉貌長身勇
力絕人且多謀略常從父軍中丁巳歲憲宗命將兵
萬人略地自利州下白水過大獲山出梁山軍直抵
雙門戊午還釣魚山引軍欲會都元帥阿答胡等於
成都宋制置使蒲擇之遣安撫劉整都統制段元鑑
等率眾擾遂寧江箭灘渡以斷東路紐璘軍至不能

《元史列傳卷六十》 四

張德明

渡自旦至暮大戰斬首二千七百餘級逐長驅至成
都帝聞賜金帛勞之蒲擇之命楊大淵等守劍門及
靈泉山自將四川兵與成都會阿答胡死諸王阿卜
干與諸將謀曰今宋兵既日逼我帥必遠待上命建大
帥然後攻其鋒不可當不若推紐璘為長以頫令諸
將出彼不意敵可必破眾然之遂推紐璘為長紐璘
率諸將大破宋軍于靈泉山乘勝追擒韓勇斬之蒲
擇之兵潰進圍雲頂山城扼宋軍歸路其主將倉卒
失計遂以其眾降城中食盡亦殺其守將以降成都

彭漢懷綿等州悉平威茂諸番亦來附紐璘奉金銀
竹箭銀銷刀遺速哥入獻帝賜黃金五十兩即軍中
真拜都元帥時紐璘軍止二萬以五千命拜延八都
魯等守成都自將萬五千人從馬湖趨重慶冬帝進
軍至大獲山紐璘率步騎號五萬戰船二百艘發成
都遣張威以五百人為前鋒水陸並進謀鎖重慶江
以絕吳蜀之路縛橋資州之口以濟師千戶暗都剌
率舟師而下紐璘將步騎而南旌旗輜重百里不絕
鼓譟渡瀘放舟而東蒲擇之以兵分道要遮遇輒敗
之紐璘至涪造浮橋駐軍橋南北以杜宋援兵聞大

軍多瘴癘遣人進牛犬豕各萬頭明年春朝行在所
還討思播二州獲其將一人宋將呂文煥攻涪浮橋
時新立成都士馬不耐其水土多病死紐璘憂之密
旨督戰不得已出師大敗文煥軍獲其將二人斬之
遂班師文煥以兵襲其後紐璘戰卻之中統元年世
祖即位紐璘入朝賜虎符及黃金五十兩白金二千
五百兩馬二匹紐璘遣梁載立招降黎雅碉門巖州
偏林關諸蠻得漢番二萬餘戶未幾詔速哥分西川
兵及陝西諸軍屬紐璘鎮秦鞏唐兀之地三年宋將
劉整以瀘州降呂文煥圍之詔以兵往援文煥敗走

遂從瀘州民於成都潼川四年為劉整所譜徵至上
都驗問無狀詔釋之還至昌平卒子也速答兒
也速答兒勇智類其父至元十一年入見世祖以屬
行樞密院火都赤使習兵事從圍重慶壽兵尋遣部
三龜九頂山相地形勢敗宋安撫彭萬壽斬首五
百級以功賜虎符授六翼達魯花赤督望風來附又
將李立以嘉定三龜九頂紫雲諸魯城皆降忽敦以
兵二萬會東川行樞密院合答圍重慶歲餘至城下
密副使忽敦率兵徇下流諸城砦降不花代將不花
命行樞密副使不花代將兵萬餘

速答兒率二十餘騎攻其門宋都統趙安出戰也速
答兒三入其軍再挾猛士以出大兵四集斬首五百
餘級趙安開門降制置使張珏遁追至涪州擒之捷
聞帝賜玉帶鈔五千貫授西川蒙古軍馬六翼新附
軍招討使還四川西道宣慰使加都元帥羅氏鬼國
亦奚不薛叛詔以四川兵會雲南江南兵討之至會
靈關亦奚不薛遣先鋒阿麻阿豆等將數萬眾迎敵
也速答兒馳入其軍挾阿麻阿豆出斬之亦奚不薛
懼率所部五萬餘戶降以功拜西川等慶行中書省
右丞加賜金帛鞍轡西南夷雄左都掌蠻得蘭右叛

詔以兵討降之政四川等處行樞密院副使冬烏蒙彝
隴連都掌彝以叛詔以兵會雲南行院拜答力進討
也速答兒擒烏蒙彝帝賜玉帶織金服遷蒙力都
萬戶復賜銀鼠裘鎮唐元之地進同知四川等處行
樞密院事仍居鎮成宗即位拜延襲拜四川行中書省
平章政事武宗即位遷雲南加左丞相仍為平
章政事南征叛蠻感瘴毒還至成都卒弟八剌襲拜
蒙古軍萬戶八剌卒次子拜四川行省平章政事
長子南加台官至四川行省平章政事

阿剌罕

阿剌罕札剌兒氏祖撥徹事太祖為火而赤又為博
而赤攻城掠地數有戰功太宗即位仍以其職從征
隴北陝西身先戰士死焉父也柳干幼隸皇子岳里
吉為衛士長歲乙未從皇子闊出忽禿南征累功
授萬戶遷天下馬步禁軍都元帥及大將察罕卒也
柳干領其職拜諸翼軍馬都元帥統大軍攻淮東西
諸郡戊午戰死揚州阿剌罕襲為諸翼蒙古軍馬都
元帥已未從世祖渡江至鄂而還世祖即位從至末
黎伯顏字剌宗王阿里不哥稱兵內向阿剌罕以所
部軍擊破阿藍帶兒渾都海之兵於昔門禿追至河

西以功賜金五十兩中統三年李璮叛擾濟南大軍
討之阿剌罕與璮戰於老倉口敗之璮伏誅授都元
帥賜金虎符銀印四年春改上萬戶從都元帥阿朮
伐宋九月師次襄陽西安陽灘逆戰百丈山漫河交
戰宋不能師十年大軍圍襄樊阿剌罕守南面襄陽降
十一年秋丞相伯顏與阿朮會師襄陽遣阿剌罕平諸
翼軍攻鄧復諸州視漢陽城壁欲取漢口渡江宋人以
精兵扼漢口乃遣阿剌罕帥蒙古騎兵倍道兼行擊破
沙蕪堡遂入

江取鄂州阿剌罕同斷事官楊仁風東略壽昌得米
四十萬斛遂統左翼軍順流東下沿江州郡悉降乃
治省事拜中奉大夫參知政事仍為上萬戶屯駐建康
丞相伯顏受詔赴闕以阿剌罕留撫輯其人民十二年六月
加昭毅大將軍蒙古漢軍都元帥宋兵三道並進阿剌罕由西道越溧陽攻破銀
樹東壩至護牙山慶豐坊敗宋軍斬首七千級又與宋兵
其將祝亮井禆校七十二人斬首三千級又敗其
戰斬首七千級逐其援兵退走數十里又敗其都統
等三人斬首三千級破建平縣殺其守吏進攻廣德

軍獨松關先是宋廣德守張濡殺國信使廉希賢嚴
忠範等于獨松關及阿剌罕軍次安吉州上栢鎮濡
率兵來拒戰大敗之斬首二千級生擒其副將馮翼
裁於軍前濡遁走追之十三年春宋以國降詔阿
剌罕同左丞董文炳率攻其運使提刑等五百人追襲宋
嗣秀王趙與檡至安福縣等攻渡江廬戰四十餘
明越及聞中諸郡降與檡以軍三萬來拒戰百
里斬其步帥觀察使李世達生擒與檡及其將吏
八十人悉斬之獲其銅印五軍資器伏無筹泉州蒲

壽庚降江南平以參知政事佩金虎符行江東宣慰
使十四年入覲進資善大夫行中書省左丞俄遷右
丞仍宣慰江東十八年召拜光祿大夫中書左丞
行中書省事統蒙古軍四十萬征日本行次慶元平
于軍中子拜降襲累遷江浙行中書省平章政事仍
領本軍萬戶拜降辛弟也速迸兒襲由左手蒙古軍
萬戶累遷河南江北行省平章政事兼山東河北蒙
古軍大都督

　阿塔海

阿塔海遜都思人祖塔海挍都兒驍勇善戰嘗從太

祖同飲黑河水以功為千戶父卜花襲職卒阿塔海
魁偉有大度才略過人既襲千戶從大師元良合丁
征雲南身先行陣師還事世祖于潛邸至元九年命
馳驛督諸軍攻襄陽下第功授鎮國上將軍淮
西行樞密院副使築正陽東西城五月霖雨宋將夏
貴乘淮水溢來爭正陽阿塔海率泉傑之貴走追至
安豐城下而還拜中書右丞行樞密院事渡江與丞
相伯顏軍合克池州十二月師次達康宋鎮江攝守
石祖忠遣使乞降楊州守將李庭芝聞之遣兵突圍
出擊阿塔海率師救之宋兵望風退走時真泰諸城

尚為宋守鎮江地扼襟喉城壁不固阿塔海乃立木
柵以保障居民又分兵屯瓜洲以絕楊州之援宋將
張世傑孫虎臣師舟師陳于江中焦山下其勢甚張
阿塔海與平章阿术登南岸督諸軍大破之宋殿帥
張彥與平江都統劉師勇襲呂城遣萬戶懷都擊之
斬彥十月併行樞密院于行中書省仍以阿塔海為
右丞克常州降平江嘉興十三年正月會兵臨安宋
降以其幼主毋后入觀詔復趙爪洲與阿术議淮南
事宜淮南平詳見伯顏阿术傳十四年授榮祿大夫
平章政事行中書省事十五年二月召起關拜光祿

大夫行中書省左丞相移治臨安二十年遷征東行
省丞相征日本遇風舟壞喪師十七八二十二年行
同知沿江樞密院事乃顏師還奉朝請居京師二十
朝二十四年危從征二十三年行江西中書省事入
六年十二月卒年五十六贈推忠翊運宣力功臣開
府儀同三司太師上柱國追封順昌郡王謚武敏子
阿里麻江淮行樞密副使累官至江南諸道行御史

臺御史大夫

咳都卒

咳都伯家奴

咳都扎剌兒氏驍勇善戰入宿衛從征花馬國有功
李壇叛山東從諸王哈必赤平之還言于朝曰郡縣
惡少年多從間道竊馬于宋境乞免其罪籍為兵從
之得兵三千人以千人隸咳都為千戶命守蔡州至
元五年阿木等兵圍襄陽命咳都出巡邏奪宋金剛
臺寨筍基窩青洞寨大洪山歸州洞諸臨嘗猝遇咳
兵千餘持蓋勒欲舟師馬咳都戰敗之斬首三百級六
年宋將范文虎率舟師駐灌子灘丞相史天澤命咳
都扞却之陞總管分東平卒八百隸之九年攻樊城
咳都先登城遂破襄陽再與辛五千勵弓矢襲衣
金鞍白金等物入見陞郎復等慶招討使十一年移

戊郢州之高港敗宋師斬首三百級獲禪校九人從
大軍濟江鄂漢降十二年建康降參政塔出命咳都
入城招集諸州皆復其兵文炳謂咳都曰嚴州留參
政董文炳改建康安撫使攻平江嘉興皆入朝留京
師會伯顏于皋亭山宋平詔伯顏以宋主入朝留參
從之時衢婺諸州皆復起兵文炳請連兵來
守臨安必危公往鎮之至嚴方十日衢婺州復
攻咳都戰卻之獲章桃等二十二人復婺州敗宋
將陳路鈐于梅嶺下斬首三千級又復龍洲縣攻衢
州衢守備甚嚴咳都親率諸軍鼓譟登城拔之宋丞
相留夢炎降攻慶州斬首七百級又攻建寧府松溪
縣懷安縣皆下之十四年陞福建道宣慰使行征南
元帥府事聽參政塔出御制塔出令咳都耶道泉州
泛海會于廣州之富場將行信州守臣來求援回元
帥不來信不可守令咳都告于眾曰若邵武不下則腹背受
武兵少至矣咳都方聚兵觀釁元帥旦住邵
敵豈獨信不可守平乃遣周萬戶等往招降之咳都及
趨建寧壁等數隊夾擊之范萬戶以三百人伏祝公橋
楊庭壁遇宋兵于崇安軍容甚盛令其子百家奴及
移剌荅以四百人伏北門外庭壁陷陣深入宋兵敗

走伏兵起邀擊之斬首千餘級宋丞相文天祥南劒州都督張清合兵將襲建寧唆都夜設伏敗之轉戰至南劒敗張清奪其城至福州王積翁以城降攻興化軍知軍陳瓚乞降復閉城拒守唆都臨城諭之矢石雨下乃造雲梯砲石攻破其城巷戰終日斬首三萬餘級獲瓚支解以徇至漳州漳州亦拒守先遣百家奴徃會塔出留攻之斬首數千級唆都遣人焚之潮州知府馬發不降唆都恐失冨場之期乃舍之而去十五年至廣州塔出令還攻潮發城守益備唆都塞斬填濠造雲梯鵝車日夜急攻發潛遣人焚之

十餘日不能下唆都令于衆曰有能先登者拜爵已仕者增秩總管兀良哈耳先登諸將繼之戰至夕宋兵潰潮州平進參知政事行省福州南既定將有事于海外除左丞行省福州徵入見帝以江諸國十八年改右丞行省占城出廣州浮海伐占城占城迎戰兵號二十萬唆都率敢死士擊之斬首并溺死者五萬餘人又敗之于大浪湖斬首六萬級占城降唆都造木為城闢田以耕伐烏里越里諸小夷皆下之積穀十五萬以給軍二十一年鎮南王脫歡征交趾詔唆都帥師來會敗交

趾兵于清化府奪義安關降其臣憲昭顯脫歡命唆都屯天長以就食與大營相距二百餘里俄有旨班師脫歡引兵還唆都不知也交趾使人告之弗信及至大營則空矣交趾遮之于乾蒲江唆都戰死事聞贈榮祿大夫諡襄愍子百家奴百家奴至元五年從元帥阿术攻襄陽築新城立功郡王合達敗宋兵於灌子灘八年夏四月宋殿帥范文虎等督促糧運之襄陽晝夜不絕百家奴乘戰船順流至鹿門山欲塞宋糧道出擊范文虎累獲戰功於是河南行省命為管軍總把後隸丞相伯顏

庵下擢為知印從攻鄂州宋都統趙五帥諸軍來迎戰百家奴深入却敵身被數瘡攻沙洋立雲梯於東角樓登城力戰破之奪其旗幟弓矢衣甲攻新城先登拔之宋將王安撫棄城宵遁伯顏以百家奴前後戰功上聞世祖大悅曰此人之名朕心不忘兵還時大用之朕不食言也今且以良家女及銀椀一賜之以為左驗從圍漢陽自沙武口曳船入江宋制置夏貴來迎戰百家奴與暗答孫突入敵陳擊之宋兵奔潰遂登江南岸獲其戰船器甲甚多轉戰至黃州會日暮追擊夏貴至白虎山夜分乃還未幾復攻破金

牛塢十二年春正月與千戶薛赤于耶雞籠洞還至
瑞昌縣遇夏黃潰兵復擊敗之是時宋遣兵救瑞昌
未至而縣已下矣復擊宋救兵得宋所執北兵五人
來歸圍江州宋安撫呂師夔以城降宋東定池州擊
平章賈似道及孫虎臣于丁家洲追逐百里餘奪戰
船五艘及旗幟器甲擒宋統制王文虎因定黃池略
地宣州百家奴為前鋒與敵兵戰喃呢湖敗之奪其
戰船三百艘太平州亦望風欵附其父呉喥都因訊下
建康於是伯顔令只里論諸將功遂賞百家奴銀
二錠以旌之仍命為管軍總把俄從伯顔入朝加進

《元史列傳卷六十》 十五 附繼文

義校尉賜銀符為管軍總把攻丹陽呂城破常州皆
有功至蘇州宋守臣王安撫以城降秀州湖州皆不
煩兵而下諸軍乘勝直趨臨安宋主出降十三年領
新附軍守鎮江未幾復從平章博魯歡攻泰壽二州
中蒼遂罷攻後數日與萬戶兼了慶將兵攻新
城百家奴力疾先登破之復被兩瘡巳而從阿术攻
下揚州諸郡得宋制置李庭芝都統姜才以功陞武
略將軍賜金符為管軍總管鎮高郵白馬湖是時行
省以百家奴襲父呉喥都郢復州招討使建康宣撫使
仍領本翼軍頃之徇地福建行定衢婺信等州城邑

至新安縣擊斬宋監軍詹知縣擒江通判道與畬
軍遇疾戰敗之鼓行而東沈安撫以建寧府降攻陷
南劍州張清晶文慶遁去閩清懷安二縣傳檄而定
至福州諭以威德王安撫率眾出降東華鄉張世傑陳
安撫及白㫌都統別擊東華鄉張世傑軍于泉州俄
領諸軍乘戰船三千餘艘進兵至廣州諸郡縣以
虎陳表詰軍門降遂進兵至廣州諸郡縣以次降附
至同安縣苔關寨瀬海縣鎮悉招諭下之白望丹王
宙奉表詰軍門降遂進攻下德勝等寨至蒲仙江
明年春正月振旅而還復攻下德勝等寨至蒲仙江

《元史列傳卷六十》 十六 附

聶文慶復敗走攻潮州破之誅馬發等數人廣東遂
平三月引宙奉降表來朝未至授昭勇大將軍賜虎
符管軍萬戶七月遂朝于上都陞鎮國上將軍海外
諸蕃宣慰使兼福建道長司宣慰使都元帥仍領本翼軍守福
建俄兼福建道長司宣慰使都元帥是時福建多水
災百家奴出私錢市米以賑貧民全活者甚眾十七
年朝京師加正奉大夫宣慰使都元帥二十二年從
父呉喥都征交趾水陸轉戰戰死之百家奴遂與脫懽引
兵薄交趾境水陸轉戰戰報有功二十五年驛召至
南京宣慰司命括五路民馬二十七年除建康路總

家

李恒

赤佩金符惟忠生有異質王妃撫之猶已子

忠從經略中原有功淄川王分地以惟忠為達魯花

執以獻宗王合撒兒王留養之及嗣王移相哥立惟

城陷不屈而死子惟忠方七歲求從父死主將異之

國主太祖經略河西有守兀納刺城者夏主之子也

李恒字德卿其先姓於彌氏唐末賜姓李世為西夏

中統三年命恒為尚書斷事官恒以讓其兄李璮反

《元史列傳卷六》　七▼

連海恒從其父棄家入告變壇怒繫恒闔門獄中壇

誅得出世祖嘉其功授淄萊路與曾總管佩金符併

償其所失家資至元七年改宣武將軍益都淄萊新

軍萬戶從伐宋襄陽守將呂文煥時出拒敵殿帥范

文虎復援之恒率本軍築堡萬山扼城西絕其陸路

路亦絕遂進攻樊城十年春恒以精兵渡漢自南面

先登樊城破襄陽亦降捷聞帝賜以寶刀遷明威將

軍佩金虎符十一年承相伯顏大會師襄陽進至郢

州宋以舟師戍漢水伯顏由唐港入漢捨郢而進攻

夏貴遣其子松來逆戰恒先陷陣額中流矢伯顏止

之恒戰益力敗走郢州漢陽俱下以功遷宣威將軍

賜白金五百兩遂從伯顏東下十二年春宋將高世

傑復窺漢沔乃遣恒還守鄂州時豪民聚眾侵江陵

省命恒往討之恒欲兵不動但諭使出降得生口十

餘萬悉縱為民仍禁軍毋得虜掠饋餉充積一無所

受十二年從右丞阿里海牙至洞庭高世傑下岳

州進攻沙市拔之宋制置高達以江陵降留恒鎮守

《元史列傳卷六》　十八▼

傳檄歸峽辰沅靖澧常德諸州皆下未幾徙鎮常德

以扼湖南之衝俄有詔分三道出師以恒為左副都

元帥從都元帥逹都台出江西九月開府于江州師

次建昌縣擒都統熊飛遂圍隆興轉運使劉槃請降

恒察其詐審為之備槃果以銳兵突至恒擊敗之殺

獲殆盡槃乃降下撫瑞建昌臨江軍中有得宋相文

天祥與逹昌故吏民書恒焚之人心乃安進攻吉州

知州周天驥降遂定贛南安廣東經略徐直諒奉璽

書納其所部十四郡前江西制置黃萬石亦以邵武

降隆興帥府誣富民與敵連已誅百三十家恒還審

其非罪盡釋之宋丞相陳宜中及其大將張世傑立益王昰於閩中都縣豪傑爭起兵應之恒遣將破吳浚兵於南豐世傑遣都統張文虎與浚合兵十萬期必復建昌恒復遣將敗之空港浚走從文天祥於瑞金又破之天祥遁授昭勇大將軍同知江西宣慰司事加鎮國上將軍遷福建宣慰使改江西宣慰軍耿汀州元帥府罷授

恒曰王師討不服耳豈有發人墳墓之理乃分兵援急或言天祥墳墓在吉州者若遣兵發之則必下矣使天祥復耿汀州兵出興國縣連破諸邑圍贛州尤急恒自率精兵潜至興國天祥走追至空坑獲其妻女擒招討使趙時賞已下二十餘人降其衆二十萬有奇令與右丞阿里罕左丞董文炳合兵追益王衆議所向皆謂宜趨福建恒曰不可若諸軍俱在福建彼必窺廣東則梅嶺江西非我有矣宜從廣東夾攻之衆以為然乃至梅嶺果與宋兵遇出其不意敗之乃近走硐州十四年拜叅知政事行省江西十五年益王殂其樞密張世傑陸秀夫等復立衞王昺守廣諸郡其詔以恒為蒙古漢軍都元帥經略之恒進兵英德府清遠縣敗其制置凌震運使王道夫遂入廣

州世傑等移屯崖山時都元帥張弘範舟師未至恒按兵不動分遣諸將略定梅循諸州凌震等復抵廣州恒擊敗之皆棄舟走水死奪其船三百艘越十六年二月弘範至自漳州直指崖山恒率所部赴之張世傑集海艦千餘艘貫以巨索為柵世傑猶欲行柵恒絕其汲路其勢日迫諭降不可乃陣於船尾由此面迎自朝至晡世傑戰死弘範督南面諸軍合擊大敗之陸秀夫先沉其妻子于海乃抱衞王赴海死從死者十餘萬人獲其金璽後宮及文武

臣其大將翟國秀凌震等皆解甲降焚溺之餘尚得八百餘艘是日黑氣如霧有乘舟南遁者恒以為衞王追至高化詢之降人始知衞王已死遁者乃世傑也世傑繼亦溺死於海陵港嶺海悉平功成入觀帝賞勞甚厚將士頒賜宴者二百餘人十七年拜資善大夫中書左丞行省荊湖之飢者賑之獵戶之籍於官者奏請澧辰沉靖五郡之饑民為奴婢者禁之常德一千戶之外悉放散之十九年乞解軍職乃命其長子同知江西宣慰司事散木解襲為本軍萬戶占城之役恒奉旨給其糧餉器械海艦百艘父留瘴鄉冒

疾而還俄有詔命恒從皇子鎮南王征交趾結筏渡
海奪天長府交趾遂空其國航海而遁恒封其宮庭
府庫追襲於海洋敗之得船二百艘㡬獲其世子會
盛夏軍中疾作霖潦暴漲浸濕營地議者謂交趾且
降請班師恒弗能奪遂還蠻兵追敗後軍王乃改命
恒殿後且戰且行妻矢貫恒膝一卒頁恒而趨至思
州毒發卒年五十後贈銀青榮祿大夫平章政事謚
武愍再贈推忠靖遠功臣太保儀同三司追封勝國
公子散木觧江西行省平章政事囊加真益都淄萊
萬戶遜都台同知湖南宣慰使司事孫薛徹千兵部
侍郎薛徹秃益都般陽萬戶

列傳卷第十六

翰林學士承旨知制誥兼修國史臣宋濂　翰林侍講學士知制誥同修國史臣王禕等奉敕撰

教化

徹里

徹里燕只吉台氏曾祖太赤為馬步軍都元帥從太
祖定中原以功封徐邳二州因家於徐徹里幼孤母
蒲察氏教以讀書至元十八年世祖召見應對詳雅
悅之俾常侍左右民間事時有所咨訪從征東北邊
還因言大軍所過民不勝煩擾寒餒且死宜加賑給
帝從之乃賜邊民穀帛牛馬有差賴以存活者眾擢
利用監二十三年奉使江南省風俗訪遺逸時行省
理財方急賣所在學田以價輸官徹里曰學田所以
供祭禮育人才也安可鬻遽止之還朝以聞帝嘉納
為二十四年分中書省桑哥為相引用黨與
鈞考天下錢糧凡昔權臣阿合馬積年負逋通舉以中
書失徵奏誅二叅政行省乘風督責尤峻主無所償
則責及親戚或遠繫隣黨械禁榜掠民不勝其苦自
裁及死獄者以百數中外騷動廷臣顧忌莫敢言
徹里乃於帝前具陳桑哥姦貪誤國害民狀辭語激
烈帝怒謂其毀詆大臣失禮體命左右批其頰徹里

辯愈力且曰臣與桑哥無讎所以力數其罪而不顧
身者正為國家計耳苟畏聖怒而不復言則姦臣何
由而除民害何由而息且使陛下有拒諫之名臣竊
懼焉於是帝大悟即命帥羽林三百人往籍其家得
珍寶如內藏之半桑哥既誅諸枉繫者始得釋復奉
旨往江南籍桑哥姻黨江浙省臣烏馬兒蔑列忽都
王濟湖廣省臣要束木等皆棄市天下大快之徹里
往來凡四道徵拜御史中丞俄陞福
建行省平章政事賜黃金五十兩白金五千兩汀漳
劇盜歐狗久不平遣引兵征之號令嚴肅所過秋毫

無犯有降者則勞以酒食而慰遣之曰吾急汝豈反
者耶良由官吏汙暴所致令既來歸即為平民吾安
忍罪汝其返汝田里毋恐他柵閭之悉赦
附未幾歐狗為其黨縛致于軍梟首以徇脅從者不
載一人汀漳平三十一年帝不豫徹里馳還京師侍
醫藥帝崩與諸王大臣共定策迎立成宗大德元年
拜江南諸道行御史臺御史大夫一日召都事賈鈞謂曰
國家置御史臺所以蕭清燕官美風俗興教化也乃
者御史不存大體被巡以苛為明徵贓以多為功至
有迫子證父弟證兄奴訐主者傷風敗教莫甚為甚

君為我語諸御史母庸效尤為也帝聞而善之政江

浙行省平章政事革江浙稅糧甲天下平江嘉興湖州

三郡當江浙什六七而其地極下水鍾為震澤震澤

之注由吳松江入海江浙久淤塞豪民利之封土為

田水道淤塞　是浸淫泛溢敗諸郡禾稼朝廷命行

省疏導之發卒數萬人徹其役凡四閱月畢工

九年召入為中書平章政事十月以疾覺年四十七

覺之日家資不蕭二百緡人服其廉賜推忠守正佐

理功臣太傅開府儀同三司上柱國追封徐國公謚

忠蕭至治二年加贈宣忠同德弼亮功臣太師開府

儀同三司上柱國追封武寧王謚正憲子朵兒只江

浙行省左丞

不忽木

不忽木一名時用字用臣世為康里部大人康里即

漢高車國也祖海藍伯嘗事克烈王可汗王可汗滅

即棄家從數千騎望西北馳去太祖遺使招之咨曰

昔與帝同事王可汗今王可汗既亡不忍叛所事送

去莫知所之子十人皆為太祖所虜燕真最幼年方

六歲太祖以賜莊聖皇后后憐而育之遣侍世祖於

藩邸長從征代有功世祖威名日盛憲宗將伐宋命

以居守燕真真主上素有疑志今乘輿遠涉危難之

地殿下以皇弟獨處安全可乎世祖然之因請從南

征憲宗喜即命分兵命趨鄂州而自將攻蜀之釣魚山

令阿里不哥不哥君守憲宗崩燕真統世祖留部覺阿里

不哥有異志未及大用而卒官止衛率不忽木其仲

祖即位燕真之命給事裕宗世

子也資稟英特進止詳雅世祖奇之命不忽木年十六

宮師事太子贊善王恂恂從此征乃受學於國子祭

酒許衡衡日記數千言衡每稱之以為有公輔器世祖

嘗欲觀國子所書字不忽木年十六獨書貞觀政要

數十事以進帝知其寓規諫意嘉歎久之偉纂歷代

帝王名謚統系歲年為書授諸生不忽木讀數過即

成誦帝召試不遺一字至元十三年與同舍生堅童

太荅禿魯等上疏曰臣等聞之學記曰君子如欲化

民成俗其必由學乎玉不琢不成器人不學不知道

故古之王者建國君民教學為先蓋自堯舜禹湯文

武之世莫不有學故其治隆於上俗美於下而為後

世所法降至漢朝亦建學校詔諸生課試補官魏道

武帝起自北方既定中原增置生員三千儒學以興

此歷代皆有學校之證也臣等今復取平南之君建

六十餘萬而已而其崇重學校已如此況我陛下神

三曰四門學四曰律學五曰書學六曰算學各置生

宗因之遂令國子監領六學一曰國子學二曰太學

諸國酋長亦遣子第入學國學之內至八千餘人高

員其書算各置博士乃至高麗百濟新羅高昌吐蕃

學增築學舍至千二百間國學太學四門學亦增生

滅梁矣詔諸州縣及鄉並令置學及至太宗數幸國

學隋文帝嘗滅陳矣俾國子寺不隸太常唐嘗嘗

置學校者為陛下陳之晉武帝嘗平吳矣始起國子

於大都弘聞國學擇蒙古人年十五以下十歲以上

習漢法必如古昔偏立學校然後可若曰未暇宜且

馬臣等恐其不易得也為今之計如欲人材衆多通

制未定朋從數少譬猶嘉禾求良驥於數

少而欲臣等識世務以任陛下之使令乎然以學

聖意豈不以諸色人仕宦者常多蒙古人仕官者尚

尚未全舉臣竊惜之臣等竊被聖恩俾習儒學欽惟

功自古未有而非晉隋唐之所敢比也然學校之政

國奄有江嶺之地計亡宋之戶不下千萬此陛下大

萬而已隋之滅陳得郡縣五百而已唐之滅梁得戶

徒有差甘承高祖之意也然晉之平吳得戶五十二

質美者百人官子第與凡民俊秀者百人俾廩給

各有定制選德業充備足為師表者充司業博士助

教而教育之使其教必本於人倫明乎物理為之講

解經傳授以修身齊家治國平天下之道其下復立

數科如小學律書算之類每科設置教授各令以本

業訓導小學科則令讀誦經書教以應對進退事長

之節律科則專令熟習律令通曉吏事書科則專令

算科則專令熟閱算數或一藝通然後改授或一日

之間更次為之俾國子學官總領其事常加點勘務

要俱通仍以義理為主有餘力者聽令學作文字日

月歲時隨其利鈍各責所就功課程其勤惰而賞罰

之勤者則升之上舍惰者則降之下舍待其改過則

復升之假日則令學射自非假日無故不令出學

數年以後上舍生學業有成就者乃聽學官保舉蒙

古人若何品級諸色人若何仕進其未成就者且令

依舊學習俟其可以從政然後歲聽學官舉其賢者

能者使之依例入仕其終不可教者三年聽令出學

凡學政因革生員增減若得不時奏聞則學無弊政

而天下之材亦皆觀感而興起矣然後續立郡縣之

學求以化民成俗無不可者臣等愚幼見於書聞於

師者如此未敢必其可行伏望聖慈下臣此章令諸

老先生與左丞王贊善等商議倸奏施行臣等不勝

至願書奏帝覽之喜十四年授利用少監十五年出

爲燕南河北道提刑按察副使帝遣通事脫訴之脫虎

送西僧佐作佛事還過真定簿驛吏幾死訴之按察

使不敢問不忽木受其狀以僧下獄脫虎脫直欲出

僧辭氣偙強不忽木令去其冠庭下責以不職脫虎

脫逃歸以聞帝曰不忽木素剛正必爾董犯法故也

繼而燕南奏至帝曰我固知之十九年陞提刑按察

使有訟靜州守臣盜官物者靜州本隸河東特命不

忽木往按之歸報稱旨賜白金千兩鈔五千貫二十

一年召叅議中書省事時榷茶轉運使盧世榮阿附

宣政使桑哥言能用已則國賦可十倍於舊帝以問

不忽木對曰自昔聚斂之臣如桑弘羊宇文融之徒

操利術以惑時君始者莫不謂之忠及其罪稔惡著

國與民俱困雖悔何及臣願陛下無納其說帝不聽

以世榮爲右丞不忽木遂辭叅議不拜二十二年世

榮以罪被誅帝曰朕殊愧卿擢吏部尚書時方籍沒

阿合馬家其奴張散札兒等罪當死繆言阿合馬

質隱寄者多如盡得之可資國用遂勾考捕繫連及

無辜京師騷動帝頗疑之命丞相安童集六部長貳

官詢問其事不忽木曰是奴爲阿合馬心腹爪牙死

有餘罪爲此言者蓋欲苟延歲月徼幸不死爾豈可

復受其誣耶急誅此徒則怨謗自息丞相

以其言入奏帝悟命盡釋之二十三年改工部尚書九

月遷刑部河東按察使阿合馬以貲財詒媚權貴

等伏誅其捕繫者盡釋之阿合馬所善

錢於官約償羊馬至則抑取部民所產以輸事覺遣

使按治皆不伏及不忽木往始得其不法百餘事會

大同民饑不忽木以便宜發倉廩賑之

幸臣奏不忽木擅發軍儲又鍛錬阿合馬使自誣服

帝曰使行發粟以活吾民乃其職也何罪之有命移

其獄至京師審視阿合馬竟伏誅吐土哈求歛察之

爲人奴者增益其軍而多取編民中書省臣王遇驗

其籍改正之吐土哈遂奏遇有不臣語帝怒欲斬之

不忽木諫曰遇始令以歛察之人奴爲兵未聞以編

民也萬一他衛皆傚此户口耗矣若誅遇後人豈肯

爲陛下盡職乎帝意解遇得不死二十四年桑哥奏

立尚書省誣殺叅政楊居寬郭佑不忽木爭之不得

桑哥深忌之嘗指不忽木謂其妻曰他日籍我家者

此人也因其退食責以不坐曹理務欲加之罪遂以
疾免車駕還自上都其弟野禮審班侍坐輦中帝曰
汝兄必以某日來迎不忽木果以是日至帝見其輦
狀帝召復以六部歸于中書帝欲用不忽木為丞相固
辭帝曰朕過聽桑哥致天下不安今雖悔之已無及
矣朕識卿幼時使卿從學政欲備今日之用勿多讓
尚書省復不忽木其以實對帝大驚乃決意誅之罷
修國史二十八年春帝獵柳林徹里等劾奏桑哥罪
其問其祿幾何左右對以滿病假者例不給帝念其
疾問不忽木曰朝廷勳舊齒爵居臣右者尚多今不次
用臣無以服眾帝固然則執可對曰太子詹事完澤
可獨者籍沒阿合馬家其略遣近臣皆有簿籍唯無
完澤名又嘗言桑哥為相必敗國事今果如其言是
以知其可也帝曰桑哥政事乃拜完澤右
丞相不忽木平章政事上都留守木八剌沙言欲按
察司置廉訪司不便宜罷去乃求憲臣賊罪以動上
聽帝以責中丞崔或或謝病不知不忽木面斥或不
直言因歷陳不可罷之說帝意乃釋王師征交趾失
利復謀大舉不忽木曰島夷詭詐天威臨之寧不震

懼獄窮則嗟勢使之然今其子曰燔㸑位若遺一介
之使諭以禍福彼能悔過自新則不煩兵而下矣如
或不悛加兵朱脫帝從之於是交趾感懼遣其偽昭
明王菶詣闕謝罪盡獻前六歲所當貢物帝喜曰卿
武不殺所致朱脫丁請復立尚書省專領右三部不
一言之力也即以其半賜之不忽木辭曰此陛下神
晶筆格而已麥术丁請受沉水假山象牙鎮紙水
忽木庭責之曰阿合馬桑哥相繼誤國身誅家沒前
鑒未遠柰何又欲効之乎事遂寢或勸征流求及賦
江南包銀皆諫止之桑哥黨人納速剌丁等餓誅帝
以忻都長於理財欲釋不殺不忽木力爭之不從曰
中九七奏卒正其罪釋氏請以金銀帛祠其神帝
難之不忽木曰彼佛以去貪為寶遂弗與或言京師
蒙古人宜與漢人間處以制不厭不忽木曰新民乍
遷猶未寧居若復紛更必致失業此蓋姦人欲擅貨
易之利交結近幸借為納忠之說耳乃圖寫國中賣
人第宅與民居犬牙相制之狀上之而止有譖完
澤徇私者帝以問不忽木對曰完澤與臣俱待罪中
書設或如所言豈得專行臣等雖愚陋然備位宰輔
人或發其陰短宜使面質明示責降若內懷猜疑非

人主至公之道也言者果屈帝怒命左右批其煩而出之是曰苦寒解所御黑貂裘以賜帝每顧侍臣稱塞哂病之能不忽木從容問其故帝曰彼事憲宗常陰賢朕財用問卿父所知卿時未生誠不知也不忽木曰是所謂為人臣懷二心者今有以內府財物私結親王陛下以為若何帝急揮以手曰卿止朕失言三十年有星孛于帝座帝憂之夜召人禁中問所以天變之道奏曰風雨自天而至人則棟宇以待之江河為地之限人則舟楫以通之天地有所不能者人則為之此人所以與天地參也且父母怒人子不敢

四九

疾怨惟起敬起孝故易震之象曰君子以恐懼修省詩曰敬天之怒又曰遇災而懼三代聖王克謹天戒鮮不有終漢文之世同日山崩者二十有九日食地震頻歲有之善用此道天亦悔禍海內乂安此前代之龜鑑也臣顧陛下法之因誦文帝日食求言詔帝悚然曰此言深合朕意可復詔之遂詳論歎陳夜至四鼓明日進膳帝以盤珍賜之三十年帝不豫故事非國人勳舊不得入卧內不忽木以謹厚日視醫藥未嘗去左右帝大漸與御史大夫月魯那顏太傅伯顏並受遺詔留禁中丞相完澤至不得入伺月魯那

顏伯顏出問曰我年位俱在不忽木上國有大議而不預何耶伯顏歎息曰使丞相有不忽木識慮何至使吾屬如是之勞哉完澤不能對入言於太后召三人問之月魯那顏曰臣等不受顧命但觀臣等為之臣若誤國即甘伏誅宗社大事非宮中所當預知也太后然其言遂定大策其後發引升祔請謚南郊皆不忽木領之成宗即位執政皆迎於上都之北不忽木獨入見帝問知之曰卿先朝腹心顧朕寡昧惟朝夕啓沃以匡朕不逮庶無負先帝付託之重也成宗躬攬庶政聽斷明

果廷議大事多采不忽木之言太后亦以不忽木先朝舊臣禮貌甚至河東守臣獻嘉禾大臣欲奏以為瑞不忽木語之曰汝部內所產盡然耶惟此數莖耶曰惟此數莖爾不忽木曰若如此既無益於民又何足為瑞遂罷遣之西僧為佛事請釋罪人祈福謂之秃魯麻豪民犯法者皆賄賂之以求免有殺主殺夫者西僧請被以帝后御服乘黃犢出宮門釋之云可得福不忽木曰人倫者王政之本風化之基豈可容其亂法如是帝責丞相曰朕戒汝無使不忽木知今聞其言朕甚愧之使人謂不忽木曰卿且休矣朕今

從鄉言然自是以為故事有奴告主者主被誅詔即
以其主所居官與之不忽木言若此必大壞天下之
風俗使人情愈薄無後上下之分矣帝悟木為追廢前
命執政奏以為陝西行省平章政事太后謂為追廢前
忽木朝廷正人先皇帝所付託豈可出之於外耶帝
復留之竟以與同列多興議稱疾不出元貞二年春
召至便殿曰朕知卿疾之故以卿不能從人人亦不
能從卿也欲以段貞代卿如何不忽木曰貞實勝於
臣乃舞昭文館大學士平章軍國重事辭曰是職也
國朝惟史天澤嘗為之臣何功敢當此制去重字大

《元史列傳卷七

德二年御史中丞崔彧或辛特命行中丞事三年薰領
侍儀司事有因父官受賄賂御史必欲歸罪其父不
忽木曰風紀之司以宣政化勵風俗為先若使子證
父何以興孝樞密臣受人玉帶徵贓不敘御史言罰
太輕不忽木曰禮大臣貪墨惟曰簠簋不飾若加笞
辱非刑不上大夫之意人稱其平恕四年病復作帝
遣醫治之不効乃附奏曰臣屏庸無取叨承眷遇大
限有終求辭家素貧躬自爨汲妻織紝以
驚悼士大夫皆哭失聲家素貧躬自爨汲妻織紝以
養母後因使還則母已死號慟嘔血幾不起平居服

十三　十五　林茂嗣

儒素不尚華飾裸賜有餘即散施親舊明於知人多
所薦援丞相哈剌哈孫荅剌罕亦其所薦也其學先
郭行而後文藝居則簡默及帝前論事吐辭洪暢引
義正大以天下之重自任知無不言世祖嘗語之曰
太祖有言人主理天下如右手持物必資左手承之
然後能固卿實朕之左手也每侍燕閒必資古今治
治要世祖每拊髀歎曰恨卿生晚不得早聞此言以見
亦吾子孫之福卿純誠佐理功臣太傅開府儀同三司
上柱國魯國公諡文貞子囲囲陝西行省平章政事

《元史列傳卷七

囲囲由江浙行省平章政事入為翰林學士承旨

完澤

完澤土別燕氏祖土薛從太祖起朔方平諸部太宗
伐金命太弟睿宗由陝右進師以擊其不備土薛為
先鋒遂去武休關越漢江畧方城而比破金兵于陽
翟金亡從攻興元閒利諸州拜都元帥取宋成都斬
其將陳隆之賜食邑六百戶父線真宿衛禁中掌御
膳中統初從世祖北征四年拜中書右丞相與諸儒臣
論定朝制完澤以大臣子選為裕宗王府僚屬裕宗
為皇太子署詹事長入參謀議出掌環衛小心慎密

古　十五　林茂嗣

太子甚器重之一日會瓚宗室指完澤語衆曰親善
遠惡君之急務善人如完澤者群臣中豈易得哉自
是常典東宮衛兵裕宗薨成宗以皇孫撫軍比方完
澤兩從入比至元二十八年桑哥伏誅世祖撫
臣特拜中書右丞相完澤入相革桑哥之弊政請自中
統初積嚴通貟之錢粟悉蠲免之民賴其惠三十一
迎成宗即位詔諭中外罷征安南之師建議加上祖
宗尊謚廟號致養皇太后示天下爲人子之禮元貞
以來朝廷恪守成憲詔書屢下散財發粟不惜鉅萬

以頒賜百姓當時以賢相補之大德四年加太傅錄
軍國重事位望益崇成宗倚任之意益重而能慼之
以安靜不急於功利故吏民守職樂業世稱賢相云
七年薨年五十八追封興元王謚忠憲

阿魯渾薩理

阿魯渾薩理畏兀人祖阿台薩理當太祖定西域還
時因從至燕會畏兀國王亦都護請于朝盡歸其民
詔許之遂復西還精佛氏學生乞台薩理襲先業通
經律論業既成師名之曰萬全至元十二年入爲釋
教都總統拜正議大夫同知總制院事加資德大夫

統制使年七十卒子三人長曰偎吾兒薩理累官資
德大夫中書右丞行泉府太卿李曰島尼赤薩理阿
魯渾薩理其中子也以父字爲全氏幼聰慧受業於
國師八哈思巴旣通其學且解諸國語世祖聞其材
伸習中國之學於是事裕宗入宿衛朝會有江
說帝問左右誰可使者侍臣言阿魯渾薩理
技之說皆能知天象譯者皆莫能通其
二十年有西域僧自言能知帝悅令宿衛內
可即命召與論難僧大屈服帝脫令對曰阿
南人言宋宗室反者命遣使捕至關下使已發阿魯

渾薩理趣入諫曰言者必妄使不可遣帝曰卿何以
言之對曰若果反郡縣何以不知言者不由郡縣而
言之關庭必其仇也且江南初定民疑未附一旦以
小民浮言輙捕之恐人人自危徒中言者之計帝悟
立召使者還俾械繫言者下郡治之言者立伏果以
審貸錢不從誣之帝曰非卿言幾誤用卿晚耳
自是命日侍左右二十一年擢朝列大夫左侍儀奉
御遂勸帝治天下必用儒術宜招致山澤道藝之士
以備任使帝嘉納之遣使求賢置集賢舘以待之秋
九月命領舘事阿魯渾薩理曰陛下初置集賢以待

士宜擇重望大臣領之以新觀聽請以司徒撒里蠻
領其事帝從之仍以阿魯渾薩理為中順大夫集賢
館學士兼太史院事仍兼左侍儀奉御士之應詔者
盡命館穀之凡飲食供帳車服之盛皆喜過望其弗
至者亦請加賚而遣之有官於宣徽者欲敗其
事故盛陳所給廩餼於內具奏之帝見而問焉
馬對曰此一士之日給也帝怒曰汝欲朕見而損
之乎十倍此以待天下士猶恐不至況欲損之誰肯
至者阿魯渾薩理又言於帝曰國學人材之本立
子監置博士弟子員宜優其廩餼使學者曰盛從之

二十二年夏六月遷嘉議大夫二十三年進集賢大
學士中奉大夫二十四年春立尚書省桑哥用事詔
阿魯渾薩理與同視事固辭不許授資德大夫尚書
右丞繼拜榮祿大夫平章政事桑哥為政暴橫且進
其黨與阿魯渾薩理數切諫之久與乖剌惟以廉正
自持桑哥秦立徵利司理天下通欠使者相望於道
所在圖圄皆滿道路側目無敢言者會地震北京阿
魯渾薩理請罷徵利司必塞天變詔下之日百姓相
慶未幾桑哥敗以連坐亦籍其產帝問桑哥為政如
此卿何故無一言對曰臣未嘗不言顧言不用耳陛

下方信任桑哥甚彼所忌獨臣數言不行若抱柴
救火抵益其暴不若彌縫其闕使無傷國家大本陛
下又必自悟也帝亦以為然且曰吾甚愧卿桑哥臨
刑吏猶以阿魯渾薩理為問帝益信其無罪詔還所籍財產
故至於敗彼何與焉帝問桑哥曰我惟不用其言
仍遣張九思賜以金帛辭不受二十八年秋乞罷政
事并免太史院使詔以為集賢大學士司天劉
言阿魯渾薩理在太史院時數言國家災祥事大不
敬請下吏治大怒以為誹謗大臣當抵罪阿魯渾
薩理頓首謝曰臣不使陛下天地含容之德雖萬

死莫報然欲致言者罪臣恐自是無為陛下言事者
力爭之乃得釋帝曰卿真長者後雖罷政或通夕召
入論事知無不言三十年復領太史院事明年帝崩
成宗在邊裕宗太后命為書趣成宗入正大位又命
率翰林集賢禮官備禮冊命明年春加守司徒集賢
院使領太史院事初裕宗即世祖欲定皇太子未
知所立以問阿魯渾薩理即以成宗為對且言成宗
仁孝恭儉宜立於是大計乃決成宗及裕宗皇后皆
莫之知也數召阿魯渾薩理不住成宗撫軍北邊帝
遣阿魯渾薩理奉皇太子寶于成宗乃一至其邸及

即位語阿魯渾薩理曰朕在潛邸誰不願事朕雖者惟
卿召不至今乃知卿真得大臣體自是召對不名
賜坐視諸侯王等嘗語左右曰若全平章者真全材
也於今始無其比大德三年復拜中書平章政事十
一年薨年六十有三延祐四年贈推忠佐理翊亮功
臣太師開府儀同三司上柱國追封趙國公謚文定
子三人長岳柱次久著終翰林侍讀學士次買佳蠻
夫司徒柱國追封趙國公謚端愿乞台薩理累贈純
卒岳柱自有傳阿合薩理贈德功臣銀青榮祿大
誠守正功臣太保儀同三司上柱國追封趙國公謚

〈元史列傳卷七〉 九

通敏
岳柱字止所一字蕭山自幼容止端嚴性穎悟有遠
識方八歲觀畫師何澄畫陶母剪髮圖岳柱指陶母
手中金釧詰之曰金釧可易酒何用剪髮為也何大
驚即異之既長就學日記千言年十八從丞相答失
蠻備宿衛出入禁中如老成人至大元年授集賢學
士階議大夫即以薦賢舉能為事皇慶元年陞中
奉大夫湖南道宣慰使日接見儒生詢求民瘼延祐
三年進資善大夫隆禧院使七年授太史院使英宗
視其進止整暇顧謂叅政速速曰全院使真故家令

子也泰定元年改太常
領會同館事俄授江西等處行中書省叅知政事天
曆元年進榮祿大夫集賢大學士至順二年除江西
等處行中書省平章政事時有誣告富民負永寧王
官帑錢八百餘錠者中書遣使諸路徵之使至江西
岳柱曰事涉誣罔不可奉命僚佐重違宰臣意岳柱
曰民惟邦本本以敛怨亦非宰相福也令使者以
此意復命時燕帖木兒為丞相聞其言感悟命刑部
詰治得誣罔狀罪誣告者若干人宰以奏帝嘉之
特賜幣帛及上尊酒桂陽州民張思進等嘯聚二千

〈元史傳卷十七〉 二十

餘眾州縣不能治廣東宣慰司請發兵捕之岳柱曰
有司不能撫綏邊民乃欲僥倖興兵以為民害耶不
可宰執皆失色憲司亦以興兵不便為言岳柱終持
不可遣千戶王英往問狀英直抵賊巢諭以禍福賊
曰致我為非者兩巡檢司耳我等何敢有異心哉諭
其眾皆使復業一方以寧三年遷河南江北等處行
中書省平章政事旋以軍事至揚州得疾明年十二
月端坐而卒年五十三岳柱天資孝友母第久佳早
卒喪之盡哀尤嗜經史自天文醫藥之書無不究極
度量弘擴有欺之者恬不為意或問之則曰彼自欺

也我何與焉毋鄆氏亦常稱之曰吾子古人也子四
人長普達同僉行宣政院事次安僧爲父住後章佩
監丞次仁壽中憲大夫長秋寺卿

元史列傳卷七

二十

十五

吳仲明

翰林學士嘉議大夫知
制誥兼修
國史臣歐陽玄　翰林待制承直
郎兼國史編修官臣王禕等奉
敕修

磿

速哥

速哥蒙古人父忽魯忽兒國王木華黎麾下卒也後
更隷塔海帖哥軍以善馳馬有口辯慎重不泄令佩
銀符常居軍中奏白機務往返未嘗失期太宗以為
才賜名勳哥居軍中奏白機務往返未嘗失期至朝入奏夕至
夕入奏嘗出金盤龍袍及宮女賜之憲宗時以疾卒速
哥亦以壯勇居軍中歲甲寅憲宗命從都元帥帖哥

《元史列傳卷八》　三十　一　陶彥明

火魯赤等入蜀乙卯萬戶劉七哥阿剌魯阿力與宋
兵戰巴州失利陷敵中速哥馳入其軍奪劉七哥等
以歸以功賜白金五十兩馬二疋紫羅圜甲一注又
從都元帥紐璘敗宋將劉整破雲頂山城紐璘受詔
會涪州至馬湖江速哥以華為舟夜渡江至大獲山
行在所陳道梗失期帝慰遣之未幾復自涪州入奏
事遇宋軍於三曹山速哥眾僅百餘奮兵疾戰敗之
奪其器械旗鼓以歸己未宋兵攻涪州浮橋將火
尼赤戰陷速哥破圍出之又以白事諸王穆哥所復
敗宋軍於三曹山還至石羊與劉整遇復擊敗之世

祖即位賜白金弓刀鞍勒中統二年賜銀符命隷紐
璘軍至元二年四川行省遣速哥招忖降民得三千
餘人三年從行院帖赤戰九頂山四年行省立德州以
兒署為本軍總管從征瀘州取瀘川五年行省左右司貟
速哥為達魯花赤擢陝西五路四川行省左右司貟
外即從也速哥帶兒入朝賞賚加厚七年從也速帶
敗宋軍于馬湖江用平章政事賽典赤薦遷行尚書
省貟外郎九年建都蠻叛詔諸王與魯赤及也速帶
兒討之速哥將千人為先鋒破黎州水尾砦攻速雲
關克之軍至建都戰於東山斬其酋布庫復興元帥

《元史列傳卷八》　四六　二　陶彥明

兒禿迎合刺軍于不魯思河所過城邑皆下十年
討碉樓諸蠻襲破連環城還敗宋軍于七盤山砦新
軍萬戶十一年賜虎符真授管軍萬戶領成都高生
哥等六翼及京北新軍教習水戰也速帶兒進圍龍
定速哥率舟師會平康城修築懷遠砦守其要害
十二年遣兵敗宋將於麻平既而行樞密副
使忽敦等軍至與也速帶兒會於紅崖遣速哥守龍
塈城中大震宋將陳都統鮮于圍練率舟師通速哥
追擊溺死者不可勝計遂與中使沈苔罕徇下流諸
城紫雲瀘叙皆降進圍重慶速哥以所部兵鎮白水

馬湖江口十三年帝遺脫朮教化的持詔諭其守臣
使降不聽乃分兵為五道水陸並進攻之衆軍不利
唯速哥獲戰艦三百艘俘其衆百三十人涪州守將
遺書納降速哥卒千人性察其情偽速哥至涪州果
降遂入其城重慶守臣張萬宰衆來襲速哥一日夜
出兵凢與十八戰斬首三百餘級萬敗走未幾萬復
以積兵三千人來攻又戰敗之十四年行院辟為鎮
守萬戶嘉定總管府達魯花赤時瀘州復叛速哥從
大軍討平之重慶受圍父其守將趙安開門出降制
置使張珏遁速哥追破之虜百餘人及其舟二十餘

四六

三

陶宗中

艘以功授成都水軍萬戶尋改重慶夔府等路宣撫
招討兩司軍民達魯花赤十六年除四川南道宣慰
使依前成都水軍萬戶鎮重慶夔施黔忠萬雲海瀘
蓁州十九年亦癸不薛蠻叛置順元等路軍民宣慰
司以速哥為宣慰使經理諸蠻二十四年遷河東陝
西等路萬戶府達曾花赤播州宣撫賽因不花等赴
闕請留之降人畨金竹百餘等峀得戶三萬四千悉
以其地為郡縣置順元路金竹府貴州以統之東連
九溪十八峒南至交阯西至雲南咸受節制二十九
年入朝加都元帥政河東陝西等處萬戶府達魯花

赤三十一年金書四川行樞密院事部開土畨道土
畨叛以兵圍茂州速哥卒師敗之元貞元年行院罷
速哥家居數歲卒子壽不赤蟄河東陝西等處萬戶
府達魯花赤

襄加歹

襄加歹乃蠻人魯祖不蘭仕其國位群臣之右祖
合折兒管帳前軍蕪統國政仕至太師太祖平乃蠻
父麻察來歸太宗命與察剌同總管蒙古漢軍由是
從世祖伐宋破阿里不哥於失門禿從諸王哈必赤
及關闊歹平李璮皆有功賞賚甚厚賜金符後以子

三七五

四

陶宗中

貴贈太傅追封梁國公謚桓武襄加歹從麻察習
戰陳有謀署佩金符為都元帥府經歷從阿朮圍襄
陽襄陽降以功授漢軍千戶從丞相伯顏攻復州與
宋人戰敗宋兵于風波湖渡江後伯顏攻鄂州阿
術北攻漢陽分戰艦五十囊加歹與張弘範等焚其
蒙衝三千艘兩城大恐皆出降伯顏軍次安慶賈似
道督師江上遺宋京來請和軍至池州遺囊加歹偕
宋京報似道復遺阮思聰偕囊加歹至軍中仍
請議和時暑雨方漲世祖應士卒不習水土遺使令
緩師伯顏阿朮與諸將議乘勢徑前遂進軍至丁家

洲似道師潰大軍次建康帝聞囊加歹親與賈似道
語召赴闕具陳其說遣還諭旨於伯顏以比邊未靖
勿輕入敵境而大軍已入平江笑宋使柳岳夏士林
呂師孟劉嶽等躡至皆命囊加歹同往報之師遍臨
安後遣囊加歹入取降表王璽微宋將相丈武百官
出迎王師宋主乃遣賈餘慶等同囊加歹以降表王
璽至皐亭山伯顏遣囊加歹馳獻世祖還傳密旨遷
赤興阿剌罕董文炳等取台溫福州尋領蒙古軍副
宋君臣北上賜金符授懷遠大將軍安撫司達魯花
都萬户江東道宣慰使佩金虎符如故擢江東道按

察使復為本道宣慰使領萬户如故召為都元帥管
領通事軍馬東征日本未至而還詔以元管出役軍
三珠虎符拜雲南行省郎政事討金齒緬國得疾
召還京師授南京等路宣慰使改河南道宣慰使特
旨命襲父職為蒙古軍都萬户武宗在潛邸囊加歹
睿從比征與海都戰于帖堅古明日又戰海都圍之
山上囊加歹力戰決圍而出與大軍會武宗還師囊
加歹殿海遯道不得過囊加歹選勇敢千人直前
衛之海都披靡國兵乃由旭哥耳溫稱海與晉王軍

合是役也囊加歹戰為多以疾而歸成宗崩昭聖元
獻太后與仁宗在懷州太后召囊加歹不懌吉歹脫
因不花八思台等諭之曰今官軍晏駕皇后欲立安
西王阿難荅爾等當首曰臣等雖裕宗不能仰報兩
朝之恩碩劾死力既至京師仁宗遣囊加歹與八思
台詣諸王禿剌議事宜時內外洶洶猶豫莫敢言囊
加歹獨贊禿剌定計先將受制於人失太后與仁宗
可否對曰事貴速成計先發制於人失太后與仁宗
意乃決內難既平仁宗監國命同知樞密院事武宗

即位真拜同知樞密事階資德大夫賜以七寶束帶
鞍轡衣甲弓矢黃金五十兩以旌其定策之功尋授
开縣萬户府達魯花赤仍同知樞密院事仁宗嘗語
近臣曰今春之事吾與太后疑不能主賴囊加歹一
語而定吾聞周文王有姜太公囊加歹亦子家姜太
公也其見許如此尋以老病乞骸骨不允仁宗即
位以其家河南特授河南江北山東河北蒙古軍副
都萬户執禮和台河南江北行省平章政事孫脫堅
唐符終其身封沒都王子敦化山東河北行省平章政事孫脫堅
山東河北軍大都督世襲有位

陳鑅

忙兀台、蒙古達達兒氏、祖塔思火兒、赤從太宗定中原、有功為東平路奧魯達魯花赤、位在嚴實上、忙兀台事世祖為博州路奧魯總管、至元七年又為監戰萬戶、佩金虎符、八年改鄧州新軍蒙古萬戶、治水軍于萬山南岸、九月以兵攻樊枝古城、繼敗宋軍于安陽灘、轉戰八十里、禽其將鄭高、十月大軍攻樊、軍分軍為五道、忙兀台當其一、率五翼軍以進、樊南岸舟堅粟功、于北岸登櫃子城、奪西南角入城、命部將攬倉粟、在諸將右、賞金百兩、襄陽降、同宋安撫呂文煥入觀、

賜銀五十兩及絹眼根甲等物、十一年從丞相伯顏平章阿術南征、命與萬戶史格率麾下會鹽山嶺、遇宋兵、忙兀台突陣殺一人、諸軍繼進與戰敗之、自郢州黃家原盜舟入湖、至沙洋堡立砲座十有二、竪雲梯、先登焚其樓櫓、技舉角壩、破沙洋堡、擒宋將四人、直抵新城蠆戰、自晨至晡、大敗之、宋復州守將翟貴以城降、將由漢口至沙步入江、遇宋兵三百餘艘分道來、師經鬬龍口入江、聞宋兵將夏貴堅守不下、十月乙卯、平章阿術率萬戶晏徹兒史格賈文備同忙兀台

〔元史列傳卷六 七〕

四軍霅夜沂流西上、黎明至青山磯北岸、萬戶史格先渡、宋將程鵬飛拒敵、格被七創、喪卒二百人、諸將繼進大戰、中流鵬飛被七創敗走、舟泊中洲、宋兵阻水不得近、伯顏復遣萬戶張榮實等率來援、夏貴率麾下數千將奔大軍、乘之大敗走黃州、遂拔武磯堡、斬守將王達、阿術既渡南岸、翼日丞相伯顏視師、陵語在阿術傳、己未、伯顏遣還江、則大江南北皆北軍旗幟、宋制置使朱禩孫遁還江、知德安府來與國繼降、乃留軍鎮鄂漢寧、諸將水陸臣張晏然以城降、程鵬飛以本軍降、知漢陽軍王儀

〔元史列傳卷六 八〕

東下、十二年正月、忙兀台諭斬、黃安慶池州諸郡皆下之、次丁家洲、宋賈似道孫虎臣來拒、忙兀台擊之、奪虜臣所乘巨舟、與宋降將范文虎以兵五百諭降和州及無為鎮巢二軍、九月攻常州、拔其木城、宋降將趙潀叛於溧陽、伯顏命忙兀台擊之、戰於豐登莊、斬首五百餘級、擒其將三人、後招降湖州守將二人、十二月、行省第其功、承制授行兩浙大都督府事、十四年改閫廣大都督行都元帥府事、時宋二王逃遁入海、忙兀台奉旨率諸軍與江西右丞塔出會兵收之、次漳州、諭降宋守將何清、十五年師還福州、拜參

知政事詔與畯都等行省于福鎮撫瀕海八郡十月
召赴闕陞左丞十六年七月沙縣盜起詔忙兀台復
行省事計平之初忙兀台比召畯都行省福建
一日帝命召畯都李庭言若畯都則左丞畯都即
令建康阿剌罕往帝曰何必阿剌罕其命忙兀台在
往候畯都還則令移潭州可也未幾中書言畯都
福建麾下擾民致南劍等路往往殺長吏叛及忙兀
台至招來七十二寨建寧漳汀稍獲安集若移之他
颺而畯都復往慰民有旨忙兀台仍鎮閩十八
年轉右丞時宣慰使王剛中以土人饒貴頗擅作威

《元史列傳卷十八》 九

福忙兀台慮其有變奏移之他道二十一年拜江淮
行省平章政事初宋降將五虎陳義嘗助張弘範擒
史天祥助完者都討陳大舉又資阿塔海征日本戰
艦三千艘福建省臣言其有反側意請除之帝使忙
兀台察之至是忙兀台携義入朝保其無事且乞寵
以官爵義從十人並上百戶二
慰司事授明珠虎符其從林雄等
十二年朕忽思樂實傳旨中書省令悉代忙兀台之
中書復奏帝曰朕亦可代耶依以言者召赴闕封其家賚遣
通曉政事

使按驗無狀未幾拜銀青榮祿大夫行省左丞相還
鎮江浙時浙西大飢乃弛河泊禁發府庫官貨低其
直貿糶以賑之浙東盜起斸田租以紓民力二十三
年奏以販鬻私鹽者皆海島民今征日本可募為水
工從之賜鈔五千貫役既罷請以戰艦付海漕又言
省治在杭州其兩淮江東財賦既南輸至杭復
自杭北輸京城往返勞頓不便請移省治于楊州復
言淮東近地宜置屯田歲入粮以給軍所餘餉京師
帝悉從其言二十五年詔江淮管內並聽忙兀台節
制二十六年朝廷以中原民轉徙江南令有司遣還

《元史列傳卷十八》 十

忙兀台言其不可遂止閩越盜起詔與不魯迷失海
牙等合兵討之御史大夫王速帖木兒奏宜選將帝
曰忙兀台已往無慮也未幾悉平之憂以病上疏乞
骸骨乃召還二十七年以江西平章與魯赤不稱職
特命為丞相無樞密院事出鎮江西謹約束鋤強暴
尊甲殊服軍民安業威德並著在官四十日卒忙兀
台之在江浙專慎自用又易置戍兵平章不憐吉台
言其變更伯顏阿術成法帝每戒敕之既死臺臣劾
郎中張斯立罪狀而忙兀台迫死劉宣及其屯田無
成事始聞于帝云子三人帖木兒不花李蘭奚襲萬

奧魯赤

奧魯赤札剌台人魯祖豁火察驍果善騎射太祖出
征每提精兵為前驅祖朔魯罕嘗被讒不許
入見一日俟駕出趨前曰臣無罪若果有罪速殺臣
臣將從先帝於地下不然赦臣無罪若果有罪笑而
用之辛未與金人戰于野孤嶺中流矢戰愈力克之
既還拔矢出昏瞑帝親撫視傳以藥竟不起帝悲
悼曰朔魯罕朕失一臂今亡矣賜其家馬四百匹錦
綺萬段父忒木台從太宗征杭里部俘部長以獻復

《元史列傳卷六》

從征西夏有功特命行省領兀魯忙兀亦恠烈弘
吉剌札剌兒五部軍平河南以功賜戶二千嘗駐兵
太原平陽河南土人德之皆為立祠奧魯赤性朴魯篤
智勇過人早事憲宗帶御器械特見親任戊午扈
明年賜虎符襲父職領蒙古軍四萬戶十一年春
戶奧魯赤白丞相以所部從渡江圍鄂宋兵固
征蜀攻釣魚山至元五年攻襄陽授金符象古軍萬
守奧魯赤白丞相可遣使諭降乃遣許千戶同所獲
訖丞相伯顏大舉伐宋以
宋將持金符抵其城東南門懸金符以招之其夜守臣
門將崔立啓門出遂引立見丞相復遣入城諭守臣

張晏然明日晏然以城降奧魯赤昭毅大將軍諸
郡望風而靡分兵出獨松關宋兵堅守奧魯赤令將
校益樹旗幟於山上率精騎突之宋主潰棄關走
追逐百餘里斬戮不可勝計十三年宋主降分討未
下州郡詔加鎮國上將軍行湖比道宣慰使領蒙古軍時奧魯赤止
以叅知政事行湖北道宣慰使燕領蒙古軍時州郡
初附戍以重兵民驚懼往往逃匿山潭間奧魯赤
侵暴恤罕弱虓號嚴明民悉復業會詔所在括者
有司拘男女千餘人時軍士已還部所括者無所歸
衆議悉以隸官奧魯赤曰斯民不幸被兵辜而骨肉

《元史列傳卷十八》

完聚復驅之是重被兵也不若籍之為民衆從之俄
徵詣闕賜資優渥及還帝曰武昌襟帶江湖寔要害
上將軍中書左丞行宣慰使十八年詔後行省于鄂
地膝當用師于彼故遣卿往治為朕耳目陞驃騎衛
宣慰司于潭時湖南劇賊周龍張虎聚黨刼掠隨宜
招捕衆二賊首餘悉縱遣復召入見拜行省右丞改
荊湖等處行樞密院副使二十三年春拜湖廣等處
行中書省平章政事夏四月赴召上都命佐鎮南王
征交阯帝慰藉之曰昔木華黎等戮力王室榮名迄
今不朽卿能勉之豈不並義于前人乎仍命其子脱

桓不花襲萬戶至交趾啟王分軍為三因險制之蠻
不能支竄匿海島餘冦扼師歸路與魯赤轉戰以出
改江西行省平章政事二十六年以疾求退不允俄
授同知湖廣等處行樞密院事成宗即位進光祿大
夫上柱國江西等處行中書省平章政事大德元年
春三月卒年六十六贈金紫光祿大夫大司徒上柱
國追封鄭國公謚忠宣子拜住明威將軍掌右侍衛
親軍副都指揮使脫桓不花驃騎衛上將軍行中書
省左丞蒙古軍都萬戶

完者都

完者都欽察人父哈剌火者從憲宗征討有功完者
都廣頼豐頷髯長過腹為人曉勇而樂善好施聽讀
史書聞忠良則喜遇姦訐則怒歲丙辰以材武從軍
已未從攻鄂州先登帝特賞賜銀五十兩兩中統三年從諸王
合必赤討李壇于濟南凡兩戰皆有功至元元年合
必赤因樞密臣以其武勇聞帝特賞賜之四年十月從
萬戶木花里略地荊南還至襄陽西安陽灘遇宋
軍敗之既而從丞相阿木圓襄樊水陸大戰者四皆
有功嘗掇樊城焚樓擒男敢出諸軍右幕府上其功
十一年授武畧將軍為鄆德南京新軍千戶九月從

丞相伯顏南征十一月攻沙洋新城始授金符領丞
相帳前合必赤軍十二月統舟師由沙蕪口渡江十
二年春與宋將孫虎臣戰于丁家洲大捷進武義將
軍攻泰州與宋將揚子橋戰焦山破常州十三年春入
安下揚州皆有功江南平入見帝顏謂侍臣曰真壯
士也因賜名技都兒既而軍升為路遂進懷遠大將軍遷
達魯花赤佩虎符既授信武將軍管軍總管高郵軍
管軍萬戶漳州陳吊眼聚黨數萬劫掠汀漳諸路七
高郵路總管府達魯花赤十六年授昭勇大將軍遷
年未平十七年八月樞密副使李羅請命完者都往

討從之加鎮國上將軍福建等處征蠻都元帥率兵
五千以牲賜翎根甲面慰遣之且曰賊苟就擒聽汝
施行時黃華聚黨三萬人授建寧路頭陀軍完者都
先引兵敲行壓其境軍聲大震賊驚懼納欵完者都
許以為副元帥凡征蠻之事一以問之且應其姦詐
莫測因大獵以耀武適有一鷓翔空完者都仰射之
應弦而落逐大獵所獲山積華大悅服乃聞于朝請
與之俱討賊朝廷從之制授華征蠻副元帥與完者
都同署華遂為前驅至賊所破其五寨十九年三月
追陳吊眼至千壁嶺擒之斬首漳州市餘黨悉平軍

還至揚州奉旨賞賜有差至高郵病七月入覲帝嘉
之賜鈔及銀金綺鞍勒弓矢復授管軍萬戶高郵路
總管府達魯花赤有虎為害完者都挾弓出郊射
殺之二十二年八月以疾名入朝帝大喜賜賢者
仍命良醫視之疾平帝大喜賜賢者鈔萬貫拜完者
都驃騎上將軍江浙行省左丞無管軍萬戶初浙西
私鹽艾莫能禁完者都躬詣松江上海收鹽徒五千
年選授尚書省左丞二十六年陞資德大夫江西
隸軍籍九月授中書省左丞二

行樞密院副使無廣東宣慰使疾後作名還成宗
即位入見賜玉帶授榮祿大夫江浙行省平章政事
大德二年十一月卒年五十九贈劾忠宣力定遠功
臣開府儀同三司太尉上柱國追封林國公謚武宣
子十四人皆仕而帖木禿古思別里怯都禿顯孫二
十四人仕者亦多云

伯帖木兒

伯帖木兒欽察人也至元中充哈剌赤入備宿衛以
忠謹授武節將軍僉左衛親軍都指揮使司事二十
四年征叛王乃顏隸御史大夫玉速帖木兒麾下敗
乃顏兵於忽爾阿剌河追至海剌兒河又敗之乃顏

黨金家奴別不古率衆走山前從大夫追戰于札剌
馬禿河殺其將二人追至夢哥山并擒金家奴二十
五年超授顯武將軍冬哈丹王叛從諸王乃麻歹討
之至斡麻站兀剌河等處連敗其黨阿禿八剌哈赤
軍轉戰至帖麥哈必兒哈又敗之進至明安倫城哈
丹迎戰敗走追至忽蘭葉兒又與阿禿一日三戰手
殺五人擒捍將一人至帖里揭突擊哈丹潰軍之不
救者車駕親征駐驆兀魯灰河伯帖木兒挺身陷陣
身中三十餘箭而還大夫視其創而罪潰軍之不

夫至貴列兒河哈丹拒王師伯帖木兒首戰却之獲
其黨駙馬阿剌渾帝悅以所獲賊將兀忽兒妻賜之
至霸郎兒與忽都禿兒千戰殺其禪將五人生擒曲
兒先九月大夫令率師住納兀河東等處招集逆黨
乞荅真一千戶遼遼百姓及女直押兒撒等五百餘
戶二十六年春正月師還復遣戍也真大王之境五
月海都都謀擾邊有旨令伯帖木兒即援兵致討擒其黨
怯呂連河值拜要叛伯帖木兒以其軍先來行至
伯顏以獻帝深加獎諭賜以所得伯顏女茶倫是年
冬立東路蒙古軍上萬戶府統欽察乃蠻捏古思那
亦勤等四千餘戶陞懷遠大將軍上萬戶佩三珠虎

符二十七年哈丹復入高麗伯帖木兒奉命偕里
帖木兒進討二十八年正月至鴨綠江與哈丹
的戰失利伯帖木兒以聞帝命乃麻歹薛徹干等征
之仍命伯帖木兒為先鋒薛徹干軍先至擇定州擊
敗哈丹所在乃麻歹嘉其勇賞以老的妻完者上其功
哈丹將百騎退至一大河麾兩騎追奔逐比哈
丹尚有八騎伯帖木兒止餘三騎再戰兩騎士皆失
傷不能進伯帖木兒單騎追之至一大山日暮逐失
于朝賜金帶衣服鞍馬弓矢銀器等物并厚賚其軍

二十九年閩叛王捏怯烈尚在濠來倉伯帖木兒率
兵擊虜其妻子畜產追至陳河捏怯烈以二十餘騎
脫身走遂定其地得所管女直戶五百餘以聞帝命
以充漁戶伯帖木兒度地置馬站七所令歲捕魚馳
驛以進成宗即位俾仍其官車駕幸上京徵其兵千
人從歲以為常云

懷都

懷都幹魯納台氏祖父阿术魯與太祖同飲黑河水
屢從征討賜銀印總大軍伐遼東女直諸部復帥師
討西夏大戰于合刺合察兒擒夏主太祖命盡賜以

夏主遺物繼總軍南伐攻拔信安下宿泗等州諸王
塔察兒以阿术魯年老俾其子不花襲職中統二年
不花卒子幼次兄子懷都繼領其職中統三年春李璮
叛詔懷都從親王哈必赤討之圍璮濟南夏四月璮
夜出兵四面衝突求出懷都直前奮擊斬百餘級俾
二百餘人奪兵伏數百瓊退走入城懷都盡夜勒兵
與戰秋七月破濟南誅璮哈必赤其功居最詔賜
金虎符領蒙古漢軍攻海州署淮南廬州至元三年
充邳州監戰萬戶四年領山東路統軍司從主帥南
征至襄陽西渡漢江宋遺水軍絕歸路懷都選士卒

浮水殺宋軍奪戰艦二十餘艘斬首千餘級六年軍
次淮南天長至五河口與宋兵戰敗之七年詔守鹿
門山白河口一字城九年春懷都請攻樊城之古城
堡高七層懷都夜勒士卒親冒矢石攻奪之斬宋將
韓掫發擒襄陽既降帥師屯戍紮息出巡淮安
還城正陽懷都領步卒薄淮西岸至橫河口逆戰夏
貴來攻正陽懷都領步卒薄淮西岸至橫河口逆戰
退之九月署地安慶十二年北渡至柵江謀報宋
三千餘懷都與戰敗之後南渡江駐兵鎮江堡值宋軍
平江軍出常州懷都領兵千人至無錫與宋兵遇大

戰殲其衆。秋七月，行省撤懷都領軍護焦山江岸，仍住揚州灣頭，立木城以兵守之。九月，權樞密院事，復守鎮江。宋殿帥張彥安撫劉師勇攻呂城，懷都與萬戶忍剌出帖木兒追戰至常州，從右丞阿塔海攻常州，奪舟百餘艘，擒張殿帥。宋朱都統張弘範徇溫州，自蘇州徇秀州，仍撫治臨安逸東新附軍。

〔三〇二〕

之十一月取蘇州徇秀州仍撫治臨安逸東新附軍民十三年秋同元帥迎降十四年授鎮國上將軍淵東宣慰使討台慶版者戰于黃奢嶺又戰于溫州白塔屯福建所至州郡迎降寨轉戰至于漳泉興化平之十六年召至闕下賜玉帶弓矢授行省僉知政事至勳州以疾卒子八忽台帀官至通奉大夫淵東道宣慰使都元帥平淵東建寧盜賊數有功不花子忽都巴兒既長分襲蒙古軍千戶從平宋有功授淵西招討使政邠州萬戶後加紫祿大夫平章政事卒

亦黑迷失

亦黑迷失，畏吾兒人也。至元二年入備宿衛，九年奉世祖命使海外八羅孛國，十一年偕其國人以珍寶奉表來朝，帝嘉之，賜金虎符。十二年再使其國，以其

《元史列傳卷十六》　克

國師以名藥來獻，賞賜甚厚。十四年授兵部侍郎，十八年拜荊湖占城等處行中書省參知政事，招諭占城。二十一年召還，復命使海外，迦刺國觀佛鉢舍利，賜以玉帶衣服鞍轡。二十一年自海上還，以參知政事管領鎮南王府事，復賜玉帶，與平章阿里海牙、右丞唆都等征占城，城戰失利，唆都死，馬八兒亦黑迷失言於鎮南王，請屯兵大浪湖，觀釁而後動，王以聞，詔從之，竟全軍而歸。二十四年使馬八兒國取佛鉢舍利，浮海阻風，行一年乃至，得其良醫善藥，遂與其國人來貢方物，又以私錢購紫檀木殿材并獻之。嘗侍帝於浴

〔四〇四〕

室，問曰：波瑜海者凡幾？對曰：臣四踰海矣。帝憫其勞，又賜玉帶，改資德大夫，遂授江淮行尚書省左丞行泉府太卿。二十九年召入朝，盡獻其所有珍異之物，時方議征爪哇，立福建行省亦付弼海道事，付弼海並為平章，詔軍事付弼亦黑迷失與史弼高興當自服可，遣招徠之，彼若納款，皆汝等之力也。軍次占城，先遣郝成劉淵諭降南巫里速木都剌不魯不都八剌剌諸小國。三十年攻葛郎國，降其主合只葛當，又遣鄭珪招諭木由來諸小國，皆遣其子弟來降

《元史列傳卷十六》　二十　毛前

爪生主婿土罕既闍耶降歸國復叛事並見弼傳
諸將議班師亦黑迷失欲如帝旨先遣使入奏弼與
興不從遂引兵還以所俘及諸小國降人入見帝罪
其興弼縱土罕必闍耶沒家貲三之一尋復還之以
榮祿大夫平章政事為集賢院使兼會同館事告老
家居仁宗念其屢使絕域詔封吳國公卒

拜降

拜降北庭人父忽都武勇過人由宿衛為南宿州鎮
將分守開縣後從世祖南征年幾七十每率先士卒
胃矢石身被數十瘡戰功居多從居大名路清豐縣

《元史傳卷十八》 主

辛贈廣平路總管封漁陽郡侯忽都辛時拜降生甫
數月母徐氏鞠育教誨甚至每曰吾惟一子已童丱
失不可使不知學顧縣辟左無良師友遂遣從師大
名城中郡守每旦望入學見拜降容止講解大異群
兒甚愛獎之比弱冠羨艷舉儀表甚偉丞相阿木南
攻襄陽江陵諸郡以偏裨隸麾下軍行至安陽灘與
宋軍遇宋騎前突陣陣為卻拜降即躍馬出陣前
引弓連斃數人宋騎稍卻率衆戰良久宋師大潰
至元五年圍襄樊戰有功十一年從阿木渡江水陸
遇敵嘗先登隘陣勇冠一軍宋平以功授江浙省理

問官時事方草創省臣有所建白及事有不可便宜
自決須奏聞者以拜降善敷奏令馳驛往咨于朝
及引見世祖遙識之喜曰黑斯使復來耶其見器
使如此二十七年遷江西行省都鎮撫適徙元
擾邊拜降從丞相忙兀臺討定之二十九年遷慶元
路治中歲大饑狀累上行省不報拜降曰民饑如是
而不賑之豈為民父母意耶郎詣行省力請得發
粟四萬石民賴全活元貞間兩浙鹽運司同知范某
陰賊為嵊州民吏以賂咸聽驅役由是數侵暴細民
民有珍貨腴田必奪為己有不與則朋結無賴妄訟

《元史傳卷十八》 三

以羅織之無不蕩破家業者兇醜鐵人人咸側目里
人欲殺之不果被誣訴逮繫者亡應數十人俱死
獄中蘭溪州民葉一王十四有美田宅范欲奪之不
可因誣以事繫獄十年不決事聞于省下理問所
推鞫之適拜降至官寬遂得直置范于刑而七人者
先瘐死矣惟兼一王十四得釋時論多馬大德元年
遷浙東廉訪副使令行禁止豪彊懾伏同寅有貪穢
者拜降抗章覈之于臺遂免其官後轉工部侍郎賜
侍燕服一襲陞工部尚書有能聲至大二年仁宗奉
皇太后避暑五臺拜降供給道路無有闕遺恩賚尤

渥比至都改資國院使母徐氏辛遂奔喪于杭時酒
禁方嚴帝特命以酒十罋官給傳致墓所以備奠禮
初徐氏盛年守節教子甚嚴比拜降貴事上于朝特
旌其門及老見拜降歷官有聲譽喜曰有子如是吾
死可瞑目矣拜降居喪盡禮未及起復延祐二年卒
于家贈資政大夫江浙左丞謚貞惠

《元史傳卷十八》

翰林學士亞中奉訓諸官銜脩官王禕等奉
敕脩

杭忽思

杭忽思阿速氏主阿速國太宗兵至其境杭忽思率
衆來降賜名授都兒錫以金符命領其土民尋奉旨
選阿速軍千人及其長子阿塔赤亷駕親征既還阿
塔赤入直宿衛杭忽思還國道過敵人戰殘勅其妻
外麻思領兵中其國外麻思躬擐甲冑平叛亂後以
次子按法普代之阿塔赤從憲宗征西川軍于釣魚

《元史列傳卷十九》　一　章采方

山與宋兵戰有功帝親飲以酒賞以白金阿里不哥
叛從也里可征之至寧夏與阿藍荅兒渾都海戰率
先赴敵矢中其腹不懼世祖聞而嘉之賞以白金召
入宿衛中統二年扈駕親征阿里不哥追至失木里
禿之地以功復賞白金三年從征李璮平之至元五
年奉旨同不荅台領兵南征攻破金剛臺六年從攻
安慶府戰有功七年從下五河口十一年從下沱江
諸郡戍鎮巢民民不堪命宋將洪福以計乘醉而殺
之世祖憫其死賜其家白金五百兩鈔三千五百貫
併鎮巢降民一千五百三十九戶且命其子伯荅兒

襲千户佩金符時失烈吉叛詔伯荅兒領阿速軍一
千往征之與雅速吉剌只兒乞台軍戰于押里復與藥
木忽兒軍戰于禿剌及斡魯歡之地十五年春至伯
牙之地與赤怜軍合戰其大將塔樹木為柵積
石為城以拒大軍伯荅兒督勇士先登援之伯荅兒
矢中右股別里吉迷失以其功聞賞賞白金二十年授
虎符定遠大將軍都指揮使兼領阿速軍
充阿速拔都達魯花赤二十二年征別失八里軍于
亦里渾察罕兒之地與禿阿不荅麻軍戰有功二十

《元史列傳卷十九》　二　赤芳

六年征杭海敵勢甚盛大軍之食其母乃哎真輸已殆
及畜牧等給軍食世祖聞而嘉之賜予甚厚大德四
年伯荅兒卒長子幹羅思由宿衛仕至隆鎮衛都指
揮使次子福定襄職官懷遠大將軍尋改右阿速衛
達魯花赤無管後衛軍至大四年兄都丹充右阿速
衛都指揮使福定復職後衛陸樞密同僉命領軍親
千户還民鎮尋授遠大將軍僉樞密院事後衛親
軍都指揮使提調右衛阿速達魯花赤二年進資善
大夫同知樞密院事後至元間進知樞密院事

步魯合荅

改征行元帥至元二年車里以老疾不任事諸王阿
只吉命步魯合荅代領其軍至元八年制授管軍千
戶佩金符宋將昝萬壽攻成都俞省嚴忠範遣步魯
合荅將兵七百人禦之于沙坎流矢中右頰援矢戰
愈力大敗其軍十一年行院汪田哥以兵圍嘉定降步
魯合荅即率其衆攻九頂山破之嘉定攻重慶
宋軍突圍出走銅鑼峽行院忽敦遣步魯合荅追之
至廣羊壩斬首二百級濾州叛遷軍討之步魯合荅
以所部兵攻寶慶不下乃造雲梯先登急擊
遂破之殺虜殆盡十六年取重慶以功還武畧將軍

《元史列傳卷十九》 四六 三 王子人

步魯合荅蒙古弘吉剌氏祖按主奴太宗時率蒙古
軍千人從諸王察合台征河西至山丹攻下定會階
文諸州以功為元帥佩金符駐軍漢陽禮店戍守西
和階文南界及西蕃邊境換金虎符宋將劉整以重兵守
里襲職從都元帥紐璘攻成都宋將整車里擊
雲頂山車里擊敗之進圍其城整道禪校出戰敗之
追至簡州斬之殺三百餘人遂拔其城攻重慶車里
將兵千人為先鋒渡馬湖江敗宋兵于馬老山俘獲
百餘人戊午諸軍還屯灰山宋兵夜來刦營車里擊
敗之斬首三百級世祖即位賜金符為奧魯元帥又

征行元帥二十一年命繳蒙古探馬赤軍千人從征
金齒蠻平之都元帥蒙古乃征羅必甸步魯合荅率
游兵先行江水暴溢率衆泅水而渡去城三百步而
營居七日諸軍會城下乃進攻之步魯合荅先登拔
其城遂屠之又從征八百媳婦國至車厘車厘者其
酋長所居也諸王闊闊命步魯合荅魚兒游管
招之降不聽進兵攻之都鎮撫俟正死賜金虎符授懷遠
大將軍雲南萬戶府達魯花赤辛子忙古不花襲管
軍千戶初按主奴三子長車里次黑子次帖木兒黑

《元史列傳卷十九》 三八六 四

子別賜金符為奧魯元帥無
其子那懷幼以帖木兒攝其
改授帖木兒隨路拔都萬戶後移鎮重慶

玉哇失

玉哇失阿速人父也烈宗拔都兒從其國主來歸太宗
命充宿衛戊午從憲宗征蜀為游兵前行至重慶
戰數有功嘗出獵遇虎於陛下馬搏虎虎張吻欲噬
之以手探虎口扶其舌援所佩刀刺而殺之帝壯其
勇賞黃金五十兩別立阿速一軍使領其衆從世祖
征阿里不哥又從親王哈必失征李璮俱有功賜金

符授本軍千戶從下襄陽又從下沿江諸城宋洪安
撫既降復叛誘其入城宴醉殺之長子也速了兒代
領其軍從攻揚州中流矢卒玉哇失襲父職爲阿速
軍千戶從丞相伯顏平宗賜巢縣二十五十二戶只
兒尾歹叛率所部兵擊之至懷魯哈都擒其將失剌
察兒斬于軍其衆悉平諸王和林及失剌等叛從皇
子北安王討之至幹耳罕河無舟躍馬涉流而渡俘
獲甚衆時北安王方戰失利陷敵陣中玉哇失從諸
王藥木忽兒追至金山王乃得脫歸賞白金五十兩
鈔二千五百貫歿賜金虎符進定遠大將軍前衛親

七

元史列傳卷十九　五

張圐士

軍都指揮使諸王乃顏叛世祖親征玉哇失爲前鋒
乃顏遣哈丹領兵萬人來拒擊敗之追至不兒古都
伯塔哈之地乃顏兵號十萬玉哇失陷陣力戰又敗之
追至失列門林遂擒乃顏帝嘉其功賜金帶只孫錢
幣甚厚乃顏餘黨未滅聚兵威捏該從大
軍討平之既而哈丹復叛於曲連江追擊其軍渡河
而遁又與海都將八憐帖里哥歹必里察芉戰於亦
必兒失必兒之地戰屢成宗時在潛邸帝以海都
連年犯邊命出鎮金山玉哇失率所部在行從皇子
闊闊出丞相朵兒朵懷擊海都軍突陣而入大破之

復從諸王藥木忽兒丞相朵兒朵懷擊海都將八憐
八憐敗海都復以禿苦馬領精兵三萬人直趨撒剌
兒藥木忽兒丞相朵兒朵懷擊走之武宗鎮
北邊海都復入寇至兀兒禿玉哇失率善射者三百人守
金織段三十匹海都朵哇失以兵來襲擊之獲其馱馬
其隘注矢以射竟全軍而歸帝嘉之賜鈔萬五千緡
思河欲據險以襲我師玉哇失敗之獲其將兵爲海都
器伏以獻時扎魯花赤字羅帖木兒所將兵爲海都
困於小谷帝命玉哇失援出之帝喜謂諸將曰今日
大丈夫之事舍玉哇失其誰能之縱以黃金包其身
猶未足以厭朕志武宗南還命玉哇失後從敵懼莫

元史列傳卷十九　六

張圐士

敢近因留之戌邊賜以金察剌二玉束帶渾金段各
一仍賜林米七十石使爲酒以犒其軍後海都子察
八兒等遣人詣闕請和朝廷許之遂撤邊俗玉哇失
乃還帝錄其功賜鈔五萬貫進鎮國上將軍仍舊職
大德十年五月晝寢于衛舍不疾而卒子亦乞里歹
襲亦乞里歹卒子拜住襲

麥里

麥里徹兀臺氏祖雪里堅那顏從太祖與王罕戰同
歙班真河水以功授千戶領徹里臺部征討諸國卒
于河西父麥吉襲職從太宗定中原以疾卒麥里襲

職從定宗略定欽察阿速斡魯思諸國從憲宗伐宋初有
功世祖即位諸王霍忽叛掠河西諸城麥里以為帝所部
即位而王為首亂此不可長與其弟桑忽苔兒率所部
擊之一月八戰奪其所掠扎剌亦兒脫憐諸部民以
還已而桑忽苔兒為霍忽所殺帝聞而憐之遣使者以
銀鈔羊馬迎致麥里賜號曰苔剌罕桑辛子禿忽魯

探馬赤

探馬赤禿立不帶人從諸王沒赤征蜀後以兵從塔
馬湖江宋兵連艦絕江不得進探馬赤率精兵二千擊
之奪其舟以濟又於橫江嘉定宣化三縣造浮橋以達
海紬卜火魯赤細璘以為能命將千人從萬戶昔力苔暑地碉門
成都紐璘以為能命將千人從萬戶昔力苔暑地碉門
黎雅土蕃昔力苔死行院帖赤以探馬赤為萬戶領其
軍中統四年授蒙古漢軍萬戶至元九年從行省也速
帶兒征建都獨以銃卒千五百人與建都兵戰于梅子
嶺大敗之夜馳與速哥直擣其營斬首數十級生擒
百餘人獲其輜重以歸復益兵三千人與左丞曲立吉
思乘勝進擊建都勢蹙請降又從行院汪田哥忽敦等
攻嘉定重慶瀘叙諸州以功兼崇慶府達魯花赤十九
年卒子拜延襲蒙古軍萬戶戍甘州

按都兒

按都兒阿速氏世居上都宜興憲宗在潛邸與兄兀作
兒不罕及馬塔兒沙帥衆來歸馬塔兒沙從憲宗征麥
思城為前鋒將身中二矢奮戰援其城又從征蜀至
釣魚山殘千軍援都兒從征李璮圍濟南身二十餘戰
世祖嘉其能賞納失思段九命領阿速軍一千常居左
右尋於阿塔赤內充怯薛百戶後從塔不台南征與敵
軍戰于金剛臺又以功受賞師還言於帝曰臣願從軍
為國效死世祖留之仍命充孛可孫無領阿速衛後衛副都
必令鞭引至元二十三年授廣威將軍親軍副都
指揮使賜虎符明年夏從征乃顏于亦迷河搶愈家奴
塔不台以歸賞鈔及衣段加定遠大將軍大德元年卒
子別吉連襲至大四年河東陝西辜昌延安燕南河北
遼陽河南山東諸翼衛探馬赤爭草地邸者二百餘起
命住究之悉正其罪積官懷遠大將軍致和元年從丞
相燕鐵木兒起倒剌沙黨為伯都剌等領諸衛軍守居
庸關及諸要害地天曆元年十月王禪兵掩至羊頭山
攻破隘口勢甚張別吉連從丞相擁衆奮擊之突入其
軍王禪敗走文宗賜御衣二襲三珠虎符及弓矢甲冑
金帛等物以旌其功尋以疾辭子也連的襲

昂吉兒掖人姓野蒲氏世為西夏將家歲辛巳父
甘卜率所部歸太祖以其軍隸蒙古軍籍仍以甘卜
為千戶主之從木華黎出征

元史列傳卷九 十一 楊仲參

從征諸國有功至元六年授本軍千戶佩金符俟署
昂吉兒以所部馬入太行療之所病良已由是軍中
馬病者率以屬焉歲療馬以萬數宋輸粮金剛臺意
地淮南所向無前時國兵初南塞馬當暑徃疥瘴
將深入昂吉兒將兵馳徃斷其輸道因上言河南選
郡與宋對境宋兵時為邊患唐州東南皆大山信陽

在蔡州南南直九里武陽平靖五水等關宋兵必經
諸關以入信陽實其咽喉守禦莫急焉徃年金亡
廷得壽泗襄郢而不留兵守卒使宋得之請城信陽
以扼宋得旨令率河西軍一千三百人城之城成九
年加明威將軍信陽軍萬戶佩虎符分木華黎及阿
术所將河西伻將之加懷速大將軍丞相伯顏渡
江留阿术定淮南東道其西道則屬之昂吉兒駐兵
和州宋制置夏貴遺俠都統將兵四萬來攻有
謀內應者悉誅之潛兵出千秋澗塞其歸路因出城
奮擊大敗之獲人馬千計鎮巢軍軍降阿速軍戍之人

不堪其橫都統洪福盡叛戍者以叛昂吉兒攻援其
城擒福及董統制譚正將斬夏貴使人來言
曰公毋吾攻為也吾主降吾即降奧宋亡將軍所部
納歀昂吉兒入廬州民按堵無所犯遷鎮國上將軍
淮西宣慰使宋丞相文天祥復起兵海道詔民上將
興應之襲破興國德安諸郡還撫其三子以獻江左初平
攻之一戰而下佩金符阿合納駱驛爵司空山詔昂吉兒
官制草剙權臣阿合馬納駱驛爵司空山詔昂吉兒入朝具為帝
甚郡守而下佩金符者甚衆民不堪命昂吉兒由行省官薦
起授宣慰使者甚衆民不堪命昂吉兒入朝具為帝

元史列傳卷九 十二 楊仲參

言之且枚舉不循資歷而驟陞者數人帝驚曰有是
哉因謂姚樞等曰此卿輩所知而不為朕言昂吉兒
顧言之邪即命借平章哈伯左丞崔斌翰林承旨和
魯火孫符實奉御董文忠汰之選曹以清仍詔諭
江淮軍民伻通知之時兩淮兵革之餘荊榛敝野民
吉兒請立屯田以給軍餉帝從之既而阿塔海言屯
田所用人牛農具甚衆今方有事日本若復調發民
兵將不勝動摇奧議遂寢未幾宣慰使燕楠復以為
言帝乃遺數千人即芍陂洪澤試之果如昂吉兒所
言乃以二萬兵屯之歲得米數十萬斛加輔國上將

軍河南行省參知政事淮西宣慰使都元帥進驃騎
衛上將軍行中書省左丞加龍虎衛上將軍行尚書
省右丞兩官皆無淮西使帥日本不庭帝命阿塔海
等領卒十萬征之昂吉兒上諕其署曰臣聞兵以氣
為主而上下同欲者勝比者連事外夷三軍屢衂不
以言氣罷兵息民不從一遇調發上下愁怨非所謂同
欲也請罷兵息民不從既而師果無功昂吉兒為
直言雖帝怒甚其辭不少屈臺臣應昂吉兒難制以
牙以迷失時撫昂吉兒細故以聞及廷辦帝察其無他

輒遷其官後竟以微過罪之元貞元年卒子五人其
顯者曰昂阿禿盧州蒙古漢軍萬戶府達魯花赤曰暗
普海北海南道肅政廉訪使孫教化的世襲千戶

哈剌觪

哈剌觪哈魯氏初從軍攻襄樊蒙古四萬戶府辟為
水軍鎮撫至元十二年從丞相伯顏渡江政管軍百
戶賞甲冑銀鞘刀十二年秋從丞相阿术與宋兵戰
焦山敗之獲海舟二阿术與王世強招討造白鷂海
船百艘就四十一萬戶阿术翼摘遣漢軍三千五百
軍一千五百俾哈剌觪王世強并統之攻宋江陰許

浦金山上海崇明金浦皆下之獲海船三百餘艘遂
戍澉浦海口十三年春行省撥充沿海招討副使宋
將張世傑舟師至慶元胸山東門海界哈剌觪追之
獲船四艘上其功行省增撥軍七百并舊所領士卒
守定海港口秋七月宋昌國州胸山秀山戍兵舟師
千餘艘攻奪定海港口哈剌觪迎擊虜其禆將并海
省撥充蒙古漢軍招討使十月哈剌觪引兵至溫州
青嶴門遇宋兵奪船五艘遣使諭溫州守臣家之楨
以城降降十一月至福州奪宋海船二十艘撫毛監丞
船三艘八月宋兵攻復攻定海港口哈剌觪擊退之行

等十四年賜金符宣武將軍沿海招討副使行省撥
充沿海經署副使俾與劉萬戶行元帥府事於慶元
鎮守沿海上下南至福建北趾許浦六月行省撥充
沿海經署使無左副都元帥督造海船千艘八月有
吉江西省右丞塔出等進兵攻廣南哈剌觪以兵從十
月進昭勇大將軍沿海招討使時宋兵復溫州
哈剌觪引兵繼至諭宋安撫張鎮孫侍郎踰月未下
第五人以畬兵七千人降塔出兵攻廣州踰月未下
哈剌觪乃率兵復取之進至潮陽縣宋都統陳懿等兒
城降從攻張世傑于大洋復其軍資器械不可勝計

諭南恩州宋閤門宣贊舍人梁國傑以畬軍萬人降
十五年還軍慶元秋八月入覲帝問日浹何氏族對
曰臣哈魯人賜金織文衣鞍勒擢昭武大將軍軍沿海
左副都元帥慶元路總管府達魯花赤擢武將所部軍戍
海口十六年日本商船四艘篙師二千餘人至慶元
港口哈剌歹謀知其無他言于行省與交易而遣之
都元帥改沿海上萬戶府達魯花赤二十四年入朝

《元史列傳卷十九》 十五

海賊賀文達顧潤等冠掠海島哈剌歹諭降之得舟
六十餘艘十八年擢輔國上將軍都元帥從國兵征
日本值颶風舟囘明年二月還戍慶元二十二年罷
帝問日本事宜哈剌歹應對甚悉令還戍海道授浙
東宣慰使賜金織文段玉束帶鞍勒弓矢有差二十
五年樞密以水軍之帥奏薦前職冬徵入見明年拜
金吾衛上將軍中書左丞行浙東道宣慰使領軍職
如故大德五年徵入見擢資德大夫雲南行省右丞
偕劉深征八百媳婦國至順元年宋龍濟等叛喪師
而還深誅哈剌歹亦以罪廢十一年以疾卒于汝州
皇慶元年贈榮祿大夫平章政事蘷國公諡武惠子
哈剌不花襲沿海萬戶府達魯花赤

沙全

沙全哈剌魯氏沙的世居沙漠從太祖平金戍河
南柳泉家爲全初名拙見赤甫五歲爲宋軍所虜年
十八留劉整幕下宋人以其父名沙的使以沙爲姓
而名曰全全父居宋隋固倫知之全以整二年整以沙
州來歸全與之同行宋軍迫之全力戰得脫授管軍
千戶賜銀符敗宋將張貴接樊城與劉整軍會修正
陽城引兵渡淮與宋將陳安撫戰敗之十二年從丞

《元史列傳卷九》 十六

為鎮撫整遣全率軍攻仙人山陳家洞諸寨破之隨
擊殲甚衆五年命整領都元帥事出師圍襄樊以全
百戶至元三年整出兵雲頂山與宋將夏貴兵會

相阿木與宋將張世傑孫虎臣大戰于焦山水陸並
進宋人不能支盡棄鼓旗走獲其將士三十三人從
攻常州克之乘勝下沿海諸城至華亭戍士卒毋糧
掠遂傾城出降以功授華亭軍民達魯花赤時民心
未定有未附鹽徒聚衆數萬掠華亭全擊破之邑得
名得六千人請于行省遣屯田于淮之芍陂行省以
邑人新附時有叛側委萬戶忽都芳等體察欲屠其
城全言鹽卒多非其土人若屠之枉死者衆以死保
其不叛遂止賜金符加武署將軍蕪領鹽場職如舊
尋陞華亭爲府以全爲達魯花赤賜虎符時盜賊蠡

起其最盛者有衆數千人全惡招來之境內得安改
松江萬戶府達魯花赤始專領軍政二十二年召見
遷隆興萬戶府達魯花赤得請復舊名曰秋兒赤未
幾帝以爲松江瀕海重地復命鎮之賜三珠虎符卒
于官

帖木兒不花

帖木兒不花昔里帶人父帖赤歲乙未同都元帥
塔海紺卜將兵入蜀并將蒙古也可明安和少馬頼
及砲手諸軍政下興元利劍成都諸郡所降宋將小
王太尉之衆悉隷庵下中統二年賜虎符授西川便
宜都元帥俄進行樞密院率諸軍署定西川未下郡
邑至元年還益都等路統軍使帖木兒不花死軍中帖木兒不
花中統初入儛宿衛至元七年授虎符代張馬哥爲
淄萊水軍萬戶將其衆赴襄陽與宋將范文虎戰于
灌子灘手殺四十餘人奪其戰艦追至雲勝洲大敗
之行省上其功賜白金五十兩衣一襲鞍轡一副九
年授益都新軍萬戶
從丞相伯顏伐宋敗其大將夏貴於陽羅堡大軍渡
江論其功最多賜白金五百兩又從下鄂斬黄江建
康常秀蘇杭諸郡累加昭武大將軍從參知政事阿

刺罕署定紹興温台福建諸郡授台州路總管府達
魯花赤遷廣東宣慰使十六年加都元帥追宋將張
世傑於香山島世傑死降其衆數千人廣東諸郡及
海島盡平領諸降臣及蒙古軍千戶從代蜀有功
閣命大府監視其身製銀鼠裘成親賜予之授中書
左丞行省江西其餘爵賞有差二十五年拜四川等
處行尚書省平章政事兼總軍務改行中書省平章
政事其兄帖木脫幹初以蒙古軍千戶從代蜀有功
行樞密院承制授萬戶并將列別木塔海帖木兒也
速帶兒匣剌撒兒四千戶軍從大軍改重慶重慶降

收其衆徇下流諸城留鎮夔門兼本路安撫司達魯
花赤進懷速大將軍蒙古重萬戶遷定遠大將軍嘉
定守鎮萬戶本路總管府達魯花赤尋陞鎮國上將
軍諸蠻夷部宣慰使加都元帥亦奚不薛蠻畔與岳
刺海會雲南兵討平之政征緬都元帥死于軍子忽
都答兒嗣

列傳卷第十九

歡

塔出

塔出蒙古札剌兒氏父札剌台歷事太祖憲宗歲甲
寅奉旨伐高麗命來吉忽剌出諸王並聽節制其年
破高麗連城舉國逃入海島己未正月高麗計窮遂
內附札剌台之功居多塔出以勳臣子至元十七年
授昭勇大將軍東京路總管府達魯花赤十八年名
見賜鈔六十定旌其廉勤階昭毅大將軍開元等路

《元史列傳卷千》

宣慰使政遼東宣慰使二十二年入覲帝慰勞父之
且問曰太祖命關父札剌台聖旨爾能記否塔出應
對周旋不踰禮節帝嘉之賜以玉帶弓矢拜龍虎衛
上將軍東京等路行中書省右丞復授遼東道宣慰
使塔出探知乃顏謀叛道人馳驛上聞有旨命領軍
一萬與皇子愛也赤同力偹禦女直水達達官民與
乃顏連結塔出遂棄妻子與麾下十二騎直抵建州
距咸平千五百里與乃顏黨太撒扶都兒等合戰兩
中流矢繼知其黨帖哥抄兒赤等欲襲皇子愛也赤
以數十人退戰千餘人厄從皇子渡遼水乃顏軍來

襲塔出轉鬭而前射其首帖古歹中其口鏃出於項
臨馬死刅追兵乃退遂軍懣州州老幼千餘人焚香羅
拜道傍泣曰非宣慰公吾屬無遺種矣塔出曰今日
之事上賴皇帝洪福下賴將士之力吾何功焉至遂
西罷山北小龍泊得叛酋史禿林台盧全等納歡書
期而不至塔出即遣將討之又獲其黨王賽哥復
與曲迭兒大王等戰破之將士欲俘掠塔出一切禁
止與僉院漢爪監司脫脫北至金山
戰捷帝嘉其功名賜黃金珠珮乃顏餘黨王矢鞍勒二十
八年賜明珠虎符充賜蒙古軍萬戶是歲復領軍討哈
丹於女直還攻建州逐阿海投江死明年哈丹涉海

《元史列傳卷千》

南襲高麗塔出復進兵討之入朝世祖嘉其功眷遇
彌渥復賜珠珮上服拜榮祿大夫遼陽等處行中書
省平章政事燕蒙古軍萬戶卒于位子荅蘭帖木兒

中奉大夫遼陽省參知政事

拜延

拜延河西人父火奪都以赀子從太祖征河西太祖
立質子軍號禿魯花遂以火奪都為禿魯花軍百戶
太宗朝都元帥紐璘承制以為千戶從征西川忽都
叛於臨洮世祖命火奪都等以蒙古漢軍從大軍往

討之火弆都卒拜延襲至元九年制授征行千戶佩
金符十年宋師侵成都四川僉省嚴忠範遣迎
擊大敗之又從行省也速帶見攻嘉定從行院忽敦
取瀘叙攻重慶軍萬戶總帥汪田哥用兵同知田哥回以東
西兩川蒙古漢軍萬戶有戰功十二年行院承制以為
延將兵二千往瀘州策應之宋人同知忠州命拜
師順流而下邀于青江拜延引兵馳赴擒其部將李
春等十七人取其軍資焚其戰艦十三年瀘州復版
行院遣拜延錫兵趨瀘之珍珠堡敗其將王世昌俘
掠其民人畜畜移兵成瞄溪岩宋合州兵來操拜延

《元史列傳二十 三 趙良弼》

生擒百餘人戰之遂克瀘州行院副使卜花進兵圍
重慶遣拜延將兵游擊擒大良平李立所遣諜者四
人重慶降制授宣武將軍蒙古漢軍總管十九年從
總帥汪田哥入見隆懷遠大將軍管軍萬戶改賜金
虎符卒子苍察嗣嗣授明威將軍興元金州萬戶府
達魯花赤

也罕赤

也罕的斤
刺魯軍三千來歸於太祖又獻羊牛馬以萬計以千
戶從征四四諸國又從憲宗及折別兒諭降河西諸
也罕的斤匣剌魯人祖匣苍兒寗立以斡思堅國哈

城後從攻臨洮死焉父寗立火者從太宗成金又從
憲宗攻蜀為萬戶府達魯花赤歿于軍中統二年也
罕的斤為千戶數有戰功下五花石城白馬等岩至
元七年宋兵入成都也罕的斤以兵四百人與之相
拒四日宋兵退追擊於眉州大破之授蒙古匣剌魯
金百兩加昭勇大將軍上萬戶益兵萬人會圍重慶
要害宋兵出戰輒敗十二年從圍瀘州嘉定築懷遠岩以守其
河西漢軍萬戶戌眉州從圍瀘州攻重慶屯佛圖
盡督馬湖江兩岸水陸軍馬十四年從圍攻重慶神
臂門先登援之從行樞密副使卜花攻重慶屯佛圖

《元史列傳二十 四 趙良弼》

關屢戰有功孩屯堡子頭宋守將趙安開門降重慶
既平復將其衆略地思州得降將百餘人加昭毅大
將軍帝以西川新附選能鎮撫之者授嘉定軍民西
川諸蠻夷部宣撫司達魯花赤增戶萬餘進奉國上
將軍四川宣慰使都元帥十七年征斡端拜雲南行
省参知政事二十一年與右丞太卜諸王相吾荅兒
分道征緬造舟于阿昔阿禾兩江得二百艘進攻江
頭城拔之獲其銃卒萬人命都元帥來世安守之且
圖其地形勢遣使詣闕具陳所以攻守之方先其既
破江頭城遣黑的兒揚林等諭緬使降不報而諸叛

蠻撫建都太公城以拒大軍復遣僧諭以禍福又爲
所害遂督其軍水陸並進擊破之建都金齒等十二
城皆降命都元帥合帶萬戶不都蠻等以兵五千戍
之二十八年改四川行樞密副使卒子二人火你赤
的斤雲南都元帥也連沙龔蒙古軍萬戶

葉仙鼐

中統元年從征阿里不哥與其黨遇大呼馳擊之其
雲南常爲前驅歲巳未伐宋至鄂州先登奮其外城
金及西夏俱有功仙鼐幼事世祖於潛藩從征土番
葉仙鼐吾人父土堅海牙以才武從太祖太宗平

衆駭潰賞白金黝裘明年討李璮以功賞白金五百
兩授西道都元帥金虎符土番宣慰使仙鼐素熟夷
情適地阨塞設屯鎮撫之恩威著頑獷皆悅服賜
金幣鈔及王束帶爲宣慰使歷二十四年遷雲南行
省平章政事尋改江西行省平章政事謝事歸
還賜玉帶改陝西行省平章政事尋改江西行省平
積年爲省仙鼐討擒之至元三十一年成宗即位召
卒贈協恭保節功臣太保儀同三司上柱國韓國公
謚敏忠子完澤太子詹事進金紫光祿大夫中書平
章政事

脫力世官

脫力世官畏吾人也祖八思忽都探花愛忽赤國初
領畏吾阿剌溫滅乞里八思四部以兵從攻四川殺
于軍父帖哥術探花愛忽赤憲宗命長渴密里及曲
先諸宗藩之地渾都海阿藍荅兒叛執帖木械繋
之帖術械城脫走入覲世祖賜金符虎符賞白金
所部兵就征之以功賜衣服弓矢鞍勒又命從諸王
與曾赤討建都平之陸昭勇大將軍羅羅斯副都元
帥同知宣慰司事至西蕃酋長剌充邅道不
得進帖哥術戰却之道遂通事聞賜金虎符賞白金

及衣二襲卒于官脫力世官襲職爲武德將軍羅羅
斯副都元帥同知宣慰司軍其所部有產金戶叛服
不常脫力世官往討平之定昌路總管谷納叛與其
千戶阿夷殺之謀率衆渡不思魯河脫力世官引兵戰擒
亦奚不薛地未附民多立寨依險自保詔雲南行省
阿夷路平路落來民又叛脫力世官又討平之
調羅羅蒙古軍四百人羅羅斯六百人屬脫力世
官從左丞愛魯督往討之脫力世官先至授其寨愛
命率兵攻羅羽抵落穿奪其關獲馬牛羊以給士卒
又命與萬戶兀都蠻攻怯兒地其酋長阿失攜山寨

不下脫力世官先瑩破之愛魯遂命脫力世官總左

孟山翼兵討平亦昼不薛又有孽子童者立寨于納

土原山行省復命脫力世官以蒙古賽姦軍與行省

条政阿合八失攻之子童窮蹙遂降進無管軍副萬

戶蠻細狗折興等及威龍州判官阿遮皆憑陰險為亂

脫力世官夜入攝其寨賊散走道兵搜山谷獲阿遮

於深菁斬之籍其民五百餘戶為農脫力世官入覲

授三珠虎符加懷遠大將軍羅羅斯宣慰使蕭管軍

萬戶既還治括戶口立賦稅以給屯成昌州蘇你巴

翠等作亂脫力世官以雲南王命討降之徒其衆於

昌州平川鎮守千戶任世祿以所部二千人乘間通

去屯威龍州脫力世官先攝其要路陀之世祿降未

襲入覲辛於京師子峻南班由宿衛襲職佩三珠金

虎符官至鎮圍上將軍

忽剌出

忽剌出蒙古氏曾祖阿察兒事太祖為博兒赤祖赤

脫兒從太宗征欽察康里回回等圍有功為涿州達

魯花赤卒伯父哈蘭術襲職佩金符以功稍遷益都

路蒙古萬戶殁於軍忽剌出襲哈蘭術職初授昭勇

大將軍至元十二年攻宋六安軍行省命領諸軍戰

艦遇宋軍敗之有旨襃賞軍次安慶忽剌出及參政

董文炳領山東諸軍與宋孫虎臣等戰于丁家洲大

敗之俘其將校三十七軍五千船四十戰于朱金沙

又敗之七月及宋人戰于焦山江中時丞相阿术督

戰忽剌出與董文炳冒矢石沿流鏖戰八十里身被

數傷裹創珠死戰宋張敵帥攻呂城忽剌出與萬戶

懷都生擒之從下常州署地蘇湖秀州至長橋大敗

宋軍大軍至臨安伯顏命忽剌出守浙江亭及比門

敗揚州軍于揚子橋又敗真州軍追李庭芝至通州

海口盡降淮東諸州江南平加駘毅大將軍尋蓮湖

州路達魯花赤十四年進鎮國上將軍淮東宣慰使

奉旨屯守上都改嘉議大夫行臺御史中丞隆資善

大夫福建行省左丞遷江淮行省除右丞拜榮祿大

夫江浙行省平章政事以疾卒

重喜

重喜束呂紉氏祖塔不已兒事太宗為招討使征信

安河南授金虎符改征行萬戶卒父脫察剌龍襲職歲

已未從南征破十字寨時重喜從行戰亦屢捷左足

中流矢勇氣益倍世祖親勞之日汝年幼能為朕宣

力如是深可嘉尚父卒重喜龍襲職中統三年從征李

環有功四年命領兵鎮莒州至元十二年奉旨築十
字路城備守衡重嘉常率兵游擊四年從抄不花征
泗州時蔡千戶為宋兵所圍重喜奮戰救之五年入
覲帝嘉其功賜白金金鞍弓矢修正陽城十一年宋
兵圍正陽從大軍戰敗之十二年從下連海諸城又
敗宋將李提轄遂駐兵瓜洲十三年夏六月宋都統
葉才率師來攻迎昭勇大將軍婺州路總管府達曾
花赤卒子慶孫襲

李庭芝于泰州進昭

旦只兒

《元史列傳卷二十》 九 十八 子明

旦只兒蒙古塔塔帶人至元七年從征蜀敗宋兵拔
馬湖江斬首百餘級九年從征建都蠻十一年從攻
嘉定敗宋兵於夾江又從攻下瀘叙諸州進圍重慶
敗宋將張萬瀘諸軍將攻瀘旦只兒先將其眾
攏紅米灣與宋兵戰敗之進至安樂山復敗宋軍斬
首五百餘級獲戰艦四宋兵邀漕舟於安樂山擊走
之遂破其石磬寨十四年春抵瀘州奪其戰艦五艘
擒宋將張萬瀘州叛諸軍將攻瀘州
還至安樂山復與宋兵戰殺數十人從諸軍援瀘州
張萬舉兵欲向合州旦只兒以銳卒千人邀擊於龍
坎斬首百餘級萬引却賜銀符授管軍千戶從征斡

端至甘州賜金符陞總管十九年從諸王合班元帥
忙古帶軍至斡端與叛王兀盧等戰勝之二十年諸
王八巴叛以兵來攻旦只兒獨破其五百餘眾三十
卒二千餘人以出進副萬戶宋好止賽亡
以兵來襲旦只兒擊走之斬首百餘級生獲三十餘
人二十六年賜金虎符授信武將軍平陽等路萬戶
府達曾花赤卒子建都不花襲

脫歡

脫歡札剌兒台氏祖菊者父脫端為萬戶從皇子淄
出忽都禿略汴宋雎宿等州歲癸丑鎮蔡州脫端卒

《元史列傳卷二十》 十 三十 十八 子明

子不花襲不花卒第阿藍荅兒襲卒第長
壽襲並為千戶守蔡長壽卒脫歡襲加武署將軍佩
金符從丞相阿朮攻陽邏堡攻鄂漢
諸州下之會宋軍于丁家洲脫歡突入奪戰艦數艘
攻建康太平等郡下之宋都統姜才攻楊子橋堡脫
歡率精兵出堡東逆之斬殺幾盡俄而宋軍復集堡
北遂奮擊走退至楊州殺傷甚眾會萬戶昔里罕入
朝道徐州為宋兵所遮擊敗宋兵出昔里罕從攻楊
州至泥湖遇宋軍奪三十餘艘遂進兵蘇州與宋軍
戰擒梛奉使至元十三年右丞相遣脫歡援高郵軍

末至二十里會宋將率兵來漕高郵粟與戰擒之有
頃宋高郵都統復率二萬人至擊敗之十四年春授
懷遠大將軍太平路總管府達魯花赤會只里兒帶
冠北邊帝命脫歡往討之戰左臂中流矢二帝命慰勞
之賜鎧甲弓矢鞍勒鈔千五伯緡十五年春從親王
幹魯忽台丞相字羅西征有功加定遠大將軍福州
路總管府達魯花赤平闖盜改武昌路卒

完者拔都

完者拔都欽察氏其先彰德人以才武從軍歲已未
從世祖攻鄂州登城斬馘賞銀五十兩中統三年從
諸王合必赤征李璮於濟南力戰有功至元四年從
萬戶木花里掠地荊南至襄陽與宋兵戰屢勝之遂
為梯登城焚樓櫓勇冠三軍十一年授武畧將軍
彭德南京新軍千戶攻沙洋新城始授義將軍戰于丁
家洲及揚子橋焦山破常州入臨安攻泰州新城皆
伯顏帳前合必赤軍渡江論功改武義將軍遷丞相
領焉江南歸附入見賜號援都兒佩金虎符遷信武
將軍管軍總管高郵軍達魯花赤既而高郵陞為
務四方則之郡有虎傷人人手格殺之既而高郵陞為
大將軍高郵路達魯花赤十六年進昭勇
路進懷遠

大將軍管軍萬戶十八年間賊陳吊眼作亂攘鎮國
上將軍福建等處征蠻都元帥賜翎根甲命往討之
破其營擒吊眼至漳州斬以示眾加管軍萬戶無高
郵路達魯花赤賞賜無第二十三年進驃騎衛上將
軍江浙等處行中書省左丞仍管軍萬戶遷浙西
中書省行中書省右丞行浙西宣慰使二十七年轉資德大夫
江西等處行樞密院副使兼廣東宣慰使元貞元年
入朝拜榮祿大夫江浙等處行中書省平章政事二
于官年五十九贈效忠宣力定遠功臣開府儀同三
司太尉上柱國追封林國公諡武宣

失里伯

失里伯蒙古人祖怯古里禿從太祖經畧西夏有功
又隸諸王术赤台領寶兒亦與金人戰殁于陣父莫
剌合嗣從征阿藍答兒世祖賜以白金五十
兩失里伯世其職由樞密院斷事官為河南行中書
省斷事官至元七年佩金虎符引水軍四萬攻襄陽
八年七月宋將范文虎來援失里伯敗其軍進圍樊
城先登戰于鹿門與諸軍擒其將張貴十年遷昭勇
大將軍為號羅國招討使奉旨入見上都改管軍萬
戶領襄陽諸路新軍從丞相伯顏等渡江破獨松關

《元史列傳卷二十》

宇蘭奚

下長興取湖州行安撫司事十四年授湖州總管進
鎮國上將軍淮西道宣慰使十八年卒子塔剌赤曲
靖等路宣慰使

宇蘭奚

宇蘭奚雍吉烈氏世居應昌祖忙哥以后族備太祖
宿衛父律實狀貌瑰偉有謀善騎射太宗嘗問以軍
旅之事應對稱旨即命為千戶尋以為齊王府司馬
後從曆宗伐金有功詔還宿衛以疾卒宇蘭奚英邁
有父風幼孤能自刻厲如成人暇日習弓馬夜則讀
書其母嘗訓之曰汝父忠勇絕人天不假年汝能自
立則汝父歿無憾矣宇蘭奚由是感激期以成父之
志從軍有功襲父官為齊王司馬世祖親征乃顏以
齊王兵始交宇蘭奚躍馬陷陳斬其旗所嚮披
靡世祖遙望見壯之有頃乃顏兵遁走宇蘭奚馳歸
以捷聞世祖大悅勞之曰無忝汝父矣賜黃金五十
兩金織文二疋授宣威將軍信州路達魯花赤時江
南初附布宣上意與民更始期年郡中大治部使者
以聞帝奬嘆父之即遣使賜以上尊俄以疾卒年三
十三贈河間路達魯花赤追封范陽郡侯子脫穎溥
化歷監察御史河南廉訪副使郴州路達魯花赤

怯烈

怯烈西域人世居太原由中書譯史從平章政事賽
典赤經署川陜至元十二年立雲南行省署為幕官
諸洞蠻夷酋長欵附怯烈即以戰功居多十五年分省大理授行中
會緬人入寇怯烈書省左右司員外郎十八年平章納速剌丁遣詣諸關
敷奏邊事世祖愛其聰辯達錫虎符拜鎮西緬麓
川等路宣撫司達魯花赤無管軍招討使成都烏蒙
諸驛阻絕怯烈市馬給傳往來便之俄被召上京問
以征緬事宜奏對稱旨賜幣帛及鈐根甲諸王相吾

菩兒右丞太卜征緬命怯烈率兵船為鄉導接其江
頭城振旅而還復從雲南王入緬總兵三千屯鎮驃
國設方略招徠其黨由是復業者眾後入覲世祖慰
勞之詢以緬國始末擢正議大夫
事佩金符頒詔于緬宣布威德緬王稽顙稱謝遣使
子信合八的入貢遷通奉大夫雲南諸路行中書省
參知政事進資善大夫雲南諸路行中書省左丞大
德四年以疾卒

暗伯

暗伯唐兀人祖僧吉陀迎太祖于不倫吾兒哈納之

地太祖嘉其效順命為禿兒哈必闍赤無恠里馬赤
父禿兒赤襲職事憲宗累官至文州禮店元帥府達
魯花赤暗伯弱冠入宿衛性嚴重剛果有大志當親
迎于燉煌阻兵不得歸乃客居於于闐宗王阿魯忽
之所世祖遣薛徹干等使阿魯忽以通好阿魯忽留
使者數年弗遣薛徹干等征于闐暗伯以巳馬馳厚賂之令逃去薛
徹干於帳中薛徹干曰公之忠義已上聞矣不花帖
元帥不花帖木兒等征于闐暗伯乘間至行營見薛
木兒遂承制命暗伯權充樞密院客省使俄有旨護

《元史列傳卷干》十五

四

送暗伯妻子來京師未幾宗王乃顏叛世祖親征暗
伯在行間屢捷命為克流速不曾合不同兀等趣萬
戶又諸王哈魯駙馬禿綿荅兒等叛暗伯率所部兵
戰于克流速石巴禿之地身中七劍所乘馬亦中二
矢自旦至晡鏖戰愈力刺禿綿荅兒殺之生擒曾
以獻世祖嘉其功命長唐兀衛燕僉樞密院事凡分
立諸色五衛軍職襲替屯成之法多所更定歷同僉
副樞同知至知樞密院事以疾終于位贈推忠保節
功臣資善大夫甘肅等處行中書省右丞上護軍寧
夏郡公諡忠遂子阿乞剌知樞密院事亦憐真班湖

廣省左丞

也速解兒

也速解兒康里人父愛伯伯牙兀太祖時率眾來歸
初以五十戶從軍南征力戰而死也速解兒世其官
從丞相伯顏經畧襄樊攻百丈山鶴子灘皆最及
襄樊圍合即被甲先登賞銀鈔百兩明年破復州殺
其將以功陞百戶主帥言賞不足酧其勞世祖賜金虎符管
軍總管江南平錄功進懷遠大將軍管軍萬戶領江
淮戰艦數百艘東征日本全軍而還有旨特賜養老

《元史列傳卷干》十六

一百戶衣服弓矢鞍轡有加二十二年後鎮泰州時
籍民丁為兵得萬人以也速解兒為欽察親軍指揮
使統之大德三年以疾卒子七人曰黑的曰教化的曰黑斯
襲父職以疾卒曰黑的牧馬同知曰延壽襲克職曰
拜顏領哈剌赤日完澤帖木兒廣德路萬戶達魯花
赤曰哈剌章

昔都兒

昔都兒欽察氏父禿孫隸蒙古軍籍中統三年從丞
相伯顏討李璮叛以功授百戶至元十年告老以昔
都兒代之十一年昔都兒從大軍南征攻取襄陽唐

鄧申裕鈞許等州累功授忠顯校尉管軍總把賜銀
符將其父軍十四年從諸王伯木兒追擊折兒四台
岳不思兒等將於黑城哈剌火林之地平之十七年賜
金符陞武畧將軍侍衛軍百戶時亡宋猶有未附城
邑昔都兒言於省願自舉兵下之省從其請諸城聞
風而附二十四年賜虎符進宣武將軍漢洞右江萬
戶府達魯花赤是年秋七月領軍從鎮南王征交
趾冬十月至其境駐兵萬劫左丞阿八命進兵援其
一字城射交人奪其戰艦七明年春正月大兵進逼
偽興道王居與交人戰于塔兒山奮戈撞擊之右臂

《元史列傳卷二十》 七 〈十八〉

中毒矢流血盈掬灑血奮戰射死交人二十餘仍督
諸軍乘勝繼進大敗之遂入其都城四月戰于韓村
墮其將黃澤是夜二鼓交人突至謀劫營官軍堅
壁以待敵將失計詰旦鳴鼓出營交人却追殺甚衆
營立木柵增邏卒交人不敢犯五月鎮南王引兵還
以昔都兒爲前軍行次陷泥關戰數十合交人却遂
還迎鎮南王于女兒關交人四萬餘截其要道時我
軍乏食且疲於戰將佐相顧失色昔都兒率勇士奮
戈衝擊之交人却二十餘里遂得全師而還鎮南王
閔其勞命樞密臣奏陞其秩二十六年賜虎符授廣

威將軍砲手軍匠萬戶府達魯花赤大德二年卒子
也先帖木兒襲

列傳卷第二十

《元史列傳卷二十》 七

銀青嘉議大夫知制誥兼修國史總裁官　翰林待制臣　知　劉　　國史院編修官臣　　纂修

撒吉思

報

撒吉思畏吾人其國阿大都督多和思之次子也初
為太祖弟斡真那必闊赤領王傅斡真那撒吉思
番世適孫塔察兒幼廉凡脫選狂恣欲嚴適自立撒
吉思與火魯和孫馳白皇后乃授塔察兒以皇太弟
寶親戚舊為王撒吉思以功與火魯和孫分治黑山以
南撒吉思理之其比火魯和孫理之從憲宗攻釣魚
山建言乘勢定江南帝嘉納焉憲宗崩阿里不哥爭
立諸王多附之者撒吉思馳見塔察兒力言宜協心
推戴世祖塔察兒從之及世祖即位聞撒吉思所言
授比京宣撫賜宮人甕吉剌氏及金帛章服及至鎮
鋤奸抑彊遼東以寧會高麗有異志帝遣使究治則
委罪於其臣洪察忽械送京師道遼東撒吉思訪知
洪察忽以直諫迕意即奏疏為直其事帝命釋之李
璮叛命撒吉思師徒宗王哈必赤討之李璮伏誅惡
脅從罔治因撫摩其人衆情大悅授山東行省都督

〈元史列傳卷廿一〉　一　胡拱之　九

遷經署統軍二使燕益都路達魯花赤辭不稱上言
山東重鎮宜選貴戚臨之帝不許賜京城宅一區益
都田千頃及璮馬羣圈林水磑海青銀鼠裘之屬兵
後民乏牛具為之上聞驗民丁力官給之統軍抄不
花田遊無度害稼病民元帥野速荅兒擾民田為牧
地撒吉思隨事表聞有旨狀抄不花一百令野速荅
爾還其田璮故將毛璋欲率諸部謀執撒吉思以歸
宋璋黨上變乃襲璋斬之撒吉思嘗慕古人舉親舉
讎之義版帥故卒得與子姓衆用公論多之山東歲
屢歉撒吉思請於朝發粟賑邮又奏罷其田租山東人
石頌德卒年六十六後贈安邊經遠宣惠功臣謚襄
惠

月乃合

月乃合字正卿其先屬雍古部徙居臨洮之狄道金
略地盡室遷遼東曹祖帖木爾越哥仕金為馬步軍
指揮使官名有馬因以馬為氏祖把掃馬野禮屬徙
靜州之天山以財雄邊宣宗遷汴父昔里吉思辟尚
書省譯史試開封判官政鳳翔府兵判官月乃合好學負
贈輔國上將軍恒州刺史廟號褒忠月乃合日吾父死國難
氣父死時年方十七奮然投冠于地曰吾父死國難

〈元史列傳卷廿一〉　二　胡拱之

吾獨不能紓家難乎會國兵破汴侍毋北行艱關鋒
鏑中北見憲宗辭容端謹帝嘉賞之命卜只兒斷
事官事以燕故城為沿所月乃合慨然以治道自任
政事修舉歲壬子料民丁於中原九業儒者試一
經即不同編戶著為令甲儒人免丁者寔月乃合始
之也性好施予嘗建言立常平倉舉海內賢士楊春
卿張孝純輩分布諸郡號稱得人又羅致名士敬鼎
臣授業館下薦引馬文玉牛應之輩為幕佐後皆位
至卿相歲己未世祖以親王南征徙行至汴令專饋饟
運濟南墮百萬斤以給公私之費所過州郡汴蔡政

元史列傳卷九一　三　瑯琊之　十九

潁之間商農安業軍政修舉月乃合與有力焉及即
位降詔褒獎世祖將親征阿里不哥月乃合出私財
市馬五百以助軍帝厚賚其家曰當償汝也拜禮部
尚書佩金虎符四年南邊不靖月乃合建言光潁等
處立榷場藏可得鐵一百三萬七千餘斤鑄農器二十
萬事用易粟四萬石輸官不惟官民兩便因可以鎮
服南方詔以本職兼領已括戶三千興爐冶其蒙
古漢軍並聽節制未行以疾卒年四十八贈推忠宣
力翊運功臣正議大夫僉書樞密院事上輕車都尉
梁郡侯謚忠懿子孫簽仕籍者甚眾至仁宗朝詔行

科舉曾孫祖常博學能文章鄉試會試皆為舉首由
翰林應奉拜監察御史直言忤上官意去居浮光歠
年起為翰林待制累遷御史中丞卒謚文貞

昔班

昔班畏吾人也父闊里別幹赤身長八尺智勇過人
閞太祖北征領兵來歸從征回回國數立功將重賞
之自請為本國坤間城達魯花赤從之仍賜種田戶
二百辛昔班事世祖潛邸命長必闍赤中統元年以
為真定路達魯花赤歐戶部尚書正府札魯花赤
阿里不哥之叛命昔班詣河西督糧運給軍還至

元史列傳卷九一　四　瑯琊之　十九

西京北闌萬戶阿失鐵木兒等方選士卒將徙阿里
不哥昔班矯制召其軍赴行在阿失鐵木兒狐疑未
決昔班委曲諭之且曰皇帝兄也阿里不哥弟也從
兄順事也又何疑焉阿失鐵木兒等請夜議之期以
翌日復命且以兵圍昔班以待明日皆至曰從爾以
言矣即便宜以西京錢粮齡其軍遂率之以行入見
帝歎曰戰陣之間得一夫之助猶為有滿昔班以二
萬軍至其功豈少哉海都叛世祖大閱兵將討之先
命昔班使海都聽命既退軍置驛而丞相安童軍先
旨諭之海都聽命既退軍置驛而丞相安童軍先已

克火和大王部曲盡獲其輜重海都懼將逃謂昔班
曰我不難於殺汝念我父嘗受書於汝姑遣汝歸以
安童之事聞非我罪也昔班以聞帝曰汝言是也先
是來者亦嘗有此言尋命為中書右丞商議政事妻
以宗王之女不魯真公主明年復使海都謝之來歸
畏死不敢昔班奉使奔走三年風沙翳目時年巳七
十矣命為翰林承旨給全俸養老年八十九而卒子
幹羅思察至元二十三年授浙東宣慰使浙東盜起
偽鑄印璽借獮天降大王幹羅思察計平之移鎮廣

《元史列傳卷廿二》 五

朔漠之 十九

其不伐予之千錠官至榮祿大夫宗正府札魯火赤
千錠以購賊咬住擒獲之盜伏誅咬住辭賞武宗嘉
至大三年授典用監卿有盜竊世祖御帶者懸賞五
西峒蠻羅天佑作亂招諭降之年六十九卒子咬住

鐵連

鐵連乃蠻人也居絳州祖伯不花為宗王援都王傅
鐵連貌偉儕寡言有謀略早歲宿衛王府援都分地
陽以鐵連監隰州中統初調平陽馬步站達魯花赤
至元初宗王海都叛廷議欲伐之世祖曰朕以宗室
之情惟當懷之以德其擇謹密足任大事者往使焉

左右以鐵連對遂召見諭及大事鐵連應對稱首帝
嘉其辯慧曰此事非汝不可然必詣都諸王援都既
木王所相與計事而後行使二人副之鐵連既奉命
欲直造海都境視其虛實然後議于諸王副者弗從
曰上命我輩先議于王今遽造敵境不可諭曰親
承密旨汝輩違則當誅副者懼而從之行既至海都
曰召宗親宴飲伺其隙謀害之鐵連乃厲聲斥之
曰且食勿語語言脫口相撝為罪耶良久海都曰
直我酒半鐵連求衣為歡海都嘉其雄辯將與之
其妃止之以皮服二襲付之因語其屬曰為使者當

《元史列傳卷廿一》 六

四六

如是矣厚贈以行既至援都蒙哥鐵木王所具告以
故王曰祖宗有訓叛者人得誅之如通好不從舉師
以行天罰我即命揜襲勦絕不難矣鐵連還悉以
事聞因言於帝曰海都矢繁而銳不宜速戰來則堅
壁待之去則勿追自守既固則無虞矣帝深然之勅
所受海都皮服全飾以金凡朝會宜服以表示焉非
賞賜不可勝計後屢使援都王所道遇海都將兵副
者前行失對遇害語屈乃曰前者偽使此真使也釋之
禮犯之耶游兵對兵鐵連後至曰我為天子使可以
遂獨得還帝嘗謂待臣曰有鐵連則朕之宗族將不

失和矣都覘伺援都王為備已嚴意乃帖然鐵連
始終九四往返歷十四年帝謂鐵連曰在朝官之要
重者惟汝所擇對曰臣志在王室其事未辦不敢奉
命今臣母在絳州老且病得侍朝夕幸也詔從其請
授絳州達魯花赤至元十五年平陽李二謀亂鐵連
捕問盡得其狀中書奏進其秩帝曰鐵連豈惟能辦
此耶加宣武將軍至元十八年病卒於官年六十四
子苔剌帶嗣官信武將軍同知大同路總管府事

愛薛

愛薛西域弗林人通西域諸部語工星曆醫藥初事
定宗直言敢諫時世祖在藩邸器之中統四年命掌
西域星曆醫藥二司事後改廣惠司仍命領之世祖
嘗詔都城大作佛事集教坊妓樂及儀仗以迎導愛
薛泰曰高麗新附山東初定江南未下天下疲弊此
無益之費甚無謂也帝嘉納之至元五年從獵獵至
平乎帝為罷獵至元十三年丞相伯顏平江南姦臣
日旦久乃從容於帝前語供給之民曰得無妨爾耕
以飛語譖之愛薛叩頭諫得解罷奉詔使西比宗王
阿魯渾所既還拜平章政事固辭舉秘書監領崇福
使還翰林學士承旨無修國史大德元年授平章政

事八年京師地震上弗豫中宮召問災異殆下民所
致耶對曰天地示警民何與焉成宗崩內旨索星曆
秘文愛薛屬色拒之仁宗時封秦國公
開府儀同三司上柱國拂林忠獻王子五人也里牙
秦國公崇福使映合翰林學士承旨黑廝光祿卿闊
里吉思同知泉府院事魯合廣惠司提舉

闊闊

闊闊字子清本蔑里吉氏部族世居不里罕哈里敦
之地其俗驍勇善騎射諸族頗憚之國初舉族內附
世祖居潛邸選闊闊為近侍歲甲辰世祖聞王鶚賢
號泣不食者累日世祖聞而異之歲庚戌憲宗復召
鶚至和林仍命闊闊從之游每旦起盛飾其冠服鶚
誚之曰聖主好賢樂善徽天下士命若從學若等不
能稱主上惟諛衒鮮華以益驕貴之氣恐窒於外而
塞於中道義之言無自而入吾所不取也闊闊深
自悔悟明日俱純素以進鶚乃悅歲壬子奉命僉諸
路軍籍以丁壯產多者克之所至編籍無挑人皆德
之及還帝悅命領蒸京匠局世祖即位特授中書左
皆師事之既而闊闊出使
避兵居保州遣使徵至問以治道命闊闊與廉希憲

丞未幾遷大名路宣撫使以疾卒年四十子堅童字
求叔少孤甫十歲即從王鶚游既長奉命入國學擩
後許衡游弱冠入侍禁廷授中順大夫侍儀奉御還
中議大夫同僚起居注及奉使濟南見楊桓賢遂力
薦之至元二十三年授嘉議大夫禮部尚書遷吏部
尚書秩未滿特授通議大夫御史臺侍御史二十四
二十八年授正議大夫燕南河北道肅政廉訪使遂
年罷從東征屢戰有功遷燕南河北道提刑按察使
拜河南行省平章政事驛召赴闕未拜以疾卒年三
十九

秃忽魯

秃忽魯字親臣康里亦納之孫亞禮達石第九子也
自幼入侍世祖命與也先鐵木兒不忽木從許衡學
帝一日問其所學秃忽魯與不忽木對曰三代治平
之法也帝喜曰康秀才朕初使汝祉學亦不意汝即知
此除蒙古學士奉議大夫客省使進兵部郎中遷僉
太史院嘗宴見世祖屢開說古今治亂政要多所禆
益至元二十年遷中書右司郎中未幾大宗正薛徹干
薦掌其府判署閱諸獄文案當暮歸愀然若有求而
未獲者家人問之曰今日所議死案也於我心有疑

欲求所以活之未得其方耳他日歸喜曰我得之矣
於法當流徙邊地遷吏部尚書時哈剌孫為湖廣
平章嘗與秃忽魯同在大宗正素知其賢舉以自輔
遂授資德大夫湖廣右丞時湖南北盜賊乘舟縱橫
劫掠哈剌孫患之秃忽魯曰樹茂鳥集樹伐則散
殺一人足矣盜首喬大使者居九江郡守曳剌馬升
取賂縱之遣使擒以來獄成殺而令諸市群盜頃息
湖南宣慰張國紀劾徵夏稅民弗堪秃忽魯屢請木
之至元二十九年辰州蠻叛訓樞劉國傑僉院唆木
蘭徃討之不利移文索辰澧沅民間弩士三千哈剌

哈剌孫以民弗習戰強之徒傷吾民弗許秃忽魯曰兵
貴訓練乃可用也漢軍不習弩攻蠻古所利遂
與之果以此獲勝成宗即位遷江浙右丞適歲旱方
至而兩民心大悅未幾平章不忽木者賀伯顏對曰秃
侍曰辭臣就有似不忽木者帝思之問近其
人也且先帝所知遂驛召遠賜雕鞍弓矢俄遷樞密
副使大德七年卒年四十八贈推忠翊亮佐理功臣
榮祿大夫江浙等處行中書省平章政事柱國大司
徒趙國公謚文肅子山僧仕至晉寧路總管
唐仁祖

唐仁祖字壽卿畏兀人祖曰唐古直子孫因以唐為
氏初畏兀舉國効順唐古直時年十七給事太祖因
屬之曆宗唐古直可任大事曆宗未及用莊聖皇
后擢為札魯赤驍勇好射獵世祖即位命莊皇
為裕宗潛邸必闍赤陞達魯花赤仁祖少穎悟父没
母教之讀書通諸方語言尤遂音律中統初詔諸貴
胄習真定親閱之見仁祖是唐古直孫邪聰明無
疑也俾習國字至元六年中書省選充蒙古掾十六
年錄四平陽平反寬滯免死者九十七人十八年授
翰林直學士時中書奏真定保定兩路錢穀逋頃屢

十九

歲不決道仁祖往閱其牘皆中統舊案丞遽奏罷之
輔工部侍郎除中書右司郎中拜恭議尚書省事時
丞相桑哥秉政威燄方熾仁祖論議不回屢忤桑哥
人皆危之仁祖自若也遷工部尚書桑哥以曹務煩
劇特重困之仁祖慮之甚安尋出使雲中桑哥考工
部織課稍緩怒曰誤國家歲用丞遣驛騎追還見
桑哥相府中遷命直吏拘性督工且促其期日遙期
必致汝於法左右皆為之懼仁祖退召諸署長從容
謂之曰丞相怒在我不在爾也汝等勿懼宜力加勉
衆皆感激盡夜倍其功期未及而辦乃罷巳而桑哥

繫獄有旨命仁祖往籍其家明日桑哥以左右之援
得釋報見駭然目仁祖曰怒虎之威可再犯邪悉蹄
坦以窺仁祖獨不為之動桑哥竟敗二十八年除翰
林學士承旨中奉大夫遼陽飢奉旨偕近侍速哥左
丞忻都佐賑忻都欲如户籍口數大小給之仁祖曰
不可窨籍之小口今巳大矣可偕以大口給之仁祖曰
衆巳的知當是而陷我于惡邪仁祖笑曰吾二人善惡
曰若要善名而陷我于惡邪俄除通奉大夫將作院使
何邸爾言卒以大口給之
成宗即位尊大母元妃為皇太后以仁祖善書特勑

三百九十

書册文復奉詔督工織綾像世祖御容越三年告成
大德五年再授翰林學士承旨資善大夫知制誥無
情國史以疾卒年五十三贈榮祿大夫平章政事追
封洹國公諡文貞子恕初授奉訓大夫壽武庫提點
至大中遷翰林待制後累遷至亞中大夫侍儀使

杂兒赤

杂兒赤字道明西夏寧州人父斡扎簀世掌其國史
初守西凉率父老以城降太祖有旨副撒都忽為中
興路管民官國兵西征餉不絕無毫髮私時甍曰
滿朝清世祖即位斡扎簀寢疾卒遺奏因高智耀以

進請謹名爵節財用帝嘉納朶兒赤年十五通古
注論語孟子尚書帝以西夏子弟多俊逸欲試用之
召見于香閣帝曰朕聞儒者多嘉言朶兒赤奏曰陛
下聖明仁智奄有四海唯當親君子遠小人兩自古
帝王未有不以小人而亡者惟陛下察斯言焉帝曰朕於
廷臣有懲直忠言未嘗忤而退諛者亦未嘗
加罪蓋欲養忠直而退諛也汝言甚合朕意因問
欲何仕朶兒對曰西夏瞥田寶占正軍懼有調用
則又妨耕作土瘠野壙十未墾一南軍屯聚以來子
第番息稍衆若以其成丁者別編入籍以實屯力則
地利多而兵有餘矣請為其總管以盡措畫帝可之
乃授中興路新民總管至官錄其子第之壯者墾田
塞黃河九口開其三流九三載賦額增倍就轉營田
使秩蒲入觀帝大悅陞潼川府尹時公府無祿潼川仕雲
兒赤乃白于梁王得檄而八月
南諸蠻叛傺佐悉稱故而去朶兒赤獨居守又
省大懼歸府印欲追朶兒赤乃白于梁王得檄而
者有祿自此始未幾臺臣奏為雲南廉訪副使時
後出遷山南廉訪副使會行
省丞相帖木迭兒貪暴擅誅殺羅織安撫使法花魯

丁將置于極刑朶兒赤謂之曰生殺之柄繫于天子
汝以方面之臣而專殺意將何為小民罹法且必審
覆況朝廷之臣耶法花魯丁竟獲免尋復其官竟夷
與蠻相響殺時省臣受賄助其詐奏蠻叛起
兵殺良民朶兒赤奏竟察之年六十二卒于官子
仁通為雲南省理問天曆二年三月雲南諸王與萬
戶伯忽等叛仁通率官軍抗之沒於陳

和尚

和尚玉耳別里伯牙吾台氏祖哈刺察兒率所部歸
太祖父忽都思齊力過人歲壬辰從曆宗破金大將
合達軍于鈞州三峯山以功賜號都曾甲午金亡
乙未授管軍百戶從攻宋唐鄧潁蔡襄陽鄖復信陽
等州屢立戰功辛亥賜名馬文錦白金甲冑弓矢
光大夫中書右丞上護軍沈國公諡武惠力功臣資
乙卯從攻漢上鐵城寨歿于軍贈竭忠宣力功臣資
德大夫
職已未從世祖攻鄂州中統三年李璮叛從國兵討
之戰老僧口斬獲甚衆陞阿刺罕萬戶府經歷至元
五年攻襄陽軍務繁劇贊畫一有方都元帥阿术薦其
才可大用十一年從丞相伯顏渡江與宋軍戰于柳
子魯狀新灘沚口伯顏上其功世祖嘉奬不已十三

年從平章阿里海牙攻拔岳州取沙市至江陵宋安
撫使高達城守拒戰和尚直抵城下諭以禍福達遂
開門出降以功陞行省郎中從國兵圍潭州潭守臣
李芾堅欲屠其城和尚宣言曰拒我師者宋將耳其
於鷹暑攻之三月不下十二年城破帶死諸將欲利
民何罪旣受其降即是吾民殺之何列城之人
未附降而殺之是堅其死之心也左丞崔斌曰郎
中言是平章阿里海牙意亦與合遂從之一城之人
賴以全活由是湖南諸郡聞風皆下世祖聞之賞賜
加厚政行省斷事官徇地廣西督前軍攻破靜江遂

燕行宣撫事廣西平授太中大夫常德路達魯花赤
以治最聞權嶺南廣西道提刑按察使時阿里海牙
恃功頗驕忿和尚劾奏不少貸遷江南浙西道提刑
按察使浙西宋故都民衆事繁在職惟務鎮靜人服
其知大體卒于官年四十九贈宣忠正功臣銀青
榮祿大夫司徒上柱國追封沈國公謚莊肅子千奴
千奴以御史大夫月魯那延薦入見大安閣世祖念
其功臣子即以其父官授之拜武德將軍江南浙西
道提刑按察使時江浙行中書省行御史臺皆治江南
千奴上言行省專控江浙在杭爲宜行臺總鎮江南

不宜偏在杭且兩大府並立勢偏狹則事窒情通則威
褻盍移行臺於要便之所後數年遂移行臺於江東
遷山南江湖比道提刑按察使二十六年加明威將軍
遷淮南江西道提刑按察使時桑哥秉政擅權勢焰
熏灼人莫敢言千奴乘間入朝見帝於柳林極陳其
罪狀帝爲之改政未幾桑哥伏誅又上言其黨猶布
中外宜早屏分改立肅政廉訪司進廣威將軍授江
比淮東道肅政廉訪使三十一年遷江東建康道肅
政廉訪使丁祖母憂服闋東平大名諸路有諸王牧
馬草地與民田相閒互相侵冒有司視強弱爲予奪

連歲爭訟不能定乃命起千奴治之其訟遂息大德
二年授太中大夫建康路總管未行奉詔使淮東西
問民疾苦察官吏能否千奴勤于容訪興利除害還
奏軍民便宜三十事多見采用歷江西湖東江南湖
比兩道廉訪使時中書平章伯顏等固位日久黨與
衆盛所任之人徇情弄法綱紀漸壞千奴撫其實上
千憲臺以聞伯顏等皆被黜前後七持憲節剛正不
撓聞朝廷事有不便必上章極論未嘗以內外爲嫌
七年授嘉議大夫大都路總管燕大興府尹馭吏治
民有方以瑕日正街衢表里巷國學與工尤盡其力

俄進通議大夫同僉樞密院事上疏言蒙古軍在山
東河南者往戍甘肅跋涉萬里裝橐鞍馬之資皆其
自辦每歲必齎田產甚則賣妻子戍者未歸代者當
發前後相仍困苦日甚今邊陲無事而虛糜兵力誠
為非計請以近甘肅之兵戍之而山東河南前戍者
官為出錢贖其田產妻子庶使少有瘳也詔從之未
幾遷參議中書省事贊決機務精練明敏凡干祿之
人由他道進者一切不用時論翕然稱焉成宗崩迎
仁宗於潛邸奉武宗即位危疑之際彌縫補益之功
為多拜榮祿大夫平章政事商議樞密院事左翼萬

《元史列傳卷廿一》 七 張珪道

戶府達魯花赤提調屯田事賜玉帶延祐五年乞致
仕帝憫其衰老從其請仍給半俸終其身退居濮上
築先聖宴居祠堂於歷山之下聚書萬卷延名師教
其鄉里子弟出私田百畝以給養之有司以聞賜額
歷山書院家居七年而卒年七十一贈推忠輔治功
臣光祿大夫河南江北等處行中書省平章政事上
柱國追封衛國公謚景憲子龍賓監察御史壽童洪
澤屯萬戶早卒不蘭奚南臺御史觀音保襲洪澤屯
萬戶宇顏忽都起進士知鄭州以治行第一入為翰
林國史院經歷

劉容

劉容字仲寬其先西寧青海人高祖阿華西夏主尚
食西夏平徙西寧民於雲京容父海川在從中後遂
為雲京人容幼穎悟稍長喜讀書其俗素尚武容亦
喜騎射然弗之好也中統初以國師薦入侍皇太子
於東宮命專掌庫藏每退直即詣國子祭酒許衡問
亦與進之至元七年世祖駐蹕鎮海聞容知吏事召
至命權中書省撮事畢後前職以忠直送遺歸路權
貴人可立致榮寵容曰剝民以自利吾心何安使還

《元史列傳卷廿一》 十八 劉繼道

旨使江西撫慰新附之民或勸其頒受之使傾
天下本苟不得端人正士左右輔翼之使傾邪側媚
稍疎容然容亦終不辯會立詹事院上言曰太子
惟載書籍數車獻之皇太子忌嫉者從而讒之由是
祕書監未幾出為廣平路總管富民有同姓名字得其
者訟連年不決容召二人父祖名字得其實某
之徒進必有損令聞者是之俄命為太子司議改
立斷之爭者遂服皇子雲南王至汴其達魯花赤某
欲厚歛以通賄于王容請自往乃減其費後以疾卒
於官年五十二
迦魯納荅思

23-1582

迦魯納荅思畏吾兒人通天竺教及諸國語翰林學
士承旨安藏扎牙荅思薦於世祖召入朝命與國師
講法國師西番人言語不相通帝因命迦魯納荅思
從國師習其法及言與字暮年皆通以畏吾字譯西
天西番經論旣成進其書帝命鏤板賜諸王大臣西
南小國星哈剌的威二十餘種來朝迦魯納荅思奏
帝前敷奏其表章諸國驚服朝議興兵討遏國羅斛
馬八兒俱藍蘇木都剌諸國命迦魯納荅思奏此皆羈
爾之國縱得之何益興兵徒殘民命莫若遣使諭以
禍福不服而攻未晚也帝納其言命岳剌也奴帖哥

《元史列傳卷百一》　十九　王港阁

等佳使降者二十餘國至元二十四年丞相桑哥奏
爲翰林學士帝曰迦魯納荅思之官非汝所當奏也
旣而擢翰林學士承旨中奉大夫遂侍成宗於潛邸
且俾以卲飲致戒成宗即位思其忠遷榮祿大夫大
司徒憐其老命乘車入殿仁宗即位廷議汰冗官獨
迦魯納荅思爲司徒如故仍加開府儀同三司賜玉
鞍一是年八月卒

闊里吉思

闊里吉思蒙古按赤歹氏魯祖八思不花從攻乃蠻
欽察兀羅思馬扎兒回回諸國常爲先鋒破敵太祖

嘉之賜以虎符及諭降豐州雲州權充宣撫使祖忽
押忽辛襲職佩虎符憲宗嘗語之曰汝所佩金符舊
矣何以雄世功命改製以賜之中統三年改河中府
達魯花赤辛父藥失謀擢襄陽統軍司經歷改宿州
達魯花赤皆不拜樞密副使李羅御史中丞木八剌
引見世祖奏曰此忽押辛子也乞以其祖父
授之擢中順大夫及溫州潞州以建康路達魯花赤
安東州順大夫金剛䑓達魯花赤繼改光州路達魯
仕闊里吉思初以宿衞充博兒赤至元二十五年擢
朝列大夫司農少卿賜金束帶遷中議大夫司農卿

《元史列傳卷九十一》　千　王港阁

陸賚善大夫司農即拜榮祿大夫行湖廣平章將兵
討海南生黎諸峒寨又明年平之師還徵入見賜玉
東帶金銀幣帛弓矢甲胄及寶鈔鞍勒旨還鎮成
宗即位入見賜海東青鶻白鶻各一及衣服有差大
德二年改福建行省平章未幾以福建廉江浙改福
建道宣慰使都元帥闊里吉思征東省平章政事高麗刑政
無節官冗民稀闊里吉思以目疾還京師加官至金
年改陝西以目疾還京師加官至金紫光祿大夫雲
入見俾條析便民事宜大德五年復拜湖廣平章
南諸路行中書省左丞相卒年六十六子完澤湖廣

右丞征廣西賊辛子軍

小雲石脫忽憐 八丹附

小雲石脫忽憐畏吾人仕其國為吾魯愛元赤猶華
言大臣也太祖時與其父來歸從征回回國還睿
宗於潛邸真定睿宗分地以為本路斷事官子八丹
裕宗比征至鎮海你里溫賜銀椅及鈔一萬五千貫
命歸守真定未幾命行省揚州八丹辭曰臣自幼未

女各一人金一鋌及銀變等物征阿里不哥戰於昔
門秃日三合殺獲甚衆賜金一鋌後以鷹房萬戶從
事世祖為賓兒赤鷹房萬戶從刺張有功賜男
鷹房千戶石得安西王贈銀青光祿大夫司徒子阿里
赤阿散甘肅行省平章政事熙
還以功賜金一鋌授青光祿大夫真由會同館達魯花
不允居三年海都叛奉旨從甘麻剌太子性征之師
書去陸下顧留侍左右改隆興府達魯花赤遇授中
昔右丞諭之曰是朕舊所居汝往居之八丹又辭帝
通政院有政蹟官至榮祿大夫中書省平章政事熙
翰林學士承旨通政院使辛子寮乃金紫光祿大夫
中書省平章政事寮乃子十八人老章知樞密院事撒
馬篤中書省參知政事

十九　三七五　《元史列傳卷九十一》　九一　王潛德

幹羅思

幹羅思康里氏曾祖哈失伯要國初欵附為莊重太
后宮牧官祖海都從憲宗征釣魚山歿于陣父明里
怙木兒世祖時為必闍赤後為太府少監幹羅思至
元十九年為內府必闍赤二十一年拜監察御史遷
雲南行省理問領雲南王府事後以忤桑哥被諸籍
其家唯金玉帶各一黃金五十兩皆上所賜者乃以
公用係官孳畜加之罪帝曰口腹之事其寢之二十
六年置八番羅甸宣慰司進嘉議大夫宣慰使時諸
蠻叛服不常幹羅思平之乃立安撫等司以守焉二

三六十　十九　《元史列傳卷九十》　九二　王

十八年平楊都要等九月進中奉大夫錫虎符待明年
為八畨順元等處宣慰使都元帥賜三珠虎符大德
六年授通奉大夫羅思宣慰使蕘管軍萬戶進正
奉大夫武宗立召還授資善大夫中書左丞領武衛
親軍都指揮使大都屯田府軍尋進榮祿大夫賜賚
右丞蕭翰林國史院辭還四川行省平章政事至
產第宅固辭遷四川行省平章政事至
以瘴癘卧病不起皇慶二年卒年五十有六贈光祿
大夫益國公子博羅普化初直宿衛為速古兒赤至
大元年為翰林侍講學士以父疾歸侍延祐四年

入侍為速古兒赤撒孫至治元年為速古兒赤五
十人之長蕪領皇后宮寶兒赤二年襲授河南府同
知子寮罕不花領其所掌宿衛天曆元年見文宗于
汴入直宿衛為溫都赤拜監察御史繼遷御史臺經
歷中書右司郎中授中憲大夫隆禧總管府副達魯
花赤

朵羅台

朵羅台唐兀氏祖小丑太祖既定西夏括諸色人匠
小丑以業弓進賜名怯延兀蘭命為怯憐口行營弓
匠百戶徒居和林卒父塔兒忽台襲職阿里不哥叛

三七二九

塔兒忽台從戰于失敵里禿之地死之朵羅台從戰
戶也速觧兒玉哇赤等累戰有功授前衛親軍百戶
積官昭信校尉芍陂屯田千戶所達魯花赤後以疾
退朵羅台之弟闊闊出亦業弓嘗獻所造弓帝稱善
問其父何名闊闊出對曰塔兒忽台之父也帝見
其狀貌魁偉且問其能射乎左右對曰能試之果然
遂命為近侍明年武偹寺復以其弓獻且奏用之
帝曰孔子言三綱五常人能自治而後能治人能齊
家而後能治國汝可以此言諭之而後用之俄擢為
大同路廣勝庫達魯花赤廣勝者貯兵器之所時總

管唐兀海牙以庫作公署實甲伏於虛廩中多被蟲
鼠之害闊闊出言於帝復之且責其償兵器之既壞
者使者薛緯不花納速魯丁以檄取鷹房軍衣甲弓
矢若干闊闊出言賣其入文書領去時憲副速魯蠻令
毋入文書且命有司封鑰其入庫將點視之闊闊出不
從事聞帝命笞速魯蠻罷之大德元年陞大同路
州達魯花赤兼管本州諸軍奧魯勸農事又監建州利
政僉四川道廉訪司事拜監察御史累官中大夫大
寧路總管卒于官朵羅台之子脫歡初直宿衛歷御
史臺譯史拜監察御史遷四川行省左右司員外郎

四五克

四川廉訪司僉事樞密院都事陞斷事官其在四川
時嘗上疏曰內外修寺雖支官錢而一尾皆勞
民力百姓嗟怨感傷和氣宜悉罷仍減省供佛飯
僧之費以紓國用如此則上應天心下合民志不求
福而福自至矣回戶計多富商大賈與軍民一
體應役如此則賦役均笑為國以善為寶九子女玉
帛羽毛齒革珍禽奇獸之類皆喪德喪志之具令後
回回諸色人等不許賣寶中賣以虛國用遺者罪而
沒之如此則富商大賈無所施其奸偽而國用有畜
積矣其辭懇直剴切當時稱之

累官至銀青榮祿大夫次曰不花帖木兒拜榮祿大
夫四川省平章政事也先不花初世其職爲必闍赤
大夫雲南諸路行中書省平章政事時阿郎可馬丁
也先不花吾舊臣子孫也先不花爲之傅且謂之曰
長裕宗封燕王世祖命也先不花爲之傅且謂之曰
夫之必不使爾爲不善也二十三年拜上柱國光祿
問之必不使爾爲不善也二十三年拜上柱國光祿
諸種變夷爲硬討平之遂立登雲等路府州縣六十
餘所得戶二十餘萬官其酋長定其貢稅邊境以寧
大德二年遷湖廣行省平章不怒而威不察而
明大事集議衆論不齊徐決一言切中事理咸出人

也先不花
也先不花蒙古怯烈氏祖曰昔剌幹忽勒兄弟四人
長曰脫不花次曰怵哥季曰哈剌阿忽剌方太祖
微時怵烈哥已深自結納後兄弟第四人皆牽部屬來
歸太祖以舊好遇之特異他族命爲必闍赤長朝會
燕饗使居上列昔剌幹忽勒其子宇魯歡幼事
睿宗入宿衛憲宗即位與蒙哥撒兒密贊謀議拜中
書右丞相遂專國政賜真定之束鹿爲其食邑至元
元年以黨附阿里不哥論罪伏誅子四人長曰也先
不花次曰木八剌初立御史臺爲中丞次曰荅失蠻

意表會汴梁行省有妖獄飛語連湖廣平章政事劉
漢傑右丞燕公楠朝廷譯召二人者入二人與也先
不花嘗有遺言也先不花急遣使附奏明其無他二
人皆得釋八年遷平章河南行省河決落愁堤勢甚
危督有司先之卒以偹之汴以無患九年進平章起
國銀青榮祿大夫湖廣等處行中書省左丞相賞賜
王謚文貞子五人曰禿魯曰荅思曰怵烈
正佐運謝戴功臣太師開府儀同三司上柱國恒陽
日按攤亦憐真事裕宗於東宮爲家令累拜銀青榮
禄大夫湖南等處行中書省左丞相延祐元年平天
曆元年贈推誠輔治宣化保德功臣太傅開府儀同
三司上柱國追封武昌王謚忠定禿會歷事四朝起
家宗正府也可扎魯花赤拜開府儀同三司上柱國
丞相秉義昭宣彌亮功臣太師開府儀同三司上柱
追封廣陽王荅恩仕至資德大夫湖南宣慰使怵烈
忠乘義昭宣彌亮功臣成宗襲長宿衛
仕至中政使按攤事成宗襲長宿衛有旨給七秉傳
使往侍其父也先不花于湖廣諸道宣慰使都元帥
行開胏拜中奉大夫海北海南道宣慰使都元帥海康

與安南占城諸夷接境海島生黎叛服不常接攘威
望素著夷人帖服壴黎王高等二十餘洞皆輸貢
稅在鎮期年以省親辭去至大二年拜資德大夫中
書右丞行浙東道宣慰使訇都元帥未幾奔父喪于
武昌以衰毀致疾辛天曆二年贈秉義效忠著節佐
治功臣左丞相諡貞孝子阿榮由宿衛起家湖南道
公中書左丞相開府儀同三司上柱國追封特進趙國
宣慰副使歷拜奎章閣大學士榮祿大夫太禧宗禋
院使都典制神御殿事

列傳卷第二十一

翰林學士臣大夫知制誥兼修國史臣宋濂翰林待制承務郎知制誥同國史院編修臣王褘等奉

勅修

鐵哥术

鐵哥术高昌人世居五城後從京師曾祖父達釋有
謀略為國人所信服太祖西征高昌國主懼以錦衣
白貂帽召達釋與謀達釋知天命有歸勸其主執贄
稱臣以安其國由是號為尚書太祖班師諸王言於
帝曰達釋之子野里术驍勇善戰所將部落文強大
聞其人每思率眾効順而未有機便盡致之乎太祖

《元史列傳卷二十二》　一　芦慶良

是其議即詔給驛馬五百迎與俱來既至引見甚器
重之丙午太祖西征野里术別從親王按只台與敵
戰有功甚見親遇王方以絳蓋障日而坐及聞野里
术議事喜見顏色稱善久之既退撤其蓋送之十里
遂得薰長四環衛之必闆赤壬辰從國兵討金以戰
功最多賞賚優渥甲午副忽都虎籍漢戶口籌其賦
役分諸功臣以地人服其敏鐵哥术野里术長子也
尤沉鷙有才嘗有擁兵叛者鐵哥术率族人與戰于
魚兒濼時軍與簿撤繁急鐵哥术一以其國書識之
無遺失者帝甚嘉焉至元中擢為隸州達魯花赤遷

德安府達魯花赤適土人蔡知府者以眾叛殺鐵哥术
率眾先登冒矢石身被數槍犹戰不已遂討平之
將怒將屠其城鐵哥术請曰叛者蔡知府數人而已
城中之人何預焉盡誅其黨與而止母令濫及非辜
達魯花赤所在咸著政蹟大德己亥辛成宗敕其孫
海壽載其柩歸葬京師贈榮祿大夫江淛行省平章
政事柱國封雲國公謚簡肅子四人義堅亞禮幼給
汴鄭大疫義堅亞禮命所在村郭構室廬備醫藥以

《元史列傳卷二十二》　二　芦慶良

畜病者由是軍民全活者眾遷直省舍人承中書省檄
徵考上都儲偫及還帝賜錦衣貂裘一襲以旌其能
出為湖州路達魯花赤卒于官月連术同知安陸府
事八扎同知宣政院事孫九人海壽義堅亞禮花赤
由宿衛世祖朝累官至太中大夫杭州路達魯花赤
招復流民有恩惠卒贈翰林直學士封范陽郡侯謚

惠敏

塔出

塔出布兀剌子也幼孤長善騎射至元元年入侍世
祖占對多稱旨賜以寶貨衣物四年給以察罕食邑

賦稅之半又還其所俘通戶三十七年降金虎符授
昭勇大將軍山東統軍使鎮莒密膠沂郯宿即墨
等城設方略謹斥候宋人不敢北嚮九年詔更統軍
司為行樞密院政僉樞密院事將兵攻城下瀕淮堡
柵略地連海獲人高萬計宋人蔣德勝來降塔出表
海諸州兵宋陳奕率安豐廬壽等州兵數撓其役塔
之十年改僉淮西等慶行樞密院事城正陽宋人復造戰
言宜加賞賚以勸來者於是賜黃金五十兩白金倍
出選精銳日十數戰奕遁去卒城正陽宋人復造戰
艦於六安欲攻正陽塔出詗知之卒騎兵焚其艦餓

饟久不繼出兵擷潛取安豐麥以饋軍宋兵壁橫
河口塔出將奇兵大破之十一年朝議淮上諸郡宋
之北藩城堅攻之不可猝下徒老我師宜先度
江翦其根本留兵淮旬絕其救援則長江可乘虛而
度也於是以塔出為鎮國上將軍淮西行省參知政
事帥師攻安豐廬壽等州俘生口萬餘來獻賜蒲萄
酒二壜仍以曹州官園為第宅給城南開田為牧地
宋夏貴帥舟師十萬圍正陽決淮水灌城幾陷帝遣
塔出往救之道出潁州遇宋兵攻潁戍卒僅數百人
盛暑塔出即發公庫弓矢驅市人出戰預度潁之北

關攻易急徙民入城伏兵以待是夜宋人果焚
北關火光屬天塔出率眾從暗中射之矢下如雨宋
軍退走至沙河大破之溺死者不可勝計明日長驅
直走正陽時方霖雨突圍入城遂堅壁不出俄復開
霽與右丞阿塔海分帥銳師以出渡淮至中流皆珠
死戰宋軍大潰追數十里斬首數千級奪戰艦五百
餘艘遂解正陽之圍塔出引兵渡淮屯廬間十二年
罰伊將士有所懲勸帝納其言頗有事之殺宜明賞
西行省復為行院塔出與宋軍戰宋軍大潰其臣賈似
從丞相伯顏以舟師與宋軍戰宋軍大潰其臣賈似

道奔揚州遂分兵四出克池州耿太平順流東下至
建康丹徒江陰常州皆望風迎降時揚州未附謀告
揚州人將夜襲丹徒守將乞援塔出設伏以待揚州
軍果夜至塔出扼西津邀擊之殺獲溺死者甚眾入
朝帝賜玉帶旌其功授淮東左副都元帥仍佩金虎
符十三年加通奉大夫參知政事領淮西行中書省
事時沿淮諸州新附塔出禁侵掠撫瘍疾練士卒備
姦宄境內帖然俄遷江西都元帥征廣東塔出宣布
恩信所至溪峒納欵廣東遂平十四年加賜雙虎符
為江西宣慰使宋益王昺廣王昺走保嶺海後改江

西宣慰司為行中書省遷治贛州授塔出資政大夫
中書左丞行中書省事十五年以二王事入議帝命
張弘範李恒總兵進討塔出留後以供軍費初江西
南定帝命嘗其城塔出即表言豫章諸郡皆瀕江為
城霖潦泛溢無城必至墊溺頭之不便帝從之降附
之初有謀畔者既敗穫具塔出出謂同僚曰撫治乘方
州張公明想左丞呂師婆謀為不軌塔出從廉知其誣
曰狂夫欲脅求貨耳若以瞹昧言遽聞之朝廷則大
獄茲興連及無辜且師婆既居相職詎肯為狂妄之
事若遲疑不決恐彼驚疑灭生異謀乃斬公明而後
聞帝是之十七年入覲賜勞有加復命行省於江西
尋以疾卒於京師時年三十七妻明理氏以貞節稱
旌其門閭二子長宰牙襲爵中奉大夫江西宣慰使
次必宰牙仕至征東行中書省左丞妻伯牙倫泰安
郡武穆王字骨歡之女亦守義有賢行

塔里赤

塔里赤康里人其父也里里白太祖時以武功授帳
前總校奉音南征至洛陽得唐白樂天故址遂家焉
塔里赤幼穎異好讀書尤善騎射襲父職參佐戎幕

調慶軍馬動合事宜行省奏充斷事官時南北民戶
主客良賤雜糅蒙古軍牧馬草地互相占擾命塔里
赤至其地理之軍民各得其所由是世祖知其能俾
領蒙古軍圍樊襄塔里赤躬冒矢石所向摧陷樊城
破襄陽降從丞相伯顏渡江駐臨安尋命平章奧魯
赤等分為六路追襲宋二王塔里赤領軍至福建所
功遷福建招討使時諸郡盜起其最盛者陳吊眼擁
眾五萬陷漳州行省承制命塔里赤為閩廣大都督
征南都元帥總四省軍復漳州生擒陳吊眼戮于市
餘黨悉伏誅繼從征交趾擊敗黃聖許等積功加鎮
國上將軍三珠虎符廣西兩江道宣慰使都元帥賀
州盜起塔里赤討平之改福建道宣慰使又改浙東金
甕發卒贈輔國上將軍淛東道宣慰使都元帥護軍萬
追封臨安郡公子二人脫木兒邠武汀州新軍萬
戶府達魯花赤萬奴廣西宣慰使都元帥

塔海帖木兒

塔海帖木兒苔苔里帶人其先在太祖時事國王木
華黎將左手大萬戶下蒙古軍鎮太原以西八州破
金將王公佐軍斬公佐從攻陝右征河西滅金皆有

功賜種田戶二百七十魯祖武木勒哥嗣從都元帥
塔海紺卜征蜀死於興元祖武剌帶嗣扎剌帶卒父
拜苫荅兒尚幼從祖扎里苫术繼襲其職扎里帶從父
元帥大荅征蜀以所統軍二百人破宋軍于巴州斬
首三百級生擒五十餘人荅木以西川行樞密院撤
領兵三千人救碉門大敗宋軍斬首三百餘級俘百
餘人以歸拜苫荅兒既從苫木兒襲父職初從行省
征建都軍中塔海帖木兒襲父職初從行院忽敦
圍嘉定嘉定降進圍重慶守將張珏出師迎敵塔海
帖木兒力戰隕陣功最多十五年又以都魯軍二百

人破宋軍於白水江奪戰船一伴其獲十三人陸宣
武將軍管軍總管從也速荅兒征亦奚不薛又從征
都掌蠻皆以為前鋒粮養甚眾九溪蠻撤猫大盤蠻
尚木的世用等類從行省曲立吉思師徃討皆擒
之及猓猓地塔海帖木兒以四百人追至山箐中
會雲南兵討烏蒙蠻至關竄其酋長阿蒙率五百餘
娶莽麻布蠻地塔海帖木兒率兵萬人
大敗之擒阿蒙以歸二十六年又從也速荅兒西征
下知所終

口兒吉

口兒吉阿速氏憲宗時與父福得來賜俱直宿衛領
阿速軍二十戶世祖時口兒吉以百戶從元帥阿木
伐宋有功賜以白金等物宋平命充大宗正府也可
扎魯花赤領阿速軍以功授師直至大元年襲成
宗命宣撫湖廣等處訪求民瘼受賞至大四年襲父職授
地降宣撫哈冊禿充魯干累以功受賞至大四年襲父職授
指揮王瓜失征叛王乃顏卻金剛奴軍于鑣寶直之
四年卒子的迷的兒由玉典赤改百戶領阿速軍從
武宗命充左衛阿速親軍都指揮使子香山事武宗仁宗
明威將軍阿速親軍都指揮使子香山事武宗仁宗

左阿速衛都指揮使
阿速衛都指揮使
直宿衛天曆元年九月兵興從戰宜興擊殺敵兵七
人自旦至暮卻敵兵凡一十三處以功賜金帶一授

忽都

忽都蒙古兀羅帶氏父字牢事太祖備宿衛至太宗
時為鎮西行省領蒙古漢軍從攻河中潼關河南與
拜只思扎忽歹阿思蘭攻秦鞏及仁和諸堡又與
只思守京兆歲乙未授左千萬戶從都元帥苫海紺
卜出征卒軍中憲宗命忽都將其軍從都元帥
改巴州又從都元帥紐璘渡馬湖江破宋叙州兵於

老君山下。中統元年，宋將以舟師二千犯成都新津，
忽都逆擊敗之，斬首百五十級。至元元年，授蒙古漢
軍總管。二年，從都元帥百家奴，敗宋將夏貴於懷安。
五年卒。子扎忽帶時在宿衛，弟忽都苔立襲其職。忽
都苔立卒，扎忽帶嗣，為千戶，從行樞密院道入朝計
事，授宣武將軍、管軍總管，復還攻瀘，登城與瀘兵搏
戰而死。子阿都赤嗣。

回軍圍瀘州未下，行樞密院道入朝計事，授宣武將
軍、管軍總管，復還攻瀘，登城與瀘兵搏戰而死，子阿
都赤嗣。

慶守張珏遣勁兵數千出挑戰，扎忽帶力戰大破之，

李兒速

李兒速，脫脫禾氏。世祖時直宿衛，扈駕征哈剌華還，
帝駐蹕高阜，見河北有駕舟而來者，顧謂左右曰：「是
賊也，奈何？」李思速進曰：「臣請禦之。」即解衣徑渡揮戈，
刺死舟尾二人，擎其舟就岸，舟中之人倉惶失措。帝
命左右可有功。由宿衛陞武德將軍，揭只揭烈溫千戶
所遣魯花赤，從征叛王乃顏、也不干等，舊戈擊死
數人，擒也不干，收其所管欽察之民。武宗時進懷遠
大將軍、元帥，卒。

月舉連赤海牙

月舉連赤海牙，畏兀兒，從憲宗征釣魚山，奉命修麪
藥以療師疫，繼賞白金五十兩。繼從太子滿哥都征雲
南，戰數勝。中統三年，火都暨苔離叛，領兵與討平之。
至元十二年，佩虎符，為隴右河西道提刑按察使。元
朗孫火石顏謀亂，從皇太子安西王往鎮之。皇太子復
賜以白金五十兩。十五年，與伯速帶平土魯，皇太子
賜金衣、腰帶、金椀，且以其功聞。十七年，進官嘉議大
夫，仍居舊職。二十年，進中奉大夫、四川等處慶議大
省參知政事。尋以疾歸秦州。大德八年卒。至順中，贈
推忠宣力定遠功臣、資善大夫、陝西行省左丞、護軍，
追封威寧郡公，謚襄靖。

阿荅赤

阿荅赤，阿速氏。父昂和思，憲宗時佩虎符為萬戶。阿
荅赤扈從憲宗南征，與敵兵戰于劍州，以功賞白銀。
阿里不哥叛，從也兒怯等征之有功。世祖中統三年，
從征李璮，身二十餘戰，累功授金符千戶。丞相伯顏
平章阿木之平江南也，阿荅赤皆在行中著戰功，歿
于陳。帝憐之，特賜鈔七十錠、白金五百兩為葬具，仍
賜鎮巢之民一千五百三十九戶，命其子伯荅兒襲
職。伯荅兒從別急列迷失北征，與笕吉剌只兒尾台

戰于牙里伴柔之地以功受上賞尋進定遠大將軍
後衛都指揮使燕右阿速衛事將軍往征別失
八里與敵兵累戰累捷樞密臣以其功聞賞白金貂
裘弓矢鞍轡等復以銀坐椅賜之子斡羅思由宿
衛陞僉隆鎮衛都指揮使司事賜一珠虎符天曆元
年論降上都軍凡若干戮持賜三珠虎符本衛都
指揮使
明安

明安康里氏至元十三年世祖詔民之蕩析離居及
僧道漏籍諸色人不當差徭者萬餘人充貴赤令明
安領之明安歲歉儁出入克勤于事二十年授定遠
大將軍中衛親軍都指揮使明年賜佩虎符領貴赤
軍北 又明年立貴赤親軍都指揮使司命爲本衛
達魯花赤尋奉旨領蒙古軍八千比征明年至別失
八剌哈思之地與海都軍戰有功二十六年冬十二
月別乞憐叛劫耶官站脫脫火孫塔剌海率
裒追擊之五戰五捷悉還之至杭海強民闖闖台撒
兒塔台等率衆作亂奪三站地劫脫脫火孫明安引
兵又追擊之却其軍二十七年秋七月布四麻當先
別乞失出春伯駟馬兀者台朶羅台兀兒呑兒塔里

雅赤等掠四怯薛牛馬畜牧及劫藏烈太子昔博赤
幷斡脫布伯各投下民殆盡明安將兵追擊于汪吉
昔博赤之城賊軍敗走其牛馬畜
牧等以歸時出伯都所領軍乏食奉旨以明安所
獲畜牧濟之二十九年以功陞定遠大將軍貴赤親
軍都指揮使司達魯花赤時別失八里禿兒閣有功
以兵討之戰于別失八里禿兒閣古
四千人於忽蘭奚帖哥台設方略與海都戰大敗之大德

二年復將兵比征與海都戰七年歿于軍子曰帖哥
台曰字蘭奚帖哥台初爲昭勇大將軍貴赤都
指揮使司達魯花赤及改充萬戶則以其叔父脫迷
出代之帖哥台後以萬戶改中衛親軍都指揮使進
銀青榮祿大夫平章政事子曰普顏忽里曰善住普
顏忽里懷遠大將軍貴赤親軍都指揮使司達魯花
赤善住初直宿衛歷中書直省舍人諸色人匠達魯
花赤還奉議大夫僉中衛親軍都指揮使司事天曆
元年九月賜佩一珠虎符從丞相燕帖木兒禦敵樞
遼等處又率其家人那海等一十一人自出乘馬與
州等軍戰却其軍俘八十四人以歸丞相嘉之宰蘭奚
昭武大將軍中衛親軍都指揮使積官銀青榮祿大

夫太尉子桑兀孫中衛親軍都指揮使桑兀孫卒弟乞荅海襲職

忽林失

忽林失八魯剌觧氏魯祖不曾窆窆剗事太祖從平諸國尤八魯剌思千户以其軍與太赤溫等戰重傷陸馬帝親勒兵救之以功陞萬户賜黃金五十兩白金五百兩賜黃金五十兩白勇署稱從定宗欽察為千户領兵下西畨從世祖伐宋至亳州與宋人迎敵敗之父覓吉剌帶初為軍器監官從世祖親征阿里不哥以功受上賞俄奉旨使

元史列傳卷二十二　十三　高七

西域籍地產惡得其實帝方欲大用之而卒忽林失初直宿衛後以千户從征乃顏馳馬奮戈衝擊敵管矢下如兩身被三十三創成宗親督左右出其鐵命醫療之以其功開世祖以克宋所得銀甕及金沱器等賜之命領太府監後以千户從皇子闊闊出出征還留鎮軍中後從成宗與海都鬦等戰有功成宗嘉之特命為翰林承旨俄改萬户與叛王幹羅思察八兒等戰以功授榮祿大夫司徒賜銀印武宗嘗曰葷臣中能為國宣力如忽林失者實鮮其厚賚之於是遣使召見未幾武宗崩仁宗即位念其舊勳賞賚

特厚子燕不倫奉興聖太后旨克千户俄改充萬户代其父職尋罷歸其父所受司徒印及萬户符於有司仍直宿衛致和元年秋八月在上都思武宗之恩與同志合謀奉迎文宗會同事者見執乃率其屬奔還大都特賜衣一襲命為通政院使天曆元年九月同丞相燕帖木兒敗王禪等兵于紅橋又戰于白浮又戰于昌平東又戰于石槽帝嘉其功拜榮祿大夫知樞密院事以世祖常御金帶賜之

失剌拔都兒

失剌拔都兒阿速氏父月曾達其憲宗時領阿速十

元史列傳卷二十二　十四　高

人入覲充阿塔赤從世祖至哈剌之地戰數勝兀里羊哈台以其功聞賜所俘人一口以賞之後以金甕發卒失剌拔都兒至自脫別之地帝特賜白金楮幣牛馬等物至元二十一年從丞相伯顏南征有功仍充阿塔赤帝嘗命放海青曰能獲新者賞之失剌拔都兒即援弓射一兔二禽以獻賞沙魚皮雜帶及貂裘且命於尚乘寺為少卿於阿速為千户二十四年授武署將軍管阿速軍千户賜金符乃顏叛從諸王和元魯往征之力戰有功乃顏平帝賞以金腰帶及銀交林等二十五年進武德將軍尚乘少卿薰阿

遠千戶征哈荅安等敗之獲其駝馬等物成宗嘉其
功以軍二千益之討叛王脫脫搶之以功受宣武將軍右
衛阿速親軍都指揮使賜三珠虎符泰定二年軍加
明威將軍

徽里

元史列傳卷三十二　十五

徽里阿速氏父別吉八在憲宗時從攻釣魚山以功
受賞徽里事世祖充火兒赤從征海都舊戈擊其前
鋒官軍二人陷陳彼而出之以功受賞後從征杭海
獲其牛馬畜牧悉以給軍食帝嘉之賞鈔三千五百
鋌仍以分賚士卒成宗時益擾博落脫兒之地命將
兵討之獲三千餘人誅其酋長還奉命同客省使技
都兒等往八兒之地以前所獲人口畜牧悉給其
主軍還帝特賜鈔一百鋌武宗居潛邸亦以銀酒器
賞之至大二年立左阿速衛授本衛僉事賜金符皇
慶二年從湘寧王北征以功賜一珠虎符子失列門
直宿衛致和元年秋八月從知院脫木兒至潮河
川獲完者八都兒愛的斤等十一人戮八人執四人
歸京師復於宜興過失剌乃馬台等迎戰舊戈擊死
二人以功賞白金楮幣天曆元年從擊禿滿台兒之

兵干兩家店殺其四人復以功受賞從戰薊州又殺
其四人十一月又追殺十二人于檀子山以功授左
衛阿速親軍都指揮使司僉事

昌剌

元史列傳卷三十二　十六

昌剌兀速兒吉氏至元九年見世祖詔入太官直從
討叛王乃頒賜白金楮幣甲冑橐駝鞍馬以其才堪
使遠成宗時使高麗使江西福建不失使指
授忠勇校尉中書省直省舍人出監息州遷奉訓大夫
武宗詔曰昌剌世祖舊臣可授奉議大夫都水監卿
明年加嘉議大夫又明年佩金虎符僉直東水轄斡
女直萬戶府達魯花赤延祐元年特授資善大夫遼
陽等處行中書省左丞仍監其軍三年召還將復授
祿大夫大司農辛亥年六十三贈推誠宣力保德功臣
太師開府儀同三司上柱國追封薊國公謚安穆子
不花宿衛仁宗潛邸及即位特授中順大夫中書直
省舍人改客省副使還太中大夫典瑞太監改太司
員外郎叅議中書省事拜中奉大夫中書叅知政事
資德大夫宣徽副使同知宣徽事改翰林學士改典瑞院使兼世
其父監軍佩金虎符改翰林學士至治元年仍翰林
學士監軍領東番諸部叅事

乞台察台氏至元二十四年為欽察衛百戶從土土
哈征叛王失烈吉及乃顏有功賜金符陞千戶從征
忽剌出戰于阿里台之地元貞二年以疾卒子哈替
赤襲職從創元兒於勝陽之地與哈剌阿荅復從創
大德五年從戰杭海從武宗親征哈剌阿荅後從創
元兒征不別八憐為前鋒以功受賞賚皇慶二年授
金符為千戶明宗居潛邸延祐四年命從西征奧禿
滿帖木兒戰于失剌塔兒馬失之地以功復受厚賞
居其地十五年天曆二年賜金符授昭勇大將軍同

《元史列傳卷二十二》　七

知大都督府事卒

脫因納

脫因納荅荅欽氏世祖時從征乃顏以功受上賞天
德七年授欽察衛親軍千戶所遷魯花赤武德將軍
賜金符八年改太僕少卿十年還阿兒魯軍萬戶府
達魯花赤易金虎符進階懷遠大將軍尋改中奉大
夫太僕少卿仍兼前職至大二年拜甘肅行尚書省
參知政事通奉大夫四年入為太僕卿陞正奉大夫
皇慶元年授阿兒魯萬戶府襄陽漢軍達魯花赤仍
領太傑卿延祐三年拜資德大夫甘肅行中書右丞

三五

至治二年改通政使轉會福院使尋復通政致和元
年分院上都秋八月為倒剌沙所殺文宗即位特贈
宣力守義功臣榮祿大夫上柱國中書平章政事追
封冀國公謚忠景有子曰定童只沈哈朗定童襲父
職阿兒魯萬戶府襄陽漢軍達魯花赤佩金
儒符明威將軍只沈哈朗初授欽察親軍千戶所達
魯花赤佩金符武畧將軍政授朝列大夫通籤院副
使歷同知陞院使積官中奉大夫

和尚

和尚蒙古乃蠻台氏祖海速充昔烈木千戶所蒙古

《元史列傳卷二十二》　十七

和尚蒙古乃蠻台氏祖海速充昔烈木千戶所蒙古
軍百戶伯父元魯不花枒充蒙古軍五十戶至元七
年從昔烈木千戶南征以功命權百戶從僉省阿速
海牙攻樊城十一年攻新城又從攻鄂東門攻慶
軍百戶是年秋卒父怯烈吉襲怯烈吉卒和尚襲至
大三年進忠翊校尉後衛親軍副千戶賜金符延祐
二年江西寧都寇起殺守土官吏從元帥乞住等總
兵討之生擒賊酋蔡五九誅之橋其巢穴致和元年
八月西安王以兵討倒剌沙命從丞相燕帖木兒以
烏伯都剌分兵儯禦天曆元年九月從戰通州以功

賞名馬從擊犯紅橋之兵手戈刺死二人敗之奪紅
橋及紐鄰澤太夫等力戰於白浮殺其四人和尚白
丞相曰兩軍相戰當有辨今號纓俱黑無辨我軍宜
易以白丞相然之戰于昌平栗園殺二人又與亞失
帖木兒戰于石槽殺三人十月從擊禿滿台兒於檀
州南桑口敗之又從丞相追擊其軍于檀州之北有
功十一月命領八衛把總金鼓都鎮撫司事

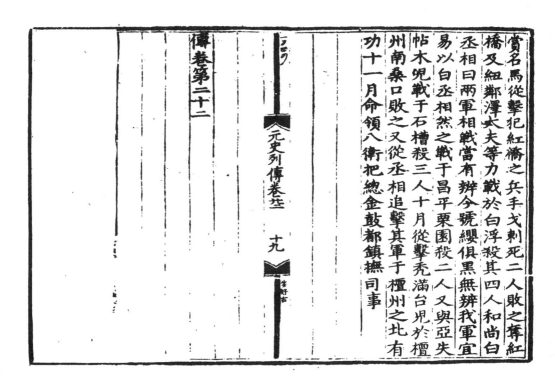

翰林學士承旨知制誥修國史兼太常卿臣宋濂等奉敕編修右丞相臣哈麻等

教授

哈剌哈孫

國祖博理察太宗時從太弟庸宗攻河南取汴蔡滅諸

狼羅啓昔禮為千戶賜號昔剌罕從平河西西域諸

謀害太祖諸部聞者多歸之還攻滅王可汗併其

人一夕遁去諸部聞者多歸之還攻滅王可汗乃與二十餘

斡難王可汗與太祖約為兄弟及太祖得眾陰忌之

哈剌哈孫納兒氏曾祖啓昔禮始事王可汗脫

哈剌哈孫

金賜順德以為分邑父襄加台從憲宗伐蜀辛子軍

術至元九年世祖錄勳臣後命掌宿衛襲號昔剌罕

自是人稱苔剌罕而不名昔諭之曰汝家勳戰王

府行且大用汝兵又語皇太子曰苔剌罕非常人比

可善遇之十八年割欽廉二州益其食邑二十二年

拜大宗正用法平允審錄寃滯所活數百人時相請

以江南獄隸宗正哈剌哈孫曰江南新附教今未乎

且相去數千里欲遽制其刑獄得無寃乎事遂止二

十八年拜榮祿大夫湖廣行省平章政事臺臣言其

（下冊）

在宗正決獄平即去恐其繼者帝曰湖廣之地脈

審駐蹕非斯人不可遂行時江湖間盜賊出沒剽取

商旅貨財哈剌哈孫至則發卒悉擒誅之水陸之途

始皆無梗初柜窓置行院於各省分兵為民為二奸人

刻好應之職疾之妄言其撓吏治信乎對曰朝廷設此以

劉國傑將兵征交阯哈剌哈孫戒將吏無擾民會有

奪民魚菜者杖其千戶軍中肅然帙有旨發湖湘富

民萬家屯田廣西以圖交阯哈剌哈孫寄遣使奏曰

風憲之職疾之妄言其撓吏治信乎對曰朝廷設此以

植黨自蔽初因入覲陳其不便帝然其言三十年平章

劉國傑將兵征交阯哈剌哈孫戒將吏無擾民會有

往年遠征無功瘡痍未復今又從民瘠鄉必將恐叛

吏莫知其奏輙卷請署弗苔吏再請則曰姑緩之未

幾使還報罷民皆感悅及廣西元帥府請募南丹五

千戶屯田事上行省哈剌哈孫曰此土著之民誠為

便之內足以實空地外足以制交阯苔可不煩土著

種農具與之湖南宣慰張國紀建言欲按唐宋末徵

民間夏稅哈剌哈孫曰亡國紀政失寬大之意聖朝

其可行耶奏止其議大德二年入朝上都成宗拜光

祿大夫江浙行省左丞相視政七日徵拜中書左丞

23-1598

相進階銀青光祿大夫既拜命斥言利之徒一以節
用愛民為務有大政事必引儒臣雜議京師久闕孔
子廟而國學寓他署乃奏建廟學選名儒為學官采
近臣子弟入學又集臺諫建南郊為一代定制五年
同列有以雲南行省左丞劉深計倡議曰世祖以神
武一海內功蓋萬世今上嗣大歷服未有武功以彰
休烈西南夷有八百媳婦國未奉正朔請往征之哈
剌孫曰山嶠小夷遠絕萬里可諭之使來不足以
煩中國不聽竟發兵二萬命深將以往道出湖廣民
疲於餽餉及次順元深殺蛇節求金三千兩馬三千

足蛇節因民不堪舉兵圍深於窮谷首尾不能相抹
事聞遣平章劉國傑往援擒蛇節斬軍中然士卒存
者纔十一二轉餉者亦如之訖無成功帝始悔不用
其言會赦有司議釋深罪哈剌孫曰徵名釋深罪首惡喪
師辱國非常罪此不誅無以謝天下哈剌孫進言
中書右丞相嘗言治道必先守令近用多不得其人
於是精加遴選官吏賊罪十二章及丁憂婚聘盜
賊等悉禁獸戶及山澤之利每歲車駕幸上都哈剌
哈剌孫必留守京師時帝弗豫制出中宮摹邪黨附哈
剌哈孫以身臣之天下晏然十年加開府儀同三司

監修國史置僚屬冬十一月帝寢疾篤甚入侍醫藥
出總宿衛藩王欲入侍疾者不聽日理機務如故十
一年春成宗崩時武宗撫軍北邊比還聽政立安西王阿
慶諸奸臣謀斷北比道請成后垂簾聽政仁宗恐收京
難哈剌孫密遣使北迎武宗南迎仁宗悉收京
城百司符印封府庫稱疾卧關下內旨數至不
聽政乃立署之銀大喜莫知所為明日迎仁宗入執
猶未知也三月朔列牘請署后決以三月三日御殿
左丞相阿忽台及安西王阿難答等就誅內難悉平

自冬至春未嘗一至家休沐夏五月武宗至自比即
皇帝位拜太傅錄軍國重事仍總百揆賜宅一區以
其子脫歡入侍初仁宗之入也阿忽台有勇力人莫
敢近諸王秃剌賣手縛之以功封越王三宮盡幸其
第賜與甚厚以慶元路為其食邑哈剌孫孫力爭之
曰祖宗之制非親王不得加一字之封秃剌跋扈於
得以一日之功廢萬世之制哉帝不聽秃剌因諸於
帝曰方安西王謀千大統哈剌孫亦嘗署文書由
是罷相出鎮北邊詔曰和林為比邊重鎮今諸部降
者又百餘萬非重臣不足以鎮之念無以易哈剌哈

孫者賜黃金三百兩白銀三千五百兩鈔十五萬貫
帛四萬端乳馬六十四以太傅右丞相行和林省重
太后亦賜帛二百端鈔五萬貫至鎮斬為益者一人
分遣使者賑降戶奏出鈔易牛羊以給之近水者
教取魚食會大雪民無取得食命諸部置傳車相去
數千頃治稱海屯田教部落雜耕其間歲得米二十
各三百里凡十傳求數萬匹以飼飢民不足則益
餘萬匹邊大治至大元年賜大帳如諸王諸藩禮十
一月寢疾語其屬曰吾不復能佐理國事矣行省之

《元史列傳卷三十三》　五

務汝曹勉之母貽朝廷憂薨年五十二帝聞之驚悼
曰喪我賢相賻鈔二萬五千貫詔歸葬昌平追贈推
誠履政佐運功臣太師開府儀同三司上柱國追封
順德王諡忠獻子脫歡由太子賓客拜御史中丞襲
號咨剌罕進御史大夫行臺江南尋拜平章行省江
浙進左丞相熊領行宣政院重厚有父風喜讀書為
政不尚苛暴得眾心致和元年卒于官年三十七子
蠻蠻

阿沙不花

阿沙不花者康里國王族也初太祖援康里時其祖

母苦滅古麻里氏新寡有二子曰曲律牙牙皆幼而
國亂家破無所依欲去而歸朝廷念無以自達一夕
有數騎皆重負突入營中俄之不去旦乃繫驅營外
置所負我而東耶不然此豈吾所宜有遂驅馳載二子越
日終身無求者乃發視其裝皆西域重寶驚曰殆天欲
資我而東耶不然此豈吾所宜有遂驅馳載二子越
數國至京師時太祖已崩太宗立盡獻其所有帝
異之命有司治邸舍具廩餼以居焉二年聞國中
已定詔帝欲歸帝曰汝昔何為而來今何為而去且
問其所欲對曰臣妾昔以國亂無主遠歸陛下今

《元史列傳卷三十三》　六

陛下威德聞國已定欲歸守墳墓耳妾惟二子雖恩
無知顧留當事陛下帝大喜立召二子入宿衛而禮遣
之後十三年復來則二子已從憲宗伐蜀矣速至和
寧聞憲宗崩諸將皆還而二子獨後心方以為憂過
一古廟因入禱焉者聞神語連稱好好而不知其故
問其國人通漢語者知為吉語還遠至舍則二子已至
矣遂留居焉曲律無子牙牙後封康國王生六子阿
沙不花最賢年十四入侍世祖世祖賜土田給奴隸
之後數日帝問近侍諸大臣曰前日西使何請朕何
使居典和之天城會西蕃遣使者有所奏請既論道

辭以遺諸大臣莫能對阿沙不花從旁代對其詳悉
帝因怒諸大臣曰卿等任天下之重如此反不若一
童子耶當亳從上都曰卿之方入朝而宮車多露跣足而
帝御大安閣望而見之指以爲侍臣戒一日故命諸
門衛勿納阿沙不花至諸門衛皆不納乃
從水竇中入帝問故以實對旦曰臣一日不入侍乃
以爲莫若先撫安諸王乃行天討則叛者勢自孤矣
顏叛諸王納牙等皆應之帝問計將安出對曰臣愚
兵器無敢或慢復使掌門衛無敢闚入帝可用矣乃
將何歸帝大悅更諭諸王衛士出入命飭四宿衛

反耶曰聞之曰大王知乃顏已遣使自歸耶曰不知
陳爲萬全計納牙曰大王之謀皆辭阿沙
也曰聞大王等皆欲爲乃顏旣自歸矣
是禍大王與主上抗幸主上聖明亦知非大王意置
之不問然二三大臣不能無惑大王見上自
帝曰善卿試爲朕行之即比說納牙曰大王聞乃顏
不花還報帝乃議親征命徵兵遼陽以千戶帥昔寶
赤之衆從行及乃顏平阿沙以大同興和兩郡
當車駕所經有惟臺領者數十里無居民請詔有司
作宜檳中徙邑民百戶居之割境內昔寶赤牧地使

耕種以自養從之阿沙不花旣領昔寶赤牧地復欲盡
徙興和桃山數十村之民以其地爲昔寶赤牧地阿
沙不花固請存三千戶以給鷹食帝皆聽納民德之
至今飲食必祭至元三十年海都叛成宗以皇孫撫
軍於北阿沙不花從行踰金山戰海有功成宗即
位會大宗正扎魯火赤脫兒速木籍沒其家以受賂誅
譯言聞羅王也有訴朱清張瑄陰私既抵罪帝遣兵
脫兒速伏罪就命之曰阿即刺即
馬都指揮使忽剌木籍沒其家以受賂誅更命阿沙
不花往具以實聞賜宅一區鈔萬五千緡蕪兩城兵

馬都指揮使事武宗時爲懷寧王總軍漠北問今日
材可大用者爲誰對曰母弟脫脫將相才也無以易
之遂命從行果爲名臣成宗崩安西王阿難荅乘
間謀繼大統成后及丞相阿忽台諸王迷里帖木兒
皆陰爲之助時武宗猶在北邊太后又仁宗亦在懷
孟未至適武宗遣脫脫計事京師丞相答剌罕孫令
急還報武宗而成后巳密諭通政使只兒哈郎止其
驛馬阿沙不花知事急與同知通政院事察乃謀作
先日署文書給馬去只兒哈郎聞脫脫巳去方詰問
吏閱案牘乃止太后及仁宗旣至京師有言安西王

諜以三月三日偽賀仁宗千秋節因以舉事者阿沙
不花言之哈剌哈孫且曰先人者勝後人者敗哈剌
哈孫聽政我等皆受制於人矣不若先事而起哈剌
哈孫曰善乃前二日白仁宗詐稱武宗遣使召安西
王計事至即執送上都盡誅丞相阿忽台以下諸姦
王與哈剌哈孫皆居禁中仁宗以太子監國遣使北
宗備道兩宮意及陳安西王謀廢始且言太子監
國所以備他變以待陛下臣萬死保其無他武宗大

元史列傳卷二三　九

忱解衣衣之拜中書平章政事軍國大事並聽裁決
因奏平內難之有功者燕只哥以下十人為兵指
揮為直省舍人詔先奉蕭酒及錦綺還報兩宮仁
宗即日率羣臣出迎武宗入上都加阿沙不花特進
太尉依前平章政事命與丞相塔思不花還京師治
安西府金分賜諸連坐襄加其等三十餘人皆釋之
出太府金分賜諸王貴戚及近侍方出朝見一人貌
皇若有所懼狀曰此必盜金者召詰問之果得黃金
五十兩白金百兩以聞就以金賜之命誅盜者辭曰
盜誅固當金非臣所宜得願還金以贖盜死帝悅而

從之有近臣蹴蹈帝即命出鈔十五萬貫賜之
阿沙不花頓首言曰以蹴蹈而受上賞則奇技淫巧
之人日進而賢者日退矣將如國家何臣死不敢奉
詔乃止帝又嘗御五花殿丞相塔思不花三寶奴中
丞伯顏等侍御阿沙不花見帝容色日悴曰八珍
之味不知御萬金之重天下仰望之切而惟麴蘖是
耽嬪嬙是好猶兩斧伐孤樹未有不顛仆者也且陛
下之天下祖宗之天下也陛下之位祖宗之位也柰
不思祖宗付託之重乃欲自輕微金之身不知受
之天下也陛下其戒之帝大悅曰非卿孰為朕言繼

元史列傳卷二三　十

自今毋愛於言朕不忘也因命進酒阿沙不花頓首
謝曰臣方欲陛下節飲而反勸之是臣之言不信於
陛下也臣不敢奉詔左右皆賀帝得直臣遂進開府
儀同三司中書右丞行御史大夫俄復平章政事
錄軍國重事兼廣武侍衛親軍都指揮使封康國公
有以左道惑眾者諸世臣大家多信趨之竟寘于法
遷知樞密院事以至大二年十月薨于位年四十七
至正元年贈純誠一德功臣開府儀同三
司中書右丞相上柱國追封順寧王諡忠烈其繼室
別哥倫氏亦有至行家居三十年未嘗妄言笑身不

服華綵詔旌其門與元配逵海的斤氏並封順寧王
夫人子伯嘉訥廉直剛敏憂國如憂家嘗爲京尹屯
儲衛誘小民梅凍兒誣首海商一百十有六人爲盜
而掠其貲獄具械送刑部命伯嘉訥審錄之盡得其
寃狀白丞相釋之還其貲後遷翰林侍讀學士

拜住

拜住安童孫也五歲而孤太夫人教養之稍長宏遠
端亮有祖風至大二年襲爲宿衛長仁宗即位延祐
二年拜資善大夫太常禮儀院使四年進榮祿大夫
大司徒五年進金紫光祿大夫六年加開府儀同三
司餘並如故每議大政必問曰合典故否同官有異
見者曰大朝止說典故耶拜住徽笑曰公試言之國
朝何事不依典故同官不能對太常事簡每退食必延
儒士諮訪古今禮樂刑政治亂得失盡日不倦嘗曰
人之仕宦隨所職司事皆可習至於學問有本施於
事業此儒者之能事宰相之資也英宗在東宮拜住
衛之臣於左右咸稱拜住賢遣使召之欲與語拜住
謂使者曰嫌疑之際君子所慎我長天子宿衛而與
東宮私相往來我固得罪亦豈太子福耶竟不往英
宗登極拜中書平章政事會諸侯王于大明殿詔進

讀太祖金匱寶訓威儀整暇語音明暢莫不注目竦
聽夏五月宣徽使失烈門要束木妻也里失八等謀
爲逆帝密得其事御穆清閣召拜住謀之對曰此輩
擅權亂政久矣今猶不懲陰結黨與謀危社稷宜速
施天威得其事祖宗法度帝動容曰此朕志也命孛
右曰汝輩慎之苟陷國法我雖曲赦拜住不汝恕也
士擒斬之其黨皆伏誅拜住中書左丞相先時近侍傳
有情可矜者寬恕之貪暴不法必不少容帝常諭左
旨以姓名赴中書銓注者六七百員選曹爲之壅滯
拜住奏閣之注授一依選格次第吏無容姦刑曹事
至治元年春正月帝欲結綵樓於禁中元夕張燈設
宴時居先帝喪恭議張養浩上疏拜住謂當進諫即
袖其疏入奏帝悅而止仍賜養浩帛以旌直言三月
從幸上都次察罕腦兒帝以行宮亨麗殿制度甲臨
欲更廣之奏曰此地苦寒入夏始種粟黍陛下初登
大寶不求民瘼而遽興大役以妨農務恐失民望從
之帝嘗謂拜住曰朕委卿以大任者以乃祖木華黎
從太祖開拓土宇安童相世祖克成善治也卿念祖
宗令聞豈有不盡心者乎拜住再拜曰陛下以臣祖
大任臣有所畏者三畏辱祖宗畏天下事大識見有

所未盡畏年少不克負荷無以上報聖恩惟陛下垂
閔時加訓飭幸甚延祐間朔漠大風雪羊馬馳盡
死人民流散以子女鬻人為奴婢拜住以興王根本
之地其民宜加賑卹間鄉請立宗仁衛緫之命縣官贖置
衛中以送生養至元十四年始建太廟于大都至是
四十年親享之禮未暇講肄拜住奏曰古云禮樂百
年而後興郊廟祭享此其時矣帝悅曰朕能行之預
勅有司以親享太室儀注禮節一遵典故毋擅增損
冬十月始有事于太廟二年春正月孟享始備法駕
設黃麾大仗帝服通天冠絳紗袍出自崇天門拜住

攝太尉以從帝見羽衛文物之美顧拜住曰朕用卿
言舉行大禮亦卿所共喜也對曰陛下以帝王之道
化成天下非獨臣之幸實四海蒼生所共慶也致齋
之次行酌獻禮升降周旋儼若素習中外肅然明日
大次行酌獻禮升降稱賀于大明殿執事之臣賜金帛
還宮敔吹交作萬姓聳觀百年慶典一旦復見有感
泣者拜住率百僚稱賀議行祫褅配享等禮帝從容
有差又奏建太廟前殿議行祫褅配享等禮帝從容
謂拜住曰朕思慮所及汝為大非朕一人思慮所及
朕股肱毋忘規諫以輔朕之不逮拜住頓首謝曰昔
堯舜為君每事詢眾善則舍己從人萬世稱聖桀紂

為君拒諫自賢悅人從已好近小人國滅而身不保
民到于今稱為無道之主臣等仰荷洪恩敢不竭忠
以報然言之則易行之則難惟陛下力行臣等不
諸失陷欲奏誅之拜住密言於帝曰論道經邦宰相
以事去之左惡平章王毅右丞高昉因在京諸倉糧
調險屢殺大臣奪官廣立朋黨尤不附已者必
言則臣之罪也帝嘉納之時右丞相鐵木迭兒等不
事也以金穀細務責之可乎帝然之俱得不死鐵木
送兒復引豪知政事張思明為左丞以助已思明為
盡力忌拜住方正每與其黨密語謀中害之佐右得

其情乘間以告且請備之拜住曰我祖宗為國元勳
世篤忠貞百有餘年我今年少叨受寵命蓋以此耳
吾父二人之不幸亦國家之不幸吾知盡吾心上不負
大臣協和國之利也今以右相讎我我求報之非特
吾父下不負士民而已死生禍福天實鑒之汝毋母
復言未幾奉旨往立忠憲王碑于范陽鐵木迭兒父
稱疾聞拜住行將出薦省事入朝至內門帝遣速速
賜之酒且曰卿年老宜自愛待新年入朝未晚遂快
快而還然其黨猶布列朝中事必稟于其家以拜住
故不得大肆其姦百計傾之終不能遂在京倉漕官

庫之職歲終例應注代時張思明亦稱疾不出報皆
顧望拜住雖朝夕帝前以事不可緩乃日坐省中謂
僚屬曰左丞病遂廢乎郎中李翼恭曰汝爲賣官
職須慎選擇不得其人未敢遽擬拜住曰汝爲賣官
之計耳遣人善慰思明乃出共畢銓事拜住每以學
請令內外官議拯治之有言佛教可治天下者帝問
校政化大源似緩實急而主者不務盡心遂致廢弛
之對曰清净寂滅自治可也若治天下者則仁義則綱
常亂矣又嘗謂拜住曰今亦有如唐魏徵之敢諫者
平對曰槃圓則水圓水方則水方有太宗納諫之君

《元史列傳卷三十三》　十五　周鼎

則有魏徵敢諫之臣帝並善之六月壬寅敕賜平江
胝田萬畝拜住辭曰陛下命臣釐正庶務若先受賜
田人其謂何帝曰汝勳德子孫加以廉慎人或援倒
朕自論之秋七月奏召張思明詣上都數其罪杖而
逐之鐵木迭兒繼亦病卒拜住哭之慟初浙民吳機
以累代失業之田責於司徒劉夔夔賂宣政使八剌
吉思買置諸寺以益僧廬矯詔出庫鈔六百五十萬
賣副其直田已又爲他人之業鐵木迭兒父子及鐵
失等上下蒙蔽分受之爲贓鉅萬其人蔡道泰以奸
殺人獄已成鐵木迭兒納其金令有司變其獄拜住

拳奏二事命臺察覈之盡得其情以田歸主劉八
刺吉思等皆坐死餘論罪有差特敕鐵失冬十二月
進右丞相監修國史帝欲爵以三公懸辭遂不署左
相獨任以政首薦張珪復平章政事召用致仕老臣
優其祿秩議事中書拜住奏曰自古帝王得天下
以得民心爲通制帝幸五臺拜住奏少後日以進賢
典以爲通制帝幸五臺拜住奏少後日以進賢
退不肖爲重務患法制不一有司無所守奏詳定舊
以得民心爲本失天下者錢穀民之膏血多
善朕思之民爲重君爲輕國非民將何以爲君今理
朕則民困而國危薄歛則民足而國安帝曰卿言甚

《元史列傳卷三十三》　十六　周鼎

民之事鄉等當熟應而慎行之三年春二月將進仁
宗實錄先一日詣翰林國史院聽讀首卷書大德十
一年事不書左丞相哈剌哈孫定策功惟書越王禿
剌勇決從容謂史官曰無左丞相雖百越王何益錄
鷹犬之勞而畧發踪指示之人皆服其識見夏六月拜
筆削未盡善者一一正之人可平立命書之其他
住以海運粮視世祖時頗增增毅悟今江南民力困
而京倉充羨蔡請歲減二十萬石帝迺併拜住悉以奏
增江淮糧免之時鐵木迭兒過惡日彰奸黨鐵失等甚懼
聞帝悟奪其官怵其碑奸黨鐵失等甚懼帝在上都

夜寢不寧命作佛事拜住以國用不足諫止之既而
懼誅者復陰誘群僧言國當有厄非作佛事而大赦
無以禳之拜住曰爾輩不過圖得金帛而巳又欲
庇有罪耶奸黨聞之益懼乃生異謀晉王也孫帖木
兒時鎮北邊鐵失潛遣人至王所告以逆謀約事成
推王為帝王命囚之遣使赴上都告變未至車駕南
遂次南坡鐵失與赤斤鐵木兒等夜以所領阿速衛
兵為外應殺拜住遂弒帝於行幄晉王即位鐵失等
伏誅詔有司倫儀衛百官眥宿前導輿拜住畫相於
海雲寺大作佛事觀者萬數無不歎惜泣下拜住憂

國忘家常直內庭知無不言太官以酒進則憂形于
色有盜其家金器百餘兩他寶直鉅萬繼而獲盜得
金家僮來告色無喜慍自延祐末水旱相仍民不聊
生又拜住入相振立紀綱修舉嚴墜裁不急之務杜
僥倖之門加惠兵民輕徭薄歛英宗倚之相與勵精
圖治時天下晏然國富民足遠戻有古未通中國者
皆朝貢請吏而奸臣畏之辛攘禍難母怯烈氏年
二十二嫠居守即初拜住為太常禮儀院使年方二
十吏就第請署字適在後圍閱羣戲出稍後母屬聲
阿之曰官事不治若爾所為豈大人事耶拜住深自

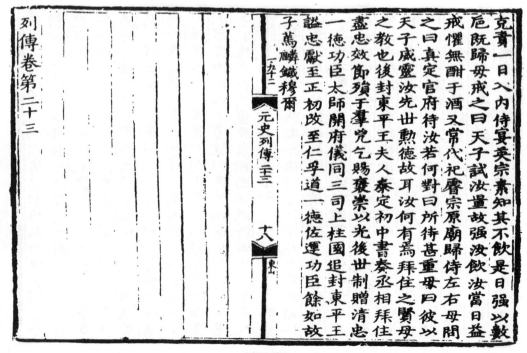

克責一日入內侍宴英宗素知其不飲是日強以數
危既歸母戒之曰天子試汝量故強汝飲汝當日益
戒懼無酬于酒又常代祀厯宗原廟歸侍左右母間
之曰真定官府待汝若何對曰所待甚重母曰彼以
天子威靈汝先世勳德故耳汝何有焉拜住之賢母
之教也後封東平王夫人泰定初中書奏丞相拜住
盡忠效節殞于羣黨乞賜褒崇以光後世制贈忠
一德功臣太師開府儀同三司上柱國追封東平王
諡忠獻至正初改至仁孚道一德佐運功臣餘如故
子篤麟鐵穆爾

檢校中奉大夫知制誥兼修國史臣宋濂

翰林待制名五□知制誥兼□陵編修官臣禕等奉

敕撰

察罕

察罕西域板勒紇城人也父伯德那歲庚辰國兵下
西域舉族来歸事親王旭烈授河東民賦副總管因
居河中猗氏縣後徙解州贈榮祿大夫宣徽使柱國
芮國公察罕魁偉領悟博覽強記通諸國字書為行
軍府奧魯赤千戶奧魯赤參政湖廣辟為蒙古都萬戶
府知事奧魯赤進平章復辟為理問政事悉委裁決

元史列傳卷三十四　一

且令諸子受學焉至元二十四年從鎮南王征安南
師次澧江安南世子遣其叔父詣軍門自陳無罪王
命察罕數其罪而責之使者辭屈世子舉眾逃去二
十八年授樞密院經歷未幾從奧魯赤移治江西寧
都民言其鄉石上雲氣五色有物焉視之玉璽也不
以兵取恐為咎人所有眾惑之察罕出入湖廣江
西兩省凡二十一年多著勳績成宗大德四年御史
臺委僉湖南憲司事中書省奏為武昌路治中丞相
哈剌哈孫曰察罕廉慎素圖宜居風憲然武昌大郡非

斯人不可治竟除武昌廣西妖賊高仙道以左道或
眾平民誑誤者以數千計既敗湖廣行省命察罕與
憲司雜治之鞫得其情議誅首惡數人餘悉縱遣且
焚其籍眾難之察罕曰吾獨當其責諸君無累也以
治最聞擢河南省郎中成宗崩仁宗自藩邸入誅群
臣之為異謀者迎武宗于邊河南平章囊加台薦察
罕即驛召至上都賜廄馬二四鈔一千貫銀五十兩
曰卿少留行用卿矣武宗即位立仁宗為皇太子授
察罕詹事院判進僉詹事院事賜銀百兩鈔二匹遣
先還大都立院事仁宗至謂曰上以故安西王地賜

元史列傳卷三十四　二　陶顯

我置都總管府卿其領之慎揀僚屬勿以詹事位高
不屑此也進鄉秩資德大夫察罕叩頭謝曰都府之
職敢不恭命進秩非所敢當固辭改正奉大夫授以
銀印至大元年閏戶口江南諸省還進太子府正加
昭文館大學士還家令武宗崩仁宗哀慟不已察罕
再拜啟曰聖人大孝在乎善繼志述事今不幸遇此
天下重器懸於殿下縱自苦如宗廟太后何仁宗輟
泣曰曩者大喪必命浮屠何益吾欲發府庫以賑鰥
寡孤獨若何曰發政施仁文王所以為聖殿下行之
幸甚東宮故有左右衛兵命纍加台察罕總右衛且

令審擇官屬仁宗即位拜中書參知政事但總持綱
維不屑細務識者謂得大臣體帝嘗賜鈞萬貫
益卿壽又語宰相曰清素可賜金束帶鈔萬貫
前後賞賚不可勝計皇慶元年進榮祿大夫平章政
事商議中書省事乞歸解州立碑先塋許之暮年居
德安白雲山別墅以白雲自號嘗入見帝望見曰
雲先生來也其被寵遇如此帝嘗問張良何如人對
曰佐高帝與漢功成身退賢者也又問狄仁傑對曰
當廟室中袞能卒保社稷亦賢相也因誦范仲淹所
撰碑詞甚熟帝歡息良久曰察罕博學如此邪嘗譯

〈元史列傳卷二十四〉 三 張珪

貞觀政要以獻帝大悅詔繕寫偏賜左右且詔譯帝
範又命譯脫必赤顏名曰聖武開天紀及紀年纂要
太宗平金始末等書俱付史館嘗以病請告暨還朝
帝御萬歲山圓殿與平章李孟入謝帝曰白雲病愈
邪頓首對曰老臣衰病無補聖明荷陛下哀矜放歸
田里幸甚不覺況病去體爾命賜茵以坐顧李孟曰
知止不辱今見其人朕始以荅剌罕不憐吉台囊加
帝嘗言用之誠多稗益有言察罕不著者其人即非
善人也又語及科舉并前古帝王賜姓命氏之事因
賜察罕姓白氏初察罕生於河中其夜天氣清肅月

白如畫相者賀曰是兒必貴國人謂白為察罕故名
察罕察罕天性孝友田宅之在河中者悉分與諸昆
第昆第貧乏者復分與田宅奴婢縱奴為民者甚
眾故人多稱長者院致仕優游八年以壽終于外家
奴太中大夫同路總管李家奴早卒忽都篤承直
郎高郵府判官孫九人仕者二人闒闒不花哈撒

曲樞

曲樞西土人魯相達不台祖阿達台父質理花台世
為徽仁裕聖皇太后宮臣仁宗幼時以曲樞可任保
贈功臣追封王爵曲樞七歲失怙恃既壯沈密靜專

〈元史列傳卷二十四〉 四

傅左右擁翼曲樞入則佐視食歟出則抱負游衍鞠
躬盡力風夜匪懈大德三年武宗總戎北邊九年讀
人龍國仁宗侍皇太后之國于懷未幾復之雲中連
年奔走不暇曲樞櫛風沐雨跋涉艱險無倦色成宗
崩仁宗奉太后入朝纖姦黨迎武宗即皇帝位仁宗
為皇太子天下以安拜曲樞榮祿大夫平章政事行
大司農未幾進光祿大夫領詹事院事加特進封應
國公至大元年拜開府儀同三司太子詹事平章軍
國重事上柱國依前大司農應國公進太子太保領
典醫監事四年授太保錄軍國重事集賢大學士無

大司農領崇祥院司天臺事官爵勳封如故後以疾
憂于位子二人長伯都大德十一年特授翰林學士
嘉議大夫遷中奉大夫典瑞卿加資德大夫翰林學士
侍御史至大元年陞榮祿大夫遷授中書平章政事
政侍御史明年拜中書右丞
而卒子咬住次伯帖木兒大德十一年特授正議大
夫懷孟路總管府達魯花赤管諸軍奧魯管內勸
農事政府正至大二年還為太子家令遷正奉大
書省參知政事明年入為太子家令遷正奉大
年還資德大夫大都留守兼少府監擬權侍御史政除

翰林學士承旨知制誥兼修國史未幾復為大都留
守兼少府監武衛親軍都指揮使佩金虎符皇慶元
年加榮祿大夫子二人桓澤都蠻弓

阿禮海牙

阿禮海牙畏吾氏集賢大學士脫列之子也兄野訥
仁宗於潛邸大德九年仁宗奉興聖太后出居懷
州從者單弱多懷去計野訥獨無所畏難成宗崩權
臣阿附中宮不遣使告哀宗藩仁宗有聞將自懷州
入京宮臣或持不可野訥屏人密啟曰天子晏駕而
皇子已早卒天下無主邪謀方興懷寧王及殿下世

元史傳卷三十四　五

祖格皇賢孫人心所屬久矣宜急奉太母入定大計
邪謀必止迎立懷寧王以正神器在此行矣仁宗即
白太后以二月至京師遂誅柄臣二人遣使迎武宗
武宗即位召野訥賜玉帶授嘉議大夫秘書監仁宗
居東宮訥太子右庶子遷侍御史崇祥院使仁宗因
院使閭有繡工工官太集民間子女居肆督責吏
為奸利野老臣咎以朝政又請以中都苑圃還
即位諸呂文星罷之以中都苑圃還
諸民拜樞密院副使進同知樞密院事命為平
章政事辭不拜野訥之在臺及侍禁中於國家有

不便輒言之言無不納然韜晦惡盈不泄於外延祐
四年卒年四十贈推誠保節翊運功臣金紫光祿大
夫行中書省左丞相上柱國趙國公謚忠靖阿禮海
牙亦早事武宗仁宗為宿衛以清慎通敏與父兄並
見信任十餘年間歷華近入侍帷幄出踐省闥廷
無間言至治初出為平章政事歷鎮江浙湖廣河南
陝西四省皆有惠政汴人尤懷思之歸朝拜翰林學
士承旨丁父憂解官家居天曆元年秋文宗入承大
統阿禮海牙即易服南迎至於汴郊見為帝命復鎮
汴省時當艱難之際阿禮海牙高價羅粟以峙糧儲

元史列傳卷三十四　一六

命近郡分治戎器閱士卒括馬民間以備不虞先是
文宗即位之詔已播告天下而陝西官府結連靖安
王等起兵東擊潼關阿禮海牙開府庫量出鈔二十
五萬緡屬諸行省參政河南淮北蒙古軍都萬戶朵
列圖廉訪副使萬家閭牢軍河南以禦之令都鎮撫
卜伯率軍吏巡行南陽高門武關荊子諸隘南至襄
之兵突出潼關東掠閣卿披靈寶盜陝州新安諸郡
邑放兵四郄邀前進河南告急之使迤至而朵列
川二江之口督以嚴儉萬戶博羅守潼關不能軍是
月二十五日只兒哈率小汪在

圖亦以兵寨為言十月一日阿禮海牙集省憲官屬
問以長策無有言者阿禮海牙曰沐在南北之交使
西人得至此則江南三省之道不通于畿甸軍旅應
接何日息乎夫事有緩急輕重莫如足兵急莫如足
如足食吾微湖廣之平陽保定兩翼軍與吾省之鄧
新翼廬州沂鄰砲弩手諸軍以儉虎牢裕州哈剌魯
鄧州孫萬戶左右兩衛諸部以屬郡之兵及
蒙古兩都萬戶立行伍以次儉諸隘芳陂等屯兵本自襄
鄧諸軍來田者還其軍益以民之丁壯使守襄陽白

王峽州諸隘別遣塔海以儉自蜀至于者以沐汝剗襄
兩淮之馬以給之府庫不足則命郡縣假諸殼富之
家安豐等郡之粟遡黃河運至于陝糴諸
者則運諸熒陽以達於虎牢吾與諸軍各奮忠義以
從王事宜無不濟者眾曰唯命即日部分行事自伯
顏不花王以下省之屬吏元德等凡行事與有
官而家居者各授以事而出
沙在南陽右丞脫帖木兒廉訪使卜顏在虎牢分遣
兵馬以聽其調用餽餉之行千車相望阿禮海牙親
閫寶之必豐必良信以期會自虎牢之南至於襄漢

無不畢給蓋為粟二十萬石豆如之兵甲五十五萬
弩萬萬是時朝廷置行樞密院以總西事襄漢荊湖
河南郡縣皆缺官阿禮海牙行院便宜擇材以處之
皆從其請是月西兵逼河南行院使來報曰西人北
行者度河中以趨襄陽攻破郡邑三十餘橫掠
鄧州而殘之直趨襄陽焚廬舍虜民人婦女財物賊虐殄盡
里所過殺官吏過武關掠
西結橐家齎以蜀兵至矣阿禮海牙益督餽西行道
行院官塔海領兵攻帖木哥而又誤儉於江黃置鐵
繩於峽口作舟艦以待戰十九日師與西兵遇於輩

縣之石渡而湖廣所徵太原之兵最為可用甫至未

及食或趣之倍道以進轉戰及暮兩軍殺傷與墮澗

谷死者相等而虓牢遂為敵有兵儲巨萬阿禮海牙

盡其心民彈其力者一旦悉亡阿禮海牙前後遣使告

兵退二十二日至汴民大恐阿禮海牙與行省與諸軍歛

于朝輒為也先捏留不遣不得朝廷音問已二十日

突立四門以通往來戒卒伍以嚴守衛時雖甚危急

阿禮海牙亦憂之親出行撫其民乃修城關以備衝

阿禮海牙朝夕出入聲色不動怡然如平時衆賴以

安十一月六日西師逼城將百里而近阿禮海牙名

行院將帥憲司與凡在官者而告之曰吾荷國厚恩

唯有一死以報上耳行院之出唯敵是圖而退保吾

城不亦怯乎然敵亦為合之衆何所受命而敢犯我

乎且吾甲兵非不堅勁爾何足慮乎

平日久將校不練習彼所以得披猖至

此彼誠知我聖天子之命則衆沮而散爾何利者太

吾今遣使告于朝請降詔大赦脅從誅其誤比詔下先

募士以即位詔及朝廷招諭之文入其軍明示利害

吾整大軍兩翼以征之別遣驍將率精騎數千上龍

門繞出其後使之進無所援退無所歸成擒於輩洛

之間必矢而我軍所獲陝西官吏命有司羈縻而食

一無所裁衆曰諾唯命即日與行院整兵南薰門外

以行會有使者自京師還言齊王已克上都奉天子

寶璽来歸刻日至京矣阿禮海牙乃置酒高會於省

堂以賀發書告屬郡榜諭江南三省而募士得蘭住

者貴書諭之西人猶榜掠蘭住訊以其實而放散

遣都護者之半械都護以送諸荊王所

虓牢者西人殺其從者之半械都護以送諸荊王所

荊王時在河南之白馬寺以是西人雖未解散各已

駭悟又聞行省院以兵至猶豫不敢進朝廷又使參

政馮不花親諭之乃信服靖安王遣使四輩與蘭住

来請命途迤而去難平阿禮海牙乃解嚴報捷歛餘

財以還民從陝西求民人之被俘掠者歸其家凡數

千人陝西官吏被獲者皆遣還其所阿禮海牙自始

至鎮迫平告功居汴省者數月後以功還陝西行御

史大夫復拜中書省平章政事

奕赫抵雅爾丁字太初田田氏父亦速馬因仕至大

都南北兩城兵馬都指揮使奕赫抵雅爾丁幼穎悟

奕赫抵雅爾丁

嗜學所讀書一過目即終身不忘九工其國字語初

為中書掾以年勞授江西行省員外即入為吏部主
事不再閱月固辭權刑部員外郎四方所上獄反復
披閱成牘多所平反遷陝西漢中道肅政廉訪司僉
事不赴改中書右司員外即尋陞即中一日與同列
共議獄有異其說者奕赫抵雅爾丁曰不可恩如兩霾萬物均被賊吏
預奕赫抵雅爾丁曰公寺讀律苟
不能藥別於疾痛奕益哉雖不平論者而不能
切脉用藥別於疾痛奕益哉
為名言大德八年肆赦廷議惟官吏因事受賕者不
固可嫉比之盜賊則有間矣宥盜而不宥吏何耶刑

元史列傳卷二十四 十一 吳仲明

部嘗有獄事上讞既論決已而丞相知其失以譴右
司主者奕赫抵雅爾丁初未嘗署其案因取成案閱
之竊署其名於下或訝之曰茲獄之失公寶不與丞
相方譴怒而公反追署其案何也奕赫抵雅爾丁曰
吾偶不署此案耳宜有與諸君同事而獨辜免哉丞
相聞而賢之惟列因以獲免哉左司郎中時左司闕
一都事平章梁暗都剌謂奕赫抵雅爾丁曰人之材
幹固嘗有之惟篤實不欺為難得公當以所知舉奕
赫抵雅爾丁遂以王毅李迪為言一時輿論莫不稱
免又嘗論朝士如王仁卿賈元攢高彥敬敬威卿李

清臣筆可大用時諸公咸下僚後皆如其言遷翰林
侍講學士知制誥兼修國史轉中奉大夫集賢大學
士未幾除江東建康道肅政廉訪使始視事見以獄
具陳列庭下甚偉問之乃前官翔製以待有罪者奕
赫抵雅爾丁慨然曰凡逮至泉司皆命官及有出身
之吏廉得其情則將服罪具毋庸施也即屏去之
監憲一年賕吏削跡至大初立尚書省奕赫抵雅爾丁
書省事召至京師懇辭不就改立中書省復拜參議
中書省事亦以疾辭延祐元年卒年四十有七

脫烈海牙

元史列傳卷二十四 三九二 十三 吳仲明

脫烈海牙畏吾氏世居別失拔里之地曾祖閻華八
撒木當太祖西征導其主亦都護迎降帝嘉其有識
欲官之辭以不敏祖八剌木始從真定仕至師府鎮
撫富而樂施或貸不償則火其券人稱於長者父闍
里赤性純正知讀書脫烈海牙幼嗜學警敏絕人性
整暇雖居倉卒未嘗見其急遽喜從文士游犬馬聲
色之娛一無所好由中書宣使出為寧晉主簿改隆
平縣達魯花赤均賦興學勸農平訟橋梁水防俱荒
之政無一不舉及滿去民勒石以紀其政拜監察御
史時江西胡參政殺其弟訟久不決脫烈海牙一訊

竟伏其辜出僉燕南道肅政廉訪司事務存大體不
事苛察在任六年黜汙吏百四十有奇名為戶部郎
中轉右司員外郎陞右司郎中贊畫之力居多仁宗
在東宮知其耆學出秘府經籍及聖賢圖像以觀時
人榮之母霍氏卒哀毀骨立事聞賜鈔五萬貫給葬
事起為吏部尚書量能敘爵以平允稱改禮部尚書
領會通館事進中奉大夫荆湖北道宣慰使適峽人
難食脫烈海牙先發廩賑之而後以聞朝議韙之至
治三年遷淮東宣慰使七月以疾卒于廣陵年六十
有七贈通奉大夫河南江北等處行中書省參知政
事護軍追封恒山郡公弟觀音奴廉明材幹亦仕至
清顯云

翰林學士承旨知制誥兼修國史臣歐陽玄翰林待制兼國史院編修官臣王樟等奉
勅修

康里脫脫

康里脫脫父曰牙牙由康國王封雲中王阿沙不花之弟也脫脫姿貌魁梧少時從其兄幹禿蟄獵於燕南幹禿蟄使歸獻所獲世祖見其骨氣沉雄步履駸重歡曰後日大用之才已生於令即命入宿衛成宗初丞相伯顏在比鄙脫脫奉詔以名鷹賜伯顏成宗見之驚問曰汝爲何人子脫脫以實對伯顏語之曰吾老矣他日可大用者未見汝比大德三年武宗以皇子撫軍北鄙脫脫從行五年叛王海都犯邊脫脫從武宗討之師次杭海進擊海都大破其眾脫脫手斬一士之首連背胛以獻武宗壯之兵之始交也武宗銳欲出戰脫脫執轡力諫武宗怒揮鞭捽其手不退乃止已而武宗與大將朵兒答哈語及之朵兒答哈曰在軍中如身有首衣有領脫脫有不虞衆安所附脫脫之諫可謂忠矣武宗深然之成宗大漸丞相哈剌哈孫答剌罕稱疾臥直廬中脫脫適以使事至京師即偕馳告武宗以國恤語在阿沙不花傳

時仁宗奉興聖太后至自懷州既定內難而太后以兩太子星命付陰陽家推算問所宜立者曰重光大荒落有災旃蒙作噩長久重光爲武宗年幹旃蒙爲仁宗年幹於是太后頗惑其言遣近臣柔耳論武宗曰汝兄弟二人皆我所出豈有親疎陰陽家所言我揵禦邊陲勤勞十年又次序居長神器所歸灼然何疑令太后以星命之後所設施者上合天心下副民望則雖一日之短亦足垂名萬年何可以陰陽之言而乖祖宗之託哉此蓋近日任事之臣擅權專殺恐我他日或治其罪故爲是奸謀動搖大本耳脫脫汝爲我往察事橫疾歸報我脫脫承命即行武宗親率大軍由西道進按灰由中道東道各以勁辛一萬從脫脫馳至大都入見大都太后愕然曰脩短之說雖出術家爲太子周思遠慮乃出我深愛貪憨已除宗王大臣議已定太子無二心者既而太后仁宗屏左右留脫脫與語曰太子天性孝友中外屬望令聞汝所致言殆有讒間汝歸速來何爲時諸王禿剌等待咸曰臣下翊戴嗣君無二心者既而太后仁宗屏左右留脫脫與語曰

為我彌縫闕失使我骨肉無間相見怡愉則汝功為
不細夫脫脫頓首謝曰太母誠忠過慮臣侍藩
邸歷年頗見信任今歸當即開釋太子
後日三宮共處靡有嫌隙斯為脫脫所報効夫先是
太后以武宗遲迴不至已遣阿沙不花往道諸王舉
臣推戴之意及是脫脫繼往行至旺古察武宗在馬
輦中望見其來趣使疾馳與之共載脫脫具致太后
仁宗之語武宗即命駕奉迎于上都武宗正位宸極尊
還報仁宗即日命駕釋然無疑遂遣阿沙不花
太后為皇太后立仁宗為皇太子三宮協和脫脫兄

《史傳卷三十五》　三

弟之力為多脫脫之至京師也武宗嘗命其同知
密院比還聞魯視事否脫脫對曰今正殿未御宗親
未見為扈從之臣揆取名位誠恐有累聖德是以未
敢柢事武宗嘉歎父之知樞密院只兄哈忽罾於
時嘗有不遜語將寘于法脫脫諫曰陛下新正位大
為報仇恐人人自危況只兄哈忽罾於先朝典故今
信未立而輕行誅戮知者以為彼自有罪不知者以
固不可少也乃宥之繼海都而王者曰察八兒素服
為武宗威名至是率諸王內附詔特設宴於大庭故事
凡大宴威命近臣敕宣王度以為告戒脫脫薦只兄

哈忽令具其言以進果稱肯武宗歎曰博
術前朝人傑脫脫令世人傑也即以所進之言授脫
脫及諸王大臣被宴服就列脫脫即席陳西北諸藩
始終離合之由去逆効順之義辭旨明暢聽者傾服
自同知樞密院事進中書平章政事拜御史大夫遷
江南行臺御史大夫尋召拜錄軍國重事中書左丞
相脫脫知無不言無不行中外翕然稱為賢相至
于為皇太子脫脫方獵于柳林遣使巫召之還三寶
大三年尚書省立遷右丞相三寶奴等勸武宗立皇
奴曰建儲議急故相召耳脫脫驚曰何謂也曰皇子

《史傳卷三十五》　四

寢長聖體近日倦勤儲副所宜早定脫脫曰國家大
計不可不慎囊者太弟躬定大事功在宗社迨居東
宮已有定命自是兄弟叔姪世世相承孰敢紊其序
者我輩臣子於國憲章縱不能有所匡賛何可隳其
成三寶奴曰今日兄已授弟後日叔當授姪能保之
乎脫脫曰在我不可渝彼失其信天寶鑒之三寶奴
雖不以為然而莫能奪其議也是時尚書省進言曰溫
節遷敘無法財用日耗名爵日濫脫脫進言曰爵賞
者帝王所以用人也今爵及此德賞及固功緩急之
際何所頼乎中書所掌錢粮工役選法刑獄十有二

事若從臣言恪遵舊制則臣願與諸賢踽踽勉從事
然用臣何補遂有詔俾溫受宣勑者赴所屬繳納僥不
偉之路既塞奔競之風頓衰中臺有贓罰鈔五百萬
緇脫脫請出以賑孤寡老疾諸窮而無告者宗王南
忽里部人告其主為不軌脫脫辯其誣抵告者罪宗
王乎忽徵其舊民於齊王八不沙部中鄰境諸王
欲奉齊王攻乎忽禿齊王懼奔牙忽禿以避之遂告
齊王反脫脫攻牙忽禿簿問得實乃釋齊王而徙諸王于嶺南
邊將脫火赤請以新軍萬人益宗王而徙諸王于嶺南
脫往給其資裝脫脫謂時方寧諡不宜挑釁生事辭

不行送遣丞相禿忽魯等二人往給之幾以激變四
年正月復為中書左丞相仁宗即位眷待彌篤欲使
均逸于外二月拜江浙行省左丞相下車進父老問
民利病咸謂杭城故有便河通于江滸埋廢已久若
疏鑿以通舟楫物價必平僚佐或難之脫脫曰吾陛若
辭之日密旨許以便宜行事民以為便行之可也俄
有旨禁勿興土功脫脫曰敬天莫先勤民民蒙其利
則災沴自弭土功何尤不一月而成是時鐵木迭兒
為丞相欲固位耴寵乃議立仁宗子英宗為皇太子
而明宗以武宗子封周王出鎮于雲南又諧脫脫為

武宗舊臣詔逮至京師居數日泊元兒失列門傳兩
宮旨諭脫脫曰初疑汝親於所事故召汝今察汝無
他其復還鎮脫脫入謝太后曰臣雖被先帝知遇而
受太后及今上恩不為不深豈敢昧所自乎還江浙
未幾遷江西行省左丞相英宗嗣位召拜御史大夫
時帖赤先為大夫陰忌之奏改江南行臺御史大夫
復族言者劾其擅離職守將徙之雲南會帖赤伏誅
乃解家居不出者五年泰定四年薨年五十六至正
初贈推誠全德守義佐運功臣太師開府儀同三司
上柱國追封和寧王諡忠獻脫脫嘗即宣德別墅延

師以訓子鄉人化之皆向學朝廷賜其精舍額曰景
賢書院為設學官其沒也即其中祠焉子九人其最
顯者二人曰鐵木兒塔識曰達識帖睦邇各有傳

　燕鐵木兒

燕鐵木兒欽察氏牀兀兒第三子世系見土土哈傳
武宗鎮朔方備宿衛十餘年特愛幸之及即位拜正
奉大夫同知宣徽院事皇慶元年襲左衛親軍都指
揮使泰定二年加太僕卿三年遷同僉樞密院事致
和元年進僉書樞密院事泰定帝崩于上都丞相倒
剌沙專政宗室諸王脫脫王禪附之利於立幼燕鐵

木兒時總環衛事留大都自以身受武宗寵拔之恩
其子宜纂大位而一居朔漠一處南陸實天之所置
將以啓之由是與公主察吉兒族黨阿剌帖木兒及
士納只禿魯等入興聖宮會集百官執中書平章烏
腹心之士寺倫赤剌剌等議以八月甲午昧爽率勇
伯都剌伯顏察兒兵皆露刃誓衆曰祖宗正統屬在
武皇帝之子敢有不順者斬衆皆潰散遂捕姦黨下
獄而與西安王阿剌忒納失里入守内庭分慮腹心
於樞密自東華門夾道重列軍士使人傳命往來其
中以防漏泄即命前河南行省參知政事明里董阿

前宣政院使答剌麻失里乗驛迎文宗于中興且令
密以意諭河南行省平章伯顏選兵備扈從於是封
府庫拘百司印遣兵守諸要害推前湖廣行省左丞
相別不花爲中書左丞相詹事塔失海涯爲平章前
湖廣行省右丞趙世延爲樞密副使蕭忙古觧仍爲
王不憐吉台爲樞密同僉燕鐵木兒通政院使
與中書右丞趙世延在京寺觀鈔募死士買戰馬運京
寒食分典庶務貸在京寺觀鈔募死士買戰馬運京
倉粟以餉守禦士卒復遣使於各行省徵發錢帛兵
罷當時有諸衛軍無統屬者又有調選及罷退軍官

皆給之符牌以待調遣既受命未知所謝注目而立
乃指使南向拜衆皆愕然始知有定向矣燕鐵木兒
宿衛禁中夜則更遷無定居坐以待旦者將一月第
撒敦子唐其勢令塔失帖木兒召之皆
棄其妻子來歸丁酉再遣撒里不花鎖南班往中興
趣大駕早發令塔失帖木兒設爲南使云諸王帖木
兒不花寛徹普化湖廣河南省臣及河南都萬戶合
軍屯駕旦夕且至民勿疑懼丁未命撒敦以兵守居
庸關唐其勢屯古北口戊申復遣馬台爲比使稱
明宗從諸王兵整駕南轅中外乃安辛亥撒里不花

至自中興云乗輿巳啓塗詔拜燕鐵木兒知樞密院
事丙辰率百官備法駕郊迎丁巳文宗至京師入居
大内已未上都王禪及太尉不花丞相塔失帖木兒
平章買閭御史大夫紐澤等軍次榆林九月庚申詔
燕鐵木兒帥師禦之撒敦先驅至榆林西乗其未陣
薄之比軍大敗甲子詔還都戊辰遼東平章秃滿迭
兒以兵犯遷民鎮斬關以入遣撒敦往拒至薊州東
沙流河累戰敗之燕鐵木兒以爲擾攘之際不正大
名不足以係天下之志與諸王大臣伏闕勸進文宗
固辭曰大兄在朔方朕敢紊天序乎燕鐵木兒曰人

心向背之機間不容髮一或失之噬臍無及文宗悟
乃曰必不得已當明詔天下以著予退讓之意而後
可壬申文宗即位改元天曆赦天下癸酉封燕鐵木
兒為太平王以太平路為其食邑甲戌加開府儀同
三司上柱國錄軍國重事中書右丞相監修國史知
樞密院事賜黃金五百兩白金二千五百兩鈔一萬
錠金素織段色繒二千四海東白鶻一青鶻二豹一
平江官地五百頃即日詔將兵出薊州拒禿滿迭兒
乙亥次三河而王禪等軍已破居庸關遂進屯三壠
丙子燕鐵木兒廩食倍道而還丁丑抵榆河關帝出

《元史傳卷三五》　九　玉各祥

都城將親督戰燕鐵木兒單騎請見曰陛下出民心
必驚凡前寇事一以責臣願陛下亟還宮以安黎庶
文宗乃還明日丁丑阿速衛指揮使忽都不花塔海
帖木兒同知太不花構變事覺械送京師斬以徇己
卯與王禪前軍遇于榆河北我師奮擊敗之追至紅
橋比王禪樞密副使阿剌帖木兒執戈入刺燕鐵木
兒見引兵會戰阿剌帖木兒側身
以刀格其戈就斫之帖木兒馳擊忽都帖
木兒亦中左臂二人驍將也敵為奪氣遂退師于白浮南
橋兩軍阻水而陣命善射者射之遂

命知院也速答兒八都兒亦訥思忽等分為三隊張兩
翼以角之敵軍敗走辛巳敵軍復合鏖戰于白浮之
野周旋馳突戈戟憂摩燕鐵木兒手斃七人會日晡將
對壘而宿夜二鼓遣阿剌帖木兒孛倫赤岳來告將
悟人馬死傷無數明日天大霧雅敵衆驚擾互自相擊至旦始
精銳百騎鼓譟射其營敵衆散卒二人云云列出
山我師駐白浮西堅壁不動是夜又命撒敦潛軍繞
其後部曲八都兒見壓其前夾營吹銅角以震盪之敵
不悟而亂自相撾擊三鼓後乃西道遲明追及昌平

《元史傳卷三五》　十　玉各祥
四百

比斬首級數千級降者萬餘人帝遣賜上尊論旨曰丞
相每戰親冒矢石脫有不虞其若宗社何自今以後但
凭高督戰察將士之用命不用命者以賞罰之可也
諸將曰臣以身先之為諸將法敢後命者軍法從事託
對曰萬一失利悔將何及是日敵軍再戰再北王禪
單騎亡命也速答兒追之就命也速答
兒及僉院徹里帖木兒統卒三萬守居庸關還至昌
平南俄報古北口不守上都軍掠石槽丙戌遣撒敦
為先驅燕鐵木兒以大軍繼其後至石槽敵軍方炊
掩其不備直蹂之大軍并進追擊四十里至牛頭山

擒駙馬孛羅帖木兒平章蒙古苔失牙失帖木兒院
使撒兒討溫等獻俘闕下戮之各衛將士降者不可
勝紀餘兵奔竄夜遣撒敦襲之逐出古北口丁亥禿
滿迭兒及諸王也先帖木兒軍陷通州將襲京師燕
鐵木兒急引軍還十月己丑朔日軍渡潞河庚寅夾河而軍敵列
初至癸巳駐檀子山之畫林也速帖木兒禿滿迭兒
追之癸巳駐檀子山之畫林也疑兵夜遁辛卯率師渡河
植禿稍衣以禪衣然火爲疑兵夜遁辛卯率師渡河
合陽羅王太平國王朵羅台平章塔海軍來鬬士皆
殊死戰至晚唐其勢陷陣殺太平死者蔽野餘兵宵

《元史傳卷三十五》
十一
蔣氏曾

潰巳而撒敦將輕兵要之弗及而還乙未上都諸王
忽刺台指揮阿刺鐵木兒安童入紫荊關犯良鄉游
騎逼南城燕鐵木兒即率諸將兵循北山而西令脫
街繫囊盛豆以飼馬士行且食晨夜燕程至于盧
溝河忽刺台聞之望風西走是日凱旋入自肅清門
都人羅拜馬首以謝更生之惠燕鐵木兒曰此皆天
子威靈吾何力焉入見帝大悦賜燕興聖殿懽而
罷賜太平王黃金印幷降制書及賜王盤龍衣珠衣
寶珠金腰帶等物是日撒敦遣報秃滿迭兒軍復入
古北口燕鐵木兒遂以師赴之戰于檀州南野敗之

東路蒙古萬戶哈那懷率麾下萬人降餘兵東潰
禿滿迭兒走還遼東穫忽刺台阿刺帖木兒安童東
羅台塔海等戰之先是齊王月魯帖木兒東路蒙古
元帥不花帖木兒聞之即位乃起兵趨上都圍之
時上都屢敗勢感壬寅倒刺沙肉袒奉皇帝寶出請
死齊王調兵送至京師庚戌文宗御興聖殿受皇
刺寶之號使其世世子孫襲之仍賜珠衣以答
帶一白金甕一黃金瓶二海青白鶻一青鶻三白鷹
一豹二十二月置龍翊衛命領其事先是至治二

《元史傳卷三十五》
十二
蔣氏曾

年以欽察衛士多爲千戶所者凡三十五故分置左
右二衛至是又析爲龍翊衛二年立都督府以統左
右欽察龍翊三衛哈刺魯東路蒙古二萬戶府東路
蒙古元帥府而以燕鐵木兒兼統之尋陞東路蒙古
府燕鐵木兒乞解相印還宿衛帝勉之曰卿已爲省
院惟未入臺其聽後命二月遷御史大夫依前開府
儀同三司上柱國錄軍國重事太平王未幾復拜中
書右丞相監脩國史知樞密院事領都督府龍翊侍
衛親軍都指揮使司事就佩元降虎符依前開府儀
同三司上柱國錄軍國重事答刺罕太平王先是文

23-1619

宗以天下既定可行初志遣治書侍御史撒迪迎大
兄明宗于漠北三月辛酉乃詔燕鐵木兒以護璽寶北
上明宗嘉其功五月特拜開府儀同三司上柱國錄
軍國重事中書右丞相監修國史大都督領龍翊親
軍都指揮使事答剌罕太平王六月加拜太師餘如
故從明宗南還八月朔明宗次王忽察都之地命從
夜則躬擐甲冑繞幃殿巡護癸巳達上都遂與諸王
皇帝璽寶授文宗疾驅而還癸巳率宿衛士以扈從
皇太子見庚寅明宗暴崩燕鐵木兒以皇后命奉
大臣陳勸復正大位己亥文宗復即位於上都十二

月丁亥文宗以燕鐵木兒有大勳勞于王室封其魯
祖父班都察瀑陽王魯祖姚王龍徹瀑陽王夫人祖
父土土哈昇王祖姚王太塔你昇王夫人父牀兀兒
王母也先帖你公主察吉兒並爲揚王夫人三年二
月文宗欲下詔命獨爲丞相以尊異之屢頒寵數未足
於北郊至順元年五月乙丑帝又以尊異之屢頒寵數
以報大勳獨爲丞相以尊異之屢頒寵數未足
月宜專獨運以重秉鈞授以開府儀同三司上柱國
兒勳勞惟舊忠勇多謀奮大義以成功致治平於期
太師太平王答剌罕中書右丞相錄軍國重事監修

國史提調燕王宮相府事大都督領龍翊親軍都指
揮使司事凡號令刑名選法錢粮造作一切中書政
務悉聽總裁諸王公主駙馬近侍人員大小諸衙門
官員人等敢有隔越聞奏以違制論六月知樞密院
事闊徹伯脫脫以其謀告燕鐵木兒即率欽察軍之
之也的迷失脫迷以其謀害之重欲謀害
掩捕按問皆誅之二年二月癸未詔養其子塔剌海
南三月賜鷹坊百人十一人爲建第於興聖宮之西
爲子辛酉以燕鐵木兒蕪奎章閣大學士領奎章閣
學士院事賜龍慶州之流盃園地水碾土田又賜平

江松江江陰蘆塲簜山沙淦沙田等地因言平江松
江圩田五百頃有奇粮七千七百石頃增爲萬石入
官以所得餘米贍第撒敦詔從之四年文宗大漸遺
詔立兄明宗之子已而文宗崩明宗次子懿璘質班
即位四十三日而崩文宗后臨朝燕帖古思文宗后
議立文宗子燕帖古思文宗后曰天位至重吾兒年
方幼冲豈能任耶明宗有子妥懽貼睦爾出居廣西
今年十三矣可嗣大統於是奉太后命召還京師至
良鄉其函簿迎之燕鐵木兒與之並馬而行於馬上
舉鞭指畫告以國家多難遣使奉迎之故而妥懽貼

睦爾辛無一語酬之燕鐵木兒疑其意不可測且明
宗之崩寶與逆謀恐其即位之後追與前事故宿留
數月而心志日以誉亂先是燕鐵木兒自秉大權以
來挾太主之威肆意無忌一宴或宰十三馬耴泰定
帝后為夫人前後尚宗之室之女四十人或有交禮三
日遷遣歸者而座隅一婦色甚麗問曰此荒淫
家男女列坐名駕鴛鴦會一日宴至是荒淫
曰其體羸溺血而薨燕鐵木兒既死妥懽貼睦爾始
為誰意欲與俱歸左右曰此太師家人也至是趙世延
帝后為夫人前後尚宗之室之女四十人或有交禮三
日其體羸溺血而薨
即位是為順帝乃以撒敦為左丞相唐其勢為御史

大夫元統二年四月命唐其勢總管高麗女直漢軍
萬戶府達魯花赤授撒敦開府儀同三司上柱國錄
軍國重事答剌罕榮王太傅中書左丞相賜盧州路
為食邑宥世世子孫九死贈燕鐵木兒太師公忠開
濟弘謨同德協運佐命功臣開府儀同三司太師中
書右丞相上柱國追封德王諡忠武至元元年三月
立燕鐵木兒女伯牙吾氏為皇后是時撒敦唐其
其勢為中書左丞相伯顏獨用事唐其勢愈曰天下
本我家天下也伯顏何人而位居吾上遂與撒敦弟
答里潛蓄異心交通所親諸王晃火帖木兒謀援立

以危社稷帝數召答里不至郊王徹徹禿遂發其謀
六月三十日唐其勢定兵東郊身率勇士突入宮闕
伯顏及其弟塔剌木兒定住閧里吉思等掩答之唐
其勢及其黨比者剌剌等逆命住閧里吉思等逆
遣阿彌諭之又殺阿彌那海等所敗而率其黨和尚剌等逆
里即應以兵殺使者哈伏誅而率其黨和尚剌等逆
兒命李羅晃火兒不花追襲之力窮勢促阿魯渾察
為棚阿監火兒灰刺木兒自殺薛官阿
軌答里等送上都戮之晃火帖木兒自殺薛官阿
察赤亦預唐其勢之謀欲殺伯顏後擒付有司具伏

其事伏誅初唐其勢事敗被擒攀折殿檻不肯出塔
剌海走匿皇后坐下后蔽之以衣左右曳出斬之血
濺后衣伯顏奏曰豈有兄弟為逆而皇后黨之者于
執后后呼帝曰陛下救我帝曰汝兄弟為逆豈能相
救邪乃遷皇后出宮尋酖之于開平民舍遂薄錄唐
其勢家

伯顏

伯顏蔑兒吉解氏曾大父探馬哈兒給事宿衛大父
稱海從憲宗伐宋歿於王事父謹只兒總宿衛隆福
太后宮伯顏弘毅深沉明達果斷年十五奉成宗命

侍武宗于藩邸大德三年從北征海都五年從至遼怯里古之地力戰又至哈剌塔之地累捷功為諸將先十年幹羅思失班等逃奔察八兒之地武宗命伯顏追降之十一年武宗大會諸王駙馬於和林錫號曰伯顏拔都兒武宗即位拜吏部尚書俄改尚服院使又賜蛟龍虎符領右衛阿速親軍都指揮使司達魯花赤三年加特進延祐三年仁宗命為同王常侍府常侍四年拜江南行臺御史中丞五年就陞御史大夫六年拜江浙行省平章政事七年拜陝西行臺御史大夫至治二年復遷南臺御史大夫泰定二年遷江西行省平章政事三年遷河南行省平章政事舊所賜河南田五千頃以二千頃奉帝師祝釐八百頃助給宿衛衛自取不及其半宿姦頑豪嘗民者必深治之致和元年七月泰定帝崩八月丞相燕鐵木兒遣明里董阿迎立武宗子懷王於江陵道過河南使以謀密告伯顏伯顏嘆曰此吾君之子也吾奉荷武皇厚恩委以心膂今爵位至此非覬萬一為己富貴計大義所臨曷敢碩望即集僚屬告以故於是會計倉廩府庫穀粟金帛之數乘輿供御牢饌膳蓋

徒旅委積士馬芻精供億之須以及賞賚犒勞之用靡不備至不則檄州縣募民抗輸明年田租及貸商人貨貲約倍息以償又不足則邀東南常賦之經河南者輒止之以給其費嚴徵發民丁增置驛馬補城檜浚濠池修戰守之具僚佐曹掾籌其便宜即遣蒙哥不花以其事馳告懷王又使羅里報燕鐵木兒曰公盡力京師河南事我當自効懷伯顏別嘉勇士五千人以迎帝于南而躬勤兵以俟衆政脫別台曰今家古軍馬與宿衛之士皆在上都而令探馬赤軍守諸隘吾恐此事之不可成也我等圖保性命他何計哉伯顏不從其言其夜脫別台手刃欲殺伯顏為變伯顏賞遂拔劍殺之奪其所部軍器收馬千二百騎懷王命撒里不花拜伯顏河南行省左丞相懷王至河南伯顏屬橐鞬擐甲冑與百官父老導入咸俯伏稱萬歲即上前叩頭勸進懷王解金鎧御服寶刀及海東白鶻賜伯顏明日亳從北行九月懷王即皇帝位是為文宗特加伯顏銀青榮祿大夫仍領宿衛尋加太尉賜黃金二百五十兩白金一千兩楮幣二十五萬緡進開府儀同三司錄軍國重事御史大夫中政院使天曆二年正

月拜太保二月加授儲慶使加賜虎符特授忠翊
衛親軍都指揮使未幾明宗即位文宗居東宮拜太
子詹事太保開府如故八月拜中書左丞相明宗崩
文宗嗣位加儲政院使三年正月拜知樞密院事至
順元年文宗以伯顏功大不有異數不足以報稱特
命尚世祖闊出太子女孫曰卜顏的斤分賜虎士三
賜黃金雙龍符鑄文曰廣忠宣義正節振武佐運功
臣組以寶帶世為明券又命凡宴飲視諸宗王禮二
百怯薛丹百黙而告軍百隸左右宿衛又
年八月進封浚寧王特加授侍正府侍正追封其先

三世為王又加伯顏昭功宣毅萬戶忠翊侍衛都指
揮使三年拜太傅加徽政使八月文宗崩十月伯顏
奉太皇太后命立明宗之子懿璘質班是為寧宗十
一月寧宗崩四年六月順帝至自南服入踐大位嘉
伯顏翊戴之功拜中書右丞相上柱國監修國史元
統二年進太師奎章閣大學士領太史院無領司天
監威武阿速諸衛奏後經筵加知經筵事十一月進
封泰王繼領太禧宗禋院中政院宣政院隆祥使司
宮相諸內府總領蒙古欽察斡羅思諸衛親軍都指
揮使壬年六月唐其勢及其弟塔剌海私蓄異志謀

危社稷伯顏奉詔誅之餘黨稱兵又親率師往上都
擊破其衆七月伯顏鴆殺皇后伯牙吾氏為匡唐其
勢之後剌剌海于后宮伯顏怒曰豈有兄弟謀不軌而姊
妹當之者乎遂鴆之至元元年故事賜伯顏
以答剌罕之號俾世襲之詔諭天下用國初故事賜伯顏
舊章奏寢妨農之務停海內土木營造四年息彰德
萊燕冶鐵一年齲京坂漕戶雜徭減河間兩淮福建
鹽額歲十八萬五千有奇賑沙漠貧戶及南北饑民
至千萬計帝允而行之其知經進日當進講必與講
官敷陳格言以盡啓沃之道太皇太后賜第時雍坊

有旨雄麗視諸王邸伯顏力辭制度務從損約四年
求解政柄三宮交勉留五年十月詔為大丞相加號
元德上輔賜七寶玉書龍虎金符鑄刻如前先數日
伯顏面奏請以賜田歲入所積鈔一萬錠賑帖列堅
末隣納隣三道驛置及開比十三驛之困乏者然自
須自誅唐其勢之後獨秉國鈞專權自恣變亂祖宗
成憲虐害天下漸有姦謀帝患之初伯顏欲以其姪
脫脫宿衛伺帝起居懼涉物議乃以樞密知院脫脫
奴翰林承旨沙剌班同侍禁近寶屬意脫脫故脫脫
政令日修而衛士拱聽約束伯顏自領諸衛精兵以

燕者不花為昇轝導從之盛填溢街衢而帝側儀衛
反落落如晨星勢駸薰灼天下之人惟知有伯顏而
已脫脫深憂之乗閒自陳忠家徇國之意帝猶未之
信遣阿魯世傑班日以忠義與之徃復論難益堅其
心無他遂聞于帝帝始無疑是年車駕自上都還京
伯顏數以兵巡行紅城諸處鄰王帖木兒不賜威順王
寬徹普化辭色憤厲不待旨而行帝益忿之伯顏且
允輙傳旨行刑復奏黜鄰王徹徹篤奏死帝未
伯顏不知益遲凶虐構陷鄰王撤徹篤奏賜死帝未
日益立威鋄鍊諸獄延及無辜六年二月伯顏自領

兵衛請帝出田脫脫告帝托疾不徃伯顏固請太子
燕帖古思出次柳林脫脫欲有所為遂與世傑班阿
魯合議曰于帝戊戌脫脫悉拘門鑰受密旨領軍阿
魯世傑班侍帝側傳命是夜帝御玉德殿受密旨領軍
號令詳見脫脫傳中夜二鼓遣太子怯薛月可察見
率三十騎抵太子營取之入城是夜帝御玉德殿主符檄發
兒瓦歹奉詔徃柳林出之入城夜半見帝帝左丞相已
亥伯顏遣人來城下問故脫脫倨城門上宣言有旨
黜丞相一人諸從官無罪可各還本衛伯顏奏乞陛
辭不許遂行道出真定父老奉觴酒以進伯顏問曰

爾曹見子殺父事耶父老曰不曾見子殺父惟見臣
殺君伯顏俛首有慙色三月辛未詔徙南恩州陽春
縣安置病死于龍興路驛舍

馬札兒台

馬札兒台世系見兄伯顏傳馬札兒台番直宿從武宗
後侍仁宗於潛邸出入恭謹逢事敏達仁宗說之及
立為皇太子以為中順大夫典用卿進度支卿轉同知
中政侍郎進兵部尚書遷利用卿進度支卿轉同知
典瑞院事陞利用卿歷大都路達魯花赤佩虎符領虎
賁親軍都指揮使泰定四年拜陝西行臺治書侍御

史關陝大饑賑貸有不及者盡出私財以周貧民所
活甚衆轉太府卿又轉都功德使政宣政使三遷皆
仍太府卿佩元降虎符領高麗女直漢軍萬戶府達
魯花赤拜御史大夫仍領高麗女直漢軍無右衛達
速親軍都指揮使司達魯花赤提調承徽寺尋遷知
樞密院事無前職加提調武備寺事加金牌領欽察
闈闍帖木兒千戶所又仍以知樞密院事加鎮守海
口侍衛親軍屯儲都指揮使司達魯花赤餘如故至
元三年議進爵封王辭以兄伯顏既封秦王兄弟不
宜並王乃拜太保分樞密院徃鎮北邊至鎮邊民歲

有徭役悉蠲除之後爲定例六年伯顏既罷黜名拜

太師中書令右丞相奏罷各處船戶提舉廣東採珠提

舉二司無領右衛阿速軍又無領群牧監未幾以疾

辭帝優詔起之其請益堅遂以太師就第明年以其

子脫脫爲右丞相而封馬扎兒台爲忠王至正七年以

別兒怯不花讚于帝詔安置甘肅以疾竟卒年六十三

馬扎兒台所至不以察察爲明赫赫爲威僚屬各効

其勤至於事功既成未嘗以爲已出也以仁宗寵遇

之深忌曰必先百官詣廟致敬或一食一果之美

必持獻廟中仁宗嘗建寺雲州九峯山未成而崩馬

脫脫字大用生而岐嶷異於常兒及就學請於其師

也先帖木兒

先帝嘗駐蹕於茲誠不忍過其所而坐視蕪廢也又

建寺都城健德門東十二年特命改封徳王令翰林

儒臣製詞立碑仍賜旌忠昭徳之額長子脫脫次子

浦江吳直方曰使脫脫終日危坐讀書不若日記古

人嘉言善行服之終身耳稍長贊力過人能挽弓一

石年十五爲皇太子怯憐口怯薛官天曆元年襲授

成製提舉司達魯花赤二年入觀文宗見之悅曰此

子後必可大用遷內宰司丞無前職五月命爲府正

司丞至順二年授虎符忠翊侍衛親軍都指揮使元

統二年同知宣政院事兼前職五月遷中政使六月

遷同知樞密院事至元元年唐其勢陰謀不軌事覺

伏誅其黨答里及剌剌等稱兵外應脫脫選精銳與

之戰盡禽以獻歷太禧宗禋院使拜御史中丞仍

親軍都指揮使提調左阿速衛從上都還至雞鳴

提調前職職大振綱紀中外肅然屢從上都大夫仍

山之渾河帝將畋于保安州馬蹴脫脫諫曰古者帝

王端居九重之上日與大臣宿儒講求治道至於飛

鷹走狗非其事也帝納其言授金紫光禄大夫無紹

熙宣撫使是時其伯父伯顏爲中書右丞相既誅唐

其勢益無所忌擅人殺死罪任邪佞殺無辜諸衛

精兵收爲已用府庫錢帛聽其出納帝積不能平脫

脫雖幼養於伯顏常憂其敗私請於其父曰伯父驕

縱已甚萬一天子震怒則吾族赤矣若於未敗圖

之其父以爲然復懷疑久未決質之直方直方曰傳

有之大義滅親大夫但知忠於國家耳餘復何頋焉

當是時帝之左右前後皆伯顏所樹親黨獨世傑班

阿魯爲帝腹心曰與之處脫脫遂與二人深相結納

而錢唐楊璉嘗事帝潛邸為奎章閣廣成局副使得
出入禁中帝知其可用每三人論事使璉參焉五年
秋車駕留上都脫脫與世傑班阿
魯謀欲禦之東門外懼弗勝而止會河南范孟矯殺
省臣事連廉訪使段輔伯顏風臺臣言漢人不可為
廉訪使時別兒怯不花為御史大夫畏人之議已
辭疾不出故其章未上伯顏促之急監察御史以告
脫脫脫曰別兒怯不花位吾上且掌印我安敢專
脫脫以告別兒怯不花聞之懼且將出脫脫度不能遏謀於
吳直方直方曰此祖宗法度決不可廢盡先為上言之
脫脫入告于帝及章上帝如脫脫言伯顏知出於脫
脫大怒言於帝曰脫脫雖臣之子其心專佑漢人必
當治之帝曰此皆朕意非脫脫罪也及伯顏擅宣
讓威順二王帝不勝其忿決意逐之一日泣語脫脫
不可不密議之際左右震主之威此輩茍利富貴其語
脫脫亦泣下歸與直方謀曰此宗社安危所繫
直方曰主危身戮矣脫脫乃延二人于家置酒張樂
一泄則主危身戮矣脫脫乃延二人于家置酒張樂
晝夜不令出遂與世傑班阿魯議候伯顏入朝禽之
戒衛士嚴官門出入鍵鑰悉為置兵伯顏見之大驚

召脫脫責之對曰天子所居防禦不得不爾伯顏遂
疑脫脫益增兵自衛六年二月伯顏請太子燕帖古
思獵于柳林脫脫與世傑班阿魯合謀以所掌兵及
宿衛士拒伯顏脫脫罪狀詔戒夜拘京城門鑰命所
親信列布
城門下是夜奉帝御玉德殿遂召近臣汪家奴沙剌
及省院大臣先後入見出五門聽命又召中書平
章政事只兒瓦歹赴城下問故脫脫曰有旨逐丞相
伯顏亦遣騎士至城下詳見伯顏傳
伯顏所領諸衛兵皆散而伯顏遂南行
中事定詔以馬扎兒台為中書右丞相脫脫知樞密
院事虎符忠翊侍衛親軍都指揮使提調武備寺阿速
衛親軍都指揮使司達魯花赤昭功萬戶府都
總使十月馬扎兒台移疾辭相位詔以太師就第至
思護衛親軍都指揮使司達魯花赤錄軍國重事詔天
下脫脫乃悉更伯顏舊政復科舉取士法復行太廟
四時祭雪郯王徹徹禿之冤召還宣讓威順二王使
居舊藩以阿魯圖正親王之位開馬禁弛鹽額蠲貸
逋又開經筵遴選儒臣以勸講而脫脫實領經筵事

中外翕然稱爲賢相二年五月用參議李羅等言於
都城外開河置閘放金口水欲引通州船至麗正門
役丁夫數萬訖無成功河渠志三年詔修遼金
宋三史命脫脫爲都總裁官又請修至正條格頒天
下帝嘗御宣文閣脫脫前奏曰陛下臨御以來天下
無事宜留心聖學頗聞左右多沮撓者設使經史不
足觀世祖豈以是教裕皇哉即秘書監取宗所授
書以進帝大悅皇太子愛獻識達臘嘗保育于脫
脫家每有疾飲藥必嘗之而進帝嘗駐蹕雲州遇脫
脫抱皇太子

風暴雨山水大至車馬人畜皆漂溺脫脫
單騎登山乃免至六歲還帝慰撫之曰汝之勤勞朕
不忘也脫脫乃以私財造大壽元忠國寺於健德門
外爲皇太子祝釐其費爲鈔十二萬二千錠四年閏
月領宣政院事諸山主僧請復僧司何異地獄中復置地獄
如坐地獄脫脫曰若復僧司且曰郡縣所苦
邪時有疾漸羸且術者亦言年月不利乃上表辭位
帝不允表凡十七上始從之有旨封鄭王食邑安豐
賞賚巨萬俱辭不受乃賜松江田爲右丞相以宿憾諸其父
以領之七年別兒怯不花爲右丞相以宿憾諸其父
馬扎兒台詔徙甘肅脫脫力請俱行在道則閱騎乘

廬帳食則視其品之精粗及至其地馬扎兒台安之
復移西域撒思之地至河召還甘州就養十一月馬
扎兒台覺帝念脫脫勳勞召還京師八年命脫脫爲
太傅提調宮傅綜理東宮之事九年柔兒只太平皆
罷相遂詔脫脫復入中書右丞相賜上尊名馬襲衣
玉帶脫脫既復入中書恩怨無不報時開端本堂命
太子學於其中命脫脫領端本堂事十年五月居毋劉
國夫人憂帝遣近臣喻之俾出理庶務於是脫脫用
察二衛內史府宣政院太醫院事十年五月居毋劉
烏古孫良楨龔伯遂汝中栢伯帖木兒等爲僚屬皆

委以腹心之寄小大之事悉與之謀事行而羣臣不
知也吏部尚書偰哲篤建言更造至正交鈔脫脫信
之詔集樞密院御史臺翰林集賢院諸臣議之皆
唯而已獨祭酒呂思誠言其不可脫脫不悅既而終
變鈔法而鈔竟不行事見其患五年不能塞脫脫用賈魯
金堤方數千里民被其患五年不能塞脫脫用賈魯
計請塞之以身任其事事有難爲猶疾有難治自古
爲大臣者職當分憂然我必欲去其疾而人人異論
河患即難治之疾也令我必欲去其疾而人人異論
皆不聽乃奏以賈魯爲工部尚書總治河防使發河

南北兵民十七萬役之築決堤成使復故道凡八月
功成事見河渠志於是天子嘉其功賜世襲荅剌罕
之號又勑儒臣歐陽玄製河平碑以載其功仍賜淮
安路為其食邑郡邑長吏聽其自用已而汝潁之間
妖冠聚眾以紅巾為號襄樊唐鄧皆起而應之十
一年脫脫乃奏以弟御史大夫也先帖木兒經略
河軍中夜驚朱仙鎮朝廷以也先帖木兒歸晝夜入城
收散辛屯朱仙鎮朝廷以也先帖木兒歸晝夜入城
仍為御史大夫

家院事將諸衛兵十餘萬討之克既汝潁之十
一年脫脫乃奏以弟御史大夫也先帖木兒為知

陝西行臺監察御史十二人劾其喪師辱國之罪脫
脫怒乃遷西行臺御史大夫朵兒直班為湖廣行省
平章政事而御史皆除各府添設判官由是人皆莫
敢言事十二年紅巾有號芝麻李者據徐州脫脫請
自行討之以逞魯曾為淮南宣慰使募鹽丁及城邑
趫捷通二萬人與所統兵俱發九月師次徐州攻其
西門賊出戰以鐵翎箭射馬首脫脫不為動麾軍奮
擊之大破其眾入其外郛明日大兵四集巫攻之賊
不能支城破芝麻李逃去獲其黃繖旗鼓燒其積聚
追擒其偽千戶數十人遂屠其城帝遣中書平章政

事普化等勞軍中命脫脫為太師依前右丞相趣還
朝而以樞密院同知禿赤等進師平潁亳師還賜上
尊珠衣白金寶鞍皇太子錫燕于私第詔改徐州為
武安州立碑以著其績十三年三月脫脫用左丞
烏古孫良楨右丞悟良哈台之議屯田京畿以二人善
大司農卿而脫脫領大司農事西至西山東至遷民
鎮南至保定河間北至檀順州皆引水利立法佃種
歲乃大稔十四年張士誠據高郵屢招諭之不降詔
脫脫總制諸王諸省軍計之黜陟予奪一切庶政悉
聽便宜行事省臺院部諸司聽選官屬從行稟受節

制西域西蕃皆發兵來助旌旗累千里金鼓震野出
師之盛未有過之者師次濟寧遣官詣闕里祀孔子
過鄒縣祀孟子十一月至高郵辛未至乙酉連戰皆
捷分遣兵平六合賊勢大蹙俄有詔罪其老師費財
以河南行省左丞相太不花中書平章政事月闊察
兒知樞密院事雪雪代將其兵削其官爵安置淮安
先是脫脫之西行也別兒怯不花欲陷之死哈麻屢
言于帝召還近地脫脫信用汝中栢由左司郎中參
議中書右省事平章以下見其議事莫敢異同惟哈麻不為之下
而是曉脫脫以下見其議事莫敢異同惟哈麻不為之下
事平章以

汝中栢因譖之脱脱改為宣政院使位居第三於是
哈麻深銜之哈麻嘗與脱脱議授皇太子冊寶禮脱
脱每言中宮有子將實之何所以故父不行脱脱將
出師也以汝中栢恐哈麻必為治書侍御史輔也不行脱脱將
居中汝中栢恐哈麻必為後患欲去之脱脱猶豫未
決今與也先帖木兒謀之於皇太子及皇后奇氏會
也先帖木兒方移疾家居監察御史袁賽因不花等
不從哈麻帖木兒方謀諸脱脱於皇太子及皇后奇氏會
承哈麻風旨上章劾之三奏乃允等御史大夫而脱脱亦有淮安
門外聽旨以汪家奴為御史大夫而脱脱亦有淮安

元史傳卷千五　廿二

之命十二月辛亥詔至軍中參議龔伯遂曰將在軍
君命有所不受且丞相出師肺嘗被密旨今奉密旨
一意進討可也詔書且勿開開則大事去矣脱脱曰
天子詔我而我不從是與天子抗也君臣之義何在
弗從既聽詔脱脱頓首謝曰臣至愚荷天子寵靈委
以軍國重事蚤夜戰兢惟弗能勝一旦釋此重負上
恩所及者深矣即出兵甲及名馬三千分賜諸將俾
各帥所部以聽月闕察兒雪雪節制客省副使哈剌
荅曰丞相此行我軍必死他人之手今日寧死丞相
前按刀刎頸而死初命脱脱安置淮安俄有旨移置

亦集乃路十五年三月臺臣猶以謫輕列疏其兄弟
之罪於是詔流脱脱千雲南大理宣慰司鎮西路流
也先帖木兒于四川碉門脱脱欲以長子哈剌章行至
置次子三寶奴蘭州安置家產簿錄入官脱脱行至
大理騰衝知府高惠見脱脱欲以女事之許築室一
程外以居雖有加害者可以無虞脱脱曰吾罪人也
安敢念及此巽辭以絕之九月遣官移置之十
地高惠以脱脱前不受其女故首發鐵甲軍圍之
二月已未哈麻矯詔遣使鴆之死年四十二訃聞中
書遣尚舍卿七十六至其地易棺衣以殮脱脱儀狀

元史傳卷十五　廿三　胡太之　四

雄偉頎然出於千百人中而器宏識遠莫測其蘊功
施社稷而不伐位極人臣而不驕輕貨財遠聲色好
賢禮士皆出於天性至於事君之際始終不失臣節
雖古之有道大臣何以過之惟其感於舉小急復私
讎君子譏焉二十二年監察御史張冲等上章雪其
冤於是詔復脱脱官爵并給復其家產召哈剌章三
寶奴還朝而也先帖木兒先是亦已死刀授哈剌章
中書平章政事封申國公分省大同三寶奴知樞密
院事二十六年監察御史聖奴也先撒都失里等復
言奸邪構害大臣以致臨敵易將我國家兵機不振

言然以國家多故未及報而國亡

戎气封一字王爵定諡及加功臣之號朝廷皆是其

塗炭從此始設使脫脫不死安得天下有今日之亂

從此始錢粮之耗從此始盜賊縱橫從此始生民之

元史傳卷三十五

陳

翰林學士嘉議中大夫知制誥同修國史臣宋濂贊修　制永嘉縣知制誥兼修國史院編修官臣等奉

敕修

乃蠻台

乃蠻台木華黎五世孫曾祖曰孛魯祖曰阿禮吉失
追封莒王諡忠惠父曰忽速忽爾嗣國王追封薊王
乃蠻台身長七尺髯有威性明果善斷射能貫札
大德五年奉命征海都朵哇以功賜貂裘白金授宣
徽院使階榮祿大夫七年拜嶺北行省右丞舊制募
民中粮以餉邊是歲中者三十萬石用事者挾私為

市殺其數為十萬民進退失措乃蠻台請于朝凡所
輸者悉受之以為下年之數民感其德至治二年改
甘肅行省平章政事佩金虎符甘肅歲糴糧於蘭州
多至二萬石距寧夏各千餘里至甘州自甘州又千
餘里始達亦集乃路而寧夏距亦集乃歲僅千里乃蠻
台下諭令輓者自寧夏徑趨亦集乃歲省費六十萬
緡天曆二年遷陝西行省平章政事關中大饑詔募
民入粟予爵四方富民應命輸粟露積關下初河南
饑告糴關中而關中民過其糴至是關吏乃河南人
俙宿怨拒粟使不得入乃蠻台杖關吏而入其粟京

〈元史傳卷第二十六　一〉
陳友遠
三百九

兆民掠人而食之則命分健卒為隊捕強食人者其
患乃已時入關粟雖多而貧民乏鈔以糴乃蠻台取
官庫賑饑鈔如數易得五百萬緡以省印行用俟
官給賑饑鈔如數易之先時民或就食他所多毀墻
屋以往乃蠻台諭之曰明年歲稔爾當復還其毀墻
之民由是不敢毀及明年還皆得按堵如初拜西行
臺御史大夫賜金幣玩服等物奉命送太宗皇帝舊
鑄皇兄之寶於其後嗣燕只哥解乃蠻台威望素嚴
至其境禮貌益尊至順元年遷上都留守佩元降虎
符虎賁親軍都指揮使進階開府儀同三司知嶺比

行樞密院事封宣寧郡王賜金印尋奉命出鎮比邊
錫予尤重國制初諸軍置萬戶千百戶時金銀符未
偹惟加綏於槍以為等威至是乃蠻台為請于朝皆
得縮符後至元三年詔乃蠻台襲國王授以金印繼
又以安邊睦鄰之功賜珠絡半臂并海東名鷹西域
文豹國制以此為極恩六年拜嶺比行省左丞相仍
前國王知行樞密院事至正二年遷遼陽行省左丞
相以年踰六十疏辭職歸念其軍士貧乏以麥四
百石馬二百疋羊五百頭偏給之八年薨于家帝聞
之震悼命有司厚致賻儀詔贈攄忠宣惠綏遠輔治

〈元史傳卷第二十六　二〉
陳友遠
四百

功臣太師開府儀同三司上柱國追封曹王謚忠穆

子二長野仙溥化入宿衛掌遠古兒赤特授朝列大

夫給事中拜監察御史繼除河西廉訪副使淮西宣

慰副使累遷中書叅知政事由御史中丞為中書右

丞次晃怒而不花

朶兒只

中奉大夫集賢學士時年未及冠一時同寅如郭貫

古君臣行事忠君愛民之道多所究心至治二年授

稍長俗宿衛事每至孝喜讀書不屑屑事章句於

孤朶兒只未華黎六世孫脫脫子也朶兒只生一歲而

趙世延鄧文原諸老皆器重之天曆元年朶羅台國

王自上都領兵至古北口與大都兵迎敵事定文宗

殺朶羅台二年朶兒只襲國王位乃詔便道

至遼陽之國順帝至元四年朶羅台弟乃蠻台特太

師伯顏勢謂國王乃其所當襲怒于朝伯顏妻欲

得朶兒只大珠環價直萬六千鍰朶兒只無以應則

慨然曰王位我祖宗所傳不宜從人求賣我繼為

殺朶兒只亦我宗族人耳於是乃我宗族人故得為

國王而除朶兒只遼陽行省左丞相為政如在遼陽

用不擾六年遷河南行省左丞相為政如在遼陽時

先是河南汝孟為亂以誅連繫者千百計朶兒只

至頗知其寬力欲直之而平章政事納麟乃元問官

執其說不從已而納麟還言于朝以謂朶兒只心徇

漢人朶兒只為人寬弘有度亦不郵也至正四年遷

江浙行省左丞相時杭城薦災燬別兒怯不花先

即平帝嘉其續錫九龍衣上尊酒居二年方面晏然

杭之耆老請建生祠如前丞相故事朶兒只辭之曰

昔者我父平章官浙省我實生其此宜爾父老有愛

州冠竊殺朶兒只調遣將士招捕之威信所及數月

為相庶務寬將朶兒只繼之咸仍其舊民心翕然汀

於我我於爾杭人得無情乎然今天下承平我叨居

相位於此唯知謹守法度不厚先人足矣何用虛名

為七年召拜御史大夫丞相盧陞右丞相監修國史而太平為左丞相是時朝

廷無事稽古禮文之事有隆必舉請賜經延講官坐

以崇聖學選清望官專典陳言以求治道最守令六

事沙汰僧尼卑隱逸士見太平傳歲餘留守司行

致賀禮其物先雷鴻禧觀將饋二相朶兒只家臣寓

觀中察知物有豐殺其致左相者特豐家臣具白其

事請郤之朶兒只曰彼繼不送我亦又何怪即命受

之鄰王家產既籍于官朵兒只俾捄史錄其數明日
捄史以後韓嘉訥爲平章不知出丞相命勃然變色
叱出捄史曰公事領目下而上何竟白丞相命令客使
扶出朵兒只不爲動知者咸服其量九年罷丞相位
復爲國王之國遼陽十四年詔朵兒只總兵南討中書
僉議襲伯遂建言宜分遣諸宗王及異姓王俱出軍
六合拔之既而詔削脫脫官爵罷其兵權朵兒只乃
略我即領兵出淮南聽脫脫節制脫脫遣朵兒只攻
臣天下有事政效力之秋也吾豈暇與小子輩通賄
其王朵兒赤厚略伯遂獲免朵兒只獨曰吾國家世

以本部兵守揚州十五年薨于軍年五十二初朵兒
只爲集賢學士從其從兄丞相拜住在上都南坡之
變拜住遇害賊臣鐵失赤斤鐵木兒等并欲殺朵兒
只其從子朵兒直班方八歲走詣怯薛官失都兒求
免以故朵兒只得脫於難朵兒只爲相務存大體而
太平則兼理庶務一時政權頗出於太平趨附者衆
朵兒只厭之凝然不與較然太平亦能推讓盡禮中
外皆驕爲賢相云二子朵蠻帖木兒翰林學士俺木
哥失里襲國王

朵爾直班

朵爾直班字惟中木華黎七世孫祖曰碩德父曰別
理哥帖木兒朵爾直班甫晬而孤育於從祖母拜住
徒父也請于仁宗降璽書護其家稍長好讀書年十
四見文宗適將上都親閱御衣命錄于簿曰世臣
之家乃能書漢字者朵爾直班引筆書之文宗喜曰
命不宜數又陳時政五事其一曰太史言三月癸卯
望月食既四月戊午朔日又食皇上宜奮乾綱修刑
政竦遠邪顥任忠良庶可消弭災變以爲禎祥二
曰親祀郊廟三曰博選勳舊世臣之子端謹正直之
人前後輔導使嬉戲之事不接扵目俚俗之言不必

扵耳則聖德日新矣四曰樞機之臣固宜尊寵然必
賞罰公則民心服五曰弭安盜賊振救饑民是時日
月薄蝕烈風暴作河北山東旱蝗爲災乃復條陳九
事上之一曰比日倖門漸啓刑罰漸差無功者覬覦
希賞有罪者僥倖求免恐刑政漸陳紀綱漸紊勞臣
何以示勸姦臣無所警懼二曰天下之財皆出千民
民竭其力以佐公上而用猶不足則嗟怨之氣上干
陰陽之和水旱災變所由生也宜顯命中書省官二

貧賃責戶部詳定成省罷不急之工役止無名之賞
賜三曰禁中常作佛事權宜傳止四曰官府日增運
法愈敝宜省冗員五曰均公田六曰鑄錢帶七曰禁取
山東田賦總管府八曰鑿河南自賣田糧九曰禁取
偪入正班桑爾直班執不可撒迪曰御史大夫不奉詔耶
姬妾於海外正月元日朝賀大明殿桑爾直班當斜
桑爾直班曰事不可行大夫宜覆奏可也西僧為佛
正班次即上言百官踰越班制者當同失儀論以懲
事內廷醉酒失火桑爾直班劾其不守戒律延燒官

殿震驚九重撒迪傳旨免其罪桑爾直班又執不可
一曰間傳旨者八乃已丞相伯頗御史大夫唐其勢
二家家奴怙勢為民害桑爾直班巡歷至鄂州悉捕
其人致于法民大悅及還唐其勢怒曰御史不禮我
已甚辱我家人我何面目見人耶荅曰桑爾直班知
軍指揮使恣橫不法桑爾直班劾奏之馬馬沙因集
奉法而已它不知也唐其勢徒子馬馬沙為欽察親
無賴子欲加害會唐其勢被誅乃罷遷太府監改二
董閣學士院供奉學士進承制學士皆無經進官又
陛侍書學士院同知經進事是時桑爾直班甫弱冠又

世家子乃獨以經術侍帝帝左右世以為盛事至正元
年罷學士院除翰林學士陛資善大夫扶是經進亦
歸翰林仍命桑爾直班知經進事是時康里嶺嶺以
翰林學士承旨亦在經進在上前數陳經義桑爾直
班則為翻譯曲盡其意多所啟沃禁中語秘不傳儀
論事情有同僚年老者歎曰吾君是官四十年見公
當事殆神人也宗王有殺其大母者桑爾直班典同
僚按實力請于朝必正其罪時相引論律令之出為淮東肅
遷大宗正府也可扎魯火赤聽訟之際引論律令曲
政廉訪使遷江南行臺治書侍御史未行又遷江西

行省左丞以疾不赴北還養疾黃厓山中起為資正
院使五年拜中書參知政事同知經進事提調宣文
閣時纂集至正條格桑爾直班以謂是書上有祖宗
制誥安得獨稱今日年號又編入一門耳已有以
安可獨以為書名時相不能從唯除制誥而已
善音樂得幸者有旨用為崇文監丞桑爾直班忘擬
一人以開帝怒曰選法盡由中書省耶桑爾直班頓
首曰用倖人居清選臣無與焉帝乃悅陛右丞尋拜御史中丞
之罪也省臣無與焉帝乃悅陛右丞尋拜御史中丞
監察御史劾奏別兒怯不花董甫上黜御史大夫慾

憐真班爲江浙行省平章政事朵爾直班曰若此則
臺綱安在乃再上章劾奏并留大夫不兄臺臣皆上
印綬辭職帝諭朵爾直班曰俟其毋辭對曰愿綱紀
奏臣安得獨留帝留朵爾爲之出涕朵爾直班即杜門謝賓
客尋出爲遼陽行省平章政事階榮祿大夫至官詢
民所疾苦知有司屬防禁齊稱量諸物勿畢集而
城而賣室僅如公府隸卒爭強買之僅酬其半直又
其俗編柳爲斗大小不一豪賈捐傷得以高下其手
民咸病之即飭有司斛斗秤尺薪炭鐵法清銓選汰胥吏慎勾
價自平又存恤孤老平準錢法清銓選汰胥吏
民咸病之即飭有司斛斗秤尺薪炭鐵法清銓選汰胥吏
稽興廢墜鉅細畢舉苟有罪雖勳舊不貸王邸百司
聞風懍懼召爲太常禮儀院使遷中政使又遷資
正使會盜起河南帝大憂之拜中書平章政事階光祿
大夫首言治國之道綱常爲重前西臺御史張桓伏
節死義不污於冠後宜首雄之以勸來者又言宜守荊
襄湖廣以絶後患又數論祖宗之用兵匪專於殺人
蓋必有其道爲今倡亂者止數人顧盡坐中華之
民爲畔逆豈足以服人心其言頗近丞相脫脫意時
脫脫倚信左司即中汝中栢貪外即伯帖木兒故兩
人因擅權用事而朵爾直班正色立朝無所附麗通

陝州危急因出爲陝西行臺御史大夫行至中途聞
商州陷武關不守即輕騎晝夜無程至奉元而賊已
至鴻門吏白逍日署事不許曰賊勢若此尚何顧陰
陽拘忌哉即就署省臺素以舉措嫌不相聚論軍
賊即督諸軍復商州乃脩築奉元城壘募民爲兵甚
庫所藏銀爲大錢皮爲矢房狀如弧號毛葫蘆軍甚
兵金商義爲大錢皮爲矢房狀如弧號毛葫蘆軍甚
精銳列其功以聞賜勒書褒獎之由是其軍遂盛而
章朵爾約五日一會集尋有旨命與朵爾便宜同討
賊朵爾直班曰多事如此惡得以常例論乃與行省平
國家獲其用金州由興元鳳翔達奉元道里迴遠乃
開義谷創置七驛路近以便時御史大夫也先帖木
兒師敗于河南西臺御史蒙古魯海牙范文等十二
人劾奏之朵爾直班當署字顧謂左右曰吾其爲平
章既上脫脫怒故左遷朵爾直班涕泣曰生我者公也何邊去我而
見黜關中人遮道慰遺之不聽乃從間道得出至重
不留乎朵爾直班道路阻不可行或請少留以竢之不從
慶聞江陵陷道路阻不可行或請少留以竢之不從
期必達乃已湖廣行省時權治澧州既至律諸軍以

法而投納粟者以官人心翕然汝中栢伯帖木兒言
於丞相曰不投朵爾直班則丞相終不安蓋謂其帝
意所卷屬必復用耳乃命朵爾直班職專供給軍食
時官廩所儲無幾即延州民有粟者親予酒諭勸之
而貸其粟約誅朝廷須鈔至即還以直民無不從者
又遺官糴粟河南四川之境民聞其名爭輸粟以助
軍餉右丞伯顏不花方總兵承順風旨數侵辱之朵
爾直班不為動會官軍復武昌至斬黃伯顏不花百
計徵索無不給之猶欲言其供需失期達刺宰軍帥
王不花奮言曰平章國之貴臣今坐不重茵食無珍
味徒為我曹軍食耳今百需立辨顧猶欲誣之是無
人心也我曹便當散遣鄉里矣脫脫遺國子助教完
者至軍中風使害之完者至則反加敬禮語人曰平
章勳舊之家國之祥瑞吾苟傷之則人將不食吾餘
矣朵爾直班素有風疾軍中感霧露所患日劇遂卒
于黃州蘭溪驛年四十朵爾直班立朝以扶持名教
為已任薦拔人才而不以為私恩留心經術凡伊洛
諸儒之書未嘗去手喜為五言詩於字畫尤精翰林
學士承旨臨川危素嘗客於朵爾直班諫之曰明公
之學當務安國家利社稷毋為留神於末藝朵爾直

班深服其言其在經筵開陳大義為多閒采前賢遺
言各以類次為書凡四卷一曰學本二曰君道三曰
臣職四曰國政明道厚倫制行稽古游藝五者學本
之目也敬天愛民知人納諫治內五者君道之目也
宰輔臺察守令將帥贊御五者臣職之目也帝覽而善之賜
農理財審議兵五者國政之目也君道之要與學訓
名曰治原通訓藏于宣文閣二子鐵固思帖木而而篤
堅帖木而

阿魯圖

阿魯圖傳

阿魯圖博爾术四世孫父木忽剌阿魯圖由經正監
襲職為怯薛官掌環衛遂拜翰林學士承旨遷知樞
密院事至元三年襲封廣平王至正四年脫脫辭相
位順帝問誰可代脫脫脫以阿魯圖薦五
月詔拜中書右丞相監修國史而別兒怯不花以左
丞相從篤行辛每同車出入一時朝野以二相協和
為喜時詔修遼金宋三史阿魯圖為總裁五年三史
成十月阿魯圖等既以其書進帝御宣文閣阿魯圖
復與平章政事帖木兒塔識太平上奏太祖御宣文閣
祖平宋混一區宇典章圖籍皆歸秘府今陛下以三
國事續命儒士纂修而臣阿魯圖總裁臣素不讀漢

人文書未解其義令者進呈萬機之暇乞以備乙覽

帝曰此事卿誠未解史書所繫甚重非儒士沉作文

字也彼一國人君行善則國與朕為君者宜取以為

法戒朕其間亦有為宰相事善則卿等宜傚效惡則宜

人君一朝行惡則國廢朕取以為戒然豈止傚勤為

監戒朕與卿等皆當取前代善惡為勉朕或思有未

至卿等其言之阿魯圖頓首蹈舞而出右司郎中陳

思謙建言諸事阿魯圖曰左右司之職所以贊助宰

相令郎中有所言與我輩共議見諸行事何必別為

文字自有所陳耶郎中若居他官則可建言今居左

右司而建言是徒欲顯一己自能言耳將置我輩於

何地思謙大慙服一日與僚佐議除刑部尚書宰執

有所舉或難之曰此人柔軟非刑部所可用阿魯圖

曰廟堂即今選僉子耶若選僉子須選強壯人尚書

必求強壯人耶左右無以各其為治知大體類如此

欲其詳讞刑讞耳若不枉人不壞法即是好刑官何

先是別兒怯不花嘗與阿魯圖謀擠害脫脫阿魯圖

曰我等豈能久居相位當亦有退休之日人將謂我

何別兒怯不花屢以為言終不從六年別兒怯不花

乃諷監察御史劾奏阿魯圖不宜居相位阿魯圖即

避出城其姻黨皆為之不平請曰丞相所行皆善而

御史言者無理丞相何不見帝自陳帝必辯焉阿魯

圖曰我博爾術世裔豈丞相為難得耶但帝命我不

敢辭今御史劾我我宜即去置我若與御史抗即與世

祖抗蓋御史臺乃世祖所設以糾百官爾等無復言阿魯

圖既罷去明年別兒怯不花遂為右丞相不久亦去

十一年阿魯圖復起為太傅出守和林邊徼無嗣

紐的該博爾術之四世孫也早歲備宿衛累遷同知

樞密院事既而廢庚于家順帝至元五年奉使宣撫

達達之地整理有司不公不法事三十餘條由是朝

廷知其才陞知嶺比行樞密院事至正十五年召拜

中書平章政事遷知樞密院事十七年以太尉總山

東諸軍守鎮東昌路擊退田豐兵十八年田豐復陷

濟寧進逼東昌紐的該以乏糧棄城退屯栖鄉東昌

遂陷還京師拜中書添設左丞相與太平同居相位

紐的該有識量處事平允倭人攻金復州殺紅軍據

其州者即泰道人往賞資而撫安之浙西張士誠既

降紐的該處置江南諸事咸得其宜士誠大服輿和

路富民調戲子婦繫獄車載楮幣至京師行賂以故

刑部官持其事久不決紐的該乃除刑部侍郎爲與
和路達魯花赤併決其事富民遂自縊死凡授官惟才
是選不用私人衆稱其有大臣體已而遷罷相遷知
樞密院事嘗卧病謂其所知曰太平真宰相才也我
疾固不起而太平亦不能久於位此可歎也朝官至
門候疾者皆謝遣之二十年正月卒

傳卷第二十六

翰林學士承旨榮祿大夫知制誥兼修國史臣宋濂翰林待制承務郎兼國史院編修官臣王禕等奉

勅修

別兒怯不花

《元史傳卷三十七》　一

別兒怯不花字大用燕只吉䚟氏魯忽忽禿以千
戶從憲宗南征有功父阿忽台事成宗為丞相被誅
後贈和寧忠獻王別兒怯不花孤八歲以興聖太
后及武宗命侍明宗于藩邸入國子學為諸生會
明宗以周王出鎮雲南別兒怯不花從行至大同而
還仁宗名入宿衛一日從駕中望見其儀衛甚異即

色對慰諭之八番宣撫司長乃其世職英宗遣授懷
遠大將軍八番宣撫司達魯花赤既至宣布國家恩
信峒民感悅有累歲不服者皆喜曰吾故賢帥子孫
也其敢違命率其十四部來受約束別兒怯不花以
其事入奏天子嘉而留之泰定三年特授同知太常
禮儀院事益從耆老文學之士雍容議論尋拜監察
御史明年遷中書右司郎中又明年陞侍御史
事居二年除吏部尚書至順元年其兄治書侍御史
自當諫止明里董阿子間間不當為監察御史
別兒怯不花為廣西兩江道宣慰使司都元帥未幾

《元史傳卷二十七》　二

丁內艱還京起復為江浙行省參知政事江浙歲漕
來由海道達京師別兒怯不花董其事尋除禮部尚
書遷徽政院副使擢侍御史特命領宿衛陞榮祿大
夫宣徽使加開府儀同三司凡宿衛有從掌領官
薦用者徃徃任所舉多其親暱至別兒怯不花獨推擇
歲久者寧之眾論翕服宣徽所造酒橫索者眾歲費
陶瓶甚多別兒怯不花奏製銀瓶以貯而索者遂止
至元四年拜江浙行省左丞行至淮東聞杭城大火
正二年拜江浙行省左丞知經筵事平章
燒官廨民廬幾盡仰天揮涕曰杭浙省所治吾被命

出鎮而火如此是我不德累杭人也疾馳赴鎮即下
令錄被灾者二萬三千餘戶戶給鈔一錠焚死者亦
如之人給月米二斗幼穉給其半又請日減酒課為
錢千二百五十緡織坊減元額之半軍器漆器權停
一年汰稅官停事關朝廷從之又大作省治民居附
其旁者皆增直買其基募民就役則厚其庸直又請歲
減江浙福建鹽課十三萬引或過溢兩丸早輒出糶
千神祠所禱無不應在鎮二年雖兒童女婦莫不感
其恩名還除翰林學士承旨仍掌宿衛四年拜中書
左丞相朝廷議遣奉使宣撫使問民疾苦察吏貪廉

且選習北藩風土及知典故者俾別見恠不花周行沙
漠洗寬除弊不可勝計又奏發使諭諸王賜以金衣重
實使各撫其民母蹦法制於是內外震蕭明年歲大饑
流民載道令有司賑之欲還鄉者給路糧又錄在京貧
民日糶以糧帝還自上都遣中使數軰趣使迎謁比見
帝親酌酒勞之七年進右丞相明年御史劾奏別兒怯
不自安尋諭居渤海縣十年正月卒後子達世帖木而
御史大夫亦憐真班為江浙二道言章交至別兒怯益
不花而徹政院使高龍卜在帝側為解帝職不兒乃出
詔復加太保於是兩臺各道言章以下皆辭職

于朝遂贈弘仁輔治東文守正寅虎同德功臣開府儀同
三司上柱國太師追封冀王諡忠宣達世帖木而字原理
仕至中書平章政事有學識能世其家

太平

太平字允中初姓賀氏名惟一後賜姓蒙古氏名太
平仁傑之孫勝之子也初勝以非罪死太平年尚幼
秦定帝寘其父寬而撫邮之太平資性開朗正大雖
在弱齡儼然如老成人嘗受業於趙孟頫又師事雲
中呂弼太平始龍襲父職為虎賁親軍都指揮使尋擢
陝西漢中道廉訪副使文宗名為工部尚書都主管

奎章閣工事又除上都留守同知順帝元統初命為
樞密副使尋陞同知樞密院事遷御史中丞時知
有參議佛家間者憸人也御史劾其罪時宰庇之事
襄不行太平辭疾卧家至正二年詔起為中書平
政事辭進右丞又辭會御史祁君壁復劾佛家間黜
之乃起就職宗室諸王歲賜廩食不均太平請
遣使覈其治其治最者則增秩賜金幣遼金宋三
史久未克脩至是太平力賛其事為總裁官修成之
時粟貴而金銀賤太平請出官本委官权市之所得

不獻其後兵興卒獲其用四年陞中書平章政事五
年遷宣徽院使宣徽典飲饌權勢多橫索太平取簿
閱之惟太常禮儀使阿剌不花一無所需太平因言
於帝請擢居近職且厚賜之六年拜御史大夫故事
臺端非國姓不以授太平因辭詔特賜姓而改其名
七年遷中書平章政事班列上國王柔而只為左
丞相請于帝曰臣籍先臣之蔭叨襲位國王柔於國
家之理全備位宰相非得太平不足與共事十一月
拜太平左丞相柔而只為右丞相太平辭帝不允仍
詔示天下明年正月詔脩后妃功臣傳特命太平同

監脩國史蓋異數也太平請僧道有妻子者勤為民
以減蠹耗給校官俸以防虛冒請賜經筵講官坐以
崇聖學立行都水監以治黃河舉平生好訪問人材者薦執禮
哈郎董立張摳李孝光是時天下無事朝廷止必禮
文之典有肇必舉平生好訪問人材不問南北必記
錄于冊至是多進用之初脫脫既罷相出居西土會
其父馬札兒台辛太平曰脫脫乃心王室大義滅親今孝父
左右以為難太平曰脫脫以力請令脫脫歸葬以全孝道
歿而不克奔計為善者不樂於怠乎為之固請以故
脫脫得還脫脫既得還朝即拜為太傅然不知太平

之有德於巳也因汝中栢讒間成隙遷欲中傷之是
時中書柔政孔思立等皆一時名人太平所拔用者
悉誣其過失而弁論其子也先忽都不宜儹要宗室
誣脫脫之毋聞之謂脫脫兄弟曰太平好人也何害
女脫脫而欲去之汝兄言非吾子也侍御史
微馬篤揚言于朝曰御史欲害正人壞臺綱如天下
後世何即卧病不起故吏田復勸太平自裁太平曰
吾無罪當聽於天若自殺則誠有愧矣遂還奉元社
門謝客以書史自適河南盜起十五年詔命太平為

江浙行省左丞相未行行政為淮南行省左丞相知
行樞密院事總制諸軍駐于濟寧時諸軍久出粮餉
苦不繼太平命有司給牛具以種麥自濟寧達于海
州民不擾而兵賴以濟陽立土兵元帥府輪番耕戰
十六年移鎮都未幾除遼陽行省左丞相糴粟以
給京師慶置有法所致甚多而民不擾十七年由河間入寇
名為中書左丞相時毛貴擾山東明年由河間入寇
官軍屢敗漸逼京都中外大駭廷議遷都以避之和
者如出一口太平力爭以為不可起同知樞密院事劉
刺不花于彰德引兵擊之大敗賊眾京城遂安會張

士誠以浙西降而晉冀關陝之間察罕鐵木兒屢以
捷奏聞於是中外人心翕然有中興之望矣太平又
考求凡死節之臣雖布衣亦加贈謚有官者就官其
子孫人尤感動當時右丞相搠思監家人以造偽鈔
事覺刑部欲連逮搠思監太平力為解之曰堂堂宰
相烏得有此事四海聞之若國體何搠思監既劾罷
太平所得俸禄多分餽之二皇后奇氏與皇太子欲
欲內禪遺宮者資正院使朴不花諭意於太平太平
不荅皇后又名太平至宮中舉酒申前意太平依違
而已是時皇太子欲盡逐帝近臣又令察御史勤

帝親暱臣御史中丞禿魯鐵木兒未及奏而所劾御
史被遷爲他官皇太子疑也先忽都洩其事益決意
去太平政柄知樞密院事紐的該開而歎曰善人國
之紀也苟去之國將何賴子毅於帝前左右之以故
皇太子之志未及遂會紐的該死皇太子遂令監察
御史買住桑哥失里勳左丞成遵參政趙中等下獄
謂當時事之艱危政頼賢材之宏濟太平以師保薫
相職爲宜帝不能從會陽翟王阿魯輝鐵木兒倡亂

辭位二十年二月拜太保俾養疾于家臺臣奏言以
死以二人爲太平黨也太平知勢有不可留數以疾
驛動北邊勢過上都皇太子乃言于帝命太平留守
上都實欲置之死地太平遂往有同知太常院事脫
歡者也先忽都故將也開陽翟王將至乃引兵縛王
至軍前太平不受令生致闕下坯邊以寧太平終不
以爲已功未執詔拜太傅賜田若干頃俾歸奉元帝
欲以伯撒里爲丞相伯撒里辭曰臣老不足以任宰
相陛下必以命臣非得太平爲之不可於是密旨令
以伯撒里留太平毋行太平至沙井開命而止宿留久
之皇太子惡其既去而復留也二十三年令御史大
夫普化劾太平故遣上命當正其罪詔乃悉枸所授

宣命及所賜物俾往陝西之西居焉擱思監因誣奏
之安置土蕃尋遣使者過令自裁太平至東勝賦詩
一篇乃自殺年六十三二十七年監察御史辯其非
辜請加褒贈也先忽都名均字公秉少好學有俊才
累遷殿中侍御史治書侍御史翰林侍讀學士皆以
襲虎賁親軍都指揮使之爲相也務廣延才彥
而也先忽都以丞相子又居已下士以故名稱籍然
已而被劾罷從通政院使太平再相授知樞密院事
知樞密院事熊太子詹事除通政院使太平東屯遠陽冬詔以
遷太子詹事十九年群盜由開平東屯遠陽冬詔以

先忽都以知樞密院事熊太子詹事率師往討太平
以其年少數請改命不允至則遣將拔懿州省治盜
踰遼河東奔而朝廷說撫議構上都留守尋改
宣政院使以丁內艱不起擱思監再相復奏強起之
即日監察御史也先帖木李好直又劾思監再相之已而擱
思監俾皇太子旨撓成大獄思監及脫憚等不軌執脫憚
識理沙加識理也先忽都及脫憚等不軌特命大赦
鍊其獄連逮不已帝知其無辜欲釋其事特命大赦
而擱思監增入條盡內獨不赦前獄唯老的沙逃于
李羅鐵木兒大同軍中塵子按難達識理等遂皆黜

死也先忽都當賜撒思嘉之地道由朵思麻行宣政
院使樞州間素受知太平因留居其地執政知其故

奏也先忽都違命杖死之年四十四有詩集十卷

鐵木兒塔識

鐵木兒塔識字九齡國王脫脫之子資禀宏偉補國
子學諸生讀書頴悟絕人事明宗於潛邸文宗初由
同知都護府事累遷禮部尚書進參議中書省事擢
陝西行臺侍御史留為奎章閣侍書學士除大都留
守尋同知樞密院事後至元六年拜中書右丞至正
改元陞平章政事伯顏罷相庶務多所更張鐵木兒

三八十五

塔識盡心輔贊每入奏直帝為出宿宣文閣賜坐榻
前詢以政道必夜分乃罷二年郊鐵木兒塔識言大
祀竣事必有實惠及民以當天心乃賜民明年田租
之半頒比地寒不任稼事歲募富民和糴為邊餉民
雖稍利而費官鹽為多鐵木兒塔識乃請別輸京倉
米百萬斛儲于和林以為備日本商百餘人遇風漂
入高麗掠其貨表請沒入其人以為奴鐵木兒
塔識持不可曰天子一視同仁豈宜乘人之險以為
利宜資其還已而日本果上表稱謝俄有日本僧告
其國遣人刺探國事者鐵木兒塔識曰刺探在敵國

固有之今六合一家何以刺探為設果有之正可令
覘中國之盛歸告其主使知嚮化兩浙閩鹽額累增
而課愈虧江浙行省請減額鐵木兒塔識奏歲減十
三萬引五年拜御史大夫務以靜重持大體不為苛
嬈以立聲威建言近歲大臣獲罪者族滅輕者籍
其妻孥祖宗聖訓父子罪不相及請除之著為令近
歲飢民爭赴京城奏出賑罰鈔耀米萬石即近郊寺
觀為糜食之所活不可勝計居歲餘還平章政事位
居第一大駕時巡留鎮大都舊法細民耀於官倉出
印劵月給之者其直三百文謂之紅帖米賦籌而給

之盡三月止者其直五百文謂之散籌米貧民買其
籌貼以為利鐵木兒塔識請別發米二十萬石減其
坐市肆使人持五十文即得米一升姦弊遂絕七年
首相去位帝召鐵木兒塔識諭旨若曰爾先人事我
先朝顯有勞績爾實能世其家今命汝為左丞相鐵
木兒塔識扣頭固辭不允乃拜命鐵木兒塔識倩飭
綱紀立內外通調之法朝官外補許得陞辭親授帝
訓責以成效郡邑賢能吏次第甄拔入補朝闕分海
漕米四十萬石置汎河諸倉以備凶荒先是僧人與
齊民均受役于官其法中壞至是奏復其舊孔子後

襲封衍聖公階止四品
進諸生而獎勵之中書省陞為三品
歲一再詣國學
不設鐵木兒塔識奏復其規故事用老臣預議大政久廢
為議事平章魯未半年撥偏起陞偏合張元朴等四人
外咸悅從幸上京選入政壹甫一日俄感暴疾薨
年四十六贈開誠濟美同德翊運功臣太師中書右
丞相追封冀寧王諡文忠鐵木兒塔識天性忠亮學
術正大伊洛諸儒之書深所研究帝嘗問為治何先
對曰法祖宗帝曰王文統奇才也朕恨不得如斯人
者用之對曰世祖有堯舜之資文統不以王道告君
而乃尚霸術要近利世祖之罪人也使今有文統正
當遠之又何足取乎初伯顏議罷科舉鐵木兒塔識
時在衆議府記不署奏牘及入中書復行之徵
用慶士待以不次之擢或疑為太優鐵木兒塔識曰
隱士無求於朝廷有求於隱士區區名爵奚足
惜哉識者誦之時脩遼金宋三史鐵木兒塔識為總
裁官多所協贊云

　　　達識帖睦邇

達識帖睦邇字九成幼與其兄鐵木兒塔識俱入國
學為諸生讀經史悉能通大義尤好學書初以世胄

補官為太府監提點權治
書侍御史以言罷除樞密
院同陞中書右丞翰林承旨遷大司農至正七年
出為江浙行省平章政事明年又入為大司農九年
為湖廣行省平章政事沅靖柳桂等路猺獠竊發朝
廷以溪洞險阻下詔招諭之達識帖睦邇謂寇情不
可料請置三分省一治靜江一治沅靖一治柳桂以
為右丞統政分兵鎮其地罷靖州路總管府改立靖
州軍民安撫司設萬戶府益以戍兵朝廷皆如其言
已而諸猺獠悉降各還復為大司農十一年台州方
國珍起海上達識帖睦邇奉詔與江浙行省參知政
事樊執敬往招諭之明年盜起河南拜河南行省平
章政事至則修城池飭備禦賊不敢犯其境遷淮南
行省平章政事十五年入為中書平章政事時中書
庶務多為吏胥運留至則責委提控掾史二人分督
左右曹悉為剖決出為江浙行省左丞相尋兼知行
樞密院事許以便宜行事時江淮盜勢日盛南北阻
隔達識帖睦邇獨治方面而任用非人肆通賄賂
官爵郡縣往往渝陷亦恬不以為意十六年正月張士
部郡縣往往渝陷亦恬不以為意
誠陷平江七月遍杭州達識帖睦邇即冀城遁于富

陽萬戶普賢奴力拒之而苗軍帥楊完者時駐嘉興
亦引兵至敗走張士誠達識帖睦邇乃還初達識帖
睦邇以兵戍海址宣慰使都元帥尋陞江浙行省
參政至是遂陞右丞而苗軍素無紀律肆為鈔掠所
過蕩然無遺達識帖睦邇方倚完者以為重莫敢禁
過故完者矜驕日肆而不可制明年士誠乃遺蠻子海牙
牙嘗為南行臺御史中丞以軍結水寨屯采石為
大明兵所敗士誠故士誠使之來而書詞多
不遜完者欲納之達識帖睦邇不可曰我昔在淮南

嘗招安士誠知其反覆其降不可信完者固勸乃許
之士誠始要王爵達識帖睦邇不許又請爵為三公
達識帖睦邇曰三公非有司所定今我雖便宜行事
然不敢專也完者又力以為請達識帖睦邇雖外為
正詞然實幸其降又恐忤完者意遂授士誠太尉其
弟士德淮南行省平章政事士信同知行樞密院事
其黨皆授官有差士德尋為
大明兵所擒復陷士信淮南行省平章政事然士誠
雖降而城池府庫甲兵錢穀皆自擅如故於是朝廷
以招安張士誠為達識帖木兒功詔加太尉當是時

徽州建德皆已陷完者屢出師不利士誠素欲圖完
者而完者時又強娶平章政事慶童女達識帖木兒
雖主其婚然亦甚厭之乃陰與士誠定計除完者揚
言使士誠出兵復建德完者營在杭城北不為備遂
被圍苗軍悉潰完者與其弟伯顏伯顏國志隱公完者既
于朝贈完者潭國忠隱公伯顏衢國忠烈公完者既
省平章政事士信乃大發浙西諸郡民築杭城先
死士誠兵遂據杭州十九年朝廷遣使來徵糧士信運米十餘萬石為
海漕久不通朝廷遣使來徵糧士信運米十餘萬石
達京師方面之權悉歸張氏達識帖睦邇徒存虛名

而已俄而士誠令其部屬自頌功德必欲求王爵達
識帖睦邇謂左右曰我承制居此徒籍口舌以馭此
輩今張氏復要王爵朝廷雖終不為其所脅但我
今若遍書其意則目前必受害當忍恥含垢以從之
乃為具文書聞于朝至再三不報士誠遂自立為吳
王即甲江治宮關立官屬時苔蘭帖木兒為江浙行
省右丞真保為左右司即中二人諂事士誠多受金
帛數媒孽達識帖睦邇之短以故張氏遂有不相容
之勢二十四年士信乃使王晟等面數達識帖睦邇
過失勒其移咨省院自陳老病願退又言丞相之任

非士信不可士信即遍取其諸所掌符印而自爲江
浙行省左丞相徙達識帖睦邇居嘉興事聞朝廷即
就以士信爲江浙行省左丞相達識帖睦邇至嘉興
士信峻其垣墻錮其門闔所以防禁之者甚嚴達識
帖睦邇皆不以爲意日對妻妾飲酒放歌自若士誠
令有司公牘皆首稱吳王令旨又諷行臺爲請實授
于朝行臺御史大夫普化帖木兒索行臺
達識帖睦邇即使人至紹興從普化帖木兒封置諸庫
印章普化帖木兒封其印置諸庫曰我頭可斷印不
可與之而又迫之登舟曰我可死不可辱也從容沐浴更

衣與妻子訣賦詩二章乃仰藥而死臨死擲杯地上
曰我死矣逆賊當蹈我亡也後數日達識帖睦邇聞
之歎曰大夫且死吾不死何爲遂命左右以樂酒進
飲之而死士誠乃使載其柩及妻孥北返于京師普
化帖木兒字兼善荅魯乙蠻氏行臺御史大夫帖木
哥子也累遷福建行省平章政事時境內皆爲諸豪
所據不能有所施設及遷南行臺又爲張士誠所遍
而死然論者以爲其死視達識帖睦邇爲差勝云

翰林學士承旨榮祿大夫知制誥兼修國史院使宋濂等奉敕撰

太不花

太不花弘吉剌氏世為外戚官最貴顯太不花沉厚
有大度以世冑入官累遷雲南行省右丞歷通政使
上都留守遼陽行省平章政事至正八年太平為丞
相力薦太不花可大用召入為中書平章政事明年
太平既罷脫脫復為相太不花因黨於脫脫謀欲害
太平眾由是不平之十二年盜起河南知樞密院事

《元史傳卷二十八》　一

老章出師久無功詔拜太不花河南行省平章政事
加太尉將兵往代之未期月平南陽汝寧唐隨又下
安陸德安等路招降服叛動合事宜軍聲大振十四
年脫脫以太師右丞相總大兵征高郵尋詔奪其兵
柄而隸太不花本省左丞相與太尉兼令太不花節
制而太不花乃以軍士乏糧之故頗驕傲不遵朝廷
知院雪雪代總其兵山東河北諸軍兼令太不花節
命令軍士又恃桀驍功掠為民患十五年監察御史
里忽都等劾其慢功虐民之罪於是天子下詔盡奪
其職俾率領火赤溫從平章政事咎失八都魯征進

《元史傳卷二十八》　二

頃之復拜湖廣行省左丞相節制湖廣荊襄諸軍招
捕沔陽湖廣等處水陸賊徒會朝廷復拜太平為中
書左丞相太不花聞之不能平歎曰我不負朝廷
朝廷負我矣太平漢人今乃復居中用事安受逸樂
我反在外勤苦邪及擊賊賊且退諸將皆欲乘勝渡
江而太不花乃反勤以養銳為名其後反以太後居汴
汴梁守臣請撥兵至十性反以太康俱已陷邊警日急或
梁而猶按甲不進時雎毫太康俱已陷邊警日急
諫之曰賊旦夕且至丞相兵不進何也太不花顧左
右大言曰我在何物小醜敢犯境邪若輩毋多言我
自有神籌也既而縱軍出掠百里之內蕩然無遺將
又渡師河北聲取曹濮遂駐于彰德衛輝俄而曹濮
之賊奔竄晉冀大同亦相繼不守遂募延而不可制朝
廷不以為憂是時其子壽童以同知樞密院事將兵分
討山東久無功嘗以事入奏語言有驕慢意帝由是
惡之十八年山東賊愈肆且逼近京畿於是詔拜
太不花中書右丞相總其兵討山東既渡河即上疏
以謂賊勢張甚軍行宜以糧餉為先昔漢韓信行事
蕭何餽糧方今措畫無如丞相太平者如今太平至

軍中供給事乃可濟不然兵不能進矣其意實嗛太
平欲其至軍中即害之也時參知政事卜顏帖木兒
至則以其餽運不前斷遣之又以知樞密院事完者
張晉等分省山東二人者當劾壽童不進兵太不花
前力諸之於是乃下詔削其官爵奪其兵柄安置于
監察御史迷只兒海等劾其緩師拒命之罪而於帝
蓋州以知樞密院事悟良哈台總其兵太不花聞有
罪擅政其官徵至軍欲害之事聞廷議喧然而太平
興太不花久有隙會其疏來上以其欲害之事聞廷議喧然而太平

詔夜馳詣劉哈剌不花求救解劉哈剌不花者太不
花故部將也以破賊累有功拜淮南行省平章政事
時駐兵保定見太不花來因張榮大宴舉酒慷慨言
曰丞相國家柱石有大勳勞如此天子終不害丞相
是必讒言間之耳我當自往見上言之丞相毋憂也
哈剌不花即走至京首見太平問其來何故哈剌
不花具以其故告之太平曰太不花大逆不道今
詔已下尒乃敢輒妄言邪不審處禍將及尒矣哈剌
不花聞太平言畏懼懾噤不能發太不花度太平以來吾以尒
哈剌不花所即語之曰尒能致太不花以來吾以尒

見上尒功不細矣哈剌不花因許之太平乃引入見
帝賜貲渥初劉哈剌不花之為部將於太不花也
可解還縛太不花父子送京師未至皆殺之於路
計多阻不行哈剌不花心嘗以為怨及是知事已不
與倪晦者同在幕下太不花每委任晦而哈剌不花

察罕帖木兒字廷瑞系出北庭曾祖闊闊台元初隨
大軍收河南至祖乃蠻台父阿魯溫皆家河南為潁
州沈丘人察罕帖木兒幼篤學嘗應進士舉有時名
身長七尺偉眉覆目左頰有三毫或怒則毫皆直指

居常慨然有當世之志至正十一年盜發汝潁焚城
邑殺長吏所過殘破不數月江淮諸郡皆陷朝廷徵
兵致討卒無成功十二年察罕帖木兒乃奮義起兵
沈丘之子弟從者數百人與信陽之羅山人李思齊
合兵同設奇計襲破羅山事聞朝廷授察罕帖木兒
中順大夫汝寧府達魯花赤於是所在義士俱將兵
來會得萬人自成一軍屯沈丘數與賊戰輒克捷十
五年賊勢滋蔓由汴以南陷鄧許嵩洛察罕帖木兒
兵日益盛轉戰而北遂戍虎牢以遏賊鋒賊乃北渡
盟津焚掠至單懷河北震動察罕帖木兒進戰大敗

之餘黨柵河洲鏟之無遺類河北遂定朝廷奇其功
除中書刑部侍郎俄中書議大夫苗軍以滎陽叛察罕
帖木兒夜襲之虜其衆幾盡乃結營屯中牟巳而淮
右賊衆三十萬掠汴以西來攻中牟營察罕帖木兒
結陳待之以死生利害諭士卒卒皆奮勇決死戰無
不一當百會大風揚沙自率猛士鼓譟從中起奮擊
賊中堅城勢遂披靡而賊西陷陝州斷殺函陝
里斬首無筭軍聲益大振十六年陞中書兵部尚書
階嘉議大夫繼而賊西陷陝州斷殺函陝勢欲趨秦晉
知樞密院事荅失八都魯方節制河南軍調察罕帖

木兒與李思齊往攻之察罕帖木兒即躬行而西夜
拔殽陵立柵交口陝為城阻山帶河陝旦固而賊轉
南山粟給食以堅守攻之猝不可拔察罕帖木兒乃
縶馬虛營中如炊烟狀以疑賊而夜提兵援靈寶城
楚既傳賊
守既傳賊始覺不敢動即渡河陷平陸掠安邑蹂晉
南鄙察罕帖木兒追襲之以鐵騎蹴賊回扼下陽
津赴水死者甚衆相持數月賊勢窮皆遁潰以功加
中奉大夫僉河北行樞密院事十七年賊尋出襄樊
陷商州攻武關官軍敗走遂直趨長安至灞上分道
掠同華諸州三輔震恐陝西省臺來告急察罕帖木

兒即領大衆入潼關長驅而前與賊遇戰輒勝殺獲
以億萬計賊餘黨皆散潰走南山入興元朝廷嘉其
復關陝有大功授資善大夫左丞未幾賊
出自巴蜀陷秦隴擾華昌遂窺鳳翔察罕帖木兒即
先分兵入守鳳翔城而遣諜者誘賊圍鳳翔賊果來
圍之厚凡數十重察罕帖木兒自將左右翼掩擊之
軍亦開門鼓噪而出內外合擊呼聲動天地賊大潰
自相蹂踐斬首數萬級伏屍百餘里餘黨皆遁還關中悉
定十八年山東賊分道犯京畿朝廷徵四方兵入衛

詔察罕帖木兒以兵屯涿州察罕帖木兒即留兵戍
清湫義谷屯潼關塞南山口以備他盜而自將銳卒
往赴召而曹濮賊方分道踰太行焚上黨掠晉翼陷
雲中鴈門代郡烽火數千里復大掠南且還察罕帖
木兒先遣兵伏南山縱伏兵橫擊之賊皆棄輜重走山谷其
賊果走南山阻隘而自勒重兵屯閺喜陽
得南還者無幾乃分兵屯澤州塞碗子城屯上黨塞
吾兒谷屯幷州塞井陘口以杜太行諸道賊屢至守
將數血戰擊卻之河東悉定進陝西行省右丞兼陝西
行臺侍御史同知河南行樞密院事於是天子乃詔

【上欄】

察罕帖木兒守禦關陜晉冀撫鎮漢沔荊襄便宜行
閫外事察罕帖木兒益務練兵訓農以平定四方為
已責是年安豐賊劉福通等陷汴梁造宮闕易正朔
號召群盜巴蜀荊楚江淮齊魯遼海西至甘肅所在
兵起勢相聯結察罕帖木兒乃北塞太行南守鞏洛
而自將精騎發新安來援賊至城下見堅壁不可
陽攻洛陽察罕帖木兒下令嚴守備別以奇兵出宜
犯退引去因追至虎牢塞成皋諸險而還拜陝西行
省平章政事仍兼同知行樞密院事便宜行事十九

《元史傳卷三六》七　陳文遂

年察罕帖木兒圍復汴渠五月以大軍次虎牢先發
遊騎察罕帖木兒出汴南略歸亳陳蔡北道出汴東
于河水陸並下略曹南撓黃陵渡乃大發秦兵船浮
關過虎牢晉兵出太行踰黃河俱會汴城下首奪其
外城察罕帖木兒自將鐵騎屯杏花營諸將環城而
壘賊屢出戰輒敗遂嬰城以守乃夜伏兵城南旦
日遣苗軍跳梁者略城而東賊傾城出爭之
起邀擊敗之又令弱卒立柵外城以餌賊賊出爭之
弱卒佯走薄城西因突鐵騎縱擊柔梁搗其巢賊自
益不敢出八月諜知城中計窮食且盡乃與諸將閉

【下欄】

思孝李克彝虎林赤賽因赤昔忽脫因不花呂文完
哲賀宗哲安童張守禮伯顏孫翥姚守德魏賽因不
花楊履信關關等各分門而攻至夜將士鼓勇登
城斬關而入遂扶之劉福通奉其偽主從數百騎出
東門遁走獲偽后及賊妻子數萬偽官五千符璽印
章寶貨無算全居民二十萬軍不敢私市不易肆
旬日河南悉定獻捷京師歡聲動中外以功拜河南
行省平章政事兼知河南行樞密院事陝西行臺御
史中丞仍便宜行事詔告天下先是中原亂江南海
漕不復通京師屢苦饑至是河南既定檄書遣江浙

《元史傳卷三六》八　陳文遂

海漕乃復至察罕帖木兒既定河南乃以兵分鎮關
陜荊襄河洛江淮屯太行營壘旌旗相望數
千里乃日修車船繕兵甲務農積穀訓練士卒謀大
舉以復山東先是山西晉冀之地皆察罕帖木兒所
平定而答失八都魯之子曰孛羅帖木兒以兵駐大
同因欲並攘晉冀遂至兵爭天子屢下詔和解之終
不聽事見本紀及荅失八都魯傳中二十一年諜知山
東群賊自相攻殺而濟寧田豐降于賊六月察罕帖
木兒乃與疾自陝抵洛大會諸將與議師期發并州
軍出井陘遼沁軍出邯鄲澤潞軍出磁州懷衞軍出

白馬及汴洛軍水陸俱下分道並進而自率鐵騎建
大將旗鼓渡孟津踰單懷鼓行而東復冠州東昌八
月師至鹽河遣其子擴廓帖木兒及諸將等以精卒
五萬擣東平與東平賊擴兵過兩戰皆敗之斬首萬餘
級直抵其城下察罕帖木兒以田豐擾山東久軍民
服之乃遣書諭以逆順之理豐及王士誠皆降遂復
東平濟寧時大軍猶未渡群賊皆聚于濟南復
齊河禹城以相抗察罕帖木兒分遣奇兵取間道出
賊後南略泰安還益都北徇濟陽章丘中循頗海郡
邑乃自將大軍渡河與賊將戰于分齊大敗之進逼

濟南城而齊河禹城俱來降南道諸將亦報捷再敗
益都兵于好石橋東至海瀕郡邑聞風皆送歉攻圍
濟南三月城乃下詔拜中書平章政事知河南山東
行樞密院事陝西行臺中丞如故察罕帖木兒遂移
兵圍益都環城列營凡數十大治攻具百道並進賊
悉力拒守復掘重塹築長圍過南洋河以灌城中仍
分守要害收輯流亡郡縣户口再歸職方號令煥然
矣二十二年時山東俱平獨益都孤城猶未下六月
田豐王士誠陰結賊復圖叛田豐之降也察罕帖木
兒推誠待之不疑數獨入其帳中及豐既謀變刀請

察罕帖木兒行觀營壘眾以為不可往察罕帖木兒
曰吾推心待人安得人人而防之左右請以力士從
又不許乃從輕騎十有一人行至王信營又至豐營
遂為王士誠所刺訃聞帝震悼朝廷公卿及京師四
方之人不問男女老幼無不慟哭者先是有白氣如
索長五百餘丈起臨太微垣太史奏山東當大
兒勿輕舉未至而已及於難詔贈推誠定遠宣忠亮
節功臣開府儀同三司上柱國河南行省左丞相追
封忠襄王諡獻武及葬賜賻有加改贈宣忠興運弘

仁效節功臣追封潁川王改諡忠襄食邑沈丘縣所
在立祠歲時致祭封其父阿魯温汝陽王後又進封
梁王於是復起擴廓帖木兒拜銀青榮祿大夫太尉
中書平章政事知樞密院事皇太子詹事仍便宜行
事襲總其父兵擴廓帖木兒既領兵柄衙哀以討賊
攻城益急而城守益固乃穴地通道以入十一月接
其城執其渠魁陳猱頭二百餘人獻闕下而取田豐
王士誠之心以祭其父餘黨皆就誅即遣關保以兵
取莒州於是山東悉平擴廓帖木兒本察罕帖木兒
甥自幼養以為子當是時東至淄沂西踰關陝皆晏

然無事擴廓帖木兒乃駐兵于汴洛朝廷方倚之以為
安李羅帖木兒自察罕帖木兒既沒復數以兵爭晉冀帝
雖屢家解諭之而雖隙日深二十三年御史大夫老的沙與
知樞密院事禿堅帖木兒得罪於皇太子皇太子欲窘之
皆奔于大同為李羅帖木兒所匿老的沙者帝母舅以故
帝數為皇太子窘其事而皇太子不從帝無如之何
則傳旨令字羅帖木兒時擴廓帖木兒駐太原與李羅帖
者朴不花皆附皇太子必窮竟其事皇太子又方倚
重於擴廓帖木兒隱其迹而丞相搠思監朴不花
木兒擁兵勢相持不可解二十四年搠思監朴不花

因誣字羅帖木兒老的沙謀為不軌而皇太子亦怒
不已三月天子以故下詔數字羅帖木兒罪削其官
職而奪其兵字羅帖木兒不受詔遂遣兵逼京師必
欲得搠思監朴不花乃已天子不得已縛兩人與之
語在搠思監傳七月時擴廓帖木兒遺
老的沙合禿堅帖木兒同犯闕時擴廓帖木兒既入朝
部將白鎖住以萬騎衛京師駐于龍虎臺與戰不利
遂奉皇太子奔于太原李羅帖木兒既入朝擄相位
白鎖住又將二萬騎屯漁陽矯朝廷聲援二十五年
擴廓帖木兒以兵擊大同取之皇太子乃趣擴廓帖

木兒大舉以討逆簒發兵屯東都魏遠齊吳
豫函諸王兵駐西邊而自率擴廓帖木兒兵取中道
抵京師亡何李羅帖木兒既伏誅帝詔白鎖住從入守
京城送詔皇太子還京而擴廓帖木兒以後生晚之行擴廓
九月詔拜伯撒里右丞相擴廓帖木兒左丞相伯撒
里累朝舊臣而擴廓帖木兒河南王俾總天下兵而代之行
蜀皆非我所有皇太子累請出督師而帝亦厭從入朝
封擴廓帖木兒於是分省以自隨官屬之盛幾與朝廷等而
帖木兒於是分省以自隨官屬之盛幾與朝廷等而

用孫翥趙恒等為謀主二十六年二月自京師還河
南欲盧墓以終喪左右咸以謂受命出師不可中止
乃復北渡居懷慶又移居彰德初李思齊與察罕帖
木兒同起義師齒位相等及是擴廓帖木兒總其兵
思齊心不能平而張良弼首拒命孔興脫列伯等亦
皆以功自恃各懷異見是擴廓帖木兒乃遣關保虎林赤以兵西
開送成犄敵擴廓帖木兒合兵連不能罷擴
攻良弼于鹿臺而思齊示與良弼合兵連屯彰德又惟務用
兵陝西天子始受命南征而不顧乃退居彰德因疑其有異志皇

太子之奔太原也欲用唐肅宗靈武故事因而自立擴廓帖木兒與孛蘭奚等不從及還京師皇后奇氏傳有令擴廓帖木兒以重兵擁太子入城欲脅帝禪之位擴廓帖木兒知其意比至京城三十里即散遣其軍由是皇太子心銜之及是屢趣其出師江淮擴廓帖木兒以其兵自潼關以東蕭清江淮及部將完哲貊高以之顧乃戕殺詔使天下以奴等而跋扈之跡成矣二十兵住山東而西兵互相勝負終不解帝又下詔和解七年八月帝乃下詔命皇太子親出總天下兵馬而分命擴廓帖木兒以其兵自潼關以東蕭清江淮李

思齊以其兵自鳳翔以西進取川蜀秦魯以其兵與張良弼孔興脫列伯等取襄樊王信以其兵固守山東信地然詔書雖下皇太子亦竟止不行而分兵之命擴廓帖木兒終扞拒不肯受於是貊高關保等皆叛擴廓帖木兒關保自察罕帖木兒以來即為將勇冠諸軍功寔高而貊高善論兵尤為察罕帖木兒所信任及是兩人見擴廓帖木兒有不臣之心故皆叛之列其罪狀聞于朝舉兵共攻之而皇太子用沙藍荅兒帖抺沙伯顏帖木兒李國鳳等計立撫軍院總制天下軍馬專備擴廓帖木兒以貊高等舡倡

大義賜號忠義功臣十月詔落擴廓帖木兒太傅中書左丞相依前河南王以汝州為食邑與弟脫因帖木兒同居河南府而以河南府為梁王食邑從行官屬悉令還朝凡擴廓帖木兒所總諸軍在帳前者白鎖住虎林赤領之在河南者李克彝領之在山東者貊高領速領之在山西者沙藍荅兒領之在河北者貊高領之擴廓帖木兒既受詔即退軍屯澤州詔又命禿魯與李思齊張良弼孔興脫列伯率兵東向以正天討二十八年朝廷命左丞相孛羅帖木兒益分省太原關保以兵為之守擴廓帖木兒即遣兵據太原而盡殺朝廷所

置官皇太子乃命魏賽因不花及關保皆以兵與思齊良弼諸軍夾攻澤州而天子又下詔削奪擴廓帖木兒爵邑令諸軍共誅之其將士官吏効順者與免本罪惟孫翥趙恒罪在所不赦二月擴廓帖木兒退守于平陽而關保遂據澤潞二州以與貊高擴廓帖木兒爭張良弼孔興脫列伯與擴廓帖木兒相持既久李思齊張良弼孔興脫列伯與貊高等相持既久李木兒告以出師非本心乃解兵大掠西歸七月貊高大明兵時已及河南思齊良弼皆道使詣擴廓帖關保進攻平陽勢甚振數請戰擴廓帖木兒不應或師出即復貊高勢甚振數請戰擴廓帖木兒不應或師出即復

退一日諜知貊高分軍掠祁縣即夜出師薄其營掩
擊之大敗其衆貊高關保皆就擒朝廷聞之遂罷撫
軍院而帖林沙伯顔帖木兒李國鳳等以誤國皆受
黜既而擴廓帖木兒上疏自陳其情悃帝尋亦悔悟
下詔緣其前非於是

大明兵巳定山東及河洛中原俱不守閏七月帝乃
下詔復命擴廓帖木兒仍前河南王太傅中書左丞
相孫翥趙恒並復舊職以兵從河北南討也速以兵
趙山東禿曾兵出潼關李思齊兵出七盤金商以圖
復汴洛未幾也速兵遂潰禿曾思齊兵亦未嘗出而

擴廓帖木兒又自平陽退守太原不復敢南向事巳
不可爲矣巳而
大明兵迫京城帝比奔國遂以亡及
大明兵至太原擴廓帖木兒即棄城通領其餘衆西
奔于甘肅

《元史傳卷二六》 十五

列傳第二十九

苔失八都魯

苔失八都魯祖細紐相也速苔兒有傳苔失八都
魯南加台子也以世襲萬戶鎮守羅羅宣慰司土人
作亂苔失八都魯捕獲有功四川省舉文船橋萬戶
出征雲南陞大理宣慰司都元帥至正十一年特除
四川行省參知政事撫本部探馬赤軍三千從平章
咬住討賊於荆襄九月次安平站時咬住兵既平江

陵苔失八都魯請自攻襄陽十二年進次荆門時賊
十萬官軍止三千餘遂用宋廷傑計招募襄陽官吏
及土豪避兵者得義丁二萬編排部伍申其約束行
至黌河賊守要害兵不得渡即令屈萬戶率奇兵由
間道出其後首尾夾攻賊大敗追至襄陽城南大戰
生擒其偽將三十人腰斬之賊自是閉門不復出苔
失八都魯乃相視形勢內列八翼包絡襄城外置八
營軍峴山埑山以截其援自以中軍四千擾虎頭山
以瞰城中署從征人李復為南漳縣尹黎可舉為宜
城縣尹拊循其民以賦軍餉城中之民受圍日久夜

半二人縋城叩營門具告虛實願為內應苔失八都
魯與之定約以五月朔日四更攻城授之密號而去
至期民衆垂繩以引官軍先登者近千人時賊船百餘
艘在城北陰募善水者鑿其底天將明城破賊船巷戰
不勝走就船船壞皆溺水死苔失八都魯偽將王權領千騎西走
遇伏兵被擒襄陽遂平加苔失八都魯資善大夫賜
子字羅帖木兒為雲南行省理問比賊再犯荆門安
陸沔陽苔失八都魯輙引兵敗之尋詔益兵五千以
烏撒烏蒙元帥成都不花聽其調發十三年定青山

荆門諸寨九月率兵略均房平穀城攻開武當山寨
數十復偽將杜將軍十二月趙攻峽州破偽將趙明
遠木驢寨陸四川行省右丞賜金繫腰十四年正月
復峽州三月陸四川行省平章政事兼知樞密院事
總荆襄諸軍五月命王樞虎兒吐華代苔失八都魯
守中興荆門且令苔失八都魯以兵赴汝寧十月命
與太不花會軍討安豐是月復苗軍所擾鄭均許三
州十二月復河陰葦縣十五年命苔失八都魯就管
領太不花一應諸王藩將兵馬許以便宜行事六月
拜河南行省平章政事進次許州長葛與劉福通野

戰為其所敗將士奔潰九月至中牟收散卒團結屯
種賊復來卻營掠其輜重遂與孛羅帖木兒相失劉
哈剌不花進兵來援大破賊兵獲孛羅帖木兒歸之
復駐汴梁東南青堌十二月調兵進討大敗賊兵于太
康遂圍亳州偽宋主小明王遁十六年加金紫光祿
大夫三月朝廷差脫歡知院來督兵荅失八都魯父
子親與劉福通對敵自巳至酉大戰數合荅失八都
魯墜馬孛羅帖木兒扶令上馬先還自持弓矢連發
以斃追者夜三更步回營中十月移駐陳留十一月
攻取夾河劉福通寨十二月庚申次高柴店偪太康

三十里是夜二鼓賊五百餘騎來卻以有備亟遁火
而追之比曉賷陣力戰自寅至巳四門皆陷壯士緣
城入其郭斬首數萬擒偽將軍張敏孫韓等九人殺
偽丞相王羅二人辛酉太康悉平遺孛羅帖木兒告
捷京師帝賜勞內殿王其先臣三世拜河南行省左
丞相仍蕭知樞密院事守禦汴梁識里木雲南行省
左丞孛羅帖木兒四川行省左丞將校僚屬實爵有
差十七年三月詔朝京師加開府儀同三司太尉四
川行省左丞相九月耴溝城東明長垣三縣十月詔
道知院達理麻失理來授分兵雷澤濮州而達理麻

失理爲劉福通所殺達達諸軍皆潰荅失八都魯力
不能支退賊覘知駐石村朝廷頗疑其玩寇失機使者促戰
相踵賊覘知之詐爲荅失八都魯覺知一夕憂憤死十
二月庚子也子孛羅帖木兒別有傳

慶童

慶童字明德康里氏祖明里帖木兒父斡羅思皆封益
國公慶童早以勳臣子孫受知仁廟給事內廷遂長宿
衛授大宗正府掌判三遷爲上都留守又累遷爲江西
河南二行省平章政事入爲太府卿復爲上都留守出

爲遼陽行省平章政事以寬厚爲政遠人德之至正十
年遷平章行省江浙適時承平頗沉湎于宴樂凡遺逸
之士舉校官者輒擯斥不用由是不爲物論所與明年
盜起汝頴已而蔓延于江浙江東之饒信徽宣鈆山廣
德浙西之常湖建德所在不守慶童分遣僚佐往省師
旅會不踰時以次克復既乃令長吏按視民數凡註誤
者悉置不問招徠流離俾安故業發官粟以振之省治
燬于兵則拒其故址俾之一新募貧民爲工後而償之
以錢杭民賴以存活者尤衆十四年脫脫以太師右丞
相統大兵南征一切軍資衣甲器仗皆新蒆土廧咸

取具於江浙慶童規措有方陸運川輸千里相屬朝
延賴之明年盜起常之無錫眾議以重兵鎮之慶童
曰赤子無知迫於饑寒故弄兵耳苟諭以禍福彼無
不降之理盜聞之果投戈解甲請為良民十六年平
江湖州陷義兵元帥方家奴以所部軍屯杭城之北
獻必斬方家奴乃可出師丞相乃與慶童入其軍數
其罪斬首以徇民大悅總而苗軍帥楊完者以其軍
關鈞結同黨相煽為惡刦掠財貨白晝殺人民以為
患慶童言于丞相達識帖睦邇方倚以為重強為主

守杭城丞相達識帖睦邇既承制授完者江浙行省
右丞而完者益以功自驕因求娶慶童女慶童初不
許時苗軍勢甚張達識帖睦邇方倚以為重強為主
婚慶童不得已以女與之明年出鎮海寧州距杭百
里地瀕海磽瘠民甚貧居二年盜息而民阜至是慶
童在江浙巳七年涉歷艱勞績甚優著召拜翰林
學士承旨改淮南行省平章政事未行仍任江浙十
八年遷福建行省平章政事未行拜江南行臺御史
大夫賜以御衣上尊時諸郡紹興所轄諸道皆
阻絕不通紹興之東明台諸郡則制於方國珍其西
杭蘇諸郡則據於張士誠憲臺綱紀不復可振徒存

空名而巳二十年召還朝慶童乃由海道趨京師拜
中書平章政事俄有諸王剛僧私通官人者帝怒
殺之慶童因軼輒不得志移疾家居父之日飲酒以
自遣二十五年詔拜陝西行省左丞相時李思齊擁
兵關中慶童至則御之以禮待之以和居三年關陝
皆北奔而命淮王帖木兒不花監國慶童為中書左
大明兵遍京城帝與皇太子及六宮至於宰臣近戚
用寧名還京師二十八年七月
丞相以輔之八月二日京城破淮王與慶童出齊化
門皆被殺

也速

也速蒙古人偲儻有能名由宿衛歷尚乘寺提點遷
宣政院參議至正十四年河南賊芝麻李據徐州也
速徙太師脫脫南征徐州城堅不可猝援脫脫用也
速計以巨石為礮晝夜攻之不息賊困莫能支也速
又攻破其南關外城賊遂遁走以功除同知中政院
事繼又領軍徙父太尉月闊察兒征淮西會賊圍安
豐即徃援之渡淮無舟因策馬探水深淺浮而過賊
大駭撤圍去進攻濠州有詔班師乃還陸將作院使
復徙太尉征淮東耶盱眙遷淮南行樞密院副使陸

同知樞密院事討賊海州大敗之賊走航海復襲山東
盡有其地也速討賊必乘勝北侵急引兵北還表裏
擊之復勝兗二州及費鄒曲阜寧陽泗水五縣又賊勢
遂熾未幾復泰安州及平陰肥城萊蕪新臺賊杜黑
平安水等五十三寨陷知樞密院事討莆臺賊杜黑
兒擒送京師磔之東昌賊將北冠道出陵州也速邀
擊於景州斬獲殆盡復攻阜城縣有詔命也速以軍屯
單家橋斷賊北路賊轉攻長蘆也速往與戰流矢貫
左手不顧轉鬭無前殺賊五百餘人奪馬三千匹於
是分兵下山寨民爭來歸拜中書平章政事改行省

淮南雄州蔚州賊繼起也速悉平之知樞密院事劉
哈剌不花所部卒掠懷來雲州欲為亂也速以輕騎
擊城其首禍者降其衆隸麾下賊陷大寧詔也速往
討之賊兵次悠家店也速遇賊即前與戰自旦抵暮
散而復合也速遣別騎繞出賊後賊腹背受敵大敗
遂援大寧擒首賊湯通周成等三十五人磔于都市
名入觀賞賚優渥進階金紫光祿大夫知樞密院事
既而賊雷帖木兒不花程思忠等陷東郡縣惟永平不被出
師遂復灤州及遷安縣時遼東郡縣惟永平不被兵
儲粟十萬芻葉山積居民殷富賊乘間竊入增土築

城因河為塹堅守不可下也速刀外築大營絕其樵
采數與賊戰獲其偽帥二百餘人平山寨數十又復
昌黎撫寧二縣擒雷帖木兒不花送京師賊急刀乞
降于朝政徹力帖木兒為請命于朝詔許之之程思
忠果棄城遁去亟追至瑞州殺獲萬計賊遂東走金
復州詔還京師拜遼陽行省左丞相知行樞密院事
撫安迤東兵農委以便宜開省于永平總兵如故金
復海蓋乾王等賊並起西侵與中州陰由海道趨東
平閭也速開省刀止也速迺分兵防其衝突賊刀轉
攻大寧為守將王聚所敗斬其渠魁衆潰皆西走也

速應賊窺上都即調右丞急林台提兵護上都蘭精
銳自蹕賊後賊果冠上都忽林台擊破之賊衆又大
潰求平大寧於是始平刀分命官屬勞來安輯其民
使什伍相保以事耕種民為立石頌其勳德二十四
年孛羅帖木兒留兵守大同自帥兵復向關京師大
遭兵犯關執二人以去而也速迺拜中書左丞相七
月孛羅帖木兒從帝城守皇太子統兵迎於清河命也速軍
震百官帖木兒前鋒巳廣居庸關至昌平也
於昌平而孛羅帖木兒

速一軍皆無鬭志不戰而潰皇太子馳入城尋出奔
子太原孛羅帖木兒遂入京城為中書右丞相語具
木兒帖木兒傳二十五年皇太子在太原與擴廓帖
木兒謀清內難承制調甘肅嶺北遼陽陝西諸省諸
王兵入討孛羅帖木兒孛羅帖木兒乃遣御史大夫
禿堅帖木兒孛羅帖木兒字者且以禦嶺北
之兵又調也速軍次良鄉不進謀之於衆皆以謂孛羅帖
高薺也速率兵攻上都附皇太子者且以謂孛羅帖
木兒所行狂悖圖危宗社中外同憤遂勒兵歸永平
西連太原擴廓帖木兒東遼陽也先不花國王軍
聲大振孛羅帖木兒患之遣其將同知樞密院事姚
伯顔不花以兵往討軍過通州白河水溢不能進駐
虹橋築壘以待姚伯顔不花素輕也速無謀不設備
也速覘知之襲破其軍擒姚伯顔不花孛羅帖木兒
大恐自將討之速至通州大雨三日乃還孛羅帖木
兒先以部將保安不附巳殺之至是又失姚伯顔不
花二人皆驍將也如失左右手欝欝不樂事敗遂伏
誅二十七年詔以也速為中書右丞相分省山東二
十八年
大明兵取山東閏七月也速與部將哈剌章田勝周

達等禦於莫州兵敗潰乃盡掠莫州殘民北遁
徹里帖木兒
徹里帖木兒阿魯溫氏祖父累立戰功為西域大族
徹里帖木兒幼沉毅有大志早備宿衛擢中書直省
含人遂拜御史時右丞相帖木迭兒用事生殺
于奪皆出其意道路側目徹里帖木迭兒抗言歷詆其
奸帖木迭兒欲中傷之會山東水監課大損除其
轉運司副使甫浹月補其闕數皆足轉刑部尚書京
師豪右憚之不敢犯法而以非罷嚴法者多所全胱
天曆二年拜中書右丞尋陞中書平章政事出為河
南行省平章政事黃河清有司以為瑞請聞于朝徹
里帖木兒曰吾知為臣忠為子孝天下治百姓安為
瑞餘何益於治歲大饑徹里帖木兒議賑之其屬以
為必自縣上之府府上之省然後以聞徹里帖木兒
慨然曰民饑死者已衆乃欲拘以常格耶往復累月
民存無幾矣此盖有司畏罪將歸怨于朝廷吾不為
也大嫠倉廩賑之乃請專擅之罪文宗聞而悅之賜
龍衣上尊至順元年雲南伯忽叛以知行樞密院事
總兵討之治軍有紀律所過秋毫無犯賊平賞賚甚
厚悉分賜將士師旋橐囊惟巾櫛而已除留守上都

先是上都官買商旅之貨其直不即酬給以故商旅
不得歸至有飢寒死者徹里帖木兒為之請有旨出
鈔四百萬貫償之遷江浙行省平章政事以嚴屬為
政部內肅然尋召拜御史中丞朝廷憚之風紀大振
至元元年拜中書平章政事首議罷科舉又欲損太
廟四祭為一祭監察御史呂思誠等列其罪狀劾之
帝不久詔徹里帖木兒仍出署事時罷科舉詔已書
而未用寶象政許有壬入爭之太師伯顏怒曰汝風
臺臣言徹里帖木兒邪有壬曰太師以徹里帖木兒
宣力之故擢置中書御史三十人不畏太師而聽有

壬豈有壬權重於太師耶伯顏意解有壬乃曰科舉
若罷天下人才觖望伯顏曰舉子多以贓敗又有假
蒙古色目名者有壬曰科舉未行之先臺中贓罰無
算豈盡出於舉子舉子中不可謂無較之於彼則少
矣伯顏因曰舉子中可任用者惟參政耳有壬曰若
張夢臣馬伯庸丁文苑董皆可任大事又如歐陽元
功之文章豈易及邪伯顏曰科舉雖罷士子欲求美
衣美食者皆能自向學豈有不至大官者邪有壬曰
所謂士者初不以衣食為事其事在治國平天下耳
伯顏又曰今科舉取人實妨選法有壬曰古人有言

立賢無方科舉取士豈不愈於通事知印等出身者
今通事等天下凡三千三百二十五名歲餘四百五
十六人玉典赤太醫控鶴皆入流品又路吏及任子
其途非一今歲自四月至九月白身補官受宣者七
十二人而科舉一歲僅三十餘人太師試之科舉
曰能言何益於事徹里帖木兒時在座曰參政坐無
中輒乃為溫言慰解之且為有壬曰能言有壬曰宜平章
里帖木兒笑曰吾固未嘗信此語也有壬曰
多言也有壬曰太師謂我風人劾平章可共坐邪徹
於選法果相妨邪伯顏心然其議已定不可

之不信也設有壬果風人言平章則言之必中矣豈
止如此而已衆皆笑而罷翌日崇天門宣詔特令有
壬為班首以折辱之有壬懼及禍勉從之治書侍御
史普化誚有壬曰參政可謂過河拆橋者矣有壬以
為大恥遂移疾不出初徹里帖木兒之在江浙也會
行科舉驛請考官供張甚盛心頗不平故其入中書
以罷科舉為第一事先論學校貢士莊田租可給怯
薛衣糧動當國者以發其機至是遂論罷之也又嘗
木兒嘗指斥武宗為那壁那壁者猶謂之彼也徹里帖
以妻弟阿魯渾沙女為已女冒請珠袍等物於是臺

臣復劾其罪而伯顏亦惡其忤巳欲斥之詔黜徹里
帖木兒于南安人皆快之久之卒于貶所至正二十
三年監察御史野仙帖木兒等辨其罪可依寒食國
公追封王爵定謚加功臣之號事不行

納麟

納麟智曜之孫廣之子也大德六年納麟以名臣子
用丞相哈剌哈孫答剌罕薦入備宿衛十年除中書
舍人至大四年遷宗正府郎中皇慶元年擢僉河南
廉訪司事延祐初拜監察御史以言事忤旨仁宗怒
囬測中丞采兒只力敉之乃解又言風憲恃紀劾之

《元史傳卷二十九》 十三 胡鈞

權而受人賕者宜刑而加流四年遷刑部員外郎六
年出為河南行省郎中至治三年入為都漕運使泰
定中擢湖南湖北兩道廉訪使天曆元年除杭州路
總管鋤奸去蠹吏畏民悅明年改江西廉訪使南昌
歲飢都貸縱不法納麟勃罷之至順元年拜湖廣行
以家貲償之刀出粟以賑民全活甚衆平章政事把
失忽都貪縱不法納麟勃罷之至順元年拜湖廣行
省叅知政事元統初召為刑部尚書未至改江南行
臺治書侍御史尋陞中丞至元元年召拜中書叅知
政事遷同知樞密院事尋出為江浙行省右丞乞致

仕不久除浙西廉訪使力辭不赴至正二年除行宣
政院使上天竺者舊僧彌戒徑山者舊僧德洲怨縱
犯法納麟皆坐以重罪請行宣政院設崇教所儆行
省理問官秩四品以治僧獄訟從之尋為江浙行省
平章政事三年遷河南行省平章政事明年入為中
書平章政事七年出為江南行臺御史大夫尋召拜
御史大夫所薦用御史必老成更事者八年進金紫
光祿大夫請老不許加太尉御史大夫勃罷之退居姑蘇
十二年江淮盜起帝命為南臺御史大夫納麟承詔
即起仍命兼太尉設僚屬總制江浙江西湖廣三省

《元史傳卷二十九》 十四 胡鈞

軍馬詔遣直省舍人海王傳旨慰諭之納麟北面再
拜曰臣雖耄老敢不踞勉從事盡餘生以報陛下至
則修築集慶城郭會江浙杭城失守淮南行省平章
政事失列門引兵往援次于采石納麟使止之曰聞
杭賊易破不足憂今宣城危急先宜以兵收宣城乃
調典瑞院使脫火赤率蒙古軍應之大破賊于堈下
門宣州以安巳而賊陷徽州廣德常州宜興溧水溧
陽蔓延丹陽金壇句容略上元江寧游兵至鍾山集
慶勢甚危納麟乃力疾治兵部署士卒命治書侍御
史左答納失理守城中中丞伯家奴戍東郊是時湖

廣行省平章政事也先帖木兒軍和州納麟遣使求
援也先帖木兒曰我奉命鎮江北不敢往援江東納
麟復遣監察御史鄭鄖力促其行也先帖木兒引步
騎度采石至臺城入候納麟疾復喜即以其故聞
于朝巳而也先帖木兒兵東趨秣陵殺賊二千餘人
平湖熟鎮盡復上元江寧境乘勝入溧陽溧水賊潰
奔廣德其擾龍潭方山者奔常州時江浙行省平章
敗北州郡悉平十三年納麟固請謝事從之命太尉
政事三旦八右丞佛家閭亦引兵來會所在羣賊皆

元史傳卷二十九　十五

如故乃退居慶元十六年九月詔以江南行臺移置
紹興復以納麟為御史太夫仍太尉明年移治紹興
十八年赴召由海道入朝至黑水洋阻風而還十九
年復由海道趨直沽山東俞寶率戰艦斷粮道納麟
命其子安安及同舟人拒之破其衆於海口八月抵
京師帝遣使勞以上尊皇太子亦饋酒脯而納麟感
疾旦丞卒于通州年七十有九

翰林學士章佩太夫知制誥兼修國史宋濂翰林待制承務郎知制誥兼修國史院編修官王禕等奉

敕

馬祖常

馬祖常字伯庸世為雍古部居靖州天山有錫里吉
思者於祖常為高祖金季為鳳翔兵馬判官以節死
贈恒州刺史子孫因其官以馬為氏曾祖月合乃從
世祖征宋留汴掌饋餉累官禮部尚書父潤同知漳
州路總管府事家于光州祖常七歲知學得錢即以
市書十歲時見燭歊焼屋解衣沃水以滅火咸嗟異
之既長益篤于學蜀儒張頔講道儀真徃受業其門
質以疑義毅十頴甚器之延祐初科舉法行鄉貢會
試皆中第一廷試為第二人授應奉翰林文字拜監
察御史是時仁宗在御巳久猶居東宮飲酒常過度
祖常上書請御正衙立朝儀御史執簡太史執筆則
雖有懷姦利己乞官求賞者不敢出諸口天子承天
地祖宗之重當極調攝至於酒醴近侍進御當思一
獻百拜之義英宗為皇太子又上書請慎簡師傅於
是姦臣鐵木迭兒為丞相威權自恣祖常知其盜觀
國史率同列劾奏其十罪仁宗震怒黜罷之泰州山

元史傳卷三十　一　十樂山

移祖常言山不動之物今而動為由在野有當用不
用之賢在官有當言不言之使故致然爾跡闻大臣
皆歷罪待罪祖常薦賢拔滯知無不言俄改宣政院
經歷月餘辭歸起為社稷署令亡姦臣復相左遷
開平縣尹因欲中傷之迷退居光州久之姦臣既死
乃復除翰林待制除禮部尚書丁祖母憂起復為右
善復除禮部尚書尋辭歸天曆元年召為燕王內尉
尋除翰林直學士除禮部尚書時稱得人陞議
仍入禮部兩知貢舉一為讀卷官拜治書侍御
中書省事參定親郊禮儀充讀冊祝官拜治書侍御

元史傳卷三十　二　中樂山

史歷徽政副使遷江南行臺中丞元統元年召議新
政賜白金二百兩鈔萬貫又歷同知徽政院事遂拜
御史中丞帝以其有疾詔特免朝禮光禄日給上尊
祖常持憲務存大體西臺御史劾其僚禁酤時面有
酒容不行按者亦引去除樞密副使頃之辭職歸以
名教不行按者亦引去山東廉訪司言孔氏訟事以事關
南復除江南行臺中丞又遷陝西行臺中丞皆以疾
不赴至元四年卒年六十贈攄忠宣憲協正功臣河
州復除江南行臺中丞又遷上護軍魏郡公謚文貞祖常立朝既久
多所建明嘗議全國族及諸部既誦聖賢之書當知

嵲嵲母以厚彝倫又議將家子弟驕脆有孤任使而
庶民有挽強飄張老死野者當建武學武舉備材
以備非常時雖弟用識者隨之祖常工於文章宏贍
而精核務去陳郜專以先秦兩漢為法而自成一家
之言尤致力於詩圖審清麗大篇又譯皇圖大訓
有文集行于世嘗預備英宗實錄又短章無不可傳者
承華事略又編集列后金鑑千秋記略以進受賜優
渥文宗嘗駐蹕龍虎臺祖常應制賦詩尤被歎賞詔

中原碩儒唯祖常云

嵲嵲

嵲嵲字子山廣里氏父不忽木自有傳祖燕真事世
祖從征有功嵲嵲幼隸業圖學博通群書其正心脩
身之要得諸許衡及父兄家傳長攷宿衛風神凝遠
制行峻潔而知其為貢介公子其遇事英發掀髯
論辨法家拂士不能過之始授承直郎集賢待制遷
兵部郎中轉秘書監丞奉命往戴泉舶芥視珠犀不
少留目政同佘太常禮儀院事拜監察御史陞河東
廉訪副使未上遷秘書監侍儀使尋擢中書右
司郎中遷集賢直學士轉江南行臺治書侍御史拜
禮部尚書監群玉內司嵲嵲正色率下國制大樂諸

坊威隸本部過公謙泉俟握陳嵲嵲視之泊如俟佐
以下皆肅然遷領會同館事尚書監群玉內司如故
尋兼經筵官復除江南行臺治書侍御史來行詔為奎
章閣學士院承制學士仍兼經筵官陞侍讀學士同
知經筵事復除奎章閣學士院大學士知經筵事提調
浙西廉訪使復韶為大學士知經筵事提調宣文閣崇
士承旨知制誥兼修國史知經筵事以重賢格言講誦
文監先是文宗勵精圖治嵲嵲嘗以重賢格言講誦
帝側椑益良多順帝即位之後劈除權奸思更治化
嵲嵲侍經筵日勸帝勤學帝輒就之習授欲寵以師

禮嵲嵲力辭不可凡四書六經所載治道為帝紬繹
而言必使辭達感動帝衷敷暢旨意而後已若柳宗
元梓人傳張商英七臣論尤喜誦說嘗於經筵力陳
其賢不復肆慍帝暇日欲觀古名畫嵲嵲即取郭忠
恕比千圖以進因言商王受不聽忠臣之諫遂亡其
國帝一日覽宋徽宗畫稱善嵲嵲進言徽宗多能惟
一事不能帝問何謂一事對曰獨不能為君耳身辱
國破皆由不能為君所致人君貴能為君宕非所尚
也或遇天變民災必憂見於色乘間則進言于帝曰

天心仁愛人君故以變示儆譬如慈父於子愛則教
之戒之子能起敬起孝則父怒必釋人君脩行
則天意必回帝察其誠屢已以聽特賜只孫燕服
九襲及玉帶楮幣以旌其言嶧嶧旹謂人曰天下事
在宰相當言宰相不得言則臺諫言之臺諫不敢言
前志願足矣故於時政得失有當匡救者未嘗緘默
官嶧嶧進曰先朝所置奎章閣學士院及藝文監諸屬
大臣議罷言之則經筵言之備位經筵得言人所不敢言
堂堂天朝富有四海一學房乃不能容耶帝聞而深

元史傳卷三十　五　章孫瑪

然之即日改奎章閣為宣文閣藝文監為崇文監存
設如初就命嶧嶧董治又請置檢討等職十六員以
備進講帝皆俞允時科舉既輟嶧嶧從容為帝言古
昔取人材以濟世用必由科舉何可廢也帝采其論
尋復舊制一日進讀司馬光資治通鑑因言國家當
及斯時修遂金宋三史歲久恐致闕逸後置局纂修
寶由嶧嶧發其端又請行鄉飲酒于國學使民知遜
悌及請褒贈唐劉賁宋邵雍以旌道德正直帝從其
請為之下詔嶧嶧以重望居高位而雅愛儒士甚於
飢渴以故四方士大夫翕然宗之萃於其門達官有

怙勢者言曰儒有何好君酷愛之嶧嶧曰世祖以儒
足以致治命裕宗學於贊善王恂今秘書所藏裕宗
倣書當時御筆於學生之下親署御名習書謹呈其
敬慎若此世祖嘗召我先人坐襁楄下陳說四書
及古史治亂至丙夜不寐世祖喜曰朕所以令卿從
平且儒者之道從之則君仁臣忠父慈子孝人倫咸
得國家咸治違之則人倫咸失家國咸亂汝欲亂我
家吾弗能禦汝慎勿以斯言亂我國也儒者或身若
副朕志今汝言不愛儒寧不念聖祖神宗告朕耳卿益
許仲平學正欲卿從之則嘉言入告朕益加懋敬以

元史傳卷三十　六　章率瑪

不勝衣言若不出口然腹中貯儲有過人者何可易
視也達官色愠既而出拜江浙行省平章政事明年
後以翰林學士承旨召還時中書平章闕貟近臣欲
有所薦用以言覘帝意帝曰平章已有其人今行半
途矣近臣知帝意在嶧嶧不復薦人至京七日感熱
疾卒寔至正五年五月辛卯也年五十一家貧幾無
以為歛帝聞為震悼賜賻銀五錠其所貿官中營運
錢臺臣奏以罰布為之代償嶧嶧善真行草書識者
謂得晉人筆意單牘片紙人爭寶之不翅金玉諡文
忠兄回回字于淵默寡言者學能文在成宗朝宿

衛撂太常寺少卿寺改為院為太常院使武宗正位
以藩邸舊臣出使撫宣至大間調大司農卿除山南
廉訪使改江南行臺治書侍御史遷淮西廉訪使皆
有政聲再改河南廉訪使行省侍御史多不法為
戶部尚書尋拜南臺侍御史改叅議中書以議定
強市人物按之無所貸英宗即位丞相拜住首薦為
賢抗章奏嘉納其奏泰定初建議清運事奏減糧毀
尉納璘為郎中每格不下丞相怒欲出之田回察其
書如法帝嘉納其奏泰定初建議清運事奏減糧毀
以紓東南民力授太子詹事丞改山東廉訪使

陸翰林侍講學士遷江浙行省右丞文宗立除宣政
院使上言乞沙汰僧道其所有田宜同民間徵輸權
中書右丞力辭選第閒明宗崩流涕不能食自是杜
門不出者毅年以疾卒與弟嶸嶸子維山材質清劭皆為時之名臣世
號為雙璧云嶸嶸子維山材質清劭皆為時之名臣世
監丞攉給事中遷同僉太常禮儀院事調崇文太監
自富
自富蒙古人也英宗時由速古兒赤攉監察御史道
四大興縣有以冤事繫獄者其人嘗見有豪駝死道
傍因斛至其家臨之置毅甕中會官素駝被盜捕索

甚丞乃靴而勘之其人自誣服自富審其獄辭疑為
冤即以上御史臺臺臣以為賕既具是特御史畏殺
人耳不聽改委他御史讞之竟數日遠陽行
省以獲盜聞冤始白人以是服其明泰定二年屢從
至上都帝科言讞之俾復任耄庭玉賜罪即納印還
言又勤奏平章政事楊忠黃金繫腰玉竟如其
京師帝道使追之俾復任即上章勤庭玉賜罪不報即
遂辭職改工部貞外郎中書省委開混河自富性視
之以為水性不常民力亦難以成功言于朝河役
弑必預聞其謀不省乃賜禿滿迭兒怯怯河自富被

乃罷會次三皇后祖命工部撤行殿車帳皆新作之
自富未即興工尚書曰此奉特旨貞外有慢則罪歸
於我奚自富曰即有罪我獨任之未幾帝果問成否
省臣乃召自富責問之自富請自入對既見帝奏曰
皇后行殿車帳尚新若改作之惡勞民費財且先皇
后無恙疾居之何嫌必欲捨舊更新則大明殿乃自
世祖所御列聖嗣位宣皆改作乎帝大悅語省臣曰
國家用人當擇如自富者庶不悞大事特賜上尊金
幣遷吏部貞外郎帝欲加號太后太皇太后命朝
堂議之自富獨曰太后稱太皇太后於典禮不合親

皆曰英宗何以加皇太后號曰太皇太后自當曰英
宗孫也今上子也太皇太后之號孫可以稱之乎不
可以稱之也議遂定遷中書客省使俄改同僉宣政
院事文宗即位除中書左司郎中有使持詔自江浙
還言行省臣意若有不服者帝怒命遣使問不徹狀
悉誅之自當言於丞相燕帖木兒曰皇帝新即位
雲南四川且猶未定乃以使臣一言殺行省大臣恐
非盛德事況江浙豪奢之地使臣或不得厭其所需
則造言以隔之耳燕帖木兒以言于帝事乃止既而
陸參議中書省事燕帖木兒議封太保伯顏王爵衆

論附之自當獨不言燕帖木兒問故自當曰太保位
列三公而復加王封後爭有大功將何以酬之且丞
相封王出自上意今欲加太保王封丞相宜請于上
王爵非中書選法也遂罷其議拜治書侍御史初文
宗在集慶潛邸欲劍天靈寺令有司起民夫江南行
臺監察御史亦乞剌台言其非便也至是文宗悉召江
南行臺監察御史俾皆入爲監察御史而欲黜之非
夫若欲俊民則朝廷聞之非便也至是文宗悉召江
剌台自當諫曰陛下在潛邸時御史盡心爲陛下
言乃忠臣也今無罪而黜之非所以示天下乃除亦

乞剌台僉憲湖南文宗嘗欲游西湖自當諫曰陛下
以萬乘之尊而沈舟自樂如天下何不聽自當遂稱
疾不從行文宗在舟中顧謂臺臣曰自當終不滿朕
此游耶臺臣嘗奏除目文宗以筆塗一人姓名而綬
牒作耶臺官間之名自當言間爲人訴諧惟可任
教坊司若以居風紀則臺綱順帝初除福建都轉運使
出爲陝西行臺侍御史順帝初除福建都轉運使
先是自當爲左郎中時泰定帝嘗欲以河間江浙
福建鹽引六萬賜中書雜議撒迪自當執不可以
福建鹽引二萬賜之至是自當復建言鹽引宜量員

國用以紓民力時撒迪方爲御史大夫不以爲忠蹩
遣人省自當母于京師所居既而丁母憂居關么之
復起爲浙西廉訪使時有以駙馬爲江浙行省
丞相者其窨賢恃公主勢坐杭州達魯花赤位令有
司強買民間物不從輒毆之有司來白自當自當即
同僉樞密院事尋復爲治書侍御史同知經筵事寧
夏人有告買買等謀害太師伯顏者伯顏委自當與
中書樞密等官往寧夏鞫問無其情乃以誣岡坐告
者罪伯顏怒自當前曰太師所以令吾三人勘之者

以國法所在也必以罪吾三人則自當實主其事宜
獨當之伯顔乃左遷自當同知徽政院事自當麾事
四朝官自從仕郎累轉至通奉大夫常行衎在位剛
介弗回終始一節有古遺直之風然卒以是忤權貴
而不復柄用君子皆惜焉

阿榮

阿榮字存初柱烈氏父按攤中書右丞阿榮幼事武
宗備宿衛累遷官爲湖南道宣慰副使溫迪罕奉使
冠不敢入遷湖廣行省左右司郎中召會福院事
起衆皆洶懼阿榮鎮之以靜省有司治兵守其境
宣撫湖南事無大小悉以委之會列郡歲飢阿榮分
其廩祿爲粥以食餓者仍發粟賬之所活甚衆廣西

尋除吏部尚書泰定初出爲湖南宣慰使改浙東道
宣慰使都元帥以疾辭天曆初復起爲吏部尚書尋
奎章閣大學士榮祿大夫太禧宗禋院使都典制神
御殿事文宗眷遇之甚而阿榮亦盡心國政無不
言之心忽忽賢賢不樂謁告南歸武昌至元元年卒
初阿榮聞君以支翰自娛博究前代治亂得失見其
會心者則扼腕曰忠臣孝子國家之寶爲奇男子烈

丈夫者固不當如是耶日與常伯之士游所至山水
佳處鳴琴賦詩日夕忘返尤深於數學逆推事成敗
利不利及人禍福壽夭貴賤多奇中天曆三年春策
士于廷阿榮與虞集會于直廬慨然興歎語集曰更
一科後科舉輟兩科而復復則人材彬彬集大出
之多幸如存初言今文治方興未必有中輟之理存
初國家世臣妙於文學以盛年登朝在上左右斯文
屬望集老且衰見亦何補耶阿榮又歎語集曰穀當然耳
夫又歎曰榮不復見之矣君猶及見之集得士
集問何以知之弗荅後三年卒元統三年科舉果罷

至正元年始復如其言

小雲石海涯

小雲石海涯家世見其祖阿里海涯傳其父楚國忠
惠公名貫只哥小雲石海涯遂以貫爲氏復以酸齋
自號母廉氏夜夢神人授以大星使吞之已而有妊
及生神彩異常年十二三膂力絕人使兒馬
馬疾馳持槊立而待馬至騰上之越二而跨三運槊
生風觀者辟易或挽彊射生逐猛獸上下峻阪如飛
諸將咸服其趫捷稍長折節讀書目五行下吐辭爲
文不蹈襲故常其旨皆出人意表初襲父官爲兩淮

萬戶府達魯花赤鎮守州御軍極猛行伍肅然稍
眼輒投畫雅歌意所暢適不爲形跡所拘一日呼弟
忽都海滙語之曰吾生宦素薄顧祖父之爵不敢
不襲今巳數年矣願以讓弟幸勿辭語巳即解所
縮黄金虎符佩之此從姚燧學燧見其古文峭厲有
法及歌行古樂府慷慨激烈大奇之仁宗在東宮聞
其以爵位讓弟謂宮臣曰將相家子弟其有如是賢
者邪俄選爲英宗潛邸說書秀才宿衛禁中仁宗踐
祚上疏條六事一曰釋邊戍以修文德二曰教太子
以正國本三曰設諫官以輔聖德四曰表姓氏以雄
勳胄五曰定服色以變風俗六曰舉賢才以恢至道
書庀萬餘言未報拜翰林侍讀學士中奉大夫知制
誥同偹國史會議科舉事多所建明忽嘗然嘆曰辭
尊居甲昔賢所尚也今禁林清選與所讓軍資駃高
人將議吾後矣乃稱疾還江南賣藥於錢唐市中
說姓名易服色人無有識之者偶過梁山樂見漁父
織蘆花爲被欲易之以紬漁父疑其爲人陽曰君欲
吾被當更賦詩遂援筆立成竟持被去人間喧傳蘆
花被詩其依隱玩世多類此晚年爲文日邃詩亦沖
澹草隸等書稍取古人之所長變化自成一家所至

慶路總管段謙云

泰不華

士大夫從之若雲得其片言及牘雨如獲拱璧其視死
生若晝夜絕不入念應偹若欲遺世而獨立云泰
定元年五月八日卒年三十九贈集賢學士中奉大
夫護軍追封京兆郡公諡文靖有文集若干卷直解
孝經一卷行于世子男二人阿思蘭海牙慈利州達
魯花赤次八三海滙孫女一人有學識能詞章歸懷

慶路總管段謙云

泰不華

泰不華字兼善伯牙吾台氏初名達普化文宗賜以
今名世居白野山父塔不台入直宿衛歷仕台州錄
事判官遂居於台家貧好讀書能記問集賢待制周
仁榮養而教之年十七江浙鄉試第一明年對策大
廷賜進士及第授集賢偹撰轉祕書監著作郎拜江
南行臺監察御史時御史大夫脫歡怙勢貪暴泰不
華劾罷之文宗建奎章閣學士院擢爲典籤拜中臺
監察御史順帝即位加文宗后太皇太后之號大臣
燕鐵木兒伯顏皆列地封王泰不華率同列上章言
嬪冊不宜加徽稱根臣不當受王土太后怒欲殺言
者泰不華語衆曰此事自我毀之甘受誅戮決不敢
累諸公也巳而太后怒解曰風憲有臣如此豈不能

守祖宗之法乎賜金幣二以旌其直出僉河南廉訪
司事俄移淮西繼遷江南行御史臺經歷辭不赴轉
江浙行省左右司郎中浙西大水害稼會泰不華入
朝力言於中書免其租擢秘書監改禮部侍郎至正
元年除紹興路總管禮教民興讓越俗大化召入
史館與偰遼宋金三史書成授秘書卿陞禮部尚書
兼會同館事上言淮安以東河入海處宜倣宋置
田以均賦役行鄉飲酒禮以建玉帛馬致祭河神竣
事上言淮安以東河決奉詔以珪玉白馬致祭河神竣
江龍城浠撼蕩沙泥隨潮入海朝廷從其言會用夫

屯田其事中廢八年台州黃巖民方國珍為蔡亂頭
王伏之讎逼遂入海為亂刼掠漕運糧執海道千戶
德流于寶事聞詔江浙僉政朵兒只班總舟師捕之
追至福州五虎門國珍知事危焚舟將道官軍自相
驚潰朵兒只班遂被執國珍迫其上招降之狀朝廷
從之國珍兄弟皆授之以官國珍不肯赴勢益暴橫
九年詔泰不華實以開既得其狀遂上招捕之策
不聽尋除江東廉訪使改翰林侍讀學士知制誥同
脩國史已而出為都水庸田使十年十二月國珍復
入海燒掠沿海州郡十一年二月詔孛羅帖木兒為

江浙行省左丞總至慶元以泰不華論知賊情狀遷
浙東道宣慰使都帥分兵于溫州使夾攻之未幾
國珍冠溫泰不華縱火筏焚之一夕遁去既而亭羅
帖木兒客與泰不華約以六月乙未合兵進討亭羅
帖木兒乃以壬辰先期至水死者過半亭羅帖木兒
被執反為國珍飾上聞泰不華聞之痛憤輟食數
火鼓譟官軍不戰皆潰赴水死
日朝廷弗之知復遣大司農達識帖木兒適夜
招之國珍兄弟皆登岸羅拜退止民間小樓是夕中
秋月明泰不華欲命壯士襲殺之達識帖木兒適夜

過泰不華客以事白之達識帖木兒適曰我受詔招降
耳公欲擅命耶事乃止撤泰不華至海濱散其徒
眾拘其海舟兵器國珍兄弟復授官有差既而遷泰
不華台州路達魯花赤十二年朝廷征徐州命江浙
省臣募舟師守大江國珍懷疑復入海以叛泰不華
自分以死報國發兵抵黃巖澄江而遣義士王大
用抵國珍示約信使之來歸國珍益疑拘大用不遺
以小舸二百突海門入州港犯馬鞍諸山泰不華語
眾曰吾以書生登顯要誠應負所學今守海隅賊南
招徠又復為梗君輩助我擊之其克則汝眾功也不

克則我亦死以報國耳報皆踢躍行時國珍戚黨
陳仲達往來計議陳其可降狀泰不華率部衆張受
降旗東潮而前船觸沙不能行垂與國珍遇呼仲達
中前議仲達勤氣索泰不華覺其心異手斬之即
前搏賊船射死五人賊躍入船復斫之賊群至欲抱持圍珍船
目叱之脫起奪賊刀又殺二人賊擲槊之中顱死
猶植立不仆投其屍海中年四十九時十二年三月
庚子也偕名抱琴及臨海尉李輔德千戶赤盞義士
張君璧皆死之泰不華既沒除江浙行省參知政事

行台州路達魯花赤事不及聞命已後三年追贈榮
祿大夫江浙行省平章政事柱國封魏國公謚忠介
立廟台州賜額崇節泰不華尚氣節不隨俗浮沉太
平爲臺臣劾去相位泰不華獨餓送都門外太曰
公且止勿以我累公泰不華曰士爲知已死守身曰
耶後雖爲時相擯斥人莫不嘉之善篆隸溫潤遒勁
嘗重類復古編十卷攷正訛字於經史多有據云

余闕

余闕字廷心一字天心唐兀氏世家河西武威父沙
剌咸卜官廬州遂爲廬州人少喪父授徒以養毋與

吳澄弟子張恒游文學日進元統元年賜進士及第
授同知泗州事爲政嚴明宿吏皆憚之俄召入應奉
翰林文字轉中書刑部主事以不阿權貴棄官歸尋
以修遼金宋三史召後入翰林爲修撰拜監察御史
改中書禮部員外郎出爲湖廣行省左右司郎中會
莫徭蠻反右丞當性不恃無敢讓之者關
曰右丞當性受天子命爲方徹重臣不思執弓矢討
賊乃欲自逸邪右丞當性沙班曰郎中語固是如歟
餉不足何關曰右丞第往此不難致也關下令趣
三日皆集沙班行復以集賢經歷召入遷翰林待制

出僉浙東道廉訪司事丁毋憂歸廬州盜起河南陷
郡縣至正十三年行中書于淮東改宣慰司爲都元
師府治淮西起闕副使僉都元帥府事分兵守安慶
于時南北音問隔絕兵食俱乏抵官十日而寇至拒
郡之乃集有司與諸將議屯田戰守計環境築堡壘
選精甲外扞而耕稼于中屬縣潛山八社土壤沃饒
悉以爲屯明年春大饑人相食乃捐俸爲糜以食
之得活者甚衆民墮同知副元帥又明年秋大旱
得鈔三萬錠以振民失業者穀萬戚安集之請于中書
爲文祈滿山神三日兩歲以不饑盜方擾石蕩湖出

兵平之令民取湖魚而輸魚租十五年夏大雨江漲
屯田禾半沒城下水湧有物吼聲如雷闢以少牢
水輒縮秋稼登得粮三萬斛廬慶軍有餘力刀浚隍
增陴隍外環以大防濬塹三重南引江水注之環植
木為柵城上四面起飛樓表裹完固俄陷都元帥廣
西貓軍五萬從元帥阿思蘭沿江江下抵廬州關移文
居其中左提右挈屹為江淮一保障論功拜江淮行
於境者即收殺之凛凛莫敢犯時群盜論功拜江淮行
讓苗蠻不當使之窺中國詔阿思蘭選軍貓軍有暴
省參知政事仍守安慶通道于江右商旅四集池州

《元史傳卷三十》 十九

趙普勝帥眾攻城連戰三日敗去未幾又至相拒二
旬始退懷寧縣達魯花赤伯家奴戰死十七年趙普
勝同青軍兩道攻我拒戰一月餘竟敗而走秋拜淮
南行省右丞安慶倚小孤山為藩蔽命義兵元帥胡
伯顏統水軍戊寅十月沔陽陳友諒自上游直擣小
孤山伯顏與戰四日夜不勝急趨安慶賊追至山口
鎮明日癸亥遂薄城下關遣兵扼於觀音橋俄饒州
祝冠攻西門關斬卻之乙巳賊乘東門紅旗登城關
簡死力擊賊後敗去戊申復來攻東西二門又
却之賊憲甚刀樹柵起飛樓庚戌復來攻我金鼓聲

襄地闢分諸將各以兵扞賊晝夜不得息癸卯賊益
生兵攻東門丙午普勝軍東門友諒軍西門祝冠軍
南門群盜四面蟻集城外無一甲之援西門勢尤急
即疾罵賊不屈賊執之以去不知所終城中火起闢
福童皆赴井死同時死者守臣韓建一家被害建方
算而關亦被十餘創日中闢城陷城中民相率
為引刀自剄到清水塘中闢城陷城中火起闢
身當之徒步提戈為士卒先士卒號哭止之揮戈愈
力仍分麾下將三門之兵自以孤軍血戰斬首無
登城樓自捐其梯曰寧俱死此誓不從賊焚死者以

《元史傳卷三十》 二十

千計其知名者萬戶李宗可紀守仁陳彬金承宗元
帥府都事帖木補化萬戶府經歷段桂芳千戶火失
不花新李盧廷玉萬延齡丘崇許元琰奏差兀都蠻
百戶黃寅孫安慶推官黃禿倫乃經歷楊恒知事余
中懷寧尹陳巨濟九十八人其城陷之日則至正十
八年正月兩午也關號令嚴信與下同甘苦然求以
違令即斬以徇關嘗病不視事將士皆顧天求以身
代闢聞強衣冠而出當出戰矢石亂下如雨士以盾
蔽關關卻之曰汝董亦有命何敵我為故人爭用命
稍暇即注周易帥諸生謂郡學會講立軍士門外以

聽使知尊君親上之義有古良將風烈或欲挽關入

翰林關以國步危蹙辭不牲其忠國之心蓋素定也

卒時年五十六事聞贈關憓誠守正清忠諒節功臣

榮祿大夫淮南江北等處行中書省平章政事柱國

追封幽國公謚忠宣議者謂自兵興以來死節之臣

關與褚不華為第一云關留意經術五經皆有傳注

為文有氣魄能達其所欲言詩體初關既死賊義

徐庚以下不論也篆隸亦古雅可傳江左高視鮑謝

之求屍塘中具棺歛蓥於西門外及安慶內附

大明皇帝嘉關之忠詔立廟於忠節坊命有司歲時

致祭云

傳卷第三十

秘傳

答里麻

答里麻高昌人大父撒吉斯爲遠王傅世祖稱其賢
從討李璮以歙救山東行省大都督答里麻弱冠入
宿衛大德十一年授御藥院達魯花赤遷回回藥物
院尋出僉湖北山南兩道廉訪司事召拜監察御史
時丞相帖木迭兒專權貪肆答里麻寅亦憚直
馬祖常勸其罪高昌僧悟丞相威逼法娶婦南城巷

三九九　　元史傳卷三十一　　一　回鶻

里麻詰問之奮不顧利害風紀由是大振擢河東道
廉訪副使隰州村民實神因醉毆殺姚甲爲首者乘
關逃去有司逮同會者繫獄歷歲不決答里麻曰殺
人者既逃存亡不可知此輩皆註誤無罪而反桎梏
耶悉縱之至治元年帖木迭兒復相以復讎爲事答
里麻辭去明年政績燕南道廉訪副使開州達魯花赤
石不花万頗著政績同僚忌之嗾民誣其實與民妻俞
氏飲酒於是抵誣告者罪石不花万復還職行堂縣
民訴弄道側偶有人借斧削其杖其人夜持狀詣民

財事覺并逮斧主與盜同下獄答里麻原其未嘗知
情即縱之深州民媼怒毆兒婦死答里麻方抱其子亦
誤觸死媼年七十同僚議免其刑答里麻不可曰國制
罪人七十免刑爲其血氣已衰不任刑也答里麻曰小兒
二人何謂衰老辛死獄中至治元年除濟寧路總管
連結擊野雀誤殺同牧者實無殺人意難以定罪罰遣之泰定
與學勸農百廢具修府無停事濟陽縣有牧童持鐵
誤殺同牧者實無殺人意難以定罪罰遣之泰定
元年陸福建廉訪使朝廷以定罪罰遣之泰定
取民財宣政院判官术鄰亦取賂于富僧答里麻皆
劾之遷澜渭西廉訪使會文宗發江陵阿兒哈秃來諭
旨求略不獲還諸于朝召至京勵以重罪比至帝怒
正大統使者旁午天曆元年八月明宗崩文宗入
解遷上都同知留守天曆三年遷淮東廉訪使明年召拜
賜錦衣以嘉之天曆三年遷淮東廉訪使明年召拜
刑部尚書國制新君即位必唱名給散無虛增之數國
衛官吏金帛答里麻曰必賜諸王駙馬妃主及宿
費大省帝復賜黃金腰帶以旌其能元統元年陸遼
陽行省參知政事高麗國使朝京道過遼陽謁省官
各奉布四疋書一幅用征東省印封之答里麻詰其

二　四百

使曰國制設印以署公牘防姦僞何爲封私書況汝
出國時我尚在京未爲遼陽省官今何故有書遺我
汝君臣何欺詐如是耶使辭屈還其書與布元統三
年遷山東廉訪使時山東盜起陳馬驟及新李白晝
殺人苔里麻以爲官吏貪汚所致先劾去之而後上
擒賊方略朝廷嘉納之即遣兵擒獲齊魯以安除大
赤綠金銀裝飾苔里麻獨務樸素令畫工圖山林景
表其貞廉帝嘗命苔里麻修七星堂於延春閣特賜
都路方略帝宴大臣於延春閣特賜苔里麻以安除大
物左右年少皆不然是歲秋車駕自上京還入觀之

乃大喜以手撫壁嘆曰有心哉留守也賜白金五十
兩錦衣一襲至正六年陞河南行省右丞政翰林學
士承旨至正七年遷陝西行臺中丞時年六十九致
事後召商議中書平章政事不拜全俸優養終身

月魯帖木兒

月魯帖木兒卜領勤多禮伯臺氏曾祖貴裕事太祖
爲管領怯憐口怯薛官祖合剌襲父職事世祖父普
蘭奚由宿衛爲中書右司員外郎與丞相哈剌孫
建議迎立武宗累遷至山北遼東道肅政廉訪使月
魯帖木兒幼警穎讀書強記儻儻有大志年十二成

宗命與哈剌哈孫之子脫歡同入國學仁宗時入宿
衛一日帝顧問左右曰斯人容貌不凡誰之子耶左
右忘其名月魯帖木兒即對曰臣父普蘭奚也帝
曰汝父贇謀以定國難朕未嘗忘因命脫忽台傳旨
四怯薛扎撒火孫令常侍燕廷毋止其入哈剌孫
欲用何爲乎對曰欲爲御史爾壯其志久之遂拜
監察御史巡按上都劾奏太師右丞相帖木迭兒
張弼賕六萬貫貲死帝怒碎太師印賜月魯帖木兒
欽萬貫除兵部郎中拜殿中侍御史遷給事中左侍

儀同脩起居注尋爲右司郎中賜坐便殿帝顧左右
謂曰月魯帖木兒識量明遠可大用者也他日帝語
近臣曰朕聞前代皆有太上皇之號今皇太子且長
可居大位朕欲爲太上皇與若等游觀西山以終天
年御史中丞蠻子翰林學士阿里董阿皆稱善月魯
帖木兒獨起拜曰臣聞昔之所謂太上皇若唐玄宗
宋徽宗皆當禍亂不得已而爲之者也願陛下正大
位以保萬世無疆之業前代虛名何足慕哉帝善其
對仁宗崩帖木迭兒復入中書撄相位叅議乞失監
以受人金帶繫獄帖木迭兒乃使乞失監想月魯帖

木兒為御史時詆丞相受賕皇太后命丞相哈散等
即徽政院推問不實事遂釋帖木迭兒乃奏以月魯
帖木兒為山東鹽運司副使降亞中大夫郎
期月間鹽課增以萬計丁外艱扶喪西還擢山南江
北道肅政廉訪副使泰定初遷汴梁路總管再調總
管武昌以養親不赴致和元年河南行省平章伯顏
矯制起月魯帖木為本省叅知政事受命起兵郎
魯帖木兒固辭曰皇子北還問叅政受命何人則將
何辭以對伯顏怒會明里董阿迓皇子過河南而
魯帖木兒為御史時嘗劾其娶娼女冒受封明里董
阿因說伯顏收之丞相別不花亦與之有隙乃謫月
魯帖木兒乾寧安撫司安置至順四年移置雷州至
元六年順帝召乃起同知將作院事尋除大宗正府
也可札魯花赤九年由大醫院使拜翰林學士承旨
喪未葬辭四召之際引攬經史壹本於王道帝嘉納
知經筵事連讀之餘引攬經史壹本於王道帝嘉納
焉十二年江南諸郡盜賊充斥詔拜月魯帖木兒平
章政事行省江淛因言于丞相脫脫曰守禦江南為
計已緩若得從權行事猶有可為不從陛辭賜尚醞
御衣弓矢甲胄衛卒十人鈔萬五千貫以行比至鎮

引僚屬集父老詢守備之方招募民兵數千人號令
明肅統師次建德獲首賊何福斬于市遂復淳安等
縣俘獲萬餘人復業者三萬餘家是年七月次徽州
以疾卒于軍中
卜顏鐵木兒
卜顏鐵木兒字珎卿唐兀吾審氏性明毅倜儻早備
宿衛歷事武宗仁宗英宗天曆初由太常署丞拜監
察御史陞中侍御史累除大都路達魯花赤都轉
運鹽使蕭政廉訪使由行中書省叅知政事陞左右
丞擢行御史臺中丞遂拜江淛行省平章政事至正
十二年春靳黃賊徐壽輝遣女陷湖廣侵江東西詔
卜顏鐵木兒率軍討之卜顏鐵木兒益募壯健為兵
得驍勇士三千人戰艦三百艘時湖廣平章政事也
先帖木兒江西平章政事星吉江南行臺御史中丞
蠻子海牙皆以兵駐太平宿留不進卜顏帖木兒至
乃與俱前賊方聚丁家洲官軍猝與遇舊擊敗之遂
復銅陵縣擒其賊帥復池州遂分遣萬戶普賢奴屯
陽陵王建中屯白面渡閻兒討無為州而自率鎮撫
不花萬戶明安駐池口以防遏上流爲之節度已而
江州并陷星吉死之蠻子海牙及威順王寬徹普化

軍俱潰而東安慶被圍益急遣使來求援諸將皆欲
自守信地卜顏鐵木兒曰何言之不忠耶安慶與池
正隔一水今安慶固守是其節也而救患之義我其
可緩且上流官軍雖潰然皆百戰之餘所乏者錢穀
器具而已吾受命總兵即大發
帑藏以周之潰軍皆大集而兩軍之勢復振安慶之
圍遂解十三年三月賊衆復來攻池州衆且十萬諸
縣皆應之卜顏帖木兒會諸將謀曰賊表裏連結若
弊如乘其驕情盡銳攻之則頃刻之間功可成矣衆
曰諾遂分番與戰果大敗之擒其偽帥俘斬無算諸

《元史傳卷三十一》 七 張綖道

縣復平遂乘勝率舟師以進五月與戰于望江又戰
小孤山及彭澤又戰龍開河皆破走之進復江州留
兵守之七月進兵攻蘄州擒其偽帥鄒普泰遂克其
城進兵道士狀焚其柵抵蘭溪口賊之巢曰黄連岩
又克而藏之分兵平兩巴河於是江路始通十一月
與蠻子海牙四川行省泰知政事哈臨禿左丞桑禿
失里西寧王牙罕沙軍合而湖廣左丞伯顏不花等
軍皆會十二月分道進攻蘄水縣援其偽都獲偽將
相而下四百餘人徐壽輝僅以身免以功詔賜上尊

黄金帶時承相脱脱方總戎南征聞諸賊皆已破乃
檄伯顏不花征淮東蠻子海牙守裕溪口威順王還
武昌而卜顏鐵木兒獨控長江十六年六月復以軍
守池州十一月卒卜顏鐵木兒持身廉介人不敢干
以私其為將所過不受禮遺宴犒民不知有兵性至
孝幼養於叔父何术事之如親父常乘花馬時稱為
花馬兒平章云

星吉

星吉字吉甫河西人曾祖朵吉祖掷思吉朵而只父
掷思吉世事太祖憲宗世祖為怯里馬赤星吉少給

《元史傳卷三十一》 八 張綖道

事仁宗潜邸以精敏稱至治初授中尚監改右侍儀
兼修起居注拜監察御史有直聲自是十五遷為宣
政院使出為江南行御史臺御史大夫時承平日久
內外方以觀望為政星吉獨持風裁御史行部必勃
屬而遣之湖東僉事三寶住儒者也性廉介所至搏
貪猾無所貸御史有以自私請者拒不納則誣以事
劾之章至星吉怒曰若人之廉靴不知之乃敢為是
言耶即奏枉御史而白其誣執政者惡之移湖廣行
省平章政事湖廣地連江北威順王歲嘗出獵民病
之又起廣樂園多萃各倡巨賈以網大利有司莫敢

忤星吉至謁王王閤中門啟左扉召以入星吉引繩
床坐王中門西言曰吾受天子命来作牧非王私臣
也焉得由不正之道入乎閽者懼入告王王命啓中
門星吉入責王曰王帝室之懿古之所謂伯父叔父
者也今德音不聞而驕淫宣洫至於下恐非所以
胡僧曰小住持者服三品命恃寵橫甚數以事凌轢
官府星籍之由是豪強歛手貧弱稱快至正十一年
自貽多福也王急握星吉手謝之得妻妾女樂婦女十有八人以
汝潁妖賊起會僚屬議之或曰有鄭萬戶老將也宜

起而用之星吉乃命募土兵完城池修器械嚴巡警
悉以其事屬鄭賊聞之遣其黨二千来約降星吉與
鄭謀曰此詐也然降而御之於是為不宜受而審
之可也果得其情乃殱之械其渠魁數十人以俟命
適有旨召為大司農同僚受賊略且嫉其功乃誣鄭
罪釋其所城者明日大
之人駢首夜泣曰大夫不去吾豈為俘囚乎星吉既
入見具陳賊本末帝大喜命賜食時宰不悅奏為江
西行省平章政事貟外置星吉至江東詔令守江州
時江州已陷賊據池陽太平官軍止有三百人賊號

百萬眾皆欲走星吉曰畏賊而逃非勇也坐而待攻
非智也汝等皆有妻子財物縱逃其可免乎乃貸富
人錢募人為兵先是行臺募兵人給百五十千無應
者至是星吉募人五十千眾爭赴之一日得三千
人乃具舟楫直趨銅陵急回拒官軍官軍聲大振遂復
賊盡殱擒其渠魁周
池州乃命諸將分道討賊復石埭諸縣賊復来攻命
王惟恭列陣當之鋒始交出小艦從旁横擊大破走
之進據清水灣伺者告賊艦至自上流順風舉帆衆

且數十倍諸將失色星吉曰無傷也風勢盛彼倉卒
必不得泊但伏横港甲偃旗以待俟過而擊之無不
勝矣風怒水駃賊奄忽而過乃命舉旗鼓譟而
薄之官軍殊死戰風反為我用又大破之時賊父圖
安慶捷開遞燒營走進復湖口縣克江州留兵守之
命王惟恭恢復時湖廣已陷江西被圍淮渰亦多故卒
衝以圖恢復時湖廣已陷江西被圍淮渰亦多故卒
無繼援之者日乏士卒咸困或曰東南完實
盡因糧以圖再舉乎星吉曰吾受命守江西必死於
此眾莫敢復言有頃賊乘大船四集来攻我軍取兼

華編爲大栰塞上下流火之我軍力戰衆死且盡星
吉之從子伯不華與親兵數十人死之星吉猶堅坐
不動賊發矢射星吉乃昏仆賊衆聞星吉名不忍害
昇置密室中至旦乃蘇賊羅拜素聞星吉名不忍害
遂不復食凡七日乃自力而起北面再拜曰臣力竭
矣遂絕年五十七星吉爲人公廉明決及在軍中能
與將士同甘苦以忠義感激人心故能以少擊衆得
人死力云

福壽

福壽唐兀人幼俊茂知讀書尤善應對既長入備環
衛用年勞授長寧寺少卿改引進使陞知侍儀使進
正使出爲饒州路達魯花赤擢淮西廉訪副使入爲
工部侍郎僉太常禮儀院事拜監察御史改戶部侍
郎陞尚書出爲燕南廉訪使又五遷爲同知樞密院
事至正十一年領州以賊友告時軍駕在上都朝堂
皆猶豫未決欲馳奏以待命福壽獨以謂此使得請
還則事有弗及矣於是決議調兵五百遣衛官哈剌
章忻都怯來討之而後以聞順帝善其慮事得宜明
年改也可札魯忽赤未幾出爲淮南行省平章政事
是時濠泗俱已陷師父無功福壽至督戰甚急而上

游賊勢甚洶湧福壽乃議築柵石頭斷江面守禦有方
叛帥以爲固十五年遷江南行臺御史大夫來先是集
慶嘗有警阿魯灰以湖廣平章政事將苗軍來授軍
平其軍鎮揚州而阿魯灰以苗軍御軍無紀律苗軍素擴悍
日事殺厲莫能治俄而苗軍殺阿魯灰以叛而集慶
之援遂絕及高郵盧和等州相繼淪陷而集慶勢益
孤人心益震恐且倉庫無積蓄計未知所出於是民
乃願爲兵以自守福壽因下令民多賣者皆助以糧
餉激勵士衆爲完守計朝廷知其勞數賞賚焉十六
年三月

大明兵圍集慶福壽督兵出戰盡閉諸城門獨開
東門以通出入城中勢不復能支城遂破百司皆
奔潰福壽乃獨擐胡床坐鳳凰臺下指麾左右或勸
之去叱之曰吾爲國家重臣城存則生城破則死尚
安往哉達魯花赤達尼達思見其獨坐若有所爲者
從問所決留弗去俄而亂兵四集福壽遂遇害不知
所在達尼達思亦死之又同時死者有治書侍御史
賀方闍尼達思字思明賀方字伯京晉寧人以文學
名事聞朝廷贈福壽金紫光祿大夫江淛行省左丞
相上柱國追封衛國公謚忠肅

道童高昌人自號石巖性深沉寡言以世冑入官授
直省舍人歷官清顯素負能名調信州路總管移平
江皆以善政稱至正元年遷大都路達魯花赤出為平
江淛行省恭知政事尋召為江淛行省參知政中書頃之又出為江
淛行省右丞遷陞本省平章政事十一年詔仍以平
章政事行省江西是年賊起斬黃平章政事秃堅
不花將兵捍江州既而土寇鼓起道童素不知兵事
危皇無所措左右司郎中普顏不花曰今賊勢衝突
城中無備萬一失守奈何有童伯顏左丞者致仕居

撫州其人熟知軍務宜以便宜禮請之使署本省左
丞事專任調遣軍旅庶幾事有可濟道童從其言而
伯顏亦欣然為起曰此正我報國之秋也至則與普
顏不花設策禦敵計甚悉明年正月湖廣陷秃堅里不
花由江州道還二月普顏不花將兵往江州至石頭
渡遇賊戰敗道童聞之大恐即懷省印遁走自南昌
花還與伯顏定為城守之計後數日道童始自普
民家來歸遂謀分門各守以備敵三月賊眾來圍城
城中置各廟官及各巷長晝夕堅守眾心翕然而道
童素恤民能任人有功者必賞無功或不加罪故多

《元史傳卷三十一》 三 王浩議

為之用賊圍城凡兩月而民無離志道童密召死士
數千人面塗以青額抹黃布衣黃衣為前鋒章妥因
精銳數千為中軍而募助陣者萬戶章妥因
卜魯哈刁領之夜半開門伏兵柵下黎明鉦皷大震
因奮擊賊賊驚以為神皷走遂乘勝攜其管後分兵
掃其餘黨是時章伯顏普顏不花之功居多伯顏
以疾辛朝廷以道童有功加大司徒開府仍賜
龍衣御酒及秋朝廷命兵來江西未幾亦憐真班辛
相火你赤為左丞同將兵來江西行省左丞
道童屬火你赤平章富瑞二州分鎮其地適歲大旱公

私匪乏道童乃移咨江淛行省借米數十萬石臨數
十萬引凡軍民約三日人羅官米一斗入昏鈔貳買
又三日買官鹽十斤入昏鈔貳貫民皆便之由是按
堵如故而賊亦不敢犯其境十八年夏四月陳友諒
復攻江西城時火你赤已陞平章政事加管國公行
便宜事任專兵柄而素與道童不相能且貪忍不得
將士心見城且陷遂夜道去道童亦棄城退保撫州
我為元朝大臣官至極品今城陷不守尚何面目後
路欲集諸縣義兵以圖克復而勢已不可為因嘆曰
見人乎適賊追者至道童欲迎敵渡水來登岸賊眾

《元史傳卷三十一》 十四 王浩議

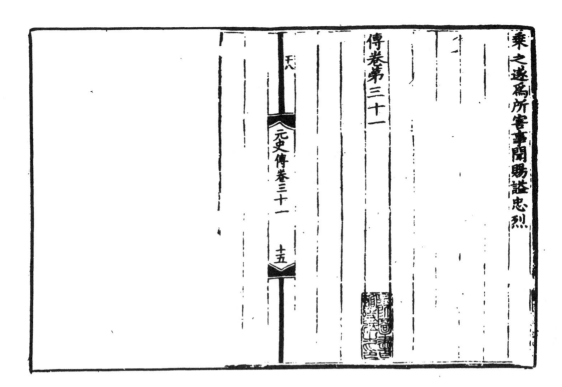

棄之遂爲所害事聞賜謚忠烈

傳卷第三十一

元史傳卷三十一　十五

翰林學士承旨制誥兼修國史　　翰林待制兼國史院都　知制誥　　國院總管　王禮等奉

敕修

亦憐真班

亦憐真班西夏人父俺伯以忠勤事世祖爲知樞密
院事亦憐真班性剛正動有禮法仁宗召見令入
宿衛延祐六年超拜翰林侍講學士中奉大夫至
治二年調同知通政院事擢虎符唐兀親軍都指
揮使泰定初遷資善大夫大典瑞院使天曆二年以
選爲太子家令尋陞資政大夫同知樞密院權

〈元史傳卷三十二〉　一

侍御史仍兼指揮使至順初拜翰林學士承旨榮
祿大夫遷功德使指揮使如故尋出爲陝西行省
平章政事未行復爲翰林學士承旨元統至元之間
伯顏爲丞相專權擅政嫉其論事不阿出爲江南行
臺御史大夫尋殺其子苫里麻而謫置海南及伯顏
敗乃得召還朝至正六年拜光祿大夫御史大夫盡
選中外廉能之官置諸風憲一時號稱得人遷宣政
院使出爲甘肅行省平章政事設法弭西羌之冠民
賴以安立石頌之名還爲銀青榮祿大夫復爲御史
事提調太醫院尋加金紫光祿大夫復爲御史大夫

知經筵事兼宣忠幹羅思扈衛親軍指揮使嘗奏言
風俗人心日趨於薄請禁故吏不許彈劾所事官長
太師馬扎兒台與子丞相脫脫既謫居在外時相欲
傾之嗾人告硬且扳臺臣同上奏亦憐真班曰九爲
相者孰無閒退之日況脫脫父子在官無大於過柰
何迫之於險終不從經筵進講必詳必慎故每讀譯
文必被論奏不已由是忤上意出爲江浙行省平章
事遷拜湖廣行省左丞相復召知樞密院事十一年
潁亳兵起朝廷命將出師多失律致敗數進言于時

〈元史傳卷三十二〉　二

相不見聽復出爲江浙行省左丞相十二年移江西
行省左丞相於是妖冦由蘄黃陷饒州饒之屬邑安
仁與龍興相接境其民皆相挺爲亂亦憐真班道出
安仁因駐兵招之來者厚加賞賚不從者命子哈藍
朵兒只與江西左丞火你赤等乘高縱火攻散之餘
千久爲盜區亦聞風順服先是江西行省平章政事
道童以寬容爲政軍民懈弛亦憐真班既至風采一
新威聲大振所在群盜咸謀歸款美十四年八月以
疾辛于官所部爲之喪氣聞贈推忠佐運正憲東
義同德功臣追封齊王諡忠獻子九人長苫里麻次

普達失理翰林學士承旨知制誥兼俢國史桑哥八
剌同知稱海宣慰司事哈監朶兒只宣政院使●桑哥
苔思嶺北行省平章沙嘉室理嶺北行省參政易納
室理大宗正也可扎魯火赤馬的室理簽書樞密院
事馬剌室理內八府宰相

廉惠山海牙

喪衰毀踰禮賣衰渡江而風濤作舟人以神龍忌屍

元史傳卷三十二　三　等名遠

廉惠山海牙字公亮布魯海牙之孫希憲之從子也
父阿魯渾海牙廣德路達魯花赤惠山海牙幼孤言及父
輙泣下獨養母而家曰不給垢衣糲食不以爲恥母
爲言即仰天大呼曰吾將袝母于先人神奈何阨我
也風遂止年弱冠大臣欲俾入宿衞辭曰吾大父事
世祖以通經號廉孟子今方設科取士願讀書以科
第進乃入國學積分至治元年登進士第授承事郎
同知順州事有弓匠提舉馬都剌者怙勢奪州民田
同列畏之惠山海牙至即治其事在官期年用薦者
召入史館預俢英宗仁宗實錄尋拜監察御史時
中書省有大臣貪狼藉即抗章劾之語同列時
儻以言責獲罪吾之職也既又劾奏明里董阿不
當攝祭太廟遷都水監疏會通河隄瀦漯二水又

修京東闉歷秘書丞會福總管府治中上疏言二
月迎佛費財盡俗時論題之出僉淮東廉訪司事
遷江浙行省左右司員外郎既而歷僉河東河南
江西廉訪司事陞江南行御史臺經歷時山東臨
法大壞以選除都轉運使曾未幾月用課家賞資
金幣上尊至正三年初行郊禮召拜侍儀使明年
預俢遼金宋三史遷崇文太監自是累遷爲河南
行省右丞時有詔發民治決河徧騷屬郡亞以不
便上言而時宰不用遷湖廣行省右丞以武昌失守
連坐既而事白遷江西行省右丞時所隸郡縣多

元史傳卷三十二　四　等名遠

陷于賊乃與平章政事司徒道童協謀殫力以定
守禦招捕之策就除本道廉訪使未幾江西省治
亦陷惠山海牙遁往福建久之除僉江淛行樞密
院事改拜福建行省右丞以兵鎮延平邵武境內
以寧居歲餘奉詔還治省事總儞禦事且督賦稅
由海道供京師朝廷賴焉遷行宣政院使明年
拜翰林學士承旨知制誥兼修國史卒年七十
有一

月魯不花

月魯不花字彥明蒙古遜都思氏生而容貌魁偉咸

以令器期之未冠父脫帖穆耳以千戶職戍越因愛
業于韓性先生為文下筆立就藜然成章就試江浙鄉
闈中其選居右榜第一方揭曉試官夢月中有花象巳
而果符其名人以為異遂登元統元年進士第授將
仕郎台州路錄事司達魯花赤縣未有學乃首建孔
子廟既又延儒士為之師以教後進丁外艱至正元
年朝廷立行都水監以選為其監經歷尋擢廣東廉
訪司經歷會廷議將治河決以行都水監丞召之此
十四萬石至則第戶產之高下以為糴之多寡不擾
至改集賢待制除吏部員外郎奉命至江浙糴粟二
而事集既而軍餉不給又奉命出糴于江浙召父老諭
曰今天子宵衣旰食惟恐澤不下民而民不得其所耳
然枲盜賊何夫討賊者必先粮以我不汝擾故命我
復來蓋討賊即所以安民耳父老其謂何眾咸應曰
公言是也不踰月粮事以畢丁母憂中書遣聘且起
復不應未幾太師右丞相脫脫南征辟從軍事督餉
餉饋餉用舒陸吏部郎中尋拜監察御史首上疏言
郊廟禮甚缺天子宜躬祀南郊殷祭太室繼又上疏
言皇太子天下之本當簡老成重臣為輔導以成其
德帝皆嘉納之陸吏部侍郎銓選於江浙時稱其公

允適朝廷有建議欲於河間長蘆置局造海船三百
艘者遷月魯不花即為書具言其非便言入中書忤議
者遷工部侍郎後分部彭德道過河間民遮擁拜謝曰
微公言吾民其虀矣會方重選守令以保定密邇京
畿除吏部尚書達魯花赤陛辭詔諭譚切保定歲輸粮
數十萬石於新鄉苦弗便月魯不花請輸京倉以便
之俄言吏部尚書仍知郡事會賊北渡河日修城
以撫吾民遂以尚書保定父老百數詣闕言乞留監郡
淩濠為戰守具廷議發五省八衛軍出戍外鎮月魯
不花疏願留其兵護本郡遂兼統黑軍數千人及圍
結西山八十二寨民義軍勢大張賊再侵境皆不利
遁去陸中奉大夫錫上尊四馬百定僚佐增秩有差
別降宣勑俾賞有功者召還為詳定使保定民以月
其去繪像以祀之去保定一月而城陷癸朝廷以月
魯不花鳳貝民望令入城招諭之抵城賊堅壁不出
民多竊出調拜大都路達魯花赤有執政者政大都
中書令耶律楚材先坐地冒奏與蕃僧為業者月魯
不花格之卒弗與轉吏部尚書會劉賊程思忠擾來
平其佐雷帖木兒不花僞降事覺被擒殺之思忠壁
守遂益堅詔令月魯不花招撫之眾悉難其行月魯

不花毅然曰臣死君命分也奈何先計禍福哉竟入
城論賊賊皆感泣羅拜納陝還翰林侍講學士俄
復爲大都路達魯花赤入見帝宣文閣有旨若曰朕
以畿甸之民疲敝特選爾撫吾民爾母峻威毋弛法或挾
權以干汝於非法其廉有權臣以聞視事之初帝及皇后皇
太子皆遣使賜之酒有權臣以免役事來謁月魯不
花面斥曰聖訓在耳不敢違轉資善大夫拜江南行
御史臺中丞陛辭之日帝御嘉禧殿慰勞之且賜以
上尊金幣皇太子亦書成德誠明四大字賜之月魯
不花乃由海道越紹興爲政寬猛不頗詔進階一品

爲榮祿大夫既而除浙西肅政廉訪使會張士誠據
浙西僭王號度弗可與並處謂姪曰吾家世受
國恩恨不能刺賊以報國矧乃與賊同處邪今同壽
具舟載妻子而匿身不櫃中蔽以藁秸脫走至慶元
士誠即下察知之遣鐵騎百餘追至曹娥江不及而
返俄改山南道廉訪使浮海北而往道阻還抵鐵山
遇弗納於是賊即登舟攘月魯不花令拜伏月魯不
降弗納甚衆乃挾同舟人力戰拒之倭賊紿言投
花罵曰吾朝廷重臣寧拜賊邪遂遇害當遇害時麾
家奴那海剌殺首賊次子樞密院判官老安姪百家

奴扞敵亦死之同舟死事者八十餘人事聞朝廷贈
攄忠宣武正憲徇義功臣銀青榮祿大夫遼陽等處
行中書省平章政事上柱國諡忠顯

達禮麻識理

達禮麻識理字遵道怯烈台氏其先北方大族六世祖
始居平陽曰阿剌不花江西行省參知政事追封
趙國公諡襄惠達禮麻識理穎敏從師授經史過目
輒領解至正五年經筵選充譯史益自砥礪于學擢
紳先生皆以遠大期之轉補御史臺譯史遂除御史
臺照磨十五年拜監察御史出僉山北道肅政廉訪

司事未行留爲詹事院長史俄遷工部員外郎復留
爲長史明年除中議大夫陞參議詹事院事十七年爲
太子家令十八年歷祕書太監吏部侍郎御史臺經歷
中書右司郎中十九年除刑部尚書提調南北兵馬
司巡綽事盜遍畿甸人心大恐達禮麻識理能鎮之
以靜民恃特以爲安二十一年由中書參議陞中書參
知政事同知經筵事二十三年冬遷上都留守兼開
平府尹加榮祿大夫分司土嶺東鎮三州以督轉輸
二十四年朝廷以前中書平章政事塔失帖木兒來
爲留守時李羅帖木兒擁兵京師而皇太子出居于外

達禮麻識理與塔世帖木兒皆以忠義許國相與結
人心以觀時變未幾改授塔世帖木兒為大司農塔
世帖木兒謂達禮麻識理曰我至京師則制於強臣
未易圖也因留不行適脫吉兒以孛羅帖木兒命屯
兵蓋上都之東郊而以留守善安集兵於兎吉剌部落
帖木兒託忽速哥至上都以守禦為名事益孛看達
達禮麻識理遇之有禮善安辭去孛羅帖木兒復調
禮麻識理與之周旋䟊無幾微見於外而密遣前宗
正扎魯忽赤月帖木兒潛通音問于孛哈哈剌海行

樞密知院益老答兒請丞調兵南行又遣留守司照
磨陳恭取兵興州訪求在閑官吏之有才者約束東
西手八剌哈赤虎賁司糾集丁壯苗軍火銃什伍相
聯一旦布列鐵搶竿山下揚言四方勤王之師皆至
帖木兒等大駭一夕東走其所將兵盡潰由是達禮
麻識理增修武備城守益嚴二十五年皇太子在冀
寧命立上都分省達世帖木兒為平章政事達禮麻
識理為右丞便宜行事以固護根本七月秃堅帖木兒
用孛羅帖木兒命以兵犯上都先遣利用少監帖里哥
赤至上都令廣備粮餉遠迓大軍達禮麻識理開陳大

義戮之於市民情乃定已而秃堅帖木兒帥鐵甲馬
步軍蔽野而至呼聲動天達禮麻識理飭軍士城守申
明逆順之理以安人心巡視城壁晝夜不少息夜遣死
士縋城而下焚其改具而調副留守秃魯迷失海牙
引兵由小東門出與之大戰卧龍岡敗之未幾孛羅帖
木兒伏誅秃堅帖木兒皆奔潰而上都以安拜中
書右丞兼上都留守提調虎賁司加光祿大夫賜黃
金繫腰仍命提調東西手八剌哈赤既而上都分省
罷遷授中書平章政事上都留守位居第一力辭不
允明年召為大宗正府也可扎魯忽赤又明年拜太

子詹事奉詔至軍中宣明大義藩將感悅遷翰林學
士承旨秋除知樞密院事大撫軍院初大撫軍院
之立皇太子用完者帖木兒苔爾麻帖林沙伯顏帖
木兒李國鳳等計專以儥禦擴廓帖木兒既而政權
不一事務益乘各復引去而達禮麻識理之至而事且
無可為者達禮麻識理之卒也先一夕怫薛官哈剌
章者阿兒剌氏阿魯圖孫也夜慶太祖召見語之曰
我以勤勞取天下以傳于妥歡帖睦爾而愛猷識理達
脫不克肖似癹壞我家法苟不即改圖天命不可保矣
爾吾功臣之後且誠實故召汝語汝明旦丞以吾言

麻識理已無疾而卒矣

章入見帝具以賣告帝令以告皇太子比出則達禮

者然知而不言將為用之吾其先疆之矣明旦哈剌

不改則吾它有屬之達禮麻識其人庶幾識事宜

告而主及愛獸識理達腦波不以告吾即疆波告而

翰林學士承旨知制誥兼修國史……宣徽待制知制誥……國史院編修官……

耶律楚材子鑄附

《元史列傳卷三十三》　一　胡扶之

耶律楚材字晉卿遼東丹王突欲八世孫父履以學
行事金世宗特見親任終尚書右丞楚材生三歲而
孤母楊氏教之學及長博極群書旁通天文地理律
曆術數及釋老醫卜之說下筆為文若宿搆者金制
宰相子例試補省掾楚材欲試進士科章宗詔如舊
制問以疑獄數事時同試者十七人楚材所對獨優
遂闢為掾仕為開州同知貞祐二年宣宗遷汴完
顏復興行中書事留守燕闢為左右司員外郎太祖
定燕聞其名召見之楚材身長八尺美髯宏聲帝偉
之曰遼金世讎朕為汝雪之對曰臣父祖嘗委質事
之既為金即敢讎君耶帝重其言寵之處之左右呼楚
材曰吾圖撒合里蓋國語長髯人也已卯夏六月帝
西討回回國禱之日雨雪三尺帝疑之楚材曰玄冥
之氣見於盛夏克敵之徵也庚辰冬大雷復問之對曰回回國主當死于野後皆
驗夏人常八斤以善造弓見知於帝因每自矜曰國

家方用武耶律儒者何用楚材曰治弓尚須用弓匠
為天下者豈可不用治天下匠耶帝聞之甚喜日見
親用西域曆人奏五月望夜月當蝕楚材曰否卒不
蝕明年十月楚材言月當蝕西域人曰不蝕至期果
蝕八分壬午八月長星見西方楚材曰女直將易主
矣明年金宣宗果死帝每征討必命楚材卜帝亦自
灼羊胛以相符應指楚材謂太宗曰此人天賜我家
爾後軍國庶政當悉委之甲申帝至東印度駐鐵門
關有一角獸形如鹿而馬尾其色綠作人言謂待衛
者曰汝主宜早還帝以問楚材對曰此瑞獸也其名
角端能言四方語好生惡殺此天降符以告陛下陛
下天之元子天下之人皆陛下之子願承天心以全
民命帝即日班師丙戌冬從下靈武諸將爭取子女金
帛楚材獨收遺書及大黃藥物既而士卒病疫得大
黃輒愈帝自經營西土未暇定制州郡長吏生殺任
情至孥人妻女取貨財土田燕薊留後長官石抹
咸得卜尤貪暴殺人盈市楚材聞之泣下即入奏請
禁州郡非奉璽書不得擅徵發四方當大辟者必待報
遠者罪死於是貪暴之風稍戢燕多劇賊未久報曳
牛車指富家取其財物不與則殺之時睿宗以皇子

《元史列傳卷三十三》　二　胡扶之

國事聞遣中使偕楚材性窮治之楚材詢察得其
姓名皆留後親屬及勢家子盡捕下獄略中使
將緩之楚材示以禍福中使懼從其言具戮十六
人于市燕民始安己丑秋太宗親弟故楚材即位
猶未決時睿宗為太宗親弟故楚材言於睿宗曰此
宗社大計宜早定睿宗曰此
材曰王雖兄位則臣也禮當拜王拜則莫敢不拜王撫
台曰王雖兄位則臣也禮當拜王拜則莫敢不拜王撫
材曰過是無吉日矣遂定策立儀制乃告親王察合
深然之及即位王率皇族及臣僚拜帳下既退王撫
楚材曰真社稷臣也國朝尊屬有拜禮自此始時朝集

後期應死者眾楚材奏曰陛下新即位宜宥之太宗
從之中原甫定民多誤觸禁網而國法無赦令楚材
議請肆宥報以云遷楚材獨從容為帝言詔自庚寅
正月朔日前事勿治且條便宜一十八事頒天下其
略言郡宜置長吏牧民設萬戶總軍使勢均力敵以
過驕橫中原之地財用所出宜存恤其民州縣非奉
上命敢擅行科差者罪之貿易借貸官物者罪之蒙
古田鶻河西諸人種地不納稅者死監主自盜官物
者死應犯死罪者具由申奏待報然後行刑貢獻禮
物為害非輕深宜禁斷帝悉從之惟貢獻一事不允

曰彼自願饋獻者宜聽之楚材曰蠹害之端必由於
此帝曰凡卿所奏無不從者卿不能從朕一事耶太
祖之世歲有事西域未暇經理中原官吏多聚歛自
私賢至鉅萬而官無儲待近臣言漢人無補
於國可悉空其人以為牧地楚材曰陛下將南伐軍
需宜有所資誠定中原地稅商稅鹽酒鐵冶山澤
之利歲可得銀五十萬兩帛八萬四栗四十餘萬石
足以供給何謂無補哉帝曰卿試為朕行之乃奏立
燕京等十路徵收課稅使凡長貳悉用士人如陳時
可趙昉等皆寬厚長者極天下之選參佐皆用省部

舊人辛卯秋帝至雲中十路咸進廩籍及金帛陳于
廷中帝笑謂楚材曰汝不去朕左右而能使國用充
足南國之臣後有如卿者乎對曰在彼者皆賢於臣
臣不才故留備陛下用帝嘉其謙賜之酒即日拜
中書令事無鉅細皆先白之楚材凡州郡宜令長
吏專理民事萬戶總軍政凡所掌課稅權貴不得侵
之又舉鎮海粘合均與之同事權貴不能平咸得上
以舊怨尤疾之譖於宗王曰耶律中書令率用親舊
必有二心宜奏殺之宗王遣使以聞帝察其誣責使
者罷遣之屬有訟咸得上不法者帝命楚材鞫之奏

曰此人倨傲故易招謗今將有事南方他日治之未
晚也帝私謂侍臣曰楚材不較私讎真寬厚長者汝
曹當効之中賣可思不花奏採金銀役夫及種田西
域與裁蒲萄戶帝令於西京宣德徙萬餘戶充之楚
材曰先帝遺詔山後民質朴無異國人緩急可用不
宜輕動今將南征河南請無殘民以資敵不可宥楚
壬辰春帝南征涉河詔涉河逃難之民來降者免死或
色敵以矢石相加者即為拒命飢克必殺之汴梁將
旗數百以給降民使歸田里全活甚衆舊制凡攻城
曰此輩急則降緩則走徒以資敵楚材請製

下大將速不台遣使來言金人抗拒持久師多死
傷城下之日宜屠之楚材馳入奏曰將士暴露數
十年所欲者土地人民耳得地無民將焉用之帝
猶豫未決楚材曰奇巧之工厚藏之家皆萃于此若
盡殺之將無所獲帝然之詔罪止完顏氏餘皆勿問
時避兵居汴者得百四十七萬人楚材又請遣人入
城求孔子後五十一代孫元措奏襲封衍聖公付
以林廟地命收太常禮樂生及召名儒梁陟王萬慶
趙著等使直釋九經進講東宮又率大臣子孫執經
以解義俾知聖人之道置編修所於燕京經籍所於平

陽由是文治興焉為時河南物破俘獲甚衆軍還逃者
十七八有盲居停逃民及資給者滅其家鄉社亦連
坐由是逃者莫敢舍多殍死道路楚材從容進曰河
南既平民皆欲下赤子走復何之奈何因一俘而連
死數十百人乎帝悟命除其禁令唯逃軍二
十餘州民未下楚材奏曰往年吾民逃罪或萃于此
皆降甲午議籍中原民大恉忽都虎等議以丁為戶
故以死拒戰若許以不殺將不攻自下諸城
楚材曰不可丁逃則賦無所出當以戶定三
三卒以戶定時將相大臣有所驅獲往往寄留諸郡

楚材因括戶口並令為民匿占者死乙未朝議將四
征不廷若遣回回人征江南漢人征西域深得制御
之術楚材曰不可中原西域相去遼遠未至敵境人
馬疲乏兼水土異宜疾疫將生宜各從其便從之丙
申春諸王大集帝親執觴賜楚材曰朕之所以推誠
任卿者先帝之命也非卿則中原無今日朕所以得
安枕者卿之力也西域諸國及宋高麗使者來朝語
多不實帝指楚材示之曰汝等唯此言不妄朕亦度必無
無有殆神人也帝曰汝國有如此人乎皆謝曰
此人有干元者奏行交鈔楚材曰金章宗時初行交

鈔與錢通行有司以出鈔爲利收鈔爲諱謂之老鈔
至以萬貫唯易一餅民力困竭國用匱乏當爲鑒戒
今印造交鈔亘不過萬錠從之
籍至帝議裂州縣賜親王功臣楚材曰裂土分民易
生釁隙不如多與之帝曰已許奈何楚材曰
若朝廷置吏收其貢賦歲終頒之使毋擅科徵可也
帝然其計遂定天下賦稅每二戶出絲一斤以給國
用五戶出絲一斤以給諸王功臣湯沐之資地稅中
田每畝二升又半上田三升下田二升水田每畝五
升商稅三十分而一鹽價銀一兩四十斤既定常賦
朝議以爲太輕楚材曰作法於涼其弊猶貪後將有
以利進者則今已重矣時工匠制造廉費官物十秏
八九楚材請皆考覈之以爲定制時侍臣脫歡奏簡
天下室女詔下楚材尼之不行帝怒楚材進曰向擇
美女二十有八人足備使令今復選接臣恐擾民欲
覆奏耳帝良久曰可罷之又欲牧民牝馬楚材欲
覆之地非馬所產今若行之後必爲人害又從之丁
酉楚材奏曰制器者必用良工守成者必用儒臣儒
臣之事業非積數十年殆未易成也帝曰果爾可官
其人楚材曰請校試之乃命宣德州宣課使劉中隨

郡考試以經義詞賦論分爲三科儒人被俘爲奴者
亦令就試其主匿弗遣者死得士凡四千三十人免爲
奴者四之一先是州郡長吏多借貸人銀以償官息
累數倍曰羊羔兒利至奴其妻子猶不足償楚材奏
令本利相侔而止永爲定制民間所負官者爲代償之
至一衡量給符印立鈔法定均輸布迤傳明驛廐
政略備民稍蘇息焉有二道士爭長互立黨輿其一
誣其仇之黨二人爲逃軍結中貴及通事楊惟忠
而虐殺之楚材按收惟忠中貴復訴楚材違制帝怒
繫楚材既而自悔命釋之楚材不肯解縛進曰臣備
位公輔國政所屬陛下朳令繫臣以有罪也當明示
百官罪在不赦今釋臣是無罪也豈宜輕易反覆如
戲小兒國有大事何以行焉衆皆失色帝曰朕雖爲
帝寧無過舉即乃溫言以慰之楚材因陳時務十策
曰信賞罰正名分給俸祿官功臣考殿最均科差
工匠務農桑定土貢制漕運皆切於時務悉施行之
太原路轉運使呂振副使劉子振以贓抵罪帝責楚
材曰卿言孔子之教可行儒者爲好人何故乃有此
楚對曰君父之教臣亦不欲令陪不義三綱五常聖
人之名教有國家者莫不由之如天之有日月也豈

得綠一夫之失使萬世常行之道獨見嚴於我朝乎
帝意乃解富人劉忽篤馬涉獵發丁劉廷玉等以銀
一百四十萬兩撲買天下課稅楚材曰此貪利之徒
罔上虐下爲害甚大奏罷之楚材曰興一利不如除一
害生一事不如省一事任尚以班超之言爲平平耳
千古之下自有定論後之負謗者方知吾言之不妄
語近臣曰沙曹愛君憂國之心豈有如吾圖撤合里
也帝素嗜酒日與大臣酗飲楚材屢諫不聽乃持酒
槽鐵口進曰麹蘖能腐物鐵尚如此況五臟乎帝悟
者耶賞以金帛勅近臣日進酒三鍾而止自庚寅定

《元史列傳卷三十三》　九　楊叔章

課稅格至甲午平河南歲有增羨至戊戌課銀增至
一百一十萬兩譯史安天合者詔事鎮海首引奧都
刺合蠻撲買課稅又增至二百二十萬兩楚材極力
辨諫至聲色俱厲言與涕俱帝曰爾欲搏闘耶又
曰爾欲爲百姓哭耶姑令試行之楚材力不能止
乃歎息曰民之困窮將自此始矣楚材嘗與諸王宴
醉即車中帝臨平野見之直幸其營登車手撼之楚
材熟睡未醒方怒其擾已忽開目視始知帝至驚起
謝帝曰有酒獨醉不與朕同樂即笑而去
冠帶馳詣行宮帝爲置酒極歡而罷楚材當國日久

得樣分其親族未嘗私以官行之省敏從容言之楚
材曰睦親之義但當資以金帛若使從政而違法吾
不能徇私恩也歲辛丑二月三日帝疾篤醫言脈已
絕皇后不知所爲召楚材問之對曰今任使非人賣
官鬻獄凶繁非辜者多古人一言而善熒惑退舍請
帝少蘇因入奏請赦書時也翌日而瘳冬十一月
者候脈復生適宣讀赦書以太乙數推之巫言其不可左
放天下囚徒後欲即欲行之楚材曰非君命不可俄頃
右皆曰不騎射無以爲樂獵五日帝崩于行在所皇
四日帝將出獵楚材以太乙數推之

《元史列傳卷三十三》　十　宋畢　四六

后乃馬真氏稱制崇信姦回廢政多索奧魯剌合蠻
以貨得政柄廷中悉畏附之楚材面折廷爭言人所
難言人皆危之癸卯五月熒惑犯房楚材奏曰當有
驚擾然託無事居無何朝廷用兵事起倉卒後遂令
授甲選腹心至欲西遷以避之楚材進曰朝廷天下
根本根本一搖天下將亂臣觀天道必無患也後
數日乃定後以御寶空紙付奧都剌合蠻使自書
填行之楚材曰天下者先帝之天下朝廷自有憲章
今欲索之楚材不敢奉詔事遂止又有旨凡奧都剌
合蠻所建令史不爲書者斷其手楚材曰國之典

故先帝悉委老臣令史何與為事若合理自當奉行
如不可行死且不避況截手乎后不悅楚材辨論不
已因大聲曰老臣事太祖太宗三十餘年以先朝舊動
皇后亦豈能無罪殺臣也后雖憾之亦以先朝舊動
深敬憚焉甲辰夏五月薨于位年五十五皇后哀悼
賻贈甚厚後有命近臣麻里扎覆視之唯在相位日久天下頁
及古今書畫金石遺文數千卷至順元年贈經國議
制寅亮佐運功臣太師上柱國追封廣寧王諡文正
子鉉鑄

元史列傳卷三十三 十一

鑄字成仲幼聰敏善屬文尤工騎射楚材薨嗣領中
書省事時年二十三鑄上言宜疎禁網遂采歷代德
政合於時宜者八十一章以進戊午憲宗征蜀詔鑄
領侍衛軍驍果以從屢出奇計攻下城邑賜以尚方金
鎖甲及内廐驄馬乙未憲宗崩阿里不哥叛鑄棄妻
子挺身自朔方來歸世祖嘉其忠即日召見賞賜優
厚中統二年拜中書左丞相是年冬詔發兵備禦北
邊後徵兵竄從敗阿里不哥于上都之北至元元年
加光祿大夫奏定法令三十七章吏民便之二年行
省山東未幾徵還初清廟雅樂止有登歌詔鑄製宮

廖友仁

懸八佾之舞四字樂舞成表上之仍請賜名
大成制曰可六月改榮祿大夫平章政事五年復拜
光祿大夫中書左丞相十年還平章軍國重事十三
年詔監修國史俄國史朝廷有大事必咨訪焉十九
中書左丞相二十年冬十月坐不納職印妄奏東平
人聚謀為逆間謀幕僚及黨罪囚阿里沙遂罷覓仍
沒其家覽之半徙居山後二十二年卒年六十五子
十一人希勃希亮希寬希素希周希光希
逸淮東宣慰使餘失其名至順元年贈推忠保德宣
力佐治功臣太師開府儀同三司上柱國諡寧王

文忠

元史列傳卷三十三 十二

粘合重山子南台

粘合重山金源貴族也國初為質子知金將亡遂委
質焉太祖賜畜馬四百四使為宿衛官必闍赤從平
諸國有功圍潦州執大旗指麾六軍手中流矢不動
已而為侍從官數得侍宴内廷諫曰臣聞天子以
天下為憂此忘憂之未有不治忽帝深加納之立
為樂此忘憂之未有不能治者也置酒
有積勳授左丞相時即律楚材為右丞相凡建官立
法任賢使能與夫分郡邑定課賦通漕運足國用多

張友仁

出楚村而重山佐威之太宗七年從伐宋詔軍前行
中書省事許以便宜師入宋境江淮州邑里風欸附
重山降其民三十餘萬取定城天長二邑不誅一人
復入中書視事賜中廏馬十四貫珠一卒贈太尉
行軍前中書省事時大將家軍圍壽春七日始下欲
封魏國公諡忠武十年詔其子江淮安撫南合嗣
屠其城南合曰不降者獨守將耳其民何罪由是獲
免初世祖伐宋軍于汴南合進曰李璮承國厚恩坐
制一方然其人多詐叛無日矣帝亦忠之中統元年
兩遷宣撫使明年授中書右丞中興等路行中書省

《元史列傳卷三十三》 十三 王璋

事三年遷秦蜀五路四川行中書省事其年李璮反
鹽都帝使諭南合曰卿言猶在耳璮果反矢卿宜謹
守西鄙對曰臣謹受詔不敢以西鄙為隙下憂明年
授中書平章政事四年病卒封魏國公諡宣昭子愽

温察兒知河中府

楊惟中

楊惟中字彥誠弘州人金末以孤童子太宗知讀
書有膽略太宗器之年二十奉命使西域三十餘國
宣暢國威敷布政條俾皆籍戶口屬吏乃歸帝於是
有大用意皇子闊出命伐宋命惟中於軍前行中書省

事克宋襄陽光化等軍光隨郢復荊州及襄陽德安
府凡得名士數十人收伊洛諸書送燕都立宋大儒
周惇頤祠建太極書院延儒士趙復王粹等講授其
間遂通聖賢學慨然欲以道濟天下拜中書令太宗
崩太后稱制惟中以一相負任天下定宗即位平陽
道斷事官斜徹制惟中
諸道兵討之不克惟中伏即開諭降其渠帥餘黨悉
大明川用金開興年號報至數萬剽掠數千里詔惡
金亡其將武仙潰于鄧州餘黨散入太原真定間攜
平憲宗即位世祖以太弟鎮金蓮川得開府專封拜

《元史列傳卷三十三》 十四 王璋

乃立河南道經略司於汴梁奏惟中等為使俾屯田
唐鄧申裕蔡息亳潁諸州初滅金時以監河橋
萬戶劉福為河南道總管福貪鄙殘酷虐害遺民二
十餘年惟中至召福聽約束福稱疾不至惟中設大
挺於坐復召之使謂福曰汝不奉命吾以軍法從事
福不得已以數千人擁衛見惟中即握大挺擊
小之數日福死河南大治遷陝右四川宣撫使時諸
軍師橫侈病民郭千戶者尤甚殺人之夫而奪其妻
惟中戮之以徇關中蕭然語人曰吾非好殺國家綱
紀不立致此輩賊害良民無所控告雖欲不去可乎

歲巳未世祖總統東師泰惟中為江淮京湖南北路
宣撫使俾建行臺以先啟行宣布恩信蒙古漢軍諸
帥並聽節制師還卒于蔡州年五十五中統二年追
諡曰忠肅公

翰林學士承旨太原郝經剏議書吏吏案潘時翰林侍講直學士高儒　貢院侍講直學士禪堯拜

張柔

附傳

張柔字德剛易州定興人世力農柔少慷慨尚氣節
菩騎射以豪俠稱金貞祐間河北盜起柔聚族黨保
西山東流寨選壯士結隊伍以自衛盜不敢犯郡人
張信假柔聲勢納流人女為妻柔鞭信百而還其女
信憾之謀結黨害柔未幾信有罪當誅柔救之得免
於是驍勇之士多慕義從之中都經畧使苗道潤承

制授柔定興令果遷青州防禦使道潤表其才加昭
毅大將軍遷領永定軍節度使兼雄州管内觀察使
權元帥左都監行元帥府事繼而道潤為其副賈瑀
所殺瑀遣使以好辭來告曰吾得除道潤者以君不
助兵故也柔惡叱使者曰瑀教吾所事吾食瑀肉且
未足快意反以此言相戲耶遂移檄道潤部曲會瑀
州軍市川普衆為之復警衆皆感泣適道潤麾下何
伯祥得道潤所佩金虎符以獻因推柔行經略使事
事聞加驃騎將軍中都留守兼大興府尹本路經略
使行元帥事戊寅國兵出紫荊口柔軍所部逆戰於

《元史列傳卷三十四》

狼牙嶺馬踣被執遂以衆降太祖還其舊職得以便
宜行事柔招集部曲下雄易安保諸州攻破賈瑀於
孔山誅瑀剖其心祭道潤瑀黨郭　亦降盡有其衆
徙治蒲城金真定帥武仙會兵數萬來攻柔以兵數
百出奇迎戰大破之乘勝攻完州下之獲州佐數
已卯仙復來攻破郎山祈陽曲陽諸城寨柔
聞之皆降既而中山叛柔引兵圍之與仙將葛鐵鎗
戰于新樂流矢中柔頷折其二齒拔矢以戰斬首數
千級擒葛城令劉成遂拔中山仙復會兵攻蒲城柔

《元史列傳卷三十四》

登城拒戰復為流矢所中仙兵大呼曰中張柔矣柔
不為動開門突戰皆敗走略地至鼓城軍騎入城諭
以禍福城遂降又敗仙於祈陽進攻深澤寧晉安平
克之分遣別將攻下平棘藁城無極藥城諸縣闢地
千餘里由是深冀以北鎮定以東三十餘城緣山反
側鹿兒野貍等寨相繼降附一月之間與仙遇者凡
十有七每戰輒勝方獻捷于行在所行次宣德聞之即
棄輜重還出奇計破其寨而誅叛者歸其妻子加榮
祿大夫河北東西等路都元帥殘拔都魯置官屬將
州軍叛遂其守盧應妻子擄西山馬頭寨柔聞之即

士遷授有差燕帥屢庚赤台數凌柔柔不爲下乃諸柔
於中都行臺曰張柔驍勇無敵向被執而降令委以
兵柄戰勝攻取威震河朔失仐不圖後必難制常欲
殺我我不敢南也行臺召柔殺之土室屠赤台施帳
襄其上環以甲騎明日將殺之屬赤台屠死柔
乃得免金經略使固安王子昌善戰知名與信安張
生擒以還乙酉真定武仙殺其帥史天倪其弟天澤
進連兵阻水爲固遠近憚之柔出其不意率兵徑渡
鎮保州保自兵火之餘荒廢者十五年盜出沒其間
柔爲之畫市井定民居置官廨引泉入城疏溝渠以
戍遣將以兵徇國王宇魯攻李全于益都降之丁亥移
舊制壬辰從睿宗代金語其衆曰吾用兵殺人多矣
瀉甲灑通商惠工遂致殷富遷廟學于城東南增其
寧無冤者自今以徃非與敵戰誓不殺也圍汴京柔
軍於城西比金兵屢出拒戰柔單騎陷陣出入數四
金人莫能支金主自黃陵岡渡河次逼陽欲取衛
州柔以共合擊金主敗走睢陽其臣崔立以汴京降

青魏山東軍書授柔行軍千戶保州等處都元帥丙

柔於金帛一無所取獨入史館取金實錄并祕府圖
書訪求耆德及燕趙故族十餘家衛送北歸遂圍睢
陽金主走汝南汲南恃柴潭爲阻會宋孟珙以兵糧
來會珙決其南潭水涸金人懼啟南門求死戰柔以
步卒二十餘突其陣促鞴福堅先登擒二校以歸又
遣張信擄其內隍諸軍齊進金主自殺汝南既破下
令屠城一小校縛十人以待一人貌異柔問之狀
諸帥上賜金虎符升軍民萬戶乙未從皇子闊出攻
元王雞也辭其縛賓禮之入朝太宗歷數其戰功班
襄陽繼徙大帥太赤攻徐邳丁酉詔屯兵曹武以逼
馳突潰圍大軍繼至遂達曹武悉下綠山諸堡攻洪
山寨破之遂營山下柔率衆出略地他處宋兵乘虛
來襲柔還與之遇自旦至暮凡千餘戰大敗宋師斬
餅甲而食宋兵出兩山間圍數重騎皆失色柔單騎
設伏不若與大軍俱進不聽與二十騎直前攄關方
宋道出九里關柔欲牽所部徑往或言關甚險宋必
其將校十有三人遂會諸軍取光州又進趣黃州破
三山寨至大湖中得戰艦泝江接戰壁於黃州西北
隅有乘舟出者柔曰此偵伺我隙者也夜必襲吾不
俻乃分軍爲三以待之二鼓將宋師果至縱遮擊之

俘數百人殉死者不可計攻其東門矢石兩注軍少

却柔率死士十餘人平所向仆踣執俘而還宋

師懼請和乃還軍大帥察罕攻滁州柔以二百騎往

時廬泗盱眙安豐間宋屯戍相望斥候甚嚴察罕以滁

勿行不聽且戰且前九二十餘戰比至除察罕以滁

父不援欲解去柔請決戰從之既陣宋將驍柔馳及之挑擊

柔佯却宋將驕柔馳及之栖擊陸地宋將出戰夜進

入其陣飛石中柔阜兩軍鬨柔得還裹瘡復戰夜進

董彥輝劫其營焚城東南隅柔戰卒五十七人先登

援之已亥以本官節制河南諸翼兵馬征行事河南

三十餘城皆屬焉庚子詔柔等八萬戶代宋辛丑升

保州為順天府賜御衣數襲名馬二尚廄馬百柔辛

師自五河口渡淮略和州諸城師還分遣部下將千

人屯田于襄城柔總諸軍鎮杷初柔兵決於沭

西南入陳留故杷乃即故杷居其中潭宋兵決於沭

利駐亳泗犯沭水勢築連城結浮梁為進戰退耕之

三山夾河順殺寨罕奏柔總諸軍鎮杷初柔決於沭

計敵不敢至會諸軍攻破壽州柔欲留兵守之察罕

不徙又敗宋師于泗州還杷上帳下吏夾谷顯祖得

罪七走上奏詔柔執柔以比大臣多以闥門保柔者

卒辭其誣顯祖伏誅辛亥憲宗即位換授金虎符仍

軍民萬戶甲寅移鎮亳州環亳皆水非舟楫不達柔

甃城壁壘為橋梁沕堤以通商賈之利復建孔子廟

設校官弟子員入奏帝悅賜衣一襲翎根甲一金符

九銀符十九頒將校之有功者已未分襄將張果王

仲仁後憲宗征蜀王安國胡進田伯榮從宋演徒宗王

塔察兒攻荊山柔徙世祖攻鄂世祖由大勝關柔由

虎頭關與宋兵遇於沙窩柔子弘彥擊破之進與守

關兵戰敗之世祖自陽羅渡江促柔會兵攻鄂百餘

日不能下世祖諭之曰吾猶獵者不能擒圍中麥野

獵以供沒食汝可破圍而取之柔乃令何伯祥作鵝

車洞挑其城別遣勇士先登攻其西南陬屢破之會

憲宗凶問至宋亦行成世祖比還命柔統領蒙古漢

軍以俟後命城白鹿磯為父駐計中統元年世祖即

位詔班師阿里不哥反世祖比征詔柔入衛至廬朐

河有詔止之分其兵三千五百衛京師以子弘慶為

質二年以金寶錄獻諸朝且請致仕封安肅公命第

八子弘略襲職至元三年加榮祿大夫判行工部事

城大都四年進封蔡國公五年六月卒年七十九贈

推忠宣力翊運功臣太師開府儀同三司上柱國諡

武康延祐五年加封汝南王諡忠武子十有一人弘
略弘範最顯弘範自有傳
弘略字仲傑柔第八子也有謀略通經史善騎射嘗
從柔鎮杷徒亳巖乙卯入朝憲宗授金符權順天萬
戶從征蜀以其幼賜錦衣令還鎮柔既致仕授弘畧
金虎符順天路管民總管行軍萬戶仍總宣德萬
蔡符離斬利津四縣殺守將弘畧率戰船過之于渦
將夏貴貴自斬乘虛比奪亳滕徐宿邳滄濱七州新
懷孟等路諸軍屯亳者中統三年李璮反求救於宋
口貴退保蘄弘略發亳軍攻之水陸並進宋兵素憚

亳軍焚城宵遁追殺殆盡獲軍資不可計盡復所失
地李璮既誅追問當時與璮通書者獨弘略書皆勸
以忠義事得釋朝廷懲璮叛逆務裁諸侯權以保全
之因解弘略兵職宿衞京師賜只孫冠服以從宴享
至元三年大都佐其父為築宮城總管八年授朝
列大夫同行工部事無領宿衞親軍儀鸞等局十三
年城成賜內帑金釦璀珇授中奉大夫淮東道宣
慰使十四年宋廣王昺擁閩廣時東海縣儲粟萬
行省檄弘略將兵二千戍之仍命造舟運粟入淮安
弘略顧民舟有能載粟十石者與一石人爭趨之一

月而畢十六年遷江西宣慰使會饒州盜起犯都昌
弘略以為饒雖屬江東與南康止隔一湖此寇宄不滅
則吾境必有相扇而起者乃使人直擣其巢宄生縛
賊酋磔千市餘黨潰散下令曰不操兵者皆為平民
餘無所問頃之以疾歸亳有讒貴臣曰公但居亳買田
吾寧稱疾家居二十九年見世祖世祖曰公在江南買田
宅樂而忘歸者詞引弘略曰公但居亳未老
管在江南入見世祖曰明弘略之則言者獲譴矣
之子玠長矣顧備宿衞從之且賜以酒曰卿年未老
謝事何為特命為河南行省參知政事元貞二年卒

贈推忠佐理功臣銀青榮祿大夫平章政事上柱國
蔡國公諡忠毅子三人玠瑾琰
史天倪
史天倪字和甫燕之永清人曾祖倫少好俠因築室
敦土得金始饒於財金末中原塗炭乃建家塾招徠
學者所藏活豪士甚衆以俠稱於河朔士族陷為奴
虜者輙出金贖之甲子歲大侵粟八萬石賑饑者
士皆爭附之祖成珪倜儻有父風遭亂盜賊四起乃
悉散其家財唯存廩粟而已父秉直讀書尚氣義築
酉太師國王木華黎統兵南代所向殘破秉直聚族

謀曰方今國家喪亂吾家百口何以自保既而知降
者皆得免乃率里中老雒數千人詣涿州軍門降木
華黎欲用秉直辭乃以天倪為萬戶
而命秉直管領降人家屬屯霸州秉直拊循有方遠
近聞而附者十餘萬家尋遷之漠北比降人道磽秉直
得所賜牛羊悉分食之多所全活甲戌比降人道磽秉直
北京比京降木華黎承制以烏野兒為北京路
都元帥秉直行尚書六部事主餽餉軍中未嘗乏絕
庚寅以老謝事歸鄉里卒年七十一三子長天倪次
天安次天澤天澤自有傳天倪始生之夕白氣貫庭

成童姿貌魁傑有道士見而異之曰封侯相也及長
好學日誦千言大安末舉進士不第乃歎曰大丈夫
立身獨以文乎哉使吾遇荒雞夜鳴擁百萬之眾功
名可唾手取也木華黎見而奇之既以萬戶統諸降
卒從木華黎略地三關已南至于東海所過城邑皆
下因進言於木華黎曰金棄幽燕還都于汴已失策
矣遼水東西諸郡金之腹心也我若得大寧以扼其
喉襟則金雖有遼陽終不能保矣木華黎善之先倫
卒時河朔諸郡結清樂社四十餘社近千人歲時像
倫而祠之至是天倪選其壯勇萬人為義兵號清樂

軍以從兄天祥為先鋒所向無敵分兵略所三河薊州
諸砦望風欵服甲戌朝太祖于燕之怯綠殿所陳皆奇
謀至計大稱旨賜金符授馬步軍都統管領二十四
萬戶從木華黎攻高州又從攻北京皆不戰而克乙
亥授右副都元帥改賜金虎符奉詔南征圍平州金
經略使乞住降進兵真定所屬部邑無不欵附而真
定帥武仙固守不下遂移軍圍大名眾謂城堅不可
擊天倪使遠攻其城丙子會本華黎兵於燕南清州監
者辟易天倪先登守
軍王守約平州推官合達俱以城叛連謀越海歸金

天倪追襲至樂安合達以益都行省忙古兵來拒敗
之殺守約擒忙古斬首萬級丁丑徇山東諸郡部卒
有教民家者立斬以徇軍中肅然遠近響應知中山
李明趙州李瑀邢州武貴威州武振磁州武洛州其
張立等望風皆下已卯從木華黎命宠其旁地虛樓陷遂
團樓甕以石宠不可破天倪命宠其旁地虛樓陷遂
接之木華黎喜賞以繡衣金鞍名馬廣辰還軍真定
武仙降木華黎承制以天倪為金紫光祿大夫河北
西路兵馬都元帥行府事仙副之天倪乃言於木華
黎曰今中原粗定而所過猶縱鈔掠非王者弔民伐

罪意也且王奉天子命爲天下除暴豈復效其所爲
乎王曰善下令敢有剽虜者以軍法從事辛巳金懷
州元帥王榮潞州元帥裴守謙澤州太守王珍皆以
城降壬午攻濟南水砦破之癸未徇山西遂克三關
不浹旬定四十餘砦至河衛衛者戔門之
限以河衛既破則戔門不能守矣嚴實以兵來會請
自攻河衛天倪曰合達蒲瓦亦勍敵也實曰合達自
保爲公破之明日實與蒲瓦遇於南門合達自
比俺至實兵敗竟爲所執天倪曰合達以實歸汴必
以今夕急命爲存杜必貴率壯士一千三百人伏延津

《元史列傳卷三四》 十一

柳渰果夜縛實過延津遇存等與戰敗之實得脫歸
必貴戰死未幾帝命天倪回軍真定甲申夏大名總
管彭義斌以宋兵犯河朔天倪逆戰於恩州義斌敗
入保大名乙酉師還聞武仙之黨擾西山腰水鐵壁
二砦以叛天倪有知其謀者止天倪毋往天倪不從
乃設宴邀天倪之赴真定也秉直客戒之曰觀武
遂爲仙所殺天倪之黨掩殺之仙怒謀作亂
仙之辭氣終不爲我用宜儉之天必不容願無慮
人人或相員天必不容願無慮秉直乃攜其孫楫權
還北京至是人服其先識先是天倪擊輈夜歸有大

毛氏汲古閣

星隕馬前有聲心惡之果及禍天倪死時年三十九
妻程氏聞亂恐汚於賊乃自殺子五人其三人尚幼
楫字大濟歲己亥知中山府事尋遷征南行軍萬戶
翼經略徇地斷黃善撫士卒所向有功壬寅辛亥受
楫入見太宗奏曰臣兄天倪死事時二子尚幼臣受
之爭官者多讓官爲真定兵馬都總管佩金虎符朕嘉歎曰今
詔攝行府事今楫已成人乞解職授之帝嘉歎曰今
與之即以楫請以銀與物折仍減其元數詔從之
延始徵包銀楫請以銀與物折仍減其元數詔從之

《元史列傳卷三四》 十二

著爲令各道以楮帶相貿易不得出境二三歲輒一
易鈔本日耗商旅不通楫請立銀鈔相權法人以爲
便或請運鹽接籍計口給民以食楫爭其不可曰鹽
鐵從民貿易何可若差窳例配之議遂寢元氏民有
恩府僚於達官曰是人陷汝輩死地而反抶之何耶
達官曰是人隨後
固足以懲後未若宥之以愧其心況人命至重豈宜
以妄言之故而加以極刑乃杖而遣之中統元年授
真定路總管同判本道宣撫司事真定表山帶河連
屬三十餘城生殺進退減倚專次楫謹身率先明政

毛氏汲古閣

化信賞罰任賢汰食墨筮獨民感德之所眾州
縣佐史有文學者三十餘人後皆知名會天澤言兵
民之柄不可併居一門行之請自臣家始攝即日解
綬歸卒年五十九子炫常德管軍總管輝知孟州歿
同知東昌府事煊童關舉煬養廣西按察司事
權字伯衝勇而有謀河南經略使乃以權代其任甲寅
子天澤以萬戶從天澤征伐宋
屯軍鄧州敗宋將高達於樊城巳未世祖
權出迎於淮西世祖渡江次鄂州而憲宗崩世祖北
還乃命權總兵鎮江北岸之武磯山中統元年降詔

獎諭賜金虎符授真定河間濱棣邢洺衛輝等州路
开木烈紅軍燕屯田州城民戶沿邊鎮守諸軍總管
萬戶其所屬千戶萬戶悉聽號令至元六年乃至闕
下問以征南之策對曰襄陽之蔽樊城乃
襄陽之外郭我軍若先攻樊城則襄陽不能支梧不
戰自降安然後駐兵嘉定耀武趟荊子口大破之帝善
其計七年宋兵侵邊權悉以分勞士卒宋將夏貴以船萬艘
白金五百兩權悉以分勞士卒宋將夏貴以船萬艘
載壯士欲奪江面權進攻破之帝賜以衣幣弓矢鞍
勒既而轉糧于隨貴後引兵扼我前路權戰破之賜

白金七百兩制授河南等路宣撫使未上賜金虎符
充江漢大都督制軍馬總管屯田萬戶會天澤言
一門不可燕掌兵民之柄乃授權鎮國上將軍真定
等路總管燕府尹徒東平又徒河間卒
樞字子明父天安字金甫秉直仲子也歲癸酉從秉
中丁丑從討錦州叛人張致平之巳卯為萬戶而賀天
生擒闢州驍將張資祿號張鐵搶者乙酉武仙殺天
倪於真定天安帥府事無治真定庚寅寅聚兵邢之
功授行北京元帥府木華黎以其兄天倪敗走之以
直降太師木華黎以張致甲之巳卯為萬戶而賀天

西山聲言為仙援遣其徒趙和行間城中誣倅副李
甲劉清管輸欽為內應守將兩人送府大帥趣命
戮之天安擒知其詐請自翰之果得其情遂斬和以
徇壬辰從伐金師還討盜梁蒲蘇傑等悉平之甲
午宣權真定等路萬戶賜金符丙午入覲賜黃金五
十兩白狐裘一牧馬百乙卯
子知中山府有治績甲寅初卒樞年二十餘以勳臣
子各有官位而仲兄之子未仕乃奏樞為征行萬戶
配以真定彰德衛州懷孟新軍戍唐鄧乙卯敗宋入自
師於漢水之燕燕灘賜金虎符戊午憲宗伐宋入自

蜀從天澤詣行在朝帝于大散關帝勞之曰卿久鎮
東方茲後遠來勤亦至矣樞對曰臣之祖父受國厚
恩今陛下親御六師暴露萬里之外臣獨不能出死
力以報萬分之一邪帝命為前鋒立宋釰州
僑治於苦竹崖前阻絕澗深數百尺恃險而不俯帝麾
使樞偵之樞率健卒數十縋而下得其所以致師麾
以聞帝趣樞急取之宋兵懼乃降翼日大宴帝顧皇
后命飲樞酒且諭新附渠帥曰我國家自開創以來
未有皇后賜臣下酒者特以樞父子世篤忠貞故寵
以殊禮有能盡瘁事國者禮亦如之己未從天澤擊

敗宋將呂文德於嘉陵江追至重慶而還賜黃金五
十兩白金二百兩錦一匹世祖即位改賜金虎符中
統二年從天澤屯駕比征三年李璮叛擾濟南復從
天澤往討之城西南有大澗亘山樞一軍獨當其
險夾澗而城堅木柵於澗中滺兩暴派木柵盡壞樞
曰賊夜吾陳侯夜必出命作蒿炬數百置城上速三
皷賊果至飛炬擲之風怒火烈弓弩齊發賊衆大潰
自相踐蹂死者不可勝計未幾壇就擒至元四年宋
兵圍開達諸州以樞為左壁總帥佩虎符凡河南山
東懷孟平陽太原京兆延安等軍悉統之宋兵聞之

解去六年高疊人金通精掠珍島以叛討之歲餘不
下七年進樞昭勇大將軍鳳州經畧使樞至謂諸將
佐曰賊勢方張未易力勝況炎暑海氣蒸欝弓力弛
鳴鏑不可用宜分軍為三多狼旗幟以疑之吾與諸
君潛師擣其巢穴破之必矣興旗大破其地悉平
十二年後以萬戶從丞相伯顏伐宋賜錦衣一寶鞍
一弓一矢百甲十注馬十二疋仍給天澤帳下士十
人以從宋平署安吉州安撫使時新附之初民所在
依險阻自保樞以威信招懷之復業為民者以千萬
計十四年移疾還十九年起為東京路總管辭不赴

二十三年拜中奉大夫山東東西道宣慰使治濟兩
後又治造都二十四年卒年六十七子燧昭勇大將
軍後衛親軍都指揮使佩金虎符輝奉訓大夫祕書

火　監

史天祥

史天祥父懷德尚青秉直之郂也歲癸酉大師國王
木華黎從太祖伐金天祥隨秉直迎降於涿木華黎
命懷德就領其黑軍隸帳下署天祥都鎮撫選降卒
長身武勇者二百人使領之招徠丁壯得銀萬餘從
取霸州文安大城滄濱長山等二十餘城東下淄沂

審三州所至皆先登詔賜以銀裳從大軍攻燕不克
甲戌署地高州援惠和金源和衆龍山利建富庶等
十五城惟大寧固守不下天祥獲金將完顏胡速木
華黎欲殺之天祥曰殺一人無損於敵適驅天下之
人為吾敵也且其降時嘗許以不死今殺之無以取
信於後不若從而用之乃以為千戶復合衆攻其城
黑軍命天祥領之天祥憤痛其父之死攻之愈急乙
亥與大帥烏野兒降其北京留守銀荅忽同知烏古
倫進攻北京傍近諸寨磨雲山王都統首詣軍門降

《元史列傳卷三四》 十七 高民

天祥命入列崖擒都統不剌釋其縛仍曉以大義不
剌感泣願效死天祥察其誠許與王都統往說降城
子崖王家奴乃命三人各將舊卒付空名告身使諭
樓子崖等二十餘寨悉降得老紉羅萬勝兵八千西
乾河荅魯五指山楊趙奴獨固守不下天祥擊之大
小百餘戰趙奴敗走得戶二萬授西山總帥
平之荅魯復聚衆攻龍山以禦剌烏野兒中嘗隨墮
馬天祥馳救得免復整陣出戰大敗之斬首八千級
兵馬興州節度使趙奴反天祥與烏野兒分道討
荅魯戰死進克中興府張致盜據錦州從木華黎討

平之會契丹漢軍擒關肅復利州殺劉禄於銀治斬首
五十級尖山香爐紅螺塔山大蟲駱駝團崖諸寨悉平
虜生口萬餘得錦州舊將杜節并黑軍五百人即命統
之丙子春覲太祖金符授提控元帥
金蘇復等州獲金完顏奴耶律神都都馬還鎮國上將軍
利州節度使所部降民都總管監軍兵馬元帥丁丑夏
山賊祁和尚攎武平討平之縛金將巢古漢滅重兒
盜衆萬人於興州之車河巴卯權兵馬都元帥蒙古漢
軍黑軍並聽節制下河東平陽河中嵐絳石隰吉廊
等八十餘城庚辰至真定木華黎攻城天祥因

《元史列傳卷三四》 十八 高民

請曰攻之恐殺及無辜不如先往諭之苟其不從加兵
未晚木華黎許之天祥往見守將武仙諭以禍福仙悟
乃降吾也而請留天祥守真定木華黎曰天下未定智
勇士可離左右乎吾將別處之乃以秉直之子天倪為
河北西路兵馬都元帥鎮真定以天祥為左副都元帥
餘如故引兵南屯邢西遙水山下仙兄貴以萬人壁於
山上負固不下天祥攜完顏胡速及黑軍百人由烏道
扳援而上盡擒捕之仙驚曰公若有羽翼者不然何其
能也遂下邢磁相三州從戰黃龍岡破單勝克三州木
華黎圍東平久不下怒吾也而不盡力將手斬之天祥請

代攻木華黎喜付皮甲一又與己鐵鎧并被之鏖戰
不已木華黎使人止之曰爾力竭矣宜少休復以金
鞍名馬與之辛巳復取綏德鄜坊等五十餘城壬午
木華黎攻青龍金勝諸堡花帽軍堅守不下既破欲
屠之天祥力諫而止獲壯士五千人癸未春還軍河
中木華黎上其功賜金虎符授蒙古漢軍兵馬都元
帥總十二萬戶鎮河中冬徇西夏破賀蘭山還遇賊
射傷額出血目為之昏甲申歸比京授右副比京等
七路兵馬都元帥庚寅朝太宗於盧朐河乞致仕不
允辛卯太宗用兵河南強之從行轉漕河上給餉諸

十九

軍壬辰命天祥領汴京百工數千屯霸州之益津行
元帥府事賜錦衣一襲袀天祥夜中流矢鏃入頰骨
不能出至是金瘡再發鏃自口出脣宗聞而關之授
海濱和衆利州等處總管薊領霸州御衣局人匠都
達魯花赤行比京七路兵馬都元帥府事憲宗即位
俾仍舊職戊午秋九月以疾卒年六十八天祥幼有
大志長身駢脅力絕人性不嗜酒喜稼穡好施予乙
未括戶縱其奴千餘口俾為民晚罹喪明憂國愛民
之心未嘗忘也子彬江東提刑按察副使槐襲霸州
御衣局人匠都達魯花赤

列傳卷第三十四

翰林學士承旨嘉議大夫知制誥兼修國史臣宋濂　翰林待制奉訓大夫兼國史院編修官臣朱右等奉敕纂

董俊　子文蔚　文用　文忠　文直

董俊字用章真定藁城人少力田長涉書史善騎射
金貞祐間過事方急藁城令立的募兵射上中者拔
為將眾莫能弓獨俊一發破的遂將所募兵迎敵歲
乙亥國王木華黎帥兵南下俊遂降已卯以勞擢知
中山府事佩金虎符金將武僊攎真定武諸城皆
應僊俊率眾夜入真定逐僊走之定武諸城後去僊

《元史列傳卷三五》　一

三十八

来附庚辰春金大發兵益僊治中李全叛中山應之
俊軍時屯曲陽僊銳氣來戰敗之黃山下僊脫走獻
捷于木華黎由是僊以窮降木華黎承制授俊龍虎
衛上將軍行元帥府事駐藁城俊嘗謁木華黎曰武
僊黠不可測終不為我用請儔之木華黎然其言承
制授左副元帥陛棄城縣為永安州號其眾為匡國
軍事一委俊已酉僊果殺都元帥史天倪攎真定以
叛旁郡縣皆為僊守俊提孤軍居反側間戰士不滿
千人拒守永安僊攻之甚年無所利乃縱兵蹂禾稼
俊呼語之曰汝欲得民而奪之食無道賊不為也僊

憨而去俊出兵掩擊之僊敗走久之俊復夜入真定
僊走死乃納史天倪弟天澤為帥壬辰會諸軍圍汴
明年金主棄汴奔歸德追圍之金兵夜出薄諸軍於
水俊力戰死焉時年四十有八俊早喪父母以孝
聞歲時祀祭非疾病跛拜必盡禮子雖孩亦使之
序拜曰祀以孝接之有道克汴時以待族親故人皆有恩
意里夫家僮亦接之有道克汴時以待族親故人皆有恩
歸教諸子嘗曰射百日事耳詩書非積學不通屢誡
諸子曰吾一農夫耳遭天下多故徒以忠義事人僅
立門戶深願汝曹力田讀書勿求非望為吾累也俊

《元史列傳卷三五》　二

三四六

忠實自許不為夷險火移臨陣勇氣愊眾立矢石間
怡然若無事雖中傷亦不為動每慕馬援為人曰馬
革裹屍援固可壯故戰必持矛先士卒或諫止之俊
曰我人臣也敵在前不死乃趨安脫危乎先是戊子
歲朝於行在諸將獻戶各增數要利吏請如眾以
曰民實少而欺以數多他日上需求無應必重斂以
承命是我獨利而民日困也元帥時狂男子三
百餘人期日作亂事覺戮其渠魁餘並釋之深冀間
妖人惑眾圖為不軌連逮者數萬人有司議當族俊於
力請主者但誅首惡求安節度使劉成叛降武僊於

威州俊下令曰逆者一人餘能去即忠義士與其
家財仍奏官之衆果去成降沃州民砦天臺為盜旣
破降之他將利其子女欲掠之俊曰城降而俘其家
仁者不為也衆義不取南征時人多歸俊願為奴者
旣全其家歸悉縱為民鄰境人有被掠賣者亦與直
贖還之其天性之美類如此俊嘗慶弘遠善戰而不
妄殺故人樂為之用大小百戰無不克捷為政寬明
見人善治田廬必名與歡語有惰者則怒罰之故其
部完實民惟恐其去也贈翊運効節功臣太傅開府
儀同三司上柱國封壽國公諡忠烈加贈推忠翊運
効節功臣太傅開府儀同三司上柱國改封趙國公
子文炳文蔚文用文直文忠文炳自有傳

文蔚字彥華俊之次子也重厚寡言不事嬉戲立志
勤苦讀書忘倦及長善騎射膂力絕人事毋至孝接
人謙恭凡所與交貴賤長幼待之無異至於一揖必
正容端體倪倪首幾至于地徐徐起拱人所難能兄文
炳為藁城令屬精於政家務悉委之凡供給祭祀賓
客之事無不盡心辛丑起民兵南征文蔚率
十有七人私整鞍馬衣甲自為一隊與衆軍渡淮甲
寅世祖收大理還駐六盤山文炳以文蔚孝謹公勤

可委以事解所佩金符以讓帝嘉賞之授藁城善處
行軍千戶南鎮鄧州與荊襄接境沿邊城壁未築是
年冬十一月修光化乙卯立毗陽丙辰築襄陽文蔚
悉揀之治板幹具畚鍤儲糧運木石程其工力時
其饒飽藥其疾病見執役者常以善言撫之弗軍威
猛衆咸感曰他將領後鞭箠怒辱不恤困苦今董侯
慈惠若此我曹安忍負之各盡力成之丁巳攻襄樊
城南攄漢江北阻湖水卒不得渡文蔚夜領兵士於
湖水狹臨之處伐木扳根立於水實以薪草為橋梁
頃之即成至曉師悉渡圍已合城中大驚異之文蔚
復統援都軍以當前行奪其外城論功居最巳未憲
宗伐宋入川蜀文蔚奉詔將鄧之選兵西上由襄
懋劍閣而劍閣諸州平地不能守置州事於山師行
大獲雲頂長寧善竹隘砦長驅而前至釣魚山崖壁
嶮峭惟一徑可登特隘阻未即降帝命攻之文蔚以
次往攻迺激屬將士挾雲梯冒飛石履崎嶇以豎直
抵其寨苦戰頃之兵士被傷迺還帝親見之加以賞
賚中統二年世祖置武衛軍文蔚以鄧兵入為千戶
帝北狩留屯上都三年李璮反擾濟南文蔚以麾下
軍圍其南面春秋力戰城破璮誅奏切還至元五年

七月十七日以疾卒于上都之炭山弟文忠時爲樞
密僉院乞護喪南還帝甚憫之泰定中贈明威將軍
僉右衛使司事上騎都尉隴西郡伯

文用字彦材俊之第三子也生十歲父死長兄文炳
弟來上文用主文書講說帳中常見許重癸丑世祖受
真定豪城奉莊軍太后湯沐庚戌試詞賦中選時以
教諸弟有法文用學問早成弱冠

南王也又命名遺老竇默姚樞李俊民李治魏璠於
四方己未伐宋文用㳂邊蒙古漢人諸軍理軍需
將攻鄂州宋賈似道呂文德將兵來拒水陸軍容甚
盛九月世祖臨江閱戰文炳求先進戰文用與文忠
固請偕行世祖親料甲冑擇大艦授之大破宋師世
祖即位建元中統文用持詔宣諭遷郡且擇諸軍充
侍衛七月還朝中書左丞張文謙宣撫大名等路奏
文用爲左右司郎中二年八月以兵部郎中叅議都
元帥府事三年李璮叛據濟南從元帥闊闊帶統兵
誅之山東平阿术奉詔伐宋名文用爲其屬文用擘

崔仲明

曰新制諸俟總兵者其子弟勿復任兵事今吾兄文
炳以經略使總重兵鎮山東我不當行阿术曰潛邸
舊臣不得引此爲說文用至鎮病不行至元改元召爲
西夏中興等路行省郎中中興自唐來漢延泰家等
雜處其土沃饒水田若干於是民之歸者户
相恐動竄匿山谷文用至鎮之以渾都海之亂民間
四五萬悉授田種領農具更造舟置鐵木兒鎮西方其
甘肅瓜沙等州之土㽵水田若干於是民之歸者户
諭之民乃安關中始以静乃爲書置通衢
落及潰叛之來降者時諸王只必鐵木兒鎮西方其
下縱横需索無籌省臣不能支文用坐幕府報畫折

以法其徒積忿譖文用於王王怒召文用使左右雜
問之意叵測文用曰我天子命吏非汝等所當問請
得與天子所遣爲王傳者辨之王即遣其傳訊文用
其傳中朝舊臣不肯順王意文用謂之曰我漢人生
死不足計所恨者仁愛寬厚如王以重戚鎮遠方而
其下毒虐百姓凌暴官府傷王威名於事體不便因
歷指其不法者數十事其傳驚起去曰王即召文
用謝之曰非郎中我殆不知郎中持此心事朝廷宜
勿怠自是諸不法不行而省府事頗立二年入奏經畧事
宜還以上旨行之中興遂定八年立司農司授山東

崔仲明

東西道巡行勸農使山東自更版叛野多曠土文用
巡行勸勵無間幽僻入登州境見其懇闢有方以郡
守移剌某為能作詩表興之於是列郡咸勸地利畢
興五年之間政績為天下勸農使之最十二年丞相
安童奏文用為工部侍郎代紇石里阿合馬
私人也其徒既讒間安童文用入見帝望見曰董文用乃為爾治鷹
石里去工部侍郎不給鷹食鷹且瘦死帝怒促召治
之因急捕文用見帝望曰董文用乃為爾治鷹
食者耶置不問別令取給有司十三年出文用為衛
輝路總管佩金虎符郡當衝要民為兵者十之九餘

皆單弱貧病不堪力役會初得江南圖籍金玉財帛
之運日夜不絕于道警衛輛日役數千夫文用憂
之曰吾民弊矣而又重妨耕作始不可乃從轉運主
者言州縣吏卒足以備用不必重煩吾民也主者曰
汝言誠然萬一有不虞則罪將誰歸文用即手書具
官姓名保任之民得以時耕而運事亦不廢諸郡運
江淮粟于京師當運十五萬石文用曰民籍可役者
無幾且江淮風水舟不能以時至而先為期會是未
運而民已困矣乃集旁郡通議立驛置法民力以舒
十四年詔汴漕司言事適漕司議通沁水北東合流

御河以便漕者文用曰衛為郡地最下大雨時行沁
水輒溢出百十里間雨甚水不得達于河即浸潚
及衛今又引之使來豈惟無衛將無大名長蘆矣會
朝廷遣使相地形上言衛州城中浮屠最高者繞與
沁水平勢不可開也事遂寢十六年受代歸田里茅
茨數椽僅避風雨讀書賦詩怡然燕居裕宗在東宮
數為臺臣奏起文用為山北遼東道提刑按察使不赴十
九年朝廷選用舊臣召文用為兵部尚書自是朝廷
有大議未嘗不與聞二十年江淮省臣有欲專肆而

怨廉察官建議行臺隸行省狀上集朝臣議之文用
議曰不可御史臺譬之卧虎雖未噬人人猶畏其為
虎也今虛名僅存紀綱猶不振一旦權抑之則風采
蕭然無可復望者矣昔阿合馬用事時商賈賤役皆
行賄入官及事敗欲盡去其人廷議以為不可使阿
合馬售私恩而朝廷騷然怨欲盡也乃使按察司劾去其
不可者然後吏有所懲民有所赴訴則是按察司
國家當飭勵之不可權抑也悉從文用議轉禮部尚
書遷翰林集賢二院學士知秘書監時中書右丞盧
世榮以貨利得幸權要為貴官陰結貪刻之黨以錨

銖培克克為功乃建議曰我立法治財視常歲當倍增
而民不擾也詔下會議人無敢言者文用陽門曰此
錢取於右丞之家耶將取之於民耶寂於右丞之家
則不敢知若取諸民則有說矣牧人耶歲嘗兩剪其
毛今牧人日剪其毛而獻之則主者固悅其得毛之
多矣然而羊無以避寒熱即死且盡刻剝無遺
財亦有限取之以時猶可對丞相安童謂坐中曰董尚
猶有百姓
書真不虜食俸祿者議者出皆諛文用曰君以一言
折聚斂之臣而厚邦本真仁人之言哉世榮竟以是

四六
得罪二十二年拜江淮行中書省參知政事文用力
辭帝曰卿家世非他人比朕所以任卿者不在錢穀
細務也卿當察其大者事有不便但言之文用遂行
行省長官者素貴多傲同列莫敢仰視跪起票白如
小吏事上官文用至則坐堂上侃侃與論是非可否
無所遷就雖數忤之不顧也有以帝命建佛塔於宋
故宮者有司奉行甚急天大雨雪入山伐木死者數
百人猶欲併建大寺文用謂其人曰條政枲何格上命
堪美少徐之如何長官者曰非時役民民不
用曰非敢格上命今日之困民力而失民心者豈上

李明遠

意耶其人沮遂稍寬其期二十三年朝廷將用兵
海東徵歛益急有司大為奸利文用請入奏事大略
言疲困國家可寶之民力取僻陋無用之小邦列其條
目甚悉言上事遂罷二十五年拜御史中丞文用曰
中丞不當理細務吾當先舉賢才乃按察使徐琰魏
初為行臺中丞獨不附桑哥又自謂文用曰百司皆具
雷膺荊幼紀許楫孔從道十餘人為時
罷方盛自近戚貴人見之皆屏息遜避無敢誰何文
用以舊臣任中丞貴不附桑哥又自謂文用頌曰百司皆具
功於帝前文用不荅

四四六
食於丞相府矣文用又不荅會朔方軍興糧糗粗俗
而誅求愈急文用謂桑哥曰民急矣外難未解而內
伐其根本丞相宜思之於是遠通盜賊蜂起文用持
外郡所上盜賊之目謂桑哥曰百姓豈不欲生養安
樂哉急法暴歛使至此兩御史臺不得行政事之不
及丞相當助之也御史臺將不止於墓事之不
所赴懇民無所赴懇深乃摭墓事益深乃摭墓事
不行也忤其意益深乃摭墓事詔報文用語密而外人
不為屈於是具奏桑哥姦狀詔報文用曰在朝惟董而外人
不知也桑哥曰詆譖文用于帝曰

李明遠

傲不聽令沮挠尚書省請痛治其罪帝曰彼御史之
職也何罪之有且董文用端謹朕所素知汝善視之
還大司農時欲奪民田為屯田文用固執不可遷為
翰林學士承旨二十七年隆福太后在東宮以文用
舊臣欲使文用授皇孫經具奏上以帝命命之文用
皇孫亦特加敬禮三十一年帝命文用以其諸子入
每講說經旨必附以朝廷事丁寧譬喻反復開悟
見文用曰臣蒙國厚恩死無以報臣之子何能為命
至再三終不以見是歲世祖崩成宗將即位上都太
后命文用從行既即位巡狩三不剌之地文用曰先

帝新棄天下陛下巡狩不以時還無以慰安元元宜
趣還京師且臣聞人君猶北辰然居其所而衆星拱
之不在勤遠畧也帝悟即日可其奏是行也帝每召
入帳中問先朝故事文用亦盛言先帝盧心納賢開
國經世之務談說或至夜半文用自先帝時每侍燕
與蒙古大臣同列裕宗嘗就榻上賜酒使毋下拜跪
飲皆異數也帝在東宮時正旦受賀於衆中見文用
召使前曰吾向見至尊甚稱汝賢輙親取酒飲之至
是眷資益厚是年詔脩先帝實錄資德大夫知制
誥蕪脩國史文用於祖宗世系功德近戚將相家世

勳績皆記憶貫穿史館有所考究質問文用應之無
遺失大德元年上章請老賜中統鈔萬貫以歸官一
子鄉郡侍養六月戊寅以疾卒年七十有四子八人
士貞士亨士楷士英士昌士恒士廉士方贈銀青光
祿大夫少保壽國公諡忠穆
文直字彥正俊之第四子也剛毅莊粟簡言笑通經
史法律為藁城長官佩金符初兄文炳及季弟文忠
去事世祖次文用亦在朝俱有仰於家而食者餘百
口文直勤儉始終不替内則養生送死之合禮外則
中表賓問之中度奉上接下敬一愛謹乎其睦也

性好施而甚仁里閈或貧不自立每陰濟其急不使
之知恩所從來微至僮病必手予粥藥或止之曰不
忍以其賤遠吾愛心及棄官浮沉里社任真適意親
朋過從箕酒相勞家門日以烜赫已獨恬然不見諸
辭色以病卒年五十有二
文忠字彥誠俊第八子也歲壬子入侍世祖潛邸王
鶚嘗言詩因問文忠能之乎文忠曰吾必讀書惟知
入則孝於親出則忠於君而已詩非所學也癸丑從
征南詔已未代宋與兄文炳文用敗宋兵於陽羅堡
得蒙衝百艘進圍鄂世祖即位置符寶局以文忠為

郎授奉訓大夫居近侍嘗呼董八而不名文忠不
爲容悅随事獻納中禁事秘外多不聞至元二年安
董以右丞相入領中書建陳十事言忤旨文忠曰丞
相素有賢名今秉政之始人方傾聽所請不得後何
以爲遂從旁代相爲懇惻詳切如身條是疏者始得允
可八年侍講學士徒單公履欲奏行貢舉舉知帝於釋
氏重教而輕禪乃言儒亦有之科舉類教道學類禪
帝怒名姚樞許衡與宰臣廷辨文忠自外入帝曰汝
日誦四書亦道學者文忠對曰陛下每言士不治經
講孔孟之道而爲詩賦何闗脩身何益治國由是海

内之士稍知從事實學臣今所誦皆孔孟之言焉知
所謂道學而俗儒守亡國餘習欲行其說故以是上
感聖聽恐非陛下教人脩身治國之意也事遂止十
一年代宋民困供饋文忠奏免常歲橫征從之帝嘗
見宋降將從容問宋所以亡者皆曰賈似道當國薄
武人而重文儒將士怨之莫有鬪志故大軍既至爭
解甲歸命也帝問文忠曰此言何如文忠因詰之曰似
道薄汝輩而君則貴汝以官富汝以禄未嘗薄汝也
今有怨於相而移於君不肯一戰坐視國亡如臣節
何然則似道薄汝者豈非預知汝曹不足恃乎帝深

善之有言從大都獵户於郡中文忠止之又請罷
官鬻田器之稅聽民自爲時多盜詔犯者皆殺無赦
在廬繁囚滿獄文忠言殺人取貨與竊一錢者均死
懼顯莫甚垂陛下好生之德敕華之或告漢人歐
傷國人及太府監屬盧甲盜剪官布帛帝怒命殺以懲
遂詔原之帝因責侍臣曰方朕怒時卿曹皆不敢言
非董文忠開悟朕心則殺二無辜之人必取議中外
讜是豈可因人一言遽加之重典耶付有司閱實以
眾文忠言今刑曹於罪當死者已有服辭猶必詳
俟後命乃遣文忠及近臣突滿分覈之皆得其誣狀

美因賜文忠金尊曰用旌卿直裕宗亦語宮臣曰方
天威之震董文忠從容諫正實人臣難能者太府監
屬奉物詣文忠泣謝曰鄙人賴公復生文忠曰吾素
非知子所以相救於危急者蓋爲國平刑豈望子見
報哉卻其物不受自安童北伐阿合馬獨當國柄大
立親黨懼廉希憲復入爲相害其私計奏希憲以右
丞行省江陵文忠言希憲國家名臣今宰相虛位不
可使久居外以孤人望宜早召還從之十六年十月
奏曰陛下始以燕王爲中書令樞密使緫一至中書
自册爲太子累使明習軍國之事然十有餘年終守

謙退不肯視事者非不奉明詔也盖朝廷慮之未盡

其道爾夫事已奏決而始啓太子是使臣子而可否

君父之命故惟有黙避遜而已以臣所知不若令

有司先啓而後聞其有未安者則以詔勑斷之庶幾

理順而分不踰太子必不敢辭其責矣帝即日召大

臣面諭其意使行之之後語太子曰董八崇立國本者

其勿志之禮部尚書謝昌元請立門下省封駁制勑

臣雜議且怒翰林學士承旨王磐曰如是有益之事廷

以絶中書風曉近習奏請之弊帝銳意欲行之詔

汝不入告而使南方後至之臣言之汝用學問何爲

《元史列傳卷五十五》 十五 于公平

必今日開是省三日廷臣奏以文忠爲侍中及其屬

數十人近臣乘便言曰陛下將別置省此實其然

得人則可以寬聖心新民聽令聞盜詐之臣與居其

間不可其言多指文忠文忠忿辯曰上每稱臣不盜

不詐令汝顧臣而言實在臣其顯言臣盜詐何事

帝令言者出文忠猶訴不止且攻其害國之姦帝曰

朕自知之彼不言汝也其人忌文忠欲中害之然以

文忠清慎無過乃奉勑萬緒爲壽求交驩文忠可居

一文炳爲中書左丞卒太傅伯顏乃表文忠可相帝使

繼其官文忠辭曰臣兄有平定南方之勞可居是位

臣嘗給事居中所宣何力敢冒居重職乎十八年陞

典瑞局爲監郎仍以文忠爲之授正議大夫俄詔文

授資德大夫僉書樞密院事卿如故車駕行幸詔文

忠毋扈從留居大都凡宮苑城門直舍微道環衛營

臣面禁兵併付文忠時權臣累請奪選中書不報是冬

十月二十有五日雞鳴將八朝忽病仆帝遣中使持

藥投救不及遂卒甚悼惜之賻錢數十萬後制贈光

祿大夫司徒封壽國公謚忠貞

嚴實

《元史列傳卷五十五》 十六 于公平

子忠濟 忠範

嚴實字武叔泰安長清人略知書志氣豪放不治生

產喜交結施與落魄里社間屢以事繫獄俠少輩爲

出死力乃得脫去癸酉太祖率兵自紫荆口入分

略山東河北河東而歸金東平行臺調民爲兵以實

爲衆所服命爲百户甲戌春泰安張汝楫攝靈巖遺

別將攻長清實破走之以功授長清尉戌寅權長清

爲宋取益都乘勝而西行臺檄實備糧爲守禦計

令出宋租比還而長清破俄以兵復之有諜于行臺

實謂實與宋有謀行臺以共圍之實挈家避青崖宋

者謂實爲濟南治中分兵四出所至無不下於是太

行之東皆受實節制。庚辰三月，金河南軍攻彰德，守將單仲力不支，數求救，實請於主將張林，林遑不行。實獨以兵赴之，比至而仲被擒。實知宋不足恃。七月，謁太師木華黎於軍門，掣所部彰德、大名、磁、洺、恩、傅、滑、濬等州戸三十萬來歸。木華黎承制拜實金紫光禄大夫、行尚書省事，進攻木華黎單三州皆下之。偏將李信留鎮青崖，當有罪懼誅，乘實之出，殺其家屬，降于宋。辛巳，實以兵復青崖入居之。壬午，宋將彭義斌率師取京東州縣，實將晃海以青崖降，盡掠實家。義斌軍西下郡縣多歸之。乙酉四月，遂圍東平。實潛約大將李里海合兵攻之，之兵乂不出城中，食且盡，乃與義斌連和。義斌亦欲籍實取河朔而後圖之，請以兄事實。時麾下衆尚數千，義斌聽其自領，而青崖所掠者則留不遣。七月，義斌下真定，道西山，與李里海等軍相望，分實以帳下兵陽助而陰伺之。實知勢迫，急起李里海軍與之合，遂與義斌戰，宋兵潰，擒義斌。不旬則京東州縣復爲實有。是冬，木華黎之弟帶孫取益都，實皆有功焉。庚寅四月，朝太宗于牛心之幄殿，帝賜德明年取濮、東平，又明年朝太宗于牛心之子字魯殿帝賜

之坐宴享終日，賜以虎符，數顧實謂侍臣曰：「嚴實真福人也。」甲午朝于和林，授東平路行軍萬户，偏裨賜金符者八人。先是，實之所統凡五十餘城，至是惟德宛、齊、單隸東平。丁酉九月，詔實毋事征伐，物彰德旣下，又破水柵，帶孫怒其反覆，驅老幼數萬欲屠之。實曰：「此國家舊民，吾力不能及，爲所脅從，末嘗敵我。」帶孫從之。繼破濮州，復欲屠之，實言：「百姓無辜，何罪我？」岂可與執兵刃者同戮，不若留之以供餉，從果欲屠之。實者又數萬，其後於曹、楚丘、定陶、上黨皆然。時兵由武關出襄、鄧，實在徐、邳間，以爲河南破戮殺必多，乃載金繒徃贖之，且約束諸將毋敢妄有殺掠。靈璧一縣當誅者五萬人，實愍救之。會大饑，民此徙者多餓死者數十人，實命作糜粥盛置道旁，全活者衆。實部曲有逃歸益都者，法藏匿逃者保社皆坐。逃亡無所託，殭尸薇野，實深哀之。義斌之別將破闓義斌，深妻子厚周郵之送深者，皆爲所害。河南破，實獲義斌寬厚長者，類若此。庚子，還鄉里，終不以舊怨爲嫌，其平者皆爲所害。卒年五十九，遠近悼野哭巷祭，旬月不已。中統二年，追封實爲魯國公，謐武惠。子忠貞，金紫光禄大夫

忠濟忠嗣忠範忠傑忠裕忠祐

忠濟一名忠翰字紫芝實之第二子也儀觀雄偉善
騎射辛丑從其父入見太宗命佩虎符襲東平路行
軍萬戶管民長官開府布政一法其父養老尊賢治
爲諸道第一領新軍山東益兵二萬有奇忠濟初統千戶十有七
宗憲宗即位之始皆加襄寵忠濟初統千戶十有七
乙卯朝命括新軍山東益兵二萬有奇忠濟第忠嗣
忠範爲萬戶以次諸第暨勳將之子爲千戶忠嗣
州斷縣而忠濟皆統之已未世祖南伐記宰師由間
道會鄂親率勇士梯衝登城師還忠濟選勇敢二千

別命千戶將之甲伏精銳所向無前大臣有言其威
權太盛者中統二年召還京師命忠範代之忠濟治
東平日借貸於人代部民納逋賦歲久愈多及謝事
債家執文券來徵命發內藏代償東平廟
學故隆陋政卜高英地于城東教養諸生後多顯者
幕僚如宋子貞劉肅李昶徐世隆俱爲名臣至元二
十三年特授資德大夫中書左丞行江浙省事以老
辭二十九年賜鈔萬五千緡宅一區召其子瑜入侍
三十年卒忠濟統理方郡凡十一年爵人命官生殺
予奪皆自已出及謝去大權貴而能貧安于義命世

以是多之後諡莊孝

忠嗣實之第三子也少從張澄商挺李楨學略知經
史大義辛亥其兄忠濟授以東平路管軍人匠總管遷領單
州防禦使事乙卯克東平路管軍萬戶丁巳從忠濟
略地揚州取邳伯㠊首立戰功已未南征忠濟渡
淮分兵出桂車嶺與宋兵相拒三晝夜殺獲甚眾始
達斲州及渡江抵鄂分部攻城九十餘日戰甚力師
還授金虎符中統三年李璮叛版宋兵勢張甚
徐州總管李杲哥降于宋齊魯山寨爲宋兵所據忠
嗣從大帥按脫救斲縣復徐州執李杲哥殺之攻鄰

之嶧山勝之牙山多所殺獲按脫論功以聞賜銀二
百兩幣五十端四年朝廷懲青齊之亂居大藩者子
弟不得親政於是罷官家居至元十年卒

列傳卷第三十五

翰林學士亞中大夫知制誥兼修國史臣宋濂
翰林待制承直郎兼國史院編修官臣王褘等奉

勅修

耶律留哥

耶律留哥，契丹人，仕金為北邊千戶。太祖起兵朔方，金人疑其地州有他志，下令遼民一戶以二女真戶夾居防之。留哥不自安，壬申遁至隆安韓州，糾壯士剽掠其地州，發卒追捕，留哥皆擊走之，因與耶的合勢，募兵數月，眾至十餘萬，推留哥為都元帥，耶的副之。營帳百里，威震遼東。太祖命按陳那衍、渾都古行軍至遼，遇之，間所從來，留哥對曰：「我契丹軍也。往附大國，道阻馬疲，故退遁於此。」按陳曰：「我奉旨討女真，適與爾會，庸非天乎！然爾欲效順，何以為信？」留哥乃率所部會按陳于金山，刑白馬白牛，登高北望，折矢以盟。按陳曰：「吾還，當以兵來助爾。」遂去。當以征遠之責屬遼，胡沙帥軍六十萬號百萬來攻，留哥千戶留哥度不能敵，馳表聞帝，帝命按陳、字都歡、阿骨一兩者賞金一兩，肉一兩者賞銀亦如之，仍世襲。哥以姪安奴為先鋒，橫衝胡沙軍，大敗之。以所俘輜

《元史列傳卷卅六》　一　陳彥昭

重，獻帝，召按陳還，而以可特哥副留哥，屯其地。眾以遼東未定，癸酉三月，推留哥為王，立妻姚里氏為妃，以其屬耶廝不為郡王，坡沙、僧家奴、耶的的、李家奴等為丞相、元帥、尚書，統古與著撥行元帥府事，國號遼。甲戌，金遣使青狗誘以重祿，使降，不從。青狗度其勢不可反臣之金主，怒，復遣宣撫萬奴領軍四十餘萬攻之。留哥逆戰于歸仁縣北河上，金兵大潰，萬奴收散卒奔東京，逃安東同知阿憐懼，遣使求附，於是盡有遼東州郡，逐都咸平，號為中京。金左副元帥移剌都以兵十萬攻留哥，拒戰，敗之。乙亥，留哥破東京，可特哥娶萬奴之妻李儇娥，留哥不直之，有陳。既而耶廝不等勸留哥稱帝，留哥曰：「向者吾與按陳那衍盟，顧附大蒙古國，削平疆宇，偁食其言而自為東帝，是逆天也。逆天者必有大咎。」眾請愈力，不從，已稱疾不出。潛與其子薛闍奉金幣九十車、金銀牌五百至按坦，李都罕入覲帝，奉金幣九十車、金銀牌五百至按坦。奏曰：「劉伯林納欵最先。」帝曰：「伯林雖先，然迫於重圍而來，未若留哥所獻。」白之於天乃可受，遂以白氈謂左右曰：「尼留哥所獻白之於天乃可受。」遂以白氈陳於前，七日而後納諸庫。因問舊何官，對曰：「遼王。」帝

《元史列傳卷卅六》　二　陳彥昭

令賜金虎符仍遺王又問戶籍幾何對曰六十餘萬
帝曰後三千人為質朕遣蒙古三百人往之汝
亦遣人偕往留大夫乞奴安撫哥遣與俱且命
詔可特哥曰爾妻萬奴之妻怫法尤甚其拘繫以來
可特哥懼與耶厮不等給其衆悖曰留哥已死遂以其
叛叛投所遺三百人惟三人逃歸事聞帝諭帝威
爾母以失象為憂朕倍此觖封汝無咎也草青與肥
資爾甲兵佯耿家挈丙子乞奴金山青狗等
推耶厮不偕帝號於澄州國號遼政天威以留哥
兄獨剌為平章置百官方閏月其元帥青狗叛歸于

金耶厮不為其下所殺推其丞相乞奴監國與其行
元帥鴉兒分兵民為左右翼屯開保州關金蓋州守
將衆家奴引兵攻敗之留哥引蒙古軍數千適至得
兄獨剌井妻姚里氏戶二千鴉兒引敗軍東走留哥
追擊之還度遼河招撫懿州廣寧徙居臨潢府乞奴
走高麗為金山所殺金山又自稱國王政天德統
古與復殺金山而自立喊舍文殺之亦自立戊寅喊
舍高麗助兵四十萬克之喊舍自經死徒其民於西
哥引蒙古契丹軍及東夏國元帥胡土兵十萬圍喊
樓自乙亥歲留哥此觀遼東反覆耶厮不偕號七十

餘曰金山二年統古與喊舍亦近二年至巳卯春留
哥復定之庚辰留哥卒年五十六妻姚里氏入奏會
帝征西域皇太弟承制以姚里氏佩虎符權領其衆
著七年丙戌帝遣姚里氏挈次子善哥永安及
從子塔兒孫扱國奴見帝于河西阿里湫城帝曰
為蒙古人矣其從子善哥代之使歸襲爵帝曰薛闍厄
至姚里氏奏曰留哥既沒官民乏主其長子薛闍
迷城薛闍引千軍救出之身中數矢於蒲華尋思干
從蒙古人有年賴以次子善哥之征西域也
鷹飛不到之地關婦人乃能來耶賜之酒愁勞甚

城與回回格戰傷於流矢以是積功為援都魯不可
遣當令善哥襲其父爵姚里氏拜且泣曰薛闍者留
哥前妻所出嫡子也宜立善哥者婢子所出若立之
是私已而蔑天倫妒子竊以為不可帝嘆其賢給驛
騎四十從征河西帝賜河西俘人九口馬九匹白金九
錠幣器皆以九計許以薛闍襲爵而留善哥塔塔兒
杈國奴於朝惟遺其季子示安從姚里氏東歸丁亥
帝召薛闍闍謂曰昔事朕父彰爾貞慤可尚繼而奸人耶
師又能割愛以爾猶爾父起兵自遼東會朕
厮不等叛人民離散欲食爾父子之肉者今豈無人

乎朕以兄弟視爾父則兩猶吾子爾父亡矣爾其與
吾弟字曾古台並輯軍馬爲第三千爾馬爲
丑從太宗南征有功賜馬四百牛六百羊二百庚寅
帝命與撒兒台東征杖其父遺民移鎮廣寧東夏萬
寧路都元帥行府事自庚寅至丁酉連征高麗東夏
奴國復戶六千有奇戊戌薛闍卒年四十六子收國
奴襲爵行廣寧府路總管軍民萬戶府事易名石剌
益金更造所佩虎符賜之佐諸王也苦及扎剌台控
制高麗已未卒年四十五長子古乃嗣中統元年征

元史列傳卷三六　五

河西三年征李璮破嶧山以功皆受賞至元六年朝
廷併廣寧于東京去職是歲卒年三十六子感哥薛
闍弟善哥賜名蒙古歹命從親王口溫不花已丑從
攻破天城堡鳳翔府以功襲充拔都曾壬辰引兵三
千渡河會大軍平金後伐宋技光州襄陽由千戶遷
廣寧尹至元元年卒年五十二子天祐襲廣寧千戶
改廣寧縣尹

劉伯林

劉伯林濟南人好任俠善騎射金末爲威寧防城千
戶壬申歲太祖圍威寧伯林知不能敵乃縋城詣軍

門請降太祖許之遺禿魯花等與偕入城遂以城降
帝問伯林在金國爲何官對曰都提控即以元職授
之命選士卒爲一軍與太傅耶律秃懷同征討招降
山後諸州太祖北還留伯林屯天成過金兵前後數
十戰進攻西京錄功賜金虎符以本職充西京留守
東諸州木華黎上其功賜名馬二十四錦衣一襲戊
亥同攻下太原平陽己卯破潞絳及火山聞喜民艱
寅同國王木華黎攻破燕京丁丑復從大軍攻下山
北地荒亂人艱

元史列傳卷三六　六

縣時論欲從聞喜民實天成亂人艱
於食力爭而止之部曲所獲俘萬計悉縱之在威
寧十餘年務農積穀與民休息隣境獨蔡而威寧獨
爲樂土嘗曰吾聞活千人者後必封吾
萬餘人子孫必有興者乎辛巳以疾卒年七十
贈太師封秦國公謚忠順子黑馬
黑馬名凝字孟方始生時家有白馬產黑駒故以爲
小字後遂以小字行驍勇有志略年幾弱冠隨父征
大小數百戰出入行陣略無懼色嘗獨行遇金兵
圍之本部十三人即舊劍入圍手殺金兵數人十三人
皆得脫歲壬午襲父職爲萬戶佩虎符薰都元帥祭

未從國王木華黎攻鳳翔不克回屯絳州又從孛羅

攻西夏唐兀甲申從按真那延攻破東平大名乙酉

金降武將武僊攝真定以數從李羅僊

遷去金將忽察虎以兵四十萬復取山後諸州黑馬

逆戰陷胡嶺大破之斬忽察虎歲已丑太宗即位始

管漠軍從征回回河西諸國及破鳳翔西河河州諸

城堡庚寅從

馬先由興元金房東下至三峯山過金大將合達與

元史列傳卷三六 七

戰大破之虜合達斬首數萬級乘勝攻破香山寨又

鈞州賜西錦良馬貂鼠衣以旌其功命增立七萬戶

仍以黑馬為首重喜史天澤嚴賞等次之癸巳從破

南京賜繡衣玉帶甲午從破蔡州滅金乙未同都元

帥荅海紺卜征西川辛丑改授都總管萬戶統西京

河東陝西諸軍萬戶夾谷忙古歹田雄等並聽節制

入覲帝慰勞之賜銀鼠皮三百為直孫衣尋命巡撫

天下讞盡然之黑馬止誅其為首者數人餘悉從

人有司讞病應州郭志全及脅從註誤者五百餘

輕典癸丑從憲宗至六盤山商州與宋接境數為沂

侵命黑馬守之宋人欲兵不敢犯丁巳入覲請立成

都以圖全蜀帝從之成都既立乃命管領新舊商宣

小大諸務賜號也可禿立中統元年廉希憲商宣

撫川陝時密力火者握重兵居成都希憲與挺摩其

為變以黑馬有膽智乘驛馳詔竟誅之其子訴于

朝世祖諭之曰茲命使

路軍民經略使瀘州被圍黑馬曰國事方急以此死無憾

不較左右諫其少休黑馬曰

遂卒年六十三累贈太傅封蔡國公諡忠惠子十二

人元振元禮顯

元史列傳卷三六 八

元振宇仲舉黑馬長子也隨父入蜀立成都會商鄧

間有警命黑馬往鎮商鄧以元振攝萬戶時年方二

十既涖事號令嚴明賞罰不妄麾下宿將皆敬服之

憲宗代宋駐驛釣魚山以元振與細鄰為先鋒中統

元年世祖即位廉希憲挺表以為成都經略使元振

管萬戶宋瀘州守將劉整挺奏以求款降黑馬經略使遣元振

往受之諸將皆曰劉整無故而降不可信也元振曰

宋權臣當國賞罰無章本非南人而居瀘南重地事勢與李

將士離心且整此舉無可疑者遂行黑馬戒之曰劉整宋

全何異整此舉無可疑者遂行黑馬戒之曰劉整宋

之名將乃蜀之衝要今整邊以瀘降情偽不可知
攻無爲一身應事成則爲國家之利不成則當效死
乃其分也元振至瀘整開門出迎元振弈衆而先下
馬與整相見示以不疑明日請入城元振釋戎服
數騎與整聯轡而入瀘州元振至醉整心服焉獻金六千
本非吾人與俱死無益也元振曰人以誠歸我既受
宋瀘州主帥俞興率兵圍瀘州晝夜急攻目正月至
兩男女五百人元振以金分賜將士而歸還其男女
其降豈可以急而乘之且瀘之得失關國家利害吾
五月城幾陷元振釋戎

《元史列傳卷三六》 九

王正卿

有死而已食將盡殺所乘馬犒將士募善游者賷蠟
書至成都求援又權造金銀牌分賞有功未幾援兵
至元振與整出城合擊興兵大敗之斬其都統一人
興退走捷聞且自陳擅造金銀牌罪帝嘉其通於權
變賜錦衣一襲白金五百兩又朝又賜黃金五十兩
弓矢鞍轡黑馬元振居喪起授成都軍民經略使
至元七年議以勳舊之家事權太重宜稍裁抑遂
降爲成都副萬戶十一年命燕潼川路副招討使十
二年卒年五十一子緯嗣從父行軍元振卒緯襲職
佩虎符爲萬戶守潼川創立遂寧諸處山寨從圍釣

魚山數戰有功攻合州授潼川路副招討遷副都元
帥復授管軍萬戶遷同知四川西道宣慰司事入朝
進四川西道宣慰使拜
元禮黑馬第五子也性沉厚有謀常從父在軍中歲
甲寅授金符爲京兆路元帥與魯萬戶中統四年遷潼川路漢軍
成都等路兵馬元帥至元元年遷潼川路元
禮曰料敵制勝在智不在力乃出戰屢破之復大
元禮領繞數千衆敵諸將登城里貴軍有懼色
戰蓬溪自寅至未勝負不決激勵將士曰此去城百

《元史列傳卷三六》 十

王正卿

里爲敵所乘則城不可得入潼川非國家有矣丈夫
當以死戰取功名時不可失也即持長刀大呼突入
陣所向披靡將士咸舊無一不當百大敗賣兵斬首
萬餘級生搶千餘人捷奏賜錦衣二襲白金三錠金
馬一匹金鞍轡弓矢召入朝命復還潼川立蓬溪寨
元禮又奏嘉定去成都三百六十里其間舊有眉州
當以修復之屯兵以扼嘉定往來之路世祖從之四
城可修復之屯
年命平章趙寶臣往視可否或以爲眉州荒廢已久
立之無關利害徒費財力元禮力爭之寶臣是其言
遂興役七日而畢宋人駭其速元禮鎮守眉州五年

安路總管卒

郭寶玉

召入朝乞解官養母從之九年起授懷遠大將軍延
安路總管卒

郭寶玉字玉臣華州鄭縣人唐中書令子儀之裔也
通天文兵法善騎射金末封汾陽郡公兼猛安引軍
屯定州歲庚午童謠曰搖搖罟罟至河南拜闊氏既
而太白經天寶玉嘆曰北軍南汴即降天改姓矣
金人以獨吉思忠僕散揆行中書省領兵禦烏沙堡
會太師木華黎軍忽至敗其兵三十餘萬思忠等走
寶玉舉軍降木華黎引見太祖問取中原之策寶玉
對曰中原勢大不可忽也西南諸蕃勇悍可用宜先
取之籍以圖金必得志焉又言建國之初宜頒新令
帝從之於是頒條畫五章如出軍不得妄殺刑獄惟
重罪處死其餘雜犯量情笞決軍戶蒙古色目人每
丁起一軍漢人有田四頃人三丁者僉一軍年十五
以上成丁六十破老站戶與軍戶同民匠限地一頃
僧道無益於國有損於民者悉行禁止之類皆寶玉
所陳也帝將代西蕃惑其城多依山險問寶玉攻取
之策對曰使其城在天上則不可取如不在天上至
則取矣帝壯之授抄馬都鎮撫癸西從木華黎取

清破高州降北京龍山復帥抄馬從錦州出燕南破
太原平陽諸州縣甲戌從帝討契丹遺族歷古徐鬼
國訛夷朵等城破其兵三十餘萬寶玉習中流矢帝
命剖牛腹置其中少頃乃蘇尋復戰收別失八里別
失蘭等城次忽章河西人列兩陣迎拒戰方酣寶玉
望其懈疾呼曰西陣走矣其兵果走追殺殆盡進兵
下搭思干城次暗木河敵築十餘壘陳船河中俄風
濤暴起寶玉令登火箭射其船一時延燒乘勝直前
破護岸兵五萬斬大將佐里送屠諸壘焚舟里四城
辛巳可弗義國唯算端罕破乃引兵擄得思干
奔印廆帝駐大雪山前時谷中雪深二丈寶玉請封
山川神壬午三月封崑崙山為玄極王大鹽池為惠
濟王從拓拍速不台二先鋒收契丹渤海等諸國有
功累遷斷事官辛于賀蘭山子德海德山以萬
戶破陝州攻潼關卒

德海字大洋資貌奇偉亦通天文兵法金末為謀克
擊宋將彭義斌於山東敗之知父寶玉北降遁入太
行山大軍至乃出降為抄馬彈壓從先鋒拓拍西征
渡乞則里八海攻鐵山衣城與敵軍不相辨乃焚萬

為號煙焰漫野敵軍動乘之斬首三萬殺蝓雪嶺一
北萬里進軍次沓里國悉平之乙酉還至崍山吐蕃
帥尼倫回紇帥阿必丁反復破斬之戊子春從元帥
闢闢出游騎入關中金人開闢拒守德海引駃騎五
百斷闢闢南山八十三寨陝西東興金將武儼軍
引還巳丑秋破南山德海提孤軍轉戰風渡涉敗走斬首二萬
十萬遇於白河德海提孤軍轉戰僨敗走斬金將武
魁欲那技都假道漢中歷荊襄而東興金將武儼軍
餘級復破金軍移剌粘哥軍由洛陽來會于三峯山辛
卯春正月餐宗軍由洛陽來會于三峯山

《元史列傳卷三六》 十三 閻子敬

立軍圍之餐宗令軍中祈雪又燒羊胛骨卜得吉兆
夜大雪深三尺溝中軍僵立刀槊凍不能舉我軍衝
圍而出金人死者三十餘萬其帥完顏哈達移剌蒲
兀走匿浮圖上德海命掘浮圖基出其柱而焚之完
顏斜烈單騎適還洛陽又破金將合喜兵於中牟完
顏斜烈復帥軍十萬來拒戰于鄭先登破之殺其都
尉左崇以功遷右監軍壬辰正月破金師於黃龍岡
癸巳取申唐二州甲午河南復叛德海往討之砲傷
其足以疾歸卒先是太宗詔大臣忽都虎等試天下
僧尼道士選精通經文者千人有能工藝者則命小

通事合住等領之餘皆為民又詔天下置學廩育人
材立科目選之入仕皆從德海之請也子侃
侃字仲和幼為丞相史天澤所器重留于家而教養
之弱冠為百戶驍勇有謀略壬辰金將伯撒復取衛
州侃拒之破其兵四萬於關伯撒即從速不台攻汴
德敗其兵於關伯撒至和林改復取西門金
帥崔立降以功授總把從天澤屯田河改抄馬那顏從宗王
功為千戶壬子送兵仗至木乃兮其國塹道置毒水中侃
旭烈兀西征癸丑至木乃兮其國塹道置毒水中侃
破其兵五萬下一百二十八城斬其將忽都荅而兀

《元史列傳卷三六》 十四 翁子敬

朱箅灘箅灘華言王也丙辰至乞都卜其城在擔寒
山上懸梯上下守以精兵悍卒乃築夾城圍之莫能
克侃架砲攻之將卜者納失兒開門降旭烈兀遣
侃往說兀魯兀乃箅灘來降其父阿力據西城侃攻
破之走擴東城復攻破殺之丁巳正月至兀里兒城
伏兵下令聞鉦聲則起敵兵果來伏發盡殺之海牙
算灘降又西至阿剌汀破其游兵三萬攜挈苔而算
攤降至乞石迷部忽里算灘降西戎大國也地方八
千里父子相傳四十二世勝兵數千萬侃兵至亦破其
兵七萬屠西城又破其東城東城殿宇皆搆以沉檀

木峯火焚之香聞百里得七十二弦琵琶五尺珊瑚
燈紫兩城間有大河冊預道浮梁以防其逼城破合
里法算灘登舟觀河有浮梁柜之乃自縛詣軍門降
其將絆苔兒遁去夜暴雨追之至暮諸軍欲舍廬舍
又行十餘里乃止夜暴雨先所欲舍廬水深數尺明
日獲絆苔兒斬之技三百餘城又西行三千里至大
巴兒算灘降下其城一百八十五又西行四十里至
大焉乃嚴算灘降下其城來邀我師冊與戰大敗之
之不爲偽備冊曰欺敵者亡軍機多詐若中彼計恥莫
房其將住石致書請降左右以住石果來邀我師請爲信然易

密昔兒會日暮已休復驅兵起留毅病辛西行十餘
里頓軍下令軍中銜枚轉箭敵不知也潛兵夜來襲
掇病辛可乃算灘大驚曰東天將軍神人也遂降戊
午旭烈兀命冊西渡海收冒浪冊喻以禍福兀都算
灘曰吾昕所夢神人乃將軍也即來降師還西南至
石羅子敵人來拒冊直出掠陣一鼓敗之揆斯干阿
荅畢算灘降至寶鐵冊以奇兵奄擊大敗之加葉算
灘日己未破兀林游兵四萬阿必丁算灘丁懼來降
得城一百二十西南至乞里彎忽都馬丁算灘來降
西域平冊以捷告至釣魚山會憲宗崩乃還鄧開屯

田立保障世祖即位冊上疏陳建國號築都城立省
臺興學校等二十五事及平宋之策其略曰宋據東
南以吳越為家其要地則荊襄而已今日之計當先
取襄陽既克襄陽彼揚廬諸城彈丸地耳置之勿顧
而直趨臨安疾雷不及掩耳江淮巴蜀不攻自平後
皆如其策中統二年攉江漢大都督府理問官二年
來犯邊史天澤薦冊召入見世祖問計所出曰碧盍
二月益都李壇及徐州總管李杲哥俱反宋夏貴後
徧發猶柙中虎内無資糧外無救援築城環之坐待
其困計日可擒也帝然之賜尚衣弓矢馳至徐斬首

哥夏貴焚廬舍從軍民南去冊追貴過宿遷縣奪軍
民萬餘人而還賜金符為徐邳二州總管杲哥之弟
驅馬復與夏貴以兵三萬來攪邊境冊出戰斬首千
餘級奪戰艦二百至元二年有言當解史天澤兵權
者天澤遂遷他官冊亦調同知滕州三年冊上言宋
人覊留我使宜興師問罪淮比可立屯田三百六十
所每屯置牛三百六十具計一屯所出足供軍旅一
日之需四年徙高唐令蕭冶夏津武城等五縣五年
邑人吳乞兒濟南道士胡王友計平之七年改白馬
令僧咸羅漢與彰德趙當驅友又平之帝以冊習於

軍務摧爲萬戶從軍下襄陽由陽羅上流渡江江南
平遷知寧海州居一年卒倜行軍有紀律野無露宿
雖風雨不入民舍所至興學課農吏民畏服子秉仁
秉義

石天應

石天應字瑞之興中求德人善騎射豪爽不羈頗知
讀書鄉里人多歸之太祖時太師國王木華黎南下
天應率眾迎謁軍門木華黎即承制授興中府尹兵
馬都提控俾從南征天應造戰之具臨機應變捷
出如神以功拜龍虎衛上將軍元帥右監軍戍燕天
應旌旗色用黑人目之曰黑軍屢從木華黎大小二
百餘戰常以身先士卒累功遷右副元帥辛巳秋八
月從木華黎征陝右假道西夏自東勝濟河南攻葭
州技之天應因說太師曰西戎雖降實未可信此州
富金夏之衝君人德勇倉庫豐實加以長河爲限脫
爲敵軍所梗緩急非便宜命將守之多造舟楫以備
不虞此萬世計也木華黎然之表授金紫光祿大夫
陝西河東路行臺兵馬都元帥以勁兵五千留守葭
盧遂造舟楫建浮橋諸將多言水派波惡恐勞費無
功天應下令曰有沮吾事者斷其舌橋成諸將悅服

先時葭守王公佐收合餘燼攻函谷關將圖復故地
及見橋成遂潰去於是分兵四出悉定葭綏之地一
曰謁木華黎於汾水東木華黎諭以進取之策天應
皆平川廣野可以駐軍規取關陝天應
諫曰河中雖用武之地南有潼關西有京兆皆金軍
所屯且民新附其心未一守之恐貽噬臍之悔天應
曰葭州正通鄜延今鄜延已平延不孤立若發國書令
夏人取之猶掌中物耳且國家之急本在河南此州
路險地僻轉餉甚難河中雖迫於二鎮實用武立功
之地比接汾晉西連同華地五千餘里戶數十萬若
起漕運以通饋餉則關內可坐期而定關內既定長
河以南在吾目中矣吾年垂六十老矣將至一旦卧
病床第聞後生輩立功名死不瞑目男兒當立長
戰陣以報國是吾志也秋九月遂移軍河中既而金
軍果潛入中條襲將吳澤伏兵
要路澤勇而暬卧林中金兵由間道
已直抵城下時兵燼後守具未完新附者爭繼而去
敵乘隙入天應見火舉知敵已入奮身角戰左右從
者四十餘騎皆曰吾澤誤我敓勒西渡河天應曰先

先時人諫我南遷吾違眾而來此事急弃去是不武
也縱太師不罪我何面目以見同列乎今日惟死而
已汝等勉之少頃敵兵四合天應飲血力戰至日午
死之木華黎聞而痛惜焉子煥中知興中府事執中
行軍千戶受中興中府相副官初天應死事時弟天
行軍千戶安童皆有功十三年隆興之分寧版行省檄安童
討李璮皆有功十三年隆興之分寧版行省檄安童

元史列傳卷三十六　九　陸黃

而出趙木華黎嘉其勇奏授金符行元帥尋詔將官各就
本城搜興中府千戶安童襲職佩金符從征大理
之木華黎行營求得蒙古軍數千四與敵戰敗
禹子佐中在軍中伺敵少懈倒抽其斧及斫之突城

討之賊背山而陣安琮引兵出陣後賊驚潰退而距
守安琮揮兵直抵壘門賊揚言曰頭少容行伍而戰
死且不憾安琮從之賊果出陣安琮突陣而入大呼
曰吾止誅賊首生擒之賊非我敵也手刃中賊背生擒之
累功至右衛親軍副都指揮使進階懷遠大將軍賜
金虎符後授大同等處萬戶當戍領江左新附卒萬人屯
田紅城大德三年李萬戶⋯⋯和寧親老且病安琮
請代其行及還以病卒子居謙襲職後攺忠翊侍衛
親軍都指揮使

移剌捏兒

移剌捏兒契丹人也幼有大志膂力過人沉毅多謀
署遼亡金以為參議留守等官皆辭不受聞太祖舉
兵私語所親曰金以為國復讎此其時也率其黨百餘人
詣軍門獻十策帝召見與語奇之賜名賽因赤
又聞爾生何地對曰霸州因號為霸州元帥乙亥拜
兵馬都元帥佐太師木華黎命捏兒出奇兵掩
擊斬致木華黎第功⋯⋯以聞遷龍虎衛上將軍兵馬都

元史列傳卷三十六　二十　修孟賢

將烏古兒⋯桐幹兒合兵討之致拒戰涅兒出兵掩
州賊張致兵勢方熾且盜名號木華黎取北京下高利興松義
錦等二十六城破五十四寨平利州賊劉四祿及錦

提控元帥繼取遼東西廣寧金復海蓋等十五城興
州監州重兒反復與烏也兒討平之帝遣使者詔之
曰自汝効順戰功日多今錫汝金虎符居則理民有
事則將其勿替朕意戊寅從攻東平辛巳從攻延安
壬午從圍鳳翔先登手殺數十人左臂中流矢創甚
眾創進攻丹延木華黎止之對曰創未至死敢自愛
耶木華黎壯之與金兵戰木華黎乘高見其馳突萬
簡覷衛七百人與金兵戰繼進金兵敗走丹延十
眾中曰此霸州元帥也諸軍繼進金兵敗走丹延十
餘城皆降還軍民都壇魯花赤都提控元帥燕興勝

府尹娑未從帝征河西木華黎攻益都下萊膠淄等三十二城戊子得疾歸高州辛贈推忠宣力保德功臣太尉開府儀同三司上柱國追封興國公謚武毅子買奴

買奴蠻從父爵初入見太祖問曰汝年雖小能襲父爵乎對曰臣年雖小國法不小帝異其對顧左右曰此兒甚肖乃父以為高州等處宣慰使萬戶庚寅命攻高麗花凉城監軍張達翼劉霸都殉於敵買奴怒曰兩將陷賊義不獨生趍出戰破之誅首於將撫安其民進攻開州州將金沙窅逆戰擒之城中人出童男女雙金玉器以獻鄰不受遂下龍宣雲泰等十四城癸已從諸王按赤台征女直萬奴部有功未幾召還興州趙柞之斬賊將董蠻等圍寨於險親王察合台帥師討之斬賊將劉五兒即寨北小徑上大樹以繩潛引百人登寨直前刦之買驢授崔死樹寨三月不能下買奴令健卒餘黨悉平太宗即位錄功賜金鞍良馬乙未從征高麗入王京取其西京而還賜金鎖甲加鎮國上將軍征東大元帥佩金符復命出師高麗將行以疾卒年四十贈推誠效義功臣榮祿大夫平章政事追封興

國公謚顯懿子元臣

元臣別名哈剌哈孫年十六八宿衛應對進止有度世祖謂丞相和曾火孫曰此勳臣子非凡器也以為怯薛必闍赤襲千戶將其父軍從伐宋攻淮西戍清口耴瓜洲下通泰累有功至元十二年從丞相伯顏平宋進階武義將軍中衛親軍總管佩金虎符十四年只兒瓦台叛圍應昌府時皇女魯國公主在圍中元臣以所部軍馳擊只兒瓦台敗走追至魚兒濼擒之公主歲賜甚厚奏請暫留元臣鎮親軍副都指揮居一歲召至京師遷明威將軍後衛親軍副都指揮使還鎮應昌又三歲召還加昭勇大將軍十九年帝以所籍入權臣家婦賜之元臣辭曰臣家世清素不敢自污帝嘉嘆不已二十二年進昭毅大將軍同僉江淮行樞密院事行院罷歸高州帝親征乃顏元臣率家僮五十人見行在所願效前驅八年移僉湖廣行樞密院事時溪洞施容等州蠻獠作亂元臣親入其境喻以禍福賊首魯萬丑降三十年卒于官贈推安遠功臣龍虎衛上將軍同知樞密院事追封興國公謚忠靖子迪中奉大夫湖廣宣慰使都元帥

耶律禿花　禿滿荅兒　忙古帶

耶律秃花契丹人世居桓州太祖時率衆來歸大軍
入金境爲嚮導獲所牧馬甚衆後侍太祖同飲班木
河水從伐金大破忽察虎軍又從木華黎收山東河
北有功拜太傅總領也可那延封濮國公賜虎符銀
印歲給錦幣三百六十廷統萬戶扎剌兒劉黑馬史
天澤伐金卒于西河州子朱哥嗣仍統劉黑馬等七
萬戶與都元帥塔海紺卜同征四川卒于軍子寶童
嗣以疾不任事朱哥弟買住嗣寶童充隨路新
軍總管買住言於憲宗曰今欲略定西川下流諸城
當先定成都以爲根本臣請徃相其地帝從之遂率

諸軍徃成都攻嘉定未下而卒子忽林帶嗣總諸軍
立成都府卒于軍以兄百家奴嗣自朱哥至百家奴
並襲太傅之兄也可那延秃滿荅兒者百家奴之弟
忽林帶之兄也常留中宿衛後百家奴解兵柄爲他
官乃授成都管軍萬戶代將其軍至元十一年從忽
敦攻嘉定修平康寨以守之十二年從汪田哥攻九
頂山破之殺都統一人嘉定降從忽敦徇下瀘叙諸
城圍重慶守合江口又以舟師塞龍門灘遏其援兵
十三年瀘州叛從汪田哥攻之重慶遣兵援瀘邀擊
破之獲七十人瀘堅守不下秃滿荅兒夜率兵攻奪

水城以進黎明先登入瀘城克之斬其將王世昌李
都統復從不花圍重慶守將張珏搏戰敗之城下重
慶降賜虎符授夔路招討使遷四川東道宣慰使仍
兼夔路招討改同僉四川行樞密院事遷四川
等夔行中書省左丞尚書省立改行尚書省左丞進
右丞卒忙古帶寶童之子也世祖時賜金符襲父職
爲隨路新軍總管統領山西兩路新軍從征也速
必甸至雲南詔以其衆入緬忙古帶奮擊破之九十餘
帶兒征蜀及思播建都諸蠻夷有功陞萬戶從攻羅
奔諸蠻徃徃伏險要爲偸忙古帶

戰至緬境開金齒道奉王以還遷副都元帥從諸王
阿台征交趾至白鶴江與交趾戰奪其戰
艦八十七艘又從雲南王攻羅必甸破之二十九年
入覲成宗即位授烏撒烏蒙等處宣慰使兼管軍萬
戶遷雲南行省命率師討平之事聞九年討賜普安羅雄
斯叛雲南行省命率師討平之事聞
五十兩金鞍轡又弓矢以旌其功九年討普安羅雄
州叛賊阿填擒殺之進驃騎衛上將軍遙授雲南諸
路行中書省左丞行大理金齒等處宣慰使都元帥
卒于軍至大四年贈龍虎衛上將軍平章政事仍追

封濼國公謚威愍子火你赤襲萬戶

王珣子榮祖

王珣字君寶本姓耶律氏世為遼大族金正隆末契
丹高翰叛祖成從母氏避難遷西更姓王氏遼為義
州開義人父伯俊伯亨無子以珣為後珣武力
絕人善騎射尤長於擊鞠年三十餘遇道士謂珣曰
君之相甚奇它日因一青馬而貴珣未之信居歲餘
有客以青馬來鬻珣私喜曰道士之言或驗乎乃倍
價買之後乘以戰其進退周旋無不如意又審行凌
水濱得一古刀其背銘曰璽無不動必成功常佩

之每有警必先鳴故所向皆捷初河朔兵動募強各
摧衆據地珣慨然曰世故如此大丈夫當自振拔否
則為人所制乃召諸鄉人諭以保親族之計粲從之
雄珣為長旬月之間招集遺民至十餘萬歲乙亥太
師木華黎略地奠珣率更民出迎承制以珣為元
帥兼傾義川二州事丙子春張致借號錦州陰結開
義楊伯傑等來掠義州珣出戰伯傑引去令左右掎角之
以千騎來衝珣選十八騎突其前後令左右掎角之
一卒以鎗刺珣珣揮刀殺之其衆潰走獲其馬甚盡
時興中亦叛木華黎圍之召珣以全軍來會致宼覘

其屬夜襲之家人皆遇害及興中平珣無所歸木華
黎留之興中遣其子榮祖馳奏其事帝諭之曰汝父
子宣力我家不意其子榮祖馳奏其事帝諭之曰汝父
自今以往當忍恥蓄銳俟逆黨平彼之族屬城邑人
民一以付汝吾世世子仍免徵賦五年使汝父世
為大官珣以木華黎兵復開義語汝父伯傑等殺之進攻
錦州致部將高益縛致妻子及其餘黨千餘人以獻木
華黎忘以付珣珣但誅其始亂者皆揮之始還義州
丁丑入朝帝嘉其功賜金紫光祿大夫兵
馬都元帥鎮遼東便宜行事兼義川等州節度使珣

貌黑人呼為哈剌元帥哈剌中國言黑也從木華
黎略山東至蒲城令還鎮錦州
兵略山東至蒲城令還鎮甲申春正月卒年四十
海之險反覆不常非盡坑之終必為變對曰國朝經
略中夏宜以恩信結人若降者則殺甚是雙無子四
乎珣還以子榮祖代鎭其衆甲申春正月卒年四十
八珣為政簡易賞罰明信誅強撫弱甚無徇人榮祖襲

榮祖字敬先珣長子也性沉厚語音如鐘勇力絕人
珣初附於木華黎以榮祖為質稍見任用珣嗣國
祿大夫崇義軍節度使義州管內觀察使從嗣國王

李魯入朝帝聞其勇選力士三人迭與之搏皆應手
而倒欲留置宿衛會金平章政事葛不哥行省於遼
東咸平路宣撫使蕭鮮萬奴惜號於開元遂命榮祖
遷副萬里台進討之拔蓋州宣城等十餘城葛不哥
走死金帥郭琛完顏曳魯馬戰死邊與高奴等猶攘石
城復攻拔之曳魯馬死趙遣李高奴出降虜生口千
餘副萬里台欲散於麾下榮祖屢請皆放為民方城未
下時榮祖遣部卒賈實完其城城崩被壓眾謂已死
弟顧也榮祖曰士忘身死國安忍棄去發石取之猶
生一軍感激榮為効死有言義人懷反側者撒里台

將屠之榮祖馳驛奏辨事乃止己丑授北京等路
行萬户換金虎符伐高麗圍其王京高麗王力屈遣
其兄淮安公奉表納貢進討萬奴擒之趙以興州
叛從諸王按只台平之祁黨猶剽掠景薊間復從大
將唐兀台討之榮祖曰承詔討逆人耳豈可戮
及無辜宜惟抗我者誅大將然之由是免死者眾再
從征高麗破十餘城高麗遣子縛入質帝賜錦衣雄
其功又從諸王也忽略地三韓降天龍諸堡皆禁暴
掠民悅服之破五里山城請於主將全其民遂下竈
子城竹林寨苦數島帝嘉其功賜以金幣官其子

興千户仍實其部曲移鎮高麗平壤帝遣使諭之曰
彼小國負險自守釜中之魚非久自死緩急可否卿
當熟思榮祖乃募民屯戍關地千里盡得諸島嶼城
壘高麗遣其世子俔出降遂以俔入朝中統元年夏
詔榮祖詣闕帝撫慰之曰卿父子勤勞於國誠節如
一進汰遷招討使兼比京等路征行萬户賜賚鞍弓
矢還鎮以病卒年六十五子十三人顯者六人通興
中府尹泰權知義錦川等州總管興征東道廷鎮國上將
陽路管軍軍萬户達東京五處征行萬户廷鎮國上將
軍中衛親軍都指揮使遽江西湖東道提刑按察使

列傳卷第三十六

翰林學士亞中大夫知制誥兼修國史宋濂

翰林待制同知制誥兼國史院編修官王禕　纂

石抹也先

子也年十歲從其父問宗國之所以亡即大憤曰兒

日而卒父脫羅畢案兒亦不仕有子五人也先其仲

氏為石抹氏其祖庫烈兒普不食金祿率部落遠徙

后還而族留至遼為述律氏號稱后族遼亡改述律

石抹也先者遼人也其先審從蕭后舉族入突厥及

楙

《元史傳卷三十七》　一　　陳彥昭

能復之及長勇力過人善騎射多智略豪服諸部金

人聞其名徵為墨部長即讓其兄贍德納曰姑受

之為保宗族計送深自藏匿居北野山射狐鼠而食

聞太祖起朔方可傳檄而定也太祖悅命從太師國

王木華黎取東京過臨潢次高州木華黎令也先

率十騎為先鋒也先獨與數騎邀而殺之入據

府中問吏列兵於城何謂吏以遼備對也先曰吾自

其所受誥命至東京謂守門者曰我新留守也入攝

人新易東京留守將至也先曰我新留守也入攝

朝廷來中外晏然奈何欲陳兵以勤撫人心乎即命

撒守備曰冠至在我無勞爾輩是夜下令易置其將

佐部伍三日木華黎至入東京不費一失得地數千

里戶十萬八千兵十萬資糧器械山積降守臣寅答

虎寺四十七人定城邑三十二金人裹其根本之地

始議遷河南歲乙亥移師圍北京城父不下及城破

將屠之也先曰王師拯人水火彼既降而復屠之則

未下者人將死守天下何時定乎因以上聞放之授

御史大夫領北京達魯花赤時石天應與豪首數十

擾興中府也先分兵降之奏以為興中尹又命也先

《元史傳卷三七》　二　　陳彥昭

副脫忽闍闍里必監張鯨等軍征燕南未下州郡至

平州鯨稱疾不進也先執鯨送行在所帝曰朕

何負汝鯨對曰臣實病非敢叛帝曰今呼汝第致為

質當活汝鯨諸軍遁而宵逝也先籍其私養敢死之士萬二千

其兄矣致既伏誅也先追戮之致已殺使者應

人號黑軍者上于朝賜虎符進上將軍以御史大夫

提控諸路元師府事舉遼水之東悉以付

之後從國王木華黎攻益州北城先登中石死時年

四十一子四人曰查剌曰咸錫曰博羅曰侃查剌亦

善射襲御史大夫領黑軍戊寅從木華黎攻平陽太

原隰豈嵐關西諸郡下之遂攻益都久不下及降
衆欲屠其城查剌曰殺降不祥且得空城安用之
由是遂免己卯詔以黑軍分屯安定固安平陽
隰吉豈嵐諸郡及南征盡以黑軍為前列敗金將白
撒吉奴于河渡河再戰盡殺之王解錦衣以賜辜丑太宗嘉其
和門收圖籍而還帝悉以諸軍俘獲賜黑軍癸巳從
國王塔思征金帥宣撫萬奴於遼東之南京先登衆
軍乘之而進遂克之
功授真定北京兩路達魯花赤中統三年從征李璮中流矢卒
十四子庫祿淵襲職

子良輔襲黑軍總管至元十七年以功累陞昭毅大
將軍沿海副都元帥二十一年改沿海上副萬戶大
德十一年告老子繼祖襲萬戶咸錫之子夔剌攻樊
城戰死贍德納後亦棄官來歸為別失八里達魯
花赤辛其孫亦剌馬丹仕至遼陽省左丞亦剌馬丹
子倉赤為湖廣行省平章政事

何伯祥

何伯祥易州易縣人幼從軍子金從張柔來歸太祖
定河朔惟保定王子昌信安張進堅守不下子昌
駝將也柔命伯祥取之兵通其城子昌出走追及之金

伯祥執槍馳馬子昌反射之中手而貫槍伯祥拔矢
棄槍策馬直前徒手搏之擒子昌進聞之亦遁去伯
祥遂攻西山諸寨悉平之後攻訐梁洛陽圍歸德
破蔡州論功居多授易州之後攻訐梁洛陽圍歸德
帥察罕伐宋伯祥技三十餘柵復戰艦千餘艘又破
芭蕉望鄉大洪張家等寨俘獲甚眾器械山積察罕
以其功聞賜錦衣金甲壬子諸軍入宋境察罕自他
道邅還諸軍倉皇失措伯祥曰此必為敵所過不若
出其不意而遂深入其地彼不我測乃可出也遂率
兵突戰直抵司空寨疏布營壘陵高伐木為攻取勢
既夜命為五營營火十炬伏精銳于營側險要之地
天將明令士卒速行而鳴鼓其後宋兵果來追伏發
驚駭潰去追擊大破之轉戰百餘里他軍不能歸者
皆賴以出帝聞之賜金二百兩世祖南伐伯祥參預
軍事多所獻納卒于軍贈儀同三司太保上柱國追
封易國公諡武昌子琿

瑋始襲父職知易州兄行軍千戶卒瑋復襲之鎮亳
州從圍樊城宋將夏貴率舟師來救瑋時建營於城
東北當其衝貴兵縱火焚此關遂進逼瑋萬戶脫因
不花等呼瑋入城瑋曰建功立業此其時也何避焉

乃率其衆誓以死戰開營門以身先之貴敗走至元
十一年丞相伯顏受命代宋辭璋為帳前都鎮撫
次陽羅堡夏貴率戰艦列江上下璋從元帥阿术率
衆先渡諸軍繼之貴復敗走宋丞相賈似道率舟師
拒于丁家洲璋將勇敢士出戰奪宋舟千餘艘似道
去授武德將軍管軍總管佩金虎符昭勇大將軍進懷遠
大將軍太平路軍民達魯花赤俄陞昭勇大將軍行
戶部尚書兩淮都轉運使至元十八年擢參議中書
省事二十年擢為江浙按察使二十二年改大名路
總管二十八年遷湖南宣慰使三十一年拜中書參

陳垕

知政事時宰執凡十一人璋曰古者一相專任賢也
今宰執貪多政出多門轉相疑忌請損之不從遂乞
代大德四年授侍御史以母病辭七年授御史中丞
陳當世要務十條成宗嘉納之京師孔子廟成璋言
唐虞三代國都間巷莫不有學今孔子廟既成宜建國
學於其側從之賽典赤八都高等還自貶所復相位
璋言姦黨不可復用宜選正人以居廟堂帝深然之
監察御史郭章劾中哈剌哈孫受賕具服而哈剌
哈孫密結權要以枉問誣章璋率臺臣入奏辯論劾
切章遂得釋九年冬將有事于南郊議配享璋曰嚴

父配天萬世不易不果行成宗崩丞相阿忽台奉皇
后旨集廷臣議祔廟及攝政事璋之阿忽台變色
曰中丞謂不可行獨不畏耶聚皆危懼璋從容曰
死畏不義苟死於義夫復何畏未幾以疾擢璋從容
宗即位于上都授太子詹事遣使促璋就職後遂
授平章政事商議中書省事武宗至自上都臨朝問
曰執為何中丞當勉輔至大元年遷太子詹事未幾
朕有不逞卿當勉仍平章政事佩金虎符提調屯田
使俄拜中書左丞平章政事商議中書省首事燕衛率
擢河南行省平章政事佩金虎符提調屯田事帝召

陳垕

至撝前面諭曰汴省事重屯田久廢卿當為國竭力
賜黑貂裘一錦衣二襲璋至汴建蔦亮祠立書院
以地三千畝贍之三年改河南行尚書省平章政事
辛贈太傅開府儀同三司上柱國追封梁國公謚文
正

李守賢

李守賢字才叔大寧義州人也祖小字放軍嘗從金
將攻宋淮南飛石傷髀錄功賞生口七十主將分命
將校殺所掠俘苟有失亡者罪死放軍當殺五百人
皆縱之去金大安初守賢曁兄庭植弟守正守忠從

兄伯通伯溫歸歎於太師國王木華黎入朝太祖干
行在所即命庭植為龍虎衛上將軍右副元帥崇義
軍節度使守賢授錦州臨海軍節度觀察使第守忠
為都元帥守河東授以全晉為要害之地人心危
疑未定非守賢鎮撫之不可乃自錦州遷河東南路
兵馬都總管廣寅太宗南伐道平陽見田野不治
以問守賢對曰民貧窘乏耕其致然詔給牛萬頭仍
路兵馬都總管廣加金紫光祿大夫知平陽府事縣本
戊子朝于和林加金紫光祿大夫知平陽府事縣本
徙關中生口墾地河東路卯平陽當移粟萬石輸雲

元史列傳卷三十七

七

王正卿

中守賢奏以百姓疲敝不任輓載帝嘉納之時河中
未下守賢建言以為將士逗留沮撓多所傷溺臣請
自此面鑿城先登如其言城果下遂搆浮橋明年蒲
津南濟潼關二月大破趙雄兵于芮城時方會師圍
汴留守賢屯萬汝金兵十餘萬保少室山太平寨
守賢以三千人介其中度其帥完顏延壽無守禦
之才癸巳正月望夕延壽擊毬為嬉守賢潛遣輕
捷者數十人緣崖賤附以登殺其守遂大縱兵
入破之下令禁無抄掠悉收餘眾以歸守賢未嘗妄
天交牙蘭若香爐諸寨皆望風俱下守賢未嘗妄

殺一人及攻河南其渠魁強者以其眾出奔
守賢追及降之秦藍帥王祐聚眾數萬攘號之南
山守賢使人責祐素憚守賢威即以所部來
附關東洛西遂定甲午冬十月卒年四十六子毅
嗣歲丁酉從太師塔海紺布征蜀漢有功明年攻
碉門又明年下萬州會戰於瞿塘獲戰艦千餘艘
辛丑朝行河東道行軍萬戶蔑千餘艘
進兵攻成都由廣元出葭萌度木瓜坡蜀之餘蘖
團聚為梗聞毅至潛為伏以待毅謀知之令眾銜
枚疾進出其不意賊兵敗走長驅至成都破之王

元史列傳卷三十七

八

王正卿

子襲嘉定戊午秋憲宗南伐巳未入梁州師次江上
造舟為梁以通援兵且斷宋人往來之路會江漲
梁中絕宋將率舟師萬艘遞戰毅以一旅先犯之
諸軍繼進遂破之明日帝召謂諸將曰波輩平日自
負驍勇及臨敵不能為朕立尺寸功獨李毅身犯
矢石摧鋒陷陣視敵篾如言勇者如毅乃可耳賜
白金二百五十兩中統三年改河東路總管佩金
虎符移京兆路加昭勇大將軍未幾移洺磁路至
元七年正月卒年四十九子十一人伯溫見忠義
傳

耶律阿海遼之故族也金桓州尹撒八兒之孫尚書
奏事官脫迭兒之子也阿海天資雄毅勇畧過人尤
善騎射通諸國語金季選使王可汗見太祖姿貌異
常因進言金國不治戎俗日後肆云可立待帝喜
曰汝肯出使與弟禿花俱性慓勞加厚遂以子為質
年復出使與弟禿花為盟阿海對曰顧以禿花為質
者飲辨屯河水為盟阿海兄弟皆預為既敗王可汗
直宿衛阿海得參預機謀出入戰陣常在左右歲壬
戌王可汗叛盟謀襲太祖太祖與宗親大臣同休戚

〈元史列傳卷三十七〉　九　季明迅

金人訝其使父不還拘家屬于瀛阿海殊不介意攻
戰愈厲帝聞之妻以貴臣之女給戶俾食其賦癸亥
冬進攻西夏諸國累有功丙寅帝建龍旂即大位敕
左帥闊別略地漢南阿海為先鋒辛未破烏沙堡鏖
戰宣平大捷滄河遂出居庸耀兵燕北癸酉援宣德
德興乘勝次北口闊別改下紫荊關阿海妻曰好生
乃聖人之大德也興剳之始顧止殺掠以應天心帝
嘉納焉遂分兵路燕南山東諸郡還駐燕之近郊金
主懼請和諭其使曰阿海妻子何故拘繫弗遣即送
來歸師還出塞甲戌金人走汴阿海以功拜太師行

中書省事封禿花為太傅濮國公每宴享必賜坐命
禿花從木華黎平中原阿海從帝攻西域俘其首長
只闌禿下蒲華尋斯干等城留監尋斯干專任撫綏
之責未幾以疾薨于位年七十三至元十年追封忠
武公子三人長忙古台次綿思哥次捏兒哥忙古台
在太祖時為御史大夫佩虎符監戰左副元帥官綿
紫光祿大夫管領契丹漢軍守中都招安水泊等處
卒無子捏兒哥在太祖時佩虎符為右丞行省遼東
萬奴叛舉家遇害綿思哥遇害中都路也可達魯花

〈元史列傳卷三十七〉　十　季明迅

請還內郡守中都路也可達魯花赤佩虎符卒子二
人買哥通諸國語太祖時為奉御賜只孫服襲其父
中都之職時供億浩繁貸于民買哥卷以私帑償
之事聞賜銀萬兩戊午從攻蜀師次釣魚山卒于軍
妻移剌氏以哀毀卒特贈員靜子七人老哥歷提刑
按察使入為中書左丞驢馬備宿衛篤闊赤仕至
右衛親軍都指揮使至元二十四年世祖宴于柳林
命驢馬居其父位次賜只孫服二十五年戌哈喇禿
有戰功以老乞骸骨子六人五臺奴襲職授都兒中
書右丞文謙興國路總管卜花早卒蒙古不花荊湖
北道宣慰使虎都不花一名文炳湖州同知萬奴為

何實

何實字誠卿其先北京人魯祖搏霄雄於貲好施與
鄉里以善人稱祖敬父道忠仕金為北京留守實
少孤依叔父君氣節不凡家人常入卽內見一青蛇
蜿蜒衣被中駭而視之乃實也及長通諸國譯語驍
勇善騎射倜儻不羈遠近之民慕其雄署咸歸心焉
歲乙亥中原盜起錦州張鯨自立為臨海郡王遣使
納欵于太祖尋以叛伏誅鯨弟致初以叛謀於實實
鷹聲叱曰天之曆數在朔方汝等忿為不軌徒自斃

《元史列傳卷三十七》 十一 徐孟賢

耳乃籍戶口一萬募兵三千兩子春來歸大將木華
黎與論兵事奇變百出拊髀欣躍大加稱賞遂引見
太祖獻軍民之數帝大悅賜鞘劍一命從木華黎選
充前鋒時張致復據錦州實與賊兵城甚眾木華黎
陷陣殊死戰殺三百餘人獲戰馬都帳前軍馬都詔
封木華黎太師國王東下齊郡數郡使實帥師四千
秦賜鞍馬弓矢以勤之以功為帳前軍馬都彈壓詔
燕南藁西之地首擊邢州徇趙薄濰州與木華黎會
曾濼恩德泰安濟寧夔如破竹越鄴下博關襲
還兵馬都鎮撫從取大同鴈門石隰莘州悉平之引

兵掠太原平陽河中京兆諸城所向欵附木華黎錄
其功表實為元帥右監軍癸未木華黎卒子孛魯嗣
武仙復叛擾邢實帥師五千圍之立雲梯先士卒登
堞橫稍突之城破武仙走逐北四十里大破之斬首二
百餘級是夜仙遁去令下敢有擅剽掠者斬軍
中肅然士民按堵孛魯命實駐兵邢州分織匠五百
戶置局課織丁亥賜金虎符便宜行元帥府事邢因
之如神明甲申宇魯復命駐邢多著善政陳蔡唐
鄧許釣睢鄭亳潁所至有功計梟首一千五百餘級
俘工匠七百餘人字魯命實西夏以實分兵攻汴陳

《元史列傳卷三十七》 十二 徐孟賢

武仙之亂歲屢饑請移匠局于博李魯從之惯其勞
瘁使勿出征更撤東平嚴實與之分治軍民事博值
兵火後物貨不通實以綵數印置會子權行一方民
獲貿遷之利庚寅丁酉太宗有旨收諸將金符乙未字魯以實
子仲澤為質子丁酉殷帝歡甚問遇盜之故命所獲冠勿
三籬次陵州遇寇實與左右射之斃二十餘人生獲
十餘人朝于帳殷帝歡甚問遇盜之故命所獲冠勿
殺仍以賜實是日賜坐與論軍中故事良久曰思鄉
效力有年朕欲授以征行元帥後當重任實扣頭謝
曰小臣被堅執銳從事鋒鏑二十餘年身被十餘槍

右臂不能舉已爲廢人矣臣不敢辱命顧辭監軍之
職幸得元佩金符智治工匠歲獻織帶優游以終其
身於臣足矣帝默然不悅令射以觀其強弱實不能
射命人宿衞客使人覘之實果不能舉固辭十餘
始可其奏遣錫宴取金符親賜以漢字宣命充
御用局人匠達錫魯花赤子孫世其爵更賜白貂帽減
鐵繫腰貂衣一襲弓一矢百遺睇丁巳卒子博子九
人孫十七人子崇禮授應奉翰林文字從仕郎同知
制誥兼國史院編修官

郝和尚拔都

《元史列傳卷三十七》　十三　肉帝

郝和尚拔都太原人以小字行刼爲蒙古兵所掠在
郝王迄怠庵下長通譯語善騎射太祖遣使宋性返
數以辯稱歲戊子以九原府主帥佩金符庚寅
率兵南伐署地潼陝有功辛卯授行軍千戶乙未從
皇子南伐至襄陽宋兵四十萬逆戰漢水上領先鋒
數百人直衝其陣宋兵大潰丙申從都元帥塔海
征蜀下興元宋將王連以重兵守劒閣乃募敢死士
十二人乘夜破關入蜀諸城悉下明年取夔府九人
江宋兵三十萬軍於南岸郝和尚拔都選驍勇九人
乘輕舸先登横馳陣中既出復入宋兵不能支由是

以善戰名庚子歲太宗於行在所命解衣教其癰痕
二十一嘉其勞進拜宣德西京太原平陽延安五路
萬戶易佩金符虎符以兵二萬屬之太原平陽馬六騎金錦
弓鐀有差甲辰朝定宗於宿怠都之行官賜銀校愾力
辭以賞賜將校劉天祿等十一人皆賜之金銀符戌
之功遂奏將校劉天祿等十一人皆賜之金銀符戌
申奉詔還治太原請凡遠道租稅課過重者悉蠲
除之歲饑出白金六十鋌粟千石羊數千以助國用
巳酉陞萬戶府爲河東北路行省得以便宜從事凡
四年壬子三月辛追贈太保儀同三司興國公諡忠

《元史列傳卷三七》　古　肉帝

定子十二人長天益佩金符太原路軍民萬戶都總
管次仲威襲五路萬戶都總管不花鎮蠻都元帥軍民
宣慰使天舉大都路總管無府尹天祐陝西奧魯萬
戶天澤夔州路總管天麟京兆等路諸軍奧魯萬戶
天挺河南江北行中書省平章政事

趙瑨

趙瑨雲中蔚州人父昆仕金爲帥府評事兄珪以萬
戶守飛狐城歲庚午昆卒珪其母如蟲州留瑨於
飛狐瑨自刎不顧開習武事癸酉太祖南伐先鋒至
飛狐城中不知所爲瑨詣諸縣曰大兵壓境不降何待

衆從之丁丑太師國王水華黎駐兵桓州署爲百户
從攻蠡州金兵閉城拒守國王裨將石抹也先戰死
王怒將屠其城瑁泣曰毋與兄在城中乞以一身贖
一城之命哀懇切至國王義而許之從攻相州抵其
門再戰七日破其城論功授奠州行軍都元帥佩金
虎符瑁讓其兄璉朝廷從之改授瑁軍民總管稍遷
易州達魯花赤佩金符自易州馳驛
輪矢二十餘萬至行在帝大喜命權中都省事癸巳
趙揚撫興州叛瑁進軍平之遷中山真定二路達魯

《元史列傳卷三毛》 三五

花赤中統元年詔立十道宣慰司以瑁爲順天宣慰
使至元元年轉淄萊路總管六年改太原路總管十
二年陞燕南道提刑按察使十四年遷河南道十六
年致仕明年卒年八十皇慶元年贈儀同三司太保
上柱國追封定國公諡襄穆子秉溫
秉溫事世祖潛邸命受學於太保劉秉忠從征吐蕃
雲南大理中統初詔行右三部事至元七年剙習朝
儀闊試稱旨授尚書禮部侍郎知侍儀司事明年授
秘書少監贖求天下秘書十九年遷昭文館大學士
知太史院侍儀司事授時曆成賜鈔二百錠進階中

奉大夫二十九年編國朝集禮
特命其子慧襲
侍儀使皇慶元年贈金紫光祿大夫司徒雲國公諡
文昭子慧後仕至昭文館大學士

石抹明安
石抹明安桓州人性寬厚不拘小節爲童子時嘗騎
杖爲馬令群兒前導行列整肅無敢喧譁者父老見
而異之曰是兒體貌不凡進退有度他日必貴旣長
歡曰士生于世當立功名書竹帛以傳無窮寧肯碌
碌無聞與草木同腐邪歲壬申太祖率師攻破金之
撫州將遂南向金主命招討紇石烈九斤來援時明

《元史列傳卷三七》 三六

安在其麾下九斤謂之曰汝嘗使比方素識蒙古國
主其性臨陣問以舉兵之由不然即詣之明安初如
所教俟策馬來降帝命縛以俟戰畢問之旣敗金兵
召明安詰之曰爾何以署我而後降也對曰臣素有
歸明之志向爲九斤所使恐其見疑故如所言不爾何由
瞻奉天顏帝善其言釋之命領蒙古軍撫定雲中東
西兩路旣而帝欲休兵於此明安諫曰金有天下一
十七路今我所得惟雲中東西兩路而已若置不問
待彼成謀併力而來則難敵矣且山前民庶久不知
兵全以重兵臨之傳檄可定兵實神速豈宜猶豫帝

從之即命明安引兵南進所至民皆簞食壺漿以
迎盡有河北諸郡而還帝復命安及三合拔都將
兵由古北口徇景薊順諸州諸將議欲屠之明安
奏曰此輩當死今若生之則彼之未附者皆聞風而
自至矣帝從之乙亥春正月取通州金右副元帥
寮七斤以其眾降金兵來追迴擊大破之死及溺水者甚
命四百騎伴敗金兵來追迴擊大破之死及溺水者甚
將四百騎迎戰明安命復其職元帥左都監將戰
論慶壽領兵護軍食以援中都帝遣右副元帥蒲
兵由⋯⋯建春宮金御史中丞李英元帥左都監烏古

元史列傳卷三七　七　服君左

眾獲李英及所佩虎符得粮千餘車遂招諭永清不
降接而屠之未幾金將完顏合住監軍阿興鬆哥復
以步兵萬二千人粮車五百兩援中都明安俊將三
千騎性擊之遇于涿州宣封寨獲鬆哥合住遁去盡
得其輜重還屯建春宮初順州之破兵士縛密雲主
豐宜二關攻拔固安縣釋而用之不久逸去復來問
其故完顏壽孫以獻明安義而釋之五月明安將攻中都
薄完顏復興飲樂死辛酉城中官屬父老繼索開
今已歿故復來明安義而釋之五月明安將攻中都
金相完顏復興飲樂死辛酉城中官屬父老繼索開

門請降明安諭之曰負固不服以至此極非汝等罪
守者之責也悉令安業仍以粟賑之眾皆感悅明安
早從軍旅料敵制勝算無遺策雖祁寒盛暑未嘗不
與士卒均勞逸同甘苦其得金府庫珠玉錦綺明安
悉具其數上進未嘗以纖毫為己有中都既下太
傅邸國公無管蒙古漢軍兵馬都元帥丙子以疾卒
于燕城年五十三子二人長咸得不襲職為燕京行
省次忽篤華太宗時為金紫光祿大夫燕京等處
尚書省事熊蒙古漢軍兵馬都元帥

張榮

元史列傳卷三七　十八　辰君左

張榮字世輝濟南歷城人狀貌奇偉嘗從軍為流矢
貫眥拔之不出令人以足抵其額而拔之神色自若
金季山東群盜蜂起榮率鄉民據濟南譽堂嶺眾稍
盛遂略章丘鄒平濟陽長山章市蒲臺新城及淄州
之地而有之兵至則清野入山歲丙戌東平順天皆
內屬榮遂舉其兵與地納款於按亦台那衍引見太
祖問以孤軍數載獨抗王師之故對曰山東地廣人
稠悉為帝有有臣若但有倚恃亦不畋服太祖壯之拊
其背曰真賽因八都兒也授金紫光祿大夫山東行
尚書省無兵馬都元帥知濟南府事時貿易用銀民

張榮（續）

爭發墓劫取榮下令禁絕庚寅朝集諸侯議取汴
榮請先六軍以清蹕道帝嘉之賜衣三襲詔位諸侯
上辛卯軍至河上榮率死士宵濟守者潰詰旦敵兵
整陣至榮馳之望風披靡奪戰船五十艘麾抵北岸
濟師眾軍繼進乘勝破張盤二山寨俘獲萬餘人

阿术魯恐為先鋒攻睢陽議欲盡殺之榮力爭而止癸巳汴梁下
從阿术魯稍嚴其將嗾夜來攜營榮覺之嗾嗽大將
沛沛拒守雖陽生變欲盡殺其民撫其民甲午攻
城又力止之既而城下榮單騎入城以灌
走牽壯士追殺之乘勝攻城破就攻徐州守將國

用安引兵突出榮邀擊之亦破其城用安赴水死乙
未技邳州丙申從諸王闍端破宋襄陽仇城等三縣
時河南民北徙至濟南榮下令民間分屋與地居之
俾得樹畜且課其殿最曠野闢為樂土是歲中書攷
績為天下第一李壇擾益都私餽以馬蹄金榮曰身
既許國何可擅交鄰境卻之年六十一乞致仕後十
九年世祖即位封濟南公致仕卒年八十三子七人
長邦傑襲爵先卒邦直行軍萬戶邦彥權濟南行省
邦乂知淄州邦昌興魯總管邦
憲淮安路總管孫四十人宏襲邦傑爵改真定路總

劉亨安

劉亨安其先范陽人後遷遼東川州初國王木華黎
經畧遼東兄世英率宗族鄉人隸麾下分兵收燕趙
雲朔河東以功克行軍副總管庚辰平陽賜諸郡被兵
之餘民物空竭世英言於王曰自古建國以民為本
今河東殺掠殆盡異日我師復來孰給轉輸收存恤
亡此其時也王善之以絳州地難其人奏授世英
絳州節度使薨行帥府事卒于師無子國王字魯命
其族兄德仁襲職丙戌歲金將移剌副樞攻絳州城
陷死之木華黎承制命亨安領其眾奏賜金虎符授
鎮國上將軍絳州節度使行元帥府事無觀察使庚
寅冬從王師渡河入關辛卯春克鳳翔歷秦龍屯渭
陽秋出階城泝漢抵鄧壬辰會大軍於鈞州敗金人
於三峯山甲午平蔡既而宋兵二十萬攻汴將趙洛
都元帥塔察兒奮突而前報因乘之與宋師奔潰追擊百餘
里塔察兒拊其背曰真驍將也延坐諸將之右勞賜
其厚丙申都元帥塔海征巴蜀攻散關破劍門出奇
制勝戰功居多進圍成都亨安為先鋒大破之於城

西生擒宋將陳傅郎有喬長官與亨安爭功未幾攻
城喬爲砲所傷亨安負之以出喬感愧亨安從軍十
年累著勳伐所覆金帛悉推與將佐故士卒咸樂爲
用癸卯冬十二月卒子貞嗣職孫三人弘彊瑋

列傳卷第三七

列傳卷第三十八

翰林學士亞中大夫知制誥兼修國史臣燕……
翰林待制……制授直學知制誥兼……國院編修官呈稿等奉

整輯

薛塔剌海

薛塔剌海，燕人也，剛勇有志。歲甲戌，太祖引兵至北口，塔剌海師所部三百餘人來歸，帝命佩金符，為砲水手元帥。有功，進金紫光禄大夫，佩虎符，為砲手軍民諸色人匠都元帥，便宜行事。從征囘囘、河西、欽察、畏吾兒、康里、乃蠻、阿魯苛里、麻賽蘭諸國，俱以礮立功。太宗三年，庬宗引兵自洛陽渡河，塔剌海由隴右假道金商，遂會師于均州三峯山，敗金師。四年，破南京及唐、鄧、均、許諸州，取鄂陵、扶溝。四月辛子，奪失剌襲為都元帥，南攻江淮，有功，歲庚戌卒。弟軍勝襲。憲宗八年，從世祖攻釣魚山、苦竹崖、大林、平青居山，破重慶、馬湖、天水，賜以白金、鞍馬等物。中統三年，李璮叛濟南，又以礮破其城。至元五年，從攻襄陽。三月辛丞相阿术欲以千戶劉添喜攝帥府事。子四家奴，未下，四家奴立砲攻之。明年正月，襄陽守呂文煥降，繼從丞相伯顏南伐，始襲父爵。十年冬十二月，襄樊未下……

十月，至鄞州先登。師次渡江，四家奴自鄞州下沿海諸城堡，至建康。十二年，授武節將軍。六月，與宋將夏貴戰于峪溪口，奪其船二百餘艘。十一月，屠常州。十二月，取蘇州。十三年，攻鎮業。七月，進階懷遠將軍。浙東芝棄城走，追獲之。九月，進階鎮國將軍。諸郡從征福建、灣江，與宋兵力戰破之，獲戰艦千餘艘。十六年，進階鎮國將軍，鎮揚州。二十二年，改為萬戶。

高闢兒

高闢兒，女直人。事太祖，從征西域，復從闊出太子寨……罕那演，連歲出征，累有功，授金符總管，管領山前十路匠軍。歲已未，憲宗憫其老，命其子元長襲其職。從世祖渡江，攻鄂，還鎮隨州。至元二年，移鎮季陽。五年，從元帥阿术修立白河口新城、鹿門山等處城圍襄樊。七年，充季陽軍馬總管。十年，從攻樊城，先登。十一年，從渡江，鼓戰艦上流，與宋人戰，殺三百餘人，奪其船及鎧伏，以功賜虎符、宣武將軍，進兵丁家洲平。與宋臣孫虎臣等大戰，殺五百餘人。又攻杭州，宋平。無筭，敗夏貴于焦湖，從征常州，先登。又護送宋太后至京師，以功進懷遠大將軍、萬戶。二十……

元史列傳卷三十八

三五一

三五二

宋潢修

俟

贈懷遠大將軍李陽萬戶府萬戶輕車都尉渤海郡

勦除之尋廣之南恩盜起復領兵平之還沒于袁州

獠朱珍尋元貞元年移戍袁州盜陀頭以衆犯境悉

直宿衛襲父職領兵鎮廣東恩盜起復領兵平之還

海之三義口與敵軍合戰中毒矢而死子滅里干初

季陽萬戶府是年夏復以兵追襲世子子

于大海口奪其戰艦以還二十二年陸安遠大將軍

一年領軍二千從太子脫歡征交趾追襲交趾世子

王義

王義字宜之真定寧晉人家世業農義有膽智沉默

寡言讀書知大義金人遷汴河朔盜起縣人聚而謀

曰時事如此吾儕欲保全家室宜有所統屬乃相與

推義為長攝行縣事尋歸焉觀太祖國王木華黎

兵至城下義率眾以寧晉歸為都統太師國王木華黎

匹授寧晉令燕趙州以南招撫使是時兵亂民廢農

耕所在人相食寧晉東有藪澤周回百餘里中有小

堡曰漩城義曰漩城雖小而完且有魚藕菱芡之利

不可失也留偏將李直守寧晉身率眾保漩城由是

全活者銀歲巳亥金將李伯祥據趙州木華黎遺義

擣其城會天大風雨義帥士挾長梯疾趨夜四鼓

四面齊登殺守埤者城中亂伯祥挺身走天壇寨一

州遂定木華黎承制授義趙州太守趙伯祥挺身走天壇寨西九

使丁丑大軍南取鉅鹿洺州二城還軍至唐陽招撫

門遇義伏兵桑林先以百騎挑之納蘭趨來迎戰因

比卻誘之近桑林伏起金兵大亂齊還獲納蘭二弟

及萬戶李虎戊寅援東鹿進攻深州深州節度使

稍郤誘之近桑林伏起金兵大亂齊還獲納蘭二弟

天都元帥張柔上其功陞深州節度使深冀趙三州

招撫使金將武仙以兵四萬來攻義曰

東鹿兵少無糧城無樓櫓一日可拔也盡銳來攻義

隨機應拒積三十日不能下大小數十戰皆捷一夕

義召將佐曰今城守雖有餘然外無援兵糧食將盡

豈可坐而待斃椎牛饗士率精銳三千衘枚夜出直

擣仙營仙軍亂乘暗攻之殺數千人仙率餘眾遁還

真定悉獲其軍資器械木華黎聞之遣使送銀牌十

命義賜有功者庚辰援冀州獲柴茂械送軍前木華

黎張柔復上其功授龍虎衛上將軍武安軍節度使

行深冀二州元帥府事賜金虎符辛巳仙復遣其將

盧秀李伯祥率兵謀襲趙州并取漩城率戰艦數百

艘沿江而下義具舟楫於紀家莊截其下流邀擊之

義士卒皆水鄉人善水戰田旋開闔往來如風雨船

則躍登彼船奮戈疾擊敵莫能當殺千餘人擒秀

伯祥退保滹沱義引兵援之伯祥西走二子死焉邢

州盜號趙大王聚衆數千擾任縣固城水寨真定史

天澤集諸道兵攻之不能下甲午義引兵薄其城一

鼓下之獲趙大王侯縣令等數人殺之餘黨悉平義

乃布教令招集散亡勸率種藝冀之間遂為樂土

云

王玉趙州寧晉人長身駢脅多力金季為萬戶鎮趙

州太師國王木華黎下中原王率衆來附領本部軍

從攻邢洺磁三州濟南諸郡號長漢萬戶從攻澤潞

諸州獨潞州堅壁不下王力戰流矢中左目竟援其

城又破平陽下太原代等州師還署元帥府監軍

以趙州倪宋將彭義斌在大名陰與仙合王從笑乃

帥史天倪攻敗武仙生擒義斌駐軍寧東里寨仙

帶史天澤諧命誘玉妻妻拒曰妾豈可使夫懷二心於

遣人賷諧命誘玉妻殺其子窜壽玉聞之領數騎突

國家耶仙圍之數匝殺其子窜壽玉聞之領數騎突

其圍斬獲數百人而還仙遣人追之不敢進皆曰王

將軍膽氣驍雄我輩非敵也仙乃盡發玉先世二十

七家棄骸蒲道玉從史天澤諸將擊仙於趙州仙

絕走雙門仙獨脫走斬其將四十三

慶源軍節度副使有民負玉銀倍其毋不能

人真定遂平加定遠將軍權真定五路萬戶假趙州粮

償玉出銀五千兩代償之又出家奴二百餘口為良

民中統元年二月卒年七十子恍

恍字允中幼讀書明敏有才識平章趙璧引見裕宗

潛邸語稱旨命宿衛掌錢穀計簿授山比遠東道提

刑按察司副使駙馬伯忽里數馳獵蹂民田恍以法

繩之憲吏耿熙言徵北京宣慰司積年通員計可得

鈔二十萬錠帝遣使覈實熙懼事露擅增制語有并

打算大小一切諸衙門等事凡十二字追繫官吏至

數百人恍問知其詐裕宗薨于潛邸恍

建言陛下春秋高富早建儲嗣平章不忽木以聞帝

嘉納焉攽河北河南道提刑按察副使恍以江南人

篤子比方名為養子實為奴也乞禁之又省部以正

軍餘田出調發恍言士卒衝冒寒暑遠涉江海宜加

優恤皆從之潁州朱喜嘗俘於兵既自贖主家利其

賞復欲以爲奴又有誣息州汪清爲奴殺而奪其妻
子及田宅者獄久不決忱皆正之劾罷鎮南帥唐兀
台唐兀台結援大臣誣奏于帝繫忱至京師得面陳
其事世祖大悟抵唐兀台罪按察司改廉訪司起忱
爲燕南河北道肅政廉訪副使累遷嶺南廣西河東
山西兩道肅政廉訪使江陵汴梁兩路總管至大三
年拜中奉大夫雲南行省參知政事至大三
年拜中奉大夫雲南行省參知政事未行卒

趙迪

趙迪真定藁城人也幼孤事母孝多力善騎射金末
爲義軍萬戶郡將出六鈞強弩立賞募能挽者迪能
之即署真定尉選藁城尉陞爲丞太祖兵至藁城迪
卒衆迎降歲壬午改藁城爲永安軍以迪同知節度
使事嘗從帝西征他將校豪橫俘掠獨迪治軍嚴所
過無犯先是真定既破迪亟入索藁城人在城中者
得男女千餘人諸將欲分取之迪曰是皆我所掠當
以歸我諸將許諾迪乃召其人謂曰吾懼若屬爲他
將所得則分奴之矣故索以歸之我今縱汝往各宜
遂生產爲良民衆感泣而去時兵荒之餘骸骨蔽野
迪爲大塚收瘞壬子歲卒年七十子七人椿齡真定
路轉運使

邸順

邸順保定行唐人占籍於曲陽縣金末盜起順會諸
族集鄉人豪壯數百人與其弟常來攻陽爲恒州蓁
保分擾以守歲甲戌率衆來歸太祖授行唐令丙子
真定饑群盜擾民皆宄地以順而敝地發地以順爲
其人順搶數百人殺之朝廷陞迪陽爲恒州以順爲
安撫使金將武仙擾真定與戰大敗之
賜金虎符加鎮國上將軍恒州莘處都元帥庚辰武
仙屯兵于黃堯兩山順及弟常又擊敗之仙退真定
道章陰結武仙抄掠州縣順搶道章殺之仙退真定
以自保順從木華黎攻之敗之於王柳口仙遂棄真
定南走以功賜順名劄納合兒陞驃騎衛上將軍充
山前都元帥弟常金那合兒辛卯春從太宗攻
河南諸郡招降民十餘萬以順知中山府己亥佩金
符爲行軍萬戶管領諸路元差軍五千人從大軍破
歸德府留順戍之丁未駐師五河口攻漣水甲寅攻
撤殺其衆生獲十五人癸丑攻濠州部屬肖撤八剌
撤八禿隣之功以奏上賜肖撤八禿隣金銀符仍隸
麾下丙辰春順卒年七十四子洣冀職己未從世祖
渡江圍鄂州有戰功中統元年世祖即位洣以所部

張宣等十二人奏聞于朝遂以金銀符賜之三年圍
李壇還守息州至元十一年賜虎符授金州招討副
使後又遷懷遠大將軍金州萬戶十三年改襄陽管
軍萬戶三月以樞密院奏行淮西總管萬戶府事守
盧州十四年移龍興仍管領本翼軍人十五年復爲
管軍萬戶攻贛州崖石寨龍太平岩賊有功十七年陞
鎮國上將軍贛州元帥鎮龍興諸路燕管本萬戶府事
賜銀印吉贛盜起行省遷元帥府以鎮之二十一年
元帥府罷復爲萬戶二十三年佩元帥符爲歸德
萬戶鎮守吉安未幾統領江西各路萬戶集兵七千戊

元史列傳卷三十八　九

廣東凡二載大德三年卒年七十七歲乙酉金降將
比庭元帥府都元帥護軍追封高陽郡公謚襄敏子
榮仁襲佩其虎符宣武將軍歸德萬戶鎮廣東惠
州感瘴疾不任事子貫襲貫辛子士忠襲士忠辛子
文襲順族弟琮

琮太祖時從族兄琮叛琮敗之于黃臺癸已從元帥偹蓋
武仙復擾真定唐元帥常來降將
滅金于蔡有功授管軍總管五路萬戶選充總管府推官尋
奉旨賜金符授管軍總押管領七路兵馬鎮徐州宋
兵入境琮戰却之已亥從大將鍤宇攻滁州力戰沉

矢中腦明年卒子澤襲移鎮潁州宋兵攻潁澤戰敗
之至元四年從元帥阿术克平寨寨及老鴉山十一
年從沙洋奪六艦皆論功受賞有差十二年授武德
將軍管軍總管從攻潭州及靜江累官懷遠大將軍
管軍萬戶元謙辛子祺襲祺辛子忠襲
盧州蒙古漢軍萬戶尋遷潁州翼會徽州績溪縣盜
起澤討平之二十八年移鎮杭州辛子元謙襲襲爲潁
州萬戶元謙辛子祺襲祺辛子忠襲

王善子慶端附

元史列傳卷三十八　十

王善字子善真定槁城人父增監本縣酒務以孝行
稱善資儀雄偉其音若鐘多智略尤精騎射金貞祐
播遷田疇荒蕪人無所得食善求食以奉母乙亥群
盜蜂起眾推善爲長善約束有法備禦有方盜不能
犯擢本縣主簿戊寅權中山府治中時武仙鎮真定
陰蓄異志忌善威名密令知府李濟府判郭安圖之
已卯秋濟安張宴伏兵召善計事善覺即還治衆倉
卒得八十人慷慨與盟人爭自奮遂夜卜比城上戒庵
黨曰造釁者李郭耳餘無所問善計事夜卧比城上戒庵
下曰勿以我累汝家當取吾首獻帥府衆曰公何爲同
出此言我輩惟有效死而已遂率衆來歸授金符同

知中山府事是年冬以兵三百攻武仙仙遺將率精
銳二千拒戰善擒斬之仙走獲鹿委其佐段琛城守
復戰拔之入擾其城軍勢大振自中山以南降州郡
四十二庚辰還中山真定葶路招討使尋加右副元
帥驃騎大將軍屯豪城壬午陞葶城衛大將軍左副元
却之仙使其部下宋元偒老幼四千人南奔善追奪
城隍備之未幾仙果叛率衆來攻火及西門善出戰
請降詔命復舊鎮善奏仙狼子野心終必反覆請修
行帥府事癸未進金吾衛大將軍爲匡國軍加右副元
之俜復故業仙自是不敢復入真定其部曲多來降
丙戌以功賜金符仍行帥府事壬辰從征河南至
鄭州州將馬伯堅素聞善名登陴大呼曰豪城王元
帥在軍中否願以城降之善直前免胄與語伯堅果
率衆出降善令軍中秋毫無犯民皆按堵願從善比
渡者以萬計授之土田以安集之丙申燕河北西路
兵馬副都總管辛丑授知中山府事屬縣新樂地居
衝要迎送供給輒倍於他縣皆取於民善均其勢逸所
微或未給輒出家賞代輸民德之又放家僮五百人
爲民咸懷其恩癸卯卒年六十一皇慶元年贈銀青
榮祿大夫司徒追封冀國公謐武靖子慶淵爲行軍

元史列傳卷三十八　十一　俜繼之

四九

千戶征淮南死次慶端
慶端字正甫初爲郡筦庫進水軍提領訓練士卒常
如臨敵敗李璮於老僧口以功佩金符爲千戶監築
大都城移戍清口宋兵來攻守將戰死城復擊走慶端
拔刀誓衆裹創力戰得以全群盜四起復慶端走之
進武節將軍管軍總管領左右中衛兵從世祖北征
遷武節將軍副都指揮使進侍衛軍都指揮使建威
還遷右親衛軍經畫田盧使各安業別立神鋒軍親
教以蹴踘張弩技作整暇堂屏利局浚渠構室如治家
武營以厲衛兵
事至元十九年政詹事丞時有司欲就威賞粟數
萬石濟飢民裕宗在東宮以問慶端慶端對曰兵民
葶耳何間爲即命與之帝嘗遣近侍夜出伺察爲遷
卒所執近侍以實告卒曰軍中惟知將軍令不知其
他近侍以聞帝賞以黑貂裘及親征乃顏命慶端以
所部從時年六十餘與士卒同甘苦晝則俜甲執兵
迎敵夜即不解衣暇則俜士卒爲軍市自相懋遷征
東之功慶端賛畫居多成宗即位論翼戴功拜金吾
衛上將軍中書左丞行徽政副使蕬隆福宮左都威
衛使進階資德大夫大德二年加榮祿大夫平章政
事僉書樞密院事蕬使如故以疾卒

元史列傳卷三十八　十二　俜繼之

三九二

杜豐字唐臣汾州西河人父珪以積德好施鄉稱善

人豐少有大志倜儻不群通兵法仕金為平遙義軍

謀克佩銀符太祖取太原豐率所部來降皇舅按赤

那延授兵馬都提控從國王按察兒攻平陽先登克

絳州解州諸堡招集流民三萬餘家以功賜金虎符

陞征行元帥左監軍金人南遁遂以豐守河比庚辰

上黨張開以萬眾冦汾州豐率精騎五千敗之從洪洞

王阿察兒下懷孟破溫谷木澗等寨報先登攻洪洞

西山斬首六百餘級攻松平山破之賊墮崖死以萬

〈元史列傳卷三八〉 十三 附錄

計獲生口甚眾金將武仙等性來鈔掠平陽太原間

行路梗塞壬午授豐龍虎衛上將軍河東南比路兵

馬都元帥便宜行事遂破玉女割渠等寨俘獲千餘

人丙戌從按赤那延攻益都金中將突圍出豐戰扼

之斬首千級捕虜二十人益都下遂略地登萊降島

民萬餘已丑以本部取沁州由是銅鞮武鄉襄垣綿

山沁源諸縣皆下辛卯命豐撫定平陽太原真定及

遼沁未降山寨皆平之乙未陞沁州長官長官者國

初高爵也在沁十餘年寬縣薄賦勸課農桑民以富

足丁未請老丙辰疾卒于家年六十有七沁人立祠

歲時祀焉為子三人思明思忠思敬思敬事世祖潛邸

由平陽路同知累遷治書侍御史阿合馬敗臺臣皆

罷去思敬以帝所眷知獨留出為安西路總管哥

西行省事歷汴梁總管再入中臺為侍御史時桑哥

以罪誅風紀為之振肅未幾拜參知政事政四川行

省左丞不赴陞中書省左丞致仕年八十六卒謚文定

石抹李迭兒契丹人父桃葉兒徙霸州李迭兒仕金

為霸州平曲水寨管民官太師國王木華黎率師至

霸州李迭兒迎降木華黎察其智勇奇之擢為千戶

〈元史列傳卷三八〉 卅四

歲甲戌從木華黎觀太祖於雄州佩以銀符充漢軍

都統帝次牛關山欲盡殺漢軍木華黎以李迭兒可

用奏釋之因請隸庵下從平高州乙亥授左監軍佩

金符與北京都元帥吾也兒分領錦州紅羅山北京

東路漢軍二萬又從奪忽闌闌里必徇地山東大名

比至洺州城守甚堅師不得進李迭兒不避矢石率

眾先登遂拔之丁丑從平益都沂宻萊淄戊寅從定

太原忻代平陽吉隰岢嵐汾石絳州河中路澤遼沁

辛巳木華黎承制陞李迭兒為龍虎衛上將軍霸州

等路元帥佩金虎符以黑軍鎮守固安水寨既至令

兵士屯田且耕且戰披荊棘立廬舍數年之間城市
悉完為燕京外蔽庚寅朝太宗于行在所賜金符辛
卯從國王塔思征河南癸巳從討萬奴於遼東平之
李選兒始從征伐及後為將大小百戰所至有功年
七十以疾卒于官子糺查剌查茶剌
駐謙謙州即古烏孫國也歲己丑將所部及契丹女

賈塔剌渾

賈塔剌渾冀州人太祖用兵中原募能用砲者籍為
兵授塔剌渾四路總押佩金符﹂之及攻益都下
之加龍虎衛上將軍行元帥左監軍便宜行事師還

直唐兀漢兵攻幹脫剌兒城塔剌渾督諸軍宂城先
入破之即軍中拜元帥改銀青光祿大夫從睿宗入
散關略關外四州經興元渡漢江略唐鄧申裕諸州
鼓行而東河南平陸金紫光祿大夫總領都元帥從
大帥赤攻徐邳平之十六年卒子抄兒襲從諸
王也孫哥至元五年諸軍圍襄樊不發以急敵心俄
六十八襲察兒南征戊午卒於軍子冀驢襲卒第
部戍駱駝嶺一字城立砲破之以功賜銀幣鞍馬弓矢
帥銳卒突出攻其城西破之以功賜銀幣鞍馬弓矢
十一年諸軍南征渡江明年加宣武將軍宋常州守

臣姚言堅守不下六十八發砲摧其城壁以納諸軍
宋援兵突至力戰却之常州既克帥府令總新附砲
手軍臨安降加懷遠大將軍從諸軍追宋二王至海
精銳者入衛加輔國上將軍都元帥二十年論功授
下三十餘城十四年加昭勇大將軍十五年領南軍
將軍管領砲手軍匠萬户佩三珠虎符二十六年卒
手軍匠萬户佩三珠虎符二十六年卒

奧敦世英

奧敦世英女真人也其先世仕金為淄州刺史歲癸
西太祖兵下山東淄州民奉世英及弟保和迎降皆

授以萬户世英倜儻有武略由萬户遷德興府尹時
金經略使苗道潤率眾欲復山西世英與戰克之將
盡殺所俘其母責之曰汝華族也畏死而降此卒伍
爾驅之死戰何忍殺之耶世英從數騎巡部定
襄卒於軍保和由萬户陞昭勇大將軍德興府元帥
錫虎符改雄州總管尋以元帥領真定保定順德諸
道農事凡闢田二十餘萬户陞真定路勸農事兼領
諸署賜居第戒器袤馬給户食其祖年五十六致仕
保和四子希愷希元希魯希尹希愷襲勸農事皇太
后錫以錦服曰無墜汝世業郡縣有水旱必力請蠲

祖調民賴之南征時置軍儲倉于汴衛歲輸河北諸
路粟以實之分冬月三限失終限著死吏徵斂舞法
民甚苦之希愷知其弊蠲煩苛而民不擾尋以勸農
使燕知冀州希愷至為束約健訟之俗為變蒙古軍
取民田牧久不歸希愷悉奪歸之俗無怨言至元二
年遷順天治中三月改順德又踰月陞知河中府秋
蕭歸調時阿合馬專政命以賄成希愷不往見之降
武德將軍知景州數月卒希元彰德漕運使希曾遷
州路總管希尹中統三年李璮叛濟南世祖命丞相
史天澤討之希尹謁天澤面陳利害願擊賊自効試
其騎射壯之命充真定路行軍千戶與賊戰矢無虛
發賊敗走入城中諸王哈必赤賞銀五十兩希尹請
築外城圍之深溝高壘俟其粮絕不戰而坐待其困
天澤從之璮既就擒至元十一年樞密錄其功自右
衛經歷六遷至同知廣東道宣慰司事卒

田雄

田雄字毅英比京人也幼孤能樹立以驍勇善騎射
知名金末署軍都統歲辛未太祖軍至比京率衆
出降太祖以雄隸太師國王木華黎下從征興中
廣寧諸郡定府州縣二十有九平錦州張鯨兄弟之

亂從攻柏鄉邢相辛巳從攻邢坊鄃薆諸州有功木
華黎承制受雄隰吉州刺史蕭鎮戎軍節度使行都
元帥府事平汾西霍山諸柵壬午以木華黎命授河
中帥府聰石天應節制太宗時從攻西和與元諸州又
從攻夔萬諸州論功尤最賜金符授行軍千戶召為
御前先鋒頃之使攻破槓州雷家堡奉旨招納河南
降附得戶十三萬七千有奇民皆按堵而別部將校
縱兵虜掠民惶懼悔巳授鎮撫陝西總管京兆等路
民得免於害癸巳財與之
關中苦於兵華郡縣蕭然雄披荆棘立官府開陳禍
福招徠四山堡砦之未降者獲其人皆慰遣之由是
來附者日衆雄乃教民力田京兆大治事聞賜金符
定宗時入覲于和林以疾卒年五十八後追封西秦
王子八人大明襲職知京兆等路都總管府事

張援都

張援都昌平人歲辛未太祖南征援都率衆來附顧
為前驅送留備宿衛從近臣漢都虎西征回紇河西
諸蕃道隴蜀入洛屢戰流矢中頰不少御帝聞而壯
之賜名援都自是漢都虎亦專任之甲午金亡以漢
都虎為砲手諸色軍民人匠都元帥守真定漢都虎

辛無子以㧞都代之及漢都虎兒子瞻闍少長㧞都
請于朝歸其政而終老焉子忙古台從憲宗攻蜀釣
魚山苦竹二壘冒犯矢石屢挫而不沮遂以勇敢聞
中統元年賜銀符預議砲手軍

祖父以武勇稱吾蒙其餘澤荷國厚恩當輸忠王室
軍從鎮南王脫歡伐交趾既還及再舉將校嘗佐
州拜宣武將軍行軍總管未幾還副萬戶加明威將
者許留血之有脫跣者當行適病不能起世明年收諸
軍千戶從征襄樊有功卒子世澤襲從丞相伯顏南
征大小十餘戰皆有功又從平廣西明年收

增光前人豈可苟為自安計耶力請代之凱還人服
其義云

張榮

張榮清州人後徙鄂陵歲甲戌從金太保明安降太
祖賜虎符授懷遠大將軍元帥左都監乙亥正月奉
旨略東平益都諸郡戊寅領軍匠從太祖征西域諸
國庚辰八月至西域莫蘭河不能涉太祖召問濟河
之策榮請以一月為期乃督工匠造船百艘遂濟師
嘉其能而賞其功賜名兀速赤癸未七月陞鎮國上

將軍砲水手元帥甲申七月從征河西乙酉從征關
西五路十月攻鳳翔砲傷右髀命賜銀三十錠養
病於雲內州庚寅七月卒年七十三子奴婢襲佩虎
符砲水手元帥領諸色軍匠太祖伐金命由關西小
口收附金昌州等郡未金辛戊戌授懷遠大將軍守
癸卯三月陞輔國大將軍甲辰二月領蒙古漢軍守
均州戊申九月宋兵襲均州奴婢拒戰大敗宋師己
酉十一月復與宋兵戰流矢中右臂卒年
七十五子君佐襲虎符砲水手元帥
都元帥阿朮命將砲手兵攻襄陽至元八年調守襄

陽一字城禀驄嶺攻南門牛角堡破之攻樊城親立
砲摧其角樓樊城破十年襄陽降於政阿魯海牙以
砲焚將呂文煥入朝奉旨召蒙古漢人萬戶凡二十
人陛見各以功受賜帝親諭之令還鎮十一年從軍
下漢江至沙洋丞相伯顏命率砲手軍攻其比面火
砲焚城中民舍幾盡遂破之賜以良馬金鞍金段又
以火砲攻陽邏堡破之十二年從大軍與宋將孫虎
臣戰于丁家洲復從丞相阿朮攻揚州是年冬又從
諸軍破常州十三年陞懷遠大將軍仍砲水手元帥
秋君佐屯軍真楊間絕宋粮道宋制置李庭芝都統

姜才棄城走揚州平以君佐為安慶府安撫司軍民
達魯花赤十四年春安慶野人原及司空山天堂賊
將攻安慶君佐密察知之時城中軍僅數百人君佐
命撼賊出沒要道賊不敢入乃冠黃州中軍僅數百人
率眾復黃州因以為黃州達魯花赤十五年加鎮國
上將軍仍砲水手元帥十九年命率新附漢軍萬人
脩隄西閘堰以通漕運二十一年蕪海道運粮事是
年卒

趙天錫

趙天錫字受之冠氏人屬金季兵起其祖以財雄鄉
里為眾所歸貞祐之亂父林保冠氏有功授冠氏丞
俄陞為令大安末天錫入粟佐軍補修武校尉監洺
水縣酒太祖遣兵南下防禦使蘇政以為冠氏令乃
挈縣人壁桃源天平諸山歲辛巳春歸行臺東平嚴
實實素知天錫名遂權隸帳下從征上黨以功授冠
氏令俄遷元帥左都監兼令如故甲申宋將彭義斌
擾大名冠氏元帥李全降乃率將佐往依大將軍
少避其鋒以圖後舉乃率將佐同知大名路兵馬
都總管事李全在大名結其帥蘇椿納金河南從宜
未幾破義斌于真定授左副元帥同知大名路兵馬

《元史列傳卷三十八》

王 蘇達

鄭個日以取冠氏為事天錫每戰報勝一日個自將
萬人來攻天錫率死士乘城力戰三晝夜個度不能
下乘風霾道去已丑朝行在所上便民事優詔從之
戊戌征宋駐兵蘄黃間被病還辛于冠氏年五十子
六人貢亨嗣

貢亨字文甫襲行軍千戶已未從國兵渡江攻鄂有
功至元五年總管山東諸翼軍征宋攻襄樊貢亨出
抄蘄黃以五百人援野人原寫山砦偕白河新城七
年偕元帥劉整朝京師命為征行千戶賜金符及衣
帶鞍馬攻襄城冒矢石擁盾先登破之十一年脩東

《元史列傳卷三十六》

王 蘇達

西正陽城三月敗夏貴于淮益以濟南汴梁二路新
軍十二年正月從攻鎮江與宋將孫虎臣張世傑大
戰千焦山殺掠甚眾十三年江南平以功陞宣武將
軍十四年授虎符懷遠大將軍廬州路總管府達魯
花赤未行適盜發徹浦行省檄為招討使率兵平之
覆其黨始知七縣俱反貢亨率眾圍之將騎士三百
未幾廬州青田縣季文龍童炎殺趙知府以叛貢亨
擾廬州天慶觀貢亨率眾圍之遂棄城突圍散走斬首三
河門賊出戰以精騎躁之斬首三
級貢亨入城乃招散亡立官府章炎復合二萬眾來

攻陣惡溪南賁亨分兵拒守自將精銳亂流衝擊屬
萬戶忽都台以援兵至自巳至亥賊方退文龍溺死
忽都台以厲即亂山爲州無城壁可恃且反側欲屠
之賁亨曰我受命來監此郡賊固可殺良民何辜不
從將士虜掠子女金帛賁亨捕得倡率者杖之仍各
求所失還之州民悅服十五年龍泉縣張三八合衆
二萬殺慶元縣達魯花赤也速台兒且屠其家賁亨
將騎士五百往討與賊將鄭先鋒陳壽山三千餘人
戰于浮雲鄉斬首三百餘級三八軍于縣西賊三戰
俱敗軍還賊衆水陸俱設伏賁亨擇步卒驍悍者使
前賊不敢近旣而衢州賊陳千二聚二萬人遂昌葉
丙六亦聚三千人助之賁亨前後斬首三千餘級悉
平之十七年改處州路管軍萬戶二十二年還冠氏
卒年五十七

三七九

〈元史列傳卷三六〉

三三

蘇達

翰林學士承旨太保知制誥兼修國史臣歐陽玄　待制奎章閣待制兼國子院編修官臣□博華奉
敕修

張晉亨 好古

張晉亨字進卿冀州南宮人也其兄同知安武軍節
度使事領橐強令潁以潁州之衆附嚴實干青
崖後從實來歸進潁安武軍節度使西征戰沒歲戌
寅太師國王木華黎承制署晉亨襲潁爵晉亨涉獵
書史小心畏慎臨事周密實器之以女妻焉實征澤
潞偏將李信晃海相繼降于宋晉亨跋涉險阻晝伏
夜行僅免於難實遣子忠貞入質命晉亨與俱丁亥
從國王李羅征益都以功遷昭毅大將軍領恩州刺
史愈行臺馬步軍都總領再遷鎮國大將軍實征淮
楚河南晉亨畢從甲午從命爲東平路行軍
千戶圍安慶其守將走邀擊之斬首百級俘獲無算
攻光之定城俘其將士十有五人略信陽執復州將
金之才攻六安按之大小數十戰策功居多實卒其
其子忠濟奏晉亨權知東平府事東平貢賦率倍他
道迎送供億簿書獄訟日不暇給歷七年吏畏而民
安之辛亥憲宗即位從忠濟入覲時包銀制行朝議

三三五

◀元史列傳卷三十九▶　一　斷仲連

戶賦銀六兩諸道長吏有輒請試行於民者晉亨面
責之曰諸君職在親民民之利病不知乎今天顏
咫尺知而不言罪也承命而歸事不克濟罪當何如
且五方土産各異隨其產爲賦則民便而易足必責
輸銀雖破民之産有不能辦者大臣以聞明日召見
如其言以對帝是之乃得蠲戶額三之一仍聽民輸
他物遂爲定制欲賜晉亨金虎符晉亨下復佩虎符非制也
器長一道者所佩臣隸忠濟麾下佩虎符萬戶中
臣不敢受帝益喜改賜璽書金符恩州管民萬戶
續三年李璮叛晉亨從嚴忠範戰於遙墻灤勝之改

三九□

◀元史列傳卷三十九▶　二　斷仲連

本道奧魯萬戶四年授金虎符分將本道兵充萬戶
戍宿州音言汴堤南北沃壤開曠宜屯田以資軍食
乃分兵立營以時種藝選千夫長督勸之事成期年
皆獲其利至元八年以晉亨爲淄萊路總管尋
魚軍事十一年詔伐宋晉亨在選中聞命就道曰此
報效之秋也分道由安慶渡江丞相伯顏留之戍鎮
江魚與民政壹以鎮靜爲務戰焦山瓜洲皆有功十
三年卒於官子好古
好古字信甫幼讀書善屬文器識宏遠勇而有謀父
晉亨權知東平府事嚴忠濟承制以好古權其父軍

戌宿州戊午秦真授行軍千戶攻樊城身中流矢戰
不少卻主將旌其功賞銀百兩略揚循泰興海門而
還擊邵伯埭拔之從大軍攻鄂中統元年還宿州忠
濟命無恩州刺史訪民瘼革吏弊立為條約未幾移
戌蘄州李璮叛據濟南宋人攻蘄好古率兵迎擊力
不敵死之時晋亨在濟南軍中聞之哭曰吾兒死得
其所矣弟好義襲下江淮有功

王珣

王珣字國寶大名南樂人世為農家珣慷慨有大志
金末喪亂所在盜起南樂人楊鐵槍聚眾保鄉里太
祖遣兵攻破河朔鐵槍以兵應之行營帥按只署珣
軍前都彈壓鐵槍與金軍戰死眾推蘇椿代領其眾
宋將彭義斌帥師侵大名椿戰不利降之義斌遂據
大名珣棄其家間道走還軍中按只嘉其誠待遇益
厚以為假子復從速魯忽擊走義斌蘇椿以大名降
妻子故在珣語之曰吾非棄汝輩誠不以私愛奪吾
報國之心耳聞者稱歎授鎮國上將軍大名路治中
軍前行元帥府事俄以取寧海昨城功遷輔國上將
軍復授統摧開曹滑濬等處行元帥府事魚大名路
安撫使蘇椿復欲叛歸金珣覺之與元帥梁仲先發

兵攻椿椿開南門而遁國王幹真授仲行省珣驃騎
衛上將軍同知大名府事兼兵馬都元帥從出不台
經略河南破金將武仙于鄭州復與金人戰于蕭縣
斬其將項之仲死國王命仲妻冉守真權行省事珣
為大名路尚書省下都元帥將其軍國用安撫大名
珣從太赤及阿朮魯攻拔之授同為大名行省事從
軍伐宋破光州襄陽廬壽滁州珣常為先諸將屢有
功宋城五河口珣帥死士二十人遁乘勝
進師連破濠泗渦口歲庚子入見太宗授總帥本路
軍馬管民次官佩金符珣言於帝曰大名困於賦調
民無生者矣詔官償所借銀復盡蠲其逋糧已而朝
廷議分蒙古漢軍戌河南以珣戌睢州修城隍明斥
候宋兵不敢犯己酉入朝定宗進本路征行萬戶加
金虎符在鎮九年卒年六十五子丈幹善騎射襲為
行軍萬戶已未從世祖攻鄂州先登中流矢賜以良
馬金帛李璮叛從哈必赤討平之哈必赤論功語以
官賞文幹對曰增秩則榮及一身賜金則恩逮麾下
迤以白金二千兩器皿百事雜綵數百纁賞之文幹
悉頒之軍中中統三年制父兄弟子並仕同途者罷

其弟子文幹弟文禮為千戶文幹自陳願解已官而
留文禮詔從之改同知大名路總管府事累遷河東
山西道提刑按察副使近臣言其鄂州之功陞東
川行樞密院事歷全州衛輝東平總管改江東建康
道提刑按察使辛于官年五十八發其篋中鐵僅七
緡貧不能歸葬人以此稱之

楊傑只哥

楊傑只哥燕京寶坻人家世業農傑只哥少有勇略
太祖略地燕趙率族屬降附從攻邊左及從元帥阿
木魯定西夏諸部有功已丑曆宗賜以金幣命從阿
木魯攻信安阿木魯知其材畧出諸將右命裁決軍
務信安城四面阻水其帥張進數月不降傑只哥曰
彼恃巨浸我師進不得利退不得歸不若徉說之進
見其來怒曰吾已斬二使汝不懼死耶傑只哥無懼
色從容言曰令齊魯燕趙地方數千里郡邑聞風納
降獨君恃此一城內無軍儲外無兵援亡可立待為
君計者不如請降可以保富貴而免死亡進黙然曰
姑待之几三姓乃降辛卯大名守蘇楞叛討覆之衆
議屠城傑只哥曰怒一人而族萬家非招來之道也
衆是其言由是滑濬莘州聞風納欵壬辰師次徐州

阻河不得濟傑只哥探知有賊兵操舟楫伏草澤中
率勁卒數人憑河擊之悉奪舟楫衆遂得渡獲河南
諸郡降人三萬餘戶進攻徐州金將國用安拒戰傑
只哥率百餘騎突入陣中迎擊於後大敗之擒一將
而還皇太弟國王駐兵河上見之賜名拔都授金符
命總管新附軍民乙未太宗特賜傑只哥種田民戶
租賦丁酉從阿木魯攻歸德傑只哥麾諸將縛草作
筏渡濠抵城下梯城先登拔之由是進攻得五州十
縣四堡二寨已亥宋兵至已登城傑只哥率衆

拒戰敗之率舟師追擊轉戰中流溺死年四十子孝
友先儉
孝友江北淮東道肅政廉訪司事先儉鎮
江路總管

劉通

劉通字仲達東平齊河人也初從嚴實來歸繼從收
濮曹相澥定陶楚兵實際于太師木華黎以通為齊
河總管行軍千戶太宗錫金符陞上千戶宋將彭義
斌攻齊河城率衆夜登通與六七人鼓譟而進宋人
驚懼墜溺死者甚衆明日復合圍城三匝通令守陴
者植槊如櫛俄從撒去宋人懼其向已也大潰義斌

僅以數騎免歲丁酉遷德州等處二萬戶軍民總管
歲丙辰卒子復耳襲為行軍千戶從嚴實略安豐通
泰淮濠泗蘄黃安慶諸州憲宗西征復耳攝萬戶統
東平軍馬攻釣魚山苦竹寨有功師還無德州軍民
總管中統元年奉旨戍和林還授虎符進武衛軍副
都指揮使李璮叛遣使招復耳復耳立斬之時遣兵
討賊集濟南乏食復耳盡出其私蓄以濟師世祖嘉
親軍都指揮使四年遷右翼九年加昭勇大將軍鳳
州等處經略使十年還征東左副都統軍四萬

戰船九百征日本與倭兵十萬遇戰敗之還招降淮
南諸郡邑十二年授昭信路總管十四年遷黃州宣
慰使十五年改太平路總管俄授鎮國上將軍為淮
西道宣慰使都元帥二十年加奉國上將軍三月卒
子五人浩澤灃淵淮浩中統四年襲千戶至元八年
殁于兵澤由近侍出為荊湖北道宣慰使灃知長寧
州俱蚤卒淵至元十一年佩金符授進義副尉為徐
邳屯田總管下丁莊千戶九月領兵巡邏泗州至淮
河九里灣遇宋軍戰勝奪其船三十餘艘十二年三
月與宋安撫朱煥戰于清河敗之擒十四人奪其輜

重九月從右丞別里迷失攻淮安十三年與宋人戰
昭信軍南靖平山俱有功十四年北觀進武略將軍
管軍總管十五年從元帥張弘範征閩廣漳泉諸州
以功授武德將軍十六年從攻崖山弘範命招領後
翼軍水戰有功十七年進武德將軍十八年從征交趾鎮甸王
十一年遷潁州副萬戶二十四年從征交趾二十八年捕冠淵江五翼守杭
山城賊眾迎敵大敗之師二萬攻萬劫江擒十六人繼攻靈
脫歡命領水步軍二萬攻萬劫江擒十六人繼攻靈
其酉長三人三十一年燕領紹興渊江五翼守杭
州繼以疾卒大德十一年卒子無晦至大元年襲授

昭信校尉潁州副萬戶俄進武德將軍延祐五年以
病免六年改河南江北行省都鎮撫泰定四年加宣

武將軍

岳存

岳存字彥誠大名冠氏人初歸東平嚴實承制授存
武德將軍帥府都總領保冠氏會金從宜鄭侗復據
大名距冠氏僅三十里遣兵來攻侗不得志復自將
萬人合圍其勢甚張存率死士百餘突出西門勇氣
十倍金人退走追之越境乃還歲己丑從嚴實主簿明
武仙戰于彰德西敗之遷明威將軍行冠氏主簿及

年存率騎兵二百步卒三百自彰德北還至開州南
與金將張開遇開衆萬餘存軍依大林戒其軍曰彼
衆我寡不可輕動聽吾鼓聲爲節乃命騎士居前
步卒次之與敵相去僅二十步一鼓作氣無不一當
百開衆大潰追二十餘里不損一卒而還破河南攻
淮溴無役不與金辛五陞本縣丞康戌移治楚立數年
有惠政乙卯告老退休田里中統三年以疾卒年六
十九天禎襲父職冠氏縣軍民彈壓從圍襄樊帥
府承制授管軍百戶修立百丈山鹿門等堡天禎率
銳士冒矢石從樊城東北先登爲櫃木所傷隨地復
蹋梯以登手刃數人築正陽東西城及於鎮江造戰
船天禎咸董其役戰焦山平奉化賊錄功陞管軍千
戶江南平從元帥張弘範觀帝于柳林賜金錦銀鞍
勒授昭勇大將軍福州路總管平尤溪賊賊蒲改吉
州平永新賊後遷贛州七年遷建康年七十二
民立碑以紀遺愛馬至大二年卒于建康

張子良懋
子果會昌州同知

張子良字漢臣涿州范陽人金末四方兵起所在募
兵自保子良率千餘人入燕薊間耕稼已絕遂聚州

人阻水治舟筏取蒲魚自給從之者衆至不能容子
良部勒定興新城數萬口就食東平東平守納之久
之守棄東平還汴檄子良南屯宿州又南屯壽州夏
全劫其民出雜口李敏攖州之衆奪全所刼老幼數萬以
害之走連宿因以宿帥之軍來攻子良與宿帥刼其營盡失
還全怒連徐邳之軍來攻子良與宿帥刼其營盡失
其軍符亦死揚州時金受重圍於汴聲援盡絕有國
用安圍以連水之衆入援道阻游兵不能進子良以爲
與一偏將晝伏夜行得入汴達用安請因以徐宿
自天降也曲賜勞來厄所欲皆如用安請因以徐宿
授子良明年子良進米五百石于汴授榮祿大夫總
管陝西東路兵馬仍治宿州當是時令已不行於陝
而用安亦卒不得志徐宿之間民無食者出城拾稼
秘以食子良嚴兵護之以防鈔掠猝遇敵子良被重
傷乃率其衆就食泗州泗守關兵將圍之子良與麾
下十數人即軍中生縛其守民不欲比歸者欲走傍
郡子良資以舟楫無敢掠猝其財物歲戌戌率泗州西
城二十五縣軍民十萬八千餘口因元帥阿木來降
太宗命爲東路都總帥授銀青榮祿大夫陞京東路
行尚書省無都總帥管領元附軍民進金紫光祿大

夫庚子賜金符自兵興以来子良轉從南北依之以
全活者不可勝計癸丑憲宗命為歸德府總管管領
元附軍民中統二年夏四月世祖命為歸德府總管管領
諸郡虎符仍管領泗州軍民總管七年罷元管戶隸
諸郡縣改授昭勇大將軍大名路總管熊府尹八年
卒年七十八贈昭勇大將軍僉樞密院事上輕車都
尉追封清河郡侯謚翼敏子二人長懋次亨亨佩金
懋字之奐未弱冠已有父風侍子良卒子鑑襲
虎符為管軍千戶子與立襲歸德府以其軍鎮之移鎮下

【元史列傳卷三十九 十一 徐仲明】

邳知歸德府事李璮叛濟南以其兵戍蔡州中統元
年宣授泗州軍總把佩金符至元七年權濟南諸路
新軍千戶九年從破襄樊有功十一年丞相伯顏南
征其行陣以鏵車駑為先而眾軍繼之懋以勇鷙將
駑前行凡所過山川道路隱隘通梁筏平塹穿安營
設伏出納奇計伯顏信用之擢為省都鎮撫水陸並
進其任甚重師壓臨安滅宋以其主及母后羣臣比
還駐此洲伯顏命懋往諭淮西夏貴副以兩介將騎
士直趨合肥貴受命頓首上地圖降書馳還報伯顏大喜復
雄屬貴受命頓首上地圖降書馳還報伯顏大喜復

令行徇鎮東安豐壽春懷遠淮安濠等州郡皆下
復使之編諭列城軍民使知帝之德意十三年懋
馳驛至上都伯顏上其功宣授懷明威將軍泗州安
撫司達魯花赤十四年改安撫司為總管府置宣慰
使以統之拜同知淮西道宣慰司事十六年改授懷
遠大將軍吉州路總管懋惡衣糲食率之以儉慎刑
平政廉之以公新府治設義倉雖能吏不過也部使
者劉宣趨之凡有所懲治朝至夕報豪強竦然郡萬
戶蘇良恃勢為暴為之翼者有十虎之目民甚苦之
乃上其實於憲府盡誅十虎者奪良虎符而黜之民

【元史列傳卷三十九 十二 徐仲明】

大悅群盜有率眾將白晝劫城者懋聞之率從騎擒
其魁縛其酋長以歸民之流亡與遠郡之來歸者數
千家相率為生祠以祀之十七年二月卒年六十三
贈昭勇大將軍龍興路總管上輕車都尉追封清河
郡侯謚敏子二人文煥以父蔭住承務郎江州路
瑞昌縣尹文炳三汊河巡檢文煥子珪初為高安縣
尹有興政由是擢為江西撫校拜南臺御史繼為淮
西江西二道廉訪僉事用能世其家云

唐慶

唐慶不知何許人事太祖為管軍萬戶太祖伐金以

慶權元帥左監軍歲丁亥賜虎符授龍虎衛上將軍
使金壬辰太宗復以慶為國信使取金質子督歲幣
以金曹王來見帝於官山七月使慶再往令金主黙
帝號稱臣金主不聽慶輒以語侵之金君臣遂謀害
慶夜半令兵入館舍殺慶及其弟山祿興祿并從行
者十七人既滅金購求慶屍不得厚恤其家人口給
賜金五
十斤詔官其子仍計其家人口給粮以養焉

齊榮顯

齊榮顯字仁卿聊城人父旺金同知山東西路兵馬
都總管榮顯幼聰悟總角與群兒戲畫地為戰陳端

《元史列傳卷三九》　十三　張煌

坐指揮各就行列九歲代父任為千戶佩金符從外
男嚴實來歸嘗立戰功攻濠州宋兵背城為陳榮顯
薄之所向披靡其屬王孝忠力戰中鈎戰榮顯斷戰
援孝忠出復逐北入其邪而還主帥察罕壯之賜馬
鎧銀器兵趨五河口抵大堤榮顯偕數騎前行覘敵
值邏騎數十從者將退走榮顯曰彼衆我寡若示以
怯必為所乘援弓射殺兩人乃還進拔五河口
陸權行軍萬戶守宿州隨馬傷股不能復從軍改提
領本路課稅又改本路諸軍鎮撫無提控經歷司值
斷事官鈎校諸路積通官吏往往遭訴辱榮顯從容

辦理悉為蠲貸從實入朝授東平路總管府僉議無
領博州防禦使時十授下議各分所屬不隸東平榮
顯力辯於朝遂止及攻淮南道出東平民間供給費
銀二萬錠榮顯詣斷事官愬之得折充賦稅民賴以
不困中統元年詔告侍親閒居十年卒

石天祿

石天祿父珪山東諸路都元帥階金死節見忠義傳
天祿襲爵字魯宋將彭義斌取大名及中山天祿與
佩金虎符時宋承制授龍虎衛上將軍東平路元帥
里海率兵敗之獲義斌又敗金將武仙屢立戰功丙

《元史列傳卷三九》　古　張煌

戌字魯以功奏還金紫光祿大夫都元帥鎮戍邊隅
敷與金人戰未嘗敗北壬辰皇太弟拖雷南渡河天
祿為前鋒襲金兵奪戰船數艘夜至歸德城下襲
其營復戰金兵退走金將陳防禦出兵追圍天祿天
祿營殺三百餘人金將陳防禦
潰圍復戰金兵退走金將陳防禦及徐所過望風附降
癸巳秋九月破考城復圍歸德冬十二月歸德降甲
午入覲改授征行千戶濟究單二州管民總管乙未
從扎剌溫火兒赤渡淮攻隨州至襄陽夾河寨戰退
宋兵扎剌溫火兒赤賞以戰馬又從攻靳黃功居其
首時詔天祿括戶東平軍民賦稅並依天祿已括籍

册嚴實不得科收天祿以病不任職以子與祖襲明

年天祿卒年五十四子十人與祖襲千戶官武略將

軍已未從伐宋攻鄂州至元四年縣宿州率兵抄汾

淮諸郡獲宋覘伺者十餘輩統軍司賞馬二十四銀

五百兩錦二十端十二年攻常州為先鋒功在諸將

上宋亡第功陞宣武將軍管軍緫管戍溫州土賊林

大年等構亂出兵圍之斬首千餘級招輯南溪山寨

歸農者三萬餘戶十六年陞顯武將軍佩金虎符十

九年七月卒于軍子璡嗣

石抹阿辛

石抹阿辛迪列紇氏歲乙亥率北京等路民一萬二

千餘戶來歸太師國王木華黎奏授鎮國上將軍御

史大夫從擊孟州死焉子查剌仍以御史大夫領黑

軍初其父阿辛所將軍皆猛士衣黑為號故曰黑軍

歲已卯詔黑軍分屯真定固安太原平陽隰吉嵐

間項之南征以黑軍為前列與南兵遇于河查剌大

呼馳之陷其陣再戰盡殱之所遇城邑爭先款

附長驅擣汴州入自仁和門收圖籍旅旋而還論功

黑軍為最及從國王軍征萬效圍南京城聖如立鐵

查剌命偏將先警其東北親奮長槊大呼登西南角

摧其飛搶手斬騂卒數十人大軍乘之逐克南京詰

旦木華黎解錦衣賞之累授真定路達魯花赤卒于

柳城子庫祿滿襲職從攻襄樊與從弟度剌立雲梯

衝其堞度剌死焉中統三年庫祿滿從征李璮先登

飛矢中額而卒

劉斌　思敬

劉斌濟南歷城縣人少孤鞠千大父有勇力從濟南

張榮起兵為管軍千戶歲壬辰攻河南以功授中翼

都統攻睢陽軍軍杏堆距陳州七十里開陳整軍於

近郊斌率衆夜破之又擊走太康守兵撤其將三日

太康陷榮言於帥阿术曰太康之平摧其鋒者斌

也移屯襄陽軍乏食斌知青陵多積穀前阻大澤水

深不可涉陳可取狀衆難之斌叱之曰彼恃險不我

虞取可必也乃率百騎夜發獲敵人使道之前行汗

澤中五十餘里遇敵兵斌捨馬揮槊突敵敗之得其

糧數千斛還官知中外諸軍事從攻六安先登破其

城癸卯擢濟南推官辛亥授本道左副元帥乙卯陞

濟南新舊軍萬戶移鎮邳州宋將憚之已未病謂其

子曰居官當廉正自守毋瀆貨以喪身敗家語畢而

逝年六十有二贈中奉大夫參知政事護軍彭城郡

公諡武莊子思敬

思敬賜名哈八兒都襲父職為征行千戶世祖南征
從董文炳攻臺山寨先登中流矢傷甚帝親勞賜酒
易金符中統二年授武衛軍千戶從討李璮賜銀六
十鏹四年授濟南武衛軍總管捕盜有功又賜銀千
兩至元三年命築京城八年授廣威將軍侍衛親軍
揮使四年命懷遠大將軍侍衛親軍左翼副都指揮
佩金虎符九年宋嘉定守臣昝萬壽乘慶攻成都哈
八兒都邀擊敗之戰于青城宋兵大敗奪所俘二千
人還十二年轉同簽行樞密院事復攻嘉定取之瀘

叙忠涪諸部及巴縣籌勝龜雲石筍等寨十九族及
西南夷五十六部悉來降十三年圍重慶敗宋將張
萬得其舟百餘六月瀘州復叛哈八兒都妻子沒焉
乃率兵討擒其將任慶攻破盤山寨俘九千餘戶又
獲其將劉雄及王世昌等夜入東門巷戰殺王安撫
蓴遂克瀘州復攻重慶其將趙牛子降禽守臣張玨
十六年蜀平拜中奉大夫四川行省參知政事行省
罷改四川北道宣慰使十七年授正奉大夫江西行
省參知政事治吉贛盜民賴以安二十年卒年五十
三贈推忠宣力果毅功臣平章政事柱國封濱國公

諡忠肅子思恭字安道累官昭毅大將軍右衛親軍
都指揮使思義宣武將軍昌國州軍民達魯花赤

趙柔

趙柔涿水人有膽略善騎射好施予金末避兵西山
柵險以保鄉井時劉伯元蔡友資李純等亦各聚衆
數千聞柔信義共推為長柔明號令嚴約束重賞罰
為衆所服歲癸酉太祖遣兵破紫荊關佩金虎符
行省八札奏聞以柔為涿易二州長官佩金虎符丙戌
衛上將軍真定涿易等路兵馬都元帥
群盜並起柔單騎徧入諸柵說降其衆以功遷龍虎

冶總管庚寅太宗命蕪管諸處打捕總管丙申加金
紫光祿大夫卒至順元年追封天水郡公諡莊靖曾
孫世安榮祿大夫江西行省左丞

列傳卷第三十九

翰林學士事中奉大夫　制誥兼修　國灝　熱持制製立部尚書　劉敏　國施制權官皇權事事

勅修

劉敏

劉敏字有切宣德青魯人歲壬申太祖師次山西敏
時年十二從父母避地興禪房山兵至父母棄敏
走大將憐而收養之一日帝宴諸將於行營敏隨之
入帝見其貌偉異之召問所自俾留宿衛習國語閱
二歲能通諸部語帝嘉之賜名玉出干出入禁闥初
為奉御帝征遼西諸國破之又征回回國破其軍二

●元史列傳卷甲　一　陳

十萬悉收其地敏皆從行癸未授安撫使便宜行事
蕭燕京路徵收稅課漕運鹽場僧道司天等事給以
西域工匠千餘戶及山東山西兵立兩軍戍燕置
二總管府以敏從子二人佩金符為二府長命敏總
其役賜玉印佩金虎符佐吏宋元為安撫副使高
逢辰為安撫僉都各賜銀章佩金符李臻為參謀初
耶律楚材為總裁令諸市往往中夜挾
弓矢掠民財為奴者眾敏裁其派魁令諸市往往中夜挾
冒籍良民為奴者眾敏悉歸之選民習星曆者為司
天太史氏興學校進名士為之師已丑太宗即位改

三二八十

造行宮幄殿乙未城和林建萬安宮設官闢司局立
驛傳以便貢輸既成宴賜甚渥辛丑春授行尚書省
詔曰卿之所行有司不得與聞俄而牙魯瓦赤自西
城來奏與敏同治漢民帝尤其請牙魯瓦赤素剛
氣恥不得自專遂俾其屬忿哥見誣敏以流言敏出
手詔示之乃巳帝開之命漢察火兒赤仍令敏獨
任復辟李臻為左右司郎中臻在幕府二十年參贊
之力居多丙午定宗即位詔敏與敏都剌同行省事
辛亥夏六月憲宗即位召赴行在所仍命與牙魯瓦

●元史列傳卷四十　二　显

赤同政甲寅請以子世亨自代帝許之賜世亨銀章
佩金虎符賜名塔塔兒台帝諭世亨以不從命者熟
之又賜其子世濟名散祝台為必闍赤入宿衛帝代
宋章陝右敏與疾請見帝曰卿有疾不召而來將有
言乎敏曰臣聞天子出巡義當扈從敢辭疾乎但中
原土曠民貧勞師速代恐非計也帝弗納敏遷居
年豐世祖南征過年豐世祖民貧勞師速代恐非計也
圖治見而知者惟鄉爾汝春秋高其彙次以為後法
未幾病歸于燕夏四月卒年五十九

王檝

三二二十四

王檝字巨川鳳翔虢縣人父霆金節將軍麟游主
簿檝性倜儻弱冠舉進士不第乃入終南山讀書涉
獵孫吳泰和中復下第詣闕上書論當世務金主
俾給事緝山元帥府尋用元帥高琪薦特賜進士出
身授副統軍守涿鹿臨太祖問曰汝昌敢抗我
師獨不懼死乎對曰臣以布衣受恩誓捐軀報國今
既償軍得死為幸帝義而釋之授都統佩以金符令
招集山西潰兵從大軍破紫荊關取涿易保州中山
軍次雄州節度使孫吳堅守不下檝入城喻以禍福

吳遂以城降甲戌授宣撫使兼行尚書六部事從三
合核都太傅猛安率兵南征下古北口攻薊雲順等
州所過迎降得漢軍數萬遂圍中都乙亥中都降檝
進言曰國家以仁義取天下不可失信於民宜禁厲
掠以慰民望時城中絕粒人相食又議田野久荒而
城轉糶故士得金帛而民獲粒食又議田野久荒而
兵後無牛宜差官瀘瀟橋索軍田所驅牛十取其一
以給農民用其說得數千頭分給近縣民大悅復業
者眾三合猛安俾檝招諭保定新城信安雄霸文安
清滄諸城皆望風欸附乃置行司于滄州以鎮之遂

從猛安入覲授銀青榮祿大夫仍前職兼御史大夫
世襲千戶時河間清滄復叛帝命檝討之復命駙馬
李柰分蒙古軍及糺漢軍三千屬檝遂復河間得軍
民萬口李柰惡其反復欲盡誅之檝解之曰驅群羊
使東西者牧人也半何知哉釋此輩不復反耶檝曰
遷之近縣強者使從軍弱者使為農此天之所以畀
我也何以殺為李柰曰汝能保此輩不復反耶檝曰
可即移文保任之俱得全活帝命檝掌之時
國王分撥諸侯王城邑諭闇里畢曰漢人中若王宣
撫者可任使之遂以前職兼判三司副使後又命省

臣總括歸附工匠之數將俾大臣分掌之太師阿海
其列諸大臣名以聞帝曰朕有其人偶忘姓名耳良
久曰得之矣舊人王宣撫可任是職遂命檝掌之時
都城廟學既燬於兵檝取舊樞密院地復創立之春
秋率諸將生行釋菜禮仍取舊歧陽石鼓列廡下戊
從征西夏及泰州夏人盡撤橋梁為備軍阻不得前
帝問諸將皆不知計所出檝夜督士卒運木石比戌
橋成軍乃得進戊子奉國公主命領中都屬邑
起信安結比山盜李密轉掠近縣檝曰都城根本之
地何可無備引水環城調度經費檝自為券假之賈

人而欲不及民人心稍安遣男守謙率軍討諸盜平之庚寅從征關中長驅入京兆進克鳳翔請于太宗曰此臣鄉邦也願入城訪求親族果得族人數十口以歸壬辰從攻汴京癸巳奉命持國書使宋以兀魯剌副之至宋宋人甚憚重之即遣使以金幣入貢撫前後九五往以和議未決隱憂致疾卒于南宋人重覬之仍遣使歸其樞槧于燕子六人

王守道

王守道字仲厚真定平山人金亡群盜並起州縣吏多乘亂貪暴不法民往往殺令丞及屬吏宣撫

司署守道為縣尉衆悅之因轉攝令改真定主簿史天倪為河北西路兵馬都元帥鎮真定既收大名澤潞懷孟城邑之未附者以為府經歷及金恒山公武仙降署為史天倪副帥守道謂天倪曰是人位居公下意有不平安能讚讚於此宜先事為備天倪不以為然未幾果為所害及仙以城反為金史氏之人與屬縣旁近豪傑納天倪之弟天澤為主帥攻仙時史天安在白霫閉壁率兵亦至遂摬真定仙走保西山諸砦執守道家人以重幣誘之守道不顧日與史氏部曲昆弟微髮調度以復讎卒逐仙遁去後攉慶源

軍節度使天澤為五路萬戶署守道行軍參謀兼撫寮使莊聖太后以真定為湯沐邑守道在鎮以募寮頻歲致戰皸對稱旨得賜金符錦衣金鉞中統三年天倪入拜左丞相即授真定等路萬戶府參謀至元七年卒至大元年以子顯貴特贈銀青榮祿大夫大司徒追封壽國公諡忠惠仁宗即位復加推忠協力秉義功臣金紫光祿大夫大司徒上柱國

高宣

高宣遼陽人太宗元年詔宣為元帥賜金符統兵睿宗攻大名宣進曰令奉命出師伐罪弔民顧勿害

殺以稱上意睿宗召元帥术乃諭之下令軍中如宣言及城破兵不血刃民心悅服四年正月從破金兵三峯山降宣者二十餘戶籍以獻立打捕鷹坊都總管府統之以宣為都總管賜金符仍令子孫世其職封營國公諡簡僖子天錫嗣潛邸為必闍赤入宿衛甚見親幸中統二年授以其父官為鷹坊都總辛皇慶二年贈宣力功臣銀青榮祿大夫大司徒追管四年改燕京諸路奧魯總管遷按察副使仍兼鷹坊都總管天錫語丞相孛羅左丞張文謙曰農桑者衣食之本不務本則民衣食不足教化不可興古之

王政莫先於此願留意焉為丞相以
聞帝悅命立司農
司以天錫為中都山北道巡行勸農使兼司農丞尋
遷司農少卿巡行勸農使又遷戶部侍郎進嘉議大
夫兵部尚書卒後贈推忠臣太保儀同三司大
上柱國追封營國公謚莊懿子諒裕宗初封燕王以
諒為符寶郎俄命襲其父為鷹務都總管裕宗甚
愛之謂諒得其父仁宗時贈推誠保
戶隸於我朕得諒盡力為我用文忠入奏請少諒所管民
夔授諒符寶郎董文忠子諒懿子諒上柱國追封營國
德贊治功臣太師開府儀同三司

公謚宣靖子塔失不花成宗命世其祖父官以居袋
辭大德元年授奉議大夫章佩監丞四年改朝列大
夫利用監丞八年陞少監武宗即位授中議大夫秘
書監丞仁宗居東宮召入宿衛至大三年冬遷少中
大夫納綿府達魯花赤且諭之曰此先世所守舊職
也皇慶元年春改授嘉議大夫同知崇祥院事冬進
資德大夫為院使延祐四年夏四月帝謂塔失不花
曰汝祖嘗為司農今復以授汝遂遷榮祿大夫大司
農英宗居東宮塔失不花撰集前代嘉言善行名曰
承華事略并畫圖風圖以進帝覽之獎諭曰汝能輔

（沈文濬）

太子以正朕甚嘉之命置圖書東宮俾太子時時觀
省六年改集禧院使退居于家卒

王玉汝

王玉汝字君璋鄆人少習吏事金末遷民南渡玉汝
奉其親從閒道還行臺實入據鄆署玉汝為椽史
稍遷補行臺令史中書令耶律楚材過東平奇之版
授東平路奏差官以事至京師遊楚材門待之若家
人父子然實年老艱於從戎玉汝奏請復其民一歲濟州長官缺
以州直隸朝廷大名長官缺以冠氏等十七城改隸
代之行夏津災玉汝妻請以本府總管

大名玉汝皆辨正之戊戌以東平地分封諸勳貴裂
而為十各私其入與有司無相關玉汝曰若是則嚴
公事業存者無幾矣夜靜哭於楚材帳後明日召問
其故曰玉汝為嚴公之使今嚴公之地分裂而不能
救止無面目還報將死此荒寒之野是以哭耳楚材
惻然良久使詣帝前陳愬玉汝進言曰嚴實以三十
萬戶歸朝廷裂其土地折其人民非所以遷行臺
他降者同令裂其土地折其人民非所以勸來者也
帝嘉玉汝忠欵且以其言為直由是得不分遷行臺
知事仍遷領平陰令辛丑實子忠濟襲職授左右司

【上欄】

郎中遂總行臺之政分封之家以嚴氏總握其事頗
不自便定宗即位皆聚闕下復欲剖分東平地是時
衆心危疑將儌倖首聽命玉汝力排群言事遂已憖宗
即位有旨令常賦外歲出銀六兩謂之包銀玉汝
曰民力不支矣料率諸路官民官懇之闕下得減三
分之一累官至龍虎衛上將軍泰定軍節度使兼兗
州管內觀察使充行臺參議壬子以病謝事杜門日
以經史自娛乙卯忠濟王謂玉汝曰君間久矣可
暫起為吾分憂玉汝堅辭以參議印強委之不得已有
起視事僅五六日裁畫署置煥然一新八月既望

星隕庭中已而玉汝卒

焦德裕

焦德裕字寬父其遠祖贊從宋丞相富弼鎮苑橋關
遂為雄州人父用仕金由束鹿令陞千戶守雄州北
門太祖兵至州後以德貴追贈中書左丞封恒山郡
以其忠壯釋不殺復舊官徇地山東未嘗妄殺一人
年六十二卒後以拳勇善射從其男解
公謚正毅德裕通左氏春秋少拳勇善射從史天倪
昌軍中金將武仙殺真定守史天倪仙飢敗走其黨
趙貴王顯齊福等保仙故壘數侵掠太行太宗擇廷

三十　林茂實

【下欄】

臣有才辯者往招之楊惟中以德裕鷹遂使真定降
齊福擒趙貴王顯亡走德裕追射殺之其地悉平詔
賜井陘北障城田中統三年李璮平世祖命德裕曲
赦益都四年賜金符為閬蓬等處都元帥府參議宋
臣夏貴圍宣撫使張庭瑞于虎嘯山實薪土塞水源
人無從得飲帥府撥德裕援之德裕夜薄其營營擾
各持三炬貴驚走追及鵝谿千人獲馬畜兵仗萬
計陞京畿漕運使至元六年僉陝西道提刑按察司
事八年轉西夏中興道按察副使十一年從丞相伯
顏南征授僉行中書省事遂從下安慶至鎮江焦山

寺主僧誘居民叛丞相阿术既誅其黨欲盡阮其徒
德裕諫止之命德裕先入城撫定宋平賜子有加奉
旨求異人異書平章阿合馬諸丞相伯顏殺丁家洲
降卒事奏以德裕為中書省參政欲假一言證成之德
裕辭不拜父之復僉行省事十四年改淮東宣慰使
淮西賊保司空山撥淮東四郡守許定國等四郡守
得其檄即械郡守許定國等四人使承反狀將籍其
家德裕言矣方誓報劾安有他觀奈何以疑似殺四
民盈所望矣知非反間耶
守寧知非反間盡復其官拜福建行省參知政事

林茂實

二十五年卒年六十九贈榮祿大夫平章政事追封
恒國公謚忠肅子簡餘姚州知州潔信州治中

石天麟

石天麟字天瑞順州人年十四入見太宗因留宿衛
天麟好學不倦於諸國書語無不習帝命中書令耶
律楚材鞻正庶務選賢能為叅佐天麟在選賜名蒙
古台宗王征西域以天麟為斷事官憲宗六年遣天
麟使海都拘留之既而邊將刧皇子北安王以往
寓天麟所天麟稍與其用事臣相親狎因語以宗親
恩義及臣子逆順禍福之理海都聞之悔悟遂遣天
麟與北安王同歸天麟被拘留二十八年始得還世
祖大悅賞賚甚厚拜中書左丞兼斷事官天麟辭曰
臣奉使無狀陛下章赦弗誅何可復叨榮寵況臣才
誠淺薄年力衰憊詎能任政恐徒貽廟堂羞不敢奉
詔帝嘉其誠襃慰良久從之有詔安童嘗受海
都官爵者帝怒天麟奏曰海都宗親偶有違言非
仇敵比安童不拒絶之所以釋其疑心導其順也
帝恕乃解江南觀城宋主遺像宋有僧素與道士
交惡發其事將置之極刑帝以問天麟對曰遼國主
后銅像在西京者今尚有之未聞有禁令也事遂寢

林茂卿

天麟年七十餘帝以所御金龍頭杖賜之曰御年老
出入宮掖此可也時權臣用事凶燄薰炙人莫敢
言天麟獨言其姦無所顧忌人服其忠直成宗即位
加榮祿大夫司徒大宴王德殿召天麟典宴賜以御
藥命左右勸之酒頗醉命御輦送還家武宗即位
平章政事至大二年秋八月卒年九十二贈推誠宣
力保德翊戴功臣子玤累官治書侍御史遷樞密副使
冀國公謚忠宣胡戴功臣開府儀同三司太師上柱國追封
復為侍御史拜河南行中書省右丞陞榮祿大夫南
臺御史中丞辛卯都懷都斷事官累遷刑部尚
書荊湖北道宣慰使孫哈藍赤襲斷事官

李邦瑞

李邦瑞字昌國以字行京兆臨潼人世農家邦瑞幼
嗜學讀書通大義嘗被掠逃至太原為金將小史從
守閭漫山寨國王木華黎攻下諸城堡金將走邦瑞
率衆來歸復居太原守臣惜其材具鞍馬遣至行在
所中書以其名聞歲庚寅受旨使宋至寶應不得入
未幾命復往仍諭山東淮南路行尚書省李全護送
宋仍拒之復奉旨以行邦瑞道出蘄黃宋遣賊者來
迎邦瑞怒叱出之宋改命行人乃議如約而還太宗

林茂

慰勞賜車騎旗裘衣裝及銀十鋌邦瑞因奏干戈之
際宗族離散乞歸尋訪帝諭速不解察罕匣剌達海
等邦瑞馳驛南京詢訪親戚或以隸諸部者悉歸之
甲午從諸王闊出經畧河南九所歷河北陝西州郡
四十餘城繪圖以進授金符宣差軍儲使乙未夏六
月卒子榮

楊奐

楊奐字煥然乾州奉天人母嘗夢東南日光射其身
旁一神人以筆授之已而奐生其父以為文明之象
因名之曰奐年十一母歿哀毀如成人金末舉進士

不中乃作萬言策指陳時病皆人所不敢言者未及
上而歸教授鄉里歲癸巳金元帥崔立以汴京降
奐微服北渡冠氏帥趙壽之即延致奐待以師友之
禮門人有自京師載書來者因得聚而讀之東平嚴
實聞奐名數問其行藏奐終不一詣戊戌太宗詔宣
德稅課使劉用之試諸道進士奐試東平兩中賦論
第一從監試官北上謁中書耶律楚材奏薦之
授河南路徵收課稅所長官兼廉訪使奐將行言於
楚材曰僕不敏誤蒙不次之用以書生而理財賦已
非所長又況河南兵荒之後遺民無幾烹鮮之諭正

在今日急而擾之糜爛必失願假以歲月使得撫摩
瘡痍以為朝廷愛養基本萬一之助楚材甚善之奐
既至招致一時名士與之議政事約束一以簡易為
事按行境內親問民務月課幾何難易若何有以增
額言者奐責之曰剝下欺上汝欲我為之耶即減元
額四之一公私便之不踰月政成時論翕然以為前
此漕司未之有也在官十年乃請老于燕之行臺壬
子世祖在潛邸驛召奐參議京兆宣撫司事累上書
得請而歸乙卯疾薦處置後事如平時引觴大笑而
卒年七十賜諡文憲奐博覽強記作文務去陳言以

踔厲古人為恥朝廷諸老皆折行輩與之交關中書
驕多士名未有出奐右者奐不治生產家無十金之
業而喜周人之急雖力不贍猶勉強為之人有片善
則委曲稱獎唯恐其名不聞或小過失必盡言勸止
不計其怨怒也所著有還山集六十卷天興、近鑑三
卷正統書六十卷行于世

賈居貞

賈居貞字仲明真定穫鹿人年十五汴京破奉母居
天平甫冠為行臺從事時法制未立人以賄賂相交
結有餽黃金五十兩者居貞郤之太宗聞而嘉歎勅

有司月給白金百兩以旌其廉世祖在潛邸知其賢
召用之俾監築上都城記事以母喪歸世祖即位中
統元年授中書左右司郎中從帝北征每陳說資治
通鑑雖在軍中未嘗廢書一日帝問郎中何居貞
以數對帝謂其太薄勑增之居貞為叅知政者之不
可以臣而荼制居貞辭曰品秩宜然不拜又辭曰
他日必有由郎官擢為中書郎中時姚樞行省河東
至元元年叅議中書省事詔興為中書郎中姚阿合馬擅權
山西罷侯置守五年再為中書郎中時阿合馬擅權
忌之改給事中同丞相史天澤等纂修國史十一年

丞相伯顏伐宋居貞以宣撫使議行省事既渡江下
鄂漢伯顏以大軍東下留右丞阿里海涯與居貞分
省鎮之居貞曰江陵要地乃宋制閫重兵所屯聞諸
將不睦還徙之民盈城復皆疾疫卹薪之關杜門不
敢撫揉不乘隙先取之追春水漲恐上流為彼所乘
則郵危矣驛聞十二年春命阿里海涯領兵取江陵
居貞以僉行省事留郭於是發倉廩以賑流民東南
室子孫流寓者給引以歸之免括商稅弁湖
未下州郡商旅留滯者給引以歸之免括商稅弁湖
獲禁造舟百數艘駕以水軍不致病民一方安之

安邦以信陽來歸遣入覘禪將陳思聰屠其家居貞
以計召至數思聰罪而誅之宋幼主既降其相陳宜
中等挾二王逃閩廣所在扇惑民爭應之蘄州冠起
司空山屬縣民傳高亦起兵應居貞曰蘄州冠起
其下往往喚散壓以官軍遂削平之高變姓名逃逸
覆而殺之初遣鄭言鄂之大姓皆逃逸禍福
高通請先除之以絕禍本居貞領兵出留其所
戮矢大姓曰聞吾遷軍汝即舉烽城樓內外合發當
善部將戒曰聞吾遷軍汝即舉烽城樓內外合發當
盡殺城中大姓會其人戰敗溺死其事始彰十四年

拜湖北宣慰使命未下居貞閉門不出而驕將悍卒
合謀擾民乃復出視事人恃以無恐及行鄂之老幼
號送于道刻其像于石祠之洴宮十五年遷江西行
省叅知政事未至民爭千里迎事有挾兵入民家誣爲藏匿宋
二王文帖于水火士卒有挾兵入民家誣爲藏匿宋
投財者取人子女爲奴妾者皆痛繩以法大水壞民
取財者甚急坐繫巨室三百餘居貞至悉出之宋
廬居貞請親往卒繚千人詧于城北遺人論之賊衆
兵擾民請親往卒繚千人詧于城北遺人論之賊衆
聞居貞至皆散匿不復爲用梓發閉妻子一室自焚

死比還不戮一人杜萬一亂都昌居貞調兵擒之有
列臣室姓名百數來上云與賊連居貞曰元惡誅矣
蔓延何為命火其牒十七年朝廷再征日本造戰艦
于江南居貞極言民困如此必致亂將入朝委罷其
事未行以疾卒于位年六十三贈推忠輔義功臣銀
青崇祿大夫中書平章政事追封定國公仲子鈞
鈞字元播幼讀書淵默有容廉茶提舉監察御
史僉淮東廉訪司事行臺都事入為刑部郎中改右
司郎中參議中書省事仁宗即位拜參知政事議罷
尚書省所立法遷僉書樞密院復參知政事賜錦衣

卷三十 三十

《元史列傳卷四十》 十七 隱藏

寶帶寵賚有加為政持大體風裁峻整不子子鈞名
睿皇慶元年從章上都遇疾卒于家前後詔賻鈔三
萬貫供塟事子泌立嗣